刘昌毅　主编

威海市社会科学优秀成果获奖作品文库

（第十一卷）

社会科学文献出版社
SOCIAL SCIENCES ACADEMIC PRESS (CHINA)

编 委 会

编委会主任

刘广华

编委会副主任

许祖强　　刘昌毅　　张瑞英　　王治国　　李学波

编委会成员

蔡鹏程　　王鹏飞　　邢　奎

序

　　"物之所在，道则在焉"。哲学社会科学是人们认识世界、改造世界的重要工具，是推动历史发展和社会进步的重要力量。习近平总书记指出："人类社会每一次重大跃进，人类文明每一次重大发展，都离不开哲学社会科学的知识变革和思想先导"。在推动社会发展进步的过程中，哲学社会科学与自然科学宛如"车之两轮""鸟之双翼"，相互依存、相辅相成，缺一不可。

　　党的十八大以来，以习近平同志为核心的党中央多次强调要大力加强中国特色新型智库建设，发出了推动哲学社会科学大发展大繁荣的号召，提出了繁荣发展社会科学的战略任务。在哲学社会科学工作座谈会上，习近平总书记明确提出要坚持以马克思主义为指导，解决好真懂真信、为什么人、怎么用的问题，为繁荣发展哲学社会科学事业提供了思想指南和实践动力。同时，贯彻落实威海市第十五次党代会精神，深入实施"全域城市化、市域一体化""产业强市、工业带动、突破发展服务业"等重大战略，争当全省"走在前列"排头兵、实现现代化幸福威海建设新跨越，也需要丰硕的理论创新支撑。时代呼唤哲学社会科学的繁荣发展。站在新的历史起点上，立足威海发展实际，深入研究回答重大理论问题和实践问题，不断推进理论创新和实践创新，提供更多更好的智慧产品，是实现威海现代化宏伟发展蓝图的迫切需要，也是进一步增进共识、凝聚合力的现实要求。

　　长期以来，威海市委、市政府高度重视哲学社会科学事业的发展，不断完善机制、加大投入、优化环境，打造了一批有特色、有影响的社科品牌，造就了一批知名专家和学术带头人，推出了一批理论创新成果和学术精品。全市广大哲学社会科学工作者坚持以习近平总书记系列重要讲话精神为指导，深入研究和回答党和国家以及我市经济社会发展中面临的理论和实践问题，在理论普及、学术研究、决策咨询等方面，做了大量卓有成效的工作，为推进现代化幸福威海建设事业提供了有力的智力支持，做出了积极贡献。

经过 20 年的实践，威海市社会科学优秀成果奖评选工作，逐步走上科学化、规范化、制度化的轨道，其公信力、权威性和影响力不断增强，成为推介优秀成果、引导研究方向、展示我市社科水平的重要平台，成为促进研究成果应用、转化的有力杠杆，成为发现、培养优秀人才的学术摇篮，对激发广大社科理论工作者的积极性创造性、推动新型智库建设、繁荣发展我市哲学社会科学事业具有重要意义。

《威海市社会科学优秀成果获奖作品文库》（第十一卷~第二十卷）的出版，是对近十年来全市社会科学优秀研究成果的再次认可，也是对哲学社会科学研究的激励与推动。这是一个回顾，是近十年社会科学优秀成果的一个归集；但更是一个展望，是督促全市哲学社会科学进一步繁荣发展的一个新起点。希望全市社会理论工作者，在以习近平总书记为核心的党中央的英明领导下，坚持马克思主义理论学风，深入实际、求真务实、与时俱进、锐意进取，以更加昂扬的斗志，不断取得理论研究的新成果、新成就，为实现现代化幸福威海建设新跨越，做出新贡献。

中共威海市委常委、宣传部长　刘广华

2017 年 9 月

C目录
CONTENTS

《莱阳试验》内容提要 ……………………………………… 姚鸿健 / 1

美国动产担保交易制度研究 ………………………………… 董学立 / 7

论田纳西·威廉斯的柔性戏剧观 …………………………… 张　敏 / 9

《卡夫卡现象学》内容提要 ………………………………… 胡志明 / 22

比较与借鉴：威海慈善事业发展研究 ……………………… 姚鸿健 / 28

把自主创新鲜明地写在发展旗帜上

　　——威海自主创新战略研究 …………………………… 吴永刚 / 122

高成本时代企业竞争优势问题研究 ………………………… 刘光明 / 172

威海市会展经济发展动力模式与产业战略研究 …………… 陈　伟 / 182

货币视角下的区域经济运行质量分析

　　——以威海为例 ………………………………………… 曲吉光 / 202

《不确定性、融资约束与企业投资分析》内容提要 ……… 郭建强 / 212

城镇居民医疗保险筹资实践与研究 ……… 王锡国　包　慧　李彩霞 / 215

论我国高星级饭店业提升竞争优势的战略路径 …………… 魏　敏 / 220

基于产业集群可持续发展的区域品牌效应探究 …………… 梁文玲 / 227

交易活动中机会主义行为的集群治理 ……………… 何青松　臧旭恒 / 236

《修正的刑法解释理论》内容提要 ………………………… 吴丙新 / 245

我国外派劳务合作制度论析 ………………………………… 姜爱丽 / 252

论邓小平的系统观 …………………………………………… 张文军 / 261

政府档案信息公开的立法探索 ……………………………… 汪全胜 / 268

鲁绣的演变及影响

　　——从威海地区的刺绣看鲁绣的传承与发展 …… 许崇岫　于孔宝 / 275

《汉字中的动物》内容提要 ……………………………… 段石羽 / 282

《威海市人民代表大会志》内容提要

………………………《威海市人民代表大会志》编纂委员会 / 285

威海市港口物流发展的对策探析 …………………… 尹兴山 / 286

新企业所得税法实施对威海市经济和财税的影响及对策

……………… 曲仕军 黄军强 陈伟安 丛景山 黄 蓉 等 / 296

威海市志愿者服务活动研究 ………………………… 李永玲 / 305

威海市农村体育发展现状的调查分析 ……………… 戚俊娣 / 330

重复上访化解机制研究 ……………………………… 张惠民 / 349

威海海洋生态可持续发展视角下的沙滩整治方略 ………… 左 峰 / 355

威海市农民工薪酬及就业情况的调研 ……………… 郭景璐 / 383

理性应对社会责任国际贸易新规则刍议 …………… 许春燕 / 388

关于深化税务行政审批制度改革的探讨 …………… 时 晓 / 394

失地农民就业和社会保障的状况、问题与对策

——山东省威海市抽样调查研究 ………… 栾量海 张 强 / 405

找准着眼点 建设新农村

——解读文登市社会主义新农村建设的实践

……………………… 倪宝玲 荣建光 刘华兰 / 412

试论入世过渡期后中国快递业的政府制度设计 ……… 夏 辉 金润圭 / 416

推进企业标准化铺就民族品牌强者之路

……………………… 殷树刚 林乐界 宋建伟 / 424

关于构建帮扶困难职工长效机制的实践与思考

……………………… 赵世喜 吴 峰 陈凤高 / 429

论冷战后制约联合国发挥作用的主要因素 …………… 隋书卿 / 433

论刑事程序性裁判

——审前程序司法审查实证分析及法官的裁判思维

……………………… 李秀霞 王东普 / 440

城乡和谐发展简论 …………………………… 温训昌 段桂顺 / 451

对中法民事检察制度几个基本问题的比较研究 …… 张建明 梁翔宇 / 454

《西方景观文化中的残缺美》内容提要 ……………… 吴 革 / 462

鲁迅创作中"兴感怡悦"的悲剧情结 ……………………… 郭海宁 / 470

《文登将军》内容提要 ……………… 文登市委党史研究室 / 476

《文登进士》内容提要 ……………… 文登市地方史志办公室 / 478

《昆嵛紫气——全真教始于胶东历史探谜》内容提要

…………………………………………… 王钦法 王 涛 / 481

《五岳探秘》内容提要 ……………… 李振华 李乃杰 / 483

旧中国留美新闻人的抉择与命运 ………………… 张 威 / 488

大话文艺的多重性格和大话一代的精神维度

——从《大话西游》到《Q版语文》 ………… 徐艳蕊 王军伟 / 504

荣成市新农村文化建设存在的问题及对策 ………… 邹积军 董丽霞 / 511

加强社会化服务体系建设 助力威海中小企业扩容发展 …… 邓 勇 / 516

对开展机关文化创建活动的调查与思考

…………………………… 中共威海市委市直机关工委 / 529

让改革发展的成果更加惠及弱势群体

——威海市残疾人生存状况及帮扶工作调查报告 ………… 原所明 / 536

文登市生态城市建设的研究与思考 ………………… 王江炜 / 543

实施"十有"民生工程 扎实推进和谐文登建设 ………… 王 亮 / 561

乳山市发展临港经济的调查与研究 ………………… 姜翠萍 / 567

关于加快推进经济文化强市建设的调研报告 ………… 尹选芹 / 576

后 记 ………………………………………………… / 583

《莱阳试验》内容提要

姚鸿健

20世纪90年代初，面对人多地少的矛盾和家庭经营分散性所带来的弊端，莱阳市从解决农村经济发展中诸多矛盾入手，进行了不懈试验与探索，提出一种既能坚持以家庭承包责任制为基础的统分结合的双层经营体制，又能有效解决由小生产与大市场这对矛盾派生出的各种矛盾的新的农村经营制度初步构架，即"三个一"农村改革与发展的思路：实现农业的现代化，必须走一条路子，实行农工商一体化、产业化经营；推行农业产业化经营，必须发展一个载体，用合作制的方式提高农民的组织化程度；农村经济体制的改革必须坚持一个基本体制不动摇，即坚持以家庭联产承包制为主的统分结合的双层经营体制不动摇。此为"莱阳试验"。莱阳探索对全国有指导性和借鉴意义。有学者认为，在新中国农村经营制度变革中，出现了"三阳时代"：山西昔阳（大寨），代表着人民公社时代；安徽凤阳（小岗），代表着家庭联产承包制时代，亦称"大包干"时代；山东莱阳，代表着农业产业化经营时代。并把中国农村的第一步改革向第二步改革的过渡，形象地称为"从凤阳到莱阳"。

本书作者出生于莱阳，1987年至1998年，先后任莱阳市体改委主任、市财政贸易办公室主任、市供销合作社主任、市长助理等职，直接参与了整个"莱阳试验"的策划、推进和论证，因而对这项工作的重大价值有着较深刻的认识。凭借这段难得经历和深入思考研究，作者曾多次给山东农业系统和烟台、威海等地领导干部及部分高校学生，做过诸如"实现第二个飞跃""走向'后双层经营体制'""21世纪中国农村经营体制改革走向"等专题讲座，在《文史哲》《人民日报》等报刊发表了大量文章，承担过省社科重点课题研究。

2007 年，适逢中国农民专业合作社法颁布实施。当年"莱阳试验"的基本内容，就是发展专业合作社推动农业产业化经营，尤其是莱阳创造出的"三个一"农村体制模式，更具方向性和指导性。因此，总结提炼好"莱阳试验"经验，对于推动农民专业合作法贯彻实施、深化当前中国农村经营体制变革，都有着极大的参考价值。秉持"记录历史、指示未来"想法，作者围绕"莱阳试验"的背景、过程、内容、启示及一些相关成果，进行了深入系统研究。

（1）背景的深度挖掘。人民公社解体以后，中国广大农村普遍实行"以家庭联产承包责任制为主的统分结合的双层经营体制"，农户家庭经营的独立性得到恢复，农业生产力最原始的、天然的能动力量得到启动，中国农民发展商品经济的积极性空前高涨，使人民公社时期一直徘徊不前的农业生产力在质和量上都迅速地得到了改观。但随着农业生产力的不断发展，农民在解决了温饱问题之后，发展商品生产、追求富裕已成为亿万农民的共同要求。这样，以分散、经营单位狭小为特征的农业经营方式与农民致富、社会化市场经济要求之间，形成了两个尖锐矛盾。其一，农民致富与人多地少的矛盾。中国人均拥有耕地只是世界平均水平的 1/4，且又是基本上按人头平均分配的，人多地少的矛盾相当尖锐。纵使土地单位面积产量并不比先进国家低，但从劳动生产率来看，就低得可怜了。美国实行的是农场主制度，每个农场主平均拥有土地 150 公顷以上。中国户均只有 0.5 公顷，中国土地产出率假定与美国相同，农民生产率与人家相比，则要低得十分可怜。不想办法来缓解这个矛盾，中国的农民很难致富，农业的弱质产业地位也不可能从根本上改观。其二，分散的小农式的生产方式与社会化大市场的矛盾。一是小农式生产方式与社会化大市场的需求不相适应。大市场对农产品供应的要求是批量性、优质性、均衡性和低成本。目前我国的农户大都是小规模的兼业化经营，批量小、交易成本高，因而缺乏市场竞争力。二是独立的农户掌握市场信息非常困难，在经营上往往表现出盲目性，结果是"多了多，少了少"的现象不断发生。价值规律这只"看不见的手"不是拽着农民致富，而是时不时地捉弄农民。三是一家一户式的经营抗风险能力低。农业生产面临着市场与自然双重风险。四是家庭经营的方式投资能力低、积累率低。这些矛盾的产生，说明以家庭联产承包制为基础的农村经营制度，如不加以变革、创新，中国的农业将很难向前发展。进入 20 世纪 90 年代以来，莱阳为实现农村改革的"第二个飞跃"，选择了走农工商一体化、产业化经营的路子。首先积极稳妥地推行了农村股份合作制，建起一批档次较高、规模较大的食品企业。

依靠这些龙头企业拉动，加快了种养、加工、销售一体化的农业产业链形成。为进一步推动农业产业化经营体系发展，莱阳在农村又提倡发展专业合作社，为农业产业化向高层次发展创造新的组织形式。

（2）过程的全景展示。莱阳试验的主线，是围绕建立农工商一体化经营体系展开的。第一步，运用股份合作制和引进外资的投资机制，建起一批以加工出口蔬菜为主导产品的食品加工企业，形成了种养、加工、出口一条龙式的农业产业链。第二步，围绕稳固产业链，提高产业化经营水平，进行了建立与市场经济体制相适应的农村经济运行体制与机制的探索。先是成立了"食品加工企业协会"，"山东省县际农产品生产加工销售联席会议"，缓和龙头企业间相互压低出口报价而形成的内耗性竞争局面，在宏观上协调产、加、销诸环节间的平衡关系；而后发展农村专业合作社，把分散生产的农户在加工与流通环节上有机地组合起来，逐步用"公司＋合作社"与"合作社办公司"的组织方式取代"公司＋农户"，提高了农业产业链的秩序性。农村专业合作社的诞生与发展，推动了供销合作社向农民回归，转轨变型后的供销合作社在各类专业合作社中充当了"总牵头人"角色，推动了合作社间的联合趋势，形成一个在纵向上以产品和行业为主组建专业性合作社，在横向上以行政区域为主组建综合性合作社，综合社为专业社服务，专业社为农民社员服务的新的农村合作经济组织体系。关于结构体系：莱阳所初步形成的农村合作经济体系，是一个多层次、多成分、全方位的立体结构模式。从组织结构上看，纵向上是以产业和产品为纽带，联合、吸纳各种成分的专业合作社形成的市、乡两级专业联合社；横向上是以区域为主，依托供销社、吸纳各专业社和专业联合社形成的市、乡综合性联合社。从功能结构上看，这个新型合作体系是联合社为专业社服务，专业社为农民社员服务。从成分结构上看，构成这个体系的成分是"三社一方"，即供销社及其领办的专业社、农民办的专业社、涉农单位领办的专业社与农业和农村经济有关的方面。关于职能运作：依托供销社，联合"三社一方"形成的市、乡两级新型的农村合作经济体系，均具有组织、代表、规划、指导、监督、流通、信用、科教等方面职能。这些职能顺利实现，取决于合作经济体系的有效运转。莱阳市新型农村合作经济体系采取的微观运作方式如下。第一，建立全新的内部经营管理机制，调动方方面面的积极性，保障合作社健康运转。第二，在经营上体现为社员服务，不以营利为目的，运用各种方式为社员购进生产、生活资料，销出产品，提高社员收入。第三，在监督上，发挥法治监督、体系监督、体制监督和政府监督作用。第四，在金融支持上，灵活筹措和使用社员股金。

股金分为身份股和投资股。第五，建立教育培训制度，提高社员文化素质。

（3）经验的深入提炼。莱阳从1991年即有了体现自己特色的农村改革与发展思路，从1995年又开始在全市范围内大张旗鼓地发展农村合作社，并取得了令人瞩目的成就。作者认为，这首先得力于有一支关心农民、爱护农民、尊重农民，因而致力于去提高农民的干部队伍。这支队伍因为有了这种可贵的情感，才不怕别人说三道四；才有着坚韧不拔的精神；才能上高两个台阶，将国外经验、历史教训、当前现实尽收眼底，融会贯通，形成具有可行性的、自己特色的理论、思路和具体的工作方法。除此之外，还有三点。一是科学有效的推进方式。第一，紧紧围绕主导产业、主导产品兴办合作社。第二，从专业社起步，逐步走向专业和区域联合。第三，以供销合作社为主要依托力量兴办合作社。第四，坚持按农工商一体化要求办社。第五，始终按规范运转的要求办社。第六，正确处理兴办合作社中的各种关系。正确处理合作社与村集体的关系、合作社各个成员之间的关系、兴办合作社过程中所涉及的人事劳动方面的关系。二是中国式的"罗虚代尔原则"。莱阳依据"罗虚代尔原则"和国际合作社联盟公布的合作社原则，吸取人民公社的教训，结合莱阳新型合作社的实践，提出了六条具有中国特色的合作社原则，即经济组织原则、自愿原则、为社员服务原则、民主管理原则、以社员与合作社实际交易量为依据的分配原则、培训原则，这是对中国合作社理论、中国合作社运动的重要贡献。三是多元化的办社主体。政府支持供销社转轨变型，鼓励供销社当"总牵头人"，但不提倡由供销社垄断专业合作社的发展权，而是突出了两个重点：第一，鼓励农民自己办社；第二，鼓励供销社、涉农单位、加工企业积极挑头办社。组织力量来自四方面：农民是主体，农村党员干部是基本的组织者；以供销社为代表的国有和合作商业是主导力量；农产品加工企业是重要力量；以农口站所为代表的涉农单位是必要力量。

（4）发展的深刻启迪。莱阳试验提出在不改变农民家庭经营独立性的前提下，用合作制的组织形式，在进入市场这个环节上把农民组织起来，解决一家一户办不了、办不好的事情，协调农业产业链诸环节间的利益关系和秩序关系，从而逐步建立起与成熟的市场经济体制相适应的农村经济运行体制和机制，这是一大创造。这个创造，在农业产业化组织形式的变革、乡镇企业的产权制度建设与产业定位、小城镇建设模式的抉择、土地资源重组机制的形成、供销合作社与农村信用合作社的改革、涉农"站所"的走向、政府领导农村经济方式的调整等一系列中国农村改革与发展中所不可回避的问题上，给莱阳以外的广大农村提供了有益的启示。一是新世纪农村经营制度的构架依稀可见。新的农村经营制度，应以家庭经营（家庭联产承包责任制）为基础，以推行一体化农业为轴线，以各种农民的合作与联合的经济组织为形式。第一，必须走一条路子。要改变农业的弱质产业地位，让农民走向安康和富足，实现农业现代化，必须走农工商一体化、产业化经营的路子。第二，必须发展一个载体。农工商一体化、产业化经营面对的必须是有组织的农民，其组织形式将是股份制、股份合作制、合作制。这些组织是托起和推动农业产业化经营的载体。第三，必须坚持一个体制。搞合作社是为了解决在进入市场过程中一家一户所办不了、办不好的事情，是为了造成农业产业链的有序性结构，绝不能动摇以家庭联产承包责任制为主的双层经营体制。二是农业产业化组织方式将呈现出梯次递进规律。"公司＋农户"，是农业产业化经营链条形成的初级阶段的组织形式；"公司＋合作社"，在建立产业链的秩序上和各环节之间的利益反哺与协调上又有了新进步；"合作社办公司"，伴随农业产业化经营制度的确立与发展，农副产品加工企业将会大量集聚在合作社旗帜之下。三是实现"站所"组织资源整合的有效形式。鼓励各涉农单位发挥自身优势，挑头或参与组建专业合作社，再引导专业合作社走向联合，建立起市、乡、村三级合作社组织网络，既使"七站八所"的服务职能得到落实，又重构出与市场体制相适应的新型农村社会化服务体系。四是基层供销社将呈现出"社中有社"的联社体制。基层供销社在发挥自身优势积极挑头组织农民发展专业合作社的同时，积极联合和扶持农民及其他社会部门发展专业合作社，逐步由目前的"单体社"走向"复合社"。五是新的农村经营制度需要新的领导方式与之配套。由过去政府直接出面号召和动员农民，转变为政府支持合作社发展，由合作社出面组织农民进入各个产业领域，从而形成一种"政府—合作社—农民"三位一体的领导方式。

（5）反响的客观评说。由于莱阳试验涉及的内容瞄准的是全国农村所普遍关注的问题，因而引起了从中央到地方不少领导同志和理论工作者的重视，纷纷赴莱阳考察研究和予以指导，并站在各自不同角度，或做出评价，或提出希望和改进意见。可谓智者见智、仁者见仁。作者本着实事求是的态度，既不夸大成绩，也不回避矛盾，对各方评论给予了客观记录。其中，主流观点都对"莱阳试验"给予充分肯定，认为莱阳所进行的用合作社方式推进农业产业化经营的探索，为中国农村经济发展蹚出一条新路子，对全国有指导性和借鉴意义。1995年以来，原国务院副总理姜春云、全国政协副主席杨汝岱、国务委员兼中华全国供销合作总社主任陈俊生、全国人大常委会副委员长费孝通、中共中央政治局委员兼山东省委书记吴官正、全国政协副主席兼中华全国供销合作总社党组书记白立忱等党和国家领导人，先后到莱阳做过考察，对莱阳给予许多肯定和指导，一大批专家、学者更对莱阳的探索给予了理论上的论证和指导。其中时任山东省委书记的赵志浩同志指出，莱阳兴办农村合作社和股份公司是一个创造，方向正确，路子对头，很有前途，有可能成为当前解决农村中诸多问题的一种很好的办法。时任省长李春亭同志指出，通过股份合作制和合作社等组织形式为载体，把一家一户分散的农民组织起来，进入市场。应当说这是在社会主义市场经济体制构筑过程中的一大发明创造。莱阳搞的股份合作制、合作社既是劳动者的联合，也是一种公有制为主体的新的生产组织形式。这个创造是一条好经验。时任中共中央政策研究室副主任肖万钧同志，作为我国资深农村政策问题专家，曾先后五次到莱阳调查，认为莱阳在深化供销社的改革中，以发展专业合作社为突破口，在恢复"三性"，真正把合作社办成农民自己的合作经济组织，与农民紧密地结合成一体上，走出了一条转轨变型的路子。莱阳在这方面不仅走在了山东省的前列，而且也走在了全国的前列。莱阳的做法，是带有方向性的经验，这对全国农村改革有指导性和借鉴意义，其价值不能低估。一大批专家、学者对莱阳的探索予以考察论证，从不同的角度、不同层面总结概括了莱阳市兴办农村合作社、推进农村改革的基本经验和做法。认为莱阳创办农村合作社的实践，是在稳定和完善农村基本经营制度的基础上，为引导农民进入市场架起了一座桥梁，为实现农村改革与发展提供了组织上的保证，也为莱阳经济的发展和农民奔小康奠定了良好的基础，其意义和影响是深远的。同时，作者也对"莱阳试验"没有得到广泛推广，出现"叫好不叫座"现象进行了深入分析：一是"谈社色变"的心理仍在作祟；二是以经济实力论英雄，对莱阳不服气；三是来自供销合作社系统的诘难，认为莱阳的做法是在取代供销社，是在"毁炉挑灶"；四是一些虚假合作社影响了声誉。

（作者单位：中共威海市委办公室）

美国动产担保交易制度研究

董学立

本研究以美国《统一商法典》第九编即"动产担保交易法"为内容。

本研究沿着"提出问题、研究问题、解决问题"的路径展开。

提出问题，这是本研究第一章的主要任务。

从根本上讲，尽管大陆法系概念法学所决定的在质权和留置权之外发展非移转占有型动产担保物权可以弥补传统移转占有型动产担保对社会经济生活有效运转所造成的严重障碍，但其制度设计本身所引致的物权法制度内部的不相和谐，也是十分明显。如何剔除概念形式的羁绊，构建现代化商业社会所需要的动产担保法律制度，已成为大陆法系国家目前面临的法律难题。我国台湾地区在此方面的立法实践，虽有其时代进步意义，但已为过眼烟云，实不足为效仿。以美国《统一商法典》第九编为始祖和代表的北美功能式动产担保权益立法，为大陆法系动产担保制度之改革和发展，提供了另一崭新思路。有关世界性经济组织和金融机构推出的动产担保交易法（示范法），也为大陆法系动产担保制度改革的实施提供了范本。作为大陆法系的中国大陆民事立法，适逢《中华人民共和国物权法》（以下简称"《物权法》"）起草并颁布的关键时机，可否将北美功能式动产担保交易法律制度的立法理念和立法技术，拿来为我所用，并以《物权法》的制定和颁布为契机，实现物权立法的和谐和统一，实为不可坐视之问题。若能将北美功能式动产担保交易法律制度的立法理念和立法技术消化并吸收到《物权法》的制定中来，所谓要"制定一部二十一世纪具有世界先进水平的物权法"的宏伟目标，将更进一步。

研究问题，这是本研究第二章至第六章的基本任务。

所谓研究问题，就是对具有世界示范意义的美国《统一商法典》第九编的主要立法理念和立法技术进行研究和介绍，以为我国物权立法提供一般借鉴。美国《统一商法典》第九编颁布后受到北美以及欧洲大陆的追捧，其立法理念和制度设计堪称绝妙！我国已故法学家、教育家沈达明先生曾称美国《统一商法典》第九编为"天书"。一般而言，它们尽管与美国《统一商法典》第九编后的有关各动产担保交易的立法或示范法的内容略有不同，但与美国《统一商法典》第九编一致的是，它们都在以下几个方面有详尽规定：动产担保法的调整范围（scope）、动产担保权益的设定（attachment）、动产担保权益的完善（perfection）、担保权益的优先次序（priority）以及动产担保权益的实现（enforcement）。由于这五个方面在动产担保交易法律制度中的基础性和它们之间存在着内在逻辑关系，本部分之研究就紧紧围绕着这五个概念来进行，并将其分别设计为一章。

解决问题，这是本研究在结语部分的目标。

所谓解决问题，就是引进美国《统一商法典》第九编的立法理念和立法技术，为我国物权立法提供另类参考。美国《统一商法典》第九编在现实主义与理想主义相结合的立法指导思想下，实现了交易类型化上的功能方法与担保交易一元化的立法设计——不管交易的形式如何，只要其意在创设动产担保权益，就应当适用相当的法律。笔者认为，我国动产担保物权立法，应大胆吸收以美国《统一商法典》第九编所代表的功能式立法理念，以完善我国动产担保物权立法。我国物权立法尤其是动产担保物权立法需要就以下主要问题展开研讨：一是关于动产担保物权的形式与实质的问题；二是关于动产担保物权之"动产"的范围问题；三是关于动产担保物权设定的立法模式问题；四是关于动产担保物权的公示问题；五是关于动产担保权益的优先顺位问题；六是关于担保权益的实现问题。

［作者单位：山东大学（威海）］

论田纳西·威廉斯的柔性戏剧观

张　敏

诗意和抒情性常常被戏剧评论界和普通读者视作是田纳西·威廉斯（1911～1983）戏剧的一个重要特征，但其抒情性至今尚未被人做过较系统深入的学术研究。在其职业生涯中，威廉斯一直不愿意被贴上任何标签，1973年在接受一次采访时他说："批评家仍然让我成为诗化现实主义作家，可我从来都不是。"他认为抒情性一直是自己"作为一个剧作家的根本"。威廉斯在杂谈和随笔中虽然用不同的词语来称谓自己致力探索的理想戏剧模式，如"柔性戏剧""创意戏剧""诗意戏剧""抒情戏剧""非写实戏剧"等，但都追求戏剧中的抒情特征。

在《玻璃动物园》（1945）演出说明中，威廉斯明确提出了他所追求的"柔性戏剧（plastic theatre）"："表现主义和戏剧中所有其他非传统技法只有一个目的，即一种更接近于表现真实的方法。……现在大家应该知道艺术上照相式表现方法的微不足道：真实、生活或现实是一种有机体，借助于诗意的想象来表现或传达。从本质上来说，只有通过变形，变成其他的形式，而不是通过原原本本的模样来实现。"

这些话不仅仅是这部剧的前言，还道出了一种新的柔性戏剧观。如果戏剧作为我们文化的一部分要恢复活力，这种柔性戏剧必然要取代那种现实主义传统的枯竭的戏剧。

由此可见，威廉斯的"柔性戏剧观"涵盖两个方面的内容。首先他认为现实是一个有机体，不应局限于事物表面的"原原本本的模样"。它是多维的，富有活力与动感。另外，基于对现实的这种认识，威廉斯追求戏剧表现手法上的诗意。在表现手法上要摒弃传统的"照相式表现方法"，借助于"诗意的想象"及"变形"，使剧作更加充分、更加形象及更富有诗意地来表现现实这个有机体，而这种表现手法增加了他的剧作的诗意和抒情性。

克拉默（Kramer）认为威廉斯受19世纪40年代纽约著名画家霍夫曼（Hans Hofmann）的影响而使用"柔性"来定义他所追求的戏剧模式。霍夫曼在绘画上使用了"柔性（plasticity）"一词，意为"在绘画这种二维媒介中进行一种三维体验的交流，一种绘画的不同成分——形、线、色、空间等所形成的张力效果"。这种张力"产生这种感觉，绘画活了起来，甚至好像动了起来"。威廉斯在使用"柔性"一词时，多数情况下是指舞台上非语言的表达方式。例如，威廉斯曾批评奥登和艾略特在所致力追求的"诗剧（poetic drama）"中不会使用"剧场提供的所有无以伦比的柔性和视觉资源，没有学会如何利用动作和姿势来替代长篇大论"。而批评家在谈论威廉斯的柔性戏剧时，也是强调他对舞台资源的利用。然而，研究发现这种看法是有其片面性的，威廉斯的柔性戏剧观在包括利用舞台资源进行写意表现的同时，也应该涵盖对语言的实验和对氛围的营造。

一 诗化的语言

威廉斯追求并创造了诗化的戏剧语言，主要是利用了雅语（elevated language）和俗语（colloquial language）中的诗性，注重了人物语言中的节奏与韵律，并以歌剧式咏叹调（aria）的方式使人物的抒情语言与音乐似的音调及形体语言得到有机结合。

雅语类的诗化语言主要表现为作家在剧本正文前引用诗句、舞台提示中使用隐喻，另外还在剧中塑造了很多诗人和其他艺术家形象，自然地赋予他们的语言以诗的特性。威廉斯在一些剧作前插入了某个诗人的诗句作为引语，这些开篇诗句为剧作做了诗意的铺垫，它们或是预示笼罩在剧中的孤独感，或是暗示人物的性格或悲惨命运，这些诗人包括哈特·克莱恩、埃米莉·狄金森、萨福、但丁、威廉·巴特勒·叶芝、兰波、卡明斯、里尔克、狄兰·托马斯等。如《欲望号街车》（1947）以克莱恩《破碎的塔》中的诗句作为引语：

> 就这样我进入这个破碎的世界
> 寻访梦幻般爱的陪伴，它的声音
> 是风中一瞬（我不知它抛向何处）
> 握住每次绝望的选择却为时不久

　　这一引语诗意地影射了剧中布兰琪对生活和爱的幻想及其凄惨的命运。如同布兰琪在剧中的第一句话一样："他们告诉我乘'欲望'号街车，然后转乘'公墓'号，过六个街区，在'福地'下车！"这一引语诗意地表达了她的梦幻与绝望，生的欲望与注定的死亡。

　　雅语类的诗化语言也体现在威廉斯对舞台提示语言的使用上。威廉斯的舞台提示在为舞台演出做出必要的布景、人物、动作、音乐等提示外，他所使用的语言往往产生如诗如画的效果，尤其是一幕或一场的开篇部分的提示。例如，《玻璃动物园》的开场提示为："寓所面对一个巷子，从一个防火梯进来，这名字碰巧传达了某种诗的真实感，因为所有那些巨型建筑物都在燃烧着一种慢腾腾的却压制不住的人类绝望的火焰。"在舞台上表现这些建筑物"燃烧着……人类绝望的火焰"这一特点很难，但隐喻的使用唤起读者对居住在这些寓所中的人们生存状况的想象。其他剧作的舞台提示语言也有类似的特点。南希·提士勒（Nancy Tischler）认为威廉斯的舞台提示语言"极度华丽"，而这一评价也透露出威廉斯对舞台提示中语言诗性的发掘。

　　另外，威廉斯在剧作中塑造了很多诗人和其他艺术家形象，并自然地赋予他们的语言以诗的特征。剧中诗人形象包括《玻璃动物园》中的汤姆，《大路》（1953）中的拜伦，《去夏突至》（1958）中的塞巴斯蒂安，《蜥蜴之夜》中的诺农，《牛奶车不再在此停留》中的弗兰德斯，其他艺术家形象包括《蜥蜴之夜》中的画家汉娜，《两个人的剧》（1967）中的剧作家菲利斯，《老广场》（1977）中的作家，《小小的提醒》（1972）中的脚本作者昆廷，甚至《欲望号街车》中的英语教师布兰琪。在第一场布兰琪刚到妹妹斯蒂拉家时，对住所的简陋她向妹妹发表了如下看法，"Oh, I'm not going to be hypocritical, I'm going to be honestly critical about it! Never, never, never in my worst dreams could I picture—Only Poe! Only Mr. Edgar Allan Poe! —Could do it justice"（噢，我不是想要虚伪，我是要坦诚地对它评判！这幅画面从不、从不、从不会出现在我最糟糕的梦中——只有坡！只有艾德加·艾伦·坡先生！——能够发现它的价值）。正如格里芬（Alice Griffin）所说，作为英语教师，布兰琪言语中引经据典便显得很自然。在剧作中，这些人物想象力丰富，尤其是诗人用词时文雅考究。在《玻璃动物园》结尾，汤姆的最后一段独白诗意盎然，形容自己的游历为，"The cities swept about me like dead leaves, leaves that were brightly colored but torn away from the branches"（城市像落叶在我身边掠过，那些叶子色彩绚丽却被剥离了枝干），并借香水玻璃瓶表达自己的怀旧之情，"tiny transparent bottles in delicate colors, like bits of a shattered rainbow"（很小的透明的玻璃瓶，色彩柔和，犹如点点破碎的彩虹）。汤姆运用落叶和灯光下色彩柔和的玻璃瓶抒发他对姐姐的愧疚与怀旧之情。剧中艺术家形象的塑造决定了他们在独白或对话中自然地使用诗化的语言，从而为威廉斯的剧作增添了诗意。

俗语类的诗化语言主要体现在威廉斯对俚语和符合人物劳动者身份的行话的使用上。威廉斯认为："口头的、完全低俗的语言可能更具有诗意。"剧作家在剧本中塑造了一些精力旺盛、追求实际、文化程度不高的人物形象，这些人物经常使用俚语、行话及不符合语法规范的口头语等，他们的语言不似剧中诗人或其他艺术家那样用词考究文雅，而是生活劳作中鲜活的语言。威廉斯发掘了俚语意象生动、表达婉转的特点。《欲望号街车》中斯坦利对俚语的使用拓展了剧作的意蕴，在第一场结束时，他与布兰琪初次见面，只有他们两个人时，斯坦利要给她倒酒，并问道："You going to shack up here？"（你要住这儿吗？）"shack up"是部队中使用的俚语，常为"士兵向本地妇女寻欢时的询问用语"，意为"住下，过夜，同居"。这里用到这个俚语既符合斯坦利退役军人的身份，又有助于理解他们之间关系的发展。这种表达一方面间接地反映了斯坦利第一眼便看穿了布兰琪人性中追求欲望的一面，另一方面也为揭示布兰琪过去生活中不光彩的侧面做了铺垫。俚语在表达上的间接婉转使它具有诗意，正如惠特曼所说："这就是俚语，或间接表达，一种普通人避免使用枯燥的字面意思，无限地表达自身的尝试，这种尝试在最高层次上产生诗人和诗歌。"

对行话的诗意挖掘指的是剧中不谙诗文的人物如何用与自己劳作和身份相符的词语来表达情感。《玫瑰鲸纹》（1951）中的缝纫工塞拉菲娜将自己怀孕的感觉描述为"A pain like a needle, quick, quick, hot little stitches"（像针扎一样痛，有点像缝衣时很快、很快的刺痛）。她在表达情感时的用词，如"针"和"缝衣"非常符合她作为女裁缝的身份。《琴仙下凡》（1957）中瓦尔关于无足鸟的抒情表达用词简单，大多为简单句，语法不规范，"But those little birds, they don't have no legs at all and they live their whole lives on the wing, and they sleep on the wind, that's how they sleep at night …never light on the earth but one time when they die"（但那些小鸟，它们根本没有腿，它们靠翅膀生活一辈子，它们睡在风中，那就是它们晚上睡眠的方式……除非它们死时，否则从不落在地上）。通过将自己比作无足鸟，瓦尔表达了自己作为流浪汉的身份和梦想，也预示了他来到双河镇后与莱蒂恋情的悲惨后果。

威廉斯的诗化语言还通过他注重人物讲话时的节奏和韵律得以实现。虽然不具有诗歌中的格律，但剧中的独白或对话通过押头韵、半谐音、象声词等的使用，以及重音及音调、单音节或多音节词、对句、句法结构的重复、短长句搭配等的选择使用而具有诗的节奏与韵律。威廉斯认为："离开了节拍，我便无法创作。……我迷上了节拍。我必须听到那声音。"如《玻璃动物园》中汤姆的几段独白读起来具有自由体诗歌的节奏感，对节拍的把握在俗语的运用上得到了很好的体现。《欲望号街车》中斯坦利拥有独特的"重复和变音"节奏，《玫瑰鲸纹》中塞拉菲娜"流畅地运用单音节词"，《热铁皮屋顶上的猫》中大爹的讲话通过动词分词形式的并列，词和句子的重复体现出一种特有的节拍和力量。以大爹对大妈说的一段话为例：

> 不停地呼来喝去。不停地唠叨。不停地拖着你的老胖躯体在我创下的地盘晃来晃去！我创下了这个地盘！我是这儿的头！我是这片老斯特劳和奥彻罗种植园的头。我十岁辍学！我年方十岁辍学下地像个黑鬼一样干活。我起来了成了斯特劳和奥彻罗种植园的头。老斯特劳死了，我是奥彻罗的搭档，这个地方变得越来越大，越来越大，越来越大，越来越大，越来越大！

通过动词分词、词语和感叹句的重复，大爹的魄力被体现得活灵活现，同时，这也给他的言谈增添了抑扬顿挫的节奏感。而节奏是诗歌的语言，它似人的心跳、呼吸、走路、舞蹈一样自然，愉悦听觉，打动人心。贾德森·杰罗姆（Judson Jerome）说过："诗歌是口头的；它不是词语，而是读出来的词语。……'真正的'诗歌不是纸上的涂写，而是这些涂写所代表的声音。"从声音效果上看，威廉斯的剧作具有一种诗歌的节拍和韵律。

除了以上谈到的对雅语和俗语中诗意的挖掘，对节奏与韵律的使用之外，威廉斯剧作中语言的诗意最有特点之处是对歌剧式咏叹调的使用上，"也许可以说威廉斯最好的诗段是那些最接近咏叹调的诗段"。咏叹调通常指歌剧中的独唱部分，指"狂想的瞬间，这时情节停滞，听众从世俗的言语世界被带到歌者的抒情思绪和情感世界"。与歌剧中的咏叹调不同的是，威廉斯戏剧中的咏叹调是用歌唱似的曲调配以音乐而非歌唱来表达的。剧作家通过舞台提示描述了沉浸在抒情状态时人物歌唱似的音调和舞蹈般的动作，这种对音调和舞蹈般形体语言的处理往往符合人物所抒发的情感。

在《玻璃动物园》第六场，为了迎接吉姆的来访，阿曼达装饰了简陋的寓所，为劳拉梳妆打扮，在这一切都做好，汤姆还没有带吉姆到来之前，阿曼达有一段抒情表白。她将自己年轻时穿的衣服穿上，手捧一束水仙花，在房间内迈着碎步，兴奋地向劳拉回忆："我那个春天得了疟疾发热。……我服了奎宁但还是坚持着出去，出去！夜晚，跳舞！午后，远远的，远远的外出！郊游——宜人！如此宜人，在五月的乡间——……到处都是水仙花！……后来我——遇到了你的父亲！疟疾发热、水仙花、后来——这个小伙子。"在这个短段中，从一个意象到另一个意象的跳跃及频繁出现的标点符号表现出阿曼达在讲出每个单词时所投入的强烈的情感。这是她记忆中的青春，事实上，她已不厌其烦地对子女讲了很多遍。这种讲述和对过去的重演使她暂时忘却了现实的残酷：丈夫离家出走，儿子也要效仿父亲，女儿教育的失败，而且没有绅士来访。如果仔细倾听，阿曼达的语调虽不规律、不可预测，却带有独特的乐感和节奏。而正是这种情感的抒发及其在表达上所特有的音乐性和形体上舞蹈般的步伐，为剧作增添了抒情诗般的意境。

威廉斯虽然也在男主人公的独白中加入了抒情段落，如《小小的提醒》中昆廷关于同性恋身份的感叹，《琴仙下凡》中瓦尔将自己比作无足鸟的情感抒发，但是他更多地赋予南方女主人公以咏叹调来使一部戏剧更富有诗意："她们喜好言过其词，辞藻华丽，这好像适合我，因为我的创作因情而起，又为情所动。像卡赞有时谈及的咏叹调，有时它们发挥得很好，有时却割断了剧情。"这样的女主人公包括阿曼达、布兰琪、阿尔玛、玛格丽特、莱蒂、简等。在日常交流中，这些南方女主人公往往会采用咏叹调表达对过去的留恋和对未来的梦想，她们往往边谈边翩翩起舞，面部表情丰富。威廉斯戏剧中歌剧式的咏叹调提供了人物抒发情感的瞬间，这也是威廉斯的作品很受歌剧改编者青睐的一个原因。

对于这些芳容已逝的南方淑女来说，抒情或咏叹意味着她们对现实的不满及对想象力所能带来的抚慰作用的依赖，西格蒙德·弗洛伊德认为幻想有助于缓解神经紧张："幻想的原动力是没有得到满足的愿望，每一个幻想都代表一个愿望的实现，对一种令人不满的现实的枉正。"对过去的重构是否符合历史以及对未来的幻想是否合乎情理并不重要，重要的是将回忆和幻想作为自己生命的一部分。像阿曼达和布兰琪一样芳颜已逝的南方淑女的现状，代表的是美国南方淑女在农业社会工业化过程中的命运。以前种植园固有的生活方式已经失去其存在的根基，她们眼下的生活就像威廉斯在描述阿曼达时所说："一个精力旺盛却不知所措的小妇人，疯狂地生活在他时和别处。"

威廉斯拥有"人类心灵诗人"的美誉，他强调戏剧中诗意的重要性，"诗意就是诗意，它不一定是诗歌"（Poetry's poetry. It doesn't have to be called a poem）。因此，他的剧作不似爱略特的诗剧以诗的形式创作，而是具有抒情诗语言所特有的简洁、形象和抒情的特点，并且读起来朗朗上口。

二　抒情的氛围

氛围在构成威廉斯戏剧抒情性中占有核心地位，威廉斯在戏剧演出中很重视对氛围的营造。威廉斯剧作中的氛围主要有怀旧的氛围（nostalgic mood）和挽歌式的氛围（elegiac mood）。怀旧的氛围体现在回忆剧中叙述者或人物对往昔的留恋，挽歌式的氛围体现在对旧南方文化的流逝及人与人理解的缺失的哀悼。

威廉斯主要是通过叙述者的讲述和人物的回忆、舞台视觉和听觉资源的烘托等来营造怀旧的氛围。在威廉斯的一些剧目中，常常由一个或两个叙述者叙述往事，使整个剧情置于回忆剧的框架之中。但更多的时候，剧本是通过剧情中的角色来回忆过去。戏剧回忆的方法在古希腊和古罗马戏剧中早已有之，古希腊戏剧常常通过歌队、传令官、信使、牧羊人、更夫或神来揭示鲜为人知的过去，帕特丽夏·施罗德（Patricia R. Schroeder）称歌队为"怀旧队"。古罗马戏剧在演出开始时往往有一段"回顾式独白"。无论是叙述者还是剧中人物，在回忆时不可避免地带有自己的态度和情感，回忆的主观性和个体性在很大程度上会对原事件做出夸大或扭曲。另外，回忆中更多的是一些印象式的片断，而不显现事与事间的逻辑关系，使剧作蒙上了一层薄薄的虚幻色彩，现时的情节推进处于背景位置，从而凸显全剧的主观怀旧氛围。

在《天使之战》（1940）（后改为《琴仙下凡》）、《玻璃动物园》和《老广场》中，分别有一个或两个叙述者。在《玻璃动物园》中，汤姆在第一、三、五、六、七场的独白使剧作具有了回忆剧的框架。《老广场》以"作家"的独白开场和结尾，开场便声明了这是"我的回忆"。在大部分剧作中，威廉斯采用人物的讲述来回忆美好的过去。例如，在《玻璃动物园》中，阿曼达经常回忆她在蓝山接受贵族式教育以及她一个下午迎来十七个来访绅士的情景。在《热铁皮屋顶上的猫》中，唯一诚实而又忠诚的爱只存在于大爹的记忆中——庄园的最初拥有者同性恋斯特罗和奥彻罗间的爱；在《玫瑰鲸纹》中，令塞拉菲娜神魂颠倒的神秘的狄俄尼索斯形象也在她的记忆里；在《青春甜蜜鸟》中，男主人公无法忘记与海雯丽的爱情而返回小镇寻找逝去的青春；在《去夏突至》中，母亲怀奥莱特回忆她与已死的儿子的生活，勾勒了一幅和谐美妙的图画。威廉斯剧中的主要人物似乎都逃脱不了过去的生活，尤其是对过去的美好记忆。在某种程度上，他们生活在过去，不断从记忆中重温美好的瞬间，而正是叙述者和人物对过去的这些留恋使剧作萦绕浓厚的怀旧氛围。

威廉斯善于利用舞台视觉和听觉资源来烘托怀旧的氛围。在《玻璃动物园》的演出说明中，他指出："自如大胆地使用灯光会大大增强舞台的动感和柔性。"在《小小的提醒》演出后记中，他指出舞台设计师、灯光师和音响师很好地捕捉到了剧作的氛围和诗意。这些都体现了他对音乐和灯光在营造抒情氛围上的重视。《琴仙下凡》中的曼陀林曲使人想起莱蒂的父亲，在第一场开幕前，作为叙述者的比尤拉伴随着曼陀林曲介绍莱蒂的父亲，她的声音"富于怀旧之情"。他开垦了一块土地，种植了一片果园，他拥有葡萄藤、果树和白色木制凉亭，那里曾有灯、恋人及他与女儿莱蒂歌唱和演奏意大利歌曲的美好时光。而这一切随着一场神秘组织放的大火付之一炬，仅因为父亲"卖酒给黑人"。后来在第二幕第一场中莱蒂和戴维对话时，她忆起了父亲，同时又响起了曼陀林曲。在《天使之战》中，威廉斯利用灯光来使舞台呈现一种符合回忆剧特点的流动感和柔性，迈拉为纪念父亲的葡萄园而建的糖果点心店总是比杂货店的其他部分明亮。威廉斯在第三幕中写道："房间设计主观性强，一种氛围、一种萦绕的记忆，大不同于干货柜台区的昏暗。"如果说干货店代表残酷与枯燥的现实，那么迈拉的糖果点心店是"她梦的寄托"。当将灯抬高时，"糖果店就像记忆本身一样，暗淡柔和，笼罩在怀旧的氛围中"。通过对音乐和灯光的利用，威廉斯营造了浓厚的怀旧氛围。

威廉斯在营造怀旧氛围的同时，也对已逝的美好事物唱出了一曲曲的挽歌。剧中的主人公要面对的是苦涩的现在，是美国南方从农业社会向工业社会转变过程中人物的失落感。罗杰·鲍克斯尔（Roger Boxill）认为："田纳西·威廉斯是一位挽歌作家，一位缅怀理想化的过去的怀旧诗人。"威廉斯进行创作是因为他"为旧南方文化的丧失感到遗憾"。他的大部分戏剧是对旧南方农业秩序丧失的挽歌。无论是营造怀旧的氛围还是挽歌式的氛围，其意义主要可以归纳为两点：一是对旧南方文化丧失的哀悼，二是对人际冷漠与阻隔的揭示与痛惜。

他的大部分剧作哀悼了在工业化社会中种植园主形象的变化、来访绅士的不再以及南方淑女的没落。像电影脚本《巴比·多尔》（1956）中的阿奇·梅根（Archie Meighan）一样，剧作《热铁皮屋顶上的猫》中的大爹和《地球王国》（1968）中的奇肯·莱文斯托克（Chicken Ravenstock）也都是重商业效益的种植园主。而传统的种植园已经随着《欲望号街车》中美梦庄园的丧失一去不返，美梦庄园的丧失意味着"美国内战前的南方曾拥有的优雅、贵族气派和纯真的爱的传统"的丧失，取而代之的是商业利益高于一切。同样，来访绅士如吉姆和米奇也不是种植园主的公子，而是工厂的职员，不是专程拜访劳拉和布兰琪，而是与她们不期而遇并擦肩而过。这些南方淑女虽然固守着自己应有的形象——优雅、敏感、讲究礼节，她们却没有南方淑女所应有的经济地位和优雅的生活环境，而是为生存挣扎，与工业化进程中重实际、追求金钱的现实格格不入。在谈及悲剧的小说模式时，弗莱指出："挽歌式总是与时间的流逝，旧的秩序转变成或屈从于新的秩序时那种弥漫着的，注定的忧郁感相伴。"而威廉斯的大部分剧作渗透的正是这种气息。

但威廉斯没有停留在对旧南方文化丧失的哀悼中，正如他不愿意被称为南方作家一样。他的视野更为宽阔，作品更多的是哀悼人与人之间爱和理解的缺失，哀悼在时间面前一切美丽和青春的流逝。剧中很多人物或是已死而未出场，或是在剧情发展中死亡，而这些人物的死亡大多与暴力相关，同性恋多采取自杀的手段，如《欲望号街车》中的艾伦，《热铁皮屋顶上的猫》中的斯基普，《去夏突至》中的塞巴斯蒂安。还有一些人物死于其他暴力，如《琴仙下凡》中的瓦尔、莱蒂和莱蒂的父亲，《玫瑰鲸纹》中的罗萨里奥，《两个人的剧》中的菲利斯和克莱尔的母亲，《玻璃动物园》中阿曼达的一个来访绅士，《夏与烟》中约翰的父亲，《青春甜蜜鸟》中的强斯，《老广场》中的香槟女郎等。威廉斯对这些人物的死亡总是持一种同情和理解的态度，他感觉到的不只是他在作品中一遍遍反映的暴力，而是暴力后面的东西——"爱的缺失"。例如，在《青春甜蜜鸟》中，强斯即将被处以私刑前的结束语为："我不恳求你们的同情，但求你们的理解——甚至连那也不要——不。只恳求在你们身上找到我，在我们所有人身上找到这个敌人——时间。"这里渗透着强斯对人与人之间理解的强烈渴望，该剧由独幕剧《敌人——时间》发展而来，年事已高的女演员亚历山德拉（Alexandra）也有感叹："整个一天我一直听到一种哀叹飘过这里的空气。它说，'失去了，失去了，再也找不到了'。"剧中"哀悼"作为主调音乐在第三幕时"悄然响起，一直演奏到幕落"。哀悼人与人之间理解和爱的缺失，哀悼人在时间面前的微不足道。威廉斯的剧作更多地渗透着一种挽歌式的氛围，而不是义愤、抗议或革新。在他的大部分剧作中，怀旧氛围和挽歌式氛围几乎同时存在，但剧作更多地表现为一曲曲的挽歌。

威廉斯剧作中人物通常渴望永远拥有记忆时间中的青春和美丽，但在钟表时间面前显得无能为力。他采用了叙述者或人物的回忆、音乐和灯光等舞台资源来展示人物主观的内在记忆时间和情感，怀旧氛围应运而生。但从总体来看，威廉斯的大多数剧作由于突出了现实中美好事物的丧失和死亡主题而笼罩着更强的挽歌式氛围。

三　写意的舞台表现

威廉斯一直不懈地探索发掘舞台资源的利用，这从剧中的舞台提示部分便可见一斑。如果说诗意的语言和抒情的氛围也适合抒情诗和抒情小说的创作，那么剧作家威廉斯创作的独特之处便是搭建了一个抒情写意的戏剧舞台。这也是威廉斯致力实现的柔性戏剧的一个主要方面。写意的舞台表现侧重于挖掘舞台资源的象征寓意来抒情达意，而不是呈现事物表面"原原本本的模样"。除了上文提到的烘托氛围的作用之外，威廉斯写意的舞台表现主要有两个方面的作用：一是使略显松散的戏剧结构呈现某种外在的节奏与韵律；二是赋予舞台资源以象征意义来揭示人物内在情感，尤其是同性恋的情感世界。这种利用舞台资源来抒发人物情感及外化情感结构强化了剧作的抒情性。

威廉斯的戏剧大部分属于回忆剧或梦剧，他在舞台资源的利用上追求一种流动感，如《玻璃动物园》中暗淡的灯光和《欲望号街车》中透明墙壁的使用。梦剧《大路》"突破第四堵墙……首次在百老汇实现了演员跑下过道，涌到观众中，并冲上楼座"。卡赞也指出："田纳西本人很抒情地在直接跟你说话。这也部分地解释为什么我们通过让演员不断地直接跟观众讲话以及把一些出口和入口设为剧院的过道来将观众拉进第四堵墙。这一手段也提供了一种自由感。"而舞台上的流动感也体现在剧作家利用舞台资源来外化人物内在情感及其变化上。威廉斯大部分剧作的结构不是很完整紧凑，即使结构线索清晰，也是处于背景位置，剧作突出表现的是人物情感的变化而不是外部事件的推进。他说："我从来不过多考虑情节……我先塑造人物，其他随之而来。"在对威廉斯戏剧结构的研究中，朱迪丝·汤普森（Judith J. Thompson）和比利·米舒（Billy Mishoe）都注意到了幻想和回忆在剧作中的重要性，通过对1945～1961年间八部剧作的研究，汤普森认为其结构模式是"基于剧中的主人公对记忆中的事件的叙述……然后以去神话的反讽的方式对此进行重演"。比利·米舒提出了剧作环状结构的两种类型，一是时间（季节）循环，二是从现在或现实到过去或幻想，再返回到现在或现实。但他们的研究忽略了威廉斯如何利用舞台资源使剧作的结构呈现某种外显的节奏与韵律。

威廉斯利用了动作的重复、服装色彩的变化、主调音乐的忽隐忽现等彰显了人物的情感发展变化，并赋予剧作情感结构以外在的韵律，从而增强了剧作的诗意与抒情性。如《玻璃动物园》中的字幕或投影使这一片断式的回忆剧结构更加紧凑；《玫瑰鲸纹》中玫瑰鲸纹在剧中人物胸前的出现、消失、再出现与塞拉菲娜对性的态度从欢庆到抵触再到欢庆的心理变化相吻合；《欲望号街车》中布兰琪衣服颜色的变化、纸灯罩两次被从灯上扯下、她的三次跪倒以及布鲁斯音乐、波尔卡舞曲等的交替演奏彰显了她的情感变化曲线：希望—失落—绝望—希望。布兰琪第一场刚出现时身着白衣、戴着白色手套和帽子，可被视作是象征她想忘记过去的耻辱，幻想着新的生活；第三场身着粉色真丝内衣和红披肩是为了吸引异性的注意力，暗示她对性和爱的渴望和幻想；第十一场身着蓝色外套的布兰琪与面前的葡萄和教堂的钟声构成了一幅画面，具有了某种宗教救赎的意味。服装由白色到红色再到蓝色的变化，可以说象征了人从出生时的天真到成年时的欲望再到死亡与救赎的循环。纸灯罩在第九场和第十场分别被米奇和斯坦利从灯上扯下以及她的三次跪倒（第九场在米奇面前、第十场在斯坦利面前及第十一场在来接她去疯人院的护士面前）表现了她的幻灭和内心的绝望。而布鲁斯音乐贯穿该剧始终，在第一场，当布兰琪讲述美梦庄园的丧失时，布鲁斯演奏声增强。在第二场，当布兰琪得知斯蒂拉已有身孕，布鲁斯演奏声"更大了"。在第六场，她吻年少的送报员时也能听到演奏声。到了第十一场，她即将被送往精神病院时，布鲁斯演奏增强。它在演奏时的逐渐加强揭示了布兰琪越来越强烈的孤独感。剧终时布兰琪挽起医生的手臂，"不管你是谁，我总是依靠陌生人的好意"。这时忧伤的布鲁斯响起，使布兰琪在面对类似死亡的命运时忽然拥有了一种令人同情又为之肃然起敬的尊严。这些舞台资源的利用弱化了戏剧的故事情节，而突出了戏剧的情感结构和抒情性。

另外，威廉斯赋予了舞台资源以象征意义。他坚信："象征是戏剧的自然语言。……当使用得体，象征是戏剧最纯正的语言。有时表达一个想法需要数页冗长乏味的说明，但在演出舞台上，一个物体或一个姿势便足够了。"威廉斯对舞台象征的运用使剧作在揭示人物内在情感变化，尤其是同性恋受压抑的情感世界时具有丰富的写意性。在威廉斯生前的大部分时间，同性恋是一个遭禁的话题。即使1969年发生在同性恋"石墙酒吧"内外警察与男女同志之间的冲突和示威事件之后，麦卡锡时期的同性恋恐怖余韵未消。在20世纪 60 年代前，像威廉斯、格特鲁德·斯泰因、爱德华·阿尔比、威廉·英奇、戈尔·维达尔（Gore Vidal）这样的剧作家在处理同性恋题材时往往"使用影射和间接的暗语"。威廉斯同他之前的剧作家一样，笔下的同性恋人物多因自怨自恨而自寻短见以求净化或救赎。但威廉斯的不同之处在于，他们中的大多数是作为不出场的人物表现的，他能够利用舞台象征间接地表达这些人物的细腻的情感、冒险精神、诚实、忠诚与和谐。包括人物、音乐、床与卧室、旧情书、金丝雀等的象征物主要出现在威廉斯 20 世纪 60 年代前的剧作中，如《欲望号街车》、《大路》、《热铁皮屋顶上的猫》、《没有讲出来的话》（1958）和《去夏突至》。

《欲望号街车》中布兰琪保存的一小捆艾伦发黄的旧情书不仅仅透露出她对那份感情的留恋，而且也反映了作为同性恋的艾伦情感的细腻和他对爱与美的追求。在《热铁皮屋顶上的猫》中，剧中两个同性恋人物斯特罗和奥彻罗是未出场的已逝人物，通过大爹的回忆和舞台上的大床及卧室等象征物为人所知。剧中的舞台提示是这样描述这个原来由斯特罗和奥彻罗居住的卧室："这个房间萦绕着轻柔的诗意般的关系，一定是种非同寻常的柔情。"大爹满怀敬意地回忆道："当杰克·斯特罗死了——哎，老彼得·奥彻罗像条狗死了主人不吃不喝，也死了！"威廉斯在这里描绘了一幅美好的图画：两个同性恋伴侣和谐地生活、劳作并死于自己的种植园上，彼此诚实、忠诚。而与布里克和斯基普相比，他们是处于背景的位置。威廉斯机巧地表达了自己对同性恋关系的肯定，对他们作为普通人并拥有美好情感和品德的认同。威廉斯通过舞台象征物来表达同性恋受压抑的内心情感是符合他的创作原则的，"如果我能够，我一直做个婉约作家；我希望使用暗指引喻；我不愿意成为总是讲话一针见血的人"。威廉斯的这一创作原则体现了一种柔性，并有助于诗意地抒发情感。

威廉斯的诗意戏剧（poetic theatre）与吉恩·考克多（Jean Cocteau）的"戏剧诗"一脉相承，"戏剧诗"主要指在戏剧中对非语言因素的象征使用。在这方面他深受西班牙作家加西亚·洛尔迦（Federico Garcia Lorca）的影响，洛尔迦的戏剧用考克多的话可以概括为，"我努力用'戏剧诗'来取代'诗剧'"（I attempt to substitute a "poetry of the theatre" for "poetry in the theatre"）。在舞台资源的挖掘和利用方面，威廉斯正是一位朝这个方向努力的剧作家。

通过论文的上述讨论和分析可见，为了实现自己的柔性戏剧观，威廉斯运用了形式多样的诗化语言，精心营造了抒情的戏剧氛围，并大量采取了写意性的舞台表现手法，从而赋予他的剧本许多抒情特征。相对于"现实主义传统的枯竭的戏剧"而言，威廉斯的戏剧确实给 20 世纪中叶的美国戏剧带来了一股清新之风。

［作者单位：哈尔滨工业大学（威海）］

《卡夫卡现象学》内容提要

胡志明

卡夫卡是 20 世纪初生活在布拉格的一位犹太裔德语作家。他一生创作的数量并不多，而且生前发表的作品也很少。他去世后，其遗作才为友人整理出版，开始流行，受到世人广泛关注，特别是在第二次世界大战以后，他的声誉与日俱增。他不仅被认为是西方现代主义的经典作家，西方学界为此产生了专门的"卡夫卡学"，而且在当今后现代的文化语境中，卡夫卡的创作仍然一再获得高度评价，其潜在的思想和艺术价值至今仍在不断地获得重新的发掘和认识。"卡夫卡现象学"以文化研究的方法，把卡夫卡作为一个独特的文化现象，从与之相关联的各种文化事物的联系中，特别是对 20 世纪西方世界围绕着"卡夫卡"所产生的诸多文学和文化现象，进行广泛的考察和研究，以揭示"卡夫卡神话"得以形成的内外机制，并达到对卡夫卡文学所蕴含的深刻的文化价值的重新认知。

卡夫卡文学之所以具有持久的魅力，首先在于他的作品的复杂多义性，而这根源于卡夫卡独特的思想品格。作为"一个典型的西方犹太人"，卡夫卡尽管从小开始就系统地接受了西方的文化教育，深受西方现代文化理性的熏陶，这不仅培育了他叛逆（父亲）的思想，也训练了他以西方语言（德语）写作的习惯，但是他躯体里流淌的是传统的犹太文化的血，他最基本的思维方式与价值观念，特别是他的原罪观，都是根源于犹太民族的宗教文化和生活理性。表面上看，卡夫卡的生活与创作都已经非常西方化，他也由衷地敬慕一些西方的思想家和文学大师，实质上他的情感和思维方式却一直粘连着犹太属性，乃至于他身上所表现出来的理性也具有沉默的特性。西方现代理性与犹太文化传统是两种本质上反差极大的文化因素，它们共存于卡夫卡身上，相互间必然会构成内在矛盾的张力，进而形成了卡夫卡思想性格（包括他的思维方式和价值观念）特有的悖谬性，并且直接影响着他一生的文学创作。卡夫卡一生始终能够保持这样悖谬的思想性格，既是由于他终生都未离开过布拉格，因为这座特殊的中欧城市天然地具有一种"悖谬"的文化精神，可以呵护卡夫卡思想性格的悖谬性；同时也得益于他与自己父亲那种纠缠不清的复杂关系，因为卡夫卡与父亲间的那种剪不断理还乱的悖谬关系，不仅孕育了他的"父亲情结"，也帮助他的悖谬性格得以不断地磨炼和维系；而作为他最根本的生存方式的文学写作，既直接表现了他矛盾的思想性格，客观上也起到了维护或固化他这种悖谬思想性格的作用。

一般认为，卡夫卡的文学，包括他的创作和整个生活，都形象而生动地展现了西方 20 世纪影响最大的存在主义思潮的基本特征，实质上卡夫卡的文学与存在主义思想之间具有根本的差异性。尽管卡夫卡是从丹麦神学哲学家克尔凯郭尔那里接受了"恐惧"的概念，然而，在克尔凯郭尔那里，"恐惧"只是达到上帝信仰的宗教境界，进而获得人的存在的一个必需的前提条件，而卡夫卡的"恐惧"则直接意味着人的存在本身；尽管卡夫卡与德国思想家尼采一样，都偏爱于"孤独"的生存方式，从而都能够从一种另类的视角，达到对于人的存在的清晰认知，但是与尼采"超人"的视角不同，卡夫卡主要是从"未完成"的人（弱者）的角度出发，故而更能够切近人的存在的真相；尽管卡夫卡对于"存在"概念的解读路径，与存在主义思想大师、德国哲学家海德格尔很相似，但他是将"存在"等同于人的生活全部，而并没有像海德格尔那样，非要从中标划出"存在"与"非 - 存在"的界限；尽管法国存在主义思想家萨特的自由论与卡夫卡的自由观都散发出一种"原罪"的气息，但是萨特的"自由"概念最终依然未能彻底摆脱启蒙主义范畴，并时而会绽放出理想的光彩，而卡夫卡的"自由"则始终都与人的现实生活处境息息相关，且总是显得沉重而无奈。尽管两者之间存在着这一系列如此悬殊的差异性，然而人们还是坚持认为，存在主义思想家们用尽了各种措辞却仍然难以表述清楚的"存在"，却在卡夫卡文学中获得了最为精湛而生动的体现。

卡夫卡作品中对人们文学影响最为显著的思想内容之一，就是他在自己的小说里集中描绘了现实社会中各类弱势群体的生活形态。卡夫卡在他的小说作品中，非常生动地描写了一系列"弱者"的形象。他在长篇小说《美国》中所描写的主人公卡尔·罗斯曼是一个典型的"被放逐的人"，小说通过对主人公几度被迫或自我放逐的描写，不仅揭示了"自由"与"放逐"的本质联系，更形象地展现了西方现代人尴尬的生存困境；卡夫卡在他的三部著名短篇小说中，通过对三个怀有深刻"父亲情结"的儿子心甘情愿地接受父亲惩罚的过程的描写，尖锐地揭示出现代人其实都是"被剥夺了继承权的儿子"的生存真相；通过与陀思妥耶夫斯基《地下室手记》比较，我们可以发现，卡夫卡在《地洞》中所描写的那个作为"地下人后代"的鼠类动物，其实正是现实生活中无数的生活于惊恐状态之中的弱势群体的真实写照；卡夫卡在著名的长篇小说《诉讼》和《城堡》中所描写的两个同名为"K"的主人公，尽管他们生存的方式与追逐的目标各不相同，但实质上他们都属于"永远等待审判的被告"，即永远不可能真实地掌握自己的生活命运；卡夫卡创作中有不少作品都是动物主题，其主角或是动物，或是变形的人，这些形象其实都是"未完成的人"，他们都以一种异样的形态展示了现代人真实的生活状况。卡夫卡以其独特的视角和方式，生动地绘制了一幅概括现代人生存状态的"弱者"生存图。

卡夫卡小说思想内容上获得巨大成功的另一方面，就是他对现代社会中的威权政治和官僚政治等社会现象进行了生动的描绘，异常犀利地揭露了现代社会政治现实的荒诞本质，而且他的作品客观上也具有某种政治预言性。卡夫卡一生的小说创作中始终存在着一个既对儿子拥有绝对权威，又叠合着上帝影像的"父亲"形象，由此表达了作家对于人类文化中普遍存在的威权政治现象的概括与展示：威权政治产生于父权制文化，现在已经蔓延渗透到社会文化的方方面面，并且已浸润于每个人的骨髓之中。卡夫卡小说中父亲形象存在形态的日趋隐匿和虚化，表现了卡夫卡从自己的个人生存体验中所获得的对于威权政治文化的独特理解。《在流放地》是卡夫卡的一个很独特的小说，它通过关于现代人生存状况"难受性"体验的形象表现，产生了一种奇特的政治预言功能：既是关于第二次世界大战的预言，又是关于后来发生在许多国家的极权主义政治的预言，同时也是对于当代国际政治生活中所出现的一些不受任何制约的强权政治现象的预言。卡夫卡作品中所出现的"办公室形象"，其实是一个极妙的关于现代社会中普遍存在的官僚政治的图形学，卡夫卡结合自己办公室工作的生活体验，深刻地领悟了现代社会官僚政治所具有的人类学的文化实质，即它其实是一种在现代技术理性统制下的现代人普遍的生存状态；并且强调指出，现代人的生活实质上可以被形象地描述为是一种接受与反抗"办公室化"的悖谬的过程。所以卡夫卡也就能够在自己的三部长篇小说中，赋予了极为无诗意的"办公室"以一种极为诗意的形象。

米兰·昆德拉认为，卡夫卡文学具有"美学革命的彻底性"。卡夫卡的小说尽管描写细节具有严酷的真实性，然而它却不是"再现"的现实主义文学，同时它与表现主义文学也有本质的差异。卡夫卡从自身的非文学化文学观出发，创作了一种"变形"的文学。米兰·昆德拉把欧洲近现代小说史的发展划分为三个时段，以卡夫卡为代表的一批中欧小说家开创的现代小说发展的"第三时"，其根本特征在卡夫卡小说中主要表现为：在内容主题上直接表现了对"人类存在"的伟大质询；在小说艺术上则充分地体现了小说文化最根本的"自由"精神。尽管都属于"第三时"小说的范畴，深受卡夫卡影响的昆德拉的小说发展出了"复调的对照"的艺术，而卡夫卡小说在艺术上最显著的特征是他做到了"梦与真实的混合"。如果说，昆德拉充分地发挥了小说艺术"智慧"的本质，从而成功地创作出一系列探索型的小说，那么卡夫卡则看到了小说家其实要比常人更弱小，所以他强调小说创作在于表达小说家"恐惧"的生存体验。卡夫卡所创作的是一种体验型小说。卡夫卡与昆德拉小说美学观的差异，根源于他们对于人的存在具有不同的理解。然而，尽管卡夫卡的小说以"恐惧"为其典型的美学特征，昆德拉小说则表现出"智慧"的特点，但是他们确实同属于"第三时"的小说，他们的小说各自迥异的美学品格，共同演绎了现代小说文化最根本的自由品质。

就其自身的艺术特征而言，卡夫卡小说美学的"变形"，主要体现为他所采用的是一种另类的话语方式，从而在小说中构造起一种另类的审美语境。卡夫卡所创作的重要小说，几乎都采用了一种"抛入式"的开头，常常以一种平淡无奇的语调叙述了一个灾难性事变，从而把主人公与读者一道抛入一种非常的审美语境中。他在叙事中运用了一种空间化的叙事时间，即把叙事人的叙事时间、人物正在经历的故事时间、与读者看作品的阅读时间，以一种相近的节奏同步推进，从而诱使读者感受到一种现场性的空间感；同时他又以一种复合式的叙事视角，把叙事人与人物自身这两种矢向根本悖反的视角混在一起，从而营造出一种梦魇感的氛围。卡夫卡小说的叙事语式则是主观与客观相混杂的，既让作为旁观者的叙事人视角的叙述饱含情感色彩，又让人物自身视角的叙述更多地采用虚拟语态，从而表现出客观化倾向。如此主客观错置的叙事语式，与空间化的叙事时间和复合式的叙事视角交织为一体，必然构成了一种"变形的"话语方式，而这显然根源于卡夫卡独有的那种"滑动反论式"的审美思维方式。

卡夫卡小说艺术"变形"的美学特征，还表现为其作品大多采用了一种超寓言的拟寓言结构。卡夫卡酷爱寓言艺术，深谙寓言艺术的精髓，在一生的创作生涯里，他不仅经常写作一些小寓言故事，还有意无意地把寓言艺术的一些基本元素融入其小说创作中，所以他小说中的人物形象常常会表现出寓言般的类型化和符号化特征，小说的故事结构大多显得既单一又单纯，他经常遵奉寓言艺术真实、朴实和忠实的写作原则来描绘小说形象。卡夫卡小说因此呈现明显的寓言化特征。他早期创作的小说，主要采用了一种拟寓言的艺术结构；第二个时期他所创作的小说，则经常在整体拟寓言的故事框架中，又直接嵌入一个既是自足性的，又与整个小说相照应的寓言小故事；卡夫卡最后阶段创作的小说，不仅其表层的故事形象层面就是以寓言的形态出现的，且故事中的每个小单元本身也可以构成一个相对独立的小寓言。卡夫卡中后期小说中存在的多个寓言单元之间形成的是一种互相照应又互相阐释、互相对又互相消解的复杂关系，这便从根本上取缔了其作为寓言作品之根本特征的形而上的寓意指向性功能，从而使卡夫卡小说的拟寓言结构达到对于寓言艺术的超越，进而成为一种"无"意味的形式：它们本身并不再指向某种特定的寓意，却使得整个小说本身客观上成了关于现代人生存状况的最大的"寓言"。

卡夫卡尽管被公认为是现代主义文学的经典作家，然而他却深受一些后现代经典作家的青睐，而且他与日俱增的影响也大大地超越了文学范畴，已经成了后现代文化语境中的一个时尚的话题。犹太裔德国作家本雅明很早就看出卡夫卡文学的重要价值，他在卡夫卡十周年祭的时候所写的《卡夫卡》一文，认为应当以一种"撒播"式的方式，才能够解读卡夫卡作品的深刻寓意，因为卡夫卡文学所绘制的是一种"椭圆"形的世界图像，其中所采用的是一种双重性的聚焦视点：卡夫卡所描写的是现代人的生存体验，却运用了犹太民族传统的神秘体验方式来进行细节描写。所以在现代读者眼里，大家所熟悉的生活现象都已经发生变形，卡夫卡的作品也因此产生了独特的寓言功能。德国法兰克福学派的重要思想家阿多诺提出的"否定辩证法"颇有后现代意味，他从"非同一性"思想出发，高度评价了卡夫卡所运用的严格地忠实于文本客观性的"斟字酌句"的书写法则，认为它导致卡夫卡文本客观上产生了一种否定性功能，其效应足以与后现代的解构主义相媲美。法国著名的从事欲望政治哲学研究的后现代主义哲学家德勒兹曾专门写作了《卡夫卡：走向少数族文学》一书，来阐述卡夫卡文学客观上所具有的革命性的后现代思想价值。他认为卡夫卡的创作代表了一种与高度辖域化（体制化）的主流语言相抵触的少数族的弱势群体的声音，因为卡夫卡总是以社会中的弱者或边缘人为主角，并且竭力地倾听、放大他们的声音。这是一种具有游牧性质的少数族文学，可以对现代国家机器高强度、高密度的社会化编码来进行一种抵消性的解域化。作为少数族文学的典范，卡夫卡小说在艺术上具有一种"块茎学"的美学特征：其结构形态是"块茎"状的，其书写手法是描绘性的，其存在形态具有"断裂"的特征，其创作行为属于体验型的。法国解构主义思想家德里达也非常敬重卡夫卡，他认为卡夫卡作品之所以难以理解，是因为作家运用了一种"省略"的手法，即卡夫卡在作品中总是"漫不经心"地添加一些具有离题或插笔特征的文学元素，"既推进之，又撤回之"，从而导致读者审美思维的断路，阻止了读者轻易地亲近它，使人强烈地感受到卡夫卡文本的不可读性。而当人们在"本源和谐系动力学"的驱动下，为了进入卡夫卡文学世界而不得不重新调整思维模式的时候，卡夫卡文学实际上也就（对统制着读者心理结构的主流文化）产生了解构的效应。德里达由此充分地肯定了卡夫卡文学所具有的解构的文化功能。其实卡夫卡并不曾想要进行后现代式的解构，他只是在不断地"省略"或消解自己所写下的文本，包括他的临终遗嘱，就是对自己一生的"大文本"进行了彻底的省略或消解。这纯粹是一种"自我性解构"。它不仅为人们阅读卡夫卡文本开放出无限的阐释空间，而且对于现行的体制性文化的解构，显然是要比后现代的解构主义更具有颠覆性。

[作者单位：山东大学（威海）]

比较与借鉴：威海慈善事业发展研究

姚鸿健

引 言

慈善是公众以捐赠款物、志愿服务等形式关爱他人、奉献社会的自愿行动。通过某种途径自愿地向社会及受益人提供无偿的社会救助和社会援助的行为是慈善的核心所在。这些援助包括资金、劳务和实物等方面。

慈善事业是社会广泛参与，慈善组织运作，由社会募捐、救助援助、项目实施等组成的慈善活动体系。它作为社会保障体系的重要组成部分，是"第三次分配"的主要形式。慈善事业虽然与政府的社会救助事业在基本目标上是一致的，都是为了济贫解困，却有着与政府救助不同的独特的本质规律，即以社会成员的慈善心为道德基础，以社会成员之间的收入差距和资源捐献为经济基础，以社会性的民间公益团体或公益组织为组织基础，以捐赠者的意愿为实施基础。

慈善作为一种文化是人类文明和社会进步的一个重要组成部分。在落实科学发展观、构建和谐社会的新形势下，大力发展以公民、法人和其他社会组织自愿捐赠资产和劳动，从事扶贫济困、安老助孤、扶残助医、支教助学等慈善事业，在改善贫苦和困难群体的生存状况、缩小贫富差距、缓解社会矛盾、促进社会和谐方面，具有十分重要的作用。古今中外，尽管世界各国的发展阶段、社会制度有所不同，意识形态千差万别，但崇尚慈善的理念彼此相通，慈善思想一脉相承。以人为本、爱人如己的道德思想，乐善好施、扶危济困的传统美德，奉献社会、志愿服务的责任意识，取之社会、用之社会的财富观念，诚信友爱、互帮互助的公益理念，成为社会文明进步的重要标志和人类共同追求的精神财富、前进动力。党的十六届六中全会提出要"逐步建立社会保险、社会救助、社会福利、慈善事业相衔接的覆盖城乡居民的社会保障体系"，从根本上确立了慈善事业在经济和社会发展中的重要地位。中共威海市第十三次代表大会提出了建设"人居福地"的奋斗目标，其中富民优先和健全包括慈善事业在内的社会保障体系是最重要的举措。大力发展慈善事业，保障群众的基本生活权益，促进社会公平，是社会和谐的基本前提和重要内容，是实现好、维护好、发展好最广大人民群众的根本利益的重要体现，也是摆在各级党委政府和社会各界面前亟待解决的现实课题。为此成立课题组，对人类慈善事业发展的成果以及威海慈善事业发展的现状和努力方向与路径，进行一次系统地梳理、研究。并以此对全市各级领导干部开展慈善事业的启蒙教育，为培育慈善文化奠定基础。

人类社会只要存在矛盾差距，存在贫富强弱，存在天灾人祸，同情与关怀、善心与爱心就会存在，慈善行为就会存在，慈善事业就应该发展。可是，在极"左"的年代，慈善却成了被批判的对象，被斥为"伪善"，"给社会主义社会抹黑"，慈善组织被解散、被撤销。当人们遭受天灾人祸袭击之时，一切都由政府包揽起来。实践证明，这是做不到、做不好的，也是不应该、不必要的。当前，各级党委政府越来越认识到发展慈善事业的重要性和必要性，但究竟应该怎么做、谁去做、做什么、从哪儿入手，一时还说不清、道不明。换句话说，对慈善事业的认知，我们就像碰到了"我是谁"这样一个古老而现实的哲学三问难题。即要搞清"我是谁"，必须依次回答清楚"我从哪儿来"，"我现在在哪儿"，"我要到哪儿去"。而要回答清这些问题，则离不开对纵向的不同历史时期、横向的不同国家和地区慈善事业发展情况比较。就像著名教育家乌申斯基所说的那样："比较是一切理解和思维的基础，我们正是通过比较了解世界上的一切的。"通过比较才能知道自己位置在哪儿，差距在哪儿，应该做什么，从而明确未来的方向和任务。作为公共领域一个构成部分的慈善事业，必成长于一定的社会土壤，依托于一定的制度背景，体现着一定的时代氛围，代表着一定的文化理念。同样，时代的变化也必然在慈善事业上留下深刻的印记。不断变化的政治、经济和社会环境，导致慈善事业的发展战略随着时代的变化而改变。因而，我们对全人类在慈善事业发展上所形成的文明成果进行大跨度、全方位的比较分析，力求把慈善宏观研究与微观研究结合起来，进行深入思考与研究，以深化对慈善事业基本规律、基本经验、基本趋势的认识，找到适应威海市慈善事业发展阶段性规律的路径和办法。

对威海的慈善事业研究，面临着很多困难。威海市作为沿海较发达地区，重视科学发展、和谐发展、率先发展，明确提出了让绝大多数群众过得好，不让一个困难群众过不去的目标要求，较早地开展了一系列慈善活动，但慈善事业在总体上还处在发展的初级阶段。按照当前世界上比较公认的说法，现代慈善事业主要由五大要素构成：一是国家、政府，负责制定法规、政策，进行引导；二是慈善组织，负责社会动员，提供慈善物品和服务；三是捐赠者，包括企业和个人，捐献资金、物质、知识和志愿服务；四是受益者，主要是社会弱势群体和公共事业；五是传媒，传播信息、理念，进行宣传、教育、推动、监督。这五个方面共同构成了现代慈善文化，其追求的理念是公平、公正、权利平等。对照这五个标准条件，威海市在社会慈善意识、慈善规模、慈善组织、捐赠机制等方面差距很大。这种差距给课题研究者造成了很大的困难，就是可供研究借鉴的慈善活动资料很少，相关文献和档案资料也难以查到，尤其是现代近乎零起点的发展水平更是缺乏借以思考的材料和空间。在研究过程中我们主要采取了三种途径来努力克服上述困难。一是充分利用国内外已有的文献、档案资料和最新科研成果，先后到北京、上海、江苏等图书馆和高校查阅大量资料；二是深入挖掘和梳理新的历史资料，先后对威海近代不同时期的有关慈善事业发展的档案资料、威海"慈善月"活动和慈善"常州试验"等个案资料进行了深入研究和分析；三是采用计算机辅助调查问卷方式，对市民对慈善事业的认知、评价、参与意识和财富观等问题进行了调查分析。在多方面占有材料的基础上，课题组先后十几次集中讨论，从梳理全人类慈善事业发展经验与成果中吸取营养，以与国际接轨的眼光对威海慈善事业的发展现状和未来走向进行了全面分析，努力为提出的各种观点和建议增强科学性和说服力。

本课题是按照人类慈善事业发展的理论成果、制度成果和实践成果相互推进、不断提升的逻辑顺序展开的，从慈善事业多视角比较下来看威海慈善事业的发展，力求在比较与借鉴中找到威海市慈善快速健康发展的路径和办法。全文由五部分组成：一是将人类慈善事业发展的理论成果与威海人的认知现状进行比较，突出反映了人类对慈善事业是"如何想的"，从中看到我们在理论文化层面上的差距和不足；二是将人类慈善事业发展的制度成果与威海管理体系现状进行比较，突出反映了人类对慈善事业是"如何做的"，从中看到我们在制度机制建设方面的欠缺；三是将人类慈善事业发展的实践成果与威海发展现状进行比较，突出反映了人类在慈善事业上做到了"何样的水平"，从中看到我们实际工作上的巨大差距；四是对威海市"慈善月"活动进行研究和思考，可以看出威海慈善事业有了很好的起步，积累了初步经验，但也面临一些亟待改进的问题，在政府与慈善组织的关系等方面需要进一步统一认识；五是提出了推进威海慈善事业健康快速发展路径的建议，对慈善事业发展的整体思路、目标要求和措施办法进行了初步设计。

第一部分　人类慈善事业发展的理论成果及威海人的认知现状

（一）西方的慈善思想与文化

1. 人道主义精神

发源于欧洲文艺复兴时期的人道主义，在西方文化中代代传承。人道主义的本质就是使人成为人，成为有尊严、有价值、有意义的存在，其核心内容是重视人的价值，视每个人的自由、平等、幸福为最高价值，对自己以合理的保护和提高，对他人施之以爱。当代法国著名宗教神学家阿尔贝特·史怀特先生对此有很好的揭示，人道主义就是"对个人的生存和幸福的关注"，就是为"同情及帮助周围所有生命而努力"。

人道主义不仅提升了慈善事业的精神品格，而且还为慈善事业的发展奠定了永恒的价值基础。没有源远流长的人道主义传统，慈善事业就可能只是孤立的个体行为，或者是突发奇想的偶然行动。

2. 宗教文化传统

宗教文化是慈善思想的重要源泉。从起源上看，慈善事业直接脱胎于宗教。世界上绝大多数宗教都鼓励人们在现世积德行善，有人曾对宗教与慈善的关系做过精辟的概括：宗教乃慈善之母，不论是从思想上，还是从产生过程上，莫不如此。在西方，宗教的影响无处不在，尤其是基督教文化，成为推动慈善事业发展的一个内在因素。

基督教起源于社会弱者对天主的寄托，其教义主张平等、博爱、向善和互助。作为基督教起源的犹太教，强调社会必须对弱者做出坚定的、父亲般的、仁慈的回应，这样才能有公正。基督教汲取了犹太教"倾听与回应穷人"的慈善观念，劝导人应当用善意爱人，认为"施比受更为有福"，鼓励人们用捐赠去扶危济困。在基督教文化里，"爱"是上帝的"原则"，"爱人如己"是上帝对人类最大的诫命之一，因此，人们应该不分亲疏厚薄地泛爱和互爱，人与人之间不应有仇恨，甚至仇敌也应得到帮助和爱的宽恕，人人相爱如兄弟姐妹。换言之，要爱上帝，也爱自己周围的人。此外，耶稣还特别强调对弱者的爱。他既不嫌弃罪人、妓女等被社会遗弃的人，也不敌视冒犯自己的人。基督教的博爱超越了民族、肤色、阶层、性别、文化和国家的界限，带有浓厚的普世主义色彩。

基督教道德中包含有"为爱而爱"、"为道德而道德"、以博爱自身为价值目的的崇高精神，排除了对道德回报的期待。《新约·圣经》中要求：对他人之善的无条件地承诺，平等地照顾他人的福祉，热情地服务他人，为了他人之故而自我牺牲。

此外，基督教宣扬"人之初，性本恶"的"原罪说"，为了救赎罪恶，人人都需要相信上帝和其派来的救世主耶稣来"赎罪"。只要顺从了上帝的一切安排，死后就能升入天堂，否则在世界末日审判时会被投入地狱。做善事，是与神接近，进而获得灵魂拯救的重要方式，是对上帝信仰而派生的一种高尚品质。《圣经》中多次提到，"富人进天堂比骆驼穿过针眼还难"。而富人要想进入天堂，唯一的途径就只能是将自己的全部财富都捐赠给穷人。可见，西方的基督教将慈善作为一种他律要求，教徒有一种恐惧感，有一种外在强迫性，行善与否会有截然不同的来世。

3. 志愿精神

志愿精神是一种在自愿的、不计报酬的条件下参与推动人类发展、促进社会进步和完善社区工作的精神，体现着个人对生命价值、社会、人类和人生观的一种积极态度，其核心是"自愿、利他、不计报酬"。志愿服务起源于19世纪西方国家宗教性的慈善服务。在一些国家，"志愿精神"是公民社会和公民社会组织的精髓。"志愿精神"在美国更是根深蒂固。早在殖民时期，美国人就互相帮助，并参与各种公共事业；从美国诞生起，"志愿精神"就已经深烙在每个美国人心中。延续至今，已经成为一种美国文化。有人甚至把"给予的自由"（或称"施的自由"）作为四大自由（言论自由、宗教自由、不受贫穷的自由、免于恐惧的自由）的基础，认为捐赠不仅仅是义务，而且是一种权利。

4. 企业社会责任理念

企业是一个"多面体"。作为经济范畴的企业，它追求最大利润；作为道德范畴的企业，它要承担社会责任；作为法律范畴的企业，它要做好"企业公民"。

20世纪50年代以来，西方社会关于企业社会责任问题的争论就不曾间断。近些年来，企业社会责任理念正在广为传播。企业社会责任是对企业的一种全新认识，是对将追求利润作为企业唯一宗旨的修正和发展。它认为企业是社会的细胞，社会是企业利润的源泉，企业和企业家在分享社会赋予的条件和机遇时，也应该尊奉社会基本价值，承担回报社会、奉献社会的责任。也就是说，企业除了要实现自己的经济目标外，还应该关注社会及其他社会成员的利益，为全社会的发展承担其应有的责任。从事各种类型的慈善活动是企业参与社会生活、承担社会责任的一种重要表现形式。通过慈善捐助、参加各种类型的公益活动或创办基金会都可以实现企业的社会责任。

5. "企业好公民"理念

国外企业有成熟的"企业公民（corporate citizens）"理念，认为公司在重视自身利益的同时，还不能忘记自身也是社会的一员，必须重视社会长远利益，寻求有效途径使小我（即企业）与大我（即社会）达到完美的统一。一个成功的企业一定是一个具有公民意识的企业，而一个具有公民意识的企业，不但要注重本公司的经济效益，还必须关心和努力提高企业行为对社会和环境所产生的影响。英国的"企业公民会社"认为，企业是社会的一个主要部分，是国家的公民之一，企业有责任为社会的一般发展做出贡献。因此，许多公司往往将企业慈善活动与企业的发展战略和商业利益紧密联系在一起，形成一整套规范化、制度化的运作机制，进而形成具有自身特色的企业慈善文化，也被称为"策划性企业慈善行为"。

6. 健康的财富观

西方企业家们认为，通过个人奋斗聚积财富是"天赋人权"，但获得财富之后必须思考财富的合理去向。

在美国人的观念中，财产是上帝赋予的，必然要贡献给上帝的子民。富人只是财富的社会管理人。赚钱是为了活得舒适，捐赠是为了活得有意义。美国《商业周刊》的调查显示，美国慈善家希望留给子孙的遗产仅占全部财产的一小部分。多数美国人认为如果给子孙留下太多的遗产，会助长他们不思进取的思想，对子孙没有任何好处。而且，大部分美国人崇尚通过个人努力创造财富，继承遗产被认为是不劳而获，甚至有人认为那无异于"抢劫"。美国钢铁大王、著名慈善家卡耐基认为，富人对社会有不可推卸的责任。卡耐基在他著名的《财富的福音》中指出："致富的目的应该是把多余财富回报给同胞，以便为社会带来最大、最长久的价值。""有钱人在道义上有义务把他们的一部分财产分给穷人，因为所有超过家用之外的个人财产都应该被认为是让社会受益的信托基金。""富人不应将财富留给家人，而应在有生之年作为公共信托资金来处置。""人在巨富中死去，是件很耻辱的事情，而慈善能够改变人的面貌。"老洛克菲勒认为："我受上帝的信任托管他人的财富。"美国总统罗斯福认为，富人出钱救济穷人不是慈善，而是尽一份社会责任，社会稳定了，对自己也有利。世界轮椅基金会主席肯尼斯·贝林指出："当你发现世界上没有什么是钱买不到的，你会发现你已经失去了很多。怎么弥补这种损失？我觉得我找到了自己的'为富之道'，就是给一些需要帮助的人帮助。"

7. 合理的成功标准

在美国，人们并不盲目景仰富人，而是景仰对社会有所回馈的富人。美国著名经济时评人理查德·兰伯特曾在英国《泰晤士报》上谈道："在美国，你可以随心所欲地聚敛财富。你可以拥有极多的财产。只有一个条件，你必须有所回馈，而且必须有人注意到你这样做。而且你必须这样做，否则你就永远不会成为真正的大人物。"这一断言，从《商业周刊》每年公布的慈善家排行榜比《福布斯》的富人排行榜更能吸引人们的眼球中，可以得到印证。

在我国香港，人们不单纯以官职或财富来衡量一个人是否成功，还往往看他对社会的奉献、社会责任感的强弱。这种衡量标准促使香港精英们采取设立基金会、直接捐款、援助工程等不同方式积极支持非政府组织的发展，以担当非政府组织的董事为荣。

8. 现代慈善事业发展理念

现代慈善理论的创始人卡耐基认为，慈善捐赠应不仅仅用于"扶贫"，还应该开展"科学的"慈善事业，找到贫困的根源，探索防止贫困产生的途径，并开展自助性的项目，为推进社会的长期福祉而投资，从而达到"真正永恒地造福世界"的目的。于是，从20世纪初开始，人们对慈善的理解已经不仅仅局限于扶危济困，而且扩大为造福人类。在慈善事业的发展上，特别重视四个方面的内容。

（1）重视制度安排。现代慈善不再是个人出于同情、积德或来世报应等动机的孤立行为，而是越来越多地被视为一项制度，即一整套建立在完备的价值体系上、依托一定组织、具有理性设计的职能分工、得到法律和其他规范保障的安排。通过这套安排，零星分散的个人捐款可以获得最大的使用效果，并产生多方面的社会效应。这套制度要求在明确的理念指导下，各种力量合理分工，各个环节互相衔接，形成最合理的配置。

（2）重视政府责任。慈善事业以社会公众为主体，并不意味着与政府无关。现代慈善不仅是在政府忠实履行法定的公共服务职能的前提下展开的，而且政府在引导、扶持、资助和监管慈善事业与慈善组织方面也都承担责任，这些责任许多时候通过法律加以规定和落实。政府的积极作用，保证了政府对慈善组织实施必要的控制，保证了政府对慈善资源使用的干预途径，也保证了政府与公众的良性关系，增强了政府的合法性和社会管理的有效性。

（3）重视慈善组织自律。慈善出于自愿，任何形式的强制或被动的捐赠行为都是违背慈善本性的。以自愿为动力的慈善，本质上是自律的。只有自律才能保证慈善具有比市场更高的资源配置效率，才能满足社会对慈善事业的公信度要求。慈善组织需要加强监管，但监管不能代替自律。对慈善事业最好的监管是对自律机制运作条件的维护性监管。

（4）重视保障捐赠者权益。慈善事业依靠社会各界的自愿捐赠。虽然捐赠是不求回报的奉献行为，但捐赠的无偿性质并不等于捐赠者放弃一切权益。捐赠者对捐赠物品或服务用途的主张权和实际使用情况的知晓权，必须从法律上给予保证。从制度上保证捐赠者意愿的实现，是现代慈善的基本要求。

（二）马克思主义的慈善精神

慈善的核心是关心人，关注人的生存状态。人始终是第一位的，也是终极的目的。马克思主义学说的宗旨是追求人类的自由和解放，是对人类命运和前途的关怀。马克思的著作中虽然没有关于慈善的具体论述，却包含对人的尊严、自由和权利的执着追求，洋溢着深厚的人文关怀。人的问题和人文关怀是贯穿马克思全部学说的一条红线。马克思主义的人文关怀超越了阶级局限，强调要关心和重视广大人民群众的生存和发展需要及其满足，要求一切社会历史活动，包括社会治理理念和措施，都必须在根本上满足广大人民群众的生存和发展需要，有利于人民群众作为"人"所具有的"人的本质力量"的充分发挥及其才能的全面发展。提出"每个人的自由发展是一切人的自由发展的条件"。从马克思关于共产主义社会应当是"以每个人的全面自由发展为基本原则的社会形式"的思想，到列宁关于保障"社会全体成员的福利和自由而全面的发展"的思考，表明人文关怀是马克思主义社会治理理念的基本原则之一。

基于"爱"而形成的人道主义，在马克思主义理论中得到了升华。诚然，马克思主义批判了抽象的人道主义，抛弃了资产阶级的人道主义历史观，但并没有抛弃处理社会生活和人际关系的人道主义原则或人道原则。马克思说过，人道主义就是"人应该认为人就是最高存在的一种学说，也就是说，这种主义是推翻一切使人成为丧失尊严，遭受奴役，受轻视和被抛弃的生物的外界条件的绝对命令"。

（三）中华民族的慈善思想与文化

1. 传统慈善思想

在中国传统文化伦理道德中，早就存在慈善的文化基因，中华民族的慈善思想源远流长，先秦诸子对此有过许多精辟的论述，随后的佛教、道教典籍里也有关于慈善的论说。各个流派虽在表述上不尽相同，但义理相近，都蕴含着救人济世、福利民众和人类共通的人道理念、道德准则。这对中国社会慈善事业的兴起、发展产生了持久而深远的影响。

（1）儒家的"仁义"学说。"仁"是儒家学说的核心内容。孔子以"爱人"释"仁"，提出"仁者爱人"，将"爱人"作为人的一种本性。他认为"仁者爱人"应从"孝悌""忠恕"开始。忠恕就需要与人为善，做到利人利他。"夫仁者，己欲立而立人，己欲达而达人。能近取譬，可谓仁之方也。"（《论语·雍也》）"己所不欲，勿施于人。"（《论语·颜渊》）可见孔子所说的"仁"是一种责任、义务，更是一种推己及人的利他风尚和与人为善的精神。孔子还向人们描绘了人与人之间以仁爱为价值原则的"大同社会"，即《礼记·礼运·大同》中所描绘的："故人不独亲其亲，不独子其子。使老有所终，壮有所用，幼有所长，鳏寡孤独废疾者皆有所养。"

孟子继承并发展了孔子关于"仁"的学说，透过"爱人"的表层现象进行深层次的探讨。他认为人先天性善，并提出人性固有的四个善端：恻隐、羞恶、辞让、是非。在孟子看来，所有仁爱之行、慈善之举都发自人的内心深处，所谓"仁，人心也"（《孟子·告子上》）。"老吾老以及人之老，幼吾幼以及人之幼"（《孟子·梁惠王上》），"出入相友，守望相助，疾病相扶持"，正是要求人们以博大的心胸去爱世间的一切，实现从"仁民"向"爱物"的扩展。

总之，孔子是以设身处地为他人着想、宽怀容人、恩惠助人等当作"仁"，孟子除提倡此类做法外，更注重解人危难、救人性命，在很大程度上从人的本原来探寻"人"的内涵。从孔子到孟子，形成了较为系统的社会慈善思想。这些慈善思想要求人们不仅关心自己的亲人，还要关爱社会所有的人，特别是关爱那些无助的弱势人群。汉代"独尊儒术"后，孔孟之道得以继承和发扬，对中国传统社会的道德构建和慈善实践产生了深远影响。但儒家文化是一种伦理文化，它与基督教文化最大的不同在于它主要以观念形态表现，将慈善作为一种自律要求，受到内在道德力的驱使，行善与否是个人道德操行，行善只不过是良心上的满足。另外，在儒家看来，个人的慈善活动与政府的仁政是不能并存的。因为个人慈善活动的存在会在某种程度上影射政府的不作为，因此在一定程度上抑制了民间慈善活动的发展。

（2）墨子的"兼爱"思想。先秦诸子中，墨子的"兼爱"思想也是颇具代表性的慈善思想。墨子主张"兼相爱"，"交相利"，提倡"天下之人皆相爱，强不执弱，众不劫寡，富不侮贫，贵不傲贱，诈不欺愚"，希望人们能够"视人之家，若视其家；视人之身，若视其身"（《墨子·兼爱中》）。进而，"多财，财以分贫也"（《墨子·鲁问》），"有力者疾以助人，有财者勉以分人，有道者劝以教人"（《墨子·尚贤下》）。唯有如此，"则饥者得食，寒者得衣，乱者得治"（《墨子·尚贤下》）。由此可见，墨家的"兼爱"思想充满乐善好施、广济天下的精神。

墨子的"兼爱"思想还具有平等性和普遍性，墨家主张"爱无差等"，不受礼的约束，也不拘所爱对象的社会等级，一律予以关爱，"使天下人兼相爱，爱人若爱其身"（《墨子·天志中》），"为其友之身若为其身，为其友之亲若为其亲"（《墨子·兼爱下》）。兼爱应该"远施周遍"，不分远近，不受地域的限制。墨家还认为"爱"应该是利他的，不应包含利己的动机。关爱他人，帮助他人，不能期待获得回报，或博得好名声，即"爱人，非为誉也"（墨家著作《小取》）。

墨家"兼爱"思想的重点是建立在"爱心"基础上的互助互济，是最具"社会性"的慈善济贫思想。

（3）道教劝人为善。道家学说的创始人老子对"善"有着独特的看法，《老子》第79章说："天道无亲，常与人善。"他提出尘世间应遵循"道"的规律，人人向善，善待芸芸众生。"善者吾善之，不善者吾亦善之，德善。"这一观点成为后人劝善去恶的慈善道德基础。庄子继承和发展了老子的思想，认为人们可以通过修养得"道"升天，得道之人就是"真人"。得道之法即是做善事。只要做善事顺应自然，就可以颐养天年，高寿善终。道家经典中反复强调善恶报应，如"施恩布德，世代荣昌""人行善恶，各有罪福，如影之随形，呼之应声"等。道家的善恶观深深地影响了中国民众的善恶选择和善恶行为。

东汉年间以道家学说为基础发展起来的道教，积极宣扬善恶报应观念。其早期经典《太平经》反映了"教以行善立功，以致神仙之旨"的道教宗教伦理，提出了建立"太平世道"的设想，要求道众敬奉天地，遵守忠、孝、慈、仁等伦理道德，主张"乐生""好善"，在施爱于他人中体验幸福的境界，才能长生不老。倡导"乐以养人""周穷救济"的慈善行为，认为"积财亿万，不肯救穷周急，使人饥寒而死，罪不除也"。道教还提出了善恶相承负的"承负说"，从为子孙后代造福的角度劝导人们积德行善。

道家的慈善观念更多的是通过以道家思想为主，兼融儒家、佛教的劝善书体现出来。道家经典性劝善书有《太上感应篇》、《阴骘文》和《功过格》。被称为善书第一，"天下通行必读书"的《太上感应篇》，通篇劝人扬善止恶，宣扬行善者充满"吉庆""福禄""吉神"，为恶者"多逢忧患""刑祸""恶神"。《阴骘文》以官僚士大夫为教化对象，以正面的劝诱来宣化。《功过格》号召人们行善立功，去恶出过。劝善书通过朗朗上口的唱词形式在民众中传播，社会影响巨大。

（4）佛教的慈悲观念。印度大乘佛教传入中国后，在其发展过程中一直伴随着对现实生活至善的追求和传统伦理的不断融合，赋予了中国佛教丰富的慈善观和劝善理论，使之成为一种劝导人们止恶从善、避恶趋善的伦理宗教。佛教教义的核心是慈悲精神，主张慈悲为怀、普度众生。佛门宣扬的"大慈大悲"，把慈悲扩大到无限，扩大到一切众生。慈是与乐，悲是拔苦，《大度智论》说："大慈与一切众生乐，大悲拔一切众生苦。大慈以喜乐因缘与众生，大悲以离苦因缘与众生。"佛教倡导"众生渡尽方成正觉，地狱不空誓不成佛"的菩萨人格。对于奉佛信众来说，欲成圣佛，即须胸怀慈悲，以慈爱之心给予人幸福，以怜悯之心拔除人的痛苦。

在佛教看来，是否行善修行，是有"因果报应"的。一个人只要行善修行，来世就能达到理想的转生，直至超越六道轮回，提升到佛、菩萨的境界，因而行善是修得正果的因由。佛教的"因果报应说"影响很大，如流传中国民间的"善有善报，恶有恶报""善恶到头终有报，只争来早与来迟""贫富贵贱，并因往业；得失有无，皆由昔行"等俗语，都反映了佛教善恶报应观念的深刻影响。

佛教认为人类创造的财富，归根结底是属于全社会的，对于个人来说终究是身外之物，不可执着追求，应发善心施舍，还之于社会大众。这种主张的具体实践是布施。大乘教义认为："言布施者，以己财事分与他，名之为布；己惠人，名之为施。"（《大乘义章》卷12）布施的行为完全出于怜悯心、同情心和慈悲心，而不带有任何功利目的，具有利他的性质。

2. 近代慈善思想

鸦片战争后，伴随着中西文化的激烈碰撞与交融，中国传统的慈善思想也发生了嬗变。一批先进的中国人开始睁眼看世界，积极向西方寻求救国救民的真理。他们借鉴西方社会的若干理念，探讨中国社会的有关问题，虽然沿用了"大同""均平"等传统概念，却形成了古今贯通、中西汇聚的新的慈善观。其代表人物有洪仁玕、康有为、孙中山等。

太平天国时期的洪仁玕积极主张学习西方的社会慈善制度，大力创设近代慈善机构。他认为慈善经费来源于民间社会，慈善事业应具有民办性质。如果民间人士捐资兴建慈善公益设施，为政者应予以褒扬，以推动社会向善风气的形成。他还主张效仿西方国家建立"士民公会"，加强对慈善机构的监督。

康有为主张救国须从"扶贫济弱"开始。在《大同书》中，康有为在批评中国传统宗族慈善模式的基础上，提出慈善福利事业应该无宗族与家国之界限，全由"公养""公教""公恤"等慈善公益机构来承担。这样，人类就可以达到大同之世。康有为的慈善观虽然带有乌托邦式的理想色彩，但对清末民初的慈善事业产生了一定影响。

孙中山从民生问题出发，阐述了他的慈善观："家给人足，四海之内，无一夫不获其所。"他从"养民济民"的民生论出发，提出了"安老怀少"的慈善福利主张，并将其作为社会理想："实现社会主义之日，即我民幼有所教、老有所养，分业操作，各得其所。"这一主张实际上是对中国传统慈善观的继承和发展。

3. 新中国的慈善观念

（1）主流意识形态的慈善价值观。中华人民共和国成立后，慈善的积极作用一度被彻底否定。主流意识形态认为福利救济活动在社会主义条件下，一切都应由国家包下来，慈善是与社会主义事业不相容的，会给社会主义脸上抹黑。对于国民党时期的慈善救济事业，官方的评价是：带有很大的伪善性和欺骗性，这些所谓慈善事业不过是为帝国主义的政治、文化和经济侵略以及巩固国民党反动统治服务的，因为它们本身就是贫困的制造者。外国宗教组织在中国举办的慈善事业，被认为是传教士披着宗教的外衣，打着慈善的幌子，干着不慈善的事情，为帝国主义的侵略活动提供帮助。于是，1949年后的40多年里，"慈善"被作为一个充满"伪善性"和"欺骗性"的维护帝国主义和国民党统治的工具，遭到了意识形态上的批判。"慈善"也从官方的话语体系中消失了。截至1994年，《人民日报》几乎没有正面使用"慈善"一词，在不得已的时候，往往用"公益事业"来代替。

改革开放后，随着社会环境的变化，慈善不再是意识形态上的禁区，慈善事业越来越被关注。中央领导层在各种场合表示了对社会捐助、扶持、助孤等工程的重视和支持。1994年，江泽民在与全国扶贫工作会议代表座谈时建议"动员机关干部和城市居民，发扬团结、友爱、互助精神"，为贫困地区捐衣送被。

2004 年党的十六届四中全会提出"健全社会保险、社会救助、社会福利和慈善事业相衔接的社会保障体系"。在党的文献中，这是第一次明确将慈善事业作为社会保障体系的重要组成部分，也是第一次把慈善事业提到构建和谐社会的高度来认识。2005 年的全国人大《政府工作报告》中第一次明确提出了"支持发展慈善事业"，向全社会发出了政府支持慈善事业的强烈信号。党的十六届六中全会通过的《中共中央关于构建社会主义和谐社会若干重大问题的决定》中指出："发展慈善事业，完善社会捐赠免税减税政策，增强全社会慈善意识。"表明慈善事业已经被全面纳入党的执政视野，并越来越被高度重视。

（2）新时期慈善理论的新观点。发展慈善事业是建设和谐社会的必然要求。慈善事业有利于调节贫富差距，促进社会公平，增强社会责任，激发社会活力，增进社会各阶层之间的理解、交流和合作，营造团结友爱、和谐相处的人际关系。

发展慈善事业是社会文明进步的重要标志。慈善是人类古老文明中重要的传统美德。古今中外，尽管社会制度、发展水平有所不同，意识形态千差万别，但慈善理念彼此相通，慈善思想一脉相承。以人为本、爱人如己的道德情操，乐善好施、扶危济困的传统美德，奉献社会、志愿服务的责任意识，取之社会、用之社会的财富观念，是社会文明进步的重要体现。

发展慈善事业是社会财富合理分配的需要。在市场经济条件下，市场通过对资源的配置，通过对劳动力的报酬，实现了第一次财富的分配；而政府作为公共机关，通过公共权力，利用税收、财政、金融等手段实现对收入分配的调节，这被称为第二次分配。按照部分学者的观点，在第一次分配和第二次分配之后，社会发展方面依然会留下一些空白，需要第三次分配来填补。同时，市场和政府分配的缺陷也要靠第三次分配来补充。基于爱的原则和社会责任的慈善事业是第三次分配的重要形式。威海对"三次分配"理论观点的认识则更为完整和成熟：解决公平问题，必须把市场、政府和社会调节结合起来，区分不同的分配领域，采取不同的分配原则和手段。在发达的市场经济条件下，分配表现为三次形态，不同的形态有不同的分配主体，不同的分配准则、手段，不同的分配功能。一次分配，分配主体是市场，分配准则是效率，分配手段是按资分配、按劳分配等，分配功能是实现经济资源的最优配置。二次分配，分配主体是政府，分配准则是公平，分配手段是税收、财政、转移支付、建立保障体系，分配功能是减少收入差别、保障社会安定。三次分配，分配主体是社会，分配准则是社会责任感，分配手段是社会慈善事业，分配功能是促进人们奉献爱心和社会和谐。概括起来就是，坚持一次分配讲效率，二次分配讲公平，三次分配讲责任。

（四）当前威海民众的慈善观念

课题组通过问卷调查、个别访谈、召开座谈会等多种方式和途径对威海各阶层民众的慈善观念进行了研究归纳。

1. 对慈善事业性质的认知

思想是行动的先导，了解慈善是公众参与慈善活动的前提。有 36.5% 的被调查者认为慈善是政府的事，15.5% 的被调查者认为慈善是富人的事，9.0% 的被调查者认为慈善是普通人的事，另有 38.4% 的被调查者认为慈善是慈善机构的事。表明多数被调查者尚未认识到慈善事业的主体是全体社会成员。实际上慈善不是富人的"专利"，平民慈善是慈善最为根本的属性，慈善机构只不过是慈善活动的组织形式。有 11.5% 的被调查者认为慈善就是施舍与同情行为，37.8% 的被调查者表示最愿意帮助邻居或熟人，不习惯向陌生人捐赠金钱。这表明不少人慈善观念还比较传统，缺乏开放性。在中国的传统文化里，慈善是施舍与同情的代名词，因为在大多数情形下，中国人的仁爱与慈善通常限于家族内部或亲近之人。

2. 对慈善事业作用的评价

随着人们慈善意识的觉醒，慈善事业在构建社会主义和谐社会的过程中起着越来越重要的作用。我们要构建和谐威海，同样应充分发挥慈善的作用。从问卷调查结果看，大多数威海人对这个问题的认识是正确的。17.7% 的被调查者认为慈善事业对社会和谐发展"非常有用"，69.6% 的被调查者认为"有一定的作用"，12.7% 的被调查者认为"没作用"。

3. 对慈善事业的现状了解

调查数据显示，69.4% 的被调查者不太知道威海有哪些慈善组织，11.1% 的被调查者表示从未听说过威海的慈善组织。据调查，绝大多数人对公益性捐赠的税收优惠政策并不知晓。坦白地说，本课题组成员在调研之前对于威海的慈善组织状况也知之甚少。

4. 对慈善事业的参与意识

慈善事业是全体社会成员的事业，慈善事业的发展离不开全体社会成员的积极参与。调查发现，28.4% 的被调查者对慈善捐款活动表示反感，

44.4%的被调查者表示支持，另有27.2%的被调查者未置可否。许多被访者表示捐款主要是通过单位、街道等组织渠道被动进行的，经常主动捐款的人数微乎其微。47.2%的被调查者（被调查者中年收入1.5万元以下者占36.7%）认为"自己的经济能力不足以资助别人"。其实慈善不只是有钱人的事情，爱心不分大小，有钱可出钱，有力可出力。

5. 社会主流财富观

人们通过努力可以创造财富，而拥有了财富就要考虑财富的去向。努力创造财富与合理分配财富（回馈社会）才是一种健康的财富观。调查发现，48.1%的被调查者认为以捐赠的方式回报社会是天经地义的，15%的被调查者不同意富人应回报社会的说法，4.7%的被调查者认为自己创造的财富应由自己享用。尽管在问卷调查中，相当一部分人高调对待关于财富观的提问，但通过相关访谈和日常观察，威海的大多数民众倾向于为子孙积累财产，这与传统文化的影响有很大关系。胶东文化秉承了中国传统文化的基因，非常注重亲情和伦理。这样的文化积淀使威海人传宗接代意识非常强烈，总希望给后代留下大笔物质财富。

6. 业内人士对慈善组织的认知

慈善组织是非政府组织，这在国内外无论是官员还是学者都是一致的看法，也可以说是一个基本的常识。在访谈中我们发现，不少慈善机构对本部门的机构性质描述不清，常常以政府部门自居，其从业人员（包括负责人）每每以副地级、正处级或正科级论及。某资深慈善组织在提供给课题组的有关资料中就写道："×年×月理顺了体制，由××局代管，改由市政府直接领导。"

第二部分　人类慈善事业发展的制度成果及威海管理体系现状

（一）政策法规

没有健全的政策体系和法律体系，慈善事业不仅会失去发展的保障，而且可能会偏离正确的方向。《美国慈善法指南》谈道："好的法律框架能极大促进慈善事业的繁荣。"西方发达国家基本上都拥有较为健全的政策法规体系和法律体系，它既是鼓励和保护慈善事业发展的规章，也是规范和引导慈善事业的利器。

1. 鼓励和规范慈善事业发展的基本法规

英国是世界上最早对慈善事业立法的国家。1960年英国颁布了《慈善法》，为适应现代慈善公益事业发展的需要，又不断补充完善。2006年英国又颁布了新的《慈善法案》，将四项基本慈善目的扩展为十几项。即：促进教育；促进宗教；促进健康卫生；促进公民权利和社区发展；促进艺术、（文化）遗产和科学；促进业余体育；促进人权和冲突的解决；救助需要帮助的人，如老弱病残者、经济困难者或其他弱势者；改善动物的处境；其他可以进一步细分的目的。美国在慈善领域没有统一的法典，这与美国作为英美法系国家的法律传统有着密切的联系。美国的慈善事业主要依靠税法规范，美国《国内税收法典》的501（c）（3）条款，划定了慈善机构的范围，甚至"慈善""慈善组织"这样的基本概念，也主要是在税收法律中得到确认。

我国尽管近年来慈善立法的呼声很高，而且2006年民政部发布的《中国慈善事业发展指导纲要（2006—2010年）》，对发展慈善事业的意义、原则、要求等，都做出了精辟的论述，为慈善事业立法提供了较好的法律框架体系，但到目前为止还未制定用于鼓励和规范慈善事业发展的综合性的"慈善法"或"慈善事业促进法"。慈善事业的进入、评估、监管、公益产权界定与转让、融投资、退出等完整的法律框架尚未形成。有关慈善方面的法律法规零散、混乱，散见于诸如《宪法》、《民法通则》、《刑法》、《合同法》、《劳动法》以及老年人、妇女、未成年人、残疾人权益保护法，社会保险、救济、优抚福利、财政、海关等法律法规以及部门规章中，远未形成一套较为完整的法律体系。

2. 促进慈善组织发展的政策法规

与慈善相关的组织大致可以分为两大类：社会服务组织和基金组织。蓬勃兴起的西方慈善组织，在捐赠人和受赠人之间发挥了纽带作用，推动募捐方式由宗教组织的挨家挨户募款向有组织、高效率的联合募集方式转变，实现了私人捐赠行为社会化、制度化的飞跃。而慈善组织的蓬勃发展又得益于法律法规的支持。

在英国，1601年颁布的《慈善用途法》和《济贫法》，鼓励发展从事慈善救济等社会公益活动的非营利组织。《慈善使用法》规定，给予慈善基金会以优惠的待遇，免除慈善捐赠者若干税赋，确立了政府对慈善基金会的管辖权。1872年颁布的《托管人管理法》，规定了慈善组织理事会定位及其管理原则。根据规定，注册慈善组织的一般条件是：①与其他慈善组织在工作内容上不重复；②有自己的管理章程，明确组织的目标及其管理方法；③依据《托管人管理法》组成托管理事会，理事会成员应包括来自政府公共部门、所在社区、私人企业部门的代表。

在美国，为济贫助困、宗教慈善、环境保护、科学及教育等公益目的服务的组织被归类为慈善组织。美国的慈善组织主要分为四类：社区邻里机构、宗教团体、基金会、联合集资与募款组织。在美国设立一家慈善性质的非营利机构，注册手续比设立普通的营利性机构还要简单，没有注册资金要求，也没有任何附加条件，只要交一两百美元的注册费，两天左右就能拿到营业执照。美国法律规定：慈善组织和机构，只有在公布它们的财务收入情况，公布主要负责人所得工资报酬，填写上交国家税务局的有关表格之后，才能享有相应的免税优惠。如果参加商业营利活动，就必须依法纳税。税收优惠待遇具体包括免税、所得税豁免和捐赠减税。美国联邦税法将慈善机构分为两类，即公共慈善机构和私人基金会。总的规范目标是对私人基金会的运作，设定了比公共慈善组织更多的义务，私人基金会还受到更多的监督和制约，包括禁止"假公济私交易"、履行"强制性支出"和"商业股份"限额等方面的强制性义务等。

加拿大法律规定，当慈善组织要为捐献者开具慈善免税收据时，必须填写年度财务报告表，并符合相关的条例，这包括：符合全年收入中80%的份额用于慈善目的支出的要求；辅助性的政治活动支出不能超过全部收入的10%。

在新加坡，《慈善组织法》自独立以来一直被沿用，此外还有各种各样的法律和行政法规，对慈善组织的职责进行了全方位的规定，防止滥用公共资金和违背公共利益的行为。

在我国香港，慈善组织可以根据现行法律注册为公司、社团、合作社或工会等。香港特区政府警察部下设的社团管理处负责社团注册，根据社团条例，注册只需提供社团名称、宗旨、干事资料和业务地址即可。此外，根据税务局的《慈善机构及信托团体税务指南》，非营利团体因公众利益而设立，可获免所得税的优惠，因此慈善机构可以到税务机关登记并接受审查。

在我国台湾，对非营利组织进行管理及注册登记的有关规定主要有两部，即"《民法》"和"《人民团体组织法》"。根据有关规定，基金会必须设有负责基金会管理的董事会。组建慈善组织须首先向主管机关提出申请，报请核准立案，再到地方法院完成法人登记。1979年颁布的"《教育、文化、公益和慈善组织或机构可以免交所得税的标准》"中的一个重要要求是，该组织必须至少将其全部利息收入再加上所有例行性年度收入的80%用于与其宗旨相关的活动。

我国促进慈善组织发展的政策法规，主要有《中华人民共和国公益事业捐赠法》《基金会管理条例》《社会团体登记管理条例》《民办非企业单位登记管理暂行条例》《关于公益救济性捐赠税前扣除政策及相关管理问题的通知》等。这些政策法规对公益性基金会进行了界定和分类；对公益性基金会的公益性质做了规定；对公益性基金会的理事和监事资格及其行为、报酬做了具体规定；鼓励公益性社会团体的发展。依照我国现行法律，非营利组织的设立可通过以下三种渠道：依据《社会团体登记管理条例》，在民政部门登记注册为社会团体；依据《基金会管理条例》，在民政部门（省级以上）登记注册为基金会；依据《民办非企业单位登记管理暂行条例》，在民政部门登记注册为民办非企业单位。

过去，法律法规认可的享有捐赠全额免税资格的慈善组织极为有限，截至 2006 年年底，我国总共只有中华慈善总会、中国红十字会、中华健康快车基金会、宋庆龄基金会等 22 家公益组织享有税前全额扣除优惠资格。2007 年 1 月，财政部和国家税务总局联合下发的《关于公益救济性捐赠税前扣除政策及相关管理问题的通知》，进一步扩大了捐赠免税资格的范围。《通知》规定：依据国务院发布的《社会团体登记管理条例》和《基金会管理条例》的规定，经民政部门批准成立的非营利的公益性社会团体和基金会，凡符合有关规定条件，并经财政税务部门确认后，纳税人通过其用于公益救济性的捐赠，可按现行税收法律法规及相关政策规定，准予在计算缴纳企业和个人所得税时在所得税税前扣除。

虽然我国政府正在积极建立有关慈善组织登记管理方面的法律制度框架，但这并不意味着慈善组织在我国的发展已经受到法律的积极促进或保护。相反，现行法规中的许多规定在很大程度上不利于慈善事业的发展。表现在以下几个方面。

（1）慈善基金会登记注册的"门槛"太高。2004 年 6 月颁发的《基金会管理条例》，把从事公益事业为目的的非营利性法人定义为基金会，基金会分为公募基金会和非公募基金会，这意味着企业和个人都可以出资成立基金会，但又要求全国性公募基金会的原始基金不低于 800 万元，地方性公募基金会的原始基金不低于 400 万元，非公募基金会的原始基金不低于 200 万元。虽然在我国首次将基金会划分为公募基金会和非公募基金会，这是一个很大的进步，但高额的原始基金依然令许多有意筹建基金会的热心人士望而却步。

（2）双重管理规定使慈善组织的法人地位难以独立。有关规定或行政文件要求慈善机构在登记注册与管理时遵循民政部门与业务主管单位双重管理原则，同时又规定只有政府机构及其授权的组织才有资格成为业务主管单位，并且这些慈善组织的活动范围不得超过业务主管单位职能范围，这些规定体现了较浓厚的官办色彩。慈善组织往往会处于行政部门的直接控制之下，业务主管单位往往干涉慈善机构的权利，包括人事安排和项目实施，使慈善组织缺乏民事主体地位，不能真正独立承担起民事责任，同时也使得大量有意从事慈善事业的社会成员，因找不到业务主管单位而无法成立慈善团体。

（3）已经颁布的有关法律法规政策，因缺乏具体的、可供操作的配套政策而难以落实。2007 年 1 月，财政部和国家税务总局下发《关于公益救济性捐赠税前扣除政策及相关管理问题的通知》，将进行一般公益性捐助的范围扩大到"经认证的非营利性的公益性社会团体和基金会"。《通知》要求这些社团和基金会必须具备"不以营利为目的""捐赠者不得以任何形式参与非营利公益性组织的分配，也没有对该组织财产的所有权"等九个条件，根据规定，该资格的认定，国家级社会团体或基金会必须由财政部和国家税务总局进行确认；省级团体由省级财税部门进行确认，并报财政部和国家税务总局备案。可见这一规定只对省级以上慈善组织的公益性捐助有作用，而地市级以下则难以从中受益。因此如何落实好税收减免优惠政策，使各类公益慈善组织公正平等受益，仍然是亟待解决的问题。

（4）对现有法律的宣传不够，利用率较低。人们对慈善事业的法律法规知之不多，据业内人士说，1999 年我国就颁布实施了《中华人民共和国公益事业捐赠法》，但是近年有人倒卖捐赠物品被举报后，受理机关居然不知道这种案例可以适用哪些法律。

3. 鼓励慈善义工事业发展的政策法规

慈善义工在国内也有"志愿者"之称。中文的"志愿者"和"义工"，这两个词语其实都对应于英文的"volunteer"，只是由于不同的文化接触路径，才产生两种在字面上和发音上都不甚相同的用语。其含义就是出自本人意愿，为某一工作奉献精力、体力，尽一点义务并承担一部分责任，却不接受报酬。慈善义工是慈善事业得以蓬勃发展的重要资源，也是慈善事业走向成熟的主要标志。

联合国于 1970 年成立国际义工服务组织，并把每年的 12 月 5 日定为国际义工日，旨在鼓励全球各地政府及团体，于当天表彰义务工作人员对社会所做的贡献，并借此提醒社会人士积极支持及参与义务工作。联合国还将 2001 年定为"国际志愿者年"，并确定了四大目标，即充分认识志愿贡献、积极支持志愿活动、建立志愿网络体系和倡导弘扬志愿精神。

发达国家和地区的志愿服务制度大都比较完善，并有一定的激励措施。

美国于 1937 年制定了《志愿服务法》，并多次加以修正以顺应时代需要。此外还有《国家与社区服务法》（1990）、《志工保护法》（1997）等。美国的志愿者组织有一套记载、招聘、培训、评定志愿者的科学程序。志愿者的一切活动和经历，包括工作累计的时间、性质、成绩、技能、评语，最终输入义工人才库，进入全国计算机网络，志愿者不仅在为别人服务中得到精神上的满足和升华，同时通过培训也能使自己学会一种或几种新的技能，为今后寻找更好的职业创造条件。2002 年初，美国总统布什在国情咨文中号召美国公民积极参与社会服务，每个人一生应参加不少于 4000 小时的服务活动，以回报社会。美国《国家与社区服务法》规定，凡做满 1400 小时义工的青少年，政府每年奖励其 4725 美元的奖学金，可用作大学学费，也可用作职业训练或偿还大学贷款。

2001 年，加拿大政府颁布了《志愿工作法》来诠释他们的志工使命，支持志愿服务。1967 年德国制定了《奖励志愿社会年法》与《奖励志愿生态年法》，2002 年又全文修正，扩大了志愿服务范围，并规定中学毕业后，可直接参与志愿服务役，并取消年龄下限规定。法国设立志工学院制度，在完成某时数的志工服务后，颁发"学分证书"以资鼓励，根据不同领域的志愿服务颁发不同的证书。日本政府给派往国外的志愿者一定的生活津贴、医疗费、保险费等。韩国学生的志愿服务活动被计入学分，占高中成绩的 20 多分。

我国台湾于 2001 年颁布了"《志愿服务法》"，推动志愿服务工作，社会服务被列为中学的必修课。像台北市的学生每学期至少要做 8 小时义工，诸如课业辅导、病房陪伴、募集善款、导游解说、回收垃圾等。大学生必须做满 50 小时义工才能毕业。现在台湾每年都要请专家评选文化建设优秀义工并进行表彰，其中金牌奖 10 名，银牌奖 21 名，铜牌奖 30 名，还要组织获奖者去海外学习观摩。

目前我国还没有就如何开展和完善志愿者工作建立一套完善的法规，只是一些部门和地方性条例，法律约束的能力较低。目前全国只有广东、福建、山东等少数省份有《青年志愿者管理条例》，但这仅是针对青年志愿者的法规，并没有涵盖所有的志愿者。由于对志愿者服务的社会定位、服务对象、服务内容、服务形式、权利与义务关系等都缺乏明确的法律界定，志愿者活动缺乏政策保障和经费保障，各地的活动经费基本上只能依靠向社会自筹来解决，没有长期、稳定的来源，另外志愿者自身的权益也缺乏法律和政策的保障。当然在这些法规中，也有不少鼓励慈善义工的规定，如中国青年志愿者协会依据已认定的志愿服务时间的长短，分别授予注册志愿者中国青年志愿服务奖章、铜奖奖章、银奖奖章、金奖奖章。又如《烟台市慈善义工管理暂行办法》《台州市慈善义工考核奖励暂行办法》《大连市慈善总会星级义工评选办法》等规定，依据义工服务时间和服务业绩进行"星级"义工评选，颁发"星级义工证书"，佩戴"星级义工标志卡"。大连市慈善总会依据义工服务时间的长短和服务社会的业绩，实行星级义工奖励制度。义工服务50小时、150小时、500小时、1200小时、5000小时以上，分别可晋一、二、三、四、五星级义工。对业绩突出、贡献较大、社会反响良好或获市以上突出奖项的星级义工，颁发杰出贡献银质奖章；对服务年限长、成效显著、社会影响程度大、在义工队伍和全社会具有榜样作用的星级义工，颁发义工终身成就金星奖章。星级义工奖励制度是义工服务取得社会认可的有效方式，是弘扬义工奉献精神的重要举措。为确保星级义工奖励制度落到实处，大连慈善总会给每名义工建立了义工服务计时档案，实行义工服务纪实手册管理制度，从而保证了服务时间记载的真实性和有效性。大连市慈善总会还从2004年开始，依法为具备保险条件的义工提供了意外伤害保险，个人最高赔偿金额为5万元，并附加医疗费5000元，从而解决了义工从事义务工作的后顾之忧。深圳市还为义工设立了一项特别奖项——"义工服务市长奖"，《中共深圳市委关于进一步加强改进青年工作的决定》中提出：在开展"百名优秀义工"评选活动的基础上，对特别优秀的义工，每两年一次由市长授予"义工服务市长奖"。上海市普陀区制定政策，积极推动公务员参加义工服务，为社会做表率。该区实行《公务员义工登记制度》，为公务员义工注册、发放义工手册，规定公务员义工每年完成40小时服务时间，并明确公务员义工参与助困、助老、助残、助医、助学五个领域以及法律援助、文明城区创建、社区服务、就业援助、社会矫治等一系列活动的推进工作意见和工作制度。

威海市志愿者协会成立时间不长，工作人员短缺，虽然组织网络基本建立，但管理制度尚不健全。1995年3月，团市委成立了威海市青年志愿者协会。2005年5月，经威海市民政局批准正式更名为威海市志愿者协会，会长由市领导担任，秘书处无专职工作人员，日常工作由团市委机关工作人员兼职。各市区成立了青年志愿者组织，各镇、街道依托团委建立了青年志愿者服务站，社区成立青年志愿者服务中心，全市形成了体系比较健全的志愿服务网络。目前尚未制定慈善义工考核、奖励的具体办法。此外，《威海市志愿者协会章程》中规定，"具有参与志愿服务的一技之长"为申请入会会员必须具备的条件之一，这从某种程度上折射出威海市在志愿者培训方面的薄弱。

4. 完善社会慈善捐赠激励机制的政策法规

税收政策：这是各国鼓励和推动社会捐款的普遍措施。在发达国家，激励社会捐赠的税收制度可归纳为"一疏二堵"。"一疏"即慈善捐赠免税制度：应纳税所得额的一定比例或数量的捐赠额可从应纳税所得额中扣除。英国 1961 年颁布的《慈善使用法》，规定给予慈善基金会以优惠的待遇，免除慈善捐资者若干税赋，这一立法精神一直延续至今。英国《公司法》规定只要公司账目中申明提供公益捐款，捐赠的部分就可免去公司所得税（约占 30%）；对于个人捐款，英国采取了在征收收入税前从工资单中扣除捐赠额的税收政策。目前，税额减免适用于纳税人所做的任何现金捐赠。美国慈善税收激励机制非常详尽，比如根据捐赠的财物性质不同、捐赠形式不同或者使用方式不同，设定了不同的税收优惠比例；对超过减税捐赠额的捐赠部分可以在以后的会计年度中顺延抵扣，最长可延至 5 年。美国慈善捐赠免税的规定始于 1917 年税法。按照现行的所得税法，通常在一个纳税年度内，慈善捐款的扣除额不能超过该捐款人调整后毛所得的 50%，公司不能超过 10%。1935 年国会通过税法，允许公司以 5% 的收入用于享受免税的公益事业，1981 年又调整为 10%。德国的《会计法则》规定，个人捐款超过 25565 欧元的，从税收角度可以在今后 7 年内摊销（即跨年度递延抵扣）。税收政策中的"二堵"，即用巨额的遗产税和赠与税对资产转移进行限制。西方成熟社会给予公民和企业两种选择：可以将自己收入的一部分作为税收交给政府，也可以将自己收入的一部分作为社会捐款捐献给慈善事业。美国的遗产税、赠与税以高额累进著称，当遗产在 300 万美元以上时，税率高达 55%，而且遗产受益人还必须先缴纳遗产税，后继承遗产，所以富豪的后代要继承遗产会遇到重重阻碍，这也在一定程度上刺激了慈善捐赠。如美国福特汽车公司作为福特家族的企业，在 1947 年老福特去世时，按当时的税率应当征收 3 亿美元的遗产税，福特家族选择了将 90% 的非表决权形式的公司股票捐献给福特基金会，家族则保留了有表决权的股票余额，这一行动使 3 亿美元的遗产税减为几百万美元。

声誉捐赠制度：声誉捐赠制度是通过授予捐赠者荣誉称号来激励其捐赠行为。美国经济学家哈保乎（Harbaug）的一项研究成果表明，私人捐赠数额与捐赠所带来的声誉效用正相关，私人捐赠具有声誉动机。大量事实证明，声誉得益是捐献的重要原因。一个典型的例子是：1997 年 5 月 15 日《纽约时报》报道，原来宣布给纽约市儿童动物公园的一笔 300 万美元的捐款被抽回，因为捐助人认为纽约市政当局没有遵守原先商定的如何让捐款人的善行广为人知的方式。欧美较流行的激励捐赠的做法是：根据捐赠的大小给予捐赠者不同等级的荣誉，比如铜牌、银牌、金牌、钻石、公爵等系列。如美国的很多大学是靠私人资本慈善捐助发展的，大学一般会对捐赠者授予荣誉称号，绝大多数美国大学还"明码实价"地开列某些教席命名权的价钱，常常授予一些教授一定名目的荣誉教席，如"威廉·戴维逊教席教授""1933 级教席教授"等。

现阶段，我国有关激励社会慈善捐赠的政策法规主要有《中华人民共和国公益事业捐赠法》《中华人民共和国个人所得税法》《中华人民共和国企业所得税法》《中华人民共和国外商投资企业和外国企业所得税法》《国家税务总局关于企业等社会力量向中华文化发展基金会的公益救济性捐赠税前扣除问题的通知》《财政部、国家税务总局关于向宋庆龄基金会等 6 家单位捐赠所得税政策问题的通知》《财政部、国家税务总局、海关总署关于发布〈扶贫、慈善性捐赠物资免征进口税收暂行办法〉的通知》等。2008 年 1 月 1 日即将实施的新的《中华人民共和国企业所得税法》第九条规定："企业发生的公益性捐赠支出，在年度利润总额 12% 以内的部分，准予在计算应纳税所得额时扣除。"这大大提高了慈善捐赠的税收优惠程度。

虽然目前我国已制定慈善捐赠税收激励政策，但标准不统一，向不同的慈善组织捐款，捐赠者享受的税前抵扣所得税幅度不相同，而且申请程序还相当烦琐，难以实际操作。民政部救灾救济司司长王振耀在接受新华社记者采访时曾谈道："中国虽然有明确的税收优惠政策，但很多人捐款之后还是没有申请免税，除了有不了解税法的原因之外，也有因申请免税手续烦琐而放弃的。"王振耀现身说法，讲述了自己以个人名义向中华慈善总会捐款 500 元并申请捐款的税收抵扣的经历。为了拿回抵扣的 50 元，他经历了修改工资扣税额，向税务部门提交"税务明细申报表"，到银行送"保税收缴书"，等待单位财务处重新做账恢复工资明细等 10 道复杂手续，前后花了近两个月。其间，他发现各个部门的财务人员对个人慈善捐赠申请免税的程序都不是很清楚。另据统计，全国民政系统 2005 年共收到个人捐赠 17 亿元，而个人退税率为零。我国慈善捐赠税收优惠政策的效率问题和有效性问题由此可见一斑。当然，我们不能因此否认税收优惠政策在我国慈善捐赠中的激励作用。2003 年"非典"事件中，为了鼓励社会各界捐赠，北京地方税务局发出紧急通知，准予捐赠金额在缴纳所得税时全额扣除，该通知发出后的三天之内，社会捐款猛增了一倍多。

目前威海市享有免税资格的慈善组织只有市、市区两级的慈善总会和红十字会等少数几家。如前所述，威海民众对于慈善捐赠税收优惠政策知之甚少，加之足以令人却步的烦琐手续，因此个人申报办理捐赠税前扣除的案例几乎没有。除个别企业外，真正了解税收优惠政策并获得税收减免的企业也很少。由此可见，相关政策尚未在威海市的慈善捐赠中发挥应有的激励作用。

（二）管理体系

1. 政府与慈善组织的关系

按照国际惯例，慈善机构属于非营利性、非政府性的民间组织。但在国家范围内，慈善组织与政府间的关系是不能回避的话题。从世界范围看，政府与慈善组织的关系模式不是固定的、统一的。在不同国家，因政治制度、文化传统和社会结构方面的差异，两者的关系模式也就有不同的表现形态，大致说来，有控制模式、冲突模式和协同模式。

发达国家和地区慈善事业发展至今，政府与慈善组织之间基本上都建立了或正在努力建立合作伙伴关系。美国政府和非营利组织之间的关系是伙伴战略关系。美国政府依靠非营利部门去执行人类服务项目，特别是卫生、教育和福利服务。政府大约一半的卫生、教育、福利服务基金通过社区为基础的非营利组织来执行。政府对非营利组织的直接支持表现为：直接为非营利组织提供资金支持和直接与非营利组织签署合同；直接为那些参与低收入阶层服务的非营利组织付费。政府对非营利组织的间接支持包括免税、减税，为从事儿童照顾、老人照顾、住宅补贴的非营利组织提供税收信用（政府为那些需要给这类服务付费的个人买单）。早在克林顿当政期间，美国政府就批准了支持以信仰为基础的组织或社区组织参与社会服务，并给予资金支持。但克林顿时期，政府支持资金规模很小。布什在 2000 年的竞选纲领中，把支持以信仰为基础的组织和社区组织提供社会服务作为任期目标之一。他认为人们不仅需要服务，更需要人与人之间的爱，而只有志愿组织可以满足这样的要求，可以提供这样的关爱。当选后，布什立即成立专门机构，拨款支持社会弱势群体。在提供社会服务中，政府与非营利组织的合作相得益彰。2001 年的 "9·11" 事件，美国政府投入几十亿美元的资金，主要用于基础设施重建和基本服务，而美国非营利组织提供了几亿美元的资金，主要用于食品和住宿等急需服务。

在加拿大，20 世纪 90 年代联邦政府与志愿部门在不同程度上都意识到需要加强两者间的合作，于是政府投入 9460 万加元，启动了政府与志愿部门倡议活动。2001 年签署了《加拿大政府和志愿部门协议》，更具体地确认了政府与志愿部门关系的重要性，并明确了双方应承担的义务。近年来加拿大政府与志愿部门之间的合作是富有成效的，这种合作正在进一步扩展。

英国在政府与慈善公益组织之间达成合作伙伴关系，在相互信任、相互监督和公开透明的基础上建立起公益合作机制，其中政府对慈善事业的财政支持和政策支持是公益事业蓬勃发展的必要条件。英国政府十分重视与慈善组织的关系。1998 年，英国政府和非营利组织的代表共同签署了一份《英国政府和志愿及社会部门关系的协议》，它是一个有关政府与慈善组织关系的备忘录，不是一种具有法律约束性的文件，但其重要意义是，它经过广泛的讨论，由政府和非营利部门共同协商达成、共同签署遵循，为二者以后的关系确立了基本原则和行为依据。这也是英国工党政府上台后最重大的举措之一。协议的基本思想是志愿及社会部门的活动对于发展一个民主、包容性的社会是至关重要的。协议确认了志愿及社会部门对于社会的重大益处，同时表明政府应当进一步发挥在促进志愿活动和对志愿及社会部门提供支持方面的积极作用。具体体现在协议的一系列共同原则中，主要包括：①志愿活动是民主社会不可缺少的部分；②独立而多元化的志愿及社会部门对于良好的社会至关重要；③在制定公共政策和提供社会服务方面，政府和志愿及社会部门具有界限分明但相辅相成的作用；④政府和志愿及社会部门在共同目标达成中的协作将使其能够更好实现各自的价值；⑤政府和志愿及社会部门的不同责任形式使其能够适应不同利益相关群体，但二者的共同之处是都需要统一、客观、负责、开放、诚实和领导力；⑥志愿及社会部门有权依据法律对其活动进行宣传，以促进组织目标的实现；⑦政府在支持志愿及社会部门方面发挥着重要作用，尤其是对于一些团体和组织的资助。在上述原则下，协议确立了政府和志愿及社会部门各自相对应的五项责任。其中，政府的责任主要包括：承认和支持志愿及社会部门的独立性；以参与、明确、透明的原则提供资助，并需要就融资方式、签署合同、承包等方面征询志愿及社会部门的意见；对可能影响志愿及社会部门的政策制定需要征询它们的意见；促进互惠的工作关系；政府和志愿及社会部门一起建立评估系统，每年对协议的实施情况进行评估。相应地，志愿及社会部门的责任包括：保持高度的治理与责任；遵守法律和相应规范；在参与政策制定过程中与服务对象和其他利益相关者进行协商；促进互惠的工作关系；同政府一起对协议的实施情况进行评估。

在我国香港，政府只负责提供社会保障和紧急的救援服务，不直接办福利机构，而是将其交给社会来办，由民间组织对社会提供直接的服务，慈善事业基本上是民办公助。政府将其与非政府机构的关系称为"伙伴关系"，二者之间的协商和联系主要通过香港社会福利联合会来实现。香港地区的慈善事业从一开始就完全立足于民间，民营化便作为一种定例被巩固下来，各慈善机构经注册登记成立，成立后即具独立法人身份，在开始慈善工作时独立运行，其决定权在于慈善机构的发起者和管理层或各种委员会。尽管政府支持很大，有的慈善团体的财政85%以上靠政府拨款，但政府只将这些机构看成是伙伴，并不承担具体的管理和监督职责，一切依靠慈善机构自我管理、自主运行、自我约束。

在我国，慈善组织相当程度上是政府在运作。大部分慈善组织是直接依托于各级政府的民政部门建立的，与民政部门有着紧密的联系。有的慈善组织刚刚从民政部门中分化出来，绝大部分慈善组织还是"一个部门，两块牌子"。慈善组织缺乏独立地位和自主权，大部分民间捐献被作为政府关怀和救助发放给受助对象，政府救助与慈善救助的关系被混淆。应当承认，由政府或准政府部门主办慈善公益事业虽然与世界潮流不相吻合，但在我国目前尚有一定的合理性。随着改革的不断深入，政府将逐步从社会领域退出，慈善事业也将逐步走向民间化。2004年6月1日生效的《基金会管理条例》明确规定了现职政府公务员不能担任基金会的理事等重要职务，这一规定被认为是依法改变中国"官办"民间组织的第一步。

威海市慈善组织与政府的关系也同国内现状大致相同。首先，在理事会、监事会和人事安排上具有官办色彩。市红十字会会长由分管市长担任，在第二届理事会的17名常务理事中，有3名来自企业，2名为本组织职员，其余12名均来自党政机关。名誉会长、名誉副会长、副会长共15名，均为党政官员。市级红十字会4位在编人员全部享受公务员待遇。

市慈善总会与市红十字会情况基本相同。会长由同一分管市长担任；常务副会长由民政局局长担任；31名理事中，有13人为企业家，占41.9%；工作人员均为事业单位编制。2001年9月4日市编委《关于设立威海市慈善总会办公室的批复》（威编〔2001〕52号）明确规定，威海市慈善总会办公室编制5人，为正科级自收自支事业单位。2006年市编委《关于市慈善总会办公室增加1名编制的批复》（威编〔2006〕57号），将市慈善总会办公室的编制增加到6人。2007年市编委《关于市慈善总会办公室变更经费形式的批复》（威编〔2007〕8号），将威海市慈善总会办公室由自收自支事业单位变为全额拨款事业单位。各市区慈善会也都属于全额拨款的事业单位编制。

常州市的慈善组织"官办"味则较淡，如常州市慈善总会的组织机构构成主体是捐资人：17 名副会长中，有 14 名是捐资企业家，占 82.4%；57 名理事中，有 46 名是捐资企业家，占 80.7%，有 6 名为党政官员，占 10.5%；监事会 32 名副主席中，有 27 名是捐资企业家，占 84.4%；常务副会长为退休官员。《常州市慈善总会章程》中有明确规定，"名誉会长由德高望重、热心慈善事业的市领导担任"，"热心慈善事业、并不在党政机关任实职的人员可作为本会常务副会长候选人"。

其次，善款管理和使用中存在政府干预现象。此前威海市的善款由政府统一支配使用，承担了很多应由政府财政承担的救助项目，如低保对象"三项救助"资金和五保供养经费等。在市委、市政府下发的《关于加快建立和完善城乡社会救助体系的意见》（威发〔2004〕15 号）中明确规定："城市'三无对象'的供养经费由县级财政保障，农村五保供养经费来源为上年度市、市区两级'慈心一日捐'捐款的 30%"，"对城乡最低生活保障对象中的大病患者、学生及无房户、危房户按规定程序和标准给予医疗、教育、住房救助。资金来源为上年度市、市区两级'慈心一日捐'捐款的 10%"，"其他临时性救济资金从各市区、开发区的'慈心一日捐'捐款及经常性社会捐赠款物中解决"。不可小看这个问题，这个问题不纠正，势必引起人们对政府推动慈善事业发展动机的怀疑。

2. 政府对慈善组织的资助

慈善事业从本质上排斥政府的行政干预，但不排斥政府的财政援助。政府的资助，包括直接支持和间接支持。其中，直接支持包括直接付给服务机构的赠款和合同，以及服务机构为低收入者进行服务，政府直接支付的服务费用（例如医疗）。间接支持包括免税，扣税，为托幼、亲属照顾、住房补贴提供的税收优惠（如政府报销接受上述服务的个人自己支付的服务费），发行免税债券。在发达国家和地区，政府对慈善组织的补贴和拨款是慈善组织一个非常重要的收入来源。政府财政对慈善事业的拨款，通常被纳入财政预算，甚至在许多国家和地区被列为固定预算科目。美国霍布金斯大学在 42 个国家进行的非营利组织国际比较研究项目结果显示，非营利组织的平均收入来源结构为服务收费 49%、政府资助 40% 和慈善所得 11%，其中保健（55%）、教育（47%）和社会服务（45%）领域政府的资助尤其显著。美国政府对慈善组织资助额差不多是私人慈善捐助的两倍。到 1980 年，联邦政府对慈善组织的直接资助就高达 410 亿美元，相当于其总收入的 35%；据美国联邦税务局估计，目前联邦政府每年因为对非营利组织"暗补"所造成的税收转移高达 445 亿美元。在加拿大，志愿部门的一半资金来源于政府。

英国政府通过每年面向慈善公益组织 33 亿英镑的公益支出（相当于慈善组织每年"资金总额"的 1/3 左右），表明政府对慈善事业的积极支持。西欧和北欧的国家，政府支持甚至更显著。德国慈善组织收入总额的 64.3% 和法国的 57.8% 来源于政府，比利时慈善组织支出的近 80% 是由政府资助的，瑞典慈善组织收入的 2/3 以上来源于政府。

印度政府每年通过项目采购的方式向慈善组织提供 50 亿美元的资助。

在我国香港，目前参与社会服务的非政府机构约 450 个，受政府资助的有 295 个，来自政府财政资助的款项约占慈善或志愿机构经费的 80%。这种资金支持是慈善事业成为香港社会保障体系重要支柱的客观条件，而慈善事业的高度发达，也是连社会基本保险制度都没有的香港能够持续发展的一个重要的稳定因素。当然政府对慈善事业资助过多，容易造成慈善组织对政府的依赖甚至被政府所左右，从而失去其应有的民间性、创造性、灵活性等许多优秀品质。因此政府对慈善组织的资助是必要的，但要适度。

我国慈善组织在很大程度上是政府分化出来以获取民间资源的一个途径，而不是接受政府资助、受政府的委托去实施项目的工具。政府对慈善组织几乎没有给予直接资助，间接资助（减免税）也是刚刚处于起步阶段。上海慈善基金会，截至 2004 年底基金累计约 10 亿元。其中政府拨款只占到 3.9%；社会捐赠累计总额约为 8.9 亿元，占 89%；基金增值收入占 7.1%。少量的政府拨款主要是专款专用于一些重大慈善工程项目的配套资助。

据调查，威海市政府对慈善组织的资助还是可圈可点的。2005 年 8 月，拨款 400 万元作为注册资金，建立了威海市见义勇为基金会。近年来每年向市工会帮扶中心拨款 50 万元，用于对困难职工的救助，对残联、妇联等组织开展的社会救助行动也经常给予一定的资金支持。

3. 政府对慈善组织的监管

发达国家政府作为慈善组织及基金会的监督主体地位十分明确。在美国，政府相关部门（主要是国税局、州检察长办公室等）依法对非营利机构包括慈善组织和基金会进行管理。美国国税局的工作是区分非营利机构各项经营活动的性质，以实施对与其相关的可以免税的经营活动给予免税的规定。州检察长办公室的管理不同于国税局，它代表所有慈善机构的公共利益，其责任是调查和审计慈善机构，监督其领导人或者信托人是否有管理失范、转移资金甚至欺诈行为。在大多数州，首席检察官有权监督和管理慈善机构，对其活动进行规范，而慈善机构必须经常性地报告业务活动和财务情况。对于违反规定的组织，政府可以实行的处分就是取消其免税资格。加拿大税务署负责慈善组织的注册管理，对慈善组织的运行情况进行跟踪，严格禁止机构参与与谋利有关的活动，发现违规问题及时整顿、处理，违反者将被取消非营利组织的资格。英国政府通过慈善委员会实施对慈善组织的监管。慈善委员会虽然是政府机构，但不隶属于任何部委，无须向内阁大臣负责，其目的只是确保慈善组织在法律规定的范围内活动。慈善委员会对慈善组织的监管是从注册开始的。根据英国法律的规定，慈善组织只有在注册后，才可以享受到诸如免税等方面的优惠，并得到公众的认可。慈善组织申请注册需要接受慈善委员会的评估。慈善组织必须每年在其财政年度结束后的 10 个月内向慈善委员会提供账目，委员会将在网站上公布这些账目的详细情况。另外，慈善组织必须填写慈善委员会发放的年度报表，提供它们过去一年活动的详细情况。如果某慈善组织没有采取正确的行动，委员会将对其展开调查。调查过程中，慈善委员会可以运用其权力，采取冻结银行账号、免去托管人职务、没收文件以及委任外部人员管理慈善组织等措施。如果怀疑有犯罪行为，慈善委员会将请求警察局或检察官提起诉讼。

在我国，由于慈善公益组织尚未和政府脱离关系，尽管有监管措施，但很难奏效。根据《社会团体登记管理条例》和《基金会管理条例》，注册为社会团体或基金会的慈善组织必须要有业务主管单位，并对业务主管单位负责，而主管单位只能是政府机构或政府授予机构。所以，目前政府对慈善组织的监管主要是行政监督，审计部门每年查账一次，进行年检，业务主管单位进行日常管理监督。但实际上，审计部门的力量是有限的，而且只能涉及一些比较大的慈善组织，很多小的慈善组织不可能一一审计到。慈善组织与业务主管单位的关系又使其不可能得到有效监督。在近年倍受诟病的全国"牙防组事件"中，非法资金的收支就是利用了"牙基会"资金管理与使用无人监督的漏洞。原本应该独立、公开的基金会账户，成了"牙防组"借用从事非法活动的平台。两者默契合作，形成"认证的不收钱，收钱的不认证"的局面。事发后，民政部门表示："年检报告并不能反映基金会存在的全部问题，由于人力和各方面的限制，对基金会的财务及公益活动状况不能进行实时监督，只是事后审计和检查。而且年度报告书中只有直接的收入和支出总数，不能清楚地反映基金会'钱从哪里来，钱到哪里去'的问题。"从牙基会暴露的问题可以看出，由于利益纠葛，目前存在的这种对慈善组织的监督方式并没有起到令人信服的作用。由于政府监管不力，慈善领域腐败问题时有发生。两年前，中央电视台《经济半小时》记者曾以《亿万慈善富翁将 30 亿元财产全数捐给社会》为题采访了 83 岁高龄的著名慈善家余彭年，余老慨叹

"好事难做，善门难开"，他捐赠给内地某医院用于救死扶伤的 10 部进口救护车，被当地官员改成了办公用车，而且这样的事情不止发生过一次。

威海市政府对慈善组织的监管也主要是审计部门的审计。最近两年，市审计局采用审计与审计调查相结合的方式，先后对市慈善总会 2005 年至 2006年慈善捐赠资金募集、管理和使用情况进行了审计，对部分慈善捐赠项目实施情况进行审计调查。除市慈善总会外，包括市红十字会在内的各慈善组织和具有慈善救助性质的群团组织所管理的善款，一般只在对相关部门或单位的专项审计中涉及，而没有进行专门的审计。据市审计局反映，历次审计中基本未发现违规问题，只有在对市慈善总会的审计中，发现未及时使用资金 24.74 万元和在慈善捐赠物资管理中存在内控制度不健全、部分慈善捐赠物资质量差的问题。而从市财政部门提供的资料看，2005 年市慈善总会接收的"慈心一日捐"善款，当年用于救助的款项远没达到《威海市"慈心一日捐"捐赠资金使用管理暂行办法》规定的比例。

据市财政局反映，由于目前实行了票款分离的管理办法，所有捐助资金全部通过银行自动划入国库，实行专户管理，使救助资金能及时入库，但对捐助资金的来源性质却划分不清。

4. 社会对慈善组织的监督

社会监督（包括社会舆论、民间评估及公民个人监督等）起着重要的外部约束功能。美国的基金会受到公众的广泛关注和严格监督。基金会要接受国税局的管理和审查，每年填报有关表格，每个公民都有权查阅这种报表，传媒对基金会的运作也很关注。此外，还有一种专门对基金会进行评估的民间非营利机构，如美国慈善信息局。它制定了衡量基金会好坏的九条标准，包括董事会管理职能、目标、项目、信息、财政资助、资金使用、年度报告、职责、预算等，评鉴结果通过定期刊物及网站予以公布，每年四次，宣布"完全符合规范"和"未完全符合"（明确指出哪些不合格项目）组织的名单，具有较高的权威性。公众往往根据它的公报，决定给哪个基金会捐款。一旦有人对某个慈善组织的相关信息有疑问时，可向相应的慈善组织询问，慈善组织应及时如实答复。捐助者不仅有权知道自己所捐的钱用到了什么地方、是如何分配的，而且有权对所捐款项提出具体的使用意见，慈善部门不得违背捐助人的意志。此外，媒体的监督也很到位。1992 年，美国《纽约时报》等几家媒体陆续揭露轰动全美的美国联合劝募会主席阿尔莫尼自占捐款事件和新世纪基金会行骗事件，迅速导致两家较大规模基金会的垮台，并使公众捐款在相当长一段时间陷入低潮。在英国，捐款者和受益者等都是可以随时到慈善组织查阅财务报告等相关信息的，这些信息都是公开的。我国香港福利署公布的《慈善筹款活动最佳安排参考指引》中 A2 条例规定："所有由慈善机构举办或代表该机构举办的筹款活动，须公开慈善机构的名称和筹集善款的目的。募捐印刷品亦须载有机构的地址或其他联络资料。"捐款人及准捐款人有权在提出要求后，立即获得有关该慈善机构的任何资料。我国台湾的《劝募管理条例草案（协商版）》也规定："劝募发起团体应于劝募期满 30 日内，将捐赠人姓名、捐募数额、发售募捐券情形及收支报告予以公告、登报、上网或印发征信募录；劝募所得财物如需转由执行单位使用，应详列清册移交，并报主管机关备查。前项之公告应尊重不具名捐款人之隐私权。"

在我国，目前还没有出现针对慈善组织的民间评估组织，鉴于慈善组织的半政府性，媒体和公众也很难对慈善组织进行有效的监督。慈善机构的财务公开机制也没有建立起来，很多慈善机构把自己的财务状况视为内部机密，秘而不宣。个别地方正在进行财务公开方面的有益探索，如常州市建立了相关监督机制。发挥新闻宣传媒体的舆论监督作用，定期公开善款接收、支出情况。利用各镇（街）、村（社区）务公开栏，公示被救助人情况，接受群众监督，给群众一个"明白"。聘请人大代表、政协委员、社区代表和社会知名人士作为慈善社会监督员，听取他们对慈善事业发展的建议和意见，及时改进工作。由民政、审计、慈善会、镇（街）、村（社区）等部门联合组成评估小组，对需要救助的人员实施实地核实，综合评估，给予救助，防止发生不合理救助现象。

与全国形势基本一致，社会对慈善组织的监督在威海市也是比较乏力的。媒体对慈善组织的监督作用没有得到很好发挥。在"慈善月"活动中，媒体对慈善事业的报道随处可见，但多为宣传赞扬和信息公布，而所公布的善款信息，多为官方提供，其真实程度很少被探究。此外，身为监督主体的普通民众，由于胶东文化的影响，往往"尚官主抑民主"，缺乏监督意识。调查问卷中，66%的被调查者表示，因担心捐出的钱物不能真正送到需要的人手中而不愿捐款。虽然有这么多的人担心善款不能善用，但主动过问、参与监督行动的人很少。

5. 慈善组织内部监控

内部监控是慈善组织及基金会实施自我监督的重要防线。英国的慈善传统非常久远，也赢得了相当的社会信任，其最基本的保障在于组织治理结构对慈善组织的自律机制。在英国，慈善组织的理事对慈善组织的行为和资产负有完全的责任，包括保障公共资产的延续、组织的恰当管理、组织的非营利性、组织的有效运作、公益目的的实现以及保留组织账户和各项信息等。如果理事被发现因为渎职或故意的原因使得公益资产受到损失，他将对此负有无限连带责任。慈善组织的理事多为已经在社会上有一定经济基础和社会声望的知名人士。能够成为大型慈善组织的理事，被人们视为一种荣耀和身份的象征，尽管这种工作通常是没有报酬的。公开组建和切实负责的治理结构，对于保障英国慈善组织的公益性和防止公共资产被滥用，起到了最重要的监管作用。在美国社会，自律观念得到普遍认同，内部监控作为自律的一种形式为各类慈善基金会所采纳。基金会大多由高层的专业人员管理，内部有较完善的制度，特别是资助的申请、拨付及运营费用的预算、核销都有一套严格的程序。这种行业自律的联合组织在美国数量很多，而且有些很有影响力，比如，美国基金会中心、全国志愿组织联盟、美国公益咨询服务所等。这些组织通常制定本行业的自律条款，并要求每个会员组织按照这些规定加强相互间的监督。凡不按规定办事的，联合组织可对其制裁，甚至开除其会员资格，从而在一定程度上保证了慈善组织的纯洁性。美国政府非常重视这类组织的发展，并给予相应的支持。例如，在经济上提供一定的资助，尽可能地将他们的合理建议和意见纳入政策中。在新加坡，几乎所有的慈善组织都隶属于社会服务全国委员会，该会既是慈善组织的代言人，同时也对他们进行监管。我国香港服务性慈善组织在内部治理结构上，实行董事会和理事会分治，其中董事会负责决策，理事会负责执行，同时在内部决策机制上提倡民主，有效地防止了组织中独裁专制现象的发生。在香港，除了慈善机构自身的自律外，还有超越各个机构之上的集体自律，这主要通过团体联合会的形式进行。如香港社会服务联会、香港基督教播道会联会等团体，都对其会员机构有具体的要求与指导，以保证各慈善机构以整体的公信形象立足于香港社会。香港几乎所有的非营利社会福利服务机构都加入了社会服务联会，联会受理公众对社会福利的质疑，由此监督成员机构的服务质量，向公众做出合格交代。在中国台湾，"中华联劝"作为社会大众以及社会福利服务机构的中介者，是一个"社会善款的专业经理人"，秉持着公开、透明、公正的原则为大众的善款做把关的工作。此外，随着社会的发展，慈善组织专业化程度不断提高，许多国家和地区实行募捐与救助相分离。即由专门机构承担向社会募集善款的职责，然后再分配给相关的慈善团体；而从事救助的慈善机构一般不直接向社会募捐，它们只提供社会救助服务。两者的专业分工与协作，有利于增强资金的透明度，提高工作效率和社会公众的信任度。

目前，我国慈善事业机构还不发达，慈善事业内部运行机制尚未理顺，有效的内部监督并未形成。近年的牛群事件就是一个很好的例证。2004年牛群曾与中华慈善总会签订协议，牛群将全部财产捐赠给中华慈善总会。之后，中华慈善总会把牛群的慈善项目作为自己直接接管下的一个项目，并任命牛群为该项目负责人，虽然名义上中华慈善总会对款项有监护权，但牛群用本已捐给慈善事业的钱在干什么，慈善总会并不清楚。

同时，我国当前慈善团体还存在专业性不强、分工不合理等问题。慈善组织一般都兼具募捐与实施救助的双重职责，慈善筹款机构、慈善执行机构职能不清，筹款机构常常忙着自己做项目，执行机构又常常忙着筹款，"右手筹钱左手花"现象十分严重，不仅降低了专业性，而且效率低下，并容易导致慈善腐败。例如，1999 年至 2000 年间，美国妈妈联谊会为救助云南丽江地震中的孤儿，先后向丽江妈妈联谊会捐款 35 万美元，然而会长胡曼莉却将其中的 90 多万元人民币用于送自己的女儿出国和购置地产，最后还是美国妈妈联谊会愤怒地将胡曼莉送上了法庭。类似事件还很多，比如青基会事件、沈阳儿童村事件等。

一些地方慈善机构正在不断加强内部管理，积极自律。天津市慈善协会制定了《财务管理制度》《接收捐赠实施办法》《捐赠款物管理工作的规定》等规范性文件，明确责任，严格操作。广东省红十字会接收的每笔捐款都专账管理，并开具专用收据，然后跟踪善款使用情况，并接受有关部门的审计，再在媒体上公示，所有信息均公开、透明。北京市慈善协会曾公开承诺，随时接受捐赠者和各界人士审查账目，让每一位捐赠者知道自己捐的钱到底用到了哪里，确实做到善款善用。如果捐赠者想要审查账目，可以直接和协会联系，提出审查账目要求，协会会根据捐赠者的捐赠意向，为其出具该捐赠意向的财务报表供捐赠者审查。尽管对于普通人按照这一声明真正去查账似乎并不现实，但至少这种姿态是值得肯定的。

威海市各慈善组织的内部管理情况与全国基本一致，也是集募捐与救助于一身，"右手筹钱左手花"，理事会、监事会没有真正发挥自己的作用。"慈心一日捐"等大规模募捐活动，多由各单位代为收缴，一般不向个人捐赠者开具收据或其他凭证。这一做法，对捐赠人的知情权和税收减免权是一种侵害，不利于调动捐赠人的积极性。因此，调研中很多人建议实行实名捐赠制，建立捐赠证，逐笔载明捐赠事项，由捐赠者个人持有。

（三）运作机制

1. 募捐方式

目前发达国家和地区对慈善基金的募集多采用"联合劝捐"机制。由统一的慈善组织进行慈善劝募，再把募到的捐款分配到会员服务机构中去。其优点：一是集中募捐减少重复劳动，节省募捐成本和运行费用；二是方便了社会各界捐献，避免了令多数捐献者不甚满意的重复募捐；三是所募款物由筹款机构直接进行分配，更有利于社会监督。在美国，最有影响的社会公益服务机构联合成立了联合劝募总会，经过100多年的发展，美国联合劝募总会的系统不断完善，现有1400多个地方性联合劝募协会会员，地方性的联合劝募协会都是各自独立的实体，各有自己独立的理事会和专职工作人员，有严格的财务审核监察制度。法律允许联合劝募总会一年一度到公司企业和政府机构劝募。各地的年度募款活动声势浩大，企业、政府、媒体都配合支持。新加坡社会服务全国委员会下设的分支机构——"公益金"，专门代表所属组织募款，既减少了组织间不必要的竞争，也降低了筹款成本。其募款方式多种多样，最常见的是征得人们同意后，每月从他们的工资或信用卡里扣除一定数额。20世纪70年代前后，香港仿照美国联合劝募协会模式建立了统一筹款机构——香港公益金，专门负责通过各种大的募捐活动进行筹款，所到之处既是筹款也是宣传，他们通过开展"一日捐"、"百万行"、举办电视节目、发售慈善卡、举办筹款晚会等活动向社会各界筹款，所筹资金全部拨付给相关的慈善机构。各个具体提供服务的慈善机构都是其团体会员。

我国的劝募方式基本上还是多头募捐、频繁募捐、重复募捐，与国外先进、发达、专业化的劝募机制相比，还有相当差距。在我国许多地方，大规模的募捐几乎都是以行政方式完成的。通过各级行政组织对国有企事业单位提出要求、规定数额，由单位领导、党员带头，人人有份。如此一来，捐款不像是在奉献爱心，更像是在完成政治任务，不是完全出于自觉自愿，而经常是碍于情面。虽然每一次募捐效果都不错，却并不利于人们慈善意识的培养。依靠权威的影响去推动慈善事业的发展是必要的，但自愿捐献是慈善事业能够真正成为一项长远事业而不是一种"运动"的前提和基石。

2005年以来，常州在劝募方式上的探索比较成功。整个慈善劝募工作是靠党委政府领导，但不搞"官办"、不搞摊派、不下指标，走出了一条"依靠宣传发动、坚持自愿原则、重点企业带头、社会广泛参与"的新路。具体劝募活动按照以块为主、条线配合的方式。采取"宣传引路、座谈引导、上门劝募、典型示范"的工作方法，有情运作，有序操作。在劝募过程中，该市全由市五大班子出面与企业家直接联系，进行面对面的劝募。

常州市在慈善募捐运作形式上，采取了两种方法：一是"捐资"方式，即把捐款全部吸纳为慈善基金；二是"出资"方式，即捐赠本金留在企业运作，每年将本金的利息（年息为7%）分两次交付市慈善总会，这既不影响企业资金的正常流转，又可以降低基金运作的风险。与此同时，对捐资1000万元的重点企业，根据其愿望，实行定向冠名救助。

上海市慈善基金会从多年的募捐活动中探索出了许多有效的劝募方法，主要包括以下几种。项目劝募法：树立成功的品牌，用成熟的品牌项目来劝募，如"点亮心愿"慈善义拍。名人效应法：动员名人参与慈善活动，充分发挥榜样力量的巨大作用，如"成龙慈善周末"、《闪电星感动》电视专栏等活动。环境引导法：开展多种形式的慈善活动，营造浓厚的慈善捐赠氛围，如"蓝天下的至爱——新年慈善系列活动"。情感打动法：满怀真情讲述真人真事，在募捐动员中以情动人，如《新民晚报》"慈善热线"。方便就近法：让参与慈善成为人们的生活方式，让捐款捐物的渠道就在人们身边，如超市的"收银条捐款"、"捐一赠五"及公共场所的募捐箱。喜庆节日法：倡导在重要的日子里做善事，让人生留下珍贵的回忆。冠名基金法：弘扬企业慈善精神，冠名树立企业形象，规定捐赠50万元以上的单位或个人，可以设立冠名基金。上海市慈善基金会浦东分会自2003年开始在全区范围内组织实施"慈善联合捐"活动，主要是通过一系列专业筹款机构，联合社会捐赠资源（包括组织劝募的公益机构和参与捐赠的社会各界），并采取以项目为导向的机制分配善款。广东中山市红十字会利用传统大年初七的"人日"进行"万里行"募捐，已积累10多年经验，每年能募集善款数百万至上千万元。

"慈善月"活动开展之前，威海市慈善总会的善款募集方式多由政府发出号召。这种情况下，捐款数量常常被量化，按照行政级别确定捐款数额成了一条大家心照不宣的潜规则，也就是公职人员一般要根据上级领导的捐款情况再确定自己的捐款数额，最后由所在单位收取后统一交送接收机构。红十字会、妇联、希望工程办公室等其他组织则多自行宣传和发动，自行筹集，于是多头募捐、重复募捐现象时有发生。

2. 善款管理方式

确保每一笔资金的安全，并使之用于捐献者指定的救助项目，是慈善组织的重要职责。慈善组织对社会捐献的款项只有看护权，而无所有权和自主使用权。因此，发达国家和地区慈善组织有严格的财务管理制度。中国台湾联合劝募会规定每年爱心捐款收入除捐款人指定专项专款运用外，85%作为社会福利机构的分配与相关业务的推动，其分配比例为：72%由审查委员会依审查计划、审核准则分配及监督，10%由常务理事会视社会需求审核、分配运用，3%作为上述业务推动的费用，15%提拨为急难救助基金、会务发展基金及经常性费用，其提拨比例为2%为急难救助基金，13%为会务发展基金及经常性费用。在许多发达国家和地区慈善组织除了进行慈善募捐活动、筹款宣传和把钱用于慈善事业之外，还会从事两类营利性的投资以保证所募捐款的保值增值。第一类是购买基金、股票、债券等；第二类则是办工厂、搞贸易等。

常州市慈善总会规定，总会创始基金只使用增值部分，每年"一日捐"收入按有关规定将40%充实基金，60%用于慈善救助。总会依据当年可用于救助的资金情况编制年度支出预算，并经总会理事会通过后，由总会办事机构在预算内按计划组织实施。进入总会账户的基金实行专户储存、单独核算，同时由总会委托财政部门招标确定基金存放的银行，在确保基金安全的前提下，慈善总会还在尝试将基金以不低于6%的年息，投资实力强、信誉好的国有企业，实现增值。

从威海市情况看，除近年的市慈善总会外，其他组织的善款基本都是自行管理，自主使用。从2001年9月到2005年10月，市慈善总会的各类捐赠资金由市民政局统一管理。2005年11月，根据市政府第82次市长办公会议精神，市慈善总会将历年滚存捐赠资金全部缴入财政专户，从此开始实行收支两条线管理。在使用资金时，先由市慈善总会征得市领导批准同意，之后根据救助工作情况向市财政局社保科提出资金申请，再由社保科审核后报财政局领导审批后下达资金支出指标。

从威海市财政部门提供的2005年财政专户"慈心一日捐"善款收支情况可以看出，善款的使用带有公共财政支出的色彩，模糊了两者之间的使用领域和界限，"善款"没有按规定足额使用。《威海市"慈心一日捐"捐赠资金使用管理暂行办法》（威政发〔2004〕40号文）中规定，善款"70%用于当年的慈善支出，30%用于资金积累和周转"，从实际执行情况看，远没有达到规定的比例，影响了善款作用的时效性。

3. 实施救助方式

现代西方慈善事业的概念，可以界定为主要是对公共事务的关注和志愿性的对社会弱势群体的救助。早期的慈善在很大程度上就是表现为救助。在西方，慈善最初意味着一种珍贵的情怀与高尚行为，它与恩惠及感恩相联系，是用以表达一个人对自己家庭以外的他人之善意行为。19世纪以后，由于对真正的不幸者的救助被认为应当是当时职能日趋发达的国家的责任，日益兴起的私人慈善基金便逐渐退出传统慈善救助领域，而转向了对公共生活的关注，社会救助和救济主要由国家来承担。在社会救助工作中，现代西方慈善主要还是在对教会、教育、文化等的捐赠和扶持上。

有组织、有计划地实施救助活动，是对社会资源的一种最有效的配置。实施救助的慈善组织必须充分尊重捐款者的意愿，做好社会调查工作，对救助对象及所需服务进行摸底，然后做好与其有关各方面的联系工作，保证将救助资金用在最适当的地方。从国际经验看，现代基金会的救助是有组织的，其资金的管理和使用运用的是现代的管理方法，在救助方面是有目的、有理念的，并非谁哭穷就给谁，主要是以对社会的根本问题进行救助为宗旨。大的基金会都根据社会发展需要来调整捐献重点。台湾慈济基金会的救助原则是"直接、重点、尊重"。

上海市慈善基金会在慈善救助方面的经验值得借鉴。首先选择党和政府最关心的、社会困难群体最迫切需要解决的问题，在深入调查研究的基础上做出可行性方案，经过反复论证，听取社会各方意见，并经理事会或理事长办公会议认真研究讨论后科学决策，正式立项实施。实施过程中根据实际情况及时调整，不断完善。项目完成后，组织专门的评估小组，从成本和效益两个方面进行评估，提出改进的意见和建议，力争救助项目效益最大化。从2005年5月起，上海市慈善基金会在开展项目评估的基础上，将历年来已经做得比较成熟的慈善救助项目以及最新救助计划，通过电视、报刊、网络等媒体分批向社会公示，以接受各界监督。公示的内容包括项目名称、项目背景、资助对象、资助名额、经费标准、经费来源、申请条件、审批流程等。让捐款人知道自己的捐款用在哪里、所得到的社会效益；让困难群体知道如何申请慈善救助；让社会各界了解慈善基金会实施了哪些救助项目。但从上海慈善事业遇到的问题看，如何避免无序救助、重复救助，依然是难解之题。近年上海市慈善基金会曾为4万名社区老人发放了价值500元的医疗就诊卡，但此后不久，上海市政府实施了对"70岁以上、在本市居住满一定期限的老年人免费加入医保"的政策。这一政策的出台，却忙坏了上海市慈善基金会的工作人员。为了不造成医疗救助资源的浪费，尽量扩大慈善资源的覆盖面，他们需要尽快从已经享受到医保的老人手中，收回慈善医疗卡，再转送到真正需要的人手中。类似事件在其他救助项目中也有发生。针对当前普遍存在的无序社会救助现象，建立高效的信息平台，及时发布政府以及各慈善组织的救助计划已成当务之急。

威海市的慈善救助，据各慈善组织对自己从事救助的程序的介绍看，社会调查步骤是严格有序的。但由于各机构各自为政、各行其是，救助结果缺乏透明度，重复救助现象时有发生，同时由于救助标准不一，常常引起人们的迷惑甚至误解。值得肯定的是，威海的救助对象没有囿于地域，把外来打工群体作为"新威海人"也包括在内，列入市慈善总会 2007 年"四大慈善行动"之一的"特别关怀行动"，即是针对外来工的。目前，上海、常州等地出于本机构的地方性和善款的有限性考虑，都强调慈善救助原则上只限于属地范围内的困难群体。

第三部分 人类慈善事业发展的实践成果与威海发展现状

（一）慈善组织状况

据英国慈善委员会统计，2004 年底英国注册慈善组织为 189530 个，年收入合计 349 亿英镑，其中 2/3 的注册慈善组织年收入只有 1 万英镑，甚至更少，最大的 511 家慈善组织（占总数的 0.27%）拥有 45% 的总收入。

统计资料显示，美国现有约 180 万个免税的非营利机构，掌握的资金约 6700 亿美元，占全国 GDP 的 9%。其中慈善公益机构约 101 万个，在其中就业的人口占就业人口总数的 5%。大约每 50 人就有 1 家慈善组织。慈善组织遍及各个社区，比邻于医院、企业、学校。美国基金组织主要以私人基金会（又分为独立基金会和公司基金会）、社区基金会、运作型基金会等形式存在，目前全美私人基金会约 65000 家，每年用于慈善公益事业的资金为 300 亿美元。美国 2002 年有社区基金会 650 家，资产总额为 230 亿美元；1998 年有运作型基金会 2700 家，资产总额为 220 亿美元。

据统计，2003 年加拿大有 161227 个非营利组织，其中 90287 个是注册慈善团体，按加拿大人口（2003 年底为 3163 万人）来看，其比例还是比较高的。慈善部门年收入合计 1120 亿加元。

中国香港地区截至 1999 年 3 月，经过登记认证的慈善组织共有 3060 个，还有许多由邻里发起的小规模的慈善组织未经注册，慈善机构与志愿团体构成了一个遍布全港的社会服务体系。

中国台湾截至 1999 年底，共有 15328 个社会团体，其中 4740 个是社会服务及慈善团体。2002 年，台湾共有基金会（属财团法人）3014 个，其中社会福利与慈善性质的基金会为 479 个。

我国古代就出现过官办的"义田""粥局""社仓""育婴堂""同善堂"等慈善组织，到民国时期，由社团举办慈善事业的做法成为主要形式。近代中国无论是慈善团体的数量，还是慈善家群体，在中国慈善事业史上都是首屈一指的。据 1930 年国民政府内政部调查江苏等 18 省的救济院和旧有慈善团体（明清时期设立的慈善团体）时统计的数据，总计 566 个县市共有 1621 个旧有慈善团体，占所有社会救济机构的 78%。又据国民党中央社会部 1946 年年底的统计，全国 29 个省市总共有救济机构 3045 个，其中私立的有 1011 个，约占 1/3。1948 年的《中国年鉴》披露：当时全国有 4172 个救济机构，其中私立者 1969 个，占 47% 强。虽然这些数据因调查范围不同而有所差异，但是，民国时期的民间慈善救济机构一直数目众多是不争的事实。在众多的民间慈善救济机构中，影响较大的有中国红十字会、中华慈幼协会、战时儿童保育协会、香山慈幼院、华洋义赈会等。

中华人民共和国成立初期，国民党时期遗留下来的约 500 个慈善机构全部被接收和改造，纳入政府的管理之下。直到 20 世纪 90 年代慈善组织才陆续出现。目前在我国，非营利部门尚处于萌芽阶段。根据民政部门的统计，截至 1996 年 6 月，全国性社会团体共有 1800 多个，其中学术性团体 680 多个，占总数的 38%；行业性团体 410 多个，占总数的 23%；专业性团体 520 多个，占 29%；联合性团体 180 多个，占 10%。在这些对于团体的分类中，甚至没有福利型社会团体的位置。截至 2002 年，全国的慈善组织也只有 170 多家。截至 2005 年底，在民政部门登记注册的民间慈善组织已超过 28 万个，其中有专业的慈善公益组织，也有相当一部分非专业的慈善公益组织，它们经常开展慈善公益活动。截至 2006 年底，我国有基金会 1144 个，真正具有影响力的慈善基金会更少。据中国人民银行统计，我国 48% 的基金会资产规模在 1000 万元以下，38.5% 的基金会资产规模在 1000 万元到 1 亿元之间，只有 13.5% 的基金会资产规模超过了 1 亿元。总资产约为 50 亿元，从事社会捐助的金额约为 40 亿元。

我国目前的慈善公益组织的构成开始出现多元化趋势，有政府支持的慈善机构，也有宗教团体支持的慈善机构，还有其他社会团体支持的慈善机构等。2005 年中华慈善总会的团体会员单位已达 201 家，几乎遍布全国所有省份和大中城市。在一些经济发达地区，由于历史和现实的种种原因，还形成了一些民间的慈善机构或慈善团体。除了中华慈善总会和各地慈善机构以外，一些宗教团体和其他组织也分别以不同的形式组织了各种各样的慈善机构，开展了形式多样的慈善活动。但慈善组织的筹款能力依然不足。筹款能力最强的中华慈善总会和中国法律援助基金会的年筹款额还不到 8000 万元，100 多家筹款机构的年收入不到 GDP 的 0.1%。慈善公益组织和社会的信息交流不足，接收捐赠的渠道不畅。

威海市的慈善组织也为数不多。据市民政局统计，目前在省民政部门登记注册的有威海市见义勇为基金会，在市级民政部门注册的慈善类民间组织仅有威海市慈善总会、威海市圣菏慈善会和威海市志愿者协会，在各市区民政部门注册的有环翠区慈善会、荣成市慈善会、文登市慈善会、乳山市慈善会、高区慈善会、经区慈善会。尚未依法注册的有市、县两级的红十字会，《中华人民共和国红十字会法》第十一条明确规定："中国红十字会具有社会团体法人资格；地方各级红十字会、行业红十字会依法取得社会团体法人资格。"由此可以看出，除中国红十字会外，其他各级红十字会（包括地级红十字会）都应依照《社会团体登记管理条例》的规定到同级民政部门办理登记注册手续。此外还有一些具有慈善救助性质的群团组织，如残联、团市委、妇联、工会等。

（二）善款数量

美国慈善公益团体掌控的资源高达美国 GDP 的 8% ~ 9%，即使纯粹的个人捐献也相当于 GDP 的 2% 以上，这是美国社会福利不如西北欧国家，但整个社会仍然相对和谐稳定的一个重要原因。欧洲各国政府高税收促成了良好的福利制度，这使得欧洲慈善事业的发展远没有美国发达，那里的慈善似乎更凸显了宗教的力量。从总量上看，美国的捐赠款一般每年都在 2000 亿 ~ 3000 亿美元之间，个别年份高的达到 6000 亿美元。美国慈善事业捐助款占社会保障总支出的 14.8%。2005 年，美国捐赠总额达到 2602 亿美元，人均捐赠 870 美元，其中个人捐赠达到 1990 亿美元，占全部捐款的 76.5%。美国 50 名最大的慈善家捐款总额 650 亿美元。过去十年里，美国人平均每人每年捐款 800 美元。在英国，2002 年人均捐款 161 英镑，2003 年人均捐款 148 英镑。在加拿大，1997 年人均捐款 238 加元，2000 年人均捐款 259 加元。

在我国，每年的捐赠款总额是 50 亿 ~ 60 亿元。截至 2004 年底，中国慈善机构获得捐助总额约 50 亿元人民币，仅相当于 GDP 的 0.05%，而美国同类数字为 2.17%，英国为 0.88%，加拿大为 0.77%。2005 年，我国民政部门接收的捐款 31 亿元，全国慈善会系统捐款 29 亿元，二者合计达到 60 亿元，这是 1998 年以来的最高捐赠年份。如果再加上其他系统与各类慈善组织接收的捐款，总的数量一般还达不到 100 亿元。我国 2002 年人均捐款 0.92 元，占当年人均 GDP 的 0.012%，而 2003 年美国人均私人捐款 828.7 美元，二者相比为 1∶7300；2005 年个人慈善捐赠达 17 亿元，人均捐款 1.3 元，约为 0.16 美元，与美国人均捐款额（2005 年为 870 美元）相差 5437 倍。由于资金有限，慈善捐助占社会保障开支的比例为 0.96%。

据上海市统计，2004 年上海全市慈善机构募集到资金 2.4 亿元左右，仅相当于当年 GDP 的 0.03%，而相同经济水平的国家和地区的平均值为 0.5% 左右。上海社会捐款（含企业捐赠）2004 年人均 11.5 元，若减去企业捐赠，上海市民人均捐款仅为 1.7 元。十年来，参加过慈善捐赠的企业仅占上海市登记注册的企业 0.4% 左右。

慈善事业近年发展迅猛的江苏省常州市，原有善款 1100 多万元，每年可以动用的资金只有 20 多万元。2005 年开展"慈善月"活动后，善款从原来的 1189 万元猛增至近 3 亿元，2006 年善款已经达到 10.36 亿元，占 GDP 的 0.66%。

2005 年威海市募集的善款为 3364 万元，是历史上最高的年份，仅占 GDP 的 0.03%，平均每人捐款 13 元。威海市见义勇为基金会注册至今，从未向全社会开展募捐活动，只采取综治委委员捐款、市综治委成员部门捐款和财政拨款的办法，共筹集基金 80 多万元。希望工程威海助学基金办公室成立十余年来，共筹集捐款 600 余万元。威海市红十字会成立以来通过开展救灾募捐、"非典"募捐、海啸募捐等多种形式的募捐活动，募集善款 300 多万元。市残联近年筹集到威高集团 200 万元助听基金、光威集团 50 万元光明基金、鸿洋神集团 80 万元助学基金。

（三）善款来源

在西方国家，大部分善款来自企业和民间。通常来说，美国慈善捐款的 10% 来自公司企业，5% 来自大型基金会，85% 来自民众（包括遗产捐赠）。根据《福布斯》杂志的美国慈善榜统计，近十年内，美国的富豪对各类慈善组织的捐款总额超过了 2000 亿美元。20% 最富有的美国人的捐款，占了全部善款的 2/3。据统计，美国现有的 320 万"百万富翁"中，已有 60 多万人拟将绝大部分财产捐赠给慈善机构和基金会。另有统计表明，美国年收入在 1 万美元以下的家庭，他们捐出收入的 5.2%；年收入在 10 万美元以上的家庭，他们的捐款比例仅为 2.2%。对此，有一种解释是，因为低收入的人更接近社会底层，因此更具有同情心。印第安纳大学慈善中心每年一次的《美国捐赠报告》提供的数据显示：美国在 2004 年捐赠 2485.2 亿美元，约占当年国内生产总值的 2.17%。其中，个人捐款 1879.2 亿美元，占全部捐款的 75.6%；公司和企业捐款 120 亿美元，占全部捐款的 4.8%；基金会捐赠 288 亿美元，占全部捐款的 11.6%；遗产捐赠 198 亿美元，占全部捐款的 8%。英国，至今

70%左右的民众都在向慈善事业捐款。据2004年的统计，穷人对慈善机构捐款占其收入的比重要大大超过富人。最贫困的10%的人将其家庭支出的3%捐给了慈善团体，而最富有的20%的人平均捐出0.7%。我国香港捐款的70%来自企业。

据中华慈善总会统计，我国每年的捐赠大约75%来自国外，15%来自国内的富人，10%来自平民百姓。一份慈善公益组织的调查显示，国内工商注册登记的企业超过1000万家，有过捐赠记录的不超过10万家，仅占1%。百富榜前四位捐款不到4000万元。

常州市2006年的10.36亿元善款大多来自企业的捐赠，其中仅企业的"出资"部分就达5亿元，占50%；在"捐资"部分中，来自企业和企业家的捐赠占80%以上。

威海市善款募集大部分是在党委、政府的动员下，由公职人员、共产党员和个别大企业捐助的，非经党委、政府动员的企业和个人的自愿捐助，在所有捐助中所占比例很小。2007年"慈善月"的直接捐款部分，党员干部及其他公职人员捐款约占52.8%，企业和个体工商户捐款约占40.3%，社会公众捐款约占6.9%。

（四）捐助领域及效果

调查显示美国只有不到1/3的善款与扶贫有关，大部分的个人慈善捐赠并没有让穷人受惠。2007年8月9日，美国印第安纳大学慈善事业研究中心发表一份名为《家庭慈善捐赠模式》的研究报告。该报告明确指出，目前在美国，捐给慈善组织的善款只有不到1/3真正惠及弱势群体。2005年，美国全国的个人捐赠总额为2500亿美元，其中只有190亿美元直接去帮助弱势群体，满足其基本需求，不到总额的10%。报告显示，那些乐善好施的富人们，很少将扶贫列到自己的资助范围内。例如，家庭年收入在20万美元到100万美元之间的美国人，他们的捐赠只有29%流向专门扶贫的民间组织；而家庭年收入在100万美元以上的富豪，他们的扶贫善款更少，只有22%。反之，那些家庭年收入少于20万美元的美国人则略微高些，用于扶贫的善款接近36%。美国慈善家们对公共事业的资助主要集中在三个方面。首先是教育。美国的许多大学都是慈善家们捐资兴建的。波士顿大学是美国东部地区比较早兴建的学校之一，学校中大多数建筑都出自慈善家之手，并且在建筑物的入口处都有铭牌，镌刻着×年×月×日，××捐资兴建了这所学校。其次是扶贫济困。慈善家们在美国本土的捐款数量比较少，但是有许多专门的"非洲基金会""发展中国家艾滋病防治基金会"，这些基金会的款项主要来自慈善捐款。2003 年度美国捐款第一人——比尔·盖茨的主要捐助，就是提供给发展中国家资金。最后是科普。除了博物馆以外，传媒也成了慈善事业的对象，比如开办公益电视台，制作公益节目。1994 年，波士顿公共电视台制作了一部 6 集的电视系列片，介绍科学界的女科学家，拍摄资金就是由斯隆基金会赞助的，总预算达数百万美元。此外，慈善家们的捐款是美国政治捐款的一大来源。

英国公益组织的主要活动领域包括：扶贫济困、教育援助、宗教慈善、卫生健康、社会及社区福利、历史文化艺术遗产的保护、环境保护和生态改善、动物保护及福利、业余体育运动、促进人权与和解、针对无家可归者提供住处、科学研究及普及。

我国香港最大的慈善机构——香港马会，自 1915 年开始，每年从赛马所得盈余中拨捐香港赛马会慈善信托基金，资助各项公益慈善计划。在过去连续近十年中，该慈善信托基金每年均拨款约 10 亿港币，用作慈善用途。主要捐助四个领域：社会服务、教育与培训、医药卫生、康乐及文化。香港的许多医院、养老院、学校、公园等公共设施都是用马会的捐款修建并维持运作的。

由于善款有限，我国目前的救助基本上局限于传统的助残、助老、助孤、助学、助困、助医、赈灾等扶危济困方面，对于环境保护、文化保护、精神文明建设等许多公益范畴的活动没有或极少涉足。

威海市的善款也主要用于助残、助老、助孤、助学、助困、助医、赈灾等项目，基本上属于较低层次的救助，停留在传统慈善层面。市各级红十字会善款主要用于以下几方面。第一，救灾。曾为救助威海市的暴风雨灾、强热带风暴灾、雹灾，德州、菏泽等地的水灾，长江、松花江流域的特大洪灾，印度洋地震海啸灾难等，投放过几百万元的捐款和大米、面粉、棉被等物资；支援抗击"非典"行动转赠社会善款 26.45 万元。第二，助医。募集 30 多万元善款救助白血病患者邢慧颖。第三，助困。自 2001 年起，每年的元旦、春节期间，用自筹善款及上级红十字会拨付资金，开展送温暖活动，累计送出30 多万元的资金及大米、衣物等物资，走访慰问近 5000 户特困家庭。希望工程威海助学基金办公室自 1994 年成立以来的十余年间，用善款建起了 4 所希望小学，6 个"希望工程爱心电脑教室"，资助困难中小学生 7000 多名、大学生 600 余名。市妇联充分利用社会力量，发起了三大社会救助行动。①"社会妈妈"活动。1998 年 3 月以来的九年里，以"一对一"型、集体型、松散型三种方式资助孤贫儿童 2885 名。②援助革命老妈妈活动。自 1999 年起，发动全市 86 个妇联组织与 86 位革命老妈妈牵手结对，帮助她们发展生产，关心她们的生活，八年来各级妇女组织共为老妈妈捐款、捐物折款达 34 万元。③贫困母亲救助行动。2007 年 5 月开始，发动全市女企业家、女干部、巾帼文明岗和社会各界人士踊跃捐款，目前已募集捐款 138170 元，设立了救助贫困母亲爱心基金，并在文登市建立"贫困母亲救助行动"试点，重点对 30 名贫困母亲示范对象给予无息借款，帮助贫困母亲选准致富项目，掌握致富技能，真正脱贫致富。市工会困难职工帮扶中心自 2004 年 5 月成立以来，利用各种救助资金救助困难职工 1437 人，资助困难职工子女 213 人就学。市残联近年来用鸿洋神集团、威高集团、光威集团的定向捐款，每年救助 100 名贫困残疾学生和残疾人家庭在校子女，为 700 名白内障患者进行了复明手术，为 100 名耳聋患者佩戴了助听器，向 400 名肢残人赠送了轮椅或安装了假肢。

（五）志愿者规模

在一些发达国家，公民志愿从事的义工服务在价值含量上已经和慈善捐款相当，占国民生产总值的 2%～5%，为社会整体发展做出了重要贡献。英国《经济学家》周刊 2004 年 7 月 31 日的一篇文章介绍，约翰·霍普金斯大学雷斯特·萨拉蒙领导下的一个研究小组通过对世界上 36 个国家的考察，指出慈善之举中，现金捐赠通常没有奉献时间来得重要，大约 60% 的私人捐赠采取了义工的形式，在荷兰、瑞典等，义工的比例尤其高，一些发展中国家也是如此。美国在时间和金钱上的捐赠比欧洲大多数国家要更加平衡。

在美国，13 岁以上人口中的 50%，每周平均参加志愿服务 4 个小时；18 岁以上成年人参加志愿者的比重超过 44%。据统计，美国志愿者每年创造价值 2250 亿美元的社会财富。

在加拿大，志愿者的贡献是非营利组织展开工作的一个关键因素。据 2000 年《全国捐赠、志愿者活动参与抽样调查》显示，有 650 万的加拿大人（占 15 岁以上人口的 27%）参与过志愿活动，51% 的加拿大人是一个或多个志愿团体或组织中的成员。2000 年平均每个志愿者贡献的时间是 162 小时，合计为 10.5 亿个小时。加拿大几乎所有的非营利组织都是由作为志愿者的理事会成员管理的，超过一半的组织完全是通过志愿者的奉献运作的。

英国 16 岁以上的成年人平均每人每月都会从事一次以上某种形式的志愿活动。据英国内政部的一项居民调查估计，2001 年 27% 的人口通过某个团体、俱乐部或组织至少每月参加一次志愿活动，39%的人口在过去一年中至少参加过一次志愿活动。

在法国，2002年统计数字显示，在18~24岁的青年中，从事志工服务的比例约为25%；在60~69岁的老人中，参与志工服务的比例约为58%。

在我国香港，至今已有1400个团体、近52万人登记为志愿服务者，18岁以上成年人参加志愿者的比重超过20%。"基本上说，在70年代以前，香港的义工工作以教会、社会人士的自发参与为主。踏入70年代，义务工作加速发展，帮助香港公民了解义务工作的概念，建立市民参与义务工作的基础。现在，义务工作已不受地域的限制，义工的参与朝向专业化发展，并且冲出香港，为内地及世界上有需要的人士提供服务。"

目前，我国志愿服务参与者达4000万人。按在册志愿者人数计算，18岁以上成年人参加志愿者的比重约为2%。青年志愿者提供的服务超过1亿人次、60亿小时。上海市普陀区2000多名公务员中有1916名参加了义工队伍，占义工总数的45%。

截至2006年底，威海市已有注册志愿者5万多人，建立志愿者服务队120多支，挂牌成立市老年公寓、儿童福利院等"威海市志愿者服务基地"15个，"一助一"长期结对服务对象6000多人，累计已有20多万人次为社会提供了3600万小时以上的志愿服务。从注册人数看，威海市目前在册志愿者占城市总人口比重达8%，虽然高于全国平均水平，但其中很大部分是2005年为创建全国文明城（全国文明城市测评体系指标之一是：注册志愿者数量占城市人口总数的比例≥8%）而突击发展的，之前威海市志愿者注册人数仅1万人左右，占城市总人口的2%左右，与全国平均水平基本一致。

（六）近代威海慈善事业发展状况

1. 早年的寺庙善举

与全国一样，威海历史上的寺庙也有从事慈善活动的优良传统。早年寺庙的善举主要以救灾、修桥铺路、助学、就医施药以及代耕等方式为主。灾荒年间，不少寺院都要举办祈禳法会，一是代民求天，同时也是借法会向富人募捐用以赈灾。据地方志记载，道光年间文登甘泉寺曾放粮数千石，救济灾民；20世纪20年代，文登太平观在观内设"太平观私立同化小学"，初级4年，高级2年，初、高级各1个班，教师2人，周围村庄30多个学生就读。民国期间，环翠区境内61处寺庙中有31处庙属房地产成为助学资产。荣成、文登、乳山境内的寺观也有半数成了助学资产。

2. 西方宗教组织在威海创办的慈善机构

19 世纪末 20 世纪初，天主教和基督教传入威海后，非常注意兴办慈善事业。两教相继在威海兴办了许多公益机构，从事慈善公益活动。这些机构与活动包括以下几类。

（1）设立教会学校，为贫家子女提供受教育机会。天主教创办的学校有：①约瑟小学：1900 年，由天主教法籍神甫罗汉光创办，位于市区仓坊巷，是一所初级小学。②海星学校：1923 年，法国天主教堂创办。今鲸园小学院内。学生大多数来自农村。父母信教、家庭经济条件较差者，是教会重点培养的对象。学校经费除少部分来自学生交纳学费和政府资助外，其余大部分都由天主教堂支给。1945 年，改名为鲸园小学。③明星小学：1928 年，由法国女修道院创办。位于今鲸园小学院内西侧。该校专收女生。学校对学生各方面的要求都很严格，是当时较有名气的女子学校。1930 年该校院内又附办了幼稚园，这是威海卫第一个幼稚园。由修女任保育员，教幼儿唱歌、识字、做游戏，也要接受简单的天主教仪礼教育。办学经费由天主教堂及修道院承担。④西南园初级小学：1935 年，由法国天主教堂创办。位于威海卫西门外。主要招收西门外、寨子、大岚寺等村贫困子弟入学，不收学费。教育对象只有一、二年级学生。1938 年日军侵占威海卫后停办。基督教创设的学堂有：①安立甘堂学校：又名英中学校。1899 年，由英国"中华圣公会"牧师帕莱创办。位于今实验中学院内。学校经费充裕，每年学生交学费 2000 元至 2500 元，英政府年助 250 元，支出 2300 元，师资力量较强。②讲书堂小学：1904 年基督教兄弟会英籍传教士格雷沙姆（女，华名韩爱理）创办。校址在威海卫坞口东（今戚家疃）。学校经费每年收缴学生交费约 90 元，支出约 400 元，不足部分由教会补充。③乐祉堂小学：1912 年基督教兄弟会英籍传教士罗特（女，华名狄乐意）创办。校址在威海卫坞口东（今戚东夼码头小学校址），牧师兼校长，教师 1 人，学生 30 人。④石岛明德小学：1889 年基督教兄弟会英籍传教士孙约翰夫妇创办。起初为"讲书堂"附属小学，分男女两处小学，各招学生四五十人。1922 年，石岛商会与教会联系，将男校转给商会与民众合办，改名"明德小学"。1942 年停办。

（2）开设医院，义务施医施药。天主教堂于 1908 年创办方济医院，1935 年创办妇产院，附属在圣母院内。由卢森堡籍神甫路道宣掌管。用西医的施诊手段，为天主教徒内的产妇助产，为孤儿和其他天主教徒施医。

（3）建立福利院，安老抚孤。天主教堂于 1908 年创建圣母养老院，1935 年创建孤儿院，附设在圣母院内。法籍修女丁克刚任院长。养老院接收的对象是孤寡年迈的天主教徒。孤儿院收留的是私生子和家庭贫困的幼儿，人数最多时达 168 人，至 1951 年 3 月，尚留 8 名。在孤儿院内，孩子如能幸存，一般到 6 岁以后就为教堂充当无偿劳动力，女孩学习刺绣、做花边、编制及勤杂事务，男孩学印刷或做木工、铁工及其他杂工或园艺工，同时进行宗教灌输和必要的识字教育。1952 年全部由人民政府接管。

（4）开办工厂，收容贫困家庭子女务工。主要是天主教堂设立的绣花厂与园艺院。绣花厂 1908 年筹建，1912 年投产，附设在圣母院内。据国民政府威海卫管理公署 1932 年《威海卫收回第二周年工作报告书》第七节"关于工厂视察事项"中记载："天主堂绣花工厂，手工业；厂址：纪念路；经理人：天主堂；创办年月：民国元年；出品：台布、花边、衣服等；工人人数：女工 107 人；工作时间：每日 8 小时；工资：精工 4 角，粗工 3 角；厂屋及设备：工作室在楼上楼下 2 处，极清洁，光线空气亦均佳，并设有盥洗所、看病室、工人补习学校，上课时间为上午 11 时至 12 时。"该厂产品大部分销往欧美，1938 年日军占领威海时停产。园艺院创建于 1935 年，附设在宽仁院、圣母院和西门外西南园内。三处共计有耕地 40 余亩，以种植葡萄为主，兼种蔬菜，雇用长短工 3~5 人，每人每月工钱约 80 斤粮。所生产的葡萄，自销一部分，大部分供应烟台张裕葡萄酒厂做原料。1951 年，这些耕地与葡萄树都由人民政府征收，分配给教会雇工及其他无地农民种植和管理。

（5）开设印书局，时常免费发放部分印刷品。1920 年，基督教英国兄弟会创办了威海卫印书局。地址在教堂内。出版和印刷有关教会的传教宣传品，如每年出版福音年历、灵粮日历等，并承印威海卫行政长官署的印刷品，还向居民免费散发布道传单以及其他读物。

3. 英租威海卫的赈灾活动

英租威海卫之后，有限的财政收入使得殖民当局无力承担救荒的职责，只有寄希望于社会和民众。作为已经崛起的民族工商业者的代表，威海卫商埠商会（成立于 1916 年，其前身为 1906 年组建的码头众商公会）逐步承担起赈灾的责任，成为英租时期威海频频发生水旱风灾的主要救灾组织。1920 年的旱灾是这一时期威海发生的最大灾荒，也是商埠商会赈灾力度最大的一次。

1918 年威海发生特大旱情，并持续 3 年之久，造成粮食严重减产。到 1920 年春季，终于酿成了特大饥荒。租界内受灾最重的集中于长峰、温泉汤和碑口一带，受灾人口 4 万多人。为救灾民于生死，威海卫商埠商会和农村乡老们义无反顾地承担起救灾的责任。在他们的一再呼吁下，当局逐步意识到灾情之严重，经行政长官骆克哈特提议，成立了由威海卫华商和洋商组成的赈济会，协助当局统一办理宣传联络、采粮运粮、募捐散赈等事务，由于威海外商极少，其成员以商埠商会成员为主。尽管名义上由官商合办，实际上无论人力物力都依赖民间的力量支撑。赈济会成立后，赈灾力度明显加大，逐步形成一套有别于以往官赈的募捐散赈机制。在散赈程序上，由各村村董负责调查本村灾情，并备集清册上报各区总董及当局稽核。在赈粮发放上，由赈济会在全区设立 6 个放粮中心，由村董（或车夫）与巡捕房头目共同签字，以确认领到赈粮并按名单发放到灾民手中；在发粮现场派官员监督，赈粮初由赈济会统一雇车运送，后为节省运费购粮，改由各区自备车辆接运。在散赈方式上，对鳏寡孤独等赤贫之家，实行无偿救济；对略有田产但无现金买粮之家，实行有偿救济，由村董或总董担保，按 8 岁以上每月 38 斤、7 岁以下每月 19 斤的标准支借高粱，待有收成时偿还，赈粮也被分为直接济饥之粮和生产备用的籽种。商埠商会充分发挥其内外组织能力，通电派团、奔走呼号、广为劝募。在其努力下，国内外商业团体和慈善团体，如新加坡马六甲英商会、华商会、香港华商总会、香港东华医院、上海英商会、上海总商会、中国华洋义赈救灾总会、天津总商会、烟台商会等，纷纷慷慨解囊，捐款捐物。其中，仅香港华商总会和东华医院捐款即达 11000 元。曾任山东巡抚的北洋政府要员孙宝琦也将威海所办赈粮全部免税。大连广源泰、文盛裕等商号则顶住日本占领当局的压力义务为威海灾民代购高粱。此外，还在威海境内采取举办乡村戏剧演出，组织驻威军队进行中国拳击、摔跤和击剑表演，学生列队操练和歌唱表演以及烟火表演等，动员社会各界力量，自觉自愿加入募捐行列，有钱出钱，有力出力。据统计，在这次救灾活动中，共筹得捐款 65730 元，为 1 万多名灾民发放了 4 个月的无偿救济，为 3 万多名灾民发放了有偿救济（灾情过后都按期偿还），几乎使租界内所有灾民得到了救济，其救济范围甚至扩大到了租界外的荣成北部沿海一带。依靠捐款建起的救灾基金，在后期改善境内供水和救济饥荒时继续发挥出很大的作用。

4. 民国年间官民共同参与的救济活动

1932 年威海卫管理公署筹备成立救济院，筹拨开办经费近千元，聘请地方绅董 8 人并委派公署官员 2 人共同管理，凡属养老、育婴、施医、济良等事宜，一并由救济院统筹办理。周济贫困方面，设立乞丐收容所。当时威海贫民在春、夏、秋三季尚能自食其力，凡沦为乞丐多是外来穷困或年老残废之人，乞丐收容所对他们一律收养或出资遣送原籍；附近极贫年老之人，也按月拨给赡养费。此外，设立平民借本处，资助贫苦无资者从事小本生意或经营果木。赈济灾疫方面，1931 年救济院施放过一次玉米面，用款 2300 余元，公署支出半数，另半数由地方水灾急赈会拨付。1932 年津沪时疫流行，政府当即召集绅商开紧急会议，在救济院借设防疫临时医院，并于埠内四乡筹设临时医院，进行消毒预防等事，并责令西医轮流诊治，不分昼夜随叫随诊。入秋以后，疫情宣告肃清，十分之七八的感染者均被救治痊愈。在开办临时医院过程中用费 700 余元，绅商协助出力也颇大。1932 年秋，威海秋雨成灾，公署会同商会共同筹划，援引各省粥厂为例，于 1933 年 1、2 月份发放玉米面 4 万余斤。

除常设救济机构外，这一时期还开设了一些临时救济机构周济内外灾患。历年来办理各处赈灾，皆临时召集党、政、军、商各界共同筹办，筹款方法主要包括捐助、演唱义务戏及书画助赈三种。1934 年，对全区实行救济 3000 余元。1931 年 7 月，朝鲜发生万宝山排华事件，威海成立各界援救旅韩被难侨胞委员会，设临时执行所，先后接待 11 批由仁川来威海的侨胞共 5685 人，资助他们返乡或转赴他地。1932 年，白马、南虎口发生火灾，威海成立火灾救济会。

5. 威海道院的慈善义举

1916 年，山东滨县人吴福永创立"道院"，提倡佛教、道教、儒教、伊斯兰教和基督教五教合一。红万字会（其标志为卍）就始于道院。道院与红万字会是合二为一的表里组织，道院重内修，红万字会则着重开展慈善事业，以"促进世界和平，救济灾患"为其旨趣。中华人民共和国成立后作为会道门组织被取缔。

威海道院（世界红万字会威海分会）成立于 1929 年。红万字会有因利局、育婴处、施诊所、小学 4 个内设机构。因利局主要任务是负责社会上鳏寡孤独及其他困难户和恤嫠、恤产等社会救济，对临时困难户发放无息贷款。每年春季和冬季各放粮一次，每年冬季施舍一次棉衣，遇有荒年还在街头施粥。对没有任何生活来源的鳏寡孤独户，因利局采取定期补助的办法，每人每月 5 元，以解决其生活问题。对困难户的救济，首先由赈济员在社会上进行调查，经核实后发放。

育婴处主要任务是负责收养因无力抚养或不愿抚养（如私生子）的婴儿。婴儿在育婴处由保育员抚育到七八岁时，就送到牟平县红万字会设立的恤养院去读书、做工，长到 18 岁能独立生活时，即可离院自行谋生。

施诊所有所长兼医生 1 人，医助 1 人。凡来诊病取药的普通群众，一律免费治疗。

红万字会的小学取名"培德小学"，收留因家境贫寒上不起学的学龄儿童免费上学。学生总数有 100 余人。

红万字会办慈善事业所需经费多由会员捐助，有时也向社会上各阶层，如商会和资本家等募集。

红万字会威海分会的救济方式分为两种：永久慈业和临时慈业。永久慈业包括施医、施药、施棺、埋产、义地、育婴、附设小学、春赈冬赈、资遣难民等，临时慈业包括临时性的赈济本区和邻境灾荒事宜。据 1936 年的统计，该年度用于资遣难民、施药、惜字会、施诊、恤老赢、恤嫠、恤产、施荣、施棺、年赈、冬赈、春赈、育婴处、培德小学、察绥救济费、晋灾急赈、砣矶岛灾赈等慈善事业总支出为 6512.33 元。除此，因利局还向 90 户贫民发放了贷款。所办临时慈善事业有赈济本区水灾、火灾，邻境各县兵灾，上海"一·二八"兵灾，黄河水灾，陕晋滨胶及古北口水旱刀兵各灾，以及北平冬赈，旅韩被难侨胞等。1934 年，捐助江西灾赈 1500 元，滑县赈捐 200 元，各地水旱灾赈 300 元，牟平恤养院 500 元，共计 2500 元。

（七）慈善典型

1. 国外著名的慈善组织和慈善家

英国救助儿童会：这是一个国际儿童慈善机构，致力于实现儿童权利、为儿童创造一个美好的世界。最初是一个旨在帮助在第一次世界大战中受难的儿童的救济组织。其创始人是埃格兰泰恩·杰布，她曾于 1913 年到巴尔干半岛国家为马其顿救济基金会工作。在那里，她目睹了儿童的苦难遭遇，为之深受感动，遂决定为帮助受苦儿童事业而献身。1919 年 5 月 19 日，在她的倡议下，救助儿童会正式诞生。尽管救助儿童会一直把紧急与灾难救援工作视为永恒的责任，但它越来越多地介入一些长期项目。其工作范围已经从单纯的保健性活动扩展到影响儿童生命的更加广泛的社会经济问题，其海外工作的主要领域已超出妇幼保健范围进而包括营养、伤残、乡村发展、水与卫生、教育和儿童福利等。英国救助儿童会以伦敦为总部，在全球 60 多个发展中国家开展项目，在中国设有五个办公室：北京代表处、昆明办公室、合肥办公室、西藏办公室及新疆办公室。所开展的工作覆盖中国 20 多个省市自治区，与各地政府部门和社区合作，共同促进儿童在健康、教育和福利方面的发展工作。

卡耐基基金会：钢铁巨头卡耐基是美国公认的现代慈善事业的奠基者之一。1911 年卡耐基去世前捐献出自己的全部财产，共计 3.5 亿美元（相当于现在的 30 亿美元），一手创立了卡耐基基金会，这是世界上最早的现代慈善组织之一。卡耐基基金会建立之初，捐赠给教育的资金为 560 万美元，而当年美国联邦政府的教育经费支出为 500 万美元，他的一次捐赠就超过了美国联邦政府一年的教育经费支出。

洛克菲勒基金会：美国石油大王洛克菲勒 57 岁退休后，将后半生的精力用于发展慈善事业，1913 年成立了洛克菲勒基金会。基金会的活动主要有：在国际项目上，征服饥饿、控制人口、促进健康、解决国际冲突、改进发展中国家的教育；在国内项目上，维护环境质量、发展文化事业（尤其是在戏剧、文学和音乐领域）以及增进机会均等。基金会的资金和政策由一个独立的不拿薪水的理事（评议员）控制，负责向大学、研究机构和其他合格机构提供资助。基金会也从事自己的研究，但仅限于农业和病毒学。资助不对个人，也不能用于地方组织的建立和运行。该基金会全部资产在 7 亿 ~ 8 亿美元之间。基金会已向社会捐献出 5.4 亿美元的资产，为医学、卫生、教育和人类社会的发展做出了不朽贡献，造福人类的青霉素发明就是其资助成果之一。1949 年之前，洛克菲勒基金会曾对中国的医药卫生、文化教育事业进行了广泛关注和投资，北京协和医院就是在洛克菲勒基金会的资助下建成的。

福特基金会：美国最大的私人基金会之一，成立于 1936 年，长期致力于国际和平和改善人类福利。最初，福特基金会主要在福特的家乡密歇根州支持一些慈善活动。20 世纪 50 年代，该基金会继承了福特大量的私人财富后，在纽约设立了全球总部，由一个独立的理事会管理基金会的各项事务，从此便与福特汽车公司脱离关系。从 20 世纪 60 年代开始，福特基金会与美国的自由事业联系起来了，它广泛资助民权和环保活动组织、维护公共利益的律师和公共广播网。城市内的社区行动项目也是福特基金会在美国的资助重点。美国的教育台是福特基金会和美国电台共同建立的。福特基金会在拉美、非洲、亚洲和俄罗斯共设有 12 个地区办公室，它的很大一部分收入都用于这些办公室管理的海外项目。20 世纪 80 年代起，福特基金会开始支持美国多所大学的中国研究项目，其后，又支持中国的若干所大学培养经济学和法学教师队伍。1988 年，通过与国务院的特别协议，福特基金会成为首家在北京设立办事处的国际非政府组织，并与中国社会科学院展开合作。福特基金会资产市值达 147 亿美元，年资助金额在 6 亿多美元，大约 60% 的拨款在美国国内，40% 用于海外项目。

比尔和梅琳达·盖茨基金会：这是目前世界上最大的慈善基金会，由比尔·盖茨和妻子梅琳达于 2000 年创建。基金会目前拥有 290 亿美元资金，每年按 5% 的比例计算，须捐赠 10 亿多美元。基金会的公益慈善活动范围，主要为：在全球卫生保健、教育事业、全球数字图书馆、微软公司所在的美国西北部太平洋沿岸地区的慈善事业四个方面。据《波士顿环球报》报道，为援助落后国家传染病的防治工作，该基金会仅 2000 年就捐出了 14.4 亿美元，不但超过了美国政府的同类捐款，而且占西方国家对发展中国家同类捐款总数的 1/4；2005 年的慈善拨款为 10 多亿美元，等于联合国教科文组织全年预算案的两倍，可见其在全球慈善事业中的重要地位。盖茨本人在 2002～2005 年间，共捐款 279 亿美元，相当于净资产的 53%。他还在 2006 年 6 月宣布，两年内将逐步淡出微软主席的工作，全身心投入慈善事业，处理慈善基金会的事务。

巴菲特：2006 年 6 月，有"股神"之称的巴菲特将 85% 的个人财产捐赠给盖茨设立的基金会及其他家族基金会，捐款金额达 370 亿美元，这是美国最大笔的个人慈善捐款，巴菲特因此成为全球最大的慈善家。巴菲特对盖茨基金会的捐赠，令这个本已是全球最大的慈善基金会控制的资产增加了一倍。

索罗斯：当年掀起东南亚金融风暴的"金融大鳄"乔治·索罗斯在 2006 年美国的慈善排行榜上位列第三，捐款金额为 20.7 亿美元，其个人累计捐款总额达 59 亿美元。目前他在东欧、俄罗斯、亚洲一些国家设立了大量的慈善基金，慈善网络横跨 31 个国家。

2. 中国历史上的慈善家

范蠡：历史上最著名的行善人物当属春秋战国时期的越国大夫范蠡，他曾经帮助越王勾践复国雪耻，后来乘扁舟流落江湖经商，而且变名易姓为陶朱公，由于他在商业经营方面颇有天赋，因此很快致富。但人富志更高，几次将经营所得的巨额钱财，接济穷人。《史记》中说他"乘扁舟浮于江湖"，"十九年中三至千金再分散与贫交流昆弟"。他三次聚财百万、三次散财济贫，称得上是中国历史上最著名的慈善家。

范仲淹：北宋时期著名的政治家、文学家范仲淹曾在其名作《岳阳楼记》中以"先天下之忧而忧，后天下之乐而乐"言明心志。正是这种以民为先的理念，使他成为历史上有名的慈善家。范仲淹自幼家境贫寒，过着"断齑画粥"的日子。当他身居高官之后，虽然薪俸丰厚，却依然勤俭。他把自己积攒下的大量家财拿出来，在家乡苏州郊外的吴、长两县购买土地近千亩，以地力所得救济当地的穷人，使他们"日有食，岁有衣"。这千亩田地因此被人们誉为"义田"。当地凡有人家婚丧嫁娶，范仲淹都会拿出钱来资助。对于鳏寡孤独之人，范仲淹还会定期给予周济。范仲淹的家乡因而也被人们称作

"义庄"。除了扶贫济困，范仲淹还非常热心于赞助苏州的教育事业。据《范文正公全集》记载，范仲淹还曾将自己的房地献出，奏请朝廷批准设立了苏州学文庙，以期培养出更多的人才。范仲淹捐宅兴学的举动在当时影响极大，以至当地富户纷纷效仿。据说"吴学"日后的兴盛即得益于此。

武训：原名武七，清末山东堂邑人，以乞讨兴学的义举，为后世留下了又一个有关中国仁善精神的传奇。为了积攒办学的费用，武七白天在街市上乞讨，晚上则为人纺织麻线挣钱。光绪年间，武七出资4000余吊，在堂邑柳林庄办起了第一座义塾。他高薪聘请塾师授课，并到穷人家去跪求父母把孩子送到学校免费读书。平日上课，武七也常到义塾去探视，见到老师勤奋授课，他便跪地拜谢，若是遇到塾师懈怠或学生贪玩，武七就长跪不起，流泪劝其勤勉。后来，武七又靠乞讨所得兴办了陶馆、临清两所义塾。山东巡抚张曜得知武七乞讨兴学的义举后，赐名为"训"，并奏请朝廷赐武训"乐善好施"匾。据说清朝光绪帝甚至还赏武训穿黄马褂，以示表彰。近现代的很多名人，如梁启超、冯玉祥、陶行知等，都曾为武训撰文，讲述义丐武训乞讨兴学的故事，赞誉尚善尚仁的民族精神。

熊希龄：他是中国近代史上一位颇具政治、社会影响的人物。民国初年，因不满袁世凯独裁统治退出政界后，专心致力于社会福利和教育事业。1919年以北京香山静宜园为基址，正式创办了驰名一时的香山慈幼院。创办的主旨初为济贫托孤，收受因水灾而遭难的孤儿和贫儿。后发现贫苦儿童中不乏天资聪颖者，于是决定以施行教育、造就人才为目的。该院对儿童的生活照管和卫生保健水平在全国首屈一指，被誉为孤苦儿童的幸福乐园。他为该院制定了三点教育方针：一是重视发展农业教育，学校以"农业教育为根本恤位"；二是重视品德教育，经常对幼儿进行母爱教育、劳动教育、人格教育、道德感化教育等，希望学生毕业后"饮水思源"，尽己所能回报社会；三是重视培养农村教育师资，力图改变"吾国国民教育不发达……尤以乡村为甚"的现象。院内设幼稚园、小学、师范，推行"学校、家庭、社会"三位一体的教育体制，闯出了一条前人未走过的新的办学之路。并且他将自己的全部家产捐作儿童福利基金。

3. 海外华人中有影响的慈善组织和慈善家

东华三院：成立于1870年，是香港历史最悠久、规模最庞大的慈善机构。东华一直与时并进，以"救病拯危，安老复康，兴学育才，扶幼导青"为宗旨，为市民全面提供免费或价格低廉的中西医疗、教育和社会服务。由庙宇中一个小小的中医医诊疗亭发展而来，最初的三间医院为东华医院、广华医院及东华东院。发展至今，属下共有194间服务中心，包括5所医院、53所学校及120多个社会服务单位。5所医院，截至2003年共提供了3048张医院病床，其中约600张是免费的。53所学校，包括1所大专院校、18所中学、17所学校、15所幼稚园及2所特殊学校。除了大专院校及幼稚园，其他学校全都由香港政府直接资助。东华三院每年都举办多项筹款活动，并设有全年捐款热线。其中每年12月与电视广播有限公司合办的欢乐满东华是最重要的筹款活动。此外，一年之中还会有数次的卖旗行动，筹募经费。东华三院员工超过1万人。

香港马会：香港最大的慈善机构之一。香港马会每年将所有盈余拨捐香港赛马会慈善信托基金，用作慈善之举。过去十年，马会每年平均慈善捐款达10亿港币。这些款项被用于支持教育培训、医疗卫生、社会服务、康乐体育等社会福利事业，为香港的社会发展提供了很大的帮助。15年前香港兴建科技大学，该校超过一半的建筑即由马会捐助。如今，香港马会又在积极地协助香港政府为2008年奥运马术比赛提供场地及配套设施。

香港公益金：这是当今世界上少数能够将善款悉数拨捐受惠人的筹款组织之一，成立于1968年。公益金董事会成员大部分是由香港各大主要商业机构主席或行政总裁义务出任，又按机构所筹得的善款数目发奖状，无形中推动了机构属下员工的捐款热情，使之成为筹款活动的重要力量。多年来，公益金始终将所筹善款悉数拨给137个社会福利机构，而公益金本身的行政费用则来自香港赛马会的赞助，以及各项基金的稳健投资收益。每年有超过100万人因公益金捐款而受惠。2006～2007年度，香港公益金共筹款2.3亿港币。香港公益金有科学合理的治理结构，其董事会成员是社会各界有影响的知名人士。董事会下设执行委员会、筹募委员会、公共关系委员会等专门委员会。按惯例公益金名誉会长由现任特首担任，公益金会长由现任特首夫人担任。

台湾慈济佛教基金会：1966年由证严法师创办的佛教慈善团体，是目前中国台湾最大的基金会。慈济基金会早年的志业包含慈善、医疗、教育、人文四项，后又投入骨髓捐赠、环境保护、居住小区志工、国际赈灾，现在八项志业同时推动。慈济的经费完全来自民间。由于志工是各项服务方案的主要运行者，所以善款的使用得到了有效监督，慈济佛教基金会也因此获得海内外社会大众的信任与支持。1991年为救助孟加拉飓风重灾，慈济佛教基金会开启了海外救援，至2006年初，累计援助了全球61个国家，援助范围横跨欧、美、亚、非、大洋洲等五大洲。其骨髓捐赠库目前累计有23万多例，居亚洲第一、世界第三。慈济佛教基金会荣获民政部颁发的2006年"中华慈善奖"称号。

李嘉诚：世界华人首富、香港著名实业家李嘉诚专心经营慈善基金，向世界各地的医疗及教育机构捐出近80亿港元，曾一次向中国残疾人福利基金会捐献1.15亿港元。2007年在美国《时代》杂志评选造福人类的大慈善家活动中，李嘉诚被列入"献出力量榜"。《时代》赞扬李嘉诚专心经营慈善基金，对之视如"第三个儿子"。2006年8月24日李嘉诚宣布，未来将把个人财富的1/3捐给李嘉诚基金会，全力发展慈善事业。还表示退休后，将全力以赴经管李嘉诚基金会，全身心奉献慈善事业。按《福布斯》2006年全球富豪排行榜的资讯，李嘉诚个人财产约1500亿港元，捐出1/3就等于捐出500亿港元。这种慷慨而高尚的善举，为中国社会和世界华人树立了崇高的典范。民政部揭晓的2006年度"中华慈善奖"获奖名单中，李嘉诚荣获"中华慈善奖终身荣誉奖"。

霍英东：2006年度感动中国十大人物之一，一生爱国的香港慈善家，过去数十年里，霍英东用作慈善的捐款超过150亿港元，在推动各地教育、医疗卫生、体育、山区扶贫、干部培训等方面，做出了许多贡献。霍英东一向对推动教育工作出钱又出力，2003年向香港科技大学捐赠3000万元，两年后又捐出一笔总值8亿元的巨额捐款，支持该校未来的发展，这笔捐款更创下该校十多年来接收捐款的最高额纪录。除对香港教育支持外，霍英东对内地教育也不遗余力，尤其钟情他的家乡——番禺南沙。过去他曾捐款给南沙建中学，出资支持香港大学北上南沙，与内地专家合作研究科研发展，其中包括"南沙信息科技园"等项目。霍英东曾捐赠兴建的道路、大桥、基建更是不胜其数，例如英东体育馆、泳池、医院等社会设施，另又捐资兴建洛溪大桥、大石大桥，拨款抵押建南沙大道。二十多年来，霍英东单是在家乡已投资建设超过40亿元。1977年正式成立"霍英东基金会"。

余彭年：香港余氏慈善基金会主席，个人财富高达2.5亿美元。他在港台经商50余年，把经营产业创造的利润大量捐给社会慈善事业。2002年6月1日，余彭年与国际知名的希尔顿酒店管理公司签订协议，由其接管彭年酒店的日常管理工作。同一天，他还向深圳市人大提交了财产捐赠意愿申请，要求立法保护自己的彭年酒店及其他产业不被侵占、挪用、转让和抵押，而产业所有的利润全部用于社会福利事业。五星级的希尔顿彭年酒店是深圳市标志性建筑物，整栋大楼市值超过20多亿港币。余彭年大力支持国内医疗计划，2003年年底启动了彭年光明行动。单是2005年便捐出近20亿元人民币，并资助4万多名农村贫民进行白内障手术，让他们重见光明。2006年，彭年光明行动在 18 个省成功完成手术 3 万多例。从 2004 年至今，光明行动已基本完成白内障手术 10 万例。2007 年 5 月，85 岁高龄的余彭年在美国《时代》杂志评选造福人类的大慈善家活动中，被列入"献出力量榜"。余彭年捐赠的财富数额与其个人财富的比例，高于美国最著名的慈善家巴菲特和比尔·盖茨。

4. 威海市慈善典型

杨正权：杨正权从部队转业后靠经营海产品起家，干个体经营十几年，靠着"诚"与"信"两个字积累了 1000 多万元的资产。杨正权腰包鼓了，但从不乱花一分钱，洽谈业务招待客户，吃不了的饭菜，总忘不了打包，但他捐款助人毫不吝惜。多年来，杨正权先后扶持 60 多名下岗职工通过诚信经营过上了好日子。自 1999 年起，他还每年拿出 5000 元资助 10 名特困生。曾捐款 3 万多元为侯家中学一次购进 10 多台电脑。2000 年为解决侯家中学师生的生活用水，捐资 8000 元，打了一口 20 米深的机井。2002 年 5 月，杨正权捐资为泊于镇的骨干教师设立奖金 1 万元。杨正权对故乡安徽省六安有深厚感情。1992 年老家闹水灾，他连凑带借汇去 40 万元用于灾后重建。杨正权还常年供养着故乡 4 名孤寡老人。2000 年回老家，听说淠东乡小学有几间教室成了危房，他一次捐助 5 万元用于校舍改造；2001 年回老家，看到青年坝村行路艰难，他拿出 3 万元给村里修路架桥。十多年来他捐出的款物总值已有 200 多万元，论个人财富，杨正权并不是威海最有钱的，但论个人捐款，却是最多的，他因此被威海人尊称为"好人杨正权""捐款专业户"。面对各种赞誉，杨正权坦言："我是一名共产党员，我自己富了不能忘记他人，不能忘记国家，我得回报社会，尽我最大劲帮助那些有困难的人和下岗职工，践行全心全意为人民服务的宗旨，让身边的人都能过上好日子。"

王辉：昔日的下岗女工，今天的威海市大福金店董事长，在她看来，以前想帮助别人却没有能力，现在经济不成问题，应该更多地回报社会。于是，当她苦心经营的金店初具规模时，王辉就主动与市妇联取得联系，当起了贫困儿童的"社会妈妈"，现在，她已经是 11 名贫困儿童的"社会妈妈"。王辉不但出钱解决这 11 个贫困儿童的上学费用，还经常抽空到这些孩子的家中看看，看到有的孩子家中生活很困难，她又掏钱为他们添置了彩电、锅碗瓢盆等生活用品。除了帮助贫困儿童，她还不断地向社会上需要帮助的人伸出援助之手。她曾为无力抚养四胞胎儿女的年轻妈妈送去 4000 元钱，为身患重病的好人毕自森送去 2000 元钱帮他圆了"貉子梦"。今年"慈善月"活动中，她捐款 5 万元，用于救助弱势群体。

"水秀"：这是近年在威海市出现的一个不留真实姓名的捐款群体。2006年8月29日和2007年3月4日，一对老夫妇到市红十字会用化名"水秀"，为台风"桑美"和风暴潮灾民两次匿名捐款几千元。此事经过威海市举办的纪念"5·8"世界红十字日"博爱满滨城"大型公益晚会宣传后，许多市民便自发地以"水秀"的名义捐款，仅在晚会后的第二天，市红十字会就收到捐款19.7万元，截至2007年8月，"水秀"们的捐款总额已有280多万元。目前，"水秀"正在被众多爱心人士合力打造成威海市的慈善公益品牌。

威高集团：多年来一直是公益事业的热心支持者和积极参与者，近年曾捐款200万元，帮助1000名贫困白内障患者实施复明手术。由它发起的"威高光明行动"，已成为威海市慈善事业、公益事业的一个响亮的品牌。威高集团多年来本着上为政府分忧、下为百姓解困的宗旨，用真诚爱心走进了威海市千家万户，共捐助善款280多万元。2007年"慈善月"活动中，认捐基金4000万元，并提议将每年认捐基金的280万元利息，全部用于"光明"行动。

金猴集团：2004年以来，积极参与"慈心一日捐"等各项慈善公益活动，先后为威海残疾人康复中心、威海"警察救助基金"、威海"老年人阳光工程"、威海市见义勇为基金会以及抗击雪灾积极捐款，捐款额累计450多万元。2007年"慈善月"活动中，认捐基金3000万元，并要求将每年认捐基金利息210万元，全部用于"温暖万家行动"。

第四部分　威海市"慈善月"活动的研究与思考

2007年5月末和6月份，威海市举办了一次很有声势的"慈善月"活动。5月28日，召开全市"慈善月"动员大会，社会各界踊跃参与，迅速掀起慈善捐赠高潮。其间，全市共接收直接捐款5947.7万元，认捐基金16.616亿元（对外公布口径为14亿元）。其中，荣成市接受直接捐款812万元，认捐基金3.016亿元；文登市捐款980万元，认捐基金2.8亿元；乳山市捐款2308万元，认捐基金2.615亿元；环翠区捐款367.2万元，认捐基金1.91亿元；高区捐款236万元，基金2.345亿元；经区捐款481.7万元，认捐基金1.88亿元；市直捐款762.8万元，认捐基金2.05亿元。按现有基金和善款规模计算，以后每年可用善款1亿元以上，在善款来源上初步形成了稳定可靠的长效机制。

这次活动不仅募捐形式、效果前所未有，而且业界、理论界和媒体的关注也前所未有。肯定者、支持者与赞扬声很多，疑惑者、非议者与反对声也不少，甚至在活动初期非议之声大有先声夺人的气势。一段时间，这让威海人感到纳闷和困惑。好在威海人历来重干不重争论，凡事干起来再说，在干中积累经验，探索路子。一时的非议之声并未挡住威海"慈善月"的脚步。对威海"慈善月"活动进行系统地反思和研究，对推动威海慈善事业更加健康快速的发展有着重要意义。

（一）威海市"慈善月"活动的背景与动因

几年来，威海市委按照中央和省委有关要求，在推进经济又好又快发展的基础上，高度重视社会事业发展问题，较早地开展了一系列慈善活动，取得了一定成效。但面对慈善事业发展中出现的新情况新问题，围绕该不该、能不能建立推动慈善事业大发展以及建立稳定可靠的长效机制问题，也存在一些顾虑和模糊认识。如有的人认为，只要经济发展上去了，群众就普遍富裕了，财政也就有足够的能力扶危济困了，所以政府应把全部精力放在抓经济发展上，慈善事业由民间顺其自然发展就行了。通过外出参观考察、组织访贫问苦、总结典型经验、集中学习研讨等多种方式，经过一年多的酝酿筹划，全市干部群众的思想认识逐步统一。

1. 社会需求非常迫切

威海经济相对发达，但发展不均衡，城乡居民人均收入位居全省前列，但存在着平均数下的不平均现象。群众有句顺口溜很能说明问题，"张家有财一千万，九个邻居穷光蛋，平均起来算一算，家家都是张百万"。这几年尽管各级政府加大了社会保障体系建设力度，但仍有一些困难群众因各种原因无法纳入社会救助保障体系。有的虽然纳入保障体系，但由于保障水平有限，无法满足需要，特别是一些病残弱智等无劳动能力的人有时生活陷入困境。以大病医疗为例，2006年底，城乡低保对象中年医疗费支出超过1万元的因病致贫户4883户，其中超过5万元以上的334户，10万元以上的71户，扣除医保、合作医疗报销部分，还需要支出1.24亿元。目前，全市困难群众总数有7万人左右，主要分四种情况。一是因病、因灾致贫返贫的，农村有1.1万户，近3万人；城市有3100户，近1万人。二是农村五保户9400人、城市三无对象1500人、城市孤残儿童297人。三是残疾人7.4万，其中失去劳动能力的5500多人。四是困难学生1.3万多名。同时，每年还有近万人次临时救助对象。保障这些困难群体和特殊群众的基本生活权益，是各级政府的责任，也是全社会的共同责任。履行好这一职责，仅靠政府的努力远远不够，必须动员社会广泛参与，形成政府保障能力同社会互助方式互动、政府资源同社会资源互补、政府行动力量同社会动员力量互促的运行机制。

2. 具备良好基础和条件

慈爱之心人皆有之，乐善好施、扶危济困是胶东重要文化传统之一。近年来，随着经济社会发展、生活水平提高以及慈善观念深入人心，在威海，热心公益事业的单位和个人越来越多，参与慈善活动逐步成为全市许多单位和个人的内在需求和自觉行动。每当遇到大的自然灾害，不管是威海市发生的特大雪灾和风暴潮，还是长江和松花江流域洪灾、印度洋地震海啸等，群众都自觉发扬"一方有难、八方支援"的精神，踊跃捐助。特别是2005年抗击特大暴风雪捐款活动，市委、市政府办公室只是发了个倡议性的《通知》，政府并未强力推动，但参加捐款的企事业单位有1200多个，参加捐款的人数达15万人。其中，山东安然公司、华夏集团、金猴集团分别捐款80多万元，个体户刘得顺个人捐款10万元。在威海，机关干部"四联一包"（联系贫困村、贫困户、敬老院、学校，包山头绿化）已经制度化，大家的公益观念、慈善意识比较强烈。三轮"四联一包"活动共结对帮扶456个村2730多个贫困户，近四年仅市级机关全体干部累计捐助款物达8050万元，有337个民营企业参与了"民企帮村"活动，已无偿投入1600多万元。通过"慈善一日捐""希望工程""春蕾计划"等活动，全市累计捐款捐物达1亿元。一些企业还自发地设立了救助基金实行定向捐助。如威高集团设立200万元的"助听基金"，帮助1000名患者佩戴助听器；光威集团设立50万元基金，帮助700名白内障患者复明；鸿洋神集团设立80万元"助学基金"；等等。对社会上蕴藏着的巨大慈善发展潜力，只要及时总结挖掘，因势利导，就会整体推进，形成强大合力。

3. 需要探索建立长效机制

随着社会事业不断深入发展，威海市在推进慈善事业发展实践中也遇到了一些新情况新问题。一是捐赠主体是单一的工薪阶层，募捐形式多头分散、零打碎敲，既浪费了宝贵的社会慈善资源，又在一定程度上给企业和捐赠人形成了"多头索捐"的印象，甚至有的以发展慈善事业为借口，以各种名目向企业乱伸手，乱拉赞助，乱摊派，伤害了慈善事业的形象，增加了企业负担。二是善款筹集规模太小，只靠被动接受捐款的方式，募集善款最高的年份也只有3364万元，基本上都用在了应急性救助上，而且往往先有需求，再定向组织募捐，既无法做到及时到位，也难以满足群众长期的慈善救助需求。三是存在多头救助、重复救助的问题。威海市慈善总会及工会、共青团、妇联、残联、红十字会等单位开展了一系列社会公益活动，分头募集资金，组织了多种救助项目，但由于各单位之间互不隶属、互不通气、各成体系，没有形成大慈善的格局，不可避免地出现多头救助、重复救助的问题。因此，迫切需要通过开展"慈善月"活动的方式，集中时间和精力动员社会力量迅速募集规模基金，建立一种长效募捐救助机制，实现经常性捐助与应急性捐助相结合、政府救助与社会救助相结合、企业捐助与社会捐助相结合，统一整合慈善资源，随时解决困难群众需求。

4. 做了精心细致的准备

为真正建立起推进慈善事业发展的长效机制，全市上下做了精心准备，"慈善月"活动在实施时间上一推再推，最终形成了厚积"勃"发的效果。一是思想认识上的准备。主要是通过组织干部访贫问苦，切身体会困难群众的迫切需求。2006年底，市五大班子领导同志分别带队到100多个困难户访贫问苦；春节期间组织300名机关干部利用回乡探亲的机会，对265个村群众生活情况进行具体解剖。全市农村工作会议期间，又组织市、县、镇三级领导干部到全市最穷的17个村、100个最贫困的户现场察看，干部内心受到了很大震动。市国资委这次捐款数人均列市直机关第一，主要是活动开展前组织26名机关干部到所包贫困村走访，贫困户的艰难处境让所有人震撼，当场主动捐款11600元，活动开展后又人均捐款1400多元。这些活动进一步使干部群众认识到，必须正确处理好"过得好"与"过得去"的关系，把发展的要求与生存的要求结合起来，既要把绝大多数群众都能"过得好"作为总目标、总要求，全力以赴去努力、去争取，又要把每个群众都能"过得去"作为底线、作为责任，坚决不让一个困难群众"过不去"。二是理论政策上的准备。市委把慈善事业作为社会保障体系建设的重要组成部分，作为"民心工程"列入重要议事日程，高度重视新时期慈善理论学习研究。市第十三次党代会提出了建设"人居福地"的奋斗目标，其中富民优先和健全包括慈善事业在内的社会保障体系是最重要的举措。组织专家学者对国内外慈善事业发展的成果以及威海慈善事业发展进行系统梳理研究，对社会慈善活动与弘扬先进文化、培育威海精神的关系，慈善事业与政府救助的关系，慈善组织的管理运作模式进行研究，形成的专题报告进入领导决策。2006年市委理论中心组读书会专门安排"一次分配讲效率、二次分配讲公平、三次分配讲责任"的发言，统一了对"三次分配"理论观点的认识。进一步明确只有把市场、政府和社会调节结合起来，区分不同的分配领域，采取不同的分配原则和手段，才能解决社会公平问题，促进和谐社会建设。认真组织研究落实财政部、国家税务总局关于鼓励慈善事业发展的财政税收政策，研究制定了推动慈善事业健康快速发展的政策规定，确保在计算企业和个人所得税时对捐款实行税前扣除，调动了企业和个人捐款的积极性。三是先进典型的准备。市委特别重视先进典型在推进慈善事业发展中的引领和带动作用。在 2006 年全市年度工作总结大会上，市委市政府隆重表彰了 57 个慈善工作先进企业和个体工商户，向全社会发出了政府支持慈善事业发展的强烈信号。各级近年也总结推广了一大批慈善方面的先进典型。普通工商户杨正权十多年来捐出的款物总值超过 200 万元，被称为"好人杨正权"和"捐款专业户"，连续五年被评为全省、全国"光彩之星"，最近又荣获"全国道德模范提名奖"。针对善款筹集的规模太小，难以满足群众长期的慈善救助需求的问题，借鉴常州市认捐企业基金的经验，总结推广了威高集团和三角集团认捐基金的做法。在动员大会上这两家企业分别主动认捐基金 4000 万元，给全市企业树立了好的榜样，会后全市企业家们纷纷慷慨解囊，积极认捐基金。四是舆论氛围上的准备。在"慈善月"活动开展前，在《威海日报》、《威海晚报》、电视台上开辟了《爱心桥》《威海慈善行》等栏目，大力宣传弘扬奉献、友爱、互助、进步的时代精神，营造良好的社会舆论环境。

（二）"慈善月"活动的主要做法

这次"慈善月"活动是威海市开展慈善活动以来规模最大、范围最广、募捐最多的一次，走出了一条"政府推动、干部带动、社会联动，企业认捐基金、建立长效机制"的路子。

1. 党委政府大力推动

2006 年 10 月，市委书记崔曰臣同志在全市领导干部理论读书会上提出了搞好"第三次分配"、推动慈善事业发展的要求，市民政局做了相关发言。2007 年 1 月 22 日，崔曰臣同志又在《慈善"常州试验"及其启示》的经验材料上做了批示，要求学习借鉴常州经验，适当时候在全市集中开展一次大规模慈善募捐活动。市委、市政府对拟出台的《关于推动慈善事业继续健康发展的意见》，广泛征求部门单位和社会各界的意见建议，明确了发展慈善事业的基本原则、政策措施、方式方法以及规范管理等问题。5 月 28 日，全市召开"慈善月"活动动员大会，市五套班子领导全部出席，市委书记崔曰臣同志做动员讲话，出席会议的市领导现场带头捐款。动员会后，市委常委和政府副市长，每人都负责联系 10 个企业和部分基层单位，采取"宣传引路、座谈引导、上门劝募、典型示范"的办法进行劝募，效果显著。同时，市和市区两级都成立了慈善工作领导小组，党政主要领导任组长，下设慈善工作协调办公室，及时对"慈善月"活动出现的新情况进行指导，确保活动健康顺利进行。荣成市把 2007 年确定为民生发展年，把每年 6 月份定为"慈善月"，动员社会各界扶危济困、奉献爱心，推动慈善事业健康快速发展。文登市把慈善事业纳入社会保障总体规划，综合实施"居有所安、行有所便、幼有所教、壮有所事、老有所养、病有所医、困有所济、闲有所乐、差有所治、忧有所解"的"十有"民生工程。乳山市委书记亲自挂帅，担任慈善总会名誉会长和领导小组组长，带头参加慈善活动，并在各镇设立了慈善工作站，在各村设立了联络点，落实了专兼职工作人员，形成了三级联动的慈善工作网络。环翠区和高技术产业开发区高度重视做群众的思想工作，采取会议发动、典型带动、表彰促动等形式，消除了少数单位和个人存在的畏难发愁、等待观望、无所作为、无关紧要等模糊认识及消极情绪，并从区直部门和各镇、办事处抽调精干力量，组成专门班子指导协调，推动工作。

2. 方式方法要求明确

在动员大会上，市委副书记刘玉党提出了"五个一定与五个确保"的要求：工作一定要深入细致，不能简单化，不能强迫命令，确保捐赠自愿；党员干部一定要首当其冲、一马当先，确保带好头，做出表率；重点企业一定要明确政策，消除顾虑，积极参与，确保成为捐赠主力；捐赠活动一定要以奉献爱心为主题，不拘形式，各尽所能，确保社会参与面广量大；各级各部门一定要加强调度，做好劝募，及时研究解决工作中存在的问题，确保活动健康、规范、扎实推进。（《威办通报》2007 年第 10 期）工作中，强调坚持自愿原则，不搞摊派，不下指标，不搞强迫命令，要求各级积极"劝募"但不能"强募"，大力弘扬先进但不批评督促，发动党员干部和积极分子带头但不搞"一刀切"，同时还提出了"两个不动员"，即不动员困难群众参与，不动员离退休干部职工参与。具体工作中，针对各个层面的不同情况采取不同的劝募方式：对机关事业单位，强调发挥党员领导干部的模范带头作用；对社会，印发《劝募宣传手册》，详细解释捐赠方式、相关政策和资金使用情况，消除人们的疑虑，引导群众积极主动捐赠；对企业，建立党政领导联系企业制度，认真落实国家有关政策，引导企业积极认捐基金。乳山市把工作重点放在对企业的劝募上，在广泛宣传发动的基础上，市、镇及部门领导干部主动登门到企业走访，宣传慈善活动的意义和有关政策，通过面对面地交流、心贴心地沟通、手把手地指导，有 74 家企业认捐了慈善基金，360 家企业参与直接捐资，仅企业集体及职工个人直接捐资就达 1512 万元，占乳山市直接捐款总额的 65.2%，企业及其职工真正成为参与、支持慈善事业的主要力量。在威海的三个县级市中，乳山经济实力是相对最弱的，但在"慈善月"活动中却募集了 2317 万元的直接捐款，是三市中最高的，这真正体现出了慈善事业是平民的事业。文登市狠抓各项准备工作，摸清了机关、企业和个人参与慈善活动的实情，制定了"慈善月"活动的详细《实施方案》，建立起政府领导、部门联动、社会参与的工作机制。经技区管委把劝募宣传工作责任到人，采取工委管委领导同志分包重点企业、区直部门和有关单位分包各个行业、机关干部分包企业的方式，多层面、全方位开展劝募活动。荣成市注重发挥部门联动的作用，把市直部门和单位按不同类别划分为二十个大组，各大组牵头部门积极协调，分头靠上去做工作，把社会各行各业和广大群众的积极性都调动起来，保证了慈善募捐成果。

3. 党员干部踊跃带头

市委书记崔曰臣在动员大会讲话中要求，各级领导同志和国家公职人员要身体力行，做出表率，带头捐款捐物献爱心，带头转变作风办实事，带头坚定不移促发展。5 月 28 日，在全市"慈善月"活动动员大会现场，市五大班子全体领导当场捐款 5.3 万元，人均 2200 多元。当天下午，市委办公室迅速行动，组织全体机关干部捐款 4.44 万元。随后市纪委、市直机关工委、市民政局等机关事业单位的党员干部也都积极行动，踊跃捐款。直接捐款部分，全市党员干部和公职人员捐款 3143 万元，约占 52.8%；企业和个体工商户捐款 2395 万元，约占 40.3%；社会公众捐款约占 6.9%。经济技术开发区管委领导同志带头，每人捐款 3000 元结对帮扶 1 个贫困家庭和 1 名困难学生，机关干部每 2 人结对帮扶 1 个贫困家庭或困难学生。领导干部率先示范，带动了一些企事业干部职工也纷纷加入"一对一"帮扶活动中。文登市组织开展了"百家部门办实事、千名干部解民忧、万户群众得实惠"活动，组织 245 个部门、单位、企业和 3000 多名机关干部，与薄弱村、困难户结对帮扶，开通了"行风热线"，解决了群众关心的许多热点难点问题。高技区东涝台居委会党总支书记于恒福个人捐款 1 万元，带动了居委会 200 多名党员群众捐款捐物，这个居委会还集体决定认捐慈善基金 1000 万元。毕家疃村老模范干部家属苗华淑，是一位年近 80 岁的老人，主动打电话要求参加统一组织的捐款活动，几天后又亲自到慈善总会二次捐款。环翠区军队离退休干部虽然不在被动员劝募范围，但老干部们主动参加捐款捐物 3.44 万元。在党员干部的带动下，全市还涌现出了一大批个人捐款万元以上而不留姓名的"无名慈善家"。北京、浙江、辽宁和烟台、威海等地的美术、书法、剪纸民间协会组织和艺术家捐出字画作品 156 幅。

4. 注重宣传造势

"慈善月"活动开展后，进一步加大了媒体集中宣传报道慈善事业力度，电视上天天有慈善之影，广播里天天有慈善之声，报纸上天天有慈善之文。《威海日报》、《威海晚报》、威海电视台等主要新闻媒体开辟了《爱心桥》《威海慈善行》《携手慈善·共建和谐》等栏目，大力宣传弘扬奉献、友爱、互助、进步的时代精神，滚动播出市委领导同志《大力发展慈善事业，加快构建和谐社会》的重要讲话，跟踪报道各市区的好经验、好做法，及时公布各市区、各部门单位的捐赠和救助情况。沿街各单位主动张挂宣传条幅，一些文艺团体走上街头、走进社区单位宣传典型，营造良好氛围。6 月 30 日，又举行了"情满六月·爱在威海""慈善月"活动主题晚会，现场发布了即将推出的四大慈善救助行动，在全市观众中引起强烈共鸣。文登市在新闻媒体发布了《慈善总会关于发展单位会员和个人会员的公告》《呼吁社会各界为发展文登慈善事业奉献爱心倡议书》《致企业家的一封信》等，并通过现场采访、焦点访谈等多种形式，进行了大信息量、高密度、全方位的宣传报道。环翠区让慈善宣传活动进社区、进企业、进家庭，慈善志愿者向居民发放"倡议书"和"明白纸"，面对面地做宣传发动工作。经济技术开发区大张旗鼓地表彰了 50 位慈善家，公布了先进慈善企业排行榜，在乐天休闲体育公园显要位置设立慈善捐助功德碑，记刻贡献突出的慈善家，让世人铭记他们的功德，大力倡导"慈善捐助光荣，奉献慈善有功"的社会风气。乳山市对"慈善月"活动涌现出的 134 个先进单位和 113 名先进个人进行了隆重表彰，进一步提高了社会各界心系慈善献爱心的积极性。一系列集中宣传报道活动，使慈善成为一段时间内威海市民集中谈论的话题。"今天你捐了吗"成为一种光荣和时尚，在全社会叫响"慈善伟大，捐赠光荣"。

5. 创新企业捐赠方式

在今年全市开展的"慈善月"活动中，威海市在捐赠形式上进行了大胆创新，除传统捐赠方式外，首次采用了认捐基金的方式，即通过签订协议，将企业或个人认捐善款作为慈善基金，本金留在企业，企业每年将本金的增值部分（按 7% 计）分两次交付本级慈善总会。这种一次认捐、逐年付息的捐赠方式，对企业来说，既不会因捐款影响正常的资金流转，又可以取得较高的社会声誉；对慈善组织来说，既可以确保慈善基金每年增值 7%，又可以降低基金运作风险。一经推出，企业便踊跃认捐，三角集团、威高集团率先认捐 4000 万元基金，一大批企业也慷慨解囊，短短 10 多天，企业认捐基金就突破 10 亿元大关。这次活动借鉴常州经验，在全市推行了企业认捐基金的模式。将企业大额捐款（200 万元以上）作为慈善基金，基金本金继续留在企业运作，企业参照银行贷款利率（目前按年息 7% 计），把基金利息交慈善组织；慈善组织与企业签订认捐基金协议，一签十年。这种一次认捐、逐年付息的捐赠方式有三大优点。一是保证了善款来源的稳定性。按现有基金计算，每年将有 1 亿元的可用善款。二是企业容易接受。一方面，企业压力不大，按认捐基金 1000 万元计，扣除税收优惠，实际每年捐款不足 50 万元；另一方面提高了企业声誉，企业认捐基金上千万元，显示了企业的社会责任，提高了企业形象。三是基金安全得到有效保障。基金放在企业使用，慈善组织既放心又省心，而且保证了基金的安全和增值。在动员大会上，三角集团、威高集团分别认捐了 4000 万元基金。此后，全市共有 334 家企业共认捐基金 16.616 亿元。其中，4000 万元的企业有 5 家，3000 万～4000 万元的有 2 家，2000 万～3000 万元的有 15 家，1000 万～2000 万元的 58 家，200 万～1000 万元的有 135 家。

6. 以公信力促进募捐

各级慈善组织高度重视提高社会公信力，着力打造"透明口袋""阳光慈善"的品牌，较好地树立了慈善组织诚实守信、公开透明、高效运行的社会形象，促进社会募捐活动的顺利开展。一是以救助活动促进募捐。各级慈善机构在积极组织募捐的同时，还及时把工作的重点转到社会救助上，开展了"慈善助学""大病救助""夕阳扶老""情暖万家""爱心复明""爱心超市"等系列慈善救助活动，让公众及时看到慈善事业实实在在的效果。仅在"慈善月"活动期间，全市就分别投入善款 333.8 万元，救助特困高考新生 948名，让他们圆了上大学的梦；投入善款 1400 万元，实施"康复助医行动"，集中救助 500 户因有白血病、尿毒症、癌症等重特大病人而致贫的家庭。荣成籍在校大学生张海鹏患有白血病，家庭因无钱医治而陷入困境，在 6 月 30日举办的"情满六月"活动中，社会各界当场捐款 18 万元，确保病人及时接受手术治疗。二是以透明度促进募捐。在这次"慈善月"活动中，各级慈善组织按照"公开、透明、直接、有效"原则，将接收的每一笔善款，都采取列表清单的方式逐笔逐项向社会公开，做到家喻户晓，人人明白。对救助项目和救助对象实施公示制度，严格按照个人申报、调查核实、张榜公示、慈善总会审定的程序办理。整个救助过程先后经过两次公示程序：第一次是申请人提出申请，由村（居）组织入户调查确定救助名单后，进行公示；第二次公示是救助项目完成后，利用村（居）务公开栏等载体，将救助对象、救助金额等公示，确保救助项目的落实。公开透明的制度确保了捐赠者的知情权和干预权，有效地调动了捐赠者积极性。三是以制度规范促进募捐。建立了论绩进会制度。对一次认捐达到一定数额的企业负责人，作为各级慈善总会的副会长、常务理事等候选人。目前，按照企业捐赠情况，已有10人达到了规定标准条件，被列为副会长和常务理事候选人，待召开慈善总会理事会议研究通过。推行了定向捐赠和实名捐赠制度。对捐赠款物或基金达到一定数额的捐赠者，按照其意愿实行定向捐赠，在救助项目的确定上尊重捐赠者意愿，执行方案和执行结果定期向捐赠者反馈。或者根据捐赠人的意愿设立冠名救助基金，在媒体和网络上实名公布，调动了广大企业对口帮扶的积极性。如，威海建设集团认捐的2000万元慈善基金每年140万元的利息，冠名为农民建筑工"特别关怀基金"。海纳开碧、佳康食品等5家外资企业捐资108.8万元冠名学校图书馆、图书室、实验室。经过认真酝酿准备，乳山市在"慈善月"活动期间成立了慈善总会，通过了《乳山市慈善总会章程》《乳山市慈善总会基金管理使用办法》《乳山市慈善救助工作操作规定》等文件，建立了论绩进会制度，目前已发展单位会员151个，个人会员180人，各项工作正在顺利开展。

（三）"慈善月"活动引起的社会反响

"慈善月"活动使威海市慈善基金总额猛增至16亿元，每年可以使用的善款1亿多元。2007年1月，民政部救灾救济司司长王振耀在常州调研时，曾称赞常州的募捐："一年之内，动员这些企业捐款10个亿，这是全中国到目前为止，没有一个省、直辖市能够达到的……一个常州市创造了一个中国奇迹。"令人意料不到的是，常州用一年做成的事情，威海仅用了10天（"慈善月"活动开展10天，社会捐资和企业认捐基金即达10亿元）。"威海募捐"的速度之快、收效之巨、影响之大，引起了社会各界的强烈反响。

1. 褒奖与支持

（1）上级民政部门领导同志对"慈善月"活动的肯定和赞誉。6月15日，民政部社会福利和社会事务司司长张明亮在省民政厅副厅长杨丽丽陪同下，来威海就慈善事业进行考察调研。张明亮对威海市社会福利事业发展和慈善活动给予高度评价，认为通过企业认捐的方式建立稳定的慈善基金，初步形成了慈善事业发展的长效机制，这种做法非常好。他说："威海市开展慈善活动的做法，为全国慈善事业发展总结了经验、树立了典型，与民政部工作思路相吻合，经验值得推广。"他认为，"慈善事业的发展离不开政府的推动"，"威海市正在开展的慈善活动之所以取得成功，是与市委、市政府的有力推动和正确引导分不开的"。省民政厅副厅长杨丽丽说："威海市慈善活动的开展为全省慈善事业的发展带了个好头、树立了榜样。""威海市在慈善活动运作方式和善款募集方式上的创新和实践，为慈善事业发展提供了很多值得借鉴和推广的成功经验。"

（2）国家级新闻媒体对"慈善月"活动的正面宣传。2007 年 6 月 23 日中央人民广播电台《新闻和报纸摘要》节目头条，以《山东威海率先建立慈善捐助的长效机制，募集慈善基金 12 亿元》为题目做了报道，并发表了《推进社会慈善，贵在创新》的编辑点评，点评中指出："当前最缺乏的正是让慈善事业发挥长效的社会机制。山东威海通过政府科学引导、党员干部带头、企业自愿认捐、社会全面参与，发展慈善事业，正是建立这种持久长效机制的有益探索。相信通过这种机制，分散在社会各个角落的颗颗爱心点滴善款，必将汇聚成流，变成促进社会和谐的又一个稳压器。"2007 年 7 月 23 日《光明日报》发表了对威海市委书记崔曰臣的专访文章，题目是《不让一个困难群众过不去》，文章一开篇便指出：近年来，山东威海认真落实科学发展观，把慈善事业作为关注民生、改善民生的重要举措，致力于构建和谐社会。崔书记在访谈中指出："威海市作为沿海较发达地区，要实现科学发展、和谐发展、率先发展，仅有繁荣的经济远远不够，还必须有与之相适应的社会慈善事业，让绝大多数群众过得好，不让一个困难群众过不去。"谈起如何大力发展慈善事业的话题时，威海市委书记崔曰臣非常动情地说："一些群众在我们的任期内吃不好饭、穿不上衣、上不起学、看不起病，是我们的耻辱和失职。"

（3）威海民众及专家学者对"慈善月"活动的赞同和支持。《威海日报》5 月 29 日至 6 月 29 日报道，提起"慈善月"活动，79 岁的郭礼老人高兴地说："千家帮一家，这是为百姓办了一件大好事啊！"山大（威海）休闲研究所所长吴文新教授认为，"慈善月"活动积极作用十分明显：一方面激发人们的博爱之心和善良本性，一方面温暖和感化弱势群体，增强他们自救自立自强的能力，极大地促进社会公平与和谐。市委党校教师于进水认为，"慈善月"的开展，必将促进和谐威海的建设，为打造人居福地铺平道路。

2. 质疑与批评

6 月 13 日，《新京报》以《政府当推手威海掀"全民募捐"浪潮——威海"慈善月"全民动员引争议 10 天捐 10 亿》为题，对威海市开展"慈善月"活动情况做了报道。报道称："今年 6 月，山东威海开展'慈善月'活动，在全城掀起慈善捐赠的热潮，从市委书记到水电维修工，从集团公司到个体工商户，全都参与其中。短短 10 天，募捐现金近 2000 万元，企业认捐基金超过 10 亿元。在这创纪录的募捐成绩背后，是一双强大的政府推手在运作。该市以行政方式层层推进募捐行动，各单位募捐成绩被纳入绩效考核，一些官员更是把募捐当作'政治任务'逐级下达。"该报道迅速被数十家地方报纸和网络媒体转载，由此引发了舆论界对威海募捐的诸多质疑和批评。质疑和批评集中表现在以下三点。

（1）对慈善事业的发展要不要"政府推动"提出质疑。2007 年 6 月 14 日，国际在线刊登了署名蒋丽丽的文章，文章标题即为《政府更该做慈善事业的守夜人》。同一天，中国网刊登了署名叶扩的《运动式募捐风暴羞辱了慈善心》一文，文章指出："威海的慈善风暴，由于带有浓厚的'政治性''运动式'色彩，一时之间虽表面轰轰烈烈，但其结果必然是劳民伤财，事倍功半。时间一长，不仅老百姓痛恶，而且企业家也讨厌。这种政治运动式的募捐思维，恰好是对慈善事业的异化和羞辱。"在大河网上的《"威海式"募捐是谁的悲哀？》一文中，曹诚志指出，"威海式"募捐，收到了如此多的善款，看似效果不错，实际上，却带来了更大的弊端：一是给广大干部职工和民众增添了沉重的"善心负担"；二是"慈善"的光环也将褪色不少，让人们对慈善事业带上了"有色眼镜"；三是行政权力与劝募行为有"交易"的嫌疑。当行政手段介入慈善事业，慈善就失去了"慈"和"善"的本质含义。如此募捐，看似辉煌，实是悲哀。

（2）对政府热心"慈善月"活动的动机表示怀疑。2007 年 6 月 14 日，赵志疆在中国网上以《"慈善月"还是"摊派月"》为题发表了其个人看法："当前作为民众的'养命钱'，福利保障资金为什么总是会出现'不足'？其中首要原因恐怕应归咎于公共财政的缺损，在经济建设等方面的预算日益开支庞大的同时，用于社会福利保障等其他方面的开支日渐萎缩，如此特征明显的'建设性财政'直接导致'资金不足'。公共财政的缺损使政府领导者打起了'多方筹资'的主意，而民众权利贫困的现状无疑极大鼓舞了他们的动力。于是，强制捐款最终成为公共财政缺损的最后一块'遮羞布'，时有发生的强制捐款事件也就变得不那么令人难以理解。"叶扩说："这些运动式的行政风暴，根源都在于官员的集权与运动式行政思维，最终是为官员的'政绩'和'形象工程'开路罢了。"蒋丽丽在《政府更该做慈善事业的守夜人》中指出：当人们试图以初衷良好理解威海此举时，又再次发现，它甚至也失去了理由的正当性。就威海所要通过捐款重点帮扶的两类人群来看，它也不是必须由民众承担的爱心负担，恰恰是政府公共财政必须保障低收入群体的义务。以"人均实际收入低于城乡低保标准120%的家庭及其学生"而言，很明显，既然有"城乡低保标准"，就应有政府财政预算，何以还会有"低于城乡低保标准120%的家庭"？政府财政来自纳税人所缴纳的税收，也必须用于对纳税人权利的保障。为何还要在税款之外，又以慈善之名，将手伸进纳税人的腰包？

（3）对政府推动"慈善月"活动的方式方法提出质疑。2007年7月1日，周秋光（湖南师范大学历史文化学院教授、博士生导师，长沙市慈善会副会长）在《大地》（第13期）上发表《慈善在今天的中国》一文，文章指出："2007年5月28日，山东威海市召开'慈善月'活动动员大会，各主要领导登台动员，启动了威海市轰轰烈烈的全民募捐运动。威海市官员没有将政府职能设定在规范和鼓励社会慈善事业发展，而是自己带着公权力兼职下海，成为慈善运动员了。有人质疑：这种'替天行道、劫富济贫'的行为是真正意义的慈善行为吗？"

（四）"慈善月"活动的有益启示

威海市开展的以"携手慈善，共建和谐"为主题的"慈善月"活动，得到了社会各界的广泛响应，各级领导干部、共产党员带头捐款，企业踊跃认捐慈善基金，广大群众参与热情很高，涌现出一大批感人的先进典型，形成了慈善伟大、捐赠光荣的良好氛围。这次实践为进一步推进慈善事业快速健康发展提供了许多有益启示。

1. 慈善事业在发展初期离不开党委政府的大力推动

在慈善事业的发展上，尤其是在这项事业发展的初级阶段，一个地方党委政府对百姓的责任感、对慈善事业的紧迫感以及认识高度、发动广度、推动力度决定了慈善事业开展的程度。政府应该在积极履行建立社会保障体系、加大财政救助力度的前提下，不等待、不观望、不争论，理直气壮地加强对慈善事业的领导和支持，充分发挥引导推动作用。威海市把推动慈善事业发展作为改善民生、构建和谐社会的重要举措，将其列入市"十一五"规划，体现了一种强烈的责任意识和民本思想。市委书记崔曰臣逢会必讲慈善事业，强调要不断增强三个责任感。一是强化政府爱民为民的责任。"还有群众在我们任期内吃不好饭、穿不上衣、上不起学、看不起病，应该看作是党委政府最大耻辱和严重失职。"（《威办通报》2007年第10期）二是强化企业的社会责任。只有主动承担社会责任的企业，才能受人尊重，让人放心，才能做强走远。三是强化公民的慈爱之心。只要人人献出一份爱心，社会就变得和谐美好。市长王培廷亲自撰写文章，呼吁各界"发展慈善事业、造福社会民众"。市五大班子全体成员出席"慈善月"动员大会，并当场带头捐款。随后在全社会广泛造势，各级领导同志带头深入基层、企业、社区劝募。全市各级领导干部既重视发挥好"抓"的作用，又重视发挥好"带"的作用，努力做良好社会风尚的引领者、扶贫济困的带头人，带头宣传发动搞劝募，带头捐款捐物献爱心，带头转变作风办实事，用实际行动感召群众，大大提高了全社会参与慈善捐赠的积极性和主动性。"众人拾柴火焰高"，社会每一个成员有钱捐钱、有物捐物、有力出力。实践证明，各级党委政府及其领导同志对慈善事业的关注度越高、支持力度越大、带头示范作用发挥得越好，群众参与的积极性、主动性就越高，蕴藏在社会上的巨大慈心善举潜力就会迸发出来，慈善事业发展得就越红红火火、扎扎实实。

2. **公民的现代慈善理念是慈善事业发展的活水源头**

慈善事业是千百万人的事业，它的活水源头在社会民众之中，民众主动热情参与，首先要强化他们的现代慈善意识和理念。威海市把慈善理念的教育和培养纳入公民道德教育体系，作为社会主义精神文明建设的重要内容。在各级党校和行政学院专门开设慈善教育课程，培养各级干部发展慈善事业的责任感和使命感，市委理论中心组读书会专门安排民政部门就"研究第三次分配理论，推进慈善事业发展"进行发言，进一步在领导干部中统一了思想。通过报纸、电台、电视、网络等多种宣传途径，广泛发动宣传，使慈善事业家喻户晓，人人皆知。把困难群体的渴望拍成专题片，唤起社会广泛的同情心。把历年来乐善好施人物的感人事迹，拍摄成专题片，发挥名人效应，以情感召更多的慈善人士和企业。有关部门和专家学者组成课题组，深入探讨研究慈善理论及慈善事业发展的社会基础、发展模式、制度建设等问题，进一步推动了慈善文化建设。这些活动在全社会逐步确立和强化了三个意识。一是确立现代慈善意识。就是不再局限于中国传统慈善活动中体现出来的那种恩赐、怜悯与施舍，而是把慈善上升为以平等、互助、博爱、共享为内涵的高尚行为。二是确立符合现代文明与社会公正的财富观。崇尚通过个人努力创造财富。个人财富是通过合法的途径来自社会，也应当通过相应的途径反馈社会。三是确立"慈善伟大、捐赠光荣"意识。既把捐赠看作是一种义务、责任和良知，更看作是一种快乐、荣耀和幸福。

3. **慈善事业的健康快速发展必须靠制度创新**

体制机制创新是推动工作发展的根本和关键，也是激发持久活力的基础。

只有在尊重实际、尊重群众、尊重规律的基础下，不断创新机制、完善制度，边实践、边总结、边规范，调动多数人的积极性、持久的积极性，才能不断推进慈善事业健康快速发展。在基金和善款管理上，威海制定出台了《慈善资金管理使用办法》，建立了信息披露、跟踪反馈、审计评估和社会监督"四个机制"，定期将善款数量、来源及使用情况向社会公开，努力打造"透明慈善""阳光慈善"，提高了慈善事业的公信力。在慈善资金使用上，对定向捐赠，严格按照捐赠人要求的救助范围、对象、额度组织实施。对非定向捐赠，严格按照调查论证、确定项目、媒体公示、需救助者申请、基层组织入户调查、县以上慈善组织审定的程序，认真组织实施。当前，慈善资金集中投向助困、助残、助学、助医、助老、赈灾等六个方面。这些相关制度在实践中不断完善提高，发挥积极作用，逐步推动传统的慈善模式向现代慈善模式转变。一是由以公职人员为主向全社会转变。在发动机关事业单位公职人员带头捐赠的同时，把工作重点向街道、社区、企业延伸，把慈善事业开展成平民事业、绝大多数成员共同参与的事业，努力扩大慈善事业的社会基础。二是由以自然人为主向以企业法人转变。引导广大企业家认识到企业是社会财富的创造主体，也是社会资源最大的占有者和消费者，理应承担更多的社会责任，"为富当仁，既富又仁"，在慈善事业中发挥更大的作用。三是由以零打碎敲、捐款捐物为主向以集中认捐基金转变。这种做法既保证了善款来源的稳定性，又不影响企业资金运转，还提高了企业的社会声誉。

（五）对需要改进提高的几个问题的建议

"慈善月"活动在取得成绩的同时，具体工作中也出现了这样或那样一些问题，正如有关媒体批评指出的，活动方式方法存在简单化的问题。有关部门曾有"把慈善事业纳入绩效考核"的说法；有的单位还提出了要把"慈善事业当作重要政治任务"来完成，要求坚决不能落后；有的干部工作方式方法简单化，不是深入宣传、发动、引导，而是习惯于下指标、派任务、赶进度；有的存在将慈善资金作为财政资金管理使用的现象；等等。这些具体问题归纳起来有以下几个方面需要改进提高。

1. 充分体现慈善"自愿"和"自律"的本质要求

"慈善月"活动中，出现的种种受人非议的问题，说到底是一些领导干部缺乏推动慈善事业发展的科学观念，习惯于以行政命令的方式从事募捐，习惯用管财政资金的办法去管理和使用慈善资金，习惯于集中行政力量办"大事"，不善于发挥社会力量的拾遗补阙作用等。在慈善事业发展上，尤其是在这项事业发展的初级阶段，社会慈善组织发展还比较滞后、社会公信力还明显不足的情况下，党委政府有责任有义务唱好主角，当好动员者、组织者和推动者，这也是威海"慈善月"活动取得成功的重要经验之一。当前，政府帮助慈善组织积极劝募是必要的，但政府劝募要有"度"，"募"的要义是"劝"，无劝而募则成了"强募"。如果以强制代替自愿，以行政命令代替爱心，不但不能激发人们对慈善事业的热情，反而会使群众捐款的主动性、积极性受挫，甚至引起逆反心理，不利于慈善事业的持续稳定发展。政府在前台唱主角应该是暂时现象，必须吸取借鉴国际上慈善事业发展的先进理论和实践成果，逐步调整行为方式，由政府唱主角逐步向社会唱主角转变，应当充当慈善事业法律法规政策的制定者，慈善事业发展的财力支持者、规范监督者和支持服务者。另一方面，要增强公众对慈善事业的信心必须加强慈善组织的自律。慈善机构不仅是独立社团法人，而且是社会文明与公共道德的形象载体。慈善组织应当在自治管理的同时建立严格的自律机制，并在社会监督与公开透明的条件下赢得公众支持。公众是根据这些组织的公信力来决定是否自愿地把钱捐给它。因此，建议政府、企业和社会共同努力，大力提高慈善组织的公信力和专业化水平，在以下几个方面下功夫：坚持慈善组织在组织章程框架下独立公正地开展工作，进一步健全理事会制度，并逐步完善内部治理结构；坚持慈善组织的公益性，始终将服务公众和保障困难群众基本生活作为组织的使命和工作目标；坚持慈善组织的非营利性，确保组织不谋求任何个人、个体组织和利益相关者的私利；坚持慈善组织财务透明公开，鼓励建立财务报告和审计制度，自觉接受公众监督；推行慈善组织资金筹集和运用的规范化、制度化，以保护捐赠方和受益方的合法权益和应有利益；不断完善慈善组织之间互相支持、互相合作、互相监督、资源共享的协调机制，反对任何形式的恶性竞争、侵权和损害行业利益的行为；自觉主动接受来自各级政府、企业、事业单位、社会团体、媒体以及公众的质询和监督。

2. 区分政府财政救助与社会慈善救助的关系

救助社会弱势群体，是政府和慈善组织的共同责任。在整个社会救助行为中，政府救助起主导作用，同时，慈善救助也发挥着不可替代的重要作用。政府救助承担社会救助的主要责任，是国家解决贫困问题的制度化举措，包括以最低生活保障、五保供养、特困救助、临时救济、医疗救助为主要内容的城乡社会救助体系、灾害应急救援体系、社会福利事业。慈善救助是指社会公众在自愿基础上，通过一定的社会组织向需要帮助的群体提供无偿援助的社会化行为，包括物质的（善款、善物）和精神的（志愿者服务）救助。

政府救助和慈善救助是相辅相成、互动互补的，共同推动着社会救助事业的发展，共同履行着救助社会弱势群体的功能。在这一共同目标之下，它们又有各自不同的特点。从救助的主体看，政府救助的实施主体主要是政府机构和相关的辅助机构；慈善救助的实施主体是慈善公益组织、社会团体和社区居民，慈善组织的工作人员基本上是志愿者，其非官方色彩更易得到社会的认同和弱势群体的情感共鸣。从救助的对象看，政府救助具有确定的对象，即符合救助标准、具有一定的"资格"的家庭和公民才可成为救助对象；慈善救助的对象则缺乏相应的法律法规的严格规定，只要经过捐赠人的同意或授权认可就可确定，具有随机性、临时性。从救助主体与救助对象的关系看，政府救助对象具有法定性，其权益受到法律的保护，救助主体与救助对象之间是履行义务与享受权利的关系；慈善救助对象具有非法定性，受救助对象的确定和救助金的发放比较灵活，施惠者与被施惠者之间是相互帮助的关系。从救助的实施方式看，政府救助以面为主，即以弱势群体的经济收入为救助标准，管理模式是层级制，救助金按级划拨层层落实；慈善救助以项目为主，更关注效率，实行直接救助，更具灵活性、机动性和多元性。从救助资金来源看，政府救助具有稳定性，救助金来自财政收入，属于社会财富的二次分配；慈善救助的资金来源主要依靠会费、经营性收入、政府拨款和社会捐赠等，是志愿行为，属于社会财富的三次分配。从救助的透明度看，政府救助多少带点"封闭性"；慈善救助强调公开性和透明度，特别强调要对捐赠者负责。从救助的内容看，政府救助除给予物质帮助以外，还要借助于社会经济政策、产业政策、人口政策等提供更多的就业机会和提高贫困者的生产能力；慈善救助除提供善款善物以外，还有义工服务、精神沟通等形式。从救助的目标看，消灭贫困是政府的责任；扶贫济困、宣传普及和提高公民慈善意识是慈善事业的目标。从救助的性质看，政府救助是构筑在国家法律基础上的政策性和制度性救助，具有公益性和强制性；慈善救助是奠定在公众资源基础上的志愿行为，具有志愿性和民间性。政府救助是刚性支出，应当不折不扣地动用财政资源，全面履行政府救助的职责，而不应当把自己的责任转嫁给非政府组织；而慈善救助则是项目支出，只能用于捐献者指定的救助项目。换言之，慈善组织对社会捐献的款项只有看护权，而无所有权和自主使用权，更不应该受到政府行政干预。并且，政府应该用财政拨款、政府基金、福利项目招标等多种方式向社会慈善机构提供资源、购买服务。

因此，建议政府加大公共财政支持力度，把五保供养资金和低保对象医疗、教育、住房"三项救助"资金，列入财政转移支付项目，由财政全额负担，不应从善款中列支。同时，要搞好政府救助与慈善救助的衔接。这两者在各自特点、内在价值和功能作用方面都有许多相通一致的地方，应该在区分各自作用的前提下研究利用好两者共同之处，实现它们的部分功能整合、资源优化使用和执行效率的提高。政府职能部门应该与慈善组织建立信息传递和反馈机制，定期或不定期地协商通报救助项目或救助形式，实行信息共享，以实现社会保障体系和慈善事业相互促进，更好发展。

3. 在建立激励与约束的法规政策体系上下功夫

慈善事业发达国家都有一整套完备的法律法规体系，主要有两大类，一是激励性的法规政策，二是约束性的法规政策，互相制约，配套衔接，缺一不可。政府要制定出台系列财政税收等激励性政策和法规，支持社会办慈善事业，但同时对慈善机构的界定及其财务活动等都要有一套完整、规范的管理约束办法。目前我们国家对慈善事业发展的相关政策、法律、法规尚不健全和完善，没有针对性、特定性的专门规范慈善组织实体内容的法律与法规条款，即使是已经颁布的有关法律、法规政策，也因缺乏具体的、可供操作的配套政策而难以落实。作为一级地方政府，不能等着有现成完备的法律法规后才去推进慈善事业的发展，应该立足实际，借鉴经验，大胆探索，不断总结完善提高，在制定地方性政策、法规、条例上有所作为，为全国性的法规政策出台提供必要的经验借鉴。在鼓励政策方面，建议以市委、市政府的名义制定出台威海市慈善公益事业发展的指导意见，按照公共财政的要求把发展慈善事业列入财政预算，从保证经费和发展慈善项目上进行支持，进一步细化工作程序，把应该享受的税收财政政策落到实处。在监督约束方面，明确慈善组织的性质、慈善活动的程序、慈善活动的监督机制，规范慈善事业的进入、评估、监管、公益产权界定与转让、投资、退出等行为。进一步明确界定慈善组织多元监督主体的职能和责任，并对各种社会监督资源进行整合、协调，同时壮大其他监督主体的力量，最终形成政府、社会的监督与慈善组织自我治理共同协调运作的格局。

4. 正确区别善款募集与使用的关系

募捐和救助是整个慈善工作最重要的两个环节，尽管目前慈善团体一般都兼具募捐与实施救助的双重职责，但美国等发达国家以及我国港台地区实行募捐与救助相分离的做法，已逐渐成为慈善资金管理过程中的一项基本原则。就是由专门机构承担募款的职责，然后分配给相关的慈善团体；而从事救助的慈善机构一般不直接向社会募捐，他们只提供社会救助服务。两者的分工与协作，有利于增强善款的透明度，提高工作效率和社会公众的信任度，有利于整个慈善事业的发展。目前，威海以及全国各地普遍存在的慈善机构集募捐与救助双重职能于一身的做法，也就是业界称之"右手筹钱左手花"，不仅因专业性不强而降低效率，而且两个环节间失去制衡性，极易引发慈善腐败，直接影响到慈善组织的公信力。按照国际惯例和先进地区的经验做法，应尽快研究制定集中募捐与分散救助的机制和办法，保障慈善事业健康发展。当前要特别重视善款的使用问题，尽快发挥其社会效益。"慈善月"活动这一具有轰动效应的募捐行动，其善款的去向及社会效益必将成为众人瞩目的焦点，捐赠者更会格外关注。如果捐赠者无法有效地了解善款的去向，决定它的使用，使得捐赠者心中有一种不踏实的感觉，而这种感觉对于捐赠者继续捐款是很不利的。建议进一步完善程序和办法，及时向社会公开善款去向及救助效果，认真组织开展好"圆梦行动""助残行动""助医行动""特别关怀行动"等慈善救助活动，尽快在善款用途与效果上向公众交出一份满意的答卷。

5. 要协调好慈善组织之间的关系

在慈善活动中，慈善组织充当施惠者与受惠者的中介，既应该是忠诚的管理者，又是热情的宣传者和组织者，还应该是热心的合作者，它在政府的主导下，通过自身的影响和行动，调动社会资源，推动社会服务，帮助舒缓和解决一些社会弱势群体的困难问题。政府应该鼓励和培育各类慈善组织发展，但是政府不能包办将其作为下属机构。威海市慈善组织的机构设置、人员构成、运作方式等方面带有官办色彩，各慈善组织分别有各自上下机构背景，工作性质和内容范围差不多，但互不隶属、互不通气，难成合力。"慈善月"活动前，市慈善总会及工会、共青团、妇联、残联、红十字会、见义勇为基金会等慈善单位开展了一系列社会公益活动，分头募集资金，组织了多种救助项目。"慈善月"活动后，特别是建立了企业认捐基金后，各慈善组织如何开展新的募捐工作？集中募集的善款如何让多家慈善组织实施分散救助？都是比较现实又迫切需要解决的问题。建议协调各慈善组织成立工作协调机制，定期召开联席会议，通报情况信息，制定工作规划，对各类社会救助工作实行统一规划管理，提高慈善组织救助总体效能，实现慈善救助效益的最大化。

（六）对"慈善月"活动争议焦点问题的思考

威海市各级党委政府对慈善事业的大力推动和社会公众的慈善行为，应该说是担当责任、奉献社会、积德累功的过程，是乐人之善、济人之急、慈心于物的实际行动、真心行为。但为什么会产生这么大的反响和关注？有的甚至提出了怀疑和批评。在我国慈善之风尚未形成、慈善组织尚未成熟、激励与约束规则尚不健全的情形下，政府不积极作为，慈善事业能起步吗？按照批评者的观点，政府不要做"推手"，要当"守夜人"，果真这样，大量的嗷嗷待哺的困难群体能等待得起吗？面对争议和批评，曾一度让基层感到委屈压抑和无所适从，干也不是，不干也不是。尽管国家有号召，上级有政策，社会有资源，群众有需求，但如果因为批评和怀疑而等待观望、停滞不前，好像谁都没有责任，谁都不落埋怨，但实际上慈善事业不发展就是执政者最大的失责，有未得到及时救助的困难群众就是对执政者最大的埋怨。慈善事业需要广泛的社会行动，反响和关注本身就是社会行动，但这种行动不应是求全责备的过激批判和指责，也不应是坐而论道的空谈和等待，而应是和风细雨、心平气和的对话与行动，是实事求是、与时俱进的总结反思与改进提高。只有尊重批评，尊重个性，尊重多样性，尊重创新创造，才能把慈善事业不断推向新的发展阶段。这里应该把握好以下三点。一是要正视问题。威海的"慈善月"活动在方式方法上程度不同地存在这样那样一些问题，但这并没有动摇推进慈善事业发展的信心和决心，也没有成为等待观望、无所作为的理由和借口，而是对成绩不扩大，对问题不掩饰，继续坚持对的，及时改正错的，这无论是从当前还是从长远看，都对进一步推进慈善事业健康快速发展有重要意义。二是希望在于行动。在慈善事业发展上，当前我们面临的最主要问题是先把这件事情干起来，使急需帮助的困难群众得到及时的帮助。事业干起来，不愁理不顺路子。正如有的同志所说的那样，慈善事业在中国尚未或正在起步，你让政府去做"守夜人"，政府"守什么"？小平同志当年对改革的态度是允许试验，允许犯错误，但不允许不改革。这个态度同样适用于当前慈善事业的发展。意见不统一可以争论，但关键还是干起来再说，干就有希望，就有路子。三是要搞清一个焦点问题。这次威海"慈善月"活动引起争议的焦点问题，不是要不要发展慈善事业的问题，而是谁去做、怎么做的问题，也就是"在慈善事业的发展过程中，政府当前应扮演什么样的角色"。要实现慈善事业又好又快发展，必须对这个问题从理论上搞清楚、在实践上搞明白。要达到这个要求，关键要有科学的态度，对这个焦点问题的看法，为什么现实中会出现截然相反的意见，即要么政府慈善，要么民间慈善，其原因就在于有的人只用现实的眼光看问题，而有的人则只用理想的眼光看问题，这都是不科学的、是有害的。科学的态度应是把理想与现实结合起来，从现实出发，向理想目标推进，一步步把慈善事业的路子走开。

1. 从慈善事业发展理论上看政府应该扮演的角色

按照国际惯例，慈善机构属于非营利性、非政府性的民间组织。现代社会管理学认为，整个社会是由三大部门组成的。第一部门是政府机关，通过制定政策法规、税收征缴、财政转移支付等手段，对社会财富进行分配。第二部门是企业，通过生产经营产品并按价值规律参与市场交换，对社会财富进行分配。第三部门是 NPO 组织、非营利的组织（第三部门不仅包括慈善机构，还包括其他机构），通过建立各种基金会向社会募集物品，推广公益理念，对社会财富进行分配。三个部门具有各自的社会职能、共同构成社会的组织结构。它们之间的不同主体要形成一种良性的"伙伴关系"。

发达国家慈善事业发展的历史轨迹，有这样一条最基本的规律：政府与慈善事业关系的发展，经历了民间行为关系—补充行为关系—合作行为关系的演变。发达国家的慈善事业，最初主要由教会发起或举办，完全是一种纯粹的民间行为，政府几乎不与它发生关系。其间也一度出现政府主导的情形，比如在 16 世纪，英国亨利八世规定征收救济品，由地方政府分发救济贫民。而慈善事业开始向社会工作转变，是在英国工业革命和法国大革命之后。到了 19 世纪中叶，英国社会人士组成"伦敦赈济会"，已经完全超出纯粹个人慈善的范围，也摆脱了传统的教会施舍的观念。在伦敦出现的慈善民间组织，受到其他城市的仿效，并很快扩展到了美国和欧洲大陆。

美国人从立国之初就本能地对政府权力过大疑虑重重，其宪法的主要精神之一是限制政府的权力。对于在发展中出现的社会问题和各种灾难，传统的观念是较多依靠自助或互助，而较少指望联邦政府，这也是公益事业和基金会发展的社会文化基础。19 世纪后半叶，资本主义发展到一定程度，各种社会矛盾，特别是劳工问题尖锐化，各种社会问题丛生。私人公益事业适时填补了时代急需而政府（包括国会）鞭长莫及的真空。直到 20 世纪中期，私人公益事业对满足社会福利需求、发展文教卫生和缓解日趋尖锐的社会矛盾包括种族问题，都发挥了重要的作用，客观上帮助政府缓和了矛盾、稳定了社会。从本质上说，慈善组织作用的发挥，是对政府社会管理和公共服务职能的补充，地方政府更加对此予以鼓励。这样，到了 20 世纪 70 年代，西方国家纷纷进行政府改革，传统慈善事业演化为现代慈善事业，政府和慈善组织之间结成了合作伙伴关系，人类慈善事业发展驶入了快车道。

国内外一些学者的研究，也得出了大致相同的结论。中国人民大学学者黄俊、张涛认为，第三部门的发展规模与政府对社会干预的政策选择有关。

这主要表现为：政府加强对社会的干预，第三部门萎缩；政府对社会放权，第三部门发展迅速。从时间上看，20世纪40年代之前，第三部门的发展处于自生自发阶段，产生了一定规模，对解决社会问题起到了一定作用；从40年代到70年代，西方国家走上了福利国家的发展模式，政府积极干预社会，第三部门的不少领域呈现萎缩态势；从70年代起，西方国家纷纷进行政府改革，重新放权给社会，并与第三部门形成合作伙伴和盟友关系；进入90年代后，世界各国的第三部门运动如火如荼地进行，而且出现国际化趋势。

清华大学学者秦晖认为，西方国家第三部门的发展历程可以划分为"共同体"公益、"国家＋市场"公益和现代公益三个阶段。"共同体"公益阶段，第三部门活动领域狭小，主要限于救济孤儿、施舍医药等，施舍者与被施舍者之间形成了一种人身依附关系，是西方第三部门的启蒙阶段。进入现代社会以后，西方公益事业的共同体基础逐渐被"国家＋市场"（或"政府＋社会""国家＋个人"）的基础所取代，传统的慈善基金制度逐渐衰落，转为世俗化、商业化。仍存的民间公益力量成为当代第三部门的先驱。如19世纪兴起的私人捐助信托基金（慈善基金），转向对公众生活的关注。随着新兴志愿行动的兴起，现代公益模式逐步形成。

国外学者科坦认为，第三部门经历了四代发展。第一代第三部门的工作重点放在救济和福利性服务上，主要表现在为社会群体提供诸如食品、医疗、收容等服务上；第二代第三部门将重点放在小规模的、以自力更生为基础的社区发展；第三代第三部门将可持续发展作为目标，他们积极学习和推广其他第三部门的成功经验，完善各种必要的制度建设，增强与政府部门的合作；第四代第三部门试图通过与其他第三部门的联合，结成在全国范围内和全球范围内的联盟，来促进制度和结构的改革。

研究表明，人类慈善事业发展大致经历了慈善的启蒙阶段、传统慈善阶段和现代慈善阶段。在启蒙阶段，慈善组织是自生组织，其行为也是纯粹的民间行为，政府与慈善组织几乎没有关系。在传统慈善阶段，慈善行为起到了对政府社会管理职能和公共服务职能查漏补缺的作用，其行为是补充行为，政府与慈善组织之间开始有限的合作。在现代慈善阶段，慈善组织承担了政府转移出来的大量的社会管理和公共服务职能，政府与慈善组织之间建立了合作伙伴关系，开始了全面的密切的合作，推动了慈善事业的健康快速发展。

人类慈善事业发展到今天，在不同国家，因政治制度、文化传统和社会结构方面的差异，政府和慈善组织之间关系的模式表现为不同的形态。在发达国家和地区，政府和慈善组织的模式主要有以下几种。第一种是民间主导型，其典型代表是美国。慈善事业主要由民间发起，政府发挥着监督作用，并从国民教育、公益宣传、公共立法、政治选举、外交事务等各个方面进行引导。第二种是政府和民间合作伙伴型，典型代表是英国。政府与慈善公益组织在相互信任、相互监督和公开透明的基础上建立起公益合作机制，其中政府对慈善事业的财政支持和政策支持是公益事业蓬勃发展的必要条件。第三种是社会多元合作型，典型代表是我国香港。政府与民间组织是一种非正式的友好合作关系，以一些准官方组织作为沟通桥梁，如社区中心、公民协商委员会和居民委员会等。除此之外，还有其他一些模式，比如，加拿大是志愿参与型模式，新加坡是政府主导型模式，我国台湾是社会福利型模式。

2. 从我国慈善发展阶段的实践看政府需要扮演"双重"角色

当前，我们国家的慈善事业发展正处于起步阶段，有的甚至还没有正式起步。在慈善文化氛围还不够浓厚、慈善组织还不健全、社会公信力明显不足、慈善活动还没有成为人们的自觉行动的情况下，坐等人们自我觉醒是显然不行的，仅靠慈善组织自身的力量是远远不够的，当前政府既要扮好"守夜人"的角色，还要当好慈善发展的"推动人"，作为必要的外来力量对慈善事业发展给予"第一推动力"。

一是由慈善事业还处在起步阶段的实际需要决定的。看待任何一项事业，都不能用理想主义的眼光，否则，这项事业永远达不到理想状态。社会主义的任务是共同富裕，但如果不让一部分人先富起来，以先富带后富，不能容忍一定程度的贫富差别，就永远无法实现共同富裕。亚当·斯密曾指出，"政府应扮演社会'守夜人'的角色"，但这一论断的前提是在成熟的市场经济体制下。而我国目前属于转型期社会，在这个阶段哪个地方的政府恪守"守夜人"的角色，就有可能出现"发展主体缺位"，区域经济就难以获得长足发展。慈善事业也是如此。理想的慈善事业模式不会从天而降，它需要经历一个产生、发展、成熟的过程，发展的过程也就是自我完善的过程。从现实的需求看，虽然近年来各级政府不断健全社会保障体系，切实加大救助力度，但不可能把困难群体和弱势群体的救助全包下来。中国每年有近 6000 万的灾民需要救济，有 2200 多万城市低收入人口享受低保，有 7500 多万农村绝对贫困人口和低收入人口需要救助，另外有 6000 万残疾人、1.4 亿 60 岁以上的老人需要社会提供帮助。就威海而言，以大病医疗救助为例，2006 年底，对全市农村因病返贫情况的调查结果显示，有 5800 户农民因治病欠债在 1 万元以上，缺口资金 1.2 亿元，此外，全市还有 3.5 万人年收入低于当地最低生活保障线，每年有近 2 万贫困学生徘徊在校园门口等；与此对应的反差是，慈善组织很少，力量十分脆弱，难以担当重任。要完成党中央提出的"不要漏掉一家困难户、一个困难群众"的紧迫任务，实现威海市委提出的让绝大多数群众"过得好"，不让一个困难群众"过不去"目标任务，推动慈善事业健康快速发展既是当务之急，又是长远大计。

二是由慈善事业发展的后发优势理论决定的。相对于发达国家和一些发达地区的慈善事业，我们国家慈善事业发展起步晚，但具有后发优势。只要政府正确定位，紧盯学赶目标，比较借鉴它们的经验，避免它们走过的弯路，积极作为，就可以用较短时间走先发地区较长时间走的路。我们既不能割断历史阶段，无视现实需要，用理想中的模式标准或发达国家和地区成熟的模式标准来苛求目前阶段的慈善发展，又不能亦步亦趋走西方国家几百年的曲折发展路程。用明天的眼光来审视今天的世界，这世界会显得百孔千疮；用昨天的眼光来预测今天的现实，这现实会变得纷繁复杂。上海市、浙江省、江苏省等地的经验表明，除了经济发展程度等因素以外，与一个地方政府积极作为紧密联系的慈善制度创新，同样能够推动当地慈善事业的跨越式发展，迅速缩小与发达国家和地区在慈善事业上的差距。

三是由现行的法律法规框架体系条件决定的。我国政府对慈善组织实行"双重管理体制"，即慈善组织既要接受民政部门的登记管理，同时受业务主管部门的管理。这一规定，客观上强化了慈善组织自成立之日起就缺少独立性和自主性。从1993年到2001年，全国一共出现了172家慈善组织，他们绝大部分直接依托各级政府的民政部门建立，慈善组织的负责人和工作人员直接来自政府部门。慈善组织对政府拨款的过度依赖，加之"双重管理体制"对慈善组织管理的过分干预，很大程度上限制了慈善组织多元化功能的发挥，导致慈善组织的社会融资能力不强，这又加剧了慈善组织对政府的经济依赖。可见，在现有的制度框架内，慈善组织本身与政府有很强的"血缘"关系，要使慈善组织成为真正意义上的民间组织，需要改革民间组织登记管理的基础，否则，苛求目前的慈善组织与政府划清界限，以完全民间、独立的身份发展慈善事业，只能是理想化了的一厢情愿。

四是由慈善事业公益目标的作用决定的。从慈善事业的基本目标来看，慈善作为一项公益事业，其基本目标是通过合法途径，在众多社会成员自愿的基础上，无偿救助社会弱势群体，促进社会的公平与正义。而这也正是政府代表公共利益的基本诉求之一，因此，慈善事业发展的基本目标与政府的公共利益分化职能是吻合的。这个基本目标包含在政府的主要目标当中，而且必须借助政府的力量才能够实现，这就决定了慈善事业的发展始终离不开政府的支持，这种支持是必要的也是必需的。慈善组织与政府二者的关系并不是孤立的，而是紧密联系的，不是对立的，而是统一的，在慈善事业发展过程中必将是一种互动的合作伙伴关系，这种关系的形成将是一个长期的互动过程。

五是由目前慈善组织公信力的现状决定的。公信力是慈善组织的生命力。中国慈善组织为何总像"长不大的孩子"？有分析说是因为目前的慈善组织缺乏足够的公信力，许多有心捐赠的人或者组织不太放心将钱物交由它们管理，慈善市场需要一个权威性的第三方评估组织，对所有慈善组织进行合理、科学的长期化评估。谁来担此责任？当然是政府。在长期为人民群众办实事、办好事的工作中，各级党委、政府得到了广大群众的认可，这正是争取公民信任、稳定获得善款的前提和有利条件，广大企业和公众宁愿相信党和政府来管理使用善款，也不愿相信各方面能力不强的社会慈善组织。慈善"常州经验"也说明了这一点，党和政府在慈善事业方面的公信力仍是当前及今后一个时期中国特色慈善事业快速发展的主要推动力。

六是由政府的政策法规极大导向作用决定的。党和政府在税收及财政政策上对慈善事业有所倾斜，通过对慈善公益捐赠减免税收，就可以大大促进慈善事业的发展。如，自政府发布"非典疫情每日公报"后的一个月里，北京市政府共收到7000万元的捐助。4月30日，国家税务总局发布"紧急减税新政"，允许企业和个人将捐献给防治非典事业的现金和实物在税前全额扣除。新政颁布后，社会捐赠出现爆发性增长，3天捐资1.66亿元。在条件成熟后开征遗产税等部分新税种，能够引导富裕阶层承担更多的社会责任，促使更多的社会资源整合起来，为慈善事业的发展贡献力量。政府通过出台优惠政策和下放给慈善组织相应权力，帮助慈善组织不断健全内部管理制度，严格资金管理使用，切实提高救助实效，就可以加快慈善组织的成长壮大，进一步夯实慈善事业发展的平台。

七是由政府掌握着的巨大宣传舆论资源所决定的。思想是行动的先导。强化慈善宣传力度，不断增强广大民众的慈善意识，在全社会营造浓郁的慈善氛围，仅靠民间慈善组织远远不够。在这方面，党委和政府有着巨大的优势，可以充分利用报纸、广播、电视、网络等媒体，在全社会广泛、深入、持久地宣传慈善知识，开展生动活泼、形式多样的慈善活动，以典型榜样影响和教育激励社会公众，进一步激发人们乐善好施的爱心，促进全社会养成助人为乐、热心公益、和衷共济、和谐相处的良好道德风尚，激励更多的群体支持慈善、资助慈善。

3. 从发展趋势上看必须从由政府唱主角逐步向社会唱主角转变

目前威海市的慈善组织程度不同地带有官方色彩，一些捐助活动也是通过政府或媒体号召的，甚至有些捐助因为"潜规则"的影响还带有行政要求或"摊派"的嫌疑。然而，正如传统慈善事业必定会走向现代慈善事业一样，政府在发展慈善事业的方式方法上必须从唱主角逐步向由社会唱主角转变，由直接管理向间接管理转变，由依靠行政手段推动向政策推动、法律激励约束转变。政府慈善最终要走向社会慈善，现在站在前台唱主角是为了将来不唱主角，现在当"推手"，是为了将来做"守夜人"。确立并维护慈善机构的独立法人地位，让其自我发展，这不仅是慈善机构成长的必要条件，也是整个慈善事业大发展的必要条件。可以说，没有大量的自主、自立、自强的慈善机构，没有赢得广泛社会公信力的慈善机构走在前台唱主角，就不可能有发达的慈善事业。

从世界慈善组织发展的一般规律来看，慈善事业发展有一个从社会自发形成到政府承认、合作支持、规范提高的过程，经历了慈善事业自我发展、政府与慈善组织的有限合作发展、政府与慈善组织全面合作发展的三个阶段；从我国慈善组织发展的特殊规律看，慈善事业发展将经历由政府主导、政府与慈善组织合作、社会慈善组织主导的三个发展过程。过程不同但目的效果是一致的。任何时候任何阶段的慈善事业发展都是慈善组织与政府共同作用的结果，只是各自发挥作用的方式方法不同而已。理想的状态是，政府推动慈善，慈善协助政府，两者相互促进，达到共建和谐的目标。一方面，慈善组织等非营利部门，主要是通过自我组织、自我服务的机制，实现教育、卫生保健和社会服务等方面的社会福利；另一方面，政府的责任有严格界定，就是通过税收优惠政策、提供赠款、项目、保险等方式提供财政支持，由非营利组织实现这些服务。

政府和慈善的关系在理论上好像是一个悖论、一个两难选择。政府等待观望、无所作为是不对的；无所不能、大包大揽也是有害的。政府在支持以至主导慈善事业的时候，一方面会极大推动慈善事业发展，另一方面搞不好常常又会阻挡它的发展。问题的关键是，一开始就要自觉认识和划清政府和民间组织的界限，明确各自工作范围和工作方式，不缺位、不错位，也不越位，既要积极作为，又要有所不为。由于我国仍处于社会转型期，政府在慈善事业发展中不可避免地带有传统体制的烙印，存在明显的角色错位，这是我国慈善事业在起步过程中的暂时现象。

政府要在推进慈善事业发展中发挥积极作用，同时避免"错位、越位"

现象，就必须及时转变角色，从主导慈善事业发展的领导者、组织者和管理者角色当中调整过来，成为引导和规范慈善事业发展的导航者、调控者和监督者。我们认为，政府在推进慈善事业发展方面所起的作用，当前主要在以下几个方面下功夫：一是研究制定地方性政策法规，在社会慈善公益事业有法可依、有法必依上有所作为；二是加强慈善事业的宏观管理，整合慈善资源，建立统筹协调机制，共同推动慈善事业发展；三是加大财力、人力、道义支持力度，优化慈善事业发展环境；四是明晰政府监督主体职责，壮大其他监督主体力量，逐步从管理者走向监督者；五是大力宣传慈善事业，大造慈善活动舆论，唤醒人们的慈善意识，培育和发展慈善文化，营造良好的慈善事业发展环境。

第五部分　推进威海慈善事业健康快速发展的路径建议

（一）培育和普及现代慈善文化

通过大量细致的教育培训和宣传舆论，使各级党委政府和广大社会公众认识到，慈善事业的发达程度是社会文明程度的标志，慈善事业作为社会保障体系的重要组成部分，具有促进社会公平、实现共同富裕、维护社会稳定、提升公众社会责任与公德等方面的功能，是社会和谐不可或缺的重要资源，使慈善行为变成社会公众的一种文化自觉和精神追求。

1. 开展慈善启蒙教育

弘扬传统慈善美德，培育具有时代特点、威海特色的慈善文化。威海慈善文化的内涵可在全民讨论、专家研讨基础上由市民、专家学者、政府官员共同确定。"慈善之心，责任尽到家"，"善心无价，关爱每一人"等，都可表述威海的慈善精神（上海："蓝天下的至爱"；大连："我心有你，助人悦己"）。把现代慈善理念的教育和培养纳入全市社会主义思想道德建设和精神文明建设的部署和规划，推动慈善文化进社区、进乡村、进机关、进企业、进学校活动。各级党校和行政学院开设慈善教育课程，有无善举和义工活动的记录要成为干部人格考察的重要依据。开展贴近群众和喜闻乐见的各种专题宣传活动，普及慈善教育，传播慈善文化，弘扬慈善精神，增强慈善意识，扩大慈善事业的影响力和感召力。

2. 加强早期公民教育

早期公民教育可以提升青少年的道德水准和价值观，增长青少年的知识和技能，这对于成人后积极参与志愿活动、慈善捐款和各种公民生活会产生积极影响。公民教育包括公民道德、公民价值观、公民知识和公民参与技能四个方面的内容。应在全市中小学及幼儿教育中，根据年龄特征有所侧重地融入这四个方面的教育内容，也可将爱心故事写进教材，在学生中开展"感恩教育"、慈善征文活动、演讲比赛等，吸引青少年、儿童参与力所能及的慈善活动。义工活动是学生养成教育必不可少的一部分。

3. 培养慈善习惯

从社会实践的角度看，志愿参与可以被解释为习惯，是一系列日常惯例、习惯和实践的一部分，甚至可以成为一种生活方式。家庭、学校、各类慈善公益组织、媒体对培养习惯至关重要。父母要经常带孩子参与慈善捐款和志愿活动，使孩子长大后能积极投身慈善活动。许多加拿大人就是这样做的。中小学应利用思想政治（品德）课、感知课和假期时间，有计划地组织学生到敬老院等单位参加义工活动。国外的通常做法是，在大学招生和毕业应聘中，将是否参与志愿活动和社会活动作为一个重要的参考因素。我们也可借鉴这一做法，在初高中的招生中，将是否参加慈善活动作为一个重要的参考依据。

4. 养成慈善文化

慈善文化靠养成教育而不是靠灌输教育。慈善文化的核心是利他主义价值观，包括平等互助、依法行善、企业公民、慈善无界、开拓创新等理念。养成慈善文化的途径主要要做到以下几点：慈善文化与胶东文化、海文化、福文化有机结合，营造"以人为本""助人为乐"的人文关怀环境；慈善文化与传统儒家文化相结合，在文化传承中实现慈善文化复兴；慈善文化与企业文化相结合，利用公益平台，推动企业"品牌"发展，实现慈善机构和企业的双赢；慈善文化与社区、农村文化相结合，让"您捐款了吗"这样的慈善用语成为新的问候语，让"志愿和奉献"成为居民的行为习惯；慈善文化与消费文化相结合，让公益时尚引领消费时尚，让人人体面劳动、体面生活；慈善文化与传播文化相结合，营造"人文关怀"的舆论环境，让世界充满爱，让威海洒满阳光；慈善文化与宗教文化相结合，把"无缘大慈，同体大悲"的佛教精神化为爱心行动，把慈爱之光热奉献给社会，让蓝天之下有至爱；慈善文化与博彩文化相结合，充分发挥博彩业开发利用社会资源、帮助社会弱势群体的作用，积极筹集慈善资金；慈善文化与精英文化相结合，让"好人（杨正权）精神""水秀精神"发扬光大；慈善文化与机关文化相结合，让机关慈善之风引领威海时尚。

5. 强化宣传舆论

①建立慈善宣传队伍。借鉴上海市慈善总会的做法，紧紧依靠记者、信息员、文化艺术慈善义工三支队伍开展慈善宣传工作。定期召开记者恳谈会、信息员交流培训会、义工年度议事会等，提高素质、沟通信息，做好慈善宣传工作。②建设慈善宣传阵地，在媒体开设慈善专栏，打造"热门板块"和"焦点话题"，报道各类慈善爱心故事、人物等，及时通报慈善活动及信息，推动慈善事业可持续发展。③丰富慈善宣传内容，主要包括：传播慈善理念、报道各类慈善活动、彰显慈善精神、宣传规范诚信。④组合宣传方法。慈善机构与有爱心、有宣传载体的单位强强联手，策划实施有影响力的大型慈善活动或慈善系列报道。吸引社会资源：在全市征集慈善广告用语，在电视台、电台、报纸、公交车体和站牌、公路两旁的广告牌等反复播发，充分依靠社会资源办慈善。树立品牌：巧用"品牌效应"，让慈善品牌发挥最大效益。⑤打造宣传载体。慈善机构可以通过电台、电视台、报纸、杂志等宣传载体开展慈善宣传，也可利用网络、电话、手机短信、图书、各类宣传品、画展、图片展、各类慈善广告等报道各类慈善活动、宣传慈善理念。⑥树立正确的舆论导向。充分利用报纸、电台、电视、网络等传媒开展宣传，使慈善事业家喻户晓，人人皆知。政府定期表彰慈善典型，通过榜样去引导更多的人参与慈善事业。

6. 开展慈善理论研究

依托党校成立威海市慈善事业发展研究中心，聘请各高校、党校和研究机构的研究人员组成专家组，有计划、有步骤地开展慈善理论研究。定期举办慈善研讨会，广邀学者研讨慈善投资、慈善产权、慈善互惠等重大理论和实践问题，深入研究募捐市场和项目评估（立项评估、过程评估、绩效评估、跟踪评估、审计评估）等重大现实问题，用创新的理论成果推动慈善事业的健康发展。出版慈善启蒙读物，普及慈善知识，让更多的人知道如何行善，如何帮助别人。

（二）健全慈善组织体系

1. 建立综合统筹协调机构

建议成立在市委领导下的包括人大、政府、政协、各人民团体和慈善组织在内的"威海市慈善事业发展协调委员会"，统筹协调政府相关部门在慈善事业发展领域的政策和活动，协调全市慈善事业。"委员会"下设办公室、社会宣传协调中心、社会募捐协调中心、社会救助协调中心、社会"义工"协调中心。办公室负责处理日常事务，社会宣传协调中心负责协调全市的慈善宣传工作，社会募捐协调中心负责协调全市的募捐工作，社会救助协调中心负责协调全市的捐助工作，社会"义工"协调中心负责协调全市的"义工"工作。条件成熟后，成立全市的募捐中心和救助中心，彻底解决"右手募钱左手花"的问题。

2. 建立健全各级各类慈善组织

在各市区（包括经区和高区）建立慈善总会，在各镇（街道）建立慈善救助中心，把慈善事业纳入村、社区服务体系，形成上下衔接、左右协调、全市联动的慈善工作网络平台。推动慈善组织逐步淡化"官办""半官办"色彩，变政府慈善为民间慈善（意味着传统慈善走向现代慈善），建立公司化的治理结构，加快成立董事会（理事会）、监事会。推动慈善组织健全内部管理制度，逐步推行决策、执行和监督分离的运行机制。要大力健全以章程为核心的内部管理制度。建立规范、公开的财务管理制度，捐赠款物使用的追踪、反馈机制和公示制度，及时向社会公布捐赠款物的使用情况。推动慈善组织制定行业规则和行业标准，加强行业监督，形成行业自律机制。推动第三方评估机制建设，制定评估规程和评估指标，适时开展评估工作，及时发布评估结果。推动社会监督的制度建设，加强对慈善组织的法律监督、行政监督、舆论监督、公众监督，逐步形成自律机制和监督管理机制，提高慈善组织公信力。

3. 成立慈善组织协会

按照自愿、平等、协商、依法的原则，各慈善组织共同成立威海市慈善组织协会，并依法取得社团法人资格。协会的职能是协调各协会之间的工作，传递信息，制定行业规则，促进各会员加强自律；代表各慈善组织统一表达对党委、政府的愿望、意见和要求；政府通过行业协会对慈善组织进行监督和管理。从全市慈善组织的发育现状来看，应由市慈善总会作为慈善协会的发起人和牵头人。

4. 加强慈善工作队伍建设

大力推动慈善从业人员培训，促进从业人员职业化。编写好培训教材，设置有针对性的培训课程，采取灵活多样、行之有效的方式，培训现有的慈善工作者，不断丰富他们的慈善工作知识，提高他们的慈善工作技能；大力引进具有专业知识的慈善工作者；积极探索建立专职慈善工作者的人事、福利、保障等制度，切实保障专职慈善工作者的合法权益，为建立具有专业知识的稳定的慈善工作者队伍创造条件，尽快形成基本能够适应慈善事业发展需要的工作队伍。

5. 加强慈善机构间的沟通与合作

加强各慈善组织与教育、卫生、工会、共青团、妇联、残联、扶贫办、海外联谊会、侨联、外办、台办、工商联等部门和社会各界的联系与沟通，使慈善机构条块结合，互相借鉴，取长补短，使各机构共同且高效率地为需要帮助的人们提供服务。加强慈善工作合作，促进慈善经验交流。推动与国内外慈善组织、港澳台地区慈善组织之间的经验交流与项目合作。学习和借鉴国内外和港澳台地区发展慈善事业的理念、传播慈善文化的方式、慈善组织自律的措施、组织实施慈善活动和项目的经验；鼓励各类慈善组织、慈善机构与国外、港澳台地区和国内其他地区开展慈善项目的合作，筹集慈善资金，服务慈善对象。通过交流与合作，提高慈善活动能力，促进慈善事业的共同发展。

（三）建立完善推进慈善事业发展的机制

依据《中华人民共和国公益事业捐赠法》，结合威海实际，重点建立完善促进慈善事业发展的社会募捐机制、慈善资金的管理运营机制、慈善资金的监督机制、社会救助机制，使威海市的慈善事业在良性运行的基础上得到健康永续发展。

1. 创新社会募捐机制

慈善资金的募捐方式主要采取"主动劝募"方式和"联合募捐"模式。借鉴常州经验，采取"宣传引路、座谈引导、上门劝募、典型示范"的工作方法，变被动接受为主动劝募。借鉴西方国家通用募捐模式，采用"联合募捐"模式。上海市慈善基金会浦东分会自2003年开始在全区范围内组织实施"慈善联合捐"活动，取得了成功的经验。主要是通过一系列专业筹款机构，联合社会捐赠资源（包括组织劝募的公益机构和参与捐赠的社会各界），并采取以项目为导向的善款分配机制。这种募捐模式，有效克服了重复募捐、多头募捐给有限的慈善资源带来诸多负面影响的弊端，满足了捐赠方和慈善活动组织者的需求，打破了狭隘的地域和部门观念、封闭式的援助机制，构筑了互助协作的崭新平台，强化了"大慈善"观念，扩大了慈善事业的社会化程度，最终养成现代慈善文化，即以劝募对象为主体的价值文化、以效率为核心的组织文化、以品牌为内容的营销文化和以公信力为中心的诚信文化。建议由社会募捐协调中心负责整合威海市各部门、各公益组织、企业、公众的力量，采取联合募捐的方式，推动威海市募捐事业快速膨胀、持续有序健康发展。

建议通过以下渠道扩大慈善资金来源。①市内社会各界的捐赠与赞助。包括企事业单位、组织的赞助和个人捐款捐物。可考虑企事业单位、组织与个人并重，以单位、组织为主，逐步提高企业和公民个人捐赠比重。②港澳台同胞、海外侨胞及国际友人团体的捐赠和赞助。发挥威海市著名侨乡的优势，与港澳台同胞、海外侨胞及慈善机构、外国友好团体广泛交流，广交朋友，以获得他们的支持。政府的有关部门如外办、侨办、台办、海外联谊会等也应发挥部门优势，为慈善机构牵线搭桥。③政府资助。各级政府要研究制定优惠政策，对一些民营的慈善机构给予一定的直接的财政资助。各部门各单位要积极为慈善机构牵线搭桥，提供服务，有条件的可给予一定的资金支持、信息资源支持。④国家发行的福利彩票、即将开征的"遗产税"应当有一定比例用于发展慈善事业。⑤举办募捐、义演、义卖等慈善活动组织收入。⑥慈善资金的利息收入。⑦慈善机构组织的其他合法收入。如将无主财产及非法所得等充作慈善基金。

建立慈善募捐制，包括建立动员机制、激励机制、监督管理机制、问责机制等。

资源动员包括募款和义工募集与培训两个方面的内容。募款宣传的主要内容已在前面讲过，义工募集与培训在后面将要讲到，这里只强调一点，在社会转型时期，要充分利用组织资源和体制资源进行动员，但更主要的是建立社会动员机制，培养慈善"拥护群"，发展壮大"义工"队伍，在全市形成"我为人人，人人为我"的慈善氛围。

激励机制。出台多种鼓励政策，促进慈善事业。①建立政府税收优惠倾斜政策，鼓励企业、公众捐赠。②建立经常性的慈善捐赠表彰制度。③资金支持。由财政承担各级慈善总会工作人员工资及办公经费等。坚持中国福利彩票"扶老、助残、救孤、济困"宗旨，将镇（街道）社会救助中心人员工资和办公经费支出，列入福彩公益金支出范围。④论绩进会制度。一次认捐达到一定数额的捐赠人，可以根据捐赠数额，分别作为各级慈善组织的副会长、常务理事、理事等人选，参与慈善组织的管理和运作。⑤声誉捐赠制度。对一次捐款达到一定数额的捐赠人，可以签订协议，根据捐赠人的意愿设立冠名救助基金；对达不到冠名条件的捐赠人，在尊重捐赠人意愿的前提下，在媒体和网络上逐笔实名公布，以示褒扬。⑥定向捐赠制度。对捐赠款物或基金达到一定数额的捐赠者，可以按照其意愿实行定向捐赠，救助项目的确定要尊重捐赠者意愿，执行方案和执行结果要向捐赠者反馈。

监督机制。政府建立一套行之有效的规范的慈善捐助管理制度，保证慈善捐赠工作有序进行。慈善机构要对慈善捐赠进行透明管理，内部设立专门的资金管理机构和监事机构（监察专业委员会）。资金管理机构对慈善资金进行运营和核算，专项基金可独立核算，但不具独立法人性质，不得从事投资经营活动。监事机构由专业人士、捐赠人和社会知名人士民主选举组成，理事会成员不得兼任监事。监事会或监察委员会的主要职责是：对资金的募集、管理、使用、增值等活动进行全方位监督；向捐赠人说明捐款的用途和监督办法；协助审计部门进行年度审计和专项审计。

问责机制。捐赠款物的使用、流向、效果，及时向政府管理部门、社会公众反馈，并接受独立的评估机构的评价，这是慈善机构的责任与义务。款物的捐赠要接受国家有关部门（审计、财政）的稽查和监督；接受捐赠人的查询；募捐活动结束后，在规定的时间内（一般是三个月）向政府有关部门报告捐款情况，让捐款人知道捐款的使用情况。年度报告通过后，向社会全文公布，接受社会监督；捐赠项目完成后的一个月内，向捐赠人反馈有关情况。问责机制的完善与否，同慈善机构的公信力呈正相关度的关系。

2. 建立慈善资金的管理运营机制

（1）完善慈善基金制度。借鉴常州等地的经验做法，当年募集的善款（包括劝募基金的利息）按 7:3 的比例安排，70% 的善款用于当年的救助项目，30% 的善款转入下一年度滚动发展，不断膨胀基金规模。同时，还可以根据情况设立专项基金。凡国内外热心慈善事业的机构、企事业单位和个人，都可在慈善机构设立符合慈善机构宗旨的专项基金，专项基金由捐赠人指定捐赠方向，如助学基金等。

（2）资金的管理运营机制。对于基金外的善款，按照国家统一的财务规定，所得资金应如数救助受惠人。对于慈善资金的运营应坚持低风险、高报酬的原则，加强资金运营管理与监督，在确保增值的前提下委托专门机构投资运作，建立多元增值的资金管理模式。在过去单纯银行储蓄的基础上，推出政府投资增值和企业留用付息增值的方式。所谓政府投资，就是将善款纳入财政预算外管理，设立专门账户，实行专户储存、专账管理，同时委托政府设立的投资公司投资运作，每年获取 6% 的利息（上海市、常州市、无锡市普遍采取这种办法，利息为 6%~10% 不等）。所谓企业留用付息，就是将企业大额捐款作为慈善基金，本金留在企业使用，企业每年只把利息（目前按年息 7% 计算）捐到慈善组织，达到企业与慈善组织双赢的效果，有效降低基金运作风险。

（3）加强监督管理。一要定期审计。各级审计、监察、财政部门每年都要联合对慈善公益组织的资金运行和使用情况进行审计，在向政府报告审计结果的同时，还要针对审计中发现的问题，提出审计意见书，以利于各慈善机构改进。二要进行年检。民政部门按照有关规定，依法履行监督管理职能，每年都要委托会计师事务所等社会中介机构，对慈善公益组织开展的慈善活动进行效益鉴定与评估，在此基础上建立完善慈善行业评估和失信惩罚制度，确保资金募集合法、运作安全。三要由人大、政协不定期视察。经常组织人大代表和政协委员开展视察和执法检查，了解慈善组织执行慈善法律、法规、政策和项目披露制度的情况，及时向党委、政府反映发现的问题，提出改进的意见和措施，推动慈善事业的健康快速发展。

（4）实行募捐和救助分离。募捐与救助分离应作为慈善资金管理过程中一项基本原则。即由专门机构承担向社会募集善款的职责，然后再分配给相关的慈善团体；而从事救助的慈善机构一般不直接向社会募捐，它们只提供社会救助服务。两者的专业分工与协作，有利于增强资金的透明度，提高工作效率和社会公众的信任度，促进互补，有利于整个慈善事业的健康发展。

3. 创新社会救助机制

社会救助机制同样包括动员机制、激励机制、监管机制、问责机制，只是它的具体内容与募捐机制不同。对这一机制的建立提出如下建议。

建议社会救助协调中心（威海市镇、街道办新近成立的社会救助中心负责本区域内的慈善募捐和救助工作）负责在政府有关职能部门（如民政局、劳动与社会保障局、财政局、教育局等）与慈善组织之间建立起信息传递和反馈机制，增进政府部门和慈善组织之间、各种慈善组织之间的联系，协商通报救助项目、救助形式等，实现信息共享。

慈善救助以项目为主。以项目为依托的即时性筹款救助适用性强、涉及面广、社会影响大，是一种较好的救助形式，要努力打造威海市的慈善救助"品牌"。

威海市慈善事业发展协调委员会根据募捐协调中心提供的本年度可用善款总额和捐助协调中心提供的需要救助的项目和对象总数，合理确定各类救助项目的比例分配（常州市救助资金使用比例为助医 60%、助学 10%、助老 10%、助残 10%、助孤 5%、救灾 5%），由各家慈善组织和相关部门具体落实。各种定向捐助、冠名捐助等在本比例内予以冲抵。应急救助、临时救助则按照合法、规范、快速的原则进行。物资救助依托爱心"慈善超市"依法有序进行。

社会救助坚持"量入为出"和"量出为入"的原则。募捐总量要从社会救助需求出发，社会救助要严格标准，并运用市场运作方式提高效率。严格控制基金的储备增长，对储备资金要有明确的方向和计划，不断提高捐赠的社会效益。

邀请有关专家学者、社会各界人士，特别是一定比例的扶助对象，共同制定社会救助政策，共同策划社会救助项目。通过媒体、互联网等各种途径，公布政府与慈善组织的社会救助政策和项目实施情况，接受各界监督。

以社区（村）为平台，充分发挥街道（镇）社会救助中心的作用，构建救助工作"一口上下"的运作机制和相应的困难救助"出入机制"，确保救助的准确性。社会救助中心要建立社会救助信息库，整合和共享社会救助信息。要协助政府，畅通弱势群体的利益需求表达渠道，还可建立义务法律咨询服务站，为弱势群体提供一个维护自己合法权益的法律渠道。

（四）大力发展"义工"队伍和鼓励"义工"活动

慈善是"有钱出钱、有力出力"的事业。一个社会的慈善事业是否发达，不仅看它能募捐到多少善款用于慈善事业，而且要看它能发动多少"义工"投身到志愿服务中来。"义工"是现代社会公民参与慈善事业的重要方式。提高全民的志愿服务参与率是威海市发展慈善事业的一项重要任务，建设一个覆盖面广、高效、灵活而又稳定的志愿者网络体系是我们的目标。

1. 普及志愿服务理念

志愿服务的宗旨在于弘扬中华民族传统美德，倡导"助人为乐、团结友爱、无私奉献"的义工（志愿者）精神，鼓励社会成员自愿无偿奉献自己的精神、才能和时间，服务社区困难群众，帮助有需要的人士，为社会福利、公益事业无偿服务，为追求共同美好生活、建立和谐文明社区和社会进步而行动。让"有困难找义工，有时间做义工"成为威海人的新时尚。

2. 发展志愿服务组织

市义工协调中心负责协调慈善总会、团委等的义工组织，信息共享，健全义工服务网络，共同开展大型义工活动。市慈善总会设立市义务工作者分会，作为市慈善总会的分支机构。义工分会在各市区设立义工服务管理中心，在街道设立义工工作站。市义工分会的职责为：负责建立健全义工服务的规章、制度；负责建立健全义工和义工服务工作的档案；负责义工的招募、培训、指导、管理、监督和表彰；负责组织开展义工服务活动；负责义工服务工作的宣传与交流；负责为义工服务提供必要保障。

3. 建立义工管理制度

凡参与义务工作（志愿服务）的人员可以到就近的义工服务管理中心或义工工作站报名和办理注册登记手续。经注册登记并发给《义工（志愿者）手册》、《义工证》和《注册志愿者服务登记证》后方能称为义工或青年志愿者。为便于市民和广大青少年登记注册，可开设社区服务热线和社区服务网站为市民提供 24 小时的热线咨询和义务工作（志愿服务）查询服务。

在注册登记的基础上，各市区义工服务管理中心或街道义工工作站以及其他注册机构对义工（志愿者）开展义务工作（志愿服务）的内容项目、时间及奖励情况等进行记录，登记在《义工（志愿者）手册》上。各义工（志愿者）团体要充分利用社区服务信息系统，把义务工作（志愿服务）的信息纳入社区资源体系内，逐步实行数字化、网络化管理。

加强义工（志愿者）培训，建立新义工培训（初级培训）、专业培训、骨干培训、全员培训制度，使义工能在培训学习的过程不断提高自身素质，更好地投入义务服务中去。以老年人、未成年人、外来务工人员、下岗失业人员、残疾人和低收入家庭为重点服务对象，以社会救助、慈善公益、优抚助残、敬老扶幼、治安巡逻、环境保护、法律援助等为重点服务领域。

制定鼓励政策。根据义工服务时间和服务业绩进行星级义工评选，义工服务时间累计 100 小时以上的、200 小时以上的、500 小时以上的、1200 小时以上的、3000 小时以上的，分别由市慈善总会授予一、二、三、四、五星级义工，颁发"星级义工证书"，佩戴"星级义工标志卡"。对服务年限长，社会影响大，成绩显著，贡献很大的五星级义工，可授予义工终身成就金星奖，由市慈善总会颁发奖章和荣誉证书。

4. 建立公务员"义工"队伍

领导干部、公务员身体力行，带头捐款捐物，促进了威海市慈善事业的跨越式发展，领导干部、公务员带头做"义工"，也必将促进威海市义工事业的快速发展。上海市普陀区的义工活动和慈善事业开展得轰轰烈烈，很重要的一个因素就是广大公务员的积极参与。我们可以借鉴普陀区的经验，比照威海市干部培训实行学分制的做法，在机关公务员中率先建立起一支庞大的义工队伍。建议 2008 年的"慈善月"活动，将公务员带头参加义工活动作为慈善工作的重点。只要有所发动、有效组织，凭威海公务员队伍多年形成的强烈的公益与慈善意识，相信公务员"义工"队伍肯定会迅速壮大。

（五）淡化慈善事业的官办色彩

从威海的经验看，党和政府的高度重视、积极作为是当前及今后一个时期中国特色慈善事业快速发展的主要推动力。但是党委政府在慈善发展中要自觉地完成由自身唱主角向由社会公众唱主角的转变，从慈善事业的领导者、组织者和直接参与者逐步转变为慈善事业的导航者、调控者和监督者。可通过以下途径来改进。

一是党委政府要继续高度重视慈善工作。各级政府都要把发展慈善事业纳入国民经济和社会发展规划纲要，列入政府的发展规划和年度计划中，并出台有针对性和专题性的政策。

二是通过大力发展地方经济丰富慈善资源。按照一般规律，慈善资源和经济发展水平密切相关。国外的数据表明慈善事业收入占 GDP 的比重与人均 GDP 的相关系数为 0.66，与人均实际可支配收入的相关系数为 0.65，与家庭平均收入的相关系数为 0.45。慈善事业的发展壮大最终还是取决于经济的快速发展。

三是进一步改进党委政府的行为方式。大力号召发展慈善事业但不能下达指标任务，根据救助需要和捐赠人意愿依法使用善款但不能直接使用善款。采取"民办公助"、"公办民营"、政府购买服务等形式，切实推进慈善事业社会化进程。

四是发挥好有关政府部门的职能作用。市信息中心要整合市级慈善信息网络，主要负责收集社会捐赠、社会救助和义工活动的基本信息，为市协调委员会协调慈善事业和慈善组织确定具体的救助对象和救助标准提供依据，也可作为慈善组织之间交流的平台，加强相互之间的沟通。政府统计部门要采取有力措施完善慈善事业和有关社会保障的社会统计。政府登记管理机关和行业协会通力合作，对各类慈善机构进行资格认证和等级评定。

五是落实政策，加大国家扶持力度。全面落实国家有关支持社会兴办慈善福利机构的相关政策，鼓励支持社会力量兴办慈善福利机构，进一步加强社会兴办慈善福利机构政策的研究与制定，为社会力量兴办慈善福利机构提供规范、高效和优质的服务。坚持发行中国福利彩票"扶老、助残、救孤、济困"的宗旨，建立健全中国福利彩票公益金支持慈善发展的机制，加大投入力度，推动慈善事业发展。加强慈善捐赠税收优惠政策的宣传，普及税收优惠政策知识，使捐赠人了解政策、掌握政策，熟悉办理税收优惠政策的手续，知道如何维护自身的合法权益，为捐赠人办理减免手续提供规范、便捷的服务，充分发挥税收政策的引导作用。

六是创造法律环境，加强社会监督。加强政府登记管理机关（即社团管理部门）的执法、监督、投诉受理职能，逐步建立起广泛的社会监督体系。制定促进慈善事业发展的法规规章，为发展慈善事业创造良好的法律环境。在全市营造亲商重企的浓厚氛围，关心企业的发展壮大，切实帮助企业解决发展过程中的困难和问题，吸引更多的企业参与慈善事业，履行企业公民的责任。

（作者单位：中共威海市委办公室　课题组成员：王　晓　李永玲　王绍臣　修明首）

把自主创新鲜明地写在发展旗帜上
——威海自主创新战略研究

吴永刚

导 言

威海地处山东半岛最东端，辖荣成市、文登市、乳山市、环翠区三市一区和高技术产业开发区、经济技术开发区两个国家级开发区。总面积 5698 平方公里，常住总人口 280 万人，其中中心市区面积 769 平方公里，建成区面积 106 平方公里，常住人口 82 万人。

1987 年建立地级市以来，威海依托区位资源，突出比较优势，走出了一条持续快速健康发展的路子，用短短 20 年的时间，从一个边陲小镇发展成为充满生机与活力的现代化海滨城市。随着改革不断深化，开放持续扩大，威海与全国一样，经济社会发展面临着新的机遇与挑战。过去的成就能否续写可持续的篇章，今天的奋斗能否创造明日的辉煌？威海需要在又好又快发展的进程中，确定未来的发展战略，在新的实践中实现新的自我超越。

为此，威海市委、市政府审时度势，立足现实，着眼长远，确定今后一个时期威海发展的总体目标思路是：坚持以自主创新为第一动力，以打造高层次人才聚集区、产学研结合密集区、科技成果转化汇集区为主攻方向，更好地发挥开放、生态、海洋优势，以自主创新促进结构调整、对外开放、海洋经济、生态环境改善、发展方式转变和社会全面进步，加快建设创新、开放、宜居、幸福的现代化新威海。以此为标志，自主创新被鲜明地写在了威海发展的旗帜上，成为推动经济社会发展的第一动力。本文试从历史和现实的角度，对此加以论述。

一 从发挥优势到挖掘优势——威海建市 20 年来突出 比较优势加快发展的独特之路

建市以来，威海在党中央、国务院和省委、省政府的正确领导下，坚持咬住发展不动摇，艰苦奋斗，开拓创新，取得了令人瞩目的成就，走出了一条独具特色的发展之路。2007 年比建市初，全市生产总值增长了 24.8 倍，财政收入增长了 64 倍，城镇居民人均可支配收入增长了 15.1 倍，农民人均纯收入增长了 9.5 倍，城市综合实力列全国百强第 23 位。威海二十年发展的经验有很多，最基本的一条就是：准确把握并充分利用比较优势。

在比较优势的利用上，威海主要经历了两个阶段。

第一是发挥优势阶段。主要是地级市建立之前和建市初期。威海三面环海，海岸线长达 985.9 公里，传统上认为这里是陆路交通、物流的末梢；辖区内丘陵、山地占总面积的比例近 70%，种植小麦、玉米等传统作物无法获得最大效益；改革开放前这里是军港，国家几乎没有投资，经济基础薄弱，大型企业、重化工企业、高校和科研院所等很少。这些都是明显的劣势。但事物都是一分为二、相互转化的，劣势中也存在优势。三面环海，陆路不便可以走海路；丘陵山地，粮食作物不行可以抓经济作物；军事区域，没有国有大企业，可以发展乡镇集体企业。正是基于以上认识，在建立地级市前后，威海积极寻找自己的比较优势，突出发展了"一工两水"，实现了经济的快速起步。

"一工"，就是乡镇工业。

借鉴江浙地区发展民营经济的经验，从威海的自然资源条件出发，以乡镇企业为基点，选择发展了一些技术含量不高、资金需求不多、滚动发展能力较强的产业，如渔竿、木工机械、地毯、皮具等，短短几年乡镇企业就占据了全市工业的"半壁江山"，涌现出了光威渔具、金猴皮鞋、工友木机、山花地毯等全国名牌产品。到 1996 年，全市乡镇企业达到 2.7 万家，产值达到 576 亿元，占到全市工业总产值的 72.6%，是建市初的 30 倍，年均递增 46.5%；实现利税 60 亿元，是建市初的 12.5 倍，年均递增 32.4%。

"两水"，就是水果、水产。

利用丘陵等自然资源，选择发展了适宜威海气候、土壤的苹果、无花果等水果。到 1996 年，全市果园面积达到 4.68 万公顷，比建市初增加 1.23 万公顷，增长 35.7%；果品产量由建市初的 18.7 万吨增加到 85.7 万吨，年均递增 18.4%；水果产值由建市初的 1.5 亿元增加到 11.9 亿元，占农业总产值的比重达到 24.2%。威海成为"胶东苹果"的重要产地。

利用广阔的海域，大力发展海水养殖、捕捞等，全市水产品产量一直稳定在 200 万吨以上，人均 1 吨多，产量、产值均占全省的 1/3，居全国地级市首位，在全国打响了"威海水产"的牌子。

第二是挖掘优势阶段。主要是 20 世纪 90 年代到现在。随着改革开放的不断深入，在继续发展"一工两水"的同时，威海开始将注意力更多地放在区位、环境、海洋等资源优势上，先后成功打响了"开放、生态、海洋"三张牌。

开放牌。威海是沿海开放城市的"弟弟"，建市初期南方 4 个经济特区、沿海 14 个开放城市已步入第二轮大发展阶段，而威海的开放还没有破题。但威海本身具有一个得天独厚的优势，就是毗邻韩日，是中国与韩国最近的城市，最近处仅距 93 海里。建市后，威海坚持把开放作为一切工作的总抓手，重点突破，分步实施，迅速打开了对外开放的局面。

首先是大力实施"借韩兴威"战略。1990 年，在中韩还没有建交的情况下，威海就积极争取国家批准开通了第一条中韩海上航线，到目前已开通至韩国的海空航线 11 条，每周 52 个航班。韩国已经成为威海最重要的经贸合作伙伴，创造了外资项目、外资数量、进出口贸易、人员往来等多个第一，实际利用韩资累计达 55 亿美元，占全市外资总额的 2/3。

其次是不断扩大开放广度和深度。在迅速打开对韩开放局面的基础上，提出了"巩固韩国、扩大日港台、拓展欧美"的开放战略，近几年又根据国际国内形势的变化，加快推进"三个转变"：由注重利用国内外资金向利用国内外资金、技术、管理和智力并重转变；由扩大出口规模向追求出口质量、品牌转变；由以"引进来"为主向"引进来"和"走出去"并重转变，开放的质量和效益稳步提高。建市 20 年来，全市外贸出口年均递增 53.3%，是国内生产总值递增速度的 3.2 倍；累计实际利用外资 80.6 亿美元，占山东省的比重由 4.6% 提高到 13.1%；3000 多家外资企业包括 13 家世界 500 强企业落户威海。更重要的是通过对外开放，有力地促进了国有企业的改制、改组，促进了全民创业，促进了产业结构优化升级。

生态牌。威海从保护环境入手，成功地走出了一条经济与环境双赢、人与自然和谐的发展路子。

一是不断强化生态责任意识。每一届领导班子都反复强调"既要金山银山、又要绿水青山，绿水青山就是金山银山"，把保护和改善好这片绿水青山作为义不容辞的责任，发展理念由"保护环境"到"保护环境与涵养生态"并重，逐步提升到"生态立市、环境优先，实现人与自然和谐发展"的战略决策。

二是高度重视资源节约利用。突出节能、节水、节材、节地、节约矿产资源五个重点，单位国内生产总值能耗降低 75%，重点用能企业万元工业产值能耗、水耗分别以每年 3% 和 4% 的速度下降。

三是坚持不懈地实施碧海、蓝天、青山、净土"四大行动"。先后关停污染企业 50 多家，清理近海养殖 3 万多亩，拆除小锅炉 1500 多座。饮用水源、近岸海域水质全部达到和优于相应功能区标准，空气环境优良率达到 100%，"十五"以来森林覆盖率平均每年增加 2 个百分点，86% 的镇达到国家级环境优美乡镇标准。

这些措施，有力地提升了威海的美誉度，使威海获得全国第一个"国家卫生城市"称号，成为第一个"国家环境保护模范城市"群，被评为"全国绿化模范城市"，两次被联合国评为全球改善人居环境最佳范例城市，获得"中国人居环境奖"、联合国"人居奖"，被誉为最适合人类居住的地方。

海洋牌。在巩固海洋水产养殖、捕捞的同时，进一步挖掘海洋海岸优势，优化海洋经济结构。

海洋第一产业，重点建设远洋捕捞船队，培植名优养殖产业带，实施渔业科技项目。2007 年，全市远洋渔船发展到 223 艘，全市远洋渔业产量 8 万吨，产值 7 亿元，分别占捕捞总量的 6.8% 和 10.5%；全市名优养殖产值占养殖产值的 73%。实施各类渔业科技项目 300 多项，其中国家海洋"863"计划项目 30 多项，省级海洋渔业高新技术企业发展到 18 家，海洋科技进步贡献率达到 60%。

海洋第二产业，重点建设海产品精深加工、船舶修造、海洋能源三大基地。2007 年，全市海产品加工产值达到 187 亿元，其中精深加工比重达到 73%。抓住建设胶东半岛制造业基地的有利时机，积极膨胀威海船厂、山东黄海造船集团等骨干重点企业，引进三星、成东、三进、伽耶等国内外船舶修造业的大企业、大集团，2007 年造船完工量 25.4 万载重吨，船段完工量 21 万吨，实现销售收入 69 亿元。大力发展核电、风电、潮汐发电，正在推进华能、国华、鲁能、中海油等 7 个风电项目，总装机容量 160 万千瓦、总投资 259 亿元，2008 年装机容量可达 13.3 万千瓦；积极争取投资 400 亿元、装机 380 万千瓦的石岛湾高温气冷堆示范电站项目和投资 600 亿元、装机容量 600 万千瓦的乳山红石顶核电站项目；乳山口、文登长会口海湾大型潮汐电站项目已进入勘察论证阶段。

海洋第三产业，重点发展海洋运输、海洋旅游两大产业。全市建起了 17 个商港，其中国家一类开放港口 3 个，万吨级以上泊位 19 个，开通了 4 条客货和 16 条集装箱航线。2007 年，全市港口吞吐量 3180 万吨，装箱 50 万标准箱，初步形成了以威海港为中心，以石岛港、龙眼港等为依托，全方位对外开放的港口群体。以市区、刘公岛、成山头、石岛、乳山口五大滨海旅游区为重点，加快了滨海旅游景点开发和基础设施建设步伐，建设国家 4A 级景区 4 处，省级旅游度假区 4 处，省级风景名胜区 3 处，海洋旅游成为全市旅游业的主打品牌。2007 年，全市接待海内外游客 1385 万人次，旅游收入 131 亿元。

威海的快速发展，较好地体现了沿海开放城市的比较优势。威海未来很长一段时期的发展，仍要继续利用、转化好这些优势。同时作为沿海较发达地区，在完成了必要积累的时候，还必须认真审视现状，进一步提升传统的比较优势，再造新的比较优势。

二　把自主创新作为第一动力——威海在新起点上　再造发展新优势的必由之路

从人类历史的发展过程来看，生产要素主要分为初级生产要素和高级生产要素。以高素质的人力资本为核心的高级生产要素具有自主创新的功能，对社会发展进步具有十分重要的意义。首先，自主创新可以降低成本，研制出可以替代日益短缺的初级生产要素的材料和能力。如荷兰的气候并不适合花卉生产，荷兰却成了世界花卉王国，韩国自然资源并不丰富，但制造业相当发达，都是依赖于高级生产要素的创新。其次，自主创新可以提升以自然资源为生产要素的产业、产品的技术含量，优化经济发展模式，进一步提高竞争力。比如威高集团通过创新攻克心脏支架技术，生产的心脏支架价格比美国同类产品低一半，市场竞争力大幅提升。最后，也是最为重要的一点，自主创新可以推动发展方式实现根本性转变。当前，我国正处于一个非常重要的发展阶段：2003 年，我国人均 GDP 跃上 1000 美元的台阶；到 2020 年实现全面建设小康社会的奋斗目标时，人均 GDP 将达到 3000 美元，我国正从低收入国家步入中低收入国家行列。国际经验表明，这种经济发展转型的时期，既是一个"发展黄金期"，又是一个"矛盾凸显期"。处于这一发展阶段的国家，可能出现两种发展前景：一种是重视自主创新，逐步建立起适应本国国情的国家创新体系，依靠自主创新实现经济的高速增长和社会的全面进步，顺利实现工业化和现代化，如日本和"亚洲四小龙"；一种是不重视自主创新，只满足于技术引进的短平快，拼资源、拼劳力、拼资本投入，形成了对国外技术、资本的严重依赖，导致经济徘徊不前，甚至社会动荡不安，如拉美一些国家。威海去年人均 GDP 已经达到 8000 美元。强调自主创新，把自主创新作为主打牌和第一动力源，依靠自主创新走科学发展之路，对威海来说更具有现实紧迫性。

（1）这是落实科学发展观的根本要求。落实科学发展观，从根本上讲就是要转变发展理念，创新发展模式，提高发展质量，实现经济社会又好又快发展，重点是切实把经济社会发展转到依靠科技进步和提高劳动者素质上来，把增强自主创新能力作为转变经济发展方式的中心环节，大力推进原始创新、集成创新和引进消化吸收再创新。改革开放以来，我国经济保持了连续快速增长，但这主要是依靠高投入、高消耗带来的。这种靠消耗廉价资源和外延扩张的发展模式，既成就了三十年的辉煌，也导致了自然生态环境的恶化，使发展面临不可持续的威胁。从威海的情况看，资源相对匮乏，能源、原材料主要依靠外部供应，传统的外延增长方式已经难以适应又好又快发展的需要。

一是环境承载能力相对不足。一个地区的人口承载力不仅受制于其经济发展水平，也受制于资源环境条件。威海人多地少，自然资源较为贫乏，环境承载力比较弱。从经济承载力看，2007 年威海市人均国内生产总值为56657 元，比全省平均水平高出 28934 元，居全省第 2 位，经济发展水平居全省前列。从资源承载力看，全市土地资源匮乏，人均耕地不足 1 亩，低于全国平均水平，仅居全省第 11 位；伴随着工业化的加快和城镇化的推进，全市常用耕地面积正逐年减少，2007 年为 16.4 万公顷，比 2000 年减少 4.8%，比1990 年减少 11.2%，而且在经济快速发展和人口持续增长的情况下，耕地减少的压力将继续加大。人均占有水资源量仅为全国平均水平的 1/4。经济发展所依赖的矿产、能源、原材料对外界的依赖程度较高，资源承载力相对处于超载状态。也就是说，威海市经济承载力相对富裕，资源承载力严重不足。威海市第十三次党代会二次会议提出，到 2020 年全市人均生产总值翻三番，经测算总量将达到 6690 亿元。如果按照现在的万元生产总值耗 0.92 吨标准煤、取水量 20.8 立方米计算，2020 年需要 6154.8 万吨标准煤，接近目前全省能源年消耗量的一半；耗水 14 亿立方米，相当于目前威海市米山、八河、龙角山三大水库总库容 4.9 亿立方米的 3 倍。同时，还面临国内劳动力成本提高、全球资源短缺和价格上升的冲击，面临人民币持续升值、出口竞争力减弱和国际贸易摩擦增多的挑战等。这些，都要求经济发展方式必须进行重大调整和转换。

二是节能减排压力巨大。随着工业化、城镇化进程的加快，资源消耗和环境污染也步入高峰期，污染减排和资源节约的压力仍然巨大。主要污染物排放持续增加。2006 年全市废水排放量增长 14.9%，增幅较上年提高 10.7 个百分点，创近四年来新高，其中工业废水排放量增长 16.4%，提高 13 个百分点；工业 COD 和工业烟尘排放量分别比 2000 年增长 1 倍和 1.4 倍。煤炭等主要资源消耗明显增多。全市煤炭消费量由 2000 年的 320.1 万吨增加到 2006 年的 461.5 万吨，增长了 44.2%。而且能源消费结构不够合理，原煤仍是工业能源消费的主体，2006 年占到 84.6%，电力等二次能源消费偏低，新能源、清洁能源和可再生能源所占比例很小，能源消费过度依赖煤炭，造成二氧化硫、粉尘排放较多。在资源、能源、环境约束日益显现的情况下，"高投入、高消耗、高排放、低效率"的发展方式已难以为继。尽快实现从资源依赖型向创新驱动型转变，已经成为经济发展内在的迫切要求。一方面要靠提高自主创新能力，攻克节能降耗关键技术，降低对资源、能源的依赖；另一方面要通过自主创新，大力发展可再生能源，推广循环经济，实现可持续发展。

三是经济发展质量不高。尽管近几年来威海经济发展取得了很大成就，但主要是量上的变化，质上还未出现根本性突破，经济增长方式仍属传统的粗放型，突出表现在产业结构层次不高和"三个比重"偏低上。2007 年，全市第三产业增加值占 GDP 的比重为 30.2%，仅居全省第 11 位，比全省和全国平均水平分别低 2 个和 8.9 个百分点；工业增加值占 GDP 的比重达 61.8%，居全省第 6 位，但规模以上工业增加值增幅只有 17.1%，在全省排倒数第 2 位；工业企业存在产业层次较低、运营能力较弱、附加值不高、缺少顶天立地的大企业等明显的先天不足，全省工业百强企业，全市仅有 2 家，而烟台和青岛分别有 13 家和 11 家，大企业特别是带动强、辐射广、税收多的大企业明显缺少。2007 年"三个比重"情况是，全市一般财政收入占 GDP 的比重为 5.2%，比全省平均水平低 1.3 个百分点，比青岛低 2.5 个百分点；地方税收占一般财政收入的比重为 75.5%，比全省平均水平低 2.6 个百分点，比青岛、烟台分别低 9.4 个和 0.8 个百分点；两税收入占二、三产业的比重为 7.7%，在全省排第 14 位，比青岛、烟台分别低 13.5 个和 3.2 个百分点。要解决上述问题，必须突出自主创新，强化创新驱动，转变发展方式，"调高、调新、调优"产业结构，使经济发展真正建立在科技进步和自主创新的基础上。

（2）这是从更高层次发挥威海比较优势的现实需要。威海的实践证明，发挥比较优势推动区域发展，是一条成功的经验。但应该清醒地看到，比较优势理论更多强调的是发挥好自然资源、劳动力资源等初级生产要素方面的优势。以这些要素为优势的产业，通常是进入门槛低、成本低，能够吸引更多的进入者和更多产能的投入。当越来越多的企业、地区被这类产业所吸引时，原来的竞争优势将日渐削弱乃至消失，还有的可能因为过多资产的投入而被套牢，落入"比较优势陷阱"。当前，威海的比较优势也正面临着这样的挑战。

首先，从区位和开放的角度看，政策的趋同使开放优势不再。改革开放以来，包括威海在内的东部沿海地区，之所以能够领先发展，尽管有多种因素，但起决定作用的还是倾斜性的政策环境。当前，区域发展环境已经有了根本性转变，出现了政策趋同的特征。一是区域发展政策趋同。西部大开发、振兴东北老工业基地和中部崛起等战略的提出和实施，使这些地区不仅享受原来只有沿海地区才能享受到的政策，而且国家给予了大量的项目和资金支持，有些方面还更加优惠，沿海地区主要靠国家政策倾斜支撑发展的时代已经结束。二是对外开放政策趋同。按照我国入世承诺，目前绝大部分外商投资的地域限制已经取消，外商几乎可以在中国任何地方投资建厂，内地的低成本优势对外资的吸引力越来越大，沿海地区基本垄断外资的时代也已经结束。三是国民待遇政策趋同。近年来，国家出台了两部重要法律：一部是《物权法》，使农民与市民享受平等的公民待遇，特别是赋予了农民可以自主支配的土地财产权，将直接影响土地征用价格形成机制；另一部是《企业所得税法》，对内外资企业实行统一的所得税税赋。这就意味着农村土地低价征用、外商所得税格外优惠的时代也结束了。尤其需要重视的是，随着经济的发展，威海的劳动力成本快速上升，以加工贸易为主的劳动密集型产业受到严重冲击，与内地相比还成了明显的劣势。

其次，从环境和生态的角度看，各地重视生态建设的程度空前提高。保护环境、大力开展生态建设已经成为各地的共识。特别是党的十七大以后，各级、各地重视生态建设的程度空前提高，生态文明已经成了转变经济发展方式、实现可持续发展的重要突破口。南方的深圳、杭州、厦门、三亚、扬州、桂林、海口，北方的大连、北京、哈尔滨，省内的青岛、烟台等地，都鲜明地提出了生态优先、建设宜居城市的目标。这些城市起点高、标准高，有的已经大大超过威海，威海的生态优势已经不够明显。

最后，从海洋资源、海洋经济的角度看，沿海城市开发海洋经济的力度不断加大。特别是 2003 年国家在《全国海洋经济发展规划纲要》中明确提出"逐步把我国建设成为海洋经济强国"的宏伟目标后，沿海各省市都把海洋经济作为拓展发展空间、带动区域经济发展新的增长点来抓，制定了新一轮海洋经济发展规划与重点工程建设计划，纷纷提出了"建设海洋经济强省（市）"战略构想，全国范围内开发海洋、建设海洋的大气候已经形成。威海利用海洋资源发展海洋经济虽然取得了很大成就，但仍存在一些突出问题。一是海洋经济总量相对偏小，产业层次不高，内部产业结构不合理。海洋产业增加值中，海洋二、三产业比重偏低，海上运输、滨海旅游等产业优势尚未完全发挥出来，临港工业、临港物流业刚刚起步。二是港口建设零散，各自为政，竞争无序，港口作业能力、货物集疏能力不强。三是海洋科技力量与海洋大市的地位不相称，科技成果转化机制不健全，丰富的海洋资源优势转化为经济优势的能力不高。四是扶持海洋经济发展的政策、措施和投入力度不足，与沿海发达城市相比还有不小差距。五是海洋开发与保护的矛盾突出，生态和环境问题开始显现。也就是说，虽然一直高度重视发展海洋经济，但海洋二、三产业发展慢的问题还非常突出，海洋优势的利用还处于较低层次，海洋开发与保护的矛盾、生态与环境的问题不容忽视。

不难看出，随着改革不断深化，开放不断扩大，发展不断加快，威海的一些传统优势、先发优势有的正在削弱，有的已经消失。要保持已有的比较优势，再造新的比较优势，使比较优势始终成为竞争优势，必须随着形势的变化不断对其要素进行调整、提升，而提升的根本动力在于自主创新。与开放、海洋、生态相比，科技和人才是威海最明显的"短板"。在自然资源和劳动力资源等要素基本能满足生产需要的时候，这块"短板"的负面影响还不是很大，但当生产力发展到一定程度后，经济社会发展就会受到严重影响。因此，这块"短板"对我们来说是避不开、绕不过的，必须扬长补短，用自主创新提升传统优势，让传统优势在更高层次上发挥出更大的作用。

（3）这是威海经济社会发展的必然阶段。在学界有一种主流观点，认为经济发展的进程要依次经历四个阶段：生产要素导向阶段、投资导向阶段、创新导向阶段和富裕导向阶段。对一个国家或地区来说，当完成初始资本积累、取得初步工业化成功之后，如何摆脱对资本和外来技术的依赖，通过自主创新获得持续发展，是必须面对和研究的一个重大课题。

经过二十年的快速发展，威海的经济实力日益雄厚，去年 GDP 达到 1583 亿元；现代工业不断膨胀，以"五大产业群"为重点的制造业初具规模。这些都为实施自主创新积累和奠定了坚实的物质和产业基础。但应该看到，投资在不断增长，而投资效益却逐年递减。从投资率看，2002 年至 2007 年全市固定资产投资总额分别为 187 亿元、370 亿元、530 亿元、663 亿元、696 亿元、750 亿元，2007 年全市投资率（固定资产投资总额/GDP）已达到 47.4%；从投资效益看，边际资本产出率（固定资产投资/GDP 增量）则分别为 2.72、3.01、3.30、3.17、3.51、3.49。通俗地说，2007 年每增加 1 亿元的 GDP 需要投资 3.49 亿元，而同时期美国、德国、印度等国则仅需 1 亿～2 亿元。这充分说明，威海已经到了必须由要素、资本主导向创新主导转变，由自主创新担当第一推动力责任的历史阶段。当然，我们突出创新，并不是不要投资了，而是强调要更多地依靠增强自主创新能力和劳动者进步来推动经济社会发展。

在这一阶段，面临两大基本任务。一是产业高级化。按照工业化社会理论，全市当前人均 GDP 为 8000 多美元，应该说已经踏在以知识、科技信息和服务为主要特征的后工业化社会的门槛前，但是从二产比重占 60%、高新技术产业产值占工业产值的比重只有 30% 来看，威海市尚处于工业化社会的中期。由此可见，要形成与后工业化社会特征相吻合的产业结构，必须大力发展现代服务业，全面提升三次产业素质。现代服务业包括研发、金融、信息、教育、培训等产业，它位于产业链和价值链的最上端，决定着一个国家或地区的发展先导能力，左右着现代制造业的控制市场能力。可以说没有研发设计的制造业是没有大脑的制造业，缺少现代服务业支撑的制造业将是高成本、高消耗、高污染、低效益、低竞争力的制造业。未来国家和区域的竞争是自主创新能力的竞争，而高新技术产业则是自主创新能力的重要体现，要提高竞争力，必须大力发展高新技术产业。二是城市高端化。产业走向高级化，必然要求城市向高端发展。城市高端化不仅是外在建筑的漂亮、精致，更是以人为本铸造的内在品质。伴随着城市化和对外开放加工贸易企业的增多，大量农民、外来务工人员壮大了城市人口规模，但他们当中大部分人并没有完成从农民向市民的转化，依现有的素质，很难承担起提升威海城市品质的重任。从人的角度讲，城市宜居的内涵至少应包含三个层次：适合普通人生活、工作、休闲；适合技术、管理和商业精英进行研发、投资、创业；适合学术精英出思想、出文化。这三个层面必须协调发展，进一步优化城市人口素质结构，一方面大力发展教育、培训，不断提高全民素质，另一方面大力吸引、引进人才，特别是高素质、高层次的创新、创业、创意人才，共同提升城市品质。

这两大基本任务都是自主创新最重要的内容，也都离不开科技和人才的强力支撑。有了科技和人才，再加上科技创新、转化和人才健康发展的设施、机制，城市的活力才能更加充足，人民的生活才能更加幸福，一个充分体现着开放、生态、海洋优势的创新型城市才能更加迅速地展现在世人面前。

三　成绩与差距——威海建市 20 年来自主创新的探索之路

建市以来，威海坚持科技是第一生产力，大力实施"科教兴威"和"人才强威"战略，积极探索自主创新之路，逐步建立和完善了"政、企、才、联、金"相结合的创新体系，自主创新能力不断加强，先后 6 次被国家授予"全国科技进步先进市"称号，被评为"2007 中国优秀创新型城市"，所辖市（区）全部获得"科技进步先进市（区）"称号。

"政"，就是政府大力推动。

一是实施"科技兴威"战略。从建市起，就把"科教兴威"作为兴市之策，摆到重要位置，市委市政府每年都召开一次科技方面的大型会议，先后出台了《关于鼓励扶持高新技术产业发展的若干意见》《威海市高新技术自主创新工程实施意见》《关于全面推动产学研合作创新工作的若干意见》等，加大了自主知识产权高新技术产品研发和产业化力度；多次修订《威海市科学技术奖励办法》，有效调动了科技工作者的创新积极性；2006 年又发布了《关于增强自主创新能力建设创新型城市的决定》，把建设创新型城市作为全面贯彻落实科学发展观、引领威海未来发展的重大战略措施。

二是建立科技进步目标考核制度。把科技工作作为重要内容列入全市目标责任制考核，不断充实考核内容，提高考核占分比。2008 年，自主创新占总分值的比重由 3.25% 提高到 13%，占经济建设考核的比重达到 20%，有效提高了全市各级各部门对科技自主创新工作的重视程度，形成了齐抓共管的良好局面。

三是加大知识产权保护力度。不断加大宣传力度，提升全社会的知识产权意识，有效维护了专利人的合法权益。先后出台了《关于加强医疗卫生行业专利保护工作的意见》《威海市商业企业专利商品经营管理暂行规定》，制定了《威海市专利工作五年规划》。同时，进一步加大对侵权行为的打击力度。2002 年以来，全市知识产权案件审结率均达到 96%，近三年均达到 100%，市和高区被确定为国家知识产权试点城市和园区。

　　四是加快科技服务体系建设。由各级政府推动，面向优势领域，加强科技公共创新平台建设。2006 年以来，共投入科技补助经费 2200 万元，引导企业和大学投资 4000 多万元，建设了拓展理化测试平台、快速设计制造公共服务平台、孵化器公共服务平台、动漫作品研发与创作平台、育种平台、大型科学仪器共享服务平台、中科院威海市新技术应用转化平台、国际微电子技术平台、国际生物技术研发平台、出口农产品质量检测平台 10 个创新平台，为碳纤维材料、生物技术、汽车电子、现代农业等全市重点发展的优势领域科技创新提供了技术支持；面向中小科技企业，加强科技服务机构建设，先后建立各类科技服务机构 70 余家，其中各类生产力促进中心 6 家、科技孵化器 7 家（国家级 2 家），孵化面积达到 19 万平方米，为 300 多家成长期企业提供创新服务。

　　"企"，就是明确企业的主体地位。

　　企业是把科技成果转化为现实生产力的重要载体，更是自主创新的主体。近年来，威海着力突出企业的主体地位，加快自主创新体系建设。

　　一是加快建立企业技术中心。在重点领域分梯次培育了一批自主创新的企业群体，积极引导和支持优势骨干企业创建工程技术研究中心和企业技术开发中心。截至 2007 年，全市市级以上工程技术研究中心达到 83 家，其中省级 46 家，列全省第三；市级以上企业技术开发中心达到 91 家，其中国家级 5 家、省级 27 家。全市生产高新技术产品的企业都建立了技术研发机构，20% 以上的建立了省级以上工程技术研究中心或技术开发中心。市级以上企业技术中心都有 3～5 年的创新项目储备和 10 年以上的战略性课题研究。

　　二是大力发展高新技术企业。2000 年以来，全市高新技术产业固定资产投资累计达 89.6 亿元，占规模以上固定资产投资的 12.8%。2007 年全市高新技术企业发展到 160 家，其中 12 家企业被认定为国家火炬重点高新技术企业；科技人员占职工总人数的比重达 10%，高新技术产业产值达到 1202 亿元（见图 1），同比增长 40.02%，占规模以上工业产值的比重由 1996 年初的 5.9% 提高到 30.06%，较年初提高 3.1 个百分点；生产的高新技术产品 300 多种，比 2006 年提高 10% 以上，主要分布在电子信息、新材料、光机电一体化、生物医药等四大领域，其中新材料领域近年来先后承担实施国家 "863" 项目 7 项，其他国家科技计划项目 9 项，省级科技计划项目 20 多项，发展了碳纤维、低辐射镀膜玻璃、二氧化碳共聚物、铝镁合金轮毂等一批技术水平高、产品市场前景好的高新技术产品。

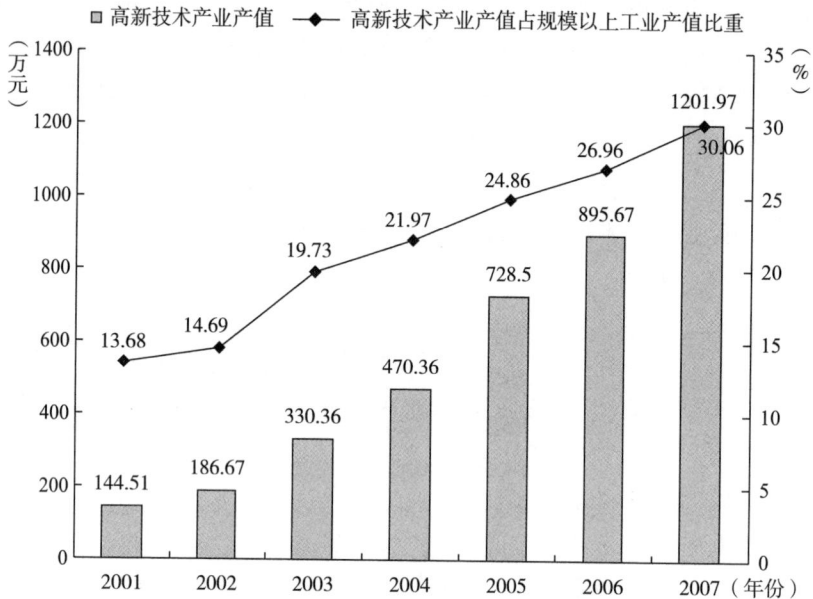

图1　全市高新技术产业产值及其占规模以上工业产值比重情况

三是积极膨胀骨干企业。形成了三角集团、成山集团、威高集团、华力电机、天润曲轴、广泰空港等一批通过自主创新增强市场竞争力和发展后劲，处于行业排头兵地位的龙头企业，销售收入过亿元的50家，其中过40亿元的3家，有1家突破了100亿元。

四是突出发展重点科技园区和基地。重点促进高区"二次创业"，区内聚集了全市约50%的高新技术企业和大部分特色园区，成为威海市高新技术产业发展的龙头。2007年，高区实现技工贸总收入599亿元，财政收入14.59亿元，出口额达到31.6亿美元。同时，在工业方面，建设了2个国家"863"计划成果产业化基地和海外学人创业园、清华科技园、国家电子信息产业园等一批"区中园""区中区"；在农业和海洋方面，建设了国家"863"计划成果产业化基地3个，建立各类农业科技园区、基地56处，其中省级以上农业科技示范园区8处。

"才"，就是狠抓人才引进、培养和使用。

以高层次、创新型、紧缺类人才开发为重点，大力实施"人才强市"战略，按照强化政府引导、优化市场配置、深化机制创新的工作方针，坚持积极培养、大力引进、合理使用相结合的工作思路，采取改善人才环境、完善人才机制、拓宽人才渠道等工作措施，全面加强人才队伍建设。

一是完善政策，不断优化人才环境。高度重视人才政策对人才特别是对高层次人才的吸引作用，先后以市委、市政府的名义印发了《关于进一步加强人才工作的若干意见》《威海市引进高层次人才若干规定》《威海留学人员创业园区管理暂行办法》《关于引导和鼓励高校毕业生面向基层就业的实施意见》等一系列人才政策，特别对高层次人才在安家补贴、生活津贴、家属子女安排、科技成果奖励及留学人员创业等方面做出了一系列优惠政策规定，建立健全了人才工作政策体系，完善了培养人才、聚集人才、激励人才和人尽其才、才尽其用的机制和制度，营造了各类优秀人才引得来、留得住、用得好的政策环境。

二是搭建平台，不断强化人才载体建设。充分利用国内国际两个市场、两种资源，发挥留学人员创业园区、博士后科研工作站、大中专学校毕业生实习基地等人才载体作用，积极引进海内外各类人才。先后与中国留日同学总会、中国旅美专家组织等32个留学人员组织共同创建了"威海海外学人高科技创新园"和"中国旅美专家威海创业园"，使威海成为海外学人的创新创业基地。报请人事部批准设立了"威海海外学人高科技创新园博士后工作站"，成为全国唯一一家在留学人员园区内设立的博士后科研工作站。目前，全市留学回国人员领办、创办企业31家，注册资金1.7亿元，从业人员2300人，生产经营涉及电子信息、生物制药、机械制造等高新技术领域，许多项目达到国际、国内先进水平。在三角轮胎等企业设立了5个博士后科研工作站，促进了产学研结合，进一步增强了科技创新能力，为企业带来了明显的经济效益。2006年首批建立了20家"威海市大中专学校毕业生就业实习基地"，吸引了500多名未就业毕业生参加就业实习，增强了毕业生就业技能，满足了单位的用人需要。

三是盘活资源，不断巩固市场基础配置作用。加强了人才市场建设，2001年建成了省内设施一流的市级人才市场，各市区也先后建成了固定的公共人才交流服务场所，形成了市与市区两级联网、覆盖全市的人才市场服务体系。2001年以来，全市各级人才市场共开市940余次，入场单位2.2万家，提供工作岗位15万个，入场人数42万人次，达成意向10.4万人次。与省内外新闻媒体合作开办了"媒体人才市场"，及时通过广播电视发布人才供需信息。市与各市区全部开通了网上人才市场，积极利用互联网开展"网络人才交流会""网上人才招聘月"等活动。通过强化市场建设，市场服务体系日臻完善，实现了大型综合类交流会与区域专业化招聘活动互相结合、有形市场与网络媒体市场互相补充、人才市场与毕业生就业市场互相贯通，市场机制对人才资源的基础配置作用日益凸显。

四是健全机制，不断加大人才资源开发力度。一方面，立足本地人才资源开发，加快人才培养选拔步伐。组织开展了高校毕业生"三支一扶"计划，自 2006 年起选拔了 82 名优秀高校毕业生到镇级基层单位从事支农、支医、支教和扶贫活动，有效缓解了基层人才匮乏的局面，受到了基层服务单位和群众的欢迎。围绕建设一支高素质、专业化的公务员队伍，有计划地组织开展了公务员初任培训、任职培训、专门业务培训和更新知识培训，全面提高了公务员队伍的素质能力。在全市建立了 17 家继续教育基地，不断加大专业技术人才继续教育力度，积极开展以"新理论、新知识、新业务、新技能"为主要内容的"四新"培训，专业技术人才培训覆盖面每年都在 60% 以上。认真组织开展专家选拔活动，先后推荐选拔了 65 名享受国务院特殊津贴专家、12 名山东省有突出贡献的中青年专家、34 名威海市有突出贡献的中青年专家，及时落实专家待遇，进一步激发了人才的积极性和创造力。另一方面，根据全市经济社会发展需要，积极引进紧缺急需的各类人才。密切与省内外人才密集地区高校和人才市场的战略合作，广泛收集紧缺急需人才供需信息，建立并定时更新万名本科人才信息库和千名博士、硕士研究生人才信息库，面向全市各类用人单位推荐发布。积极组织招聘团队外出招聘各类紧缺急需人才。2000 年以来，全市组织外出招聘团队 1000 多批次，4800 多个单位参加，接待求职 30 万人，达成意向 5.9 万人。

五是丰富内容，不断提升人才公共服务水平。不断扩充人事人才公共服务项目，积极开展了人事代理、人才推荐、人才测评等公共服务项目，为不具备条件的企事业提供了员工户口和党员关系代管服务，全面拓宽了人才公共服务领域，解除了企事业单位的后顾之忧。截至 2007 年底，全市各级人事部门所属人才服务机构共与 3000 多家企事业单位签订了人事代理协议，受托管理各类人事档案 6 万多份。完善柔性人才流动机制，实行了市外聘用人才工作聘用证制度，聘用人才在威工作期间在子女入学入托、乘车、租用住房等方面，享受与当地常住居民同等待遇。先后将市直企业之间人才流动、初级职称评审等多项业务工作办理权限下放到市区或市直部门，毕业生就业手续和各类人事考试实现了网上办理，提高了工作效率，方便了各类服务对象。

经过二十年的努力，全市人才队伍规模由小到大、由弱到强，发生了可喜变化。

一是人才引进速度不断加快。截至 2007 年底，全市人才总量有近 17 万人，是建市初的 3.3 倍。其中，建市初期到 1996 年，全市共引进各类人才1.17 万人；1997 年以来，全市共引进各类人才 11.6 万人，是建市头十年的

9.9 倍。特别是进入"十五"期间,随着科技在经济社会发展中拉动作用越来越大,人才引进的步伐迅速加快,2003 年比上年猛增 8 万人,随后呈逐年递增趋势(见图 2)。

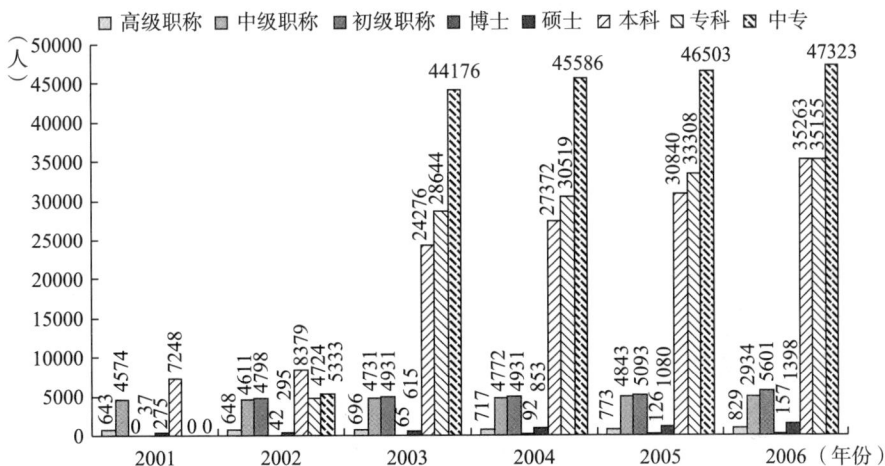

图 2　2001~2006 年人才引进情况

二是人才队伍结构不断优化。目前全市具有大学本科文化程度 4.7 万人。党政群机关中具有专科以上文化程度的人员比例达到 93.8%,比建市初提高了近 70 个百分点;企事业单位中具有中级以上专业技术职务的人员数量达到 5 万人,是建市初的 6.7 倍,占有专业技术人才总量的 49%。

三是人才总量占人口比重不断提高。建市初,人才总量占全市人口比例仅为 2%,至 2007 年底提高到 6.8%;全市每十万人中具有专科以上文化程度的有 4224 人,比建市初提高了 11 倍。

"联",就是加强与科研院所和高校的联合与合作。

先后与哈工大威海校区、山大(威海)共建了国际微电子技术中心、国际生物技术研发中心和宋健科学技术研究院,与韩国大学共建了中韩孵化器,与山东大学、山东省海洋工程研究院、中科院沈阳分院、中国海洋大学、哈工大等建立了产学研战略联盟,与山东大学共建了威海市海洋研究院,与中科院共建了中科院山东技术转移中心威海中心,山东大学、哈工大技术转移中心建设工作也在积极进行。另外,通过组织威海市与山东大学产学研合作洽谈会、深圳高交会、西安西洽会、北京高交会、省产学研会及各种国际学术会议等,为企业搭建了良好的对外科技交流平台。全市 90% 的规模以上企业开展了产学研合作,"十五"以来实施合作项目 3500 多个,其中 600 多项列入国家、省部级技术创新计划，已完成的签约技术开发项目达到 2340 项，近 3000 项成果进入产业化应用，新增销售收入 100 多亿元，新增利税 25 亿元。

一是推进与市内大学的合作。累计安排科技经费 1000 万元用于支持哈工大威海校区、山大（威海）建立国际微电子、国际生物两个技术中心和宋健研究院，目前已经具备完善的基础设施和科研设备，在汽车电子、生物技术等方面开展了许多基础性研究。另外，科技部门每年都安排 200 万元科技经费用于支持院地合作项目，鼓励驻威高校开展各类创新活动。

二是推进与国内高校和科研院所的合作。分别与中科院沈阳分院、西安分院达成了科技合作协议，采取"1＋N"的模式促进区域创新体系建设。目前，全市有 20 多家企事业单位与中科院建立了长期合作关系，累计合作项目 50 多项。与山东海洋工程研究院签署了长期海洋科技合作关系协议，重点加强了在海水健康养殖、海洋新品种培育、海产品精深加工、海洋捕捞、海洋环境治理与修复等重点领域的合作，提高了海洋技术研发与创新成果转化的能力。在海洋科技方面已经成功转化实施一大批国家海洋"863"计划等高水平产学研成果，吸引了"三倍体扇贝""全雌牙鲆鱼遗传育种及养殖产业化"等 40 多项国家海洋"863"计划项目来威进行中试和产业化。积极探索多元化的产学研道路，鼓励企业与高校、科研院所直接挂钩，建立长期合作关系。广泰公司先后与吉林大学、北京科技大学、机械科学设计研究院、中国科学院、航空航天部 206 所等十几家大专院校和科研院所建立了长期稳定的合作关系，在新产品、新工艺、新技术的开发方面进行了广泛的合作，实施产学研合作项目 20 余项，成为目前国内空港地面装备行业中品种最全、技术水平最高、年生产规模最大的生产厂家，已开发了 22 个系列 100 多个类别的产品，具有完全自主知识产权专利 68 项，其中发明专利 6 项，9 项产学研成果获市级以上科技进步奖，2006 年被认定为国家火炬计划重点高新技术企业，并荣获国家制造业"自主创新能力十强"称号。

三是推进与国外高校和科研机构的合作。与韩国庆北大学科学园联合设立了"庆北大学科学园威海联络处"，签订了"威海中韩科技企业孵化中心合作协议"，建立了全国首家中外合作孵化器。多次组团赴独联体国家进行考察对接，举办了"中国－乌克兰技术交流暨合作洽谈会"等会议，在船舶技术、新材料技术、特种设备等方面与独联体国家进行了密切合作。先后承办了"中国－意大利膜技术研讨与培训会议""中国－欧盟膜应用技术研讨及合作洽谈会"等 20 多个国际性科技会议，签订了多个合作意向书，有效提高了威海市在新材料、生物技术等领域的研发水平。

在产学研结合中，探索形成了以下七种模式。

（1）技术转让模式。这是一种低层次产学研合作模式，特点是企业根据市场信息，到相关大专院所出资购买成熟技术成果，在企业进行转化生产。如新元化工购买中国矿业大学"液体地膜""保水剂"技术，瀚玉化纺购买中科院光盘用 UV 油墨技术等。

（2）委托开发模式。这种模式的主要特点是企业自身创新能力差，根据市场需求，提供资金和其他条件请大专院所进行项目开发。如荣成鸿洋神集团出课题、出经费，由北京化工大学等研究，切实解决了企业发展中的瓶颈问题。乳山力久电机公司与山东大学联合开发的"抽油井用系列高起动转矩高效永磁同步电动机"项目、威海农药厂与某高校共同开发的草甘膦项目也属于这类模式。

（3）合作开发模式。这是目前产学研合作的主要模式，特点是企业本身具有一定研发能力，就一个具体项目同大专院校、科研院所共同研究开发，院校的人才、技术等优势同企业的资金、管理等优势相结合，实现优势互补和共赢互惠。广泰公司是这一模式的典型代表，威达公司与清华大学合作开发的"远洋船舶载水处理设备"项目也属于这种模式。

（4）共建基地模式。这种模式突破了单纯项目合作，建立起了多方面科技合作，架起了大专院校、科研院所同企业间长期稳定合作的平台。威高公司通过课题招标、项目对接、技术成果转移、联建实验室等方式，分别在中科院长春应用化学研究所、大连物化所、沈阳金属研究所等建立了 10 个研发中心，通过产学研一体化联合，把企业的研发窗口直接设到了名校名院，使企业的研发能力在较短的时间内实现跨越，成为全国一次性使用医疗器械的龙头企业，主导产品国内市场占有率在 15% 以上，2007 年实现销售收入 29亿元，其中高新技术产品收入占总销售收入的 80%。寻山集团则是通过为中科院海洋所、水科院黄海所、中国海洋大学等单位提供实验场所，建立起巩固的合作关系，获得了这些科研单位技术和成果的优先转化权，一个企业就承担了 11 项国家海洋"863"计划。

（5）技术入股模式。这是产学研合作的高级形式，特点是能最大限度地调动合作各方的积极性，加速科技项目研发，加快科技成果产业化。如蓝星玻璃以出资入股的方式，与浙江大学等行业优势科研单位共建产学研科研开发机构——浙大蓝星，加快行业前沿新技术和新产品的研究、开发、试验和产业化步伐，有力地提高了企业自主创新能力，公司产品由最初的 3 个品种增加到目前的 5 大系列 30 多个品种，总资产已达 15 亿元，2007 年实现销售收入 9.6 亿元。金泓化工公司与王丕新博士、荣成院夼与中国海洋大学的合作都属于这种模式。

（6）技术指导模式。主要是企业聘请专家担任长期技术顾问，为企业技术创新提供理论、技术及其他方面的支持。如海王旋流器公司聘请余永富院士等国内著名选矿行业专家担任企业长期发展顾问。

（7）人才培养模式。由企业与科研单位联合进行人才培养，以达到快速提高技术人才队伍的创新能力和水平。如荣成凯丽纸业与山东轻工业学院实行的"订单式"人才培养合作。

"金"，就是强化资金支持。

采取多种形式，通过多种渠道，建立多元化自主创新投融资体系。

一是加大财政科技投入。按照地方财政收入增长比例逐年提高科技经费，各级财政科技投入年均增长 33.8%（见图 3），2007 年达到 2.9 亿元。自 2005 年起，启动了威海市与驻威高校科研专项资金，市财政每年补助科技经费 400 万元，目前已无偿投入科技经费 1200 万元，引导企业投入经费 3000 多万元，累计扶持校地合作项目 50 多项，取得了良好的经济和社会效益。从今年起，全市财政每年将拿出 1000 万元，重点扶持各类产学研合作项目。

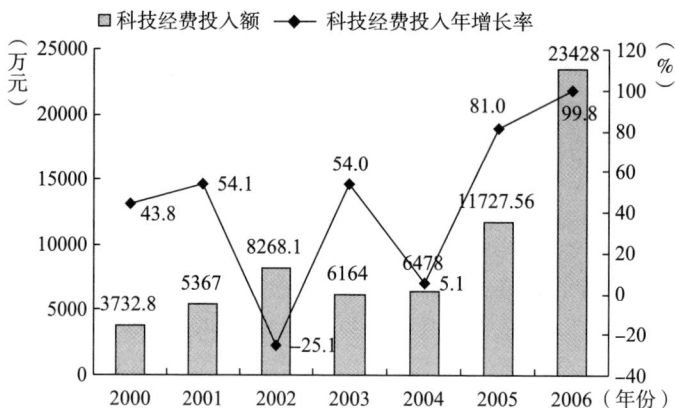

图 3　2000～2006 年全市财政科技经费投入情况及增长率

二是争取专项资金。"十五"期间，全市争取和安排无偿科技补助经费 1.87 多亿元，其中国家级补助科技经费 7189 万元、省级 5319 万元、市级 6145 万元。2007 年争取无偿科技经费 9000 多万元，获得补助资金 4620 万元。其中，威海拓展纤维有限公司承担的碳纤维项目列入国家"863"计划，获得国家无偿科技经费 3843 万元；寻山集团承担的"鲜海带精深加工高效利用技术研究开发与示范"项目列入国家重大支撑计划，获得补助资金 1340 万元；另有 17 个项目列入国家创新基金计划，获得补助资金 955 万元。通过各类科技计划政策性引导和资金扶持，加快了科技攻关、科技成果转化及产业化进程，提高了全市科技创新能力，提升了全市的综合科技竞争力，有力地带动了产品结构调整和产业结构优化升级。

三是引导多方投融资。在加大财政投入的同时，积极引导社会和企业共同参与自主创新活动，基本形成了政府引导、企业为主和社会多元化、多渠道创新投入格局。2000 年以来，全社会科技投入年均增长 27.4%，2006 年达到 25.7 亿元，其中企业投入达到 90%（见图 4），成为自主创新的主体。

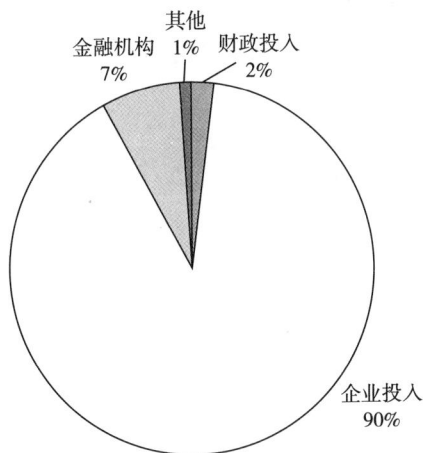

图 4　全市科技创新投入来源

综上所述，"政、企、才、联、金"相结合的创新体系，使威海的自主创新能力显著增强。

一是科技创新能力不断提升。"十五"以来，全市共组织实施市级以上各类重点科技计划项目 1651 项，其中实施国家"863"计划、支撑计划等重大项目 51 项，建立国家"863"成果产业化基地 5 个，均居全国地级市前列。全市取得重大科技成果近 500 项，获得市级以上奖励 488 项，三角集团巨型工程子午胎成套生产技术与设备开发项目获得国家科技进步一等奖。高速热敏打印头、高速接触式图像传感器等 10 多种产品居于国际领先水平，高性能碳纤维、铝镁合金材料、二氧化碳共聚物材料、三分量地震勘探传感器等 60 多个产品居于国际先进和国内领先水平。2007 年，实施市以上科技计划 180 项，有 101 个项目列入国家、省科技计划。其中，7 个项目列入国家"863"计划；17 个项目列入国家创新基金计划，项目数与资金数均居全省首位，占全省1/5；6个项目列入国家火炬计划；1个项目列入国家重大支撑计划。全市累计申请专利4532件，累计获授权专利2908件，其中有18家企业被确定为省专利明星企业，7项专利获得山东省第六届专利奖"金奖"和"创新奖"。2007年全市专利申请量达到1913件，同比增长18.4%；授权量达到1181件，同比增长56.4%。

二是传统产业科技含量明显提升。在农业领域，"十五"以来，全市实施各级农业科技项目280多项，取得重大农业科技成果80多项，全市共引进、开发和推广农业新品种、良种200多个，农作物良种覆盖率保持在95%以上，农业生产的综合效益显著提高；农业高新技术取得了重大突破，解决了一大批制约农业发展的技术难题，初步形成了以农业信息化、农业生物技术、农产品精深加工技术等现代技术为主体的农业高新技术产业，为发展优质高效农业，促进农业增效、农民增收夯实了基础。在工业领域，实施了一批有代表性的提升传统工业科技含量的项目，传统工业得到明显提升，威海市被确定为省级制造业信息化示范城市，文登市、荣成市被确定为省级制造业信息化示范县市区，占省级示范县市的1/6；26家企业被评为省级示范企业，占全省示范企业总数的1/8；全市规模以上制造业企业实施信息化的比例达到40%；企业年均新产品研究开发周期缩短40%以上，库存降低25%以上，净利润增长30%左右，有效提高了企业工业化和现代化水平。

三是新兴产业得到快速发展。形成了一批具有自主知识产权的拳头产品和优势产业，提升了产业层次，优化了产业结构。全市高新技术产品从2000年的181种发展到2007年的300多种。电子信息、新材料、光机电一体化、生物医药、海洋科技、新能源与高效节能等新兴产业发展迅速，成为高新技术产业的骨干和领航产业，有力地促进了高新技术产业的快速发展。威海拓展纤维集团开发的高性能特种纤维项目在国内率先实现了特种纤维核心技术的重大突破，摆脱了长期以来依赖进口的被动局面，现已申报发明专利10多项，规划用地2000亩、总投资36亿元的"特种纤维及后续制品生产基地"开始建设，达产后可实现年销售收入110多亿元、利税20多亿元。

四是品牌战略取得显著成效。通过实施品牌战略，进一步夯实了企业质量基础，培植了"金猴""三角""成山""双轮""山花""海马""洁瑞""华夏""寒思""蓝星"等一批中国名牌产品和驰名商标。2007年新增中国名牌3个、中国驰名商标3件、山东著名商标11件。目前，全市拥有中国名牌产品总数达19件，中国驰名商标达10件，山东名牌产品91件，山东驰名商标 69 件，驰名商标、著名商标和名牌产品总数在全省位次前移。

在充分肯定成绩的同时，必须清醒地认识到，当前威海自主创新还存在一些薄弱环节，与新形势、新任务的要求还不相适应。特别是与周边城市青岛、烟台地理位置相近，政策环境相同，但在自主创新的很多方面存在不小的差距，突出表现在以下几个方面。

一是自主创新投入差距较大。2006 年，青岛、烟台全社会研发经费内部支出占 GDP 的比重分别为 2.18%、0.83%，威海为 1.14%，低于青岛 1.04 个百分点，高于烟台 0.31 个百分点（见表 1）；当年青岛、烟台全社会从事研发活动的人员折合全时当量分别达到 21239.5 人年、6252 人年，其中科学家 18637 人年、工程师 5401 人年，分别是威海的 4.8、1.41、5.37、1.56 倍。

表 1　2002～2006 年全省及主要地市科技活动研发经费内部支出情况

	2006 年		2005 年		2004 年		2003 年		2002 年	
	总额（亿元）	占 GDP 比重（%）	总额（亿元）	占 GDP 比重（%）	总额（亿元）	占 GDP 比重（%）	总额（亿元）	占 GDP 比重（%）	总额（亿元）	占 GDP 比重（%）
全省	234.13	1.07	193.80	1.05	140.81	0.94	103.84	0.86	88.16	0.86
青岛	69.91	2.18	61.40	2.28	51.52	2.27	43.06	2.30	36.40	2.30
烟台	20.02	0.83	18.70	0.93	7.94	0.49	5.24	0.40	4.55	0.41
威海	15.56	1.14	10.60	0.91	8.68	0.90	3.24	0.40	3.98	0.59

二是自主创新成果少、层次低。2007 年，青岛、烟台取得重要科学技术成果分别为 506 项、198 项，是威海的 4.73 倍和 1.85 倍，获得省级以上科技奖励分别为 92 项、47 项，是威海的 7.7 倍和 3.9 倍，其中获得国家级科技奖励分别为 8 项、3 项，而威海市则刚刚第一次获得国家科技进步一等奖，实现了零的突破。从以上数据不难看出，威海市所取得重要科学技术成果，无论是数量还是质量层次，都与两市相差甚远。目前，全市 160 家高新技术企业中，52% 的高新技术产品属于国内外引进项目。

三是拥有自主知识产权不多。2007 年，青岛专利申请量 7023 件，其中发明专利申请量 1271 件，专利授权 3592 件，其中发明专利授权 329 件，分别是威海的 3.67 倍、3.96 倍、3.04 倍、8.89 倍；烟台专利申请量 4516 件，其中发明专利申请量 1233 件，专利授权 1714 件，其中发明专利授权 117 件，分别是威海的 2.36 倍、3.84 倍、1.45 倍、3.16 倍。比较上面数据，无论是专利申请数，还是专利授权量，威海市与两市都存在较大差距，特别是在体现城市自主创新能力水平的发明专利方面，青岛、烟台两市更是遥遥领先，发明专利申请占专利申请总量的比例是 18.1%、27.3%，分别高于威海市 2 个、11.2 个百分点（见表 2）。

表 2　2007 年青岛、烟台、威海三市专利申请和授权情况

分市	专利申请			专利授权		
	总量（件）	其中发明（件）	发明申请占比（%）	总量（件）	其中发明（件）	发明授权占比（%）
青岛	7023	1271	18.1	3592	329	9.2
烟台	4516	1233	27.3	1714	117	6.8
威海	1913	321	16.1	1181	37	3.1

四是自主创新支撑能力不强。一是拥有企业技术中心方面的差距。青岛、烟台拥有企业技术中心 157 家、101 家，分别比威海多出 66 家、10 家（见表 3）。二是高新技术企业数量的差距。青岛、烟台有高新技术企业 685 家、450 家，分别比威海多出 523 家、288 家。同时高新技术产业比重低，2007 年全市高新技术产业产值比重分别比青岛和烟台低 16.19 个、4.62 个百分点。三是高等院校及人力资源方面的差距。青岛、烟台拥有各类大专院校 28 所、12 所，分别比威海多出 22 所、6 所；在校学生 25.4 万人、11.66 万人，分别是威海的 5.59 倍、2.57 倍。从 2000 年人口普查资料看，两市拥有大专以上学历人员占总人口比重为 5.56%、3.98%，分别高于威海 1.69 个、0.11 个百分点。由于地理与历史因素，威海在拥有高等学校以及高精尖人才储备等方面与青岛、烟台等大中城市相比仍有很大差距，硕士以上学历只有 2102 人，其中博士只有 253 人。

表 3　青岛、烟台、威海三市企业技术中心情况

单位：个

分市	企业技术中心					
	国家		省级		市级	
	2002 年	2007 年	2002 年	2007 年	2002 年	2007 年
青岛	9	12	22	36	60	109
烟台	2	7	18	31	—	63
威海	2	5	11	27	16	59

注：烟台 2002 年市级中心未开展。

五是自主名牌创新能力较弱。近年来，威海的品牌建设取得可喜成绩，但与青岛、烟台两市相比，还存在品牌数量较少、品牌层次不高等问题。从品牌数量看，青岛拥有中国名牌产品 69 个，山东名牌产品 199 个，市级品牌 311 个，中国驰名商标 25 件，山东著名商标 180 件，拥有市级以上品牌的企业达到 200 户，品牌群体进一步扩大，令威海难望其项背。烟台拥有中国名牌产品 28 个，山东名牌产品 151 个，中国驰名商标 14 件，山东著名商标 175 件，威海与之相比总量也有不小差距。从品牌层次看，有"中国品牌城市"美誉的青岛，在全国首批 3 个中国世界名牌产品中占据 2 席，拥有中国大陆唯一的世界最具影响力百强品牌——海尔。（见表 4）

表 4　青岛、烟台、威海三市名牌建设情况

分市	中国名牌（个）		山东名牌（个）		中国驰名商标（件）		山东著名商标（件）	
	2002 年	2007 年	2002 年	2007 年	2002 年	2007 年	2002 年	2007 年
青岛	25	69	59	199	6	25	41	180
烟台	0	28	24	151	5	14	34	175
威海	2	19	18	91	3	10	15	69

差距是压力，更是潜力、是动力。有差距，才更需要奋起直追，才更具有发展的空间。客观分析威海自主创新的成绩与差距，总体来讲是优势大于劣势，机遇大于挑战，基础良好，前景广阔，已经具备实施自主创新战略的基本条件。

四　"三区"建设——在新起点上走威海特色的自主创新之路

当前，自主创新已成为人们的普遍共识，各地都在大力实施自主创新战略，把增强自主创新能力作为推进又好又快发展的战略基点。威海实施自主创新，必须从本地实际出发，突出自身特点，坚持原始创新、集成创新与引进消化吸收再创新相结合，大力推进自主创新和科技成果转化，走出一条具有威海特色的自主创新之路。

总的目标是，把威海建设成为高层次人才聚集区、产学研结合密集区、科技成果转化汇集区。

具体目标是："十一五"期间，全社会研发投入占 GDP 的比重达到 2%，高新技术产业产值占规模以上工业产值的比重达到 35%，科技进步对经济增长的贡献达到 62%，高新技术产品中拥有自主知识产权的产品比重达到 60%，高新技术产品出口额占工业制成品出口额的比重达到 30%。到 2020 年，全社会研发投入占 GDP 的比重达到 2.5%，高新技术产业产值占规模以上工业产值的比重达到 55%，科技进步对经济增长的贡献达到 70%，威海市区域内发明专利年度授权量和向国外申请专利量均进入全省前列，在全省率先进入创新型城市行列。

（一）建设高层次人才聚集区

牢固树立人才是第一资源的观念，抓好高层次人才培养、引进和使用三个环节，加强高技术研究开发、重大科技成果转化与产业化、科技创业人才队伍建设，健全鼓励创新人才的分配制度和激励机制，创造鼓励科技人员创新、支持科技人员实现创新的有利条件，营造尊重知识、尊重人才、人才辈出、人尽其才的良好机制和宜于创新发展的社会氛围，为提高自主创新能力提供强大的人才支撑。

根据全市经济社会发展实际情况，经初步测算，到 2012 年，全市人才队伍总量需达到 21 万人，其中硕士以上高层次人才 6000 人，博士 500 人以上；人才载体建设取得新的突破，通过与省人事厅共建留学人员创业园区，留学人员企业力争达到 60 家，博士后科研工作站 20 家，通过产学研结合新增市级以上工程技术中心和企业技术中心 50 家，其中省级达到 150 家、国家级达到 10 家，90% 的规模以上企业与大院大所开展紧密型的产学研合作，企业与高校、科研院所共建技术开发机构 50 家以上。经过 5 年的努力，初步形成一支数量充足、结构合理、门类齐全并与国际经济、科技发展接轨，与威海经济社会发展相适应的高层次、创新型人才队伍。主要措施如下。

一是加强创新人才培养。建立和完善政府、企业、社会多元化人才培养和投入机制。发挥科技人才培养基金的引导作用，加大资助力度，重点资助和培养威海市优势高新技术领域急需人才、农村实用科技人才和海外归国优秀人才。支持企业培养和吸引创新人才，鼓励企业与科研院所、高等院校合作培养研究型人才和复合型人才。结合重大科技项目的实施，把创新人才培养作为综合绩效考核重要指标之一，建立有利于激励自主创新的人才评价和奖励制度。

实施"十百千创新人才培养工程"。加强优秀中青年专家和行业技术、学科带头人的选拔和培养，以重大科技任务培养和凝聚创新人才，在重点产业和重点领域造就一批科技创新领军人才、拔尖人才和创新团队。到 2012 年力争培养

10 个以国内外处于顶尖水平的科技创新人才领军的、国内处于领先水平的优秀创新团队；在威海市优势学科和重点领域选拔培养 100 名学术技术带头人，并带动 1000 名学术技术骨干和优秀后备专业技术人才。对列入"十百千创新人才培养工程"的人选，采取国内外培训、进修、学术交流等方式，加大培养力度，并实行目标管理和动态管理，坚持"能者上、庸者下、劣者汰"。

实施企业经营管理人才"211 培训工程"。采取专题研修、考察交流、跟班学习等方式，5 年内由市委、市政府选派 20 名在全国同行业具有较高知名度且对威海市经济发展有较大贡献的企业家，100 名在全省具有一定影响且企业成长性较好的企业负责人，100 名具有现代管理知识、有培养前途的优秀年轻企业经营管理后备人才赴国内外进行专题培训。

充分利用威海市两所驻威高校的教育资源，增加硕士生、博士生招生数量，扩大高学历人才的培养规模。积极鼓励和支持驻威高校，扩大高学历人才培养的学科范围，使其尽可能覆盖威海市经济和社会发展的主要领域。对于具有硕士、博士招生能力的，同时又符合威海市重点产业发展要求的新型学科，给予重点扶持。

建好一批高水平的中高等职业学校，强化创新教育和岗位培训，形成一流的职业技术教育体系和高技能人才培训基地，培养威海市产业发展需要的高技能人才。切实发挥国有企业产业技能工人培训优势，鼓励社会力量和机构培训各类高新技术产业发展急需的高级蓝领，培育一批产业技能型人才。加强科学技术普及和培训，利用农村科技远程教育、农广校、农函大等开展大规模的科普知识、实用技术和职业技能培训，提高广大劳动者的科技文化素质。

二是健全完善柔性引才机制。实施"引人与引智并举"战略，对优秀人才"不求所有、不求所在、但求所用"，抓好各类科技人才载体建设，积极创建博士后工作站，鼓励企业建立各类实验室，营造良好的人文环境、创业环境，为科技人才创业提供条件。

结合城市发展定位和经济社会发展需求，做好急需的高层次人才需求预测。按照产业发展布局和重点，定期制定和发布《威海市紧缺急需专业目录》，充分发挥急需专业目录在高层次人才引进与培养方面的宏观导向作用，增强引进的针对性和准确性。

采取灵活多样的吸引人才政策。鼓励驻威高校和科研机构，面向海内外，引进跨学科知识、跨行业经验和有广阔视野的自主创新领军式人才；以多种形式人才驿站为载体，积极吸引掌握自主知识产权和核心技术的海外留学人员来威创新创业，鼓励留学人员，特别是在海外获得硕士以上学位并在跨国公司重要管理岗位或技术岗位工作 2 年以上的人员来威海市工作。每年由市政府组织海外高层次人才招聘团赴国（境）外开展 1～2 次招才引智活动，五年内力争在国（境）外设立 1～2 个海外人才引进联络处。拓宽高等院校、科研院所和企业之间人才相互流动的渠道，鼓励威海市高新技术企业和国内外知名大学合作建立研发中心、联合实验室、中试基地，鼓励和支持科技人才兼职兼薪，共同开展技术攻关，推动产学研合作及科技成果转化。

对高层次科技人才，打破用人单位编制、增人指标、工资总额等方面的限制。企业招聘国内高等院校毕业生和吸引优秀人才不受户籍限制。对科技人员带成果到威海开展合作研究开发，优先列入各级科技计划，给予重点扶持。

妥善解决好优秀人才来威海市工作的医疗保险、配偶就业、子女上学等问题。克服与发达地区在人才引进上的相对劣势，通过营造良好的人才发展环境，探索从中西部地区引进所需人才的途径。

三是积极发挥创新人才的作用。鼓励科技人员创办、领办、承包科技型实体，通过必要的资助、包装策划和管理培训、融资服务等多种扶植手段，壮大威海市的创业人才队伍。允许企事业单位的专业技术人才在完成本职岗位工作任务、不侵犯原单位合法权益、不损害社会和公众利益的前提下，在市内不同区域和不同单位从事技术开发、信息咨询、技术服务、提供劳务等法律法规允许的工作，并获取相应报酬。

建立和完善向高层次优秀人才倾斜的收入分配机制。逐步实行岗位工资制度，使工资收入与岗位职责、工作业绩、实际贡献以及成果转化中产生的经济效益和社会效益直接挂钩，不断提高知识、技术、管理等生产要素参与收益分配的比重。鼓励科技人员以技术、专利等生产要素作价入股参与分配，为科技人才充分施展才能和脱颖而出，营造政策鼓励、法律保障、舆论支持的良好氛围，使科技人才通过创新创业率先致富。

探索建立以创新能力和工作业绩为导向，不唯学历、不唯职称、不唯资历、不唯身份的职称评聘"绿色通道"。对业绩能力突出的人才，不受学历、资历、外语条件限制，可申报相应的专业技术职务任职资格；对事业单位业绩能力突出的人才，适当放宽职称聘任职数限制，为优秀人才脱颖而出创造条件。对事业单位紧缺的特殊高层次专业技术人才，由单位申请，经政府人事部门批准可适当延长其退休年龄，其延期退休期间不占编制和专业技术职务职数。

充分发挥离退休高层次人才作用。建立离退休高层次人才信息库，建立专家返聘制度，采取活动聘请、项目聘请、短期聘请等多种形式，进一步发挥离退休高层次人才对威海市经济社会发展和科技进步的推动作用。按行业组建"专家咨询服务团"，建立完善高层次人才快速集结机制，充分发挥各领域高层次专家的作用。

鼓励企业家的创新活动，发挥企业家在企业自主创新中的核心作用。健全企业家创业发展的支持服务体系，充分发挥政府企业家服务机构的作用，创新服务方式，完善企业家成长环境，保护企业家合法权益。全面提升高新技术企业家的综合素质和社会责任感，建立高新技术企业家行业自律组织，通过信息交流、论坛、培训、科技合作等多种方式和服务手段，建立起视野开阔、创新开放、反应灵敏、运筹帷幄的高新技术企业家队伍。

四是大力培育创新文化。广泛利用各种宣传教育途径，倡导敢于冒险、勇于创新、宽容失败、追求成功、开放包容、崇尚竞争、富有激情、力戒浮躁的创新文化，培育企业家精神，激发员工的创新精神、进取精神和协作精神，积极开展和大力表彰"自主创新年活动"等群众性创新活动，强化创新意识，培养创新能力，树立创新的文化价值观，使追求创新成为全社会的共识。

加大对人才工作的投入。设立市级"人才开发专项资金"，将高层次人才队伍建设资金列入年度预算，根据需要和财政增长情况逐年增加。对威海市新评为国家、省部级有突出贡献的中青年专家、享受国务院政府特殊津贴人员以及列入国家"百千万人才工程"人选的，除享受上级发放的津贴外，建议政府给予相应的奖励。设立"威海市有突出贡献人才奖"，对业绩特别显著、贡献特别突出、创造巨大经济效益或社会效益的人才群体和高层次人才，除予以重奖外，授予相应的荣誉称号。

针对科研活动的特点，倡导建立知识要素参入分配的科技创新激励机制，进一步完善科技进步考核办法，提高创新评价的科学性、公正性和导向性。将科技创新工作的目标要求充实到考核内容中，切实加大对自主创新工作的监督、考核力度，把各类创新主体的积极性引导到有利于建设科技创新型强市的目标上来。

设立"威海市专家协会"，将全市各个领域和行业的学科带头人、有突出贡献的中青年专家、优秀企业家、首席技师和优秀农村实用人才纳入协会统一管理，使专家协会既成为各类专家和人才发挥聪明才智、奉献社会的重要平台，又成为专家与党委、政府，专家与企业，专家与专家之间联系的桥梁和纽带。充分发挥协会联系高层次人才广泛和紧密的优势，在建设高层次人才聚集区上起到应有的作用。

（二）建设产学研结合密集区

积极创造产学研合作创新的良好环境，落实推动产学研合作创新的政策和措施，引导和支持骨干企业开展战略性关键技术和重大设备的研究开发，鼓励中小企业主动作为，改变在产学研链条中的从属地位，基本形成以企业为主体、市场为导向、产学研相结合的技术创新体系，引导和支持创新要素向企业集聚，促进科技成果向现实生产力转化。

到 2012 年要达到的目标如下。

一是产学研结合层次大幅提升。以市政府名义，与 10 家以上的高校、科研院所建立产学研联盟，同时在威海市共建技术转化中心。经常性地举办各类产学研合作交流对接活动。

二是企业产学研结合更加紧密。全市规模以上企业都至少要依托一所大学、大院、大所，至少有一项产学研结合创新项目，其中，电子信息、新材料、生物医药、海洋等领域的产学研合作达到高度密集，每个企业至少要与 3 家高校院所建立紧密合作关系。发展 10 家以上企业与高校、科研院所产学研合作单元或示范基地。企业与高校、科研院所共建技术开发机构 50 家以上。

三是培育一批科技型企业。通过产学研结合，培养一批创新能力强、发展前景好的科技型企业，到 2012 年，高新技术企业发展到 210 家，成为高新技术产业发展的骨干力量。

四是推动高新技术产业快速发展。突出产业特色，加强新材料、先进制造、生物医药、农业高新技术、海洋高新技术等领域的产学研结合，通过联合攻克关键技术、引进科技成果，培植高新技术产业集群，形成一批拥有自主知识产权和国际竞争力的高新技术产品。主要有如下措施。

一是发挥政府的引导作用，营造产学研结合的良好环境。加大政策扶持力度，认真落实中央、省鼓励自主创新的财政税收优惠政策，完善有利于技术创新的地方政策法规，实施激励产学研合作的税收政策，发挥税收对自主创新的激励作用。强化财政投入对自主创新的导向作用，逐步提高科技三项资金占财政支出的比例，并按财政支出同比例增长。根据威海发展需要和实施条件的成熟度，设立市科技成果转化专项资金，重点为省级以上重大科技成果转化资金提供配套。设立科技型中小企业创新基金，重点用于鼓励和扶持科技型中小企业的创办和创新发展。建立政府科技经费的绩效评价体系，明确政府科技计划和应用型科技项目的绩效目标，建立科技经费使用追踪问效机制。

加大对技术创新的宣传力度。利用相关媒体对典型事例和成功经验进行报道，正确引导舆论导向，引导企业创新行为和社会投资方向，推动一批传统支柱产业的改造升级，提高传统工业技术装备的信息化、自动化、现代化水平，形成一批拥有核心竞争力的优势产业群。

加大科研机构建设力度。通过举办产学研洽谈会等多种形式，促进校企、院企合作。以两所分校为纽带，重点推进与山东大学、哈尔滨工业大学、中科院、中国海洋大学、山东海洋工程院等高校院所的合作。支持国家级技术研究开发机构、国家工程中心、国家重点实验室到威海设立分支机构。引导企业建立各种形式的研究机构，不断加大创新投入，使企业成为科技投入、研究开发、风险承担、应用受益的主体，争取用 3～5 年时间，在全市大中型企业、高技术企业、民营科技企业、中国驰名商标企业、中国名牌产品企业等都建立起企业工程技术研究开发中心或企业技术中心。对新认定的市级中心，给予 20 万元补助；对新认定的省级中心，给予 40 万元补助；对新认定的国家级中心，给予 100 万元补助。

加大知识产权保护的执法力度。改善外部环境，维护专利人的合法权益，支持企业进行自主创新。坚持先进技术引进、消化和创新相结合，引导和支持骨干企业开展具有自主知识产权的核心战略性关键技术、共性技术和重大设备的研究开发，增强企业对核心技术和关键技术的自主开发能力。

二是不断完善产学研结合的社会化服务体系。大力发展科技中介服务机构。通过政府引导，支持和鼓励社会力量创办各种技术创新服务、专利服务、信息咨询等知识密集型科技中介服务机构。着力提高科技中介服务机构的服务能力与服务水平，推进社会科技资源的优化配置，使之成为联系政府、企业、高校和科研单位的桥梁与纽带。

整合质监、环保等部门的先进科研设备和科技人力资源，建立公共技术服务平台，通过市场化运作，发挥财政投入资金使用效益的最大化，使全市中小企业能共享先进的检测设备、试验仪器，降低企业研发成本，支持企业进行科技研发。建立科技企业孵化器，促进中小企业创业创新。鼓励采取社会资金、政府集中扶持的多元化投资方式建立科技企业孵化器。

加强产学研供求信息库和科技信息网络等基础设施建设。充分发挥科技部门的智能作用，建好产学研信息服务网，通过网络将科技信息社会介绍给企业，并将企业的技术难题、人才需求及时反馈给高等院校和科研单位，使产学研合作的渠道始终畅通，以适应产学研结合工作的需要。

加强对在建的十大平台的检查调度。对基础好、功能完善、公共服务能力强的平台，加大投入，引导其提高科研开发水平和使用效率，逐步发挥其创新服务功能。对达不到要求的创新平台，采取有效措施，督促其完善设施、加大投入，发挥应有的服务水平。在重点发展的高新技术领域中，启动汽车电子、大型船舶共性技术开发、海洋产业科技开发等新的创新平台，为高新技术产业发展提供研发支撑。

三是积极探索以市场需求为导向、企业为主体的产学研结合有效机制。引导高校积极面向区域经济建设主战场，大力开发企业迫切需要的先进技术，加强科技成果转化，寻求高校、科研院所科技成果转化机制的创新和突破，形成产学研互通工作网络和互惠互利双赢机制及符合市场规律的科技成果扩散、对接和转移机制，有效整合科技创新资源，加速科技成果就地转化及产业化。

引导和鼓励企业根据市场需求，自觉作为创新投入的主体、风险承担的主体、经济效益获得的主体，与高等院校、科研单位建立多层次、全方位的合作，以技术入股、利润分成、销售额提成等为主要合作形式，形成良性互动、利益共享、风险共担的高效合作机制。鼓励企业进行原始创新和专利申请，对获得发明、实用新型、外观设计专利授权的企业进行奖励。鼓励企业培育名牌，对获得各级名牌产品或全国驰名商标的企业进行奖励。

建立企业科技创新风险投资机构，拓宽产学研结合的融资渠道。通过招商引资等方式鼓励和引进有实力的企业组建科技创新风险投资机构，积极吸引社会资金参与科技成果转化和产业化。鼓励科技信贷、风险投资、民间资本、国际风险投资业涉足威海市高新技术产业，继续探索建立有效的科技担保机制，为科技企业科技成果产业化提供资金支持。重点扶持和推进一批科技投融资机构的发展和壮大，形成政府资金引导，金融机构、民间资本、风险投资共同参与的多元化科技投资模式。健全完善产学研合作成果转化扶助基金。进一步完善产学研合作成果转化扶助基金。以项目或课题为纽带，鼓励、支持企业加快推进与山东大学、哈尔滨工业大学、中科院、中国海洋大学、山东海洋工程院等高校院所的合作，支持国家级技术研究开发机构、国家工程中心、国家重点实验室到威海设立分支机构，鼓励高等院校、科研机构与国内外企业共建实验室、研发中心、工程中心等研究机构，形成地方、社会力量共同支持、利用、建设的新机制，不断提高威海市基础研究和应用基础研究能力。

（三）建设科技成果转化汇集区

立足自主创新基础比较薄弱的现实，突出抓好科技成果转化，把引进人才与引进科研成果结合起来，引进产业项目与引进科研机构结合起来，自主开发与购买专利技术、知识产权结合起来，吸引和推动国内外的创新成果在威海加速实现产业化。在总结分析前期合作经验的基础上，在全市重点推动"六种"转化形式，突出重点，加大相关产业产学研结合的转化力度。一是集成转化。围绕威海市的优势产业，集成分散在高校、科研院所的同类技术资源，同时到威海市转化。就威海市医用材料产业，积极组织中科院具有这方面技术资源的研究所，将其医用材料方面的技术和成果，集中到威海市以威高集团为代表的医用材料生产企业进行转化，争取形成在全国叫得响的优势产业。二是重点转化。围绕对威海市多家企业都有技术优势的重点高校、科研院所，组织其技术和成果到威海市相关企业转化。发挥中科院金属所在新材料设计和合金加工、锻造技术处于全国领先的优势，邀请金属所有关专家，与威海市新材料及合金加工、钢坯锻造、大型曲轴加工等企业进行对接，争取解决这些企业的相关技术难题，并开发一批新产品。三是提升转化。围绕威海市正常生产但产品在国内无明显领先优势的企业，利用高校、科研院所的技术优势给予提升。针对威海市电子信息领域，相当一批企业的产品还没做到全国最好。计划组织相关高校、科研院所，与威海市的企业进行对接，促使企业将产品做高、做精、做大、做强。四是嫁接转化。围绕威海市一批有过剩生产能力且有一定基础的企业，嫁接一批高校、科研院所成熟的技术成果，提高企业产出效益。主要是针对在这方面有很大潜力的机械加工企业。五是资金转化。围绕威海市一批有大量资金积累而苦于找不到合适的投资项目的企业，利用高校、科研院所的技术资源，引导其资金投向高新技术产业项目，尽快将资金优势转化为技术优势、产品优势和产业优势。主要是针对在这方面有比较旺盛需求的海水养殖、房地产开发企业。六是联动转化。就是在组织一家高校院所技术成果转化的同时，与其他高校、科研院所的技术成果转化联动进行，以提高技术转化的成效。主要措施如下。

一是抓好重点领域的突破。围绕以特种打印机、扫描仪、传感器、电力电子器件为代表的电子信息领域的发展，坚持以发展高新技术、降低成本为方向，以具有自主知识产权的高新技术产业群为依托，提高技术创新和成果转化能力，不断开发技术含量高、附加值大的高端新产品。重点搞好计算机应用软件技术，计算机支撑的工业控制软件系统，异网同构技术、数据压缩传输与接收技术、网络终端技术、网络安全技术等的研究和转化。

围绕以高性能碳纤维、医用生物材料、铝镁合金轮毂、镀膜玻璃为代表的新材料领域的发展，充分发挥国家"863"新材料成果产业化基地的优势和品牌效应，加快特色材料产业化基地建设，推动新材料产业持续快速健康发展。"十一五"期间，重点建设医用高分子材料基地、铝镁合金材料基地、碳纤维复合材料基地、功能玻璃基地、化工新材料工业基地、轮胎生产基地等新材料基地。

围绕以数控机床、印刷机械、特种功能电机、远洋功能船舶、机场专用设备等为代表的光机电一体化领域发展，以提高制造技术和培养持续创新能力为重点，研制关键的基础机械、基础配件、重大机械成套装备、大型特种车辆、节能环保汽车、大型运输和捕捞船舶，发展绿色制造和生态工业。

围绕以高效矿山分离设备、大功率 LED、风机、高效环保节能型空调、高效节能灯为代表的新能源与高效节能领域，大力应用高技术推动新能源和可再生能源的开发与应用，促进能源、经济与环境相互协调发展，发展循环经济，实现新技术产业可持续发展。

加大对重点行业的科技成果转化力度，对造船、汽车、新材料、生物工程等重点行业，都要力争把研发中心与产业项目同时引进来，就地研发，就地转化，对关键技术，舍得花大本钱，尽快转化为自己的核心竞争力。

二是搞好高新技术对传统产业的嫁接与改造。围绕传统产品的升级改造，重点运用高新技术对光机电一体化、电子信息领域、新材料以及生物医药等领域的传统骨干产品进行技术提升，加速新产品的研制，提高新产品的技术含量。利用计算机技术加快传统工业设备的技术改造和升级，进一步提高传统产业的机械化、自动化水平，以实现数字化工业为目标，促进传统产业结构改造和经济结构调整。

大力实施制造业信息化工程。在总结"十五"期间制造业信息化工作经验的基础上，整合国家、山东省和威海市科技资源，加大工作力度和投入力度，围绕制造装备数字化、管理数字化和中介机构建设等，加快传统产业信息化进程，以信息化带动工业化，推动威海市工业企业快速、高效发展。到"十一五"末，制造业信息化促进企业效益增长 20% 以上，全市规模以上制造业企业实施信息化改造的占 40% 以上，信息技术支撑体系完善，力量充足，能够满足制造业企业实施信息化的需要。

三是发挥好重点园区的示范带动效应。完善各类科技园区服务功能。加强引导和支持，发挥高新区的技术创新载体作用，加快"一区多园"的建设步伐，优化高新区项目投资结构，提高高新区自主创新能力和水平，培育高新区特色产业集群和产业联盟，努力打造高新区品牌效应，推进高新区的二次创业。

强化高新技术产业特色基地建设，发挥高新技术产业集聚效应。以威海火炬创新创业园、国家电子信息产业园和国家知识产权试点园区为重点，加大推进技术研发、创新孵化、创业加速和中介服务支撑体系建设，丰富"产学研"合作内涵。加强对各级各类生产力促进中心、科技孵化器发展的规划和引导，明确各类生产力促进中心、科技企业孵化器的主导方向，完善其在成果转化、中介投融资等方面的服务功能，推动孵化器专业化发展、市场化运作。

以消化吸收再创新为主要方向，充分利用现有的各类园区，建立一批中小企业技术创新基地、高新技术特色产业基地。充分发挥 5 个国家"863"计划成果产业化基地在发展新兴产业中的骨干带头作用，加强与国内外科技优势体的合作，不断提高自有知识产权产品比重，争取承担和实施更多的国家"863"项目，吸引海外人才到威海创业，推动威海市海洋科技、新材料等产业向更高层次发展。切实加强海外学人创业园、出口加工区、威海火炬创新创业基地、经区创新中心和春晖产业科技园等一批"区中园""区中区"发展，充分发挥这些基地在引进人才、引进项目、实施科技计划的载体作用。

四是不断拓宽融投资渠道。多渠道筹措资金，按照"银行贷、财政贴、上市募、民间融、对外引"的思路，进一步加强科技成果转化的投融资体系建设。继续大力实施"银企互动"工程，发挥金融机构在企业融资中的主渠道作用，抓好百项重点技术改造项目"银企互动"工程，引导银行资金投向工业项目、大项目、高科技项目，保证重点行业、重点企业、重点项目的资金需要。加快公司制企业的规范完善，大力培植上市资源，通过独立上市、强强联合、借壳上市等方式，培植一批新的上市公司。加快民间融资步伐。积极引导外资企业、民营企业和民间资本参与公有制企业的战略性重组，优化投资增量、盘活资产存量。加大招商引资力度。抓住日韩和欧美产业转移的机遇，积极开展以行业招商、产业招商为重点的招商引资活动，努力引进一批国外大企业来威投资建设。同时，充分发挥威海的城市品牌效应，引进一批国内大企业，进一步提高威海市工业的整体水平和综合竞争力。

五是进一步加大政策扶持力度。加大对企业自主创新投入的所得税前抵扣力度，对财务核算健全，实行查账征税的企业在一个纳税年度实际发生的技术开发费用，按规定实行 100% 扣除基础上，允许再按当年实际发生额的

50%在企业所得税前加计扣除，实际发生技术开发费用当年抵扣不足部分，可按税法规定在5年内结转抵扣；企业用于研究开发的仪器和设备，单位价值在30万元以下的，可一次或分次摊入管理费，单位价值在30万元以上的，可采取适当缩短固定资产折旧年限或加速折旧；经认定的高新技术企业，自获利年度起2年内免征所得税，免税期满后按照15%的税率征收企业所得税；进口范围内规定的科学研究和技术开发用品，免征进口关税和进口环节增值税。对承担国家重大科技专项、国家科技计划重点项目、国家重大技术装备研发项目、重大引进技术消化吸收再创新项目的企业，进口国内不能生产的关键设备、原材料及零部件，免征进口关税和进口环节增值税；对实施技术改造项目新建厂房、仓库和其他生产性附属设施，免征城市基础设施配套费和防空地下室易地建设费；对企业从事技术转让、技术开发业务和与之相关的技术咨询、技术服务业所取得的收入免征营业税；各级政府设立的产学研创新专项基金要向高新技术企业倾斜。

五 打造创新开放宜居幸福的现代化新威海——自主创新推动下的新时期威海发展之路

充分发挥自主创新在经济社会发展中的引领和支撑作用，把提升自主创新能力作为又好又快发展的第一动力，作为各项工作的总抓手，像招商那样招揽人才，像重视资金那样重视技术，像推动全民创业那样推动全面创新，进一步提高产品、企业、产业和城市的核心竞争力，提升开放、生态和海洋三大原有优势，不断增创发展新优势，促进经济社会又好又快发展，努力把威海建设成为创新型国际化海洋生态城市。具体要做到以下"四促"。

（一）以自主创新促产业结构调整

以现代农业、现代渔业为基础，以先进制造业为龙头，以现代服务业为支撑，形成一、二、三产业上拉下促及三大基地齐头并进的产业新格局。加强农业科技成果转化和推广应用，推动新的农业革命；加快利用高新技术嫁接和改造传统产业，培植独具特色的优势产业；用先进技术和装备改造及提升传统服务业，大力发展现代服务业；积极推动海洋科技与海洋经济有机结合，优化海洋经济结构。

1. 促进现代农业发展

大力发展设施农业、装备农业、科技农业，挖掘农业内部潜力，不断增强农业综合生产能力，提高土地产出率和农业比较效益。实施新农村建设农业科技行动计划和良种产业化工程、农副产品精深加工示范工程，加强农业科技成果转化和推广应用，培育一批具有较强示范带动作用的农业科技示范园区，形成一批农业科技龙头企业，不断提高农副产品的附加值。进一步深化农业科研体制改革，完善农业创新体系，整合科研资源，加大投入力度，尤其要在农业生物技术、信息技术等农业高科技领域有新的突破。加强国际的农业科技交流，引进、消化、吸收和创新一批优良品种和先进技术。加快农业科技推广体系的改革步伐，实行市场行为和政府行为相结合，逐步建立以各级农技推广队伍为主力，以农业院校和科研单位为依托，以农业科技示范园区为基地，以良种繁育推广和节本增效技术为重点，以各种专业技术协会为纽带，集科研、开发、示范、推广于一体的新型农业科技推广体系，加快农业科技成果的转化集成和应用。

（1）调整优化内部结构。种植业，以"优、新、特、精"为方向，在稳定粮食种植面积的基础上，大力发展以水果、花生、蔬菜、药材为支柱的特色经济作物。畜牧业，稳定发展生猪、鸡饲养，主攻奶畜和貂、狐狸等特种动物养殖，努力成为在全国有影响的奶畜养殖基地、皮毛产地。渔业，积极实施渔业资源修复行动计划，改善优化近海海洋环境，加强名优特品种的培育和推广，搞好病害防治研究，积极推广深水大流养殖、陆地工厂化养殖、网箱养殖等新型技术，合理调节养殖密度。严格控制近海捕捞强度，稳妥做好近海捕捞渔船报废和渔民转产转业工作，鼓励骨干企业增加现代化装备，积极开发北太平洋和西南大西洋等远洋渔场。

（2）大力推进农业产业化。重点扶持市级以上农业产业化龙头企业，鼓励其通过资产重组、资本运营、兼并联合等方式迅速膨胀，提高辐射带动能力。着力打造花生、果品、蔬菜、中药材、畜产品和海珍品等十大农副产品生产加工基地，健全农产品质量安全监测和动植物疫病防治体系，加快农业标准化示范区和优质农产品生产基地建设步伐，大力发展无公害、绿色和有机食品。实施"出口农产品绿卡工程"，鼓励农产品出口基地和加工企业积极参与农产品国际标准认证，努力扩大对韩、日农副产品出口，确保年均增长15％以上。大力发展各种形式的农村合作经济组织。放宽市场准入，加大政策扶持力度，鼓励和支持村"两委"、农村能人、龙头企业、乡镇涉农站所、基层供销社等创办合作经济组织。

（3）加强农村社会化服务体系建设。在科技服务方面，建立健全各类基层农业科技服务机构。支持和鼓励应用型农业科研机构改制为科技型龙头企业，鼓励农业龙头企业通过产学研相结合的路子或自办研发机构，加速科技成果转化与推广应用。在流通体系建设方面，设立农村现代流通服务体系专项建设资金，扶持"万村千乡市场工程"建设，推动连锁超市、物流配送等现代流通方式向农村延伸，改善农村消费环境。在农业机械化服务方面，重点突破玉米、花生收获和农产品初加工等关键技术，发展高效设施农业。要以减灾防灾为目标，进一步加强对灾害性天气的监测、预报，重点搞好气象卫星综合应用、人工影响天气作业系统、农业气象情报预报系统、海洋气象服务保障系统建设，在农业抗御气象灾害、挖掘生产潜力、趋利避害等方面发挥重要作用。

（4）加强农村劳动力培训转移。积极发展农村教育事业，普及科学技术知识，建立健全农村教育网络，通过广播电视教育、函授教育、职业学校、办培训班等多种形式，提高广大农民的科技文化素质。实行城乡统筹的就业方针，将农民就业问题纳入整个社会的就业体系，逐步建立城乡并重、城乡统一的劳动力市场。积极实施"阳光工程"，进一步整合各类教育资源，大规模开展农村劳动力技能培训，提高农民工的职业技能和就业能力。认真清理各类针对农民进城就业的不合理限制，做好农民工社会保险工作，维护农民工的合法权益。

（5）加快以水利为重点的农业基础设施建设。坚持抗旱与除涝并举、开源与节流并重、城市与农村兼顾、建设与管理同步。重点抓好水源开发，扩大供水能力；重点抓好防洪保安全工程建设，重点抓好主干河道治理和大中型水库及所有小型病险水库除险加固，基本消除大的水患；重点抓好农田灌溉和水土保持工程建设。积极推广旱作农业技术，大力发展节水灌溉。以小流域治理为重点，采取生物技术与工程措施相结合的办法加快水土整治步伐。

2. 促进现代工业发展

坚持走新型工业化道路，围绕建设现代制造业基地，调整优化产业布局，积极培育五大产业群，建立和完善技术创新体系，大力发展高新技术产业，采取高新技术和先进适用技术提升传统产业，加快推进工业结构优化升级，尽快形成一批支柱产业、一批大型企业和一批知名品牌，努力把威海市打造成为胶东半岛制造业基地的重要板块。

（1）搞好工业布局调整，规划建设"二区二带"。在重点抓好现有国家级和省级开发区建设的同时，打破行政区划和城乡二元格局，把三市三区作为一个经济板块统一调整生产力布局，抓好"二区二带"的规划建设。

"二区"。其一，制造业聚集区。以威海市区、文登、荣成交接的"大三角"地区为腹地，引导加工制造企业和新上项目向中部地区聚集，把"大三角"建设成为加工制造业的聚集区。其二，高新技术产业聚集区。依托高技术产业开发区的产业基础、科技资源和人才优势，以科技新城为载体，以山东大学（威海）、哈尔滨工业大学（威海）等高等院校为支撑，打造以威海市区、高技术产业开发区为主体的高新技术产业聚集区。

"二带"。其一，临港工业产业带。充分发挥岸线资源优势，科学规划，合理布局，积极培育船舶修造、电力生产、海产品精深加工等优势产业，加快推进以石岛新港为依托的石油储备及加工基地建设，尽快形成一批新的产业隆起带，推动临港工业向规模化、集群化、高端化发展。其二，农副产品深加工产业带。按照"建大龙头、带大基地、兴大产业、占大市场"的战略思路，利用威海市丰富的海产、畜产和农副产品资源，突出区域特色，打造以海产品为主的农副产品深加工产业带。

（2）优化产业结构调整，发展壮大产业集群。按照"大项目—企业—产业链—产业群—制造业基地"的发展思路，不断加大投入，大力发展高科技含量、高附加值、高加工度、外向型"三高一外"制造业，加快产业结构调整步伐，重点发展电子信息、生物医药、海洋技术、新材料四大高新技术产业。改造提升机械、化工、轻工、纺织、建材、食品六大传统产业。着力培植运输设备、电子信息、机电工具、轻纺服装、食品医药"五大产业群"。

运输设备产业群。重点发展船舶制造业、汽车及零配件制造业。船舶制造业重点实施好"3111"工程，打造皂埠湾、俚岛湾和石岛湾三大修造船业聚集区，培植山东新船重工有限公司、山东黄海造船有限公司等十大重点造船企业，形成一条沿海造船工业带，培育一条船用电机、空调、水泵、锚链等配套产品的产业链，推动船舶制造业向大型化、多品种、多功能、高性能方向发展，把威海市建设成为在国内外具有一定影响力的修造船基地。汽车及零部件业要适应世界汽车工业全球化、集中化和高新技术密集化的新趋势，广泛开展各种形式的国际合作，特别是和跨国汽车集团以及为跨国汽车集团配套的零部件公司的合作，积极引进先进技术和设备，提高产品质量和档次。重点实施"2112"工程，即做大做强荣成华泰汽车有限公司和东安黑豹股份有限公司2个整车厂，加快发展轮胎、钢丝帘线、曲轴、铝轮毂、刹车片、板簧、线束、内饰、连杆、活塞环、齿轮等11个骨干零部件产品，培植荣成汽车零部件工业城和韩国现代汽车配件城2个汽车零部件城。

电子信息产业群。依托威海市电子信息产业园和软件产业园，重点引进国内外知名大企业，实施一批市场前景好、科技含量高的大项目，开发一批技术先进、有较高市场占有率、具有自主知识产权的产品。依托计算机外部设备产品、光纤光缆产品、传感器类产品、电池、微电子设计研发五个基地，重点发展扫描仪、打印机、光纤光缆等产品，并在集成电路设计、相关数字电子产品开发上实现突破。

机电工具产业群。加快与电子技术的融合，加大技术改造和内部挖潜的投入力度，鼓励发展机电一体化的装备制造业，改造提升传统产业，重点建设好印刷机械、建筑机械、木工机械、航空地面专用设备制造四大基地，推动通用机械产品走大型化、成套化、系列化之路。

轻纺服装产业群。突出品牌意识，大力实施名、优、特、新产品开发战略，把各种特色产品做大做强，打造威海市轻纺服装特色产业，提高参与国际经济分工和协作的竞争力。重点发展服装、家用纺织品、棉纺织品、皮革及制品、渔具五大类产品，开发休闲装、高档时装、碳素鱼竿等产品，努力打造全国最大的地毯生产制造基地、抽纱系列产品生产集散地。

食品医药产业群。食品业重点发展蓝色海洋食品、绿色农业食品及其他特色食品，突出发展水产品精深加工及海洋保健品生产，提高水果加工业、花生制品业、蔬菜加工业和乳制品业的市场竞争力。医药业，充分发挥威海市环境和资源优势，广泛采用新技术、新成果，重点发展新型中成药、化学药制剂、医疗器械、海洋药物和基因工程药物。

（3）加快组织结构调整，做大做优企业集群。以企业为主体、市场为导向，以提高经济质量和规模效益为目标，从有利于加快经济结构调整和产业升级出发，根据企业现状和发展前景，突出抓好内涵扩张型、资本运营型、嫁接改造型、整体引进型、多元经营型、品牌扩张型等六种类型的大型企业集团或大公司，进行重点扶持和发展。立足于做强、做大、提高核心竞争力，加快培育和发展一批拥有著名品牌和自主知识产权、主业突出、核心能力强、具有较强国际竞争力的大型企业集团和大公司。主要做到以下"五个结合"。

把培育大企业集团与实施名牌战略结合起来。按照"名牌产品、品牌企业、品牌行业"的发展方向，全面实施"品牌工业"战略。以品牌带集团，以集团促品牌，真正提高集团的核心竞争力。

把发展大企业集团与实行资本运营结合起来。以产权多元化为突破口，从企业组织结构和资本结构调整入手，以在全国及国际上有一定优势的产品为龙头，以优势企业为核心，以做大做强为目标，在世界范围内优化、整合各种有效资源，通过招商引资、股份制改造和上市、资产重组等资本运营手段，吸收境外资本、民间资本、非工业资本及其他社会资本进入重点企业和企业集团，不断壮大企业规模。

把发展大企业集团与建立现代企业制度、优化企业组织结构结合起来。深化企业内部改革，加快以公司制为代表的股份制改造，完善法人治理结构，形成与国际惯例接轨的企业组织结构。

把发展大企业集团与增强企业的科技开发能力结合起来。推动大集团加大对企业技术进步的投入，建立以企业技术中心为主要形式的技术创新体系，提高科研开发队伍的素质，加快形成自主知识产权，从而使技术创新能力真正成为集团的核心竞争力。

把发展大企业集团与做优做特中小企业结合起来。加强对中小企业发展的规划、布局、指导、服务、扶持，为中小企业创造良好的发展环境。建立和完善中小企业融资担保、行业协会、信息服务、信用评价、人才培训等扶持中小企业发展的政策体系。鼓励中小企业向专业化协作方面发展，与大企业建立互利的协作关系，促进中小企业健康、快速发展。

3. 促进现代服务业发展

把发展服务业作为三次产业结构调整的重点，加快服务业自主创新力度，大力发展现代服务业，提升扩展传统服务业，积极发展农村和社区服务业，充分发挥比较优势，努力推进三个转变：由生活性服务业向生产性服务业转变，由生活消费品供应低端服务业向休闲娱乐等高端服务业转变，由传统服务业向新兴服务业转变。

（1）大力发展文化旅游业。围绕"一条主线"、突出"两个重点"、抓好"三个一批"、实现"四个转变"，推动威海旅游业的新突破。

"一条主线"：以福文化为主题，以千公里海岸线为依托，深度开发沿海旅游资源，着力打造幸福海岸。

"两个重点"：重点开发海上旅游、温泉旅游。

"三个一批"：策划、建设一批市场前景好、带动能力强、具有较强吸引力的大型旅游项目；培育发展一批能够代表威海形象和水平的名店、名牌，加快星级宾馆建设，提高接待能力，提升接待档次；培育一批大型旅行社，吸引国内外知名旅行社来威设立分支机构，加强旅行社和导游的管理，营造良好的旅游服务环境。

"四个转变"：实现由观光型旅游向休闲度假型旅游转变，由重景观建设向重旅游文化精品建设转变，由点式开发向串珠成链、资源整合转变，由重资源开发向重市场营销转变，努力把威海建设成为特色突出的休闲度假旅游目的地。

（2）繁荣发展商贸流通业。加强市场体系建设。结合城市建设，按照便民的原则，统筹规划好商业区，加强商业基础设施建设，着力培植一批骨干企业，进一步提高消费对经济增长的拉动作用。大力推进连锁经营。加快实施"万村千乡"市场工程，大力推进"农家店"建设，积极支持有实力的连锁企业由城市向农村发展，推进新型业态和连锁经营跨地域发展。搞好大型批发市场建设。结合产业发展，统筹规划建设水产品、水果、蔬菜、家纺、建材等一批特色鲜明的产业资源型、中转集散型市场，扩大市场的辐射力和交易规模。加快发展会展业。充分发挥国际会议展览中心的作用，加强与国内外会展公司的合作，着力培育几个在国内乃至国际具有影响的名牌展会。拓宽服务性消费领域。积极开发消费市场，进一步繁荣晚间市场和休闲经济，引导和扩大文化、旅游、健身等方面的消费。积极发展商务服务业。坚持专业化、社会化和市场化原则，推动各类中介服务业健康发展，为企业经营管理、居民消费和社会信息沟通提供有效服务。

（3）积极培育现代物流业。充分发挥区位优势和海洋优势，加快构建以港口为枢纽、以立体交通为依托的现代化物流体系。大力实施"兴港强市"战略。以发展客运、集装箱和液体码头为重点，强化中心港地位，加快港口资源整合。加快与周边城市的快速联通。抓好铁路和高速公路、滨海旅游景观公路建设。鼓励发展第三方物流。着力培育一批物流专业企业。坚持客货运并举、近海与远洋并举、综合运输与专业运输并举，大力发展海上运力；支持船舶公司的发展，建立起大型化、专业化、国际化的现代海运船队；鼓励工业企业将自营的运输业务分离出来，成立专业物流企业；加快物流园区建设。加快空港发展，提早完成威海机场改扩建工程。

（4）规范发展房地产业。把房地产业作为建设精品城市、发展服务业、保障和改善民生的重要产业来抓。根据市场需求和房地产价格，调控土地供给，建立合理的住房供给体系，满足不同消费群体的需要。按照建设世界精品城市的目标，提高设计、建设标准，实现功能性和美观性的统一。以解决中低收入群体住房问题为重点，加快建设经济适用房、廉租房和普通商品住宅。建立健全房地产市场体系，积极培育和完善房地产交易、中介、物业管理等服务体系，保障房地产业健康有序发展。加快城中村改造步伐。

（5）加快发展金融保险业。积极推进金融体制改革，进一步提高银行、保险、证券等金融服务业水平。加强金融生态环境建设，鼓励和吸引外资、股份制金融机构来威海市设立分支机构，支持各类金融机构在威海发展。强化金融产品创新，大力发展银行中间业务，努力做大做强金融业。大力发展保险业务，特别要加快推进农业政策性保险业务，使之成为威海市金融业发展的新增长点。支持发展证券期货市场，大力发展各类金融中介组织，方便群众投资理财，增加财产性收入。加大企业上市力度，进一步拓宽融资渠道。

（6）健全完善科技与信息服务业。大力推进产学研合作。财政设立专项资金，引导企业加强与大专院校和科研机构的合作，推动创新要素向企业集聚。加快创新平台建设。加强科技创新服务平台和孵化器建设，推进国家知识产权试点城市、试点园建设，强化科技服务支撑能力。推进信息化建设。积极推进信息化试点城市工作，抓好50家示范企业信息化建设，打造一批集科研、开发、生产、服务为一体的电子信息产业园区和基地。大力发展软件产业，拓展互联网业务，积极发展电子商务、电子政务。大力发展服务外包业。以高区、经区为重点，搞好园区建设，加大人才招聘培养力度，提高对外开放和服务业发展水平。近期，抓好信必优等服务外包项目，争取成为全省十大重点服务外包园区。

（二）以自主创新促发展方式转变

大力发展循环经济，加大环境保护力度，实施资源节约战略，努力建设生态经济发达、生态环境优良、经济社会与资源环境全面协调可持续发展的生态市。改善基础研究条件，建立高素质、结构合理的科研队伍，全面开展循环经济、环境容量与生态环境承载力、环境监测等基础研究和科研工作，加强数字化环境管理技术、突发性环境污染事故预防、环境质量自动监测和预报预警技术等攻关和应用，加大新设备、新工艺、新技术的采购、研发与应用，加大污染治理、生态修复、环境建设等技术的攻关、引进和推广，推动资源节约型、环境友好型社会建设。

一是以循环经济为重点，积极发展生态产业。坚持资源开发与节约并举，推进资源利用方式从粗放型向集约型转变，促进经济与资源、环境的协调发展。

（1）大力开展节能降耗，提高资源综合利用效率。加强对电力、化工、建材、纺织、食品等重点行业的能源、原材料、水等资源的消耗管理，实现能量的梯级利用、资源的高效利用和循环利用，努力提高资源的产出效益。着力培育一批科技含量高、经济效益好、资源消耗低、环境污染少的产业和产品。加快用高新技术、先进节能降耗技术改造提升传统产业的步伐，限制和淘汰浪费资源、污染环境的落后工艺、技术和设备、产品。重点抓好热电、化工、冶金等行业的节能降耗工作，建设一批资源节约重点示范项目。

（2）推进资源综合利用，加快发展循环经济。按照减量化、再利用、再循环、再制造的原则，合理调整产业布局，围绕核心资源发展相关产业，发挥产业集聚和工业生态效应，形成资源高效循环利用的产业链。鼓励和引导企业加快对资源综合利用技术和产品的研究开发，提高循环经济技术开发水平和创新能力。大力回收和循环利用废渣、废水、废气等工业"三废"及其他废旧资源。

（3）全面推行清洁生产，从生产和服务的全过程减少污染物的产生。切实转变工业污染防治观念，从"末端治理"向预防为主、生产全过程控制转变。积极引导企业引进、开发和利用清洁能源技术。鼓励企业使用天然气、蒸汽等清洁能源，实施清洁的生产过程，生产清洁的产品，抓好清洁生产试点示范和推行工作。

（4）大力发展环保产业，加大对新能源和再生能源的开发利用。培育和组建适应环保需求和功能完备的环保工业，提高环保产业整体水平和竞争力，将环保产业培育发展成为新的经济增长点。进一步扩大国际交流与合作范围，积极引进国际高新技术和环保工程，及时借助并跟踪国外先进的环保科学技术和经验，加速关键环保设备、产品、技术的国产化。抓好污水处理成套设备、空气污染防治设备及"三废"处理等环保设备和产品的开发。

二是以污染防治为重点，切实保障生态安全。

（1）以保障饮用水源地安全为重点，加强水污染防治。开展饮用水源地保护研究，科学合理地划定饮用水源地保护区，严格控制水源地水质，建立饮用水源安全预警制度，构建污染源水质安全和水厂三位一体的饮用水源地水质监测信息，实施饮用水源地在线监测工程。加强对全市小流域综合治理。实施污染防治、污水资源化、流域生态恢复与保护并举的小流域综合治理策略，实现水环境污染治理由重点污染源治理为主向流域综合防治为主的战略性转变。加大对近岸海域的环境保护力度，逐步修复海洋生态环境。严格执行近岸海域功能区划，科学开发利用近岸海域资源，加强海岸滩涂和河流入海口的生态环境保护。严格控制污染物入海，加大对港口、码头、沿海修造船企业监管力度，严禁船舶含油废水直接排海，综合防治石油类对近岸海域的污染，强化对海岸、海洋工程建设项目的环境管理，全面落实环境影响评价制度和"三同时"管理制度，杜绝产生新的排海超标污染源。

（2）以削减二氧化硫排放总量为重点，推进大气污染防治，改善城市环境空气质量。实施工业大气污染物全面达标排放工程，加大二氧化硫治理控制力度。加大城市人口稠密区工业企业搬迁力度，使城市居民与工业区适当分离。继续强化烟尘控制区管理，普及清洁能源，大力发展集中供热，实行近郊区及乡镇大气污染的集中控制，进一步控制机动车尾气污染，实行机动车尾气超标淘汰制度。加大对道路和施工扬尘及餐饮业油烟的监管和综合治理力度。

（3）以危险废物安全处置为重点，加强固体废物管理，提高无害化处理和资源化水平。完善危险废物和医疗垃圾安全处置体系。以危险废物转移联单和经营许可证管理为核心，强化对危险废物产生和处置企业的监管。鼓励企业综合利用新产生的危险废物，使危险废物的产生实现减量化和资源化。加强生活垃圾无害化处置及固废的综合利用。按照源头减量、循环利用和无害化处置原则，完善城市生活垃圾收集系统，提高分类收集率，建设农村地区生活垃圾收集网络。强化垃圾处理设施的环境监管，不断完善垃圾填埋场的建设，消除二次污染和安全隐患。

（4）加强城市噪声污染防治。对各类生产、生活、娱乐及交通噪声进行全面监控。

（5）以造林绿化为重点，大力优化生态环境。按照"以城带镇、以镇促城、城镇联动、共同发展"的城镇绿化原则，大力实施造林绿化工程，重点实施沿海防护林、绿色通道、经济林基地等六大生态工程。以公共绿地和城市公园为重点，以道路绿化为框架，以住宅小区和庭院绿化为基础，进一步完善城市绿化系统。

三是以集约利用为重点，合理开发利用资源。

（1）节约用水。大力推广节水技术和节水型用具，积极发展替代水源，大力推行城市分质供水、循环用水、一水多用、重复利用和污水处理回用。建立水资源综合调度机制，统筹安排城市用水、农业用水、生态用水，鼓励企业建设中水回用设施，提高水资源的综合利用效率。鼓励开发利用海水资源，抓好反渗透海水淡化示范工程项目。

（2）集约用地。优化土地资源供应，进一步提高土地利用率，通过调整、置换，盘活存量土地，合理开发土地后备资源，适当提高建筑容积率，提高单位土地投资强度。加强矿山资源开发的监督管理，适度控制矿山开采，采取生态恢复、生态修复措施，抓好采矿塌陷地和已毁山体生态环境恢复治理。

（3）开发利用新能源。积极开发利用风能、太阳能等清洁能源，推广秸秆气化技术。

四是以健全体系为重点，提高环境监管水平。

（1）实施威海数字环保工程。建立和完善重点污染源在线监测系统，建设重点流域水质、城市饮用水源地水质自动监测站，建成环境监理、监测远程监控指挥中心，形成全市联网的环境监测监控系统，实现省、市、县三级环保部门之间信息共享，进一步提高环境管理水平和应急响应能力。

（2）健全区域、流域污染事故预警预报及应急处理体系。重点提高应急监测能力和监督执法装备水平，现场执法及应对突发性污染事故能力，确保能够快速识别、及时处置重大突发环境污染事件。

（3）强化放射源监督管理，确保核与辐射环境安全。加强辐射环境保护工作的机构队伍建设和基础能力建设，实现职能和任务与机构、人员和装备的协调增长。

（三）以自主创新促对外开放

通过自主创新能力的提高，不断提高吸引力和竞争力，加快推进开放，把对外开放与对内开放结合起来、经济领域开放与其他领域开放结合起来，加快实现利用内外资金向推进产业升级转变、对外贸易向提高质量效益转变、"走出去"向提高国际化经营水平转变、各类园区向集约建设科学发展转变。

一是以提高质量和水平为重点，积极有效地利用国内外资金。重视大项目的带动作用，坚定不移地把引进培育大项目作为全方位开放的主攻方向，集中优势资源引进、建设一批好项目和大项目。

（1）大力拓展国内外合作区域。适应经济全球化的要求，在新起点上全方位参与国际国内合作和竞争。对外，按照"深化日韩，提升东盟，突破欧美，拓展非洲"的方针，大力实施全面开放战略。对内，要坚持多视角、多层面、大跨度招商，进一步加强与长三角、珠三角、环渤海地区、东北、西北等重点区域的合作交流。同时积极融入"一体两翼"区域发展格局，按照"着力推进优化开发，努力构建现代产业体系，增强核心竞争力"的要求，从规划、产业、基础设施、人才、合作机制等方面主动搞好对接，推进与周边城市的交流合作。

（2）积极创新利用内外资的方式。创新招商方式，大力开展产业招商、专业招商、以商招商、委托招商、网上招商，加快建立以企业为主体、以中介组织和专业队伍为依托的招商新机制，多渠道利用外资。强化企业的主体作用，把企业推向招商引资第一线，积极推进企业对外合资、合作。加大专业招商力度，选拔和聘请一批复合型专业人才充实到专业招商队伍。坚持小分队、多团组，有针对性地上门招商、叩门招商，不搞"大呼隆"，提高招商实效。大力实施"抓大带小"的引资策略。充分发挥现有企业的优势，主动到世界 500 强和国有大型企业进行沟通，邀请企业法人来威考察，积极稳妥地推进外资并购、股权投资、经营权转让等新模式，吸引跨国公司在威海市设立地区总部和制造中心、运营中心、研发中心、采购中心、结算中心和物流中心。把境外上市作为一个重要的融资渠道，通过国际资本市场间接利用外资，积极引进培养熟悉和掌握国际惯例的中介组织，加强对企业的培训，鼓励企业创新思维，多形式开展国际合作，力争在境外上市上实现新突破。

（3）着力优化利用内外资的结构。把利用内外资与优化产业结构、转变发展方式、提高自主创新能力、培植地方税源紧密结合起来，进一步提升利用外资的层次和质量。依据国家产业政策和威海市的实际，引导内外资金更多地投向高新技术、装备制造、节能环保等领域，投向重点扶持的造船、汽车、新能源、海洋经济、电子信息、食品、医药、新材料、生物技术、服务业等相关产业，促进威海市经济结构调整。工作中，要突出以下四个重点。①高度重视服务业招商。积极承接服务外包产业转移，提高金融业对外开放水平，积极推进城市公用事业和中介服务领域的对外开放，引进境内外大型物流企业，加快旅游业对外合作，加强文化、教育、卫生、体育等方面的对外交流合作。②鼓励节能环保产业利用外资。③积极利用国内外创新资源。支持企业广泛开展产学研合作，引导驻威外资研发中心与威海市企业、大专院校、科研院所开展技术合作，鼓励有实力的企业走出去设立研发机构，跟踪前沿技术，吸引创新人才。④要推进招商引资向招商引税转变。加强投资项目的财税贡献评估，充分利用好土地、环境等稀缺资源，吸引税收贡献大的企业、项目落户，培植地方税源。

二是坚持以优化产业结构为导向，加快转变外贸增长方式。产业结构决定了出口产品结构。转变外贸增长方式，必须与优化产业结构紧密结合起来，通过国际市场的开拓，进一步找准产业定位，提高产业的国际竞争力。

（1）调整优化进出口结构。用好市场开拓基金，重点支持自主品牌、自主知识产权产品、机电和高新技术产品及节能环保产品出口。认真研究国际标准，按照进口国标准组织生产，提高出口商品的科技含量和附加值。要加强品牌建设，支持企业争创省级以上出口名牌。抓住国家外汇储备充足、人民币升值的机遇，用好国家进口贴息和优惠贷款政策，增加急需的先进技术装备、重要原材料和关键零部件进口。利用现有的平台，鼓励进口韩国商品，加快把威海市建成国内韩国商品最大集散地和批发零售中心。

（2）促进加工贸易转型升级。立足威海市实际，大力发展科技密集型、资源节约型和环境友好型加工贸易，推进加工贸易产业链向上游研发设计、中游集约发展、下游营销服务延伸，促进加工贸易从代加工向代设计和自创品牌发展。

（3）积极应对国际贸易摩擦。建立健全外经贸预警机制，协助企业做好知识产品调查、反倾销、反补贴和技术贸易壁垒的应对工作。高度重视各类产品的质量安全，严格按国际标准组织生产，避免出现利益受损、影响声誉的各类问题。畅通与重点自营进出口企业的联系渠道，随时掌握重点进出口商品变化趋势，及时了解贸易摩擦信息。加快各类协会建设，充分发挥协会在行业协调、应对国际贸易壁垒等方面的独特作用，巩固威海市产品在国际市场上的地位。

三是以提高综合竞争力为目标，支持企业"走出去"发展。"引进来"是发展外向型经济的初始选择，"走出去"则是参与经济全球化的高级阶段。随着工业化进程的不断加快，资源约束、市场约束和环境压力将日益突出，"走出去"是解决资源瓶颈、规避贸易壁垒、实现资本扩张的必然选择。要强化政策引导和信息服务，在搞好风险防范的同时，积极推动企业"走出去"。

（1）积极开展资源能源合作。在成山老挝橡胶园、三角印尼橡胶园、好当家菲律宾开发养殖等项目顺利实施的基础上，认真总结经验，充分利用国家的优惠政策，鼓励企业采取战略投资、跨国并购、联合开发等多种方式，到境外开发矿产、水产、木材、天然橡胶等资源，逐步建立稳定的原材料供应基地，为威海市经济发展提供补充资源。

（2）支持企业到境外建立加工贸易基地。顺应产业结构调整的要求，支持有实力的企业到周边国家和中东、东欧、拉美、非洲等发展中国家，以及国内其他地区投资设厂，在境外建立加工基地和营销网络。引导优势企业确立国际化发展战略，与国内外企业强强联合，扩大经营规模，培育国际品牌，提高国际竞争力，培育我们自己的跨国公司。

（3）大力开展对外承包工程和劳务合作。利用各种渠道，推动优势行业和企业积极承揽国内外大型工程项目。在巩固日韩等传统劳务市场的同时，积极开拓欧美等发达国家的劳务市场。要认真研究朝鲜对外开放动态，开展赴朝投资试点。

四是以提高集约化水平为重点，大力搞好各类园区建设。进一步强化园区在开放中的基地、窗口和载体作用。

（1）提高园区硬件水平。坚持一次规划、分步实施的原则，敢于投资，舍得投资，高标准搞好配套，确保各类进区项目的需要。坚持把园区建设与城市发展、产业发展及新农村建设结合起来，将省级以上园区已建成面积和预留发展空间纳入土地利用总体规划和城市总体规划，提高投资强度和土地利用率，走集约发展的道路。

（2）突出各类园区发展特色。两个国家级园区要建设成为具有国际竞争力的现代产业基地，不断提升在全国的位次。继续举全市之力抓好威海工业园发展，使其成为现代制造业发展的新载体、新亮点。按照"优势互补、错位发展"的思路，加快推进高区科技新城、经区临港工业园、石岛管理区、文登南海等新兴园区发展，引导新上项目向园区集聚。

（3）创新管理和运行机制。园区管理机构不是一级政府，其主要任务是招商引资、发展经济，基本职能是为投资者提供各种服务，必须按照市场化的运作方式进行管理，把主要精力集中到抓招商引资、抓服务保障上来。

（四）以自主创新促社会全面进步

加快建立和完善公共科技服务支撑体系，以科技创新推进教育文化、医药卫生、公共安全、社会保障、城市建设、社会管理等领域协调发展，让广大人民群众享受到创新型城市建设的成果。

一是促进教育事业发展。巩固义务教育，普及高中教育，发展职业教育，提高高等教育，扶持民办教育，完善终身教育，建立起各类教育及城乡教育协调、优质、均衡发展的现代教育体系，努力提高全民素质和科技素养。以培养学生的创新精神和实践能力为重点，全面推进素质教育。搞好教育资源整合、配置，加快城区中小学建设步伐，调整优化农村中小学校布局，改造农村薄弱学校，积极推进教育规范化建设。以培养技能型、实用型人才为导向，整合各类中等职业技术教育资源，建立和完善与市场和劳动就业相结合、校企合作、工学结合，中高等职业技术教育相衔接，职业技术学历教育与职业培训相结合的现代职业技术教育体系。积极支持驻威高校的发展，争取引进国内外知名高校迁址威海市或设立分校，形成以山东大学（威海）为主的文理综合性大学、哈尔滨工业大学（威海）为主的工程研究性大学和威海职业（技术）学院为主的技术应用性大学为主体的办学定位明确、分工合理的高等教育布局。

二是促进医药卫生事业发展。建立医药卫生科技进步体制，以创新药物的研制开发为重点，结合各级重点专科建设，建立起以创新为主的自主研制开发体系，开发中药新工艺、新品种、新剂型，加强对传染病的诊断与防治，搞好常见病、多发病和部分疑难病的临床研究。加强医疗的科学管理和信息管理，建立疾病局域网报告、预测和分析系统。提高食品安全科技自主创新水平，扩大无公害蔬菜种植面积，充分发挥威海市农副产品检测中心的作用，健全农副产品安全质量体系。

三是促进文化事业和文化产业发展。加大改革创新力度，促进文化的发展繁荣，不断提高威海的文化软实力。强化公共文化设施建设，高标准建设好文化创意城、市民文化中心、全民健身中心和健身广场等重点项目，抓好广播电视村村通、社区和乡镇综合文化站建设，实施好农村电影放映和农家书屋工程，加快建成覆盖城乡的公共文化服务体系。深化文化体制改革，实施重大文化产业项目带动战略，积极培育出版、报业、广电、网络、演艺等企业集团，培植一批具有较强竞争力的大型文化企业。大力推进有线电视数字化，广电光缆网实现全市联网。加强文化市场管理，搞好流散文物征集和文物保护工作。发展动漫、网络游戏产业，抓好动漫产业发展基地建设，把动漫大赛办成全省乃至全国性的赛事，培育文化产业的新增长点。

四是促进人口计生事业发展。进一步研发优生优育新技术，提高全市人口质量，为群众生命健康提供技术支持。研究建立人口优化发展模式、人类生殖医学、新型避孕节育技术、生殖健康服务技术，提高出生婴儿质量干预技术。普及计划生育科学知识，进一步研究优生优育新技术，降低新生婴儿死亡率，提高全市人口质量。

五是促进充分就业、社会保障和福利事业发展。实施政府资助的就业再就业、创业和农村劳动力转移就业三大培训工程，城镇新增劳动力、失业人员和转移出来的农村富余劳动力都能得到职业技能培训。加快建立城乡一体化的劳动力市场，健全各市区及镇级就业信息网络。建立失业保险个人缴费记录和预警制度，全面实行市级统筹。完善医疗保险制度体系，建立外来务工人员医疗保障办法，探索职工家属和子女医疗保障解决方案，进一步提高医疗、工伤、生育等社会保险覆盖面。通过调整财政支出结构、国有资产转让收益、社会捐赠等措施，建立可靠、稳定、规范的社会保障资金筹措机制。完善政府主导、部门牵头、社会参与的城乡救助体系，完善与经济发展水平相适应的低保标准动态调整机制，确保应保尽保。以老年人、残疾人、孤儿和弃婴等特殊困难群体为重点，建立社区福利服务体系，推进福利事业社会化。积极应对人口老龄化，建立健全社会化的老年人服务网络，加强公共养老设施建设，加强农村五保供养工作。不断探索创新，大力发展慈善事业。

六是促进平安威海建设。加强社会预警机制建设，建立健全覆盖城乡的突发事件应急机制和社会动员机制，提高保障公共安全和处置突发性事件的能力。健全完善社会调处、行政调处、司法调处相配套的矛盾纠纷排查调处机制，妥善处理涉及群众切身利益的问题。加强社会治安综合治理，大力推进社会治安防控体系建设，进一步完善基层政法、综治、群防群治组织，提高科技强警水平。加强安全生产管理，建立安全科技发展运行机制，提高安全生产及其监督管理的科技含量，提高安全科技成果的转化率。建立健全覆盖城乡的突发公共卫生事件救治体系，完善食物中毒、传染性疾病等重大公共卫生事件的应急预案和实施机制。加强防震减灾能力建设，完善大气、地球综合监测体系，提高地震、台风等自然灾害预报预警能力，建立灾害防御、救助的应急指挥联动体系。

七是促进文明威海建设。以提高市民整体素质和城市文明程度为目的，突出开展诚信友爱、科学普及、文明养成等"十项行动"。大力弘扬"自强不息、创新创业、海纳百川、追求卓越"的威海精神。以威海信用网为依托，健全完善公务员承诺制度、企业信用评价和个人信用制度，加快推进"诚信威海"建设。以人的全面发展为核心，引导和鼓励创建学习型机关、学习型企业、学习型社会，深入开展群众性精神文明创建活动，大力普及现代科学知识，加强社会公德、职业道德和家庭美德建设，全面提高全体市民的思想道德和科学文化素质。

八是促进精品城市建设。依靠科技进步超前规划城市空间布局，确定城市定位和功能，预测可能发生的环境污染、交通拥挤、能源过度消耗、资源以及人居环境被破坏等重大问题，保证城市化持续健康协调发展。提高规划的科学性、严肃性和权威性，充分发挥规划在城乡建设中的指导和调控作用。加快基础设施建设，按照适度超前、突出重点、配套完善的要求，建立覆盖全市的现代化基础设施主体框架。提升城市建设管理水平，按照先规划后建设、先储备后开发、先征地后配套、先地下后地上、先做环境后出让的要求，统一配置土地资源，适度超前建设公共设施，保证城市可持续发展。加强城市公共设施建设，优先发展城市公共交通，完善城市生态绿化、安居保障、防灾应急功能。

（作者单位：中共威海市委办公室　课题组成员：姜国杰　张　竞）

高成本时代企业竞争优势问题研究

刘光明

改革开放以来，我国经济在经历了 30 年的低成本快速增长之后，已经进入高成本时代。高成本时代，企业的竞争格局将发生新的重大变化，并将给我国经济社会发展带来深远的影响。

一　高成本的特征及表现

"高成本"并不是一个全新的概念，二战后全球经济经历了几次成本上升带来的冲击，给全球经济发展造成了阶段性的影响。总体看，受国际经济环境的影响，前几次我国企业经历的成本上升是结构性的、短期的、局部的。而此次高成本与以往不同，呈现出许多新的特征。一是能源短缺的长期性。石油、煤炭、矿石等矿物资源的稀缺性和不可再生性，决定了重要能源价格将长期高位运行。受宏观经济形势影响，其价格虽然会出现波动，但总的来看是一个上升的趋势。二是物价上涨的全面性。石油、煤炭等能源价格的上涨带动了水、电、气、运等价格的提高。受人民币升值、出口退税降低、融资成本增加、劳动力价格上涨、土地供应紧张等各种因素的影响，产品价格呈现全面上涨的趋势。三是成本影响的广泛性。对工业生产的影响表现为，生产成本的上升使企业不得不调整结构以适应变化，以市场为主导的新一轮结构调整将迅速展开，进一步加快了企业优胜劣汰和资产重组的步伐。对居民生活的影响表现为，与人们生活息息相关的生活必需品价格上涨、国内 CPI 指数居高不下，进一步增加了消费者的压力。高成本对威海市企业的影响突出表现在以下几个方面。

（1）能源价格大幅攀升。近年来，国际煤、石油、天然气的价格不断攀升，石油价格上涨问题尤为突出。国际原油价格一度突破 140 美元/桶。油价的上涨直接导致以石油为原材料的化工、化纤行业成本的上升和运输费用的大幅增长。煤炭是工业的主要能源，煤炭价格同比增长 450 元/吨，对企业产生了很大的影响，其中对发电企业的影响最突出。

（2）原材料价格普遍上涨。今年以来，全球原材料价格普遍上涨，其中进口铁矿石价格同比上涨 96.5%、黑色金属材料类上涨 34.3%、农副产品类上涨 18.9%。主要基础原材料购进价格持续攀升，其中焦炭上涨 88%、生铁上涨 85%、橡胶上涨 53%、钢材上涨 26.9%。受此影响，以钢材为主要原料的运输设备和机械加工业、以橡胶为主要原料的橡胶制造业等成本快速上涨。

（3）人力资源成本快速增长。从今年开始实施的《劳动合同法》对企业用工提出了新要求，在用工管理等方面更加注重劳动者利益的保护，这客观上提高了企业的用工成本，劳动力成本增加 15% ~20%。人力成本的升高对威海的电子、服装、食品等劳动密集型企业影响尤为明显。

（4）人民币持续升值。自汇率制度改革以来，人民币兑美元汇率已经从 8.27∶1 升至 6.83∶1，升值幅度近 18%，而且还有继续上升的趋势，这直接导致以出口为导向的企业利润大幅缩减，其中对橡胶制品、食品加工、轻工纺织的影响最大。

（5）出口退税大幅降低。自去年 7 月 1 日起，我国全面下调出口商品退税率，这次出口退税率调整涉及 2831 项商品，约占海关税则中全部商品总数的 37%。出口退税的取消与下调，大大增加了企业的出口成本，工业品出口面临新的挑战。威海受此政策影响最大的是轻工纺织、橡胶制造、机电工具三个行业。

（6）产能利用率低间接增加了企业的成本。通过对全市 20 种主要工业产品产能利用情况的调查，65% 的产品产能利用率低于 70% 的合理水平，60% 的产品产能利用率呈下降趋势。如汽车行业产能利用率仅为 21%，木工机械的产能利用率为 46%，服装行业的产能利用率为 65.5%。产能利用率不足，客观上增加了企业的隐性成本，造成单位产品成本的升高。

此外，环保成本的不断增加、融资成本的快速增长、土地成本和物流成本的迅速上涨也是高成本的重要部分。另外，日益加大的市场竞争压力，迫使企业不断增加技术创新投入，从短期看，这也是企业成本提高的重要原因。

二　威海市产业调整的方向

高成本时代的到来，给我们带来了产业结构调整的压力。而对优势产业的选择，需要对威海市当前的产业结构有客观的认识和全面的把握。

（一）威海市工业结构的变化趋势

区位商是用来分析区域产业布局和产业优势的指标，它是指一个地区特定部门的产值在该地区总产值中所占的比重与全国该部门产值在全国总产值中所占比重两者的比率，行业区位商大于 1 表明此行业在该地区的发展高于全国平均水平。比较 2000 年与 2007 年威海市工业区位商表，可以看出威海市工业结构的变化（见表 1、表 2）。总体上看，2007 年威海市工业的区位商处于整体上升态势，且区位商大于 1 的行业数在增加，说明威海市工业的整体竞争力在上升；从行业间的区位商变化上看，2000 年行业间区位商差距明显，而 2007 年行业间区位商差距变平缓，说明威海市的工业结构趋于合理。另外，各行业间的区位商绝对值及相对排名都有变化，橡胶制品业、专用设备制造业、化学纤维制造业等重化工业排名下降，而电气机械及器材制造业、通用设备制造业等附加价值高的行业区位商在上升，说明威海市工业逐步向低污染、高附加价值的方向发展。

表 1　2000 年威海工业区位商

排　名	行　　业	区位商
1	橡胶制品业	7.31
2	农副食品加工业	4.49
3	专用设备制造业	3.54
4	家具制造业	1.95
5	皮革、毛皮、羽毛（绒）及其制品业	1.73
6	普通机械制造业	1.38
7	非金属矿物制品业	1.38
8	非金属矿采选业	1.36
9	服装及其他纤维制品制造业	1.29
10	塑料制品业	1.27
11	食品制造业	1.20

排　名	行　业	区位商
12	电气机械及器材制造业	1.14
13	化学纤维制造业	1.04

表 2　2007 年威海工业区位商

排　名	行　业	区位商
1	工艺品及其他制造业	6.89
2	农副食品加工业	6.80
3	橡胶制品业	6.38
4	非金属矿采选业	4.81
5	文教体育用品制造业	4.67
6	皮革、毛皮、羽毛（绒）及其制品业	2.67
7	纺织服装、鞋、帽制造业	2.21
8	塑料制品业	2.13
9	通用设备制造业	1.95
10	非金属矿物制品业	1.89
11	专用设备制造业	1.51
12	食品制造业	1.45
13	电气机械及器材制造业	1.38
14	造纸及纸制品业	1.33
15	金属制品业	1.14
16	家具制造业	1.12
17	木材加工及制品业	1.07

（二）威海市优势产业的识别

优势产业是指那些在当前经济总量中占有一定份额，运行状态良好，资源配置基本合理，资本营业效率较高，在一定空间区域和时间范围内有较高投入产出比率的产业。优势产业强调资源的天然禀赋、资源的合理配置以及经济行为的运行状态，只有当它们都得到了比较好的结合，才有可能形成优势产业。下面结合威海市各行业综合竞争力、各行业的区位商及威海市的资源禀赋来分析威海市的比较优势产业。（见表 3）

表 3　威海市主要制造业产业竞争综合分析表

行　业	综合竞争力	区位商
农副食品加工业	2.28	6.80
橡胶制品业	0.62	6.38
皮革、毛皮、羽毛（绒）及其制品业	0.97	2.67
纺织服装、鞋、帽制造业	0.64	2.21
通用设备制造业	1.42	1.95
专用设备制造业	1.06	1.51
电气机械及器材制造业	1.33	1.38
通信设备、计算机及其他电子设备	1.70	0.69
医药制造业	0.67	0.64
交通运输设备制造业	0.27	0.53

由表 3 中的综合竞争力指标可以看出当前威海市工业内部各行业的相对竞争力，该指标是以威海市 2007 年工业指标作为原始数据，采用因子分析方法得到的，它可以直接反映出威海内部各行业间的相对竞争力。区位商则显示出目前威海市工业中高于全国同行业平均水平的主要行业，直接反映了威海市各主要行业相对于全国同行业的优势程度。现对上述有代表性的行业进行分析。

农副产品加工业。威海市农副产品加工业共有企业 347 家，其中从事水产品加工的有 258 家。2007 年水产品加工业年产值已超过 500 亿元，在威海市经济中占有很大比重，该产业区位商为 6.8，产业综合竞争力排名第一，说明其充分利用了威海市的自然资源禀赋，具有很高的比较优势。

橡胶制品业。橡胶制品业是威海市较早发展起来的产业之一，现已形成三角轮胎、成山轮胎等重点企业。该产业在威海市已经积累较高的实物资本、人力资本，工业比重占到 6%，劳动生产率也比较高，其区位商值为 6.38，表明威海市的橡胶制品业在全国都具有较强的竞争力，所以橡胶制品业在威海市已经形成较为明显的区位优势，是威海市的支柱产业。

轻纺服装制造业。该产业属劳动密集型产业，且大部分企业处于产成品加工出口阶段（属产业链末端），产品附加价值低，很容易受劳动力成本上升及汇率波动的冲击。皮革、毛皮、羽毛（绒）及其制品业，纺织服装、鞋、帽制造业的区位商值分别是 2.67 和 2.21，说明其在威海市的发展仍有地区优势，然而其综合竞争力低于 1，说明产业结构层次不高，亟待产业升级。

电气机械及器材制造业。现有企业 95 家，其中从事输配电及控制设备制造和电力电子元器件制造的企业有 74 家。电气机械及器材制造业的区位商为 1.38，大于 1，综合竞争力排名靠前，是威海市的优势产业。目前威海市正在发展清洁能源，如风能、太阳能、核能，为该行业的发展带来了机遇。所以，电气机械及器材制造业正处于行业发展的快速成长期。

通信设备制造业。共有通信设备、计算机及其他电子设备制造企业 154 家。目前，威海市在扫描仪、传真机、光纤生产、新型电子元件、微电子方面都有一定程度的发展，综合竞争力较强，但其区位商小于 1，说明总体规模较小，在工业发展中的比重较低。从产业结构看，80% 的企业从事电子元件及组件制造，且多数为韩资企业，其发展容易受外部经济环境的影响，抗冲击能力较弱，亟待进行产业结构调整和升级，使之向高端发展。

医药制造业。医药制造业是名副其实的朝阳产业，虽然威海市医药制造业产值比重较低，区位商及产业综合竞争力排名靠后，但有发展潜力，以威高集团为代表的医药保健企业已经为该行业带来良好的开端。医药制造业符合威海的工业发展战略，可作为威海市的未来主导产业。

交通运输设备制造业。威海市的交通运输设备制造业主要集中于船舶和汽车及零部件，其区位商值为 0.53，行业综合竞争力排名较靠后。但产业规模增长较快、产品附加值较高，在威海市是一个高成长性行业，在高成本时代其发展潜力会慢慢展现出来。

根据以上分析，农副产品、电气机械及器材、橡胶制品、纺织服装、机械设备是威海市的比较优势产业；运输设备、电子信息、生物医药、新能源、新材料等虽然总体规模较小，但竞争优势逐步显现，具有较大的发展潜力，是产业结构调整的方向。因此，在当前高成本的条件下，推进产业结构调整要以此为基础，通过加大投入、创新改革、内引外联等措施，使威海市传统优势产业成功升级，新兴产业快速崛起，初步建立起以传统优势产业为基础、高成长性产业为主导、高端产业为方向的创新型现代制造业体系。

三 高成本时代企业的选择

高成本时代的到来，无疑是对我国企业多年来依靠低成本生存的一次重大冲击，企业将面临一个不可逾越的调整适应过程。在这一过程中，既要立足当前，积极采取适应性对策以求生存；更要着眼长远，主动采取战略性举措以求发展。

（一）战略性选择

（1）创新战略。创新是一个民族进步的灵魂，更是一个企业进步的动力。第一，要加大科研力度，掌握核心技术。唯其如此，才能在高成本时代日趋激烈的市场竞争中抢占制高点、把握主动权、提高生命力。英特尔公司依靠技术开发，独占电脑芯片市场十余年，就是最好的证明。第二，要积极调整结构，提高产品档次。高成本时代，产品的科技含量高低和附加值大小直接反映了企业对成本变化的承受能力。以某企业为例，过去该公司的高、中、低档产品都是赢利的，而现在却出现了明显的变化，低端产品出现亏损，中档产品保本经营，只有高端产品是赢利的。因此，必须加快产品结构调整，逐步发展高端产品，提升中端产品，淘汰低端产品。第三，要注意对知识产权的保护和利用。知识经济时代，知识产权是企业最大的利润来源，拥有者可以利用并制定相关的技术标准，垄断某种研究开发领域，垄断市场价格并获得高额利润，是应对高成本时代激烈竞争的制胜法宝。

（2）品牌战略。品牌是企业的灵魂，是企业最有价值的资产，是企业赖以生存的生命线。随着经济的发展，企业的竞争已由单纯的产品生产和服务的竞争，转向品牌之间的竞争，品牌在企业发展中的作用日益凸显。特别是在高成本时代，品牌堪称是企业突破成本"围城"的利剑。比如，美国的"耐克"，其制造成本与国内品牌运动鞋生产成本相差无几，但两者的市场价格相差几倍。特别发人深省的是，耐克公司自身在全球未建一家工厂，完全通过品牌经营，却获取了巨大成功。此外，在知识产权保护体系尚不完善的情况下，竞争对手虽然可以复制产品、技术、管理、服务，却无法复制一个卓越品牌。因此，品牌是企业避免陷入同质化竞争的"屏障"。在经济全球化的今天，越来越多的国际强势品牌进入我们的生产和生活，我国的品牌正面临严峻的挑战，认识品牌、建立品牌、维护品牌已刻不容缓，企业应通过长期的品牌建设，不断提升核心竞争力，使企业持续获取盈利的能力。

（3）人才战略。自1996年世界经合组织系统提出以知识为基础的经济概念以后，在世界各地引起了极大的反响。人们普遍认为，21世纪是一个以知识为基础、经济占主导地位的世纪，人才作为知识的掌握者和应用者，其在企业发展中的作用不可低估。金蝶公司创立于1993年，仅用10多年的时间就从一家小公司发展成为年营收10多亿元的知名大企业。在被问及企业发展的奥秘时，高层的回答是企业的战略就是人才战略。目前，威海的科技人才相对不足，与建设现代制造业基地的要求还有很大的差距。为有效解决人才不足的问题，着力打造科技人才新优势，威海市按照"积极引进、重点培养、合理使用"的原则，出台了加快高层次人才聚集区、产学研结合密集区、科技成果转化汇集区"三区"建设的战略举措，并配套一系列政策和措施。企业要按照"不求所有，但求所用"的原则，加快实施人才战略，着力推进跨越发展。

（4）专业化战略。20世纪80、90年代，我国国内总产出小于总需求，各行业都有很大的利润空间，很多企业选择了多元化战略。但随着经济一体化进程加快，产业与产业之间、企业与企业之间的分工越来越细化、合作越来越密切，企业迫切需要归核化，即从事自己的专长。从战略意义上讲，"归核化"是对片面追求多元化的修正，是从长远战略出发在"量的增长"和"质的提高"之间的平衡。1923年，德国经历了史上惊人的恶性通货膨胀后，大批中小企业相继倒闭，而一批中小型企业依靠苛刻的技术创新、为大企业提供极具专业化的服务存活了下来。这意味着，专业化打造了一批百年企业。因此，量大面广的中小企业必须重新审视自身的产业定位，充分发挥比较优势，主动寻求配套协作，通过特色化、专精化、高新化经营谋求生存和发展。

（5）产业转移战略。从发展经济学的理论上讲，一国的经济腾飞首先是利用劳动力的价格优势，然后随着经济的发展逐步提高劳动生产力水平，促进产业升级，而低附加值的产业只有通过产业转移才能得以生存。亚洲"四小龙"几乎都是沿着这一路径进行的。近年来，中国劳动力工资增长较快，去年的增长速度更是排名世界第一。因此，产业转移已经成为部分低附加值产业的必然选择，山东韩资企业的"移情"、江苏台资企业的"别恋"充分说明了这一点。和亚洲"四小龙"不同，由于我国大陆腹地广阔，产业转移面临更多的机会，有国际转移和国内转移两条路径供企业选择。威海市明确提出，发挥濒临日韩的区位优势，建设创新型的现代制造业基地，这就需要"腾笼换鸟"，集中有限的资源发展"三高一外"制造业，即发展高科技含量、高加工度、高附加值和外向型的制造业，而那些已经失去优势的劳动密集型、资源约束型企业，可以到劳动力成本相对较低的西部或越南、菲律宾等国家，利用当地的廉价资源，获取新的竞争优势。

（6）后向一体化战略。后向一体化战略是指企业利用自己在产品上的优势，把原来属于外购的能源、原材料或零配件，通过获得供应商的所有权或增强对其控制来求得发展的战略。在供货成本太高或供货方不能保证供应时，企业经常采用这种战略。对能源依赖较大的企业，可以通过对能源、原材料企业进行持股，控制其源头。当原材料、能源价格上涨时，公司的利润会相应增加。这种收益可以弥补企业自身由于其他生产成本上升带来的效益下降问题，即将成本上升的问题内部化。如从20世纪70年代，日本钢铁企业通过各种方式直接或间接地参股了巴西、澳大利亚、加拿大、智利乃至印度的铁矿。在澳大利亚24个主要铁矿中，8个有日本公司作为重要股东，其余16个铁矿也都有日资参股。

（7）规模经济战略。规模经济表现为单位产品成本随着生产规模和产量的增加而下降。高成本时期，当一个企业拥有充足的资金，可以进一步扩大市场时，可以扩大企业的生产规模，通过规模经济降低单位成本。在目前的高成本条件下，有一定经济实力的企业要抓住机遇，努力扩大生产规模，必要时可以采取"以利润换市场"的策略，巩固既有市场，开辟新兴市场。当市场调整过后，"大浪淘沙"之后的"剩者"，必定是勇立潮头的"王者"。

（二）适应性对策

（1）实行"吝啬革命"，压缩生产成本。丰田汽车公司的"吝啬革命"，从开发出可节油25%~30%的车型，到大幅度削减会议数量、推行无纸化办公，无所不在的成本概念成为企业上下一致的目标，从而使企业脱颖而出，一举成为全球产量第一的汽车企业。企业要学习借鉴丰田公司的经验，树立全员节约意识，努力降低消耗，建设节约型企业。

（2）推进管理创新，降低管理成本。管理成本是企业的内部成本，企业可以通过管理创新进行优化，达到降低管理成本的目的。在组织结构上，降低管理层级，减少管理人员；在生产管理上，实行精益生产、准时制生产方式（JIT）、柔性制造技术（FMT）。与此同时，积极推广运用 ERP 管理系统，进一步优化物资采购、产品销售、财务管理、人力资源、信息物流等环节。

（3）加强政策研究，避免政策成本。目前，中央和各级政府针对目前高成本带来的问题，在调整产业结构方面制定了相应的产业政策，包括环保投入的税费减免、高新设备购入的税费优惠、创新的奖励等。企业应该仔细研究这些政策，真正将政府给予的各项政策落到实处，降低企业的成本。

四 政府应对高成本的对策

对企业来说高成本时代既充满了挑战，也提供了机遇。在这个调整过程中，需要政府的政策导向来进行协调。政府政策和服务的着力点要突出以下几个方面。

一是鼓励自主创新，完善创新体系。按照政府引导、社会参与、风险共担、互惠互利、优势互补、共同发展的原则，以企业为主体，以技术中心为核心，以产学研联合为方向，加快自主创新体系的建立和完善。

二是推进节能降耗，发展循环经济。高成本时代，粗放式的发展模式已是穷途末路，提高生产效率、降低单位消耗是企业摆脱高成本制约的根本出路。长期内要坚持把节能降耗作为调整经济结构、转变经济发展方式的突破点和着力点，大力推进企业的节能技术进步。

三是强化载体建设，打造特色园区。工业园区是应对高成本、实现集约化的重要载体，要进一步抓好工业园区的布局和规划建设，为资源集约化利用、公用设施集约化经营、特色产业集群化发展创造条件。

四是完善税收政策，推进企业减负。中小企业是经济发展的"推进器"，是社会和谐的"调和剂"。在当前中小企业面临重重困难的情况下，非常需要政府的援手。其中，减税有助于促进投资和消费，是扶持中小企业发展的最有效手段。因此必须改革和完善现行的税收政策，促进中小企业健康发展。

五是改善服务质量，提高行政效率。经过近年来的不断改革，我国服务型政府建设取得了很大的成绩。但政府自身建设是一个长期的过程，仍需进一步规范政府行为，降低行政事业型费用，尤其解决乱收费问题，努力降低企业的社会成本，进一步优化企业发展的外部环境。

（作者单位：威海市经济贸易委员会　课题组成员：张培旭　杨启玉）

威海市会展经济发展动力模式
与产业战略研究

一　中国会展经济总体情况

（一）发展历程

我国会展业增幅年均超过 20%，取得了长足发展并备受关注。1997 年，中国内地全年举办的各类展览会数量第一次达到 1000 个；2006 年，该数字跃升至 3800 个，在世界排名第 14 位。2006 年，中国内地各类展览会直接收入达 140 亿元人民币，占当年 GDP 的 0.09%，高于世界平均水平，低于世界展览业发达国家水平。按 1 元人民币展会收入拉动 9 元人民币社会产出计算，会展业正在对经济社会发展产生日益明显的推动作用。

从总体上看，我国会展业已走过数量扩张的阶段，展览场馆、办展主体、参展企业、相关服务行业都已形成一定规模，具备了通过在价格战、品牌战基础上的同业整合，实现从量变向质变飞跃的基础。

（二）总体格局

目前，会展业在中国已经发展成为具有可观经济规模的行业，分别以北京、上海、广州为中心，环渤海、长三角、珠三角会展业产业带初步形成。又随着中国西部大开发战略的实施，以成都、昆明、南宁为支撑的西南会展业产业带也正在形成。国内现有的 170 家规模性展览场馆中，102 家集中在东部沿海地区的 10 个省市，其中以广东最多，达到 27 家，江苏以 10 家位居第二。从展览面积看，广东拥有近 160 万平方米展览面积，将近占全国总量的三成，其次依次为山东、江苏、浙江和上海。

中国会展发展的总体特点是：发展速度快，区域集中度高，展览与会议发展不平衡，节庆活动多而不精，会展的组织力量薄弱，组织水平较低。大型国际会展举办权的国内外竞争及国内各城市之间的竞争异常激烈。当然以中国的资源和市场及国际影响力，我国会展业发展潜力还是巨大的。

二 会展经济的动力系统研究

（一） 会展经济的动力系统

对会展经济的研究曾有研究者采取"模式"的思路，即从事物或现象发展的客观外部条件、微观运行机制及其表现特征三个方面入手，总结出会展经济发展的几种模式。但是以模式的思路很难揭示影响会展经济发展因素的内在关系。会展一般依托城市而发展，而城市是一个复杂的研究对象，以模式来分析城市会展经济的动力机制，难免失之笼统。系统观点认为，系统要素间紧密的相互联系一旦超过系统要素与外在环境的相互作用，就会形成一种与环境或要素自身特性不同的系统整体特性。影响会展经济发展的各要素在城市这一地理单位、行政单元上紧密联系，符合系统定义，因而可以采取系统的观点进行研究。而且在会展经济发展中，日益复杂的国际国内分工，日益激烈的城市间竞争，使得会展经济发展面临的挑战越来越多。如果城市领导者希望能够成功发展会展经济、保持会展经济的持久活力，必须在一个更加广阔的体系里面考虑会展经济的发展问题。也就是说城市的主导者必须对城市会展经济有一个全局的思考，通过整体的视角看待城市会展经济的发展环境和发展战略。据此我们认为应该引入系统的观念来研究城市会展经济发展的动力机制。

（二） 会展经济的驱动力一般分析

驱动城市会展经济发展的因素可以归结为：外部推动力和内部推动力。

外部推动力是指需求的总量增长和结构变化。需求总量增长在很大程度上决定了全国增长曲线的趋势。在一定经济发展水平条件下，总的会展需求量只可能在较小范围内变化，因此会展在各个城市之间存在分配关系。会展城市地位的形成就是这种分配关系的反映。需求的结构变化是城市会展经济驱动力转化的主要外部条件。随着经济的发展、通信技术的进步和人们生活方式的改变，会展的主题和形式都在发生变化，会展的需求结构也在发生演变，某些细分市场日趋衰落，另一些细分市场则不断壮大。迎合新市场的会展城市出现较快的发展，定位在旧细分市场的城市则可能出现停滞，甚至衰落。中国会展从最初的订货会、贸易洽谈会到现在名目繁多的大型会展、专业会展，从办展形式到展会选题都有了很大变化。大连、东莞、宁波等会展城市的崛起，在很大程度上就是结合城市自身实际情况根据会展需求结构的变化做出了正确应对。

内部推动力包括区域因素、产业因素、环境因素、经济因素、会展场馆以及组织水平等其他因素。这些因素是推动城市会展经济发展的动力源泉，同时受到城市会展经济相关决策的控制和影响，因而被称为城市会展驱动力。随着需求结构的改变或城市发展政策的重大变化，推动城市会展经济发展的主导因素会发生变化，也就是城市会展经济驱动力发生了转化。

城市会展经济驱动力的转化改变了城市作为会展举办地的主要竞争力，从而必然改变城市之间的相对优势。同时，需求结构的变化会加速城市会展驱动力的转化，而后者又通常以前者为外部条件。总之，需求结构的变化和城市会展驱动力的转化共同决定了城市在会展举办地之间地位的变化。

将驱动城市会展经济的因素进行划分，并非要对各个要素进行齐头并进的强化，而在于城市会展经济发展相对优势的发现与塑造，在于挖掘和把握城市会展经济发展的关键要素，即城市会展经济动力机制的开发与培育。而且，事实上外部因素是单个城市难以左右的，只有考虑如何应对，而应对方式的选择要立足于城市会展经济的相对优势。

（三）会展经济驱动力模型

根据对会展城市的考察和对影响城市会展经济发展的各种因素作用的分析，我们提出城市会展经济驱动力模型（见图1）。

城市会展经济的驱动力由外部推动力和内部推动力共同构成。外部推动力具有先决作用，内部推动力根据在会展经济发展中的不同作用可以分为核心动力、会展业自身动力、硬环境动力和软环境动力。根据图1，会展经济的发展要依托多种力量，每种力量对会展经济的推动虽然有差异，但都是其健康、持续发展必备的。在上述推动会展经济发展的四种内部动力中，除了软环境动力条件可以在相对较短时期内创造之外（这种动力条件一经确立会长期发生影响，并且绝不允许"朝令夕改"），其他动力条件的确立均需要较长

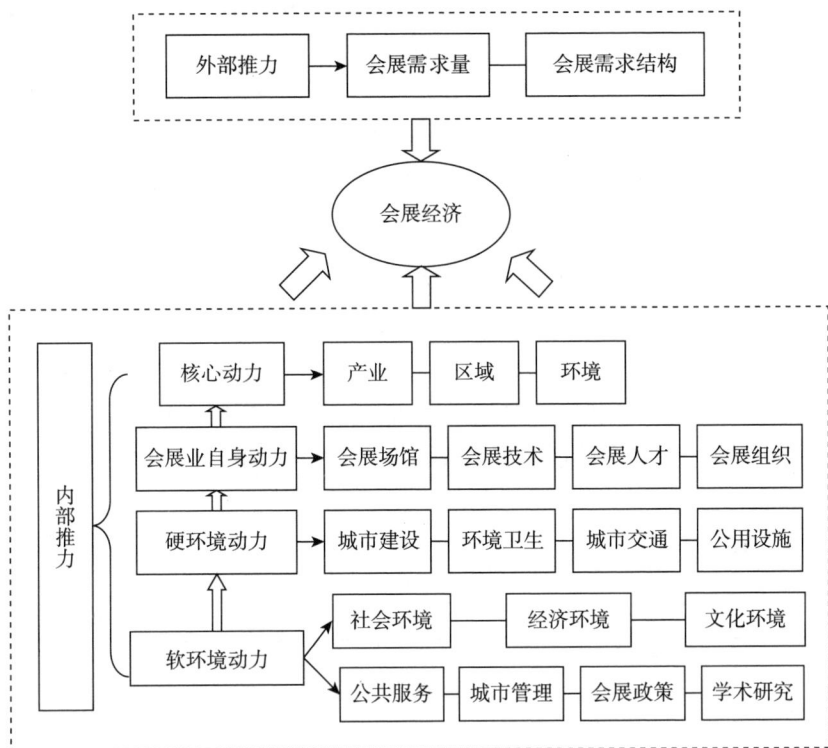

图 1　会展经济驱动力模型

的时间。当然，因为会展的主题不同，对各种动力条件的要求也有所差异，这要结合各地会展的实际情况加以认定。具体驱动作用如下。

1. 核心动力

会展经济发展的核心动力是会展业发展的动力源泉，通常情况下产业、区域和环境可以作为核心驱动力。会展业是经济发展到一定程度才产生的一种经济形态，这种经济形态以经济发展为内核，以产业（包括支柱产业和相关产业）发展为支撑。此外，大凡成功的会展举办城市，区位都很突出。如成功举办 2000 年世博会的德国中等城市汉诺威，是德国重要的经济文化中心，处于巴黎到莫斯科、北欧到意大利的十字路口，又濒临中德运河，是个水陆便利的交通枢纽。这样的区位为汉诺威会展业的发展奠定了得天独厚的先天条件。因而，城市的区域条件可以看作会展业发展的核心动力条件。随着社会化分工的发展，几乎所有的经济活动都离不开与其他相关产业和部门的协作。会展业更是一个产业关联性很强的行业，与商业、交通业、餐饮业、保险业、旅游业等存在千丝万缕的联系，它们提供的是"互补产品"，彼此之间有"需求拉动"的作用，需要协同发展。因此区域这一因素的内容不仅包括区位因素，还包括区域的整体经济发展。会展从本质上讲是人在一定时间在城市的聚集现象，而对人们前往一地出席会议或参加展览构成吸引力的除了产业和区域的因素外还有环境，包括自然环境和社会人文环境。世界上著名的会展城市大多拥有良好环境，或城市环境整洁，如新加坡；或社会人文环境优越，如日内瓦；或者二者兼而有之。即使是拥有良好产业和区域条件的城市，在发展会展过程中也都未忽视对环境的美化和改造，如大连、宁波、广州等。因此，要成功发展会展经济，一个城市的产业、区域和环境三个因素必须具有足够的竞争优势。

根据核心驱动力的不同，我们把中国主要会展城市划分为四种不同的驱动类型（见表1）。一个城市会展经济的发展必须建立在对自身核心驱动力准确分析的基础上。

表1 城市核心驱动力分值及会展经济驱动类型

单位：分

城市	产业	区域	环境	会展经济动力	驱动类型
北京	3	5	5	5	综合驱动型
上海	4	5	4	5	综合驱动型
广州	5	5	3	5	综合驱动型
深圳	3	4	4	4	区域与环境驱动型
东莞	5	4	3	4	产业驱动型
大连	3	4	5	4	环境驱动型
青岛	4	4	4	4	综合驱动型
宁波	4	4	3	4	产业驱动型
珠海	2	4	4	4	环境驱动型
义乌	5	3	2	3	产业驱动型

2. 会展业自身动力

会展业自身条件是会展业发展的内部制约因素。会展业的发展最终要通过自身内部条件来实现，这种条件的好坏是会展业发展的直接决定因素。无论会展业发展的区位条件与软环境条件多么优越，没有一流的会展场馆、优秀的专业会展人员、先进的会展技术和有效的会展公关，就不可能形成会展品牌，不可能形成强有力的会展竞争力。但是会展业自身条件可以通过加大场馆建设投入、引进会展人才等方式改变，属于可控因素，具体包括以下几个方面。

（1）会展场馆。会展场馆是发展会展业的重要物质依托。会展场馆的建设不单单是追求规模的宏大、功能的多样化、配套设施的完善，还应注重场馆的生态化、人本化，注重场馆的绿色经营理念。

（2）会展人才。会展业人才可分为两个层次：一是专业会议组织者（PCO）和目的地管理公司，二是其他相关的人力资源。会展业在某种程度上是中介产业，从会展的筹备到展开到结束，PCO 始终起着统筹的作用，控制着会展活动的方方面面。可以说 PCO 是会展活动展开的灵魂人物，没有高素质的 PCO 队伍，就没有成功的会展业。

（3）会展技术。会展业不同于一般的产业，它有很高的技术含量。尤其是在信息化时代，实现会展管理的现代化、会展设备的智能化、会展活动组织的网络化已经成了必然的发展趋势。同时会展网络营销、网上虚拟展馆、网上在线展览会都对会展技术的发展提出了现实的要求。

（4）会展组织。世界上大部分会展活动，尤其是大型的会展活动，与国际上专业的会议或展览协会都有着密切的联系，能够承办这些会展活动的企业，抑或是该协会的成员，抑或是与该协会有着密切的联系。因此必须与国际相关会议、展览协会建立关系，展开积极、有效的公关活动。

会展业发展的经济条件和产业条件作为会展业发展的基础，已经直接渗透到会展业发展的各个方面，并作为会展业发展的根本驱动力因素，在会展活动的全过程中发挥着根本的推动作用。

3. 硬环境动力

硬环境即支持会展经济发展的城市硬件建设。城市在建设风貌、城市环境和卫生、城市交通、公用设施和服务设施等方面应该适应会展经济发展的需要。即将城市作为一个会展目的地，规划与建设充分考虑会展经济发展的要求，在城市各种建设项目融入会展和环境意识等。城市的建筑、装饰、园林、人文活动等市容市貌、特色景观，是城市表现自我的一个窗口，也是城市的视觉形象，同时构成会展的环境吸引。

4. 软环境动力

软环境条件是会展经济发展的引导因素。这种引导因素在会展业的初期发展阶段有着举足轻重的地位，尤其是在会展市场行为不完善的情况下，该引导因素在某种程度上决定了会展业发展的定位和方向，从而也在一定程度上决定了该地区会展业未来的命运。高效、竞争的市场环境，导向性的政策环境，包容、稳定的文化环境，浓厚的学术环境，相对发达的理论环境以及良好的生态环境是会展业成长不可或缺的土壤。

（1）社会环境。安定团结的政治局面、鼓励会展发展的政策法规、良好的社会治安和交通秩序、人们的文明行为、安全轻松的氛围等是城市发展会展业的社会支持。

（2）经济环境。城市鼓励流通的政策，公平文明的商业规范，完善的内外贸服务体系，将促进大流通市场的发育，构成城市会展经济发展的经济大环境。

（3）文化环境。城市文化在作为会展（节事）核心动力的同时，又构成大环境的重要部分。发掘和培育城市文化，营造内在文化素质和精神理念，是营造节事文化环境的需要。

（4）城市管理。科学的管理系统，包括协调顺畅的管理体制，高素质的决策与经营管理人才及其处理开发、保护、经营矛盾的能力，是保证会展与城市社会、经济、文化、环境协调发展，营造城市整体实力的重要条件。

（5）公共服务。各类城市会展参与者都要求有相应的社会服务体系，对于城市公共服务有着更高的要求。

（6）相关政策法规和学术研究。对于会展城市来说，政策法规对会展场馆建设、会展项目申请、会展企业的经营管理及大环境营造等方面具有导向作用；而相应的学术研究则是一种无形的生产力，使城市会展发展在修正和创新中获得持续发展能力。

三　基于系统论的威海会展产业的 SWOT 分析

（一）威海会展发展的现状分析

1. 会展发展起步较晚，早期发展较慢

威海会展业始于 20 世纪 90 年代初，主要以中韩经贸洽谈会为代表，会展形式、主题较为单一，而且由于城市的影响力小，在起步后会展的规模和社会影响提升较慢。与同样起步于 80 年代末的会展相比，如深圳"荔枝节"（1989）、潍坊风筝节（1984）、大连服装节（1989）、青岛啤酒节（1991）和珠海航空航天博览展（1996），威海的会展发展较为滞后。这些城市在开始举办会展时，由于较好地依托了城市产业和文化，定位准确，因而发展较快，影响力越来越大。如深圳"荔枝节"在成功举办十届后，1999 年改名为"中国国际高新技术成果交易会"，完成了由务虚性的节庆活动、农产品交易会向产业带动力强、有助于提升城市形象和知名度的科技产业交易会的转型，每年与会企业以数百家增长。

2. 会展次数少、规模较小，以本地展、消费展和节事活动为主，会展业的影响力较小

威海会展办颁布的计划显示，2008 年预计举办 16 次会展，与其他二线城市相比，威海办会展的次数明显较少。青岛 2008 年上半年已举办各类会展 33 次，2007 年全年举办会展 81 次（见表 2）。大连从 2000 年以来仅星海展馆每年举办的会展都在 30 次以上，有的年份达到 60 次，而星海展馆的会展仅占大连全市会展数的一半左右。会展次数和规模是衡量一个城市会展经济的主要指标，会展的次数多、规模大，不仅说明会展经济的实力强，而且对城市产业的促进作用、对城市形象的提升作用更大，会展场馆的利用率也更高，效益更好。

表 2　近三年部分二线会展城市会展举办次数

单位：次

城市	2006 年		2007 年		2008 年	
	会展次数	国际	会展次数	国际	会展次数	国际
大连	110	46	98	37	—	—
青岛	54	—	81	—	33（上半年）	—
济南	95	24	100	22	6（上半年）	—
东莞	25（会展中心）	9	81	35	—	—
宁波	148	13	206		260	
义乌	32	—	43			

而且在举办的为数不多的 16 次会展中，以本地展、消费展和节事活动为主，会展业的影响力较小。面向本地居民的汽车、房地产、服装、人才招聘等消费型展销会占了 8 次，具有地域特色的节庆活动展（海洋文化周和中韩文化艺术交流展）2 次，以威海本地产业为依托的渔具、水产品等行业型会展 2 次，不以威海产业为依托的行业展（建筑材料展、消防展和工业博览会）3 次，可见威海会展的行业依托性较差。另外，投资洽谈项目会 1 次。上述会展中，按照国际、全国、区域和本地四类来划分，国际性的 4 次，全国性的 2 次，区域性的 2 次，本地 8 次（见表 3）。而且即使是国际和全国性的会展，也主要以韩国和周边区域为主，所以会展的地域覆盖面较小，影响力有限。

表 3　威海市 2008 年会展地域范围

地域范围	展览名称
国际	国际水产品博览会、工业博览会、渔具博览会、中韩文化艺术交流展
全国	海洋文化周、中小投资创业项目及连锁加盟博览会
区域	消防与安防产品展、新型建筑装饰材料博览会
本地	广电迎新汽车展、人才交流展、春季车展、房地产交易会 夏季服装节、夏季车展、秋季车展、秋季人才交流会

3. 政府对会展支持力度较大，政府在节事活动举办过程中主导作用较强，企业参与办会展的积极性正在逐步提高

不管是人居节还是东北亚经济合作论坛，都是政府主导的节事和会议。2005 年，威海市成立了会展办公室，同年建起了会展中心，成立了专业的展馆管理公司，明确了威海市的会展定位和发展思路。威海市在政府机构里单独设立集展览组织实施、展览调研规划、全市展览统筹和展览培训、规范展览市场的管理、常设人居节组委会、统筹会展基金等项目于一体的会展权威管理机构，既是主导者也是主办者。由于威海大型企业不多，因此在会展中市场化运作的困难比较大。但是应该看到，一些企业从会展中尝到了甜头，参与办会展的积极性在提高，威海会展业加强企业化运作的条件正在改善。不仅如此，一些企业还在举办会展中逐渐积累了丰富的市场运作经验。例如威海日报社近年来所组织举办的一系列会展中，十分重视和市场对接，组织专门工作人员常年坚持深入市场调研，广泛征集各种意见和建议，掌握了大量的第一手资料，做了许多艰苦细致的工作。在操作过程中，报社实行严密的市场化运作机制，极大地保证了展会的成功。

4. 会展场馆条件改善较快，会展组织水平逐步提高，跨出了联合办会的步伐

2005 年建成了总面积 5.58 万平方米的威海国际展览中心，仅 2006 年，在国际展览中心举办的展览活动就有 16 次，同时实现了与上海世博集团、上海国际展览中心的合作，将先进的会展管理模式和管理人才引入威海。由上海世博（集团）有限公司、上海国际展览中心有限公司、威海万龙会展有限公司三方共同投资成立威海国际会议展览中心管理有限公司，作为专业场馆运营管理有限公司负责威海国际展览中心的经营。

5. "人居节"广泛的社会效应开始显现，正逐步成为威海的品牌会展

2004～2007 年，先后以"人居·环境·发展""人居·旅游·合作""人

居·和谐·创新""人居·生态·和谐"为主题举办了四届人居节，得到了联合国人居署、联合国环境规划署、住房和城乡建设部以及山东省政府的大力支持，先后有 48 个国家的近万名中外嘉宾参加了人居节。仅第三届人居节期间，就有来自 21 个国家驻华使馆的 23 位大使及参赞，来自 32 个国家和地区的 161 位知名企业家，以及长三角、珠三角、京津塘地区的 110 多位知名企业总裁，与威海市企业界进行了经济合作恳谈，达成外资项目协议 24 个，总投资 5 亿美元，合同外资 2.9 亿美元，内资项目 20 个。人居节先后被评为"2005 年度中国最具影响力的品牌展会""2006 年度中国十大节庆""2007 年中国节庆产业十大品牌节庆"，社会影响力日益增强，正逐步成为威海市的品牌会展。

（二）威海会展产业的 SWOT 分析

根据对威海会展发展现状的分析，依据城市会展产业驱动力模型的理论框架，以下我们运用 SWOT 分析工具对威海会展产业发展的优势、劣势、机遇和挑战进行分析。

1. 优势

（1）濒临大海、城市整洁、夏季凉爽、治安良好是威海会展产业发展的环境优势，也是威海会展产业的核心驱动力，而且这种环境优势与当今人们日益重视环境的发展趋势相一致，是威海应对会展需求结构变动的有利条件。

（2）威海所处的环渤海区域是中国三大会展发达区域之一，而且威海是中国距离韩国最近的城市，具有发展会展产业的区域优势。

（3）威海市政府在宏观调控上，给予会展产业的高度重视和政策支持奠定了会展产业成功发展的基石，这是威海会展业能够迅速发展的软环境优势之一。

（4）与同类城市相比，威海拥有较先进的会展场馆和酒店设施，这是威海会展业自身的优势所在。

（5）人居节、东北亚论坛等品牌会展开始形成，影响力逐步上升。

2. 劣势

（1）核心动力方面，除了轮胎制造和渔具生产等产业外，威海缺乏规模和影响力较大的产业，这是威海发展展览业尤其是产业型展览的行业劣势。

（2）城市规模小、人口较少是发展消费型展览的制约因素。

（3）硬环境方面，城市公用设施和城市的内外部交通不够发达也是影响会展业发展的约束性条件。

（4）软环境方面，由于城市设立较晚，城市管理水平还有待提高，城市的文化积淀不深厚、学术研究氛围不浓厚等是城市会展业发展的劣势。

（5）会展人才缺乏、会展组织水平不高是会展业自身存在的问题。

3. 机遇

（1）会展需求总量快速增长，会展需求结构中会议、展览、节事活动同步变化以及展览从较为单一的产业型展览、大型综合展览向产业型、消费型展览和专业展、特色展转变的机遇。

（2）国际会展组织将举办地向中国转移、在中国加大开发会展资源的机遇。

（3）北京奥运会、上海世博会、广州亚运会等一系列具有重大影响的国际会议和展览在中国举办所带来的中国城市形象在国际上整体提高，会展旅游、奖励旅游方兴未艾的机遇。

（4）东北亚经济圈内的城市联系日益紧密、合作不断增多以及城市外向性增强带来的机遇。

4. 挑战

（1）国内其他城市加强城市建设、环境改善后对威海城市环境品牌构成一定竞争力。

（2）省内主要会展城市青岛、济南、潍坊、烟台大力发展会展经济，造成无序竞争，对威海会展经济的冲击很大。

（3）一线会展城市北京、上海、广州以及省外二线会展城市深圳、宁波、大连等大力发展会展业、建设品牌会展对威海会展构成的冲击。

四　威海市会展经济的动力模式选择

（一）国内其他会展城市会展发展的经验教训分析

1. 珠海

教训：定位不清，会展主题脱离城市产业基础；政府支持力度不够，节事举办难以为继，场馆设施条件不能满足会展发展的要求，会展业可持续性存在问题。

珠海三大会展品牌，目前面临严重危机：与上海电影节并列为中国三大电影节的珠海电影节举办 2 年就已停办，F1 中国大奖赛的举办权最终被上海夺取，中国国际航空航天博览会在举办 12 年后也面临被上海抢走的危险。电影节停办的原因就是组委会对于如何办电影节没有思路，而且组织者绝大部分都不懂电影。所以既没有商业运作，也没有考虑主办成本，以至于后来政府感觉投入太大无法承受而放弃。而 F1 的失手，表面上看来是赛车场的投资方资金无法到位，其实质是政府没能够给予足够的重视以及适当的支持。每个大型的商业赛事活动的背后，离不开政府的支持，尤其是在会展发展初期，政府必须对大型事件给予足够的政策支持，单纯靠商业运作难度极大。虽然搞了很多年航展，却难以培育出很多珠海本土的航空企业。从 1996 年举办第一届开始，航展公司一直都在亏损。珠海没有自己的航空产业，只能是自己搭台，别人唱戏，眼睁睁看着几十亿美元的订单落入别人口袋。

场馆建设滞后，会展业受到限制。2004 年 1 月，由原国贸展览中心改建而来的国贸海天城正式开业。珠海市区唯一的展览中心消失。虽然远在三灶机场建有占地面积 5 万平方米的航空展馆，但是距离城区太远极为不便。在珠海城区，竟然找不到一个能够供几千人开会和展览的场所。

总结：珠海会展业最大问题目前还是太在乎展会本身的社会影响力，而忽视了经济利益这一块。政府主要考虑通过航展宣传珠海，所以主办者珠海航展公司就一直在强调社会效益第一，经济上只要不亏本就可以。第二，由于缺乏专业，因此整个展会缺乏必要的深度，也没有利用国际品牌和专业展览公司办会展，使会展做强做大。航展举办多年来，更多是注重了展览本身和飞行表演，而忽视了展会可以通过高峰论坛、企业对话、专题讲座等方式给专业观众更多的交流和直接对话机会。第三，会展的选题过多考虑轰动效应而没有结合本市实际，因此节庆活动因投入太大而难以为继，展览因没结合产业而收效甚微，最能给珠海市带来收益的会议却在一开始没受到重视。因此，珠海会展的问题归根结底是选择了一条不可持续的发展道路。

2. 宁波

经验：战略定位准确，以"打造长三角南翼会展之都"为目标；战术运作清晰，依托产业办会展，通过会展带动产业；强化市场运作，壮大会展企业；会展品牌采取"本地培养＋外地引进"两条腿走路；政府始终坚持创新、务实、节俭的办会思路。

宁波市根据毗邻上海的区域特点，正视上海的长三角会展龙头地位，依托宁波市优势产业，积极发展产业型会展，努力打造"长三角南翼会展之都"。

宁波市会展业的发展遵循"产业＋市场"的原则，提出"依托产业、服务产业、提升产业"的办展方针。浙洽会、消博会、服交会、家博会、机械展等，展览所涉及的产业都是宁波的优势产业，宁波及长三角地区又具有强大的市场需求。政府完全退出市场化运作，目前尚不具备条件，因为中国会展不可避免要承载会展以外的东西，关键是要取得平衡。宁波市委、市政府提出"限制政府办展，加强市场运作"的办展思路，从第二届服装节起，政府只做协调和服务，将展会宣传、广告、招商、布展等具体事务交由专业展览公司进行市场化运作。

在会展品牌培育上，宁波市对本地一些参展对象相似、办展时间接近的雷同展会进行合并，壮大和培育自有品牌。2005 年在北京举办的"展中展"上，宁波浙洽会、消博会、服装节、住博会等八大品牌集体亮相。同时千方百计引进国内的一些适合宁波实际的成熟展会，如成功引进了中国家居用品博览会、中国制药机械博览会等多个重量级展会。同时中国食品博览会和中国旅游投资洽谈会也花落甬城，使宁波"国字号"展会突破 10 个。正是本地培养和外地引进两条腿走路，加快了宁波会展品牌成长的步伐。

从"政府搭台，企业唱戏"到"企业搭台，客商唱戏"，政府担当幕后服务的角色是宁波市政府办会展的机制创新，所以会展规模越来越大，但财政每年的支持经费并没有增加。

总结：第一，对于有产业基础的城市，依托产业办会展对城市的带动作用非常明显，因此产业型展览是城市的首选。第二，政府在会展中的角色是早期培养会展品牌，在引入市场机制后政府可以由前台转向幕后，这有助于提高会展的效益。第三，会展固然是办给社会各界看的，要讲究社会效应，但是更重要的是为本市经济注入活力，所以在办展过程中应始终强调节俭与务实，而不是盲目与浮夸。

3. 东莞

经验与教训：会展定位在试错中逐渐清晰，会展选题牢牢抓住本地产业特色，在广州和深圳会展包围之下探索出一条专业会展之路。

目前，东莞会展行业约有企业 200 家，其中，展览专业企业 40 家。去年共举办各种展览展销会 81 次，展会总数仅次于广州和深圳，居全省第三位。形成了由工业的"一镇一品"到会展业的"一镇一展"，模具、五金、家具、毛织品等主要行业都有颇具影响力的博览会。

在办展之初，东莞并不清楚自身适合办什么样的会展，也没有很清晰的会展定位。先后举办过以消费性展览为主的食品博览会、保健产业博览会、汽车交易会、名鞋（皮革、鞋材、鞋机）交易会、名家具展览会等。通过对立项缘由、展品范围、营销力度、展会规模、项目收益、参展效益评价，东莞发现食品博览会和保健博览会对于东莞来说并不合适，原因主要有三点。一是东莞虽然人口规模不小，但是以外来打工人口居多，所以人口特性和人口规模决定了保健品和食品市场不像广州和深圳那样有很大消费市场，并且辐射效应有限，对参展商的吸引力也就有限。二是参展商组织工作难度大。东莞及其周边区域食品和保健品业不发达，参展商的主要客源依赖广东省之外的区域，距离远、成本大，这使得参展商的组织工作难度极大，尤其在品牌的培育期间更是如此。三是指导思想的错误。在东莞保健博览会和食品博览会之前，全国已有600多个类似题材的展览会，主办方自认为能够"乱世出英雄"，建立在市场混乱基础上容易培育品牌。缺乏对风险的预期和评估，使该项目在指导思想方面出现错误。基于这些认识和上述消费型展览的实际不良业绩，东莞市逐渐把会展定位在了产业型会展上。为了与广州、深圳有所区别，东莞不失时机地提出打造华南工业展览之都的概念，创造出"工业伙伴外贸平台"定位，结合东莞经济发展的特点错位发展。

产业链长短和产业产品应用领域广泛程度决定了展览会的规模，是展会行业选题需要特别关注的因素。东莞市在对产业型会展品牌的选择和培育过程中，始终根据这些理论来决定对品牌会展的支持力度。东莞首先请专家组优选了八大支柱产业，专家们从产业份额、增加值率、市场占有率、资金产出率、产值利税率、影响力系数等指标进行综合考虑，确定了东莞的支柱产业分为优势支柱产业、特色支柱产业、新兴支柱产业。然后依托制造业集聚镇培育品牌会展，如厚街镇的名家具展等。

在办展过程中注意理论指导和吸收专家建议。东莞在会展发展的各个阶段都非常自觉地邀请专家来为东莞的会展业把脉，专家们的智慧使东莞会展业发展少走了很多弯路，取得了事半功倍的效果。

总结：发展会展业对于以制造业为主的城市是一项新课题，但又是制造业发展到一定程度后水到渠成的事情。东莞在摸索中逐渐清晰了自身会展业的定位，同时通过品牌会展的培育确立了在广、深夹击下的专业会展的地位。

（二）威海市会展经济的动力模式选择

根据对威海市会展业发展的现状和会展经济发展的 SWOT 分析，威海会展业的核心驱动力是环境而非产业，区域条件较好，城市的外向性较强，因此适合选择以环境为核心驱动力的会展发展模式。

在会议、展览和节事的侧重点上，由于威海可以依托的产业规模较小、类型不多，因此产业型展览的行业依托条件不具备。对于威海这样的地级市来说，由于消费群体规模小和腹地市场有限，因此发展消费型展览的难度要比人口规模大、辐射范围广的中心性城市大很多，而且会展的效益难有保障。

由于威海设市时间较短，节庆活动所依托的深厚的文化底蕴与其他城市相比差距较大，人居节基本上是以威海的环境建设成就和现代居住文化与科技为主题，与其他以传统或地域文化为主题的节庆活动相比，历史渊源和地域特色并不突出。而且作为新兴的现代沿海城市，在围绕"人居节"的文化活动设计方面可供挖掘材料已显得不够丰厚，因此威海在打造节庆活动吸引力方面困难重重。依靠政府的高投入和房地产企业的积极参与，威海人居节形成了一定的品牌影响力，这已属难能可贵，进一步开发新的主题的节庆活动不仅困难较大，而且会加重政府办会的经济负担。但是威海良好的自然环境、优美的城市风光、优越的气候条件以及较高的会议接待条件对会议举办者具有巨大的吸引力。加上威海周边旅游景点和海滨风光对会议参加者的吸引力，以及威海在会议花费方面较有竞争力，威海举办会议的优势非常明显。据此，我们提出威海市的会展经济动力发展模式为：以环境作为核心驱动力的以会议为主导多元发展的会展驱动模式。

五　威海市会展产业发展战略分析

（一）战略定位

根据对宁波、东莞、珠海等省外二线会展城市的研究及威海会展产业的 SWOT 分析，我们认为威海市发展会展经济的战略定位是"东北亚会议之都"，即以会议为主，兼顾展览和节事，做到以会促展。

（二）运行管理模式

力争用 5 年时间，威海市会展运行模式由政府主导型向政府市场型转化，会展管理体系由水平管理向垂直管理转变。

威海市会展产业的成熟度还比较低，运行模式不适合采用西方市场经济发达国家采用的协会型或市场型运行模式，即威海市发展会展经济还是离不开政府的参与与扶持。但是随着会展经济的快速发展，政府在会展经济中的角色定位要发生变化，由先前的政府在会展经济运行中处于完全的主导地位转变为处于引导的角色，会展经济运行中社会化的服务功能趋于加强，即会展运行模式由政府主导型向政府市场型转化。

目前威海市的会展管理体系呈现出政出多门、政府管理部门水平分工的管理形态，展览企业的对应部门管理关系复杂导致政府各个部门之间、企业与企业之间、企业与政府之间的相互交叉比较突出，从而使得会展行业出现很普遍的"散、乱、杂"现象。因此要由"三级垂直管理形态"（见图2）向"垂直管理形态"（见图3）转变。"垂直管理形态"实际上表述的是一种政府、行业协会、企业各司其职、相互促进的运营关系。这其中，政府所起到的作用是协调、服务及保驾护航，特别在基础设施建设与法律制定方面有着至关重要的作用；作为政府代言人的行业协会是市场推动的核心力量，是市场强有力的监控者，是维护市场秩序的核心源，行业协会通过审定和评估手段，推动展会品牌化进程；企业是会展市场规模化的具体实践者，企业以会员的形式参与其中的决策，它的市场促销水平和服务提供能力决定着展会的水平与相关影响。

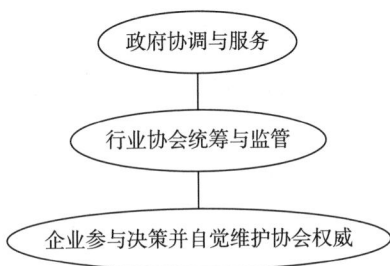

图2　三级垂直管理体系

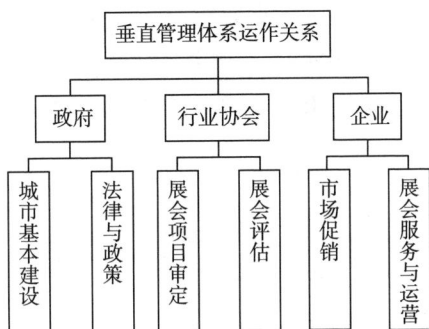

图3　垂直管理体系运作关系

（三）与省内主要会展城市济南、青岛、烟台、潍坊的关系

1. 山东省会展经济发展格局分析

山东省内主要会展城市应该学习珠三角会展带、长三角会展带的经验，发挥区域优势，积极构建山东半岛会展经济圈，各城市明确分工，优势互补，展开错位竞争，最终实现多赢。

我们根据对山东省主要会展城市的经济特点及会展发展状况分析，确定了山东省主要会展城市的会展经济战略定位（见表4）。

表4　山东省主要会展城市的会展经济战略定位

城市	产业	区域	环境	会展经济动力	驱动类型	会展资源相对优势	定位
青岛	5分	4分	4分	5分	综合驱动型	制造业	制造业展会中心
济南	4分	4分	3分	4分	综合驱动型	商业	综合贸易类展会中心

续表

城市	产业	区域	环境	会展经济动力	驱动类型	会展资源相对优势	定位
潍坊	4分	4分	3分	3分	产业驱动型	农业	农业商品类展会中心
烟台	4分	4分	4分	4分	区域与环境驱动型	旅游资源	旅游会展中心
威海	3分	4分	5分	4分	环境驱动型	整体环境	会议中心

发展格局：把青岛、济南建设成为区域性会展中心城市（青岛偏向于外向型，济南偏向于内陆型），烟台、威海、潍坊建设成为区域性专业会展城市。具体来说，山东半岛会展经济圈是以青岛市为制造业展会中心，济南市为综合贸易类展会中心，潍坊市为农业商品类展会中心，烟台市为旅游会展中心，威海市为会议中心。

2. 威海市与省内会展城市的关系

威海与青岛、济南相比较，威海会展业"做大"没有优势，要正视无法"抢夺"青岛、济南的区域中心会展城市地位，因此要考虑"做特做强做优"。

威海市要建设专业性会展城市，要充分发挥"海洋、环境、韩国"的优势，同时按照"优势互补，错位竞争""有所得必有所失"的基本原则加强与烟台、潍坊的沟通与联系，达到共赢的效果。比如威海大力发展会议，可以争取成为潍坊风筝节节庆活动的异地会议市场。威海也可以在旅游展览方面做出一定的牺牲，支持烟台市发展成为旅游会展中心。

（四）威海市各市区会展业战略定位

按照"经区办展，高区办会"原则进行优势互补、协调发展，走差异化发展的会展之路。具体来说包括以下三点。

（1）经区：依据优势产业，大力发展制造业展览品牌。

（2）高区：把高区打造成威海的会议之都。

（3）乳山、荣成、文登：乳山以旅游会展为主，荣成以节庆会展为主，文登以轻工会展为主。各县应从各自的资源、优势出发，互相之间差异化发展，走出各具特色的发展之路。不搞一个模式，不搞一个标准，不搞一刀切。根据产业基础，适当发展有潜力的专业性品牌展会，避免与市区同质竞争。

（五） 威海市会展产业发展的具体建议

（1）为实现"东北亚会议之都"的战略目标，形成"要开会，到高区；要办展，到经区"的专业化分工格局，需要在高区建一所高标准的国际会议中心，最好是大体量、标志性的建筑，能成为威海城市的新名片。具体选址可参考建在火炬大厦周边沿海地带，通过会议经济带动高区的经济发展。

（2）经区要依托优势产业办展览，通过展览带动产业发展。威海市政府要重点扶持威海轮胎制造和渔具生产行业，争取 3 年时间把渔具博览会、轮胎工业博览会打造成威海的制造业展览强势品牌。

（3）尽快成立威海市会展行业协会，充分发挥行业协会作用。加强威海与山东省会展业协会及其他省内城市会展协会、韩国会展业协会的交流与合作，通过举办论坛、讲座等方式，推进区域会展合作，争取成立山东半岛会展联盟、鲁韩国际会展联盟。

（4）在展会运作上要严格把"商业展会"与"公益展会"分开。商业展会一律由微观企业参与运作，政府只是扮演服务者的角色；公益展会由政府主办，但具体操作中能通过市场途径解决的一定要引入竞争机制。

（5）依托山东大学（威海）的教育优势，威海市政府可与山东大学（威海）联合成立"威海市会展经济研究与教育基地"，加强会展经济理论和技术研究，提高威海市会展专业理论水平和人才队伍专业化水平。

六　对威海市大力发展会议，打造"东北亚会议之都"品牌的具体建议

通过以上分析得出威海市会展经济的战略发展方向是优先重点发展会议经济。因此，本课题专门对此做了详细研究，提出了一些具体建议。

（一） 会议市场定位

市场定位：根据威海的资源特点和环境优势，建议定位在中、高端会议市场，走高起点、高回报的会议发展之路。其优势有三：一是高端市场在中国目前总量并不小，定位在高端市场可以使威海目前有限的接待能力获得最大回报；二是只有高端市场才真正能够对一个城市的整体服务业水平有所促进；三是威海的会议接待旺季与旅游旺季重叠，只有会议走高端市场，旅游

走大众市场才能形成合理的设施利用。

形象定位：东北亚会议之都。这一形象既从地理上把威海市地域突出出来，也说明了威海的主要会议客源地，并且与其他城市有明显的区别，易于识别，同时也与威海现有的会议品牌"东北亚论坛"相一致。

（二）会议市场营销措施

（1）以政府部门的公务性会议为主，企业间的商务性会议和协会组织的民间会议为辅。

（2）将会议与旅游、度假相结合，提升会议吸引力。

（3）与国际会议组织合作，积极开拓国际会议市场。

（4）在胶东半岛城市群内实行会展一体化，与青岛、烟台、潍坊等合作，争取成为青岛啤酒节和潍坊风筝节等节庆活动的异地会议场所，打造山东半岛会展城市群，实现城市间的共赢。

（5）在旅游交易会和旅游广告中，大力推介会议旅游产品，塑造会议制度的形象。

（三）加强会议接待设施的措施

（1）增加商务型酒店的比重，新建酒店中重点发展商务酒店和度假酒店，对已有酒店进行会议设施的升级改造，以满足会议市场的需求。

（2）考虑建设海上游艇会议设施，打造中国首家海上浮动的会议酒店。

（3）从两方面加强会议配套设施：依托饭店加强店内的餐饮、娱乐、运动等会议配套设施建设；作为城市公共部分，则加大城市公共服务的投入，从整体上提高城市会展软、硬环境。

（四）会议产品建设措施

（1）依托威海的资源，联合旅行社，主要打造三类会议旅游产品："滨海－度假－会议"三位一体的会议旅游、"温泉－高尔夫－会议"休闲会议旅游和"威海－韩国"异域风情会议旅游。

（2）引导旅行社与饭店联合开发会议专线，政府对于会议旅游线路给予补贴或优惠。

（3）根据政府、协会和企业的不同需求，量身定做不同档次的会议旅游产品，分别针对高、中、低端市场。

（五） 会议组织、保障措施

（1） 在政府会展办成立专门的会议营销部门，负责整个城市会展的推介。

（2） 采取引进与培养两种措施保证会议人才的供给。一方面大力引进会展方面的专门人才尤其是高级管理人员和策展人员进行，另一方面与威海地方院校建立联合培养机制，培养各级会展人才。

[作者单位：山东大学（威海） 课题组成员：朱 峰 周晓歌 王春雷]

货币视角下的区域经济运行质量分析

——以威海为例

曲吉光

货币运行和实体经济运行作为社会经济发展两条主线，既各具内在的、独特的运行规律，又具有高度相关性。在现代经济生活中，虽然有时货币运行在一定程度上脱离实体经济运行，但从总体上看，二者是紧密联系、相互影响、不可分割的整体，货币运行不可能长期脱离实体经济而独立存在，其运行状况也总是体现实体经济的活动特征和规律，并从总体上反映宏观经济运行情况。货币运行作为经济运行的货币表现，主要是通过存款、贷款等多项数据指标来反映其运行状况，这些指标不仅真实性、动态性、跟踪性很强，而且分类具体，较为直观，易于掌控，便于详细分析和判断经济发展情况。因此，从货币视角判断经济发展质量更加真实和具体。对区域经济而言，从货币视角对经济增长情况进行分析判断具有更现实的决策参考价值。鉴于此，笔者试图通过对威海市近年来货币运行状况的把握来分析和揭示区域经济增长质量情况。

一 从货币运行视角对经济发展特点的定性分析

从理论上讲，经济运行与货币运行中的大部分指标存在着内在的联系。以 GDP 与存贷款的关系为例，GDP 是一个市场概念，是以一定的货币来衡量的。从收入法核算角度看，GDP 是指一定时期区域生产要素总收入之和，即工资、利息、租金和利润的总和，也就是说 GDP 增长实质上是指工资、利息、租金和利润的增长，而这些收入的增长总是可以从货币上（主要是存款）得到体现。GDP 同时也是一个区域的总产出水平，而银行贷款作为再生产最主要的资金要素对企业总产出有至关重要的影响，一般情况下，贷款增长越快，总产出水平越高。从威海 1996～2005 年 GDP、存款、贷款增长情况看，GDP 平均增长率为 13.35%，存款余额平均增长率为 13.2%，贷款余额平均增长率为 8.33%。GDP 与存、贷款走势基本一致（见图 1）。通过相关关系检验，GDP 与存款和贷款的相关系数分别为 0.9975、0.983，均呈强正相关关系。经济增长与货币运行高度正相关性为我们从货币视角判断和分析经济运行提供了理论基础。

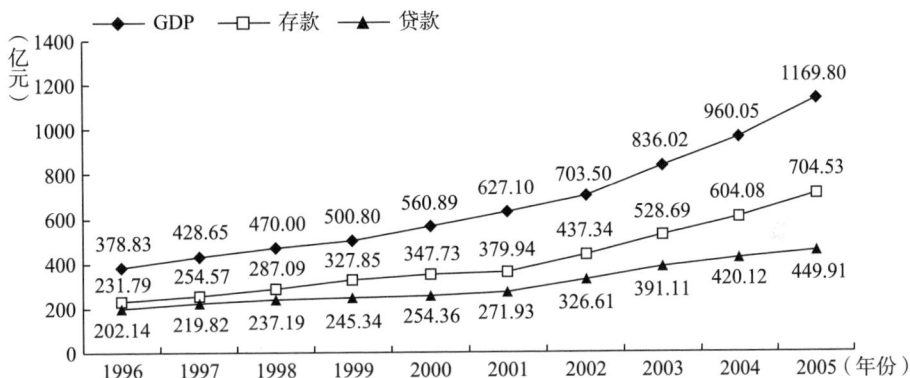

图 1　威海市 GDP 与存贷款走势

（1）从存贷款走势分布看三次产业结构的合理性。一般而言，某种产业如果发展较快，其贷款需求一定增加，投向该产业的贷款也会增加，同时存款也会相应增加，即同一产业的存贷款是同向增减的，威海市三次产业的存贷款情况也证实了这一点（见表 1）。但从第一产业情况看，2001～2003 年，存贷款占比走势反向变化（见图 2），即贷款支持力度增加，而存款占比减少，说明威海市农业生产项目投入产出率降低，反映出威海市农业产业效益低下，农业产业结构有待升级；2003～2005 年，存贷款走势基本同步，说明第一产业的投入产出情况良好，农业结构得到改善，效益有所提高。从第三产业存贷款走势看，2001～2004 年，存贷款占比大致同步下降（见图 3），经济发展的经验表明，经济越发展，第三产业对经济的贡献越大，而威海第三产业存款占比下降的事实，说明第三产业对经济的贡献力度不足，存在资金供给缺乏或政策扶持不足等问题。2004～2005 年，第三产业存贷款走势反向发展，即贷款占比下降，而存款占比提高，说明第三产业投入产出比有所增加，效益提高，产业自生能力增强，威海市产业结构得到优化。

表1　威海三次产业存贷款余额变化情况

单位：万元

	2001年		2002年		2003年		2004年		2005年	
	存款	贷款	存款	贷款	存款	贷款	存款	贷款	存款	贷款
第一产业	76598	411670	75177	549608	83679	672865	99810	713779	130206	834824
第二产业	91564	499616	110748	525959	140409	570397	135202	586927	126935	524075
第三产业	85369	509002	119709	536516	138187	510597	127335	488500	175521	372445

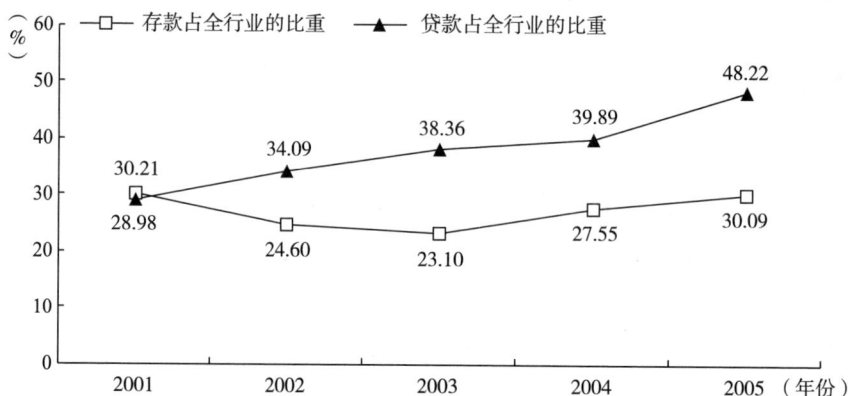

图2　第一产业存贷款占比走势

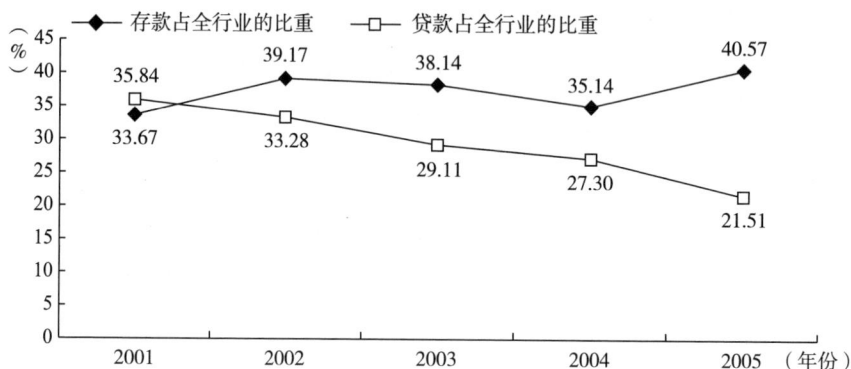

图3　第三产业存贷款占比走势

　　（2）从固定资产投资贷款增长、储蓄存款增长及结构变化、货币流动性变化看经济增长因素的协调性。投资、消费、出口是拉动经济增长的三驾马车，三者只有协调增长才能保证整体经济的可持续发展。从投资看，目前威海市固定资产投资资金来源中，银行贷款仍然占有重要地位（占固定资产投资资金来源45%以上），因此，银行固定资产投资贷款增长加快预示着企业固定资产投资加快。从 2001～2005 年威海实际情况看，固定资产投资贷款增幅分别为 13.80%、16.55%、34.58%、6.79%、14.68%，情况表明，2003 年是威海市固定资产投资高峰期，2004 年虽然大幅回落，但 2005 年又出现反弹迹象；从消费看，如果居民储蓄存款中活期存款占比增加，说明居民消费或投资愿意增加，如果居民收入中用于储蓄的比例减少，说明居民实际消费支出也增加。从 2001～2005 年储蓄存款结构变化看，活期储蓄存款占比分别为 12.61%、15.07%、17.77%、19.10%、19.41%，储蓄存款活期化趋势增加，说明居民储蓄意愿减弱，消费和投资意愿增强。但从居民实际储蓄和消费情况看，居民收入中形成银行储蓄的比例分别为 10.50%、8.79%、12.32%、14.81%、14.89%，基本上呈现逐年上升态势，表明威海市居民实际消费支出呈现减弱态势，消费市场商品结构失调和供需失调是造成上述问题的主要因素；从出口看，近年来，威海对外贸易中不断扩大的贸易顺差造成结汇数量迅速增加，使威海市金融机构资金面更加宽松。2001～2005 年，威海市金融机构备付率分别为 3.1%、3.4%、3.5%、3.9%、4.5%，呈现逐年增加态势，2005 年 4.5% 的备付率水平达近 10 年最高位，如果加上二级准备金，银行实际备付率达 9.8%，银行资金面过宽问题非常突出，对经济发展和银行经营不利。通过以上分析，目前威海市投资增幅反弹，居民消费增长乏力，贸易顺差过大，表明拉动威海市经济增长的三大因素协调性变差。

（3）从银行中长期贷款分布看固定资产投资增长和结构变化。银行贷款一直以来都是企业固定资产投资资金来源的重要渠道之一。从威海调查情况看，1996～2000 年，固定资产投资资金来源中，银行贷款占比 60% 以上，2000 年以后，银行贷款占比处于下滑态势，但仍然保持在 50% 左右，2005 年递减为 47.6%。所以从银行中长期贷款增长和投向上我们基本能把握固定资产投资增长以及结构优化情况。从 2001～2005 年中长期贷款增长和分布情况看，中长期贷款大幅增长，年均增长 1.09 倍，其中，基本建设贷款年均增长 1.08 倍，技术改造贷款年均增长 12.8%，技术改造贷款占中长期贷款的比例分别为 25.53%、7.55%、6.26%、4.40%、2.16%，呈现逐年下降态势。情况表明：自 2001 年以来，威海市固定资产投资主要集中在基本建设项目，而技改投资力度明显不足且呈现逐年下降趋势，固定资产投资存在盲目扩大生产的现象。

（4）从储蓄存款和消费信贷增长看居民消费倾向。消费是经济增长的源泉，如果区域消费水平提高，对经济增长的贡献度增强，那么区域经济发展会更加稳定和持久，从威海市居民收入增长和银行储蓄存款增长趋势比较看，

2001~2005 年居民所增加的收入中，用于储蓄的比例分别为 10.50%、8.79%、12.32%、14.81%、14.89%，基本呈现逐年上升态势，即居民年收入中，用于储蓄的比例增加，用于消费的比例减少，居民消费倾向呈减弱趋势。但从消费信贷情况看，2001~2005 年，中长期消费信贷余额分别为55843 万元、153912 万元、310121 万元、475631 万元、619662 万元，消费信贷余额的增长说明居民消费倾向增强，但目前消费信贷的发放对象主要是有稳定收入的企事业单位职工以及其他高收入人群，这部分人因为有稳定的物质保障，消费倾向呈现增强趋势，但毕竟这部分居民占比较小，他们的消费倾向增强改变不了整体消费倾向趋弱的事实。一般情况下，消费倾向与收入分配的公平程度、社会保障体系的完善程度有关，居民整体消费倾向降低反映威海市存在收入分配不公平现象以及社会保险体系还不够健全。

（5）从企业存款变化看区域经济自给能力和吸纳资金的能力。企业存款一般来源于贷款派生、利润留存、其他自筹（如直接融资等）。从贷款的派生性看，银行发放一笔贷款给域内企业用于支付货款，如果区域经济自给能力较差，企业就会向区域外企业购买原材料或设备，使货币流出该区域，这时银行贷款在该区域的派生能力较弱；如果区域经济自给能力较强，企业会向区域内其他企业购买原材料或设备，那么这笔贷款就会在区域循环，经过多次派生，并在货币乘数作用下，使区域内货币供应量数倍增加，主要表现为存款的增加。因此，从贷款派生存款的能力大小可以看出区域经济自给能力的大小（假设影响存款派生的其他因素如信贷政策等不变）。从威海情况看，2001~2005 年，银行新增贷存比为 1:1.78、1:1.12、1:1.28、1:1.55、1:1.57。如果把贷款看成是影响存款来源的重要因素，上述数据说明贷款对存款派生性增强，说明区域内企业自给能力增强。从企业户均存款情况看，如果企业户均存款偏低，说明企业总体规模较小，大户企业和上市企业较少，吸纳资金能力不足。2005 年，威海企业户均存款只有 100.7 万元，相比经济发达地区显得偏低，说明区域内大企业或上市企业过少，通过直接融资吸纳资金能力不足。

（6）从不良贷款情况看社会信用环境。从原始经济中的物品赊销发展到现代经济中各种票据、合同、应收账款的产生，信用始终扮演着极其重要的角色，它在加速经济发展的同时，为构建和谐和诚信社会奠定了基础。银行作为提供信用的主要中介机构，通过贷款的投放为经济发展提供生产资金，并到期收回贷款本息，形成一条"银行发放贷款—企业生产增值—归还银行贷款本息—向企业投放贷款"的资金链条。如果在一个信用环境好的经济区域，这条资金链条一般能顺畅运行，即使有个别企业出现经营风险导致贷款不良也不会造成多大影响；但如果因社会信用环境恶化，大量的贷款企业故意拖债欠债，甚至逃废银行债务，这条资金链条运行就会受阻甚至断裂，形成大量的不良贷款。因此不良贷款成为目前反映社会信用的主要指标之一。从威海不良贷款情况看，2001~2005年，不良贷款率分别为39.24%、33.68%、37.92%、36.05%、31.97%，呈逐年下降趋势，说明贷款对象拖欠和逃废银行债务现象减少，社会信用好转。

二 从货币运行特征评价区域经济运行质量

目前我们一般是从经济增长的稳定性和可持续性的角度来判断一个国家经济增长的质量好坏，并通过资源消耗率、环境受损害程度、粮食和能源安全系数等指标反映。但要判断区域经济增长质量的好坏，上述指标显然过于抽象。从区域经济增长的稳定性和可持续性出发，我们可以从产业结构优劣、工业布局的合理性、拉动经济增长各因素的协调性、环境污染和能源消耗程度大小、社会信用状况等方面来判断区域经济增长质量。上面我们从货币运行角度揭示的区域经济发展特点虽然不能囊括经济增长的各个方面（比如环境污染问题、资源和能源消耗程度等），但货币运行所反映出来的区域经济发展特点包括了评价经济增长质量的主要方面。通过对威海市货币运行特点分析，我们可以对经济增长质量做出如下评价。

一是产业结构逐步优化。经济增长包括第一、二、三产业的增长。从货币运行特点看，第一产业效益有所提升，说明农业产业结构逐步升级；第三产业发展较快，对经济发展的贡献度增加，符合经济越发展，第三产业占比越高的经济发展规律。

二是社会信用状况进一步好转。不良贷款率逐年下降的事实表明，威海市企业或个人拖欠或逃废银行债务现象减少，社会信用状况进一步好转。

三是经济增长因素不协调。2005年，威海市固定资产投资增幅扩大，但消费增长乏力，贸易顺差过大导致流动性过剩。投资、消费和净出口作为拉动经济增长的三大因素协调性不够。

四是固定资产投资结构不合理。近年来，威海市固定资产投资增长较快，但从投向上看，主要投向基本建设项目，用于扩大产能，而技改投资力度不足，产品档次升级缓慢，存在盲目扩大生产的现象。

五是收入差距拉大和社会保障制度仍不健全。消费倾向与收入分配制度的公平程度和社会保障制度的健全程度密切相关，威海市居民消费倾向降低反映出目前威海市存在收入差距进一步拉大以及社会保障制度不够健全的问题。

六是区域经济自给能力增强但吸纳资金的能力不够。一个区域的生产自给能力增强，区域内资金外流量就会减少，贷款派生存款的能力就会增强。威海市货币运行中贷款派生能力增强的趋势表明，威海市经济自给能力有所增强；企业户均存款偏低，预示着区域内企业规模偏小，辖内大型企业和上市公司缺乏，吸纳资金能力不足。

三　对威海市经济运行质量的实证分析

通过货币运行情况分析，我们对威海市经济增长质量做出了总体判断，为了验证这些判断的准确性，我们从经济统计数据和调查数据的角度予以实证分析。

（1）对产业结构逐步优化的实证分析。近年来，威海市加大了产业调整力度，使产业结构不断优化。从第一产业看，逐步增加高效农业的培育。一是加大海水养殖面积的开发。由于近海渔业资源枯竭，威海市不断加大了海水养殖面积的开发力度，2005 年末，海水养殖面积达 57126 公顷，同比增长 3.3%，海水产品产量达 2483774 吨，同比增长 3.3%，渔业收入 174.36 亿元，同比增长 8%。二是加大经济作物的种植。近年来，威海市不断缩小低效种植业面积，加大经济作物的种植力度，种植业效益明显提升，2005 年种植业收入达 58.85 亿元，同比增长 18.3%。由于农业结构不断优化和升级，整体农业效益大幅上升，2001～2005 年，农村经济收入分别为 1090.12 万元、1205.7 万元、1299.05 万元、1529.01 万元、1803.35 万元，平均增长 13.41%。从第三产业看，2005 年第三产业实现增加值 336.23 万元，占 GDP 的比重达 28.74%，同比增高 0.6 个百分点，第三产业中发展最快的是威海市的旅游业。自 2002 年以来，威海市依靠独特的地理优势，不断加大新景区的建设和开发，新建或开发成山头风景区、银滩风景区、市区环海路、国际浴场、威海公园、新外滩等旅游景点，旅游业收入明显增加，2005 年国内旅游收入 796914.55 万元，同比增长 18.75%。从 2001～2005 年第三产业占比与存款占比走势比较看，二者发展态势基本相同（见图 4），证明上述通过货币运行对第三产业的判断较为正确。结合第一、二、三产业看，2005 年，三次产业结构调整为 9.24∶62.01∶28.74，与同期相比，有所优化。

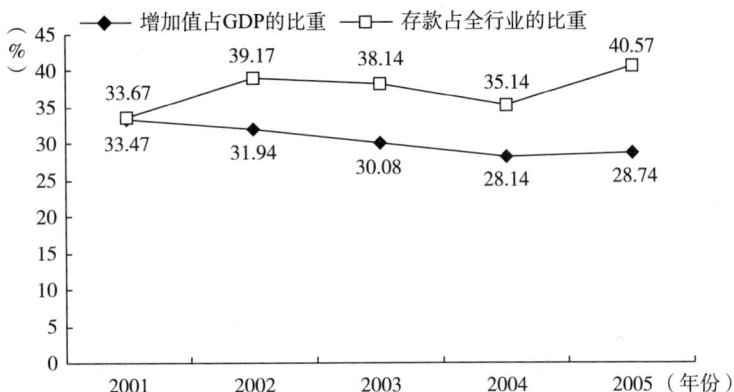

图4 第三产业增加值占比和存款占比走势比较

（2）对经济增长协调性实证分析。表面上看，投资、消费和出口作为拉动经济增长三大因素，只要出现增长，对经济发展都是有利的，但用发展的观点看，经济增长的各因素只有协调性增长才能保证经济的可持续发展，投资增长过快，可能会形成经济泡沫，净出口过大，可能会增加国内货币压力，这些对经济发展都是不利的。2005年，威海市限额以上固定资产投资达6639033万元，同比增长125.1%，在2004年高位增长的情况下继续保持高位增长，但从消费情况看，2005年社会消费品零售总额为2847976万元，同比增长115.7%，可以看出，消费和投资增长并不同步，投资和消费增长差距拉大到9.4个百分点。2001～2005年，规模以上固定资产投资额占当年GDP的比例分别为12.59%、18.65%、44.33%、55.26%、56.75%，呈现扩大态势，说明固定资产投资对经济增长的贡献度加大；社会消费品零售总额占GDP的比例分别为26.83%、26.81%、24.17%、24.80%、24.35%，呈下降态势，说明投资增长速度仍然过快，消费增长相对乏力。从净出口形势看，2001～2005年，净出口额分别为8.2亿美元、9.19亿美元、10.26亿美元、13.1亿美元、19.21亿美元，平均增长23.7%，相对而言，威海市净出口增长速度显得过高。

（3）对投资结构合理性实证分析。从投资分布看，投资一般可分为基本建设项目投资和技改项目投资，基本建设项目投资主要用于扩大生产的厂房建设以及配套设施建设，技改项目投资主要用于提高产品质量和档次的设备升级改造和新增高档设备。从威海投资分布看，2001～2005年，基建项目投资分别为30.32亿元、49.07亿元、100.67亿元、228.49亿元、486.91亿元，增幅分别为38.39%、37.41%、27.17%、43.07%、73.34%；技改投资分别为 20.91 亿元、40.28 亿元、80.84 亿元、113.3 亿元、136.2 亿元，增幅分别为 26.48%、30.71%、21.81%、21.36%、20.52%。可以看出，基建项目投资增幅呈逐年扩大趋势，而技改项目投资却呈现逐年下降态势，2005 年，两者增幅差距拉大到 52.82 个百分点，基建项目过快而技改投资不足问题十分突出，投资结构的不合理性可能导致盲目建设、重复建设和新的投资结构失衡，进一步加剧土地、资金、能源等的供求矛盾，不利于提高投资效益和转变经济增长方式。

（4）对收入分配制度的实证分析。经济发展速度加快必然会引起居民收入增加，从威海市近年收入分配结构上看，不同群体收入差距有所拉大。主要表现在两个方面。一是城乡居民收入差距拉大。2001～2005 年，城镇居民人均可支配收入由 8736 元（按可比口径计算）增加到 12455 元，农村居民人均可支配收入由 4146 元增加到 6083 元，二者的比例基本上保持 2∶1 不变，但如果把城市居民工资性收入中的奖金漏出和其他福利性收入（如实物补贴）计算在内，城乡收入差距可能要达到 3～4 倍。近年来，尽管国家采取减免农村税费相关政策，农民负担减轻，但生产资料价格上涨导致的生产成本上升在很大程度上抵减了政策上的优惠，使农民收入水平实际性提高不大，城镇居民工资性收入却有较大幅度增长，导致城乡居民收入差距拉大问题显得越来越突出。二是收入进一步向少数人集中。据对威海市 2005 年不同组家庭人均收入情况统计，10% 的最低收入家庭人均收入 4732 元，而 10% 的最高家庭人均收入达 34712 元，后者是前者的 7.34 倍。上述情况说明，威海市实际收入差距有所拉大，收入分配制度还存在欠缺。

（5）对区域经济自给能力和吸纳资金能力的实证分析。近年来，威海市经济自给能力有所增加。2005 年末，规模以上工业企业达 1640 个，同比增加 553 个，从企业结构看，投资品生产企业 351 个，同比增加 94 个，消费品生产企业 854 个，同比增加 258 个，中间品生产企业 435 个，同比增加 201 个。工业企业数量增加和工业生产种类更加丰富使区域原材料供给、投资设备供给和消费品供给能力增强，提升了区域经济自给能力。从吸纳资金的能力看，目前威海市经济吸纳区域外资金的主要途径有区域外银行贷款、外资输入、股市筹资、中央拨款（包括机关单位职工工资和建设项目拨款）等，近几年，区域外银行贷款、外资输入和中央拨款都有所增长，但工业企业相比发达地区上市筹资力度明显不足。目前，威海市只有上市公司 6 家，筹资额 14.69 亿元，只占银行贷款的 3.1%。区域经济吸纳区域外资金的能力不足。

四 提高经济增长质量的路径选择

转变经济增长方式，确保区域经济协调发展。针对目前威海市存在投资和净出口过快、需求不足的实际，有关部门应该从政策、融资等方面加大对投资的控制，逐步减少和消除鼓励出口贸易的优惠政策和措施，防止贸易顺差的进一步扩大，在增加居民收入的同时，优化消费市场的商品结构，增加居民消费倾向，提高消费对经济增长的贡献度。

树立做大做强观念，加快企业上市进度。根据威海市经济发展特点和产业优势，重点扶持效益好、有潜力的企业，从人才、资金、管理模式和政策等各方面给予倾斜和支持，使企业短期内做大做强，并在适当的时候创造条件支持企业上市融资，为区域经济发展吸纳更多的资金。

优化投资结构，走集约化增长道路。从生产和消费的情况看，目前许多行业已经出现产能过剩，减少规模扩张和提高产品档次成为投资基本要求，具体地说应该加大技改投资的比重，提高产品技术含量，加快产品更新换代；减少基建项目投资比例，防止盲目扩大，走集约化增长的道路。

完善分配和社保制度，提高消费水平。一是借鉴发达国家经验，发挥工会监督作用，切实维护职工权益，确保企业职工合理工资性收入。二是大力发展农村经济，为"三农"经济发展提供更多的政策和资金支持，加快城市化进程，切实提高农村居民可支配收入，缩小城乡收入差距。三是不断完善社会保障体系，加大居民在医疗、教育、住房、养老等领域的保险制度建设，消除居民后顾之忧，增加居民消费倾向，推动经济发展。

加强信用制度建设，优化投资环境。近几年，威海市不良贷款率呈下降趋势，但总体上看，不良率还很高，如果剔除剥离、核销等因素，不良率达12.57%，而且新的不良贷款仍在产生。因此，信用制度建设任务十分艰巨。目前，在建设信用制度方面应该着手于政府宣传引导和惩戒相结合的方式。一方面，政府部门要通过各种媒介广泛开展"信用社会"宣传引导工作，引导居民树立信用观念；另一方面，有关部门应当借助司法系统和"征信系统"加大对失信行为的惩戒力度，使投资环境不断优化。

（作者单位：中国人民银行威海分行　课题组成员：邵明志　陈明仿）

《不确定性、融资约束与企业投资分析》内容提要

郭建强

该著作主要是研究企业的投资行为。该书从理论和实证两个方面分析了不确定性和融资约束的投资效应，其中主要是理论分析，实证研究是基于中国转型的经济背景，使用中国上司公司的数据，对理论分析的结论给予验证。

我们按照"成本—收益原则"，从新古典投资模型的框架出发，将投资过程（理论分析上的过程而不是实际投资行为上的具体过程）区分为相互联系的两个阶段，深刻分析了影响投资的成本和收益的各种成本，并将这些成本和收益融合在一个投资理论中。该著作使用实物期权理论，将投资的等待价值定义为投资的成本，而将资本市场的非完全引起的融资约束定义为投资的资本成本，由此将现有的融资约束研究和不确定性期权分析进行了综合。该书还重新定义了投资的收益，对影响投资收益的因素进行了更深入的分析。在投资成本中，我们还充分考虑了传统的调整成本，完善了传统投资理论的非动态化缺陷。书中使用了大量的篇幅来讨论现有的文献，提出了现有文献的不足和进一步发展的趋势。总之，该著作主要从不确定性环境、融资环境角度，在综合现有理论的基础上，给出相对全新的投资行为的理论解释。该著作还讨论了中国转型问题，以及这种转型对企业投资行为的特殊影响，最后讨论了投资政策问题。

影响企业投资决定的因素是具体的，投资研究需要将这些因素进行必要的限制和抽象，这种抽象一般就是构建不同条件下的投资模型。假设条件不同投资理论就不同，投资理论的发展，就是逐步放宽假定条件，使投资行为假定与投资实际一致的过程。

假定企业投资的环境是确定的，则投资决定就是简单计算投资的收益和

投资的支出，然后比较投资的净收益的过程。当投资的收益大于投资的支出时，投资的决定就是恰当的，否则投资就是不合适的。传统的投资理论一般假定经济环境的确定性（包括特质性不确定性），所以传统投资理论可以称为确定性投资理论。

传统的确定性投资理论主要的缺陷在于：过分抽象投资行为假设，忽视影响投资收益的因素分析，忽视影响投资成本的因素分析，忽视资本的成本因素分析。如在投资成本中，调整成本的存在可能会降低投资水平；期权价值的存在，使投资成本中必须考虑期权的价值。在投资的收益中，不仅宏观经济运行，或者经济周期影响企业的投资收益，而且，经济环境的不确定性可能影响对投资收益的确定。经济环境的不确定性，从资产的收益和投资成本两个方面影响投资的净收益，影响着投资决定以及投资水平。

因此，现有的投资理论可以区分为三种基本形式：确定性条件下的投资理论；不确定性条件下的投资理论；资本成本约束性——融资约束性的投资理论。传统的投资理论是确定性的理论。传统投资理论的发展沿着两个方向进行，一个是在投资理论中加入不确定性因素分析，一个是在投资理论中加入融资约束因素分析。

不确定性分析的最新发展是期权价值的引入。现有的期权分析，通过构建动态化的投资模型，来计算所谓投资价值，以此来确定企业投资的临界值，并且提出不确定性抑制当前投资的结论，但这种分析往往以假定资本市场是完全的。不仅中国这样的国家不具备完善的金融体系，即使是成熟市场经济，资本的成本问题，也是企业投资必须面对的，所以，不确定性（期权方法）分析也要发展，需要考虑资本市场的完全性假定。不仅如此，不确定性分析在解释资本存量水平方面存在一定缺陷，而资本存量是传统的确定投资水平的方法，具有很大的优势，而且与现有的宏观投资水平（总投资水平）分析一致。

融资约束理论尽管分析了资本供给特点，分析了这种供给特点影响投资行为，却忽视了投资环境的不确定性分析，因而是不全面的。现有的融资约束分析，普遍重视实证研究，而理论研究不足，最主要的不足是该理论没有包含不确定性分析。总之，投资理论的现有文献存在融合的需要，即融资约束的投资效应与不确定性投资效应的融合分析。

该著作主要的贡献是建立统一意义上的投资模型，即在投资模型中加入不确定性分析和融资约束分析。这样，一方面，影响投资决定的诸多因素都可以包含在投资模型中，从而形成一个能够体现投资实际的投资需求理论；

另一方面，可以将现有投资理论进行综合，即发展了现有的投资理论。研究的基本结论是：不确定性、融资约束严重抑制了企业的当前投资，降低了当前的投资水平，而且两种效应还存在某种联系，这在一定程度上反映了投资行为的复杂性。

基于不同的投资行为假定，将形成不同的投资政策。现有的投资政策——基于确定性假定的投资理论——利率的投资政策方案，明显不足。在充分考虑不确定性及融资约束的统一投资模型的基础上，投资政策将是全新的，即投资政策的出台需要考虑经济环境的确定性，融资环境的改善等，使投资政策更具有实际的指导意义。这是该著作的第二个方面的创新之处。

要达到上述的研究目标，仅仅使用现有的分析方法是不够的。该书在传统的资本存量方法的基础上，构建了投资决定的两阶段法。投资的两阶段方法的实质是比较静态分析。该方法能将影响投资决定行为的因素，区分为互相联系的投资净收益决定过程，以及投资决定的资本净收益因素分析，同时，该方法将投资水平确定为企业的合意资本存量，这样，投资的所有影响因素，表现为边际成本和边际收益，只要边际成本和边际收益确定，投资水平随之确定。该著作分析了不确定性条件的资产收益，以及随着资本存量增加时的资产收益，分析了期权价值存在下的投资成本，并构造出一般意义上的能够体现所有投资成本的净收益水平。这是该著作的第三个方面的贡献。

最后我们分析了转型时期的企业投资行为的特殊性问题。因为前面的投资理论，基本的假定前提是市场经济，而对于处于特定转型时期的中国企业而言，上述分析的理论结论，不一定适合中国的实际，即该理论无法直接解释中国的企业投资行为。我们认为，中国的企业投资行为需要充分考虑中国的具体经济环境来解释。该著作从理论上分析了：中国转型时期体制与投资行为的特殊性关系；转型时期的融资约束和不确定性；体制转型引起的不确定性投资效应等问题。我们还以中国上市公司的数据对我们的理论进行了初步检验，检验的结论基本上支持了我们的理论推论，有些结论则与我们的判断相左，这表明中国经济的特殊性以及在企业投资行为上的表现。

［作者单位：山东大学（威海）］

城镇居民医疗保险筹资实践与研究

王锡国　包　慧　李彩霞

城镇居民医疗保险费筹资水平不宜过高，筹资水平过高居民无力参保，覆盖面就必然小，将大部分城镇居民挡在医疗保险的大门之外，体现不出大数法则的功能。因此，各地在实施城镇居民医疗保险时必须根据各自的实际，确定合理的缴费和医疗待遇水平，最大范围地覆盖城镇居民，最可能大地提高参保城镇居民的医疗保障水平。

（一）有缴费能力的城镇居民要以自我缴费为主

在城镇居民医疗保险中，要积极宣传引导，提高居民对医疗保险的认识，使有能力参保的居民尽早自己缴费参保。

文登市城镇居民医疗保险的缴费，本市职工按当年最低缴费基数的5%，学生按2%筹集（学生包括各类学生、16岁以下儿童）。按《社会保险费征缴条例》的规定，医疗保险费缴费基数最低不低于社平工资的60%。城镇居民无工资基数一说，本市职工最低缴费基数，实际是社平工资的60%，按2006年计算，按社平工资的3%缴费与按社平工资60%的5%缴费每月都是36.6元，这样保证了与职工医疗保险缴费政策的衔接。

城镇居民医疗保险费原则上由个人（家庭）负担，有条件的单位可给予本单位职工直系亲属适当资金补助。

文登市规定居住在农村居民失地时，收取的失地款优先用于缴纳医疗保险费。参加城镇居民医疗保险的参保人员，按规定享受各级政府医疗保障补助资金，用于缴费，为各级政府再出有关政策为城镇居民补贴或缴费时，与我们的政策留下接口。

通过文登市城镇居民医疗保险的实践证明：城镇居民经济条件的好坏，

不是影响参加城镇居民医疗保险的重要因素，重要的因素是居民对医疗保险重要性的认识。因此政府拿出钱来为有缴费能力的城镇居民补助，还不如用这些钱来宣传城镇居民医疗保险政策，让城镇居民看到疾病的巨大风险随时存在，参加医疗保险可以化解疾病风险，提高对医疗保险的认识。强化医疗保险宣传，是各地开展城镇居民医疗保险中的一项重要工作，也是促进城镇居民医疗保险发展的巨大动力。

因此，目前城镇居民医疗保障，必须倡导以居民自我缴费为主，有条件的单位可给予本单位职工直系亲属予以补助，政府只负责帮助弱势群体参加医疗保险，并且政府的资助水平要足以使弱势群体能参加医疗保险，并得到较好的医疗保障。按现在政府财力特别是县级政府财力，如果给政府加上过多的经济责任，势必影响城镇居民医疗保险事业的开展。今后，随着经济和社会的发展，各级政府应逐步加大对城镇居民医疗保险的资金支持，促进城镇居民医疗保险的健康发展。

（二）为弱势群体提供基本医疗保障，是政府义不容辞的责任

我们通常说的弱势群体应包括贫困者群体、老年人群体、残疾人群体、失业者群体等。随着我国市场经济的进一步发展和社会结构的急剧转型，社会弱势群体及其问题日益凸显，构成了影响社会稳定与社会发展的重要风险因素之一，引起社会各界的广泛关注。

然而，弱势群体的存在，是一种普遍的社会现象，无论是发达国家，还是发展中国家，都存在着一定规模的社会弱势群体。与其他国家不同的是，我国目前宗教和慈善机构开办的针对弱势群体救助的医疗机构很少。据统计，我国每年个人慈善捐款人均还不到1元，其解决弱势群体医疗保障的作用很小。因此，在解决弱势群体医疗保障问题的过程中，政府理应扮演主导性的角色，具有不可推卸的责任，由政府负责解决弱势群体医疗保障问题，也是世界各国的通行做法。

1. 贫困者群体

由中国科学院院长路甬祥院士任总主编，邀集我国可持续发展领域184名资深专家和学者共同编纂的《中国可持续发展总纲（国家卷）》一书中，专家们提出到2050年，中国在全国范围内基本消除"贫困"。

2005年我国公布的绝对贫困标准为年人均683元。欧盟规定，收入低于欧盟人均收入60%的人口为"贫困人口"。按此标准，个人年收入低于9000美元属于贫困人口。

美国 2005 年的贫困标准是，单身年收入少于 9570 美元、两口之家少于 12830 美元、三口之家少于 16090 美元、四口之家少于 19350 美元、五口之家少于 22610 美元为贫困家庭。根据这个标准，美国的贫困人口最近几年基本保持在 3500 万人左右。

由于国情不同，我们不能按照欧美的标准计算贫困者群体，但是，我们没有理由不相信我们这样一个大国，贫困者群体人数肯定比美国多。按照有关专家 6%～8% 的比例估算，我国城镇居民贫困者群体应在 3000 万人以上。

当贫困者被迫忍受小病小痛，并且一再拖延疾病的治疗时，小病可能会发展为大病，而大病的延误治疗或未愈提前出院，则可能危害健康乃至使其丧失工作能力，就更没有能力负担医疗费了，形成恶性循环。

2. 老年人群体

由于我国经济和社会的发展，加上积极的计划生育政策，我国老龄化发展速度非常快。2005 年底，中国 60 岁以上老年人口近 1.44 亿人，占总人口的比例达 11%，占亚洲老年人口的一半，占全球老年人口的 1/5。《国家人口发展战略研究报告》指出：到 2020 年，60 岁以上老年人口将达到 2.34 亿人，比重增长到 16%，本世纪 40 年代后期形成老龄人口高峰平台，60 岁以上老年人口达 4.3 亿人，比重达 30%。

据第三次国家卫生调查：我国老年人门诊和住院医疗费由 1993 年的 164 亿元增加到 2003 年的 1487 亿元，占总医疗费用比重由 12% 上升到 26%。过去十年，我国门诊和住院费用由 1363 亿元增加到 5838 亿元，其中 30% 归因老年人医疗费增长，形势非常严峻，这些高速增长的巨大老年人医药费包袱，都压在老年人群体本身或者家庭，是非常不公平的。

随着老年人年龄的不断增加，鳏寡孤独也随之增加，在生理上这一群体容易患病，在经济上处于弱势，有些甚至断绝了经济来源，处于无依无靠的地步，所以在医疗保障上只能依赖于政府。构建和谐社会，由政府支持，特别是将包括鳏寡孤独无能力参保的老年人全部纳入医疗保险，将是城镇居民医疗保险成功的重要标志。

3. 残疾人群体、失业者群体

根据 2006 年第二次全国残疾人抽样调查，全国各类残疾人的总数为 8296 万人，有残疾人的家庭共 142112 户，我国残疾人占全国总人口的比例为 6.34%。按此计算，我国城镇居民中残疾人口应该有 3560 万人。到 2005 年底全国城镇已参加社会保险的残疾人仅有 125.2 万人，按此计算，在城镇居民中还有一大批残疾人没有医疗保险。这些残疾人中，很多是影响劳动或失去劳动能力的人，有些还无依无靠，不依赖政府还能依靠谁呢？

发展经济促进就业，采取积极的残疾人就业政策；为所有有就业能力、就业要求的失业者群体提供就业机会，对失业人员特别是享受城镇低保的失业人员，要兑现扶持政策，政府要坚决承担起应尽的责任，建立完善的社会医疗保障体系，从各个方面为弱势群体提供社会支持，保护弱势群体的权利，维护弱势群体的利益。

文登市在建立城镇居民医疗保障制度时，政府对普通居民参保没有一分钱的补助，只是积极的宣传医疗保险政策，而居民参保积极性非常高涨。

文登市已采取不同方法，将全市企事业退休人员全部纳入职工医疗保险覆盖范围。在建立城镇居民医疗保险时，将享受城市低保人员、鳏寡孤独老人、特困学生等弱势群体医疗保险费减半缴纳，100岁以上老人免缴医疗保险费，所需资金由市财政拨付，促进弱势群体参保。在此我们应该感到非常自豪：全市城镇居民医疗保险经过3年多反复论证，包括我们城镇居民医疗保险启动前，政府对城镇居民医疗保障的责任远没有现在的这种氛围，市政府能够将弱势群体的医疗保险缴费实行减免，展现了文登市政府领导高瞻远瞩，心系百姓亲民为农民的执政理念。今后还将扩大弱势群体免费的认定范围，加大对弱势群体的支持力度，逐步使弱势群体免费参保，将城镇居民中弱势群体，全部纳入城镇居民医疗保险覆盖范围。各级政府都应将解决弱势群体医疗保障为己任，支持帮助参保，防止"因病致贫"和"因贫致病"的恶性循环。

（三）赋予职工医疗保险个人账户共济功能

几年来，尽管城镇职工医疗保险制定了三个目录，医疗保险费用结算方式也多种多样，但是，都不能从根本上解决"一证多用，冒名住院"的问题。最核心的问题就是城镇居民没有完善的医疗保障制度，这也是1999年以前各试点城市"三段式"医疗保险基金超支的重要原因。两个账户分开以后，这种情况有所好转，但是，个人账户的使用、出院带药、门诊慢性病用药甚至冒名住院等问题还是很难规范。

据统计，文登市城镇职工医疗保险个人账户资金，每年有30%被职工家属使用，门诊慢性病用药被职工家属使用的比例难以统计，文登市每年至少有900万元个人账户基金被职工家属使用，目前，还没有很好的办法对其规范。

2005年末全国基本医疗保险基金累计结存1278亿元，其中统筹基金结存

750 亿元，个人账户积累 528 亿元。文登市作为一个县级市，几年来，参加城镇职工基本医疗保险的职工个人账户累计沉淀已达 5000 万元，如此大数额的个人账户沉淀基金，无丝毫的共济作用，闲置在那里十分可惜。

文登市规定参加职工医疗保险人员个人账户沉淀超过 1000 元的部分，可以用于缴纳直系亲属的医疗保险费。使用参保人员个人账户缴费，赋予职工医疗保险个人账户共济功能，变"暗保"，为"明保"，既施惠于群众，又维护了基金安全。

文登市城镇居民医疗保险启动后，很多参加职工医疗保险的参保人员，使用自己个人账户沉淀基金，为子女和父母缴纳了医疗保险费。城镇居民医疗保险实施以来，参加职工医疗保险的人员，对个人账户重视程度明显提高，结余率较 2005 年增长了 7%。同时，促进了城镇居民医疗保险参保，达到相互促进，共同发展，获得双赢。

各地在开展城镇居民医疗保险确定筹资与待遇水平时，必须根据本地的实际情况，结合职工医疗保险的筹资与待遇标准，确定可持续发展的筹资与待遇标准，不可盲目攀比，最理想的还是与职工医疗保险接轨，除了不建立个人账户，其他筹资与待遇水平和职工医疗保险接轨。经济欠发达地区，要适当降低筹资与待遇水平，也可以建立多个层次的城镇居民医疗保险筹资与待遇支付制度，供城镇居民自由选择，促进城镇居民医疗保险健康发展。

（作者单位：文登市职工医疗保险事业处　文登市财政局）

论我国高星级饭店业提升竞争
优势的战略路径

一　我国高星级饭店业发展现状

饭店业是我国对外开放最早的行业。北京市的第一家合资企业和广州市的第一家中外合作企业，都产生于饭店业。作为一个发展中的大国，改革开放初期，通过发展旅游业、发展涉外旅游饭店赢得外汇收入是增加国家财富的重要途径。随着改革开放的不断深入，涉外旅游饭店的发展伴随着旅游业的发展逐步由增加外汇收入向产业发展的方向迈进。加入WTO后，中国经济融入了世界经济体系，作为旅游业三大支柱之一的饭店业尤其是高星级饭店业，对国民经济的贡献度不断提高，并成为亚洲饭店业增长的主要引擎。截至2006年底，我国共有星级饭店11828家，其中四星级以上（含四星级）的高星级饭店共有1427家，占全部星级饭店的26.05%。

根据2006年度《中国饭店业统计》，总的来看，全国大多数饭店的房价水平仍保持平稳态势。如果将统计样本按照星级分类，五星级饭店实现的平均房价为人民币792元，四星级饭店为人民币437元，三星级饭店为人民币278元，经济型饭店为人民币152元。与2005年相比，五星级饭店的平均房价水平下降了2%，三星级饭店增长了4%，四星级饭店的房价水平未见显著变化，经济型饭店的平均房价下降了16%。这一统计结果虽不能涵盖全部，但足以说明我国高星级饭店业指标的增长态势。北京、上海等地区的平均房价、平均出租率等都远远高于这一数字。

五星级饭店中，国际集团管理的饭店平均房价最高，达到847元人民币，分别超出国内管理的饭店平均房价（680元）的24%，以及业主自行管理的饭店平均房价（452元）的87%。

上海和北京五星级饭店市场之间的业绩差距进一步拉大，上海市场的平均房价增长了13%，达到1198元人民币，而北京市场只增长了4%，平均房价达到831元人民币。就住宿率而言，北京为64.6%，而上海达77.5%。每间可出租房平均房价，上海为929元人民币，而北京仅为536元人民币。

四星级饭店中，国际饭店集团管理的饭店同样实现了高平均房价，为484元人民币，分别高出国内管理的饭店平均房价（384元）的26%及业主自行管理的饭店平均房价（318元）的52%。

近二三年来，我国东部地区，特别是京、沪等地的饭店业形势一片大好，不论是平均出租率、平均房价，还是每间可出租房平均房价等，都一路攀升，旺季时甚至出现有价无房的情况。

值得一提的是，我国的民族品牌锦江国际集团2004年排名第29位，2005年上升到第22位，建国国际酒店管理公司由2004年的第118位迅速提升到第91位，足显我国自主饭店管理集团的地位在稳步上升。

当然，与亚太、欧洲主要城市相比，我国旅游饭店的业绩指标还有相当大的差距。北京、上海的五星级饭店的平均客房收益基本低于东京、新加坡、首尔（见表1）。

表1 1999~2006年亚洲主要城市五星级饭店平均客房收益

单位：美元

	1999年	2000年	2001年	2002年	2003年	2004年	2005年	2006年
东京	6830	6970	6650	6830	6710	6980	7250	8310
香港	3980	4770	4410	4690	4450	4960	5460	6240
首尔	3100	3260	3080	3300	3170	3210	3330	3870
新加坡	2560	2810	2560	2600	2450	2590	2850	3840
上海	1770	1960	2010	2190	2180	2380	2490	3150
北京	1440	1470	1510	1590	1500	1700	1840	2290
曼谷	1540	1670	1730	1900	1840	1940	2010	1950

二 外来品牌进入态势及其比较

（一）国际知名饭店品牌进入中国市场情况

加入 WTO 以后，随着我国饭店业的全面开放，众多世界著名饭店集团大举进入并高位抢滩我国高星级饭店业市场。为掌握国际饭店集团登陆我国的基本态势，2005 年 6 月，国家旅游局对北京、上海、广东、江苏、浙江等五省市世界著名饭店集团进入情况进行了调查。经过汇总分析，得出以下结论。

（1）据不完全统计，在上述五省市共计进入 31 个国际饭店集团，49 个饭店品牌，161 家饭店。全球排名前十位的饭店集团已全部进入中国饭店市场（见表 2）。

（2）世界著名饭店集团在上述五个地区管理的饭店多为高星级饭店，其中已评五星级饭店的数量占上述五个地区五星级饭店总数的 34%。只有少数品牌如"速 8""宜必思"等以特许经营方式涉入经济型饭店市场。

（3）针对不同市场需求，某些著名饭店集团已经开始在中国实施"全品牌战略"，涵盖超豪华到经济型各档次饭店，最大限度扩大自身市场份额。如洲际饭店集团旗下的"洲际"为世界顶级高档饭店品牌，"皇冠假日"为高档酒店品牌，"假日"为中档酒店品牌，"假日快捷"为经济型酒店品牌。

（4）世界著名饭店集团竞争的热点集中在北京、上海，并逐步向二线城市扩张；由东部向中部、继而向西部推进。北京、上海作为中国最重要的国际化大都市，已经成为世界著名饭店集团竞争的热点地区，各大集团竞相在上述两地占有自己的超豪华品牌。其中北京已评五星级的国际品牌饭店占本地五星级饭店总数的 39%，上海已评五星级的世界品牌饭店占本地五星级饭店总数的 67%。

（5）从 2005 年开始，上述五个地区迎来了著名饭店集团高端品牌的建设高潮。目前正在筹建中的共有 46 家高星级饭店，共计客房数约 1.3 万间，其中预计 2008 年前开业的有 27 家。

表 2 世界前十位著名饭店集团进入中国市场一览

集团名称	品牌名称
洲际饭店集团（英国）	洲际（InterContinental）、皇冠假日（Crown Plaza）、假日（Holiday Inn）
圣达特集团（美国）	豪生（Howard Johnson）、华美达（Ramada）、速 8（Super 8）

续表

集团名称	品牌名称
万豪国际（美国）	J. W. 万豪（J. W. Marriott）、利兹卡尔顿（Rita Carlton）、万豪（Marriott）、万丽（Renaissance）、万怡（Courtyard By Marriott）、万豪行政公寓
雅高（法国）	索菲特（Slfitel）、诺富特（Novotel）
最佳西方（美国）	最佳西方（Best Western）
希尔顿饭店集团（美国）	希尔顿（Hilton）
喜达屋国际（美国）	圣瑞吉斯（St. Regis）、威斯汀（Westin）、喜来登（Sheraton）
卡尔森国际（美国）	丽晶（Regent）、Radisson SAS、Radisson Plaza
凯悦饭店/国际（美国）	柏悦（Park Hyatt）、君悦（Crand Hyatt）、Hyatt Regency
香格里拉饭店集团（美国）	香格里拉（Shangri—La）

（二）国内饭店集团与世界著名饭店集团比较

通过近几年的研究分析发现：目前，国内民族品牌的饭店集团除了在本土文化背景、政府资源倾斜等方面具有较强的优势外，与世界著名饭店集团相比，就规模实力、品牌影响力、管理能力和研发能力而言，总体上明显处于弱势地位，与我国的大国地位很不相称。

（1）规模实力。据不完全统计，目前国内共有饭店管理公司 206 家，比 2005 年增加了 16 家；托管饭店总数 1946 家，比 2005 年增加了 346 家；星级饭店集团化程度达到 16.22%，同比增长 1.67 个百分点。其中，获得 2006 年中国饭店业国际品牌十强的管理公司拥有托管饭店总数 230 家，房间总数 71000 间，平均托管饭店 23 家，平均拥有房间数 7100 间；获得民族品牌二十强的管理公司拥有托管饭店总数 608 家，房间总数 146229 间，平均托管饭店约 30 家，平均拥有房间数约 7300 间。位居国内饭店集团第一位的上海锦江国际，管理饭店总数仅为 141 家，20279 间客房。我国前六位的饭店集团，共管理 344 家饭店，70923 间客房。绝大多数的饭店管理集团还在片面追求数量上的扩张，不注重规模效益。而 2004 年世界排名首位的洲际饭店管理集团，所辖饭店数为 3540 家，534202 间客房。排名前六位的饭店管理集团总计管理着 23777 家酒店，共 2762889 间客房。

（2）品牌影响力。没有实力就没有影响力。世界著名饭店集团都非常注重品牌的创立和培育，众多世界著名品牌是多少年成功经营所积累的无形资产，是集团的巨大财富，也是不断扩张雄踞天下的重要基础。国外的饭店集团拥有全球网络化预订系统，拥有强大的市场营销能力和集团价格、成本优势以及完善的服务系统和客户反馈系统，这就是品牌影响力。我们缺少世界级的民族品牌，具有国家性知名度的饭店品牌仅有锦江、建国、金陵、白天鹅等寥寥几个，而且国内饭店集团在品牌研发、资本运作、形象设计以及市场网络建设方面缺乏力度，它们大多管理着单体、不同星级的饭店等，没有统一标志，市场营销还停留在模仿式的经营和经验型的松散管理阶段，根本谈不上统一的预订网络和宣传，品牌的影响力和吸引力尚未形成强势效应。

（3）管理能力。管理能力是发展水平的标志，尤其是在经济全球化条件下，管理能力是进行国际竞争的资本。我国的高星级饭店集团在理念管理、战略管理、品牌管理、标准管理、人才资源管理、营销管理、网络管理等方面尚未形成强势，许多现代管理制度还在一边探索一边改革一边建立一边完善。而世界著名饭店集团经过几十年的发展所形成的强有力的全球管理能力，成为其在激烈的国际竞争中不断发展的秘诀之一。况且，世界著名饭店集团不会因人员的流动和调配而使饭店的管理制度和管理方式因人而异，它们是靠制度和标准管理，而我国的饭店管理大多是因人而异。

（4）研发能力。研发是前进的动力，是创新的源泉。但国内饭店集团除锦江国际、首旅建国等少数几家集团化发展的饭店拥有研发中心外，目前我国大部分饭店集团缺乏研发支持；而世界著名饭店集团都拥有专门研发机构和专门化人才队伍。如众多饭店集团大多都雇用建筑设计公司，从业主筹建饭店起，就介入饭店建筑设计、设备采购等研发过程，最大限度地发挥其专业化优势和研发对饭店发展的支撑优势。

因此，下决心提升我国高星级饭店业民族品牌的竞争优势应是关键所在。

三 我国高星级饭店业的竞争优势决定

高星级饭店业的竞争力具有战略性和长期性，它不仅仅是一种外部的"卓越"，更多的是一种内部支撑外部卓越的能力，而这种"内部支撑外部卓越"的基础性资本就是竞争优势，它是可持续发展的主要支撑。正如波特的观点，一个国家的竞争优势是支撑一个国家开展国际竞争和保持强势地位的基础性条件，这种支撑力主要体现在大企业和大行业，一个没有大企业和大行业的国家是没有竞争优势的。高星级饭店业发展和竞争的主要支撑力要靠竞争优势，它由大品牌、大企业、大网络等一些关键要素构成，是形成竞争优势的内因，即竞争优势是这些内因要素的函数：

竞争优势（CA）＝f（品牌、规模、网络、管理、服务、人力资源、技术、饭店文化）

笔者用这一函数关系式说明，一种单一要素很难单独形成一种竞争优势，各要素必须在饭店内部与饭店管理系统进行有机整合，并与饭店文化融为一体，只有这样，才能形成饭店独特的竞争优势，进而形成饭店的核心竞争力。笔者认为，在这些内因要素中，除了人的因素外，品牌要素和规模要素是两大关键要素。目前，我国高星级饭店业已经全面开放，且与国际接轨步伐越来越快，很多国外著名饭店到中国都不急于评星，但依然能吸引无数商务客人入住，原因是商务客户对星级概念越来越淡，而倾向于品牌的知名度、影响力和优质服务的魅力。同时，知名品牌又大多与规模联系在一起，规模对品牌的影响力和市场占有率起着决定性作用，规模是品牌扩张的结果，是综合性、基础性战略资源的能力集成，它是一个坚实的大框架，并具有"溢出效应"，扩充饭店的发展空间，支撑饭店向有生命力的其他领域延伸、扩张、发展。

竞争优势的外在表现就是国际竞争力，这是一种综合能力，它主要表现在饭店的当前经营业绩，还表现在饭店的持续发展能力。一个大国如果没有大饭店集团和大饭店品牌，高星级饭店业就根本没有竞争力。从世界饭店业发展的主流趋势看，决定饭店管理集团排名的关键因素是饭店集团的品牌战略。

从决定我国高星级饭店业发展的外部因素看，我国旅游业迅速发展，经济发展充满活力，到 2020 年，中国人均 GDP 将比 2000 年翻两番，中国将成为世界第一大旅游目的地国家。2003 年国家正式启动的"白金五星级"旅游饭店评定标准，也为高星级饭店业的发展注入了动力，这些都是利好因素。

所以，提升竞争优势的关键在内因，除了人的因素外，关键的关键在规模和品牌。

四　提升竞争优势的战略路径

根据以上分析，并根据美国高端饭店业之所以具有强势地位的国际经验，笔者认为，我国高星级饭店业提升竞争优势的战略路径应当是：集团化专业化经营形成规模效应；争创世界级民族自主品牌。一句话，就是要拥有我们自己的大饭店集团和世界级大品牌。

（一）形成规模效应

（1）发挥比较优势，夯实发展基础。充分发挥我国高星级民族饭店拥有国内饭店商务合作网络的优势，与进入我国的国际著名酒店集团合作，强强联合，做专业化文章。例如上海锦江饭店集团与法国雅高酒店集团的合作就是强强联合、优势互补的例子。

（2）推动资本运营，实施集团化扩张。深化技术创新，以资本经营方式推动高星级饭店集团的成长壮大，按照饭店业生产力布局的特点有步骤地开展跨国经营。例如以上海新锦江为代表的饭店上市公司的集团化扩张模式，走的就是一条资产经营的好路子。

（3）整合民族品牌。以品牌战略为龙头，整合民族品牌，形成民族品牌的规模效应和影响力，推动民族品牌的无形资产增值升值，树立民族品牌形象，提升民族品牌的知名度。

（4）实施一体化互动发展。通过水平、垂直、混合等不同形式的一体化途径，寻求与上下游企业、关联企业、教育研究机构的互动，从科技与文化两个方面提升自身的竞争优势，从而完成具有中国特色的饭店业集团化成长的混合型途径，最终从根本上构造饭店集团的科技与文化优势。

（二）争创世界级品牌

（1）加强自主品牌建设。要充分发挥我们中华民族具有的深厚东方文化底蕴的优势，将品牌建设的理念识别（MI）、行为识别（BI）和视觉识别（VI）三个层次整合起来，强化品牌文化战略，强化服务创新和管理创新，突出自主品牌的文化内涵和厚重感。

（2）提升自主品牌的国际网络化水平。世界著名饭店集团的优势主要表现在经营管理和销售预定的网络化水平上。要发挥自身的资源优势，采取国际化的发展理念、运作模式、管理技巧和商业规则，加快国际网络化建设步伐，构筑起品牌忠诚度牢固的全球网络化经营系统。

（3）全力打造世界级品牌。饭店业是充满竞争的行业，利润像刀片一样薄。在当今这个品牌时代，只有大品牌才有厚利润。世界级品牌是全世界都认可的东西，是世界消费者都听得懂的语言。中国是世界文明大国，中国的高星级饭店业需要有一批世界级品牌。

[作者单位：山东大学（威海）]

基于产业集群可持续发展的
区域品牌效应探究

梁文玲

产业集群是指在某一特定领域中大量产业联系密切的企业以及相关支撑机构在空间上集聚，并形成强劲、持续竞争优势的经济现象。改革开放以来，我国许多地区特别是经济发达的珠三角、江浙等地，已陆续形成一大批产业集中度高、生产规模大、市场份额高、配套较完善的产业集群，作为一种介于企业与市场之间的中间产业组织形态，产业集群的发展对区域经济的推动作用有目共睹，通过发展集群提升区域产业竞争力的思路在为部分国内外地区的成功实践印证后更成为各地方政府的积极选择。然而，我们也看到，在当前产业集群的发展中，仍存在许多亟待解决的问题，如集群粗放经营、产品结构老化、创新不足、品牌缺失、低水平重复竞争等，这些问题已制约集群的可持续发展，甚至已出现局部的"区域问题"。为此，各地积极寻求产业集群的提升路径，正是在此背景下，建设区域品牌被视作完善产业集群的有效途径而备受重视。但在实践中，由于政府和企业对区域品牌的内涵、作用机制及区域品牌的建设主体、创建与管理等问题还缺乏深入研究，因而，作为一种战略性活动，笔者认为，目前政府和企业对区域品牌还仅仅停留在认知的初级阶段，而对上述问题的清晰把握无疑是有效发挥区域品牌在产业集群发展中作用的必要前提，本文正是基于这一认识来剖析区域品牌在产业集群发展与升级中的效应，以期为地方政府的区域经济决策提供依据。

一 区域品牌：内涵及其特性

品牌原本是一个企业层次的营销学概念，作为产品整体概念中的形式层含义之一，品牌是用来识别一个或一组销售者的产品和服务以使之与竞争者区别开来的名称、符号、设计或它们的组合。从市场营销的角度看，品牌的本质是销售者向购买者长期提供的一组特定的产品特征、利益和服务。在企业的市场营销活动中，品牌的价值在于：帮助购买者辨识选购产品、维护购买者权益，知名品牌还有利于企业扩大产品组合，提高企业与供应商和经销商讨价还价能力，总之，企业/产品品牌本身就是一个竞争要素，而知名品牌则是竞争结果的体现之一，又是动态竞争的重要武器。与企业/产品品牌不同，区域品牌是指某个行政或地理区域内某一优势产业经过长期努力而形成或创建的为该产业企业所共同拥有的在产业市场具有较高市场份额和影响力的知名品牌，其总体表现形式通常为区域名称＋优势产业（或产品）名称，其具体表现形式有两种，即集体商标和地理标志。集体商标是以团体、协会或者其他组织名义注册，供该组织成员在商事活动中使用，以表明使用者在该组织中的成员资格的标志。地理标志是用于商品上的一种具有特殊地理来源并拥有因该来源地点而获得的品质或声誉的标记。需要说明的是，本文所指的区域品牌不同于"区域性品牌"，后者是一个与全国性品牌或国际性品牌对应的概念，它要描述的是企业/产品品牌影响的地域范围，或说明企业/产品品牌传播及被市场接受的范围。可见，区域品牌仍然要传递产品的基本属性，代表该产品能够满足的用户利益诉求，为特定用户提供差异化价值，同时它也代表着生产者为用户提供的质量承诺和信誉保证，上述品牌属性与企业/产品品牌是相同的。除此之外，区域品牌还有以下重要属性。

（1）公共产品特性。企业/产品品牌是由该品牌企业自我创造并拥有的，在所有权上具有排他性（特许经营情况除外）。而由区域品牌的内涵所知，区域品牌并非为一个企业所有，而是区域产业内多家企业共同拥有，集体受益，是产业集群的共同资产，具有典型的公共产品特性。

（2）管理主体非唯一性。企业/产品品牌的管理主体是创造并拥有品牌的企业，保护自有品牌、使品牌资产不断增值是每个企业营销管理的重要内容。与企业/产品品牌不同，区域品牌是多个企业共同拥有的无形资产，但因其为区域产业共同拥有，其管理主体除了区域产业中的各个企业，还有地方政府、行业协会等中间组织。成功的产业集群与区域品牌管理实践表明，地方政府在区域品牌建设中的作用可替代性很低，因为政府在公共政策资源供给、知识产权保护、区域营销等方面的作用是其他组织无法替代的，而行业协会在强化内部自律、实现有序竞争、协调成员利益等方面的作用亦是无法替代的。

（3）准统一品牌特性。统一品牌是企业品牌管理策略中的一种，它是指企业生产经营的所有产品均使用一个品牌，其优势是可以降低企业的营销成本，显示企业实力与形象，但其最大的问题是容易产生品牌株连效应，即因一种产品出现问题影响到企业的所有产品形象与整个企业的信誉。由于企业/产品品牌是该产品生产者对消费者提供的价值、利益和承诺，企业既是品牌权益的拥有者，也是品牌责任的承担者。而区域品牌是某区域内一产业中企业共同向买方提供的价值、利益与承诺，每一企业从该品牌受益的同时也承担着品牌风险（指品牌向买方承诺的利益和价值不能有效实现而发生的企业信誉受损、品牌满意度或忠诚度下降、买方对区域产业整体不信任的可能性），金华火腿就是典型例子。从这一点上讲，区域品牌类似于统一品牌，它对区域产业整体的生产、运作、质量、服务等环节的管理有标准化的质量要求，以确保区域品牌的价值。

（4）产业区域边界特性。当购买者面对一个企业的产品品牌时，其品牌联想之一往往是生产或拥有该品牌的企业，在对品牌拥有企业信息掌握充分的情况下，对企业本身的认同度直接影响着他对产品的认同度，企业的某些不利信息往往是购买者对其某一品牌的产品产生负面联想，进而成为其接受该产品的心理障碍。而面对区域品牌，购买方的品牌联想之一是拥有该品牌的某一行政或地理区域，该区域优势产业的发展水平和竞争力成为买方判断、接受这一区域品牌覆盖下产品的重要依据，如温州皮鞋、佛山陶瓷、顺德家电、古镇灯饰等。这些区域品牌传递的不仅是一组产品信息，还包含产品的生产区域，特别是该区域优势产业的整体实力，在这种情况下，与其说买方选择的是该区域的某一产品，不如说他们更看重这一产品的"出生地"。

（5）产业优势（区域某一产业的产业实力和市场优势）特性。从区域品牌的概念可知，区域品牌是某区域某一优势产业企业所共有的在该产业市场具有较高市场份额和影响力的知名品牌，此处具有较高市场份额和影响力的优势产业是该区域品牌形成的物质基础和价值基础，离开这一产业基础，区域品牌就是空中楼阁，作为区域品牌价值基础的这一产业，其优势来源可以是产业比较优势，也可以是竞争优势，而更经常的情况是基于比较优势基础上的竞争优势。其中，基于比较优势形成的区域品牌多是一些传统区域品牌，因本地区具有该产业发展所需的自然条件、物质资源、历史传统、区域文化等特殊产业要素，这一产业逐渐形成其竞争力，并为市场所接受。而在当前开放竞争的市场环境下，一方面，生产要素的流动性大为提高，另一方面，随着技术的不断发展，产业成功的关键因素愈来愈取决于技术、资本、人力资源等流动性强的要素配置状况，同时也在很大程度上取决于微观主体的经营运作水准。因而，对于多数产业而言，源自比较优势的产业优势容易趋于弱化，产业持久的市场优势则是该区域产业的竞争优势，这也是区域品牌的价值来源。同时，区域品牌培育的直接目的就是让本区域具有比较优势或竞争优势的产业更易为市场识别，提高认知度和知名度，以期建立持久的品牌优势。

（6）产业集群路径依赖特性。路径依赖是指经济社会行为演化受其初始选择的影响和制约，一旦确定了某种选择，就会对这一选择产生依赖，并且这一选择本身也具有发展的惯性，具有自我加强的放大效应，从而使这种初始选择不断强化的现象。产业集群是区域品牌的最优载体，国内外区域经济发展的实践表明，区域品牌的形成具有明显的集群依赖性，大量相同、相近、相关的生产企业的区域集中是区域品牌形成的依托，对于一个产业集群来说，资源条件、产业传统、历史机遇等使某一产业最初在一个区域落户，形成产业的初始集中，大量相关企业集于一地，逐步形成本区域专有的要素积聚和产业结构，其后，通过产业集群的自我强化效应，集群逐步成长壮大，区域产业整体竞争力随之提升，逐渐支撑起一种有影响力的产业整体品牌，这就是区域品牌。可见，区域品牌的形成具有明显的集群依赖性与时间依赖性，这也提示我们，区域品牌不是短期人为造就的，而是有着扎实的产业基础。国内外经验表明，知名区域品牌的背后都有一个有着很强区域产业竞争力的产业集群。

二 区域品牌效应与产业集群发展

区域品牌与产业集群间存在着相互促进、相互影响的关系。一方面，区域品牌的形成有着明显的集群依赖特征，是集群发展的重要成果之一；另一方面，作为产业集群的重要无形资产，区域品牌一经形成，对产业集群的进一步发展具有明显的推动作用。具体表现在以下几个方面。

（1）区域品牌的辨识促销效应。与企业/产品品牌相同，区域品牌也是一种基于购买者认知的产品形象和价值维度，只是这一品牌会打上明显的区域烙印，它是购买者对来自某特定区域的某类产品所形成的总体认知，而这种认知的基本构成显然是该区域产品在行业市场竞争中的地位、特性、优劣势，说到底是该区域产品为购买者创造的价值，因而一旦建立了知名的区域品牌，就有利于购买者对该产品的辨识，区域品牌产品就可以凭借良好的品牌认知来扩张市场，由此可以明显节约营销成本，为产业集群的规模化发展与扩张奠定扎实的市场需求基础。

（2）区域品牌的外部正效应。区域品牌是由共同的生产区位中的多家企业共同培育而成，是一种区域的共同资产，一旦形成，可以为区域产业内的所有企业共同拥有，共同受益，产业中的企业通过"搭便车"共享这一外部效应，有利于区域产业发展与区域形象改善。

（3）区域品牌的品牌伞效应。区域品牌作为本区域优势产业中企业的共同资产，使所有成员因此而获益，一旦区域品牌建立起来，群内企业就可以以这一品牌为支撑，以技术创新为动力，壮大集群产品队伍，丰富优势产品线，甚至实施相关多元化发展战略，新产品就可以在区域品牌的大伞荫蔽之下减少市场开拓的成本投入与可能风险。这也可视为区域品牌的协同作用，以此推动产业集群的健康发展。

（4）区域品牌的自强化与品牌维护效应。区域品牌作为集群企业的公共资产，其形象好坏直接影响到集群内企业成员的品牌权益，成员企业从集群总体更从本身的利益出发来选择其行为，共同维护区域品牌形象，而在行业协会等中间组织健全的条件下，更会从集群整体的利益出发维护品牌形象，为成员企业创造良好的市场环境，助力集群的发展。

（5）更持久的品牌效应。从区域品牌的内涵可知，一个区域品牌建立在该区域优势产业的基础之上，是为产业中的企业共同拥有的无形资产。它不仅是使本区域该产业与其他区域相同产业得以区别的识别性要素，更重要的是，它是区域产业与企业在市场竞争中获取竞争优势的重要来源，某一区域产业拥有一个具有广泛知名度与美誉度的区域品牌，就成为该区域企业进行市场竞争的重要武器，对于吸引产业发展的要素资源、扩大市场份额、提升产业竞争力意义重大。如硅谷的 IT 产业、印度班加罗尔的软件产业、温州乐清的低压电器产业、东莞小榄的五金制品产业等。与企业/产品品牌相比，区域品牌具有更广泛、更持久的品牌效应。

三　产业集群转型升级中的区域品牌效应分析

经过一段时间的粗放式发展之后，我国许多地区在产业集群的发展中普遍面临以下挑战：产品同质化程度提高、低价竞争加剧、要素供给不稳、商务成本提高、利润空间受挤、环境压力日增、集群根植性变弱、集群可持续发展能力较差等问题，特别是一些低成本驱动的传统型产业集群情况尤甚。因而，适应开放竞争的要求，转变集群竞争模式，提升集群产品整体质量档次，突破低成本驱动的掣肘，实现产业集群的转型升级，这是许多初具规模优势的集群面对的现实挑战。所谓产业集群转型升级就是指通过集群发展战略、竞争模式、技术水平、运营管理水平等方面的创新，实现集群整体经营绩效与竞争实力的提高，以提高产业集群的可持续发展能力。在集群升级的思考中，需要有一个可操作的切入点，能够统领集群成员的共同目标与行为，作为一种集群总体的战略思路，目标旨在使集群中的成员企业普遍受益的前提下使集群整体受益。笔者认为，建设有影响力的区域品牌，打造产业集群的无形资产，提升集群企业的品牌权益是当前促进产业集群升级的有效选择之一。可以说，区域品牌既是产业集群升级的目标之一，更是集群升级的重要手段与途径。结合前述区域品牌效应，针对当前我国集群发展中存在的问题，笔者认为，发展区域品牌在产业集群转型升级中具有以下作用。

（1）有利于产业集群竞争模式的转变。按照产业集群的竞争优势来源，产业集群可分为创新推动型与低成本推动型两类。我国当前的产业集群主要是成本推动型，主要表现为以劳动密集型产业为主，产业附加值低，在全球价值链中处于简单的加工制造环节，产品定位中低端市场，产业链短，配套能力弱，其中许多还处于资源初加工阶段，尤其突出的是，由于集群企业创新能力薄弱，产品同质化程度高，因而竞争中只有采用价格手段，加之集群内部分工协作关系不明晰，低价竞争导致集群集体效率处于低位。可以说，虽然现在许多地方产业集群初步形成规模，也有一定的产业特色，甚至成为推动地区经济的力量，但由于产业集群层次较低，其竞争优势的可持续性无法保障，所以产业集群由粗放型发展向集约型转变，竞争手段由低成本向差异化转变是当前多数集群的重要任务。而无论是企业竞争还是区域竞争，差异化竞争的重要手段之一就是实施品牌战略，因为品牌所蕴含的利益、价值、属性、文化等内在要素恰是顾客价值的具体体现，可以说，品牌是企业竞争力的直接来源，建立在品牌基础上的竞争优势具有很高的模仿障碍，较之低成本优势来得更持久，因而以建设区域品牌为着力点实现产业集群转型升级其本质是实现了集群竞争模式的变革。

（2）有利于促进产业的集群化程度。产业集群竞争优势的核心来源在于集群企业之间在合理分工合作基础上形成的内在关联，这也是集群与集聚的根本区别。事实上，我国许多集群仅能称为产业的集聚，并未达到集群的效果，产业中的企业各自为战，缺乏分工与协作，这只是集群的初级状态。在这种情况下，要持续发展，就必须在完善产业价值链的基础上进行合理分工，而依托产业集群建设区域品牌的过程就是区域产业一体化的过程。福建晋江南安水暖产业集群就是依托区域品牌提升产业上下游企业的关联度，在该集群发展初期，企业各自为战，缺乏内在关联，产业整体竞争力不强。而在打造区域品牌的过程中，由于产业发展的共同目标明确为实现这一战略目标基础上的产业组织层次提升，企业间建立在合作竞争基础上的分工明确、协作顺畅，目前已形成由铸造、机加工、抛光、电镀、装配五大链条构成的完整的产业链，并且在产业纵向分工的基础上进行合理的横向合作，形成了基于完整产业链条的竞争力，这正是产业集群升级的目标所在。

（3）有利于提高产业集群的创新激励效应。创新是产业集群具有持续竞争优势的来源，以技术创新为核心的创新也是产业集群升级的应有之义。其一，品牌是对购买者提供的价值和承诺，区域品牌需要高品质的产品内涵做支撑，这就迫使集群企业重视技术进步与革新。其二，当区域品牌所具有的市场效应与竞争优势为集群企业认同后，区域品牌就成为共同的目标引导，这有利于集群企业整合技术资源、人力资本等创新要素。其三，区域品牌战略实施过程中，往往伴随着企业的组织创新和制度创新。因为随着产业技术的升级，企业在生产业务流程、产业价值链环节、核心专长的业务领域延伸等方面都会相应变化、升级，这对企业的生产组织方式、管理制度都会提出新的要求。以福建石狮服装产业集群为例，20世纪90年代之前，该区域的休闲服装产业在国内市场几无对手，然而，由于长期以来集群发展中普遍存在的单个企业规模小、家族化经营、研发力量薄弱、产业总体素质低等问题，自20世纪90年代后期开始感受到来自大连、常熟、温州、虎门等新兴服装城的极大挑战。而重塑石狮服装品牌就必须解决上述产业发展的制约因素，特别是家族经营带来的规模小、创新能力弱、参与国际竞争条件不足、封闭发展缺乏合作精神等问题都成为企业做大做强的瓶颈因素，因而必须进行内部组织与管理制度的创新，以制度创新来解放生产力。其四，由于政府是产业集群的重要推动力量，地方政府在推动集群创新、打造区域品牌方面的作用不可替代，主要工作有以下四方面。一是政府构建区域创新服务平台，为中小企业提供必要的技术支持，广东中山小榄镇是著名的五金之都，为进一步提升区域企业的竞争力，自2000年起，由镇属资产经营公司出资建立汉信快速成型技术服务中心，斥资千万元引进国外先进设备，解决了中小企业因缺乏技术和设备导致五金制品模具不过关的难题，帮助企业获得显著效益。二是针对企业研发能力不足问题，引导企业与高校、科研机构加强联系与项目对接，中山古镇与复旦大学光电源研究所合作建立了中山市照明工程技术研究开发中心，重点解决古镇灯饰产品质量标准化问题，帮助古镇成为著名的灯饰产业集群，提升了产品质量档次，强化了区域品牌。三是通过地方财政、金融政策重点支持集群中龙头企业的技术创新，并加强知识产权保护工作，以使创新行为得到应有激励。四是政府积极挖掘本地历史传统与文化资源，不断丰富区域品牌的文化底蕴，并通过多种形式的区域营销积极传递区域品牌的内涵要素，包括区域特征、产业优势等。

（4）有利于提高产业集群的根植性。产业集群的根植性是指集群对特定区域环境要素（如社会历史、文化观念、产业沿革、制度规范、关系网络等）的依赖现象。集群根植性问题是部分集群经过初期发展进入快速提升期面临的问题。在一些依靠政策优势发展起来的集群中，现在遇到了较大压力，如要素成本（如土地成本、劳动力成本、水电成本等）上升、优惠政策减弱，由于自我发展能力不足，在逐渐失去了赖以生存的成本优势后，部分集群出现了企业外迁、寻求更有利的投资环境的问题，这在珠三角、江浙等集群发展好的地区都有明显迹象，只是尚未形成热潮，而随着中西部地区投资环境的改善，这一问题对许多地区无疑是个挑战。归根到底，集群根植性不高的主要原因在于低成本驱动的传统型集群，在成本刚性的情况下比较优势丧失，只好寻求地域突围。而如果产业集群的竞争手段是差异而非低成本，如果集群能拥有有竞争力的区域品牌，品牌本身就是企业竞争力的差异化来源，比之于低成本有更高的模仿障碍，以此显性竞争力来源形成的竞争优势具有持久性，由于这一优势是集群企业共同的权益资产，可以解决企业的竞争压力，提高企业的根植性。

（5）有利于产业集群组织优化。由于发展时间较短，严格地讲，我国的一部分产业集群并不是真正意义上的集群，而只是相同或相关企业的地理集聚现象。这些企业内部尚没有形成真正的分工协作关系，也缺乏完善的产业配套，至于公共服务体系更是残缺不全，产业集群的成本优势、创新优势等外部效益很难获取，可以说，对许多被称为集群的区域经济现象而言，仅仅是集群的雏形。区域品牌建设是一个系统工程，要求集群企业的广泛参与，并明确在这一系统工程中的角色定位，做到这一点，就需要在集群内部建立和完善产业分工与合作机制，建立密切的企业网络，解决当前许多集群发展中"有木无林"的问题，这一过程就是一个优化集群组织的过程，这无疑有利于集群的健康发展。

（6）有利于提升产业集群的国际化水平，使区域产业更好地融入全球价值链。国内外产业集群的实践表明，"内向型的产业集群在应付结构变迁或重大机会时能力相当薄弱"，"最脆弱的产业集群内部多半缺乏国际化战略，也没有国际分工行动"，而"产业集群竞争优势要持久其内部产业必须国际化"，所以产业集群转型升级的重要目标是积极提高产业的开放度与国际化水平，融入国际竞争。在当前开放竞争的市场上，中国产品大多集中于国际价值链低端，主要生产附加价值低、产品差异化程度低的劳动密集型产品，而这些产品又恰恰是当前我国产业集群集中的产业特别是采用 OEM 方式经营的集群企业的产品，要想提升产品竞争力和集群整体竞争力，就必须争取进入价值链高端。而国际竞争的重要手段就是品牌竞争，以国际化标准建设品牌，按国际标准对直接影响品牌的产品质量、生产过程控制、服务质量、组织管理、人才培训、形象标识等进行管理，逐步转变简单加工、贴牌的集群生产模式，创造条件实现由 OEM（贴牌）向 ODM（自主设计）和 OBM（自主品牌）的转变，这个过程就是产业集群升级的过程。广东省 2005 年启动区域名牌带动产业集群转型升级战略，计划在三年至五年内创建 30 个在国内有影响力的区域品牌，三个至五个具有国际影响力的区域品牌，以此带动产业集群的优化升级与经济增长方式的转变。分析表明，区域品牌作为产业集群的重要无形资产，在产业集群发展与转型升级中均发挥着不可替代的重要作用，作为产业集群发展主体的企业与产业集群推动力量的地方政府应在明晰区域品牌效应的基础上，积极探索区域品牌管理的思路与对策，以便更有效地发挥区域品牌在产业集群可持续发展中的积极效应。

[作者单位：山东大学（威海）]

交易活动中机会主义行为的
集群治理

何青松　臧旭恒

科斯在 1937 年指出，交易引发的成本是影响企业规模的重要因素。从科斯的认识出发，经济学家开始关注那些在以往的研究中被忽视的交易成本。机会主义行为是形成交易成本的重要原因，由于交易环境的不确定性与交易者的有限理性，交易各方订立的合约必然具有不完全性，当合约订立后，如果投资具有专用性，该项资产的拥有者预期在交易中实现的可剥削性准租（appropriable quasi rents）面临被机会主义者侵占的威胁，专用性资产将供给不足，经济效率因而受到损害，所以，不确定性、有限理性与资产专用性是机会主义行为存在的必要前提。为解决交易中可能出现的机会主义问题，威廉姆森认为需要针对不同特征的交易活动设计不同的治理机制，如果交易的资产具有专用性，那么对重复发生的交易可以设计专门的双边治理机制（特许、质押、互惠等），对偶尔进行的交易采用三边治理机制（仲裁、法律诉讼等）。此外，还可以通过垂直一体化将交易放在企业内部进行。如果把不确定性、有限理性与资产专用性等因素看作交易者决策时所面对的约束条件的话，那么威廉姆森考察的主要是在这些约束条件不变的情况下，如何为不同特征的交易活动选择适宜的治理机制。

本文所关心的问题是：作为一种经济组织形式，集群对交易者面临的交易环境不确定性、有限理性与资产专用性等约束条件是否有影响？如果有的话，这种影响对机会主义行为产生什么样的作用？进一步的问题则是：什么样的交易活动更适于采用集群这种组织形式来治理？

一 集群改善了交易的约束条件，使机会主义
行为失去实施前提

如果交易中不存在不确定性、有限理性与资产专用性，机会主义问题就迎刃而解。进行同类资产交易的众多行动者在空间集聚，一方面通过集体学习、共同交流促进了交易者理性递增，减少合约的不完全性；另一方面同类交易在特定空间集聚降低了交易双方的资产专用性，使机会主义行为在集群内部失去了存在的前提。

（一）减少环境的不确定性，增加交易者的理性

交易环境的不确定性与交易者的有限理性是合约不完全的重要原因。首先，在很多情况下交易环境的不确定源自交易者所掌握的信息不完美或不对称，例如交易者难以全面准确掌握产品的价格、质量及其技术与市场的未来走向，交易双方所达成的协议是否最优，合作方是否是潜在的机会主义者等，都是不确定的，买主可以付出成本、不断搜寻信息而减少这种不确定性，但也仅是向完美信息逼近。信息是决策者应对交易环境做出正确选择的基础，没有充足的信息，对环境认识的模糊必然导致以此为基础而订立的合约具有不完全性。尽管对某些资产而言，要有效地规定所有的质量因素基本上是不可能的，但毫无疑问，信息的改善可以在一定程度上降低这种不确定性。其次，交易者有限理性是导致合约不完全性的又一祸根。博弈者的理性包括追求最大化的意识、分析推理能力、识别判断能力、记忆能力与准确行为能力等多方面，其中任一方面不满足就属于有限理性，人非圣贤，交易者理性的局限性导致交易双方订立的合约不可避免地具有不完全性，于是，机会主义行为有了可乘之机。所以，信息的丰富与知识的增加有助于减少合约的不完全性。

知识和信息的扩散与交流是个体增进理性的重要途径。在交易过程中，博弈方并非一开始就能找到最优策略，只能在博弈过程中不断学习、不断试错才能摸索出更好的策略，理性的增加表现为一个渐进的过程。生产的学习曲线表明随着产量的增加，企业通过学习与积累经验可以不断降低平均生产成本，这同样可以用来描述随着交易次数增多，交易者理性递增的过程。交易个体不仅从自身的实践活动中学习知识、积累经验，而且与其他个体的交流也是其增进交易理性的重要途径，个体在实践中形成的认知被实践证明有

效时，与这种认知相对应的行为就会在群体当中被更多的个体模仿，最终个体认知向群体认知扩散并成为惯例，所以，知识与信息的扩散增加了个体的理性。

空间距离制约了知识的扩散与信息的传播。知识与信息的获得、积累及扩散与人们之间的互动密切相关，互动的便利程度是空间距离的减函数，空间的接近利于知识与信息的交流，尤其对那些仅仅停留在人们感觉、诀窍、惯例层次的隐性知识，这些知识一般难以编码化，只能意会难以言传。例如企业家鉴别市场信息、捕捉潜在的市场机会、通过沟通获得别人的信任、判断合作者行为品质等，这些能力都是行为人通过大量实践摸索，不断总结经验，最终形成藏在内心深处的一种综合体验，面对面的接触与交流是传播知识与信息最有效的途径，空间距离越远，人们相互交流的困难越大，个体理性的增进就更加只能依赖自身的摸索。

集群通过缩短空间距离，加强交易者的沟通与交流，丰富了当事人的信息，促进理性递增。企业在空间上的接近是产业集群的本质特征，人们在缺乏足够信息与理性的情况下，通过地理上的邻近与认知邻近、组织邻近、社会邻近与制度邻近，以各种形式与渠道建立了稳定和持续的关系，为知识与信息在不同个体、不同组织之间的快速、准确传播提供了条件，而且大量同质交易的集聚降低了信息冗余度，提高了个体处理信息的效率。信息的高传播效率建立了有效的信息共享与甄别机制，通过相互学习与模仿等方式，集群内部个体摸索到的有效交易方式可以在群体当中迅速传播开来，关于相互合作的惯例与知识在群体当中快速积累，增加了个体成员理性。此外，在集群中，交易者之间的合作相对稳定，彼此建立了高度的信任和互惠预期，避免了与陌生人交易所产生的问题，经济活动的可靠性和可预见性得到提高。总之，集群通过降低交易环境的不确定性、增进交易者的理性，降低了合约的不完全性。例如，集聚在斯坦福大学附近的风险投资公司与硅谷当地的产业网络结合在一起形成了风险投资网络，这些公司相互学习，交流市场信息、技术信息与创业者信息，形成有效的信息甄别机制与筛选机制，提高了当事人的理性，在一定程度上降低了信息不完备所造成的交易环境不确定性。

（二）降低交易资产的专用性

资产专用性是实施机会主义行为的前提。专用性资产一旦形成，就只能用于特定的使用者，或者转作其他用途的成本如此之高，以至于即使减少支付给资产提供者的报酬，资产使用者获得的资产服务仍不会减少。专用性资产目前实现的价值超过它在次优用途上所实现的价值，就形成了可剥削性准租。假定每一个交易者都具有机会主义倾向，当可占用准租出现时，机会主义者就会利用自身谈判优势，将属于对方的准租占为己有。所以，只有存在资产专用性，并由此形成可剥削性准租，机会主义者才能实施"敲诈"，而且，资产专用性与该资产形成的可剥削性准租呈同方向变化，资产专用性越强，可剥削性准租也就越大，如果资产专用性下降为零，机会主义行为将失去实施的前提。

与潜在的交易者远距离分布是资产专用性的重要原因。资产的专用性划分为三种类型：厂址的专用性，例如毗邻一个煤矿建一座发电厂，利用煤矿生产的煤发电，离开煤矿所在的地理位置，电厂的资产所能创造的经济价值将下降；物质资产的专用性，例如企业扩大生产能力以满足某一特殊客户的需求；人力资产的专用性，例如培训一个工人操作某种机器或与某一群人一起工作，工人形成的技能只能操作特定机器或只能与特定人群合作才具有经济价值。存在专用性的资产在受到"敲竹杠"的威胁之后，在一定的空间范围内找不到可替代的交易对象，将资产挪作他用的代价很大，例如与远距离的交易者进行合作要承担高额的搜索成本、运输费用以及生产在谈判期间被延误的成本等，这些都成为机会主义者的要挟手段。所以，潜在交易者远距离分布使一些资产具有了专用性。

集群通过交易各方的空间集聚，降低了各类资产的专用性，减少了可剥削性准租，从而抑制机会主义行为。由于集群内集聚了很多的潜在交易者，专用性资产拥有者能以极小的转换成本寻找其他交易伙伴，资产转作他用（与其他交易者合作）时，不会发生严重的资产价格低估问题，同时由于寻找新的合作伙伴时间缩短，生产在此期间被延误的代价较小。总之，交易谈判的各方形成完全竞争的格局，机会主义者失去了讨价还价的优势，准租的侵占问题自然在集群内部得到了缓解。此外，由于大量同类企业在空间上集聚在一起，在行业协会的协调与市场竞争的作用下，集群内产品标准化程度提高，不同企业之间的关联由量身定制的合约关系转化为按照统一模块标准进行交易的市场关系，交易的标准化，也同样起到降低资产专用性的作用。以美国硅谷为例，创新是硅谷的灵魂，创新本身就意味着资产不可避免地具有更高的专用性，风险投资者、企业家、技术研发人员等各方的投资都形成一定的专用性。但在硅谷，需要雇用特定专用技能人才的许多雇主都集聚在一起，那么，专用人才由于跳槽成本很低，就不会受制于雇主压低工资的威胁，同时由于人才的集聚，雇主受人才"敲竹杠"的威胁也降低了。

二 集群提高了"敲竹杠"的机会成本，削弱了机会主义行为动机

从以上论述可以看出，在交易环境不确定、交易者有限理性的前提下，资产专用性的存在使机会主义行为成为可能，但这种可能性要成为现实，还必须满足机会主义行为的利益动机。当机会主义者通过"敲竹杠"获得的一次性收益大于其在未来合作中获得的收益流贴现值时，"敲竹杠"将成为机会主义者的理性选择。所以，"敲竹杠"行为得到的一次性收益大于其承担的惩罚成本，是机会主义行为发生的根本动力。集群这种经济组织形式增加了"敲竹杠"行为的机会成本，削弱了机会主义行为的动机。

（一）提高交易者预期获得的收益

在重复进行的交易活动中，如果专用性资产生产者能为交易合作方提供一个超过潜在欺诈收益的未来准租金流，就可以防止机会主义行为。这种预期在未来可以获得准租足够多时，只要大于潜在欺诈者通过欺诈和被终止业务关系所能实现的财富增加，连续的交易就有可能形成没有欺诈行为的均衡。

集群提高了交易者预期获得的未来收益流。韦伯将影响工业区位选择的因素分为区位因素与集聚因素。区位因素不仅可以包括韦伯所说的自然条件、要素禀赋、地理位置等优势，而且我们还可以把它扩展到特定空间具有的良好市场结构、高效的政府和中介组织、丰富的社会资本等方面。集聚因素一方面包括外部性带来的好处，另一方面生产要素在特定的空间中集聚，建立长期稳定的合作关系，形成持久稳定的网络组织，通过相互之间的资源共享，实现优势互补，体现为更大的生产力，群内个体通过分享合作剩余增加收益。无论是区位因素还是集聚因素，每一项资源的价值是在与其他资源的关联性运用中得到体现并使其贡献得到放大的，多种因素相互结合而成的新资源组合更稀缺、难以模仿、不能分割，并且与特定地理空间相联系，离开集群所在的特定空间环境，某些要素的经济效率与收益就会降低，甚至失去特定的超额收益。所以这些收益具有一定的专有性，这种专有性提高了集群内交易者预期的未来收益流。

假设机会主义者实施一次"敲竹杠"行为就必须离开集群的话，那么，预期在集群中获得的未来收益流成为"敲竹杠"行为的机会成本。企业在集群中形成的资产专有性越高，预期在未来获得的超额收益就越大，实施机会

主义行为的代价就越高。其本质是，集群提高了资产的专有性，削弱了机会主义者实施"敲竹杠"行为的动机。

（二）利用声誉机制与集体惩罚机制，加大对机会主义行为的惩罚

空间集聚导致资产专用性降低的同时，机会主义者似乎也从中得到了方便——他们可以在实施"欺骗"后很容易地将资产转让脱手，一走了事，这样看的话，集聚降低资产专用性的同时也鼓励了"敲竹杠"行为。但降低资产专用性还不是集群治理机会主义故事的全部，集群通过声誉机制与集体惩罚机制，使机会主义者并不能在实施"欺骗"之后一走了事。

声誉机制与集体惩罚机制增加了"欺骗"行为的机会成本。"如果产业中的所有企业相互建立了关系，企业间的信息流动将很快确立起一种合作规范，在这个关系紧密的网络中，任何违规行为的信息将迅速扩散并受到制裁。"一个代理者如果出现欺骗行为，坏名声会迅速在整个网络组织当中传播开来。通过终止预期的未来业务对"欺骗"行为进行惩罚，欺骗者失去的不仅是与被欺骗者的未来合作机会，而且由于集体惩罚机制，还失去了与团体内所有企业合作的机会，集体惩罚同时意味着欺骗者的资产难以脱手转让，不是简单地一走了事那么随便。声誉机制、集体惩罚机制成为有效的治理机制，弥补了不完全合约的缺陷，甚至不需要正式合约的保证，合作就能进行，这减少了合约的签订、监督和执行成本，保障了集群内部企业之间交易的顺利进行。

（三）深化分工，降低资产在集群外部的通用性

由于集群分工的深化，相对于集群外部企业而言，集群内部企业的资产通用性下降，这提高了企业退出集群所承担的成本。由于空间集聚一方面扩大了市场规模，另一方面降低了交易成本，所以，相对于集群外部的企业而言，集群内部的分工水平更高，参与到集群分工体系中的每个个体所掌握的生产技能更专门化，资产的专用性更强。大量同质交易在空间的集聚，一方面降低了资产在集群内部的专用性，同时通过深化分工提高了资产在集群外部的专用性，在集群内部看来是通用的资产与技能，在集群外部看则不然，资产只能专用于集群。如果集群中的个体离开集群，在市场上很难找到分工水平能与之相匹配的合作对象，因此，企业一旦加入集群分工体系中，再想离开集群独立生存的难度较大，退出集群的代价提高了。所以，如果一个机会主义者实施"欺骗"之后就不能在集群中继续混下去了，那么，机会主

者即便离开集群，资产挪作他用的难度也较大，资产缺乏通用性削弱了机会主义行为的实施动机（见图1）。

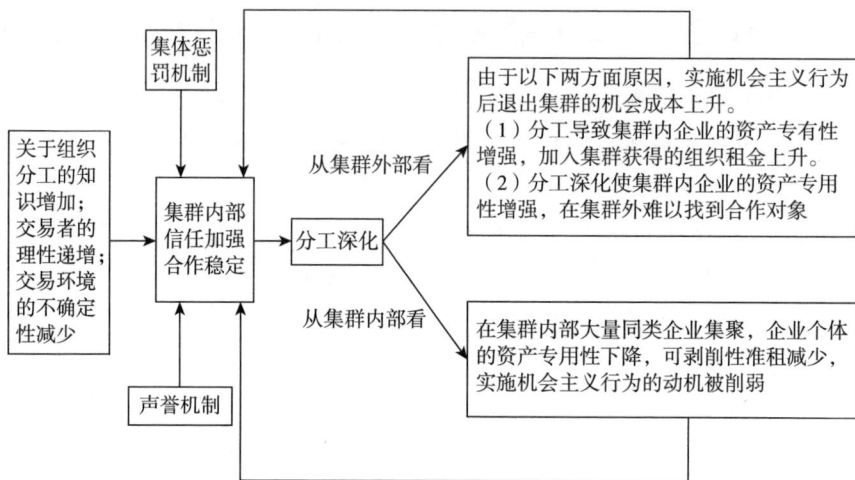

图1　集群深化分工的内生演变机制

三　适于集群治理的交易活动的特征

合约的不完全性是一个连续的变量，集群虽然不能避免合约的不完全性，但在一定程度上降低了这种不完全的程度，集群在治理交易活动时具有一定的优势，但什么样的交易活动更适于采用集群这种组织形式来治理呢？

（一）交易各方的资产都具有专用性的交易活动

当存在资产专用性的时候，市场治理显然存在不足，威廉姆森、克莱因等认为可以采取垂直一体化的治理结构加以解决，因为交易各方处于同一个所有权实体下，也就不存在所谓的"可剥削性准租"问题了。

在垂直一体化过程中，交易各方谈判的结果往往是只有其中一方拥有剩余控制权，得不到剩余控制权的其他交易者失去生产足够专有性资产的激励，这成为垂直一体化解决机会主义问题所付出的代价。格罗斯曼和哈特、哈特和莫尔从剩余权激励的角度分析了企业协调交易所产生的成本。当合约不完全时，资产的所有权结构就会对交易效率产生影响。他们首先区分了确定性权利和剩余权利，如果合约是不完全的，那么合约中没有指定的权利都是剩余控制权，剩余权应该由谁拥有呢？格罗斯曼与哈特的研究证明：某个参与方的行为对资产的效率影响大，而且合约在监督执行过程中遇到的矛盾难以通过第三方协调，那么这个参与者拥有的剩余控制权就会比其他产权安排结构更加有效，在此，非对称的剩余权结构成为企业的特点。但是，企业之所以作为一个经济组织而存在，就是因为生产要素所有者通过这种组织形式相互合作，可以更好发挥自身优势，提高集体生产力以期得到更高的回报，所以，企业良好的运营绩效是参与各方共同努力的结果。只有各参与方通过博弈分享剩余的结果，才能对所有参与方产生正向激励。从这个角度看，剩余权的分配与控制结构具有平等和对称的倾向，这与企业非对称的剩余权制度安排相矛盾。所以，用企业替代市场也是有代价的，当多方投资者都具有专用性的时候，在企业中的一方获得剩余控制权而增强专用性投资激励的同时，另一方由于失去剩余控制权，其专用性投资的积极性被削弱了，相应的专用性资产难以维持在有效率的水平上。

通过大量资产所有者在空间的集聚，集群降低了资产的专有性，很多在市场治理机制中需要垂直一体化才能进行的交易，在集群内通过双边治理、第三方治理等形式得以解决。

（二）第三方治理的交易活动

对具有资产专有性、交易频率不是特别高的交易，可以采用第三方治理结构。这有两个条件：第一，第三方在信息方面至少不劣于当事人；第二，第三方仲裁具有规模经济的特征，只有其发生的成本小于私人解决问题的总成本之和，第三方的存在才是有效率的，所以，有效的仲裁要求第三方所面对的是大量同质性案件。

集群不仅提高了交易当事人的理性，而且由于在同一个地理空间上发生大量的交易摩擦也有一定的同质性，这为第三方获得充足的仲裁信息、积累更多更专门的仲裁知识提供了条件，第三方的理性也得到增加，并且大量同质案件为第三方提供了规模经济的优势，相对于集群外的仲裁者，集群内第三方解决交易纠纷的效率更高。所以，如果具有资产专有性、交易频率不是特别高的交易在空间上分散分布，那么采用第三方治理的方式将付出较高的代价，利用集群则可以降低这种交易成本。

四 结言

交易环境的不确定性、交易者的有限理性与资产专用性构成交易活动的约束条件。针对一个具体的交易活动，威廉姆森是在约束条件一定的情况下，通过选择合适的治理结构来解决合同订立后出现的机会主义问题，但交易的约束条件并没有因为选择不同的治理结构而发生变化。集群中的企业也可以如威廉姆森所分析的那样，为不同的交易活动匹配适宜的治理结构，从而避免机会主义行为。但与威廉姆森解决机会主义问题的思路不同的是，集群通过大量同类交易在空间的集聚，降低交易环境的不确定性，增进交易者的理性，减少资产在集群内部的专用性，从而改变了交易者所面临的交易约束条件，使机会主义行为失去实施的前提。此外，集群通过提高资产的专有性，增加交易者预期在集群中获得的未来收益流，提高"敲竹杠"行为的机会成本，从而改变了交易者在博弈中的支付结构，削弱了机会主义行为的动机。所以，集群具有治理机会主义行为的优势，尤其是当交易各方都需要进行专用性资产投资时，以及第三方治理具有明显的规模经济效应时，集群的治理优势更为明显。

集群治理交易活动具有优势，其原因就是大量同类交易集聚在同一空间。这个条件不满足，解决机会主义问题的制度安排就又回到威廉姆森所提出的思路上去了。

［作者单位：哈尔滨工业大学（威海）　　山东大学］

《修正的刑法解释理论》内容提要

吴丙新

西方现代哲学对崇尚理性思辨的形而上学传统的反思与拒斥，深刻影响了现代法哲学研究的叙事方式。以此为契机，后进的我国法学理论也正在摆脱传统的宏大叙事模式，将更多研究目光从对法治的价值呼唤转向对司法过程的微观技术操作分析。法哲学研究策略的上述转变，造就了法律解释学研究的繁荣与昌盛。

如果把刑法解释问题置于这一大的学术背景下进行考察，则可谓喜忧参半。在国外，虽然正统的刑法解释理论依然占据学术霸权之地位，但借助加德默尔哲学解释学的力量，继承其师拉德布鲁赫衣钵的亚图尔·考夫曼早在 20 世纪 60 年代末，就对传统的刑法解释问题进行了批判性研究，并提出"法是当为与存在之对应"的著名论断，承认解释者"偏见"在法律解释中的合法地位；乌尔里希·施罗特也对传统刑法解释理论表示了适度的怀疑，主张在刑法解释理论中对解释者之主观评判表示尊重；儒攀基奇在《刑法理念批判》一文中，毫不掩饰地批判了作为传统刑法解释理论根基的罪刑法定主义，并在其行文中表达了关于刑法解释问题的基本立场。与此相对，日本刑法学界相较于其从事民法解释学研究的同行，则逊色不少。除少数学者如团藤重光主张重视解释者的"偏见"外，其学界的主流仍是建立在传统解释学基础上的主观主义。概括而言，西方尤其是大陆法系，在刑法解释问题上的主流仍是建立在理性主义意识形态基础上的立法中心主义。在我国，李希慧先生早在 1995 年就出版了《刑法解释论》一书；2001 年，李国如先生也将其博士论文《罪刑法定原则视野中的刑法解释》修订成书出版；刑法学研究会 2003年年会将参加会议代表的论文编辑成书出版；张明楷先生 2004 年出版了《刑法分则的解释原理》，除此之外，通过中国期刊全文数据库，截至目前，笔者检索到零散发表的与刑法解释有关之论文共 56 篇。对这些研究成果的分析发现，我们仍然在刑法解释的策略选择上沿袭并坚持着立法中心主义的立场。

但是，立法中心主义的刑法解释策略，在很大程度上封堵了刑法解释方法研究的发展空间。这导致在刑法解释的方法问题上，我们很难突破传统的立法中心主义的刑事司法意识形态的束缚，来创造性地对刑事司法的真实过程进行分析和描述，并在此基础上重塑刑法解释的方法体系。本课题的意图，即在于在破除传统刑法解释基本理念的基础上，在一个全新的语境中，从具体个案作为分析的起点，发现刑法解释的真相，进而对刑法解释的方法问题进行实证的研究，为刑法解释方法论体系的重构做一个理论上的铺垫。在上述思想指导下，本书着重研究了如下几个方面的内容。

（1）对传统刑法理念进行批判。按照传统理论，刑法的适用必须严格遵循罪刑法定主义。因为理性主义假设，立法者可以将其欲规制的行为模式，甚至行为的具体构成都以文本的形式事先明确地加以规定，包括法官在内的法律文本的读者，只需进行简单的三段论涵摄，即可实现案件事实与法律文本的沟通与交流。因而，类推方法一直被视为刑法适用中的禁忌。但考夫曼雄辩地告诉我们，这仅仅是一个神话而已。因为，只要一个判断涉及价值衡量，那么它就必然无法摆脱价值上的相对主义。而法学是否正如一些学者所言，它只可能达至相对合理主义？一旦我们承认了这些，那么，包括刑法在内的法学，尤其是法律适用，就不可能成为"理性"的立法者或法律文本的独白，法官、文本、案件事实，甚至所有与人类生活有关的物质的和精神的因素，都将以各自独特的方式渗入法律实践当中。

但是，学术界似乎对前述思想和司法的真相熟视无睹。为了追求理论上的"协调"，或者说为了维护所谓的法治理念，我们的很多学者仍在继续织补不合时宜的理性主义神话。但严格说来，这是一种理论上的惰性或畏惧。因为，对于强调实践理性的法学而言，理论上的欺骗与虚妄将会在实践上导致法律价值的毁损甚至湮灭。只有以更大的理论勇气，以真正的法治主义的理念来建构理论，我们才可能避免一种自欺欺人的空谈。

（2）刑法解释研究现状述评。从当前的研究成果来看，将刑法解释理解为是对刑法文本含义的阐明的观点，在学术界占据绝对的统治地位。但在这一观点内，存在"静态"和"动态"解释上的差别。这里对静态解释与动态解释的区分，主要以刑法解释所发生的场景为标准。所谓静态解释，大体上可被认为是在处于应然状态的抽象刑法文本与案件事实遭遇之前，由有权解释机关对刑法文本所做的一般性说明或解释。在当下我国刑法解释学研究的语境中，立法解释和由最高人民法院与最高人民检察院所做的规范性司法解释即是本书所言之静态解释。与此相对，所谓动态解释，则是指当法律文本与案件事实遭遇时，为了能够成功地将事实涵摄于应然的文本当中，而由有权主体对法律文本的意义所做的阐释或解释。在当下我们的研究中，绝大多数学者更多的是从静态解释的角度研究刑法解释问题，只有少数学者对刑法的动态解释表示了应有的关注，这也许从一个侧面反映了我们对法律解释自身内涵的致命误解。

（3）关于刑法解释的目标。由于刑法解释目标在刑法解释理论体系中的显要地位，这一问题历来都是对刑法解释问题表示关注的学者们所无法回避的核心环节。而从近代以来刑法解释理论的发展脉络来看，刑法解释目标的选择，在实质上却是两种刑法观念的斗争。概括而言，刑法解释目标上之主观说，是严格法治主义理念在刑事司法领域的集中体现，客观说则是自由主义之刑法观在刑法解释领域的当然要求。至于晚近以来出现的折中说，显然又是这两种刑法观相互妥协的产物。

上述三种学说，在我们看来，都有其合理性的一面，同时又都存在一定的不足。主观说与客观说因各执一词而陷入极端，而极端正所谓"片面而深刻"。主观说主张在刑法解释时再现立法者原意，否定司法权的恣意与专横，强调法律的安全价值和保障机能，这与严格罪刑法定是完全一致的，但如果我们摆脱了法学研究意识形态的影响，而是真正的在学术上对此问题进行审慎的思考，那么就有许多问题需要进一步讨论。相对于主观说，客观说遭受的攻击和诘难就更多了。它被攻击的焦点为：客观说将使法官的自由裁量权无限扩大，这与三权分立的政治理论和罪刑法定的基本精神是尖锐对立的。它将导致刑法解释的恣意性，从而使法律的安全价值丧失殆尽。但同时责难者也承认，客观说对于实现刑法的公平价值和保护机能是很有益处的。但在主观说论者看来，相对于刑法的公平价值和保护机能，它的安全价值和保障机能显得更为重要。针对上述诘难，笔者认为，尽管客观说从表面上看确实有违背罪刑法定之嫌，而且对于维护刑法的稳定性也具有一定的威胁，但是相对于主观说而言，客观说则更具合理性。折中说试图在主观说和客观说之间选择一条中间道路，并希望以此来缓和二者之间的冲突。它既肯定立法原意的存在，也不认为立法原意是不可超越的；既强调刑法的安全价值和保障机能，又兼顾刑法的公平价值和保护机能。但我们认为，折中说的这一立场，决定了其理论自身具有不可克服的问题。从前述分析出发，结合客观说的基本主张，我们认为，客观说与罪刑法定之间并不是当然的对立关系，易言之，传统观点对客观说的攻击在我们看来理由并不充分。而且，相对于另外两种观点（主观说和折中说），我们认为客观说更可取。因而，在刑法解释的基本思想上，本书基本赞成客观说，但同时对其做如下限定：其一，应当承认立法原意的存在，解释者应立足于法律文本并受其制约；其二，刑法解释中主观的因素应受刑法的价值目标和基本原则的限制；其三，法官应规避"恶法"，趋向"良法"。

（4）关于刑法解释的主体。在法律解释学的语境中，作为一门学科的法律解释学与诠释学法学遵循着不同的研究路径和叙事策略。尽管法律解释学越来越多地从诠释学法学中汲取发展的营养，但无论如何，作为以方法论为旨归的法律解释学必须具备自己独立的话语系统。而如何发现法律文本的意义以及怎样实现文本与事实的对接，乃这一话语系统建立的核心线索。这一分析完全可适用于我们对刑法解释问题的探讨。体现在刑法解释之主体上，我们认为，决定刑法文本意义的，只能是能够做出有效解释的有关组织或个人，确切来讲，只有各级法院之审判委员会和案件的当值法官，才真正具备刑法解释主体之资格。而且，除以最高人民法院的名义对相关刑法文本做出的一般性规范解释外，包括地方各级法院所做的其他解释都是一种个案解释。甚至，在严格意义上，最高人民法院对刑法文本所做的各种解释，实际上应当被看作是一种"准解释"。因为，本书的语境中，刑法解释之核心乃是基于解决某一具体案件之需要，而最高人民法院的解释仍是在一般意义上对其所解释对象的进一步明确化，它本身并不针对个案，因而，它仍然是法官在适用法律时所解释的对象。但由于最高人民法院的机构性质，我们实在找不到一个更好的名称来定义它所做的解释。不过，很显然，除了最高人民法院直接审理（包括一审、二审和案件之复核）案件时由审判委员会所做的解释外，它所做的一般性解释性文件并不是刑法解释论所研究的重点。因为，刑法解释论的关注重点，乃是研究和发现刑事司法过程中法律文本意义的实现过程，而直接参与这一过程的，主要是参与案件审理之法官和地方各级审判委员会。

（5）刑法解释的对象。法律解释的目的在于发现法律文本的含义并将其运用到具体案件当中，对这一点，学界应该不会存在争议。从当前学界的研究现状而言，受立法法之影响，学术界想当然的接受了对法律解释进行静态与动态的划分之现状。但是，很少有学者注意到，如果把法律解释的目的理解成为了更好地适用法律，那么所谓静态的规范性解释在实质上仍以一种法律文本的形式存在。既然是文本，那么它的意义就不可能是清晰的，当具体案件发生以后，法官必须要对这些被称为"解释"的法律文本进行"二次"

解释，唯此才可发现该文本的真实意义。因而，如果我们站在司法中心主义的立场来理解法律解释问题，那么似乎唯有法官在个案中对包括"解释"在内的法律文本进行的解释才是真正的解释。

法官如何解释这些文本？从哲学解释学的角度，读者在理解之前，必然带着自己的偏见来审视他手头的文本。而这些偏见，除了他自己的职业法律感和生活经验之外，更重要的却是他面临的案件。因为，案件事实为他理解法律文本起着至关重要的导向作用。如同我们为了写作而读书一样，在很多时候，我们是带着问题去阅读，并尽力把通过阅读获得的信息按照自己的写作意图去理解。在这个过程中，文本的意义和写作意图将会相互校正，而最后的结果，一方面使得文本的意义得以彰显，另一方面，自己的写作意图及叙事思路将要接受新信息的修正和补遗。解释法律同样如此，案件事实中的关键问题将在法官的解释过程中与文本中的关键概念发生交锋，而彼此的意义，最终是通过反复的交锋，甚至相互妥协而最终实现的。因而，是否可以说，离开了任何一方，独立的文本和事实将失去意义释放的方向，而这样一种结果，当然无法满足法律解释目的的需要。

（6）刑事司法的实体法渊源。传统刑法解释学将刑法典看作刑法解释唯一的实体法渊源。但我们发现，除了刑法典外，判例、舆论媒体等，都可能成为法官在审理案件时重要的实体法素材。当然，这是以我们承认刑事司法必须以实用主义为立场为前提的。

（7）刑法解释的原则。从整个法学史的角度来看，几乎所有的重大理论，包括自然法思想和法实证主义，其所要处理的核心问题，无非是如何在规范与事实的互动中，最大限度地实现合法性与正义性的相互妥协。换句话说，正是对二者关系的不同定位，才造成了自然法思想与法实证主义的长期对垒。至于其后的法社会学甚至后现代法学，尽管其理论策略发生了重大转变，但其所处理的核心问题仍是合法性与正义性的关系问题。在这个意义上，合法性与正义性的永恒紧张，构成了法学史的全部。但法学史似乎也已经告诉我们，如果在传统的理性意识形态和话语系统中进行我们的工作，这肯定是一项不可能完成的任务。以上述思考为基础，本文以规范与事实的互动为线索，对刑法解释的合法性与正义性问题进行批判性研究。我们所理解的合法性是指，就具体涉案事实而言，只要对一个法律概念和规范的理解没有超出其意义的可能范围，法律适用的结果也因此被控制在法律共同体的心理预期之内，为此进行的"双重"合意就是合法的，并因而也是客观的。而刑法解释的妥当性，是指超越法律共同体对法律规范的可能意义所"划定"的界限，为在个案中实现利益平衡和满足一般人对法律的心理需求，而对法律规范的意义进行"非法"扩张或限缩、在最广泛的主体之间所达致的一种合意。

本书的研究，将可能改变我们在刑事司法意识形态问题上的基本立场。从法学史的角度而论，尽管在现实主义的呼唤中，司法能动主义获得了前所未有的成功，但它似乎从来都不是法学史的主流。因为，直到今天，我们的通常见解是，以尊重规则而著称的司法克制主义更有利于法治的实现。因而，尊崇司法克制主义成为一个标准法治主义者的基本信条，他们相信，唯有对规则的无条件服从，才能保证法律的权威，进而维护整个社会的安全。

不过，除非我们保持一种极端的能动主义或克制主义立场，在很多时候，我们根本无法搞清楚司法克制与司法能动的真实界限。因为，司法能动或司法克制是法官在进行自由裁量时享有多大的自由或者受到多大的限制的程度问题，易言之，能动和克制的区别更多只是一个程度不一而非性质不同的问题。因此，所谓的司法能动和司法克制（保守），在实质上不过都是一种司法领域的意识形态，或者说是一种对法官在司法中所扮演的角色的不同定位。极端的能动主义赋予法官充分的自由裁量，他们无须受法典本身的任何束缚，根据对正义以及法律精神的理解，他们可以自由地创造法律，这时候，法官完全是一个自主的立法者；与此相反，极端的克制主义剥夺了法官的任何创造，就像孟德斯鸠所言，在功能上，他们仅仅是一个自动售货机。很显然，现在已经很少有人再倡导这两种司法立场了，剩下的只有温和的能动主义与柔性克制主义。对此，有学者认为，柔性克制主义有利于维护法律之权威，对规则的尊重也的确是法治的应有要求。如果从意识形态的角度而论，我们似乎真的应该站在克制主义的立场，以避免法律演变成为一种法官的专制。不过，就在最应该坚持司法克制主义的刑事司法领域，我却更赞成一种温和的能动主义立场。

正如本书的名称所标示的那样，我们是在用法律解释学的一般原理来修正当下的刑法解释理论。而之所以如此，理由无非在于，当法律解释学已经超越传统解释学的束缚而步入一个新的时代时，刑法解释理论却仍然固守着刑事古典旧派在司法问题上的基本立场，而这一立场与解释学的最新研究成果存在严重冲突。一个最明显的例子就是，传统解释学更看重抽象概念式思维，而现代法律解释学却宣称，法律思维在本质上是一种类型式思维。在概念式思维模式中，法官几乎无须思考就可以得出非此即彼的明确结论，而在类型式思维中，法官却必须要依靠他对法律精神的领会来发现隐藏在一个概念或事件中的事物类型。本书毫无疑问是站在现代法律解释学的立场上，从不同角度对刑事司法中的类型思维进行研究。尽管我们的基本立场在实质上仍是保守主义的,但在许多抱持传统刑法解释学立场的学者看来,我们可能已经大大超越他们的容忍极限,并认为我们站在一种典型的能动主义立场。

考虑到刑事司法领域的现状,虽然我们在实质上也赞成司法克制主义,但在这里我们公开宣称,在刑法解释问题上,我们毋宁选择温和的能动主义。理由大致有如下几端。第一,温和的能动主义与柔性克制主义在具体操作上根本无法明确区分,这仅仅是一个立场选择问题。因而,就解释结果而言,二者并不会有实质差别。第二,选择能动主义将改变刑事法官在进行刑法解释时的僵硬与呆板,并以此激励法官做一个真正的法律职业人。虽然在基本操作上二者并没有一个明确界分的标准,但作为一种意识形态,立场选择将成为法官解释刑法时的一个潜在制约。因而,当我们选择了能动主义时,法官就必须牢记,运用类型思维去发现事物类型,并在合法与妥当的范围内贯彻刑法的基本精神,这是他必须担负的职责。第三,从法学发展的趋势而言,随着法治的日益成熟,当法治本身已经真正成为人们"安身立命"的信仰时,释放而不是限制法官的能动性将成为我们的必然选择,但这必须以法官精英化为前提。而选择温和的能动主义,在激励法官法治素养提升的同时,显然也将缩短法官精英化的进程。在这个意义上,选择司法能动主义也许算是一种"改革",虽然不可避免地伴随着"阵痛",但它是我们早日实现实质法治必须付出的一种代价。

当然,温和的能动主义很可能被认为是对罪刑法定原则的一种背叛。但在本书的最后,我必须声明,二者其实都是一种司法意识形态,它们完全可以在类型思维下和谐并存。尤其需要强调的是,正是二者之间存在的张力,才使得任何一方在保持自己核心理念的前提下,通过相互妥协和相互修正,为刑事司法的合法性与妥当性之实现提供了理念上的支持。

[作者单位:山东大学(威海)]

我国外派劳务合作制度论析

姜爱丽

一 我国外派劳务合作制度设立的背景及其所起的作用

我国的外派劳务合作主要包括两种方式：一种是单纯的外派劳务，指具有外派劳务经营权的企业（以下简称"外派企业"）按照与境外雇主签订的外派劳务合作合同的规定，选派各类劳务人员去境外从事劳动和服务，获取劳动报酬的活动；另一种是通过国际工程承包输出劳务，指国内的外派企业在获得国外工程项目的承包或分包任务后，为实施工程项目派出各种劳务人员。我国的外派劳务合作是在对外经济技术援助的基础上发展起来的，也是我国对外经济技术援助的延伸和发展。因此，外派劳务合作制度运作的许多管理规定参照了对外经济技术援助的做法。

我国外派劳务制度设立的核心是外派劳务经营资格审批制度。对外派劳务经营权的许可较商品、技术进出口经营权许可限制更为严格，笔者认为，主要是以下几方面的原因。

1. 由当时所处的社会背景所决定的

外派劳务合作制度是在我国改革开放初期建立的。当时国家宏观调控不完善，对境外劳务输入法律、政策不了解，外派劳务信息搜集、传递闭塞，外派劳务业务尚无经验。我国企业的经营机制尚未完全转换，企业自我约束、自我监督的机制尚不健全。我国国民劳动者主体意识不强、法律意识淡薄，对国际劳务市场的适应能力差。因此，国家在探索外派劳务合作的初期阶段，采取了审慎的态度，实行严格的审批许可制度，限制参与外派劳务合作业务的经营主体。

2. 外派劳务合作业务较国际货物买卖业务更加复杂

在国际货物买卖中，卖方的基本义务是按照买卖合同的规定交货。卖方只要按买卖合同规定的时间、地点交货，交付与货物有关的装运单据，就算完成了买卖合同的基本义务。而在外派劳务合作业务中，外派企业办理完出境手续，将劳务人员派至境外指定地点，只是完成了一部分义务，而它在境外的义务才刚刚开始，外派企业要对劳务合作项目包括劳务人员的行为进行管理。我国对外派劳务合作经营者实行严格的审批制度，主要是考虑到外派劳务业务与国际货物买卖业务的不同特点，考虑到保护与出境提供服务的外派劳务人员人身相关的权利，如劳动保护权利、获取劳动报酬的权利及因工伤亡取得补偿等权利。

3. 外派劳务关系较国内劳动关系更加复杂

国内劳动关系构成和运行中的整个过程，具体包括劳动就业、劳动报酬、休息休假、劳动保护、教育培训、社会保险、劳动争议处理及劳动者参与、劳动者自身发展等，内容涉及劳动者与劳动力使用者两方当事人。而我国的外派劳务业务至少要涉及外派企业、外派劳务人员、境外雇主三方当事人，关系相对复杂。其中外派企业既是外派劳务合作合同的当事人，又是与外派劳务人员间合同的当事人，处在一个十分特殊的地位。既要履行外派劳务合作合同，又要管理外派劳务人员，且对外派劳务人员承担了保证安全、有经济效益的责任。国内劳动关系是在一国境内建立和发展的，而外派劳务关系的建立、发展，却要跨越国境。外派劳务人员的招聘、培训，办理出国手续要在我国境内完成，劳务行为则要在境外完成。外派企业不仅要负责招聘、培训劳务人员、办理出国手续，更为重要的是要对外派项目进行跟踪管理，保护外派劳务人员的人身权益和财产权益，要协调与境外雇主的关系，并要代表外派劳务人员处理与境外雇主间的争议。因此，对外派劳务合作的经营者提出了较高的要求。

外派劳务合作是我国的概念，是我国赋予外派企业派出劳务人员从事劳务的特定含义。我国的外派劳务合作与国际上通常所指的劳务输出在内容上有所不同，主要是外派企业要承担管理外派劳务项目、保障外派劳务人员合法权益的职责。

二 外派劳务合作制度运作过程中存在的问题

（一）外派劳务合作立法严重滞后

我国开展外派劳务合作事业立法滞后问题严重存在，已成为困扰外派劳务合作发展的症结所在。我国外贸易法对服务贸易的规定非常原则，无法指导外派劳务业务。到目前为止，我国还没有一部外派劳务合作的法律法规，在外派劳务关系调节手段方面，行政手段依然是最主要的手段，而法律手段的使用受法制建设水平的制约，作用非常有限。之所以出现没有一部外派劳务合作法律、法规现象，笔者认为有以下几个原因。

1. 外派劳务主管部门对外派劳务合作的前途、趋势无法做出准确的判断

国际劳务输出作为国际服务贸易的一个重要组成部分，成为国际普遍采用的一种行之有效的经济合作方式。随着世界经济的发展，越来越多的国家开始重视国际劳务输出对出口创汇、减轻就业压力的重要作用，加入劳务输出国的行列。各劳务输出大国输出劳务的渠道大致有三种：通过政府间的协议输出劳务；通过个人关系到海外就业；通过企业间国际合作输出劳务。通过政府间的协议输出劳务，不仅本身可以直接促成大规模的劳务输出，争取较大的合作项目，履约有保障，合作较稳定，有利于保护外派劳务人员的合法权益，而且对其他渠道的劳务输出也是一种有力的促进和保障。通过个人关系到海外就业，个人和境外雇主通过亲朋好友帮助，达成有关协议，直接到境外工作。这种方式输出劳务，不通过招募这一环节，输出灵活高效，易于适应小规模、大范围、多层次、多样化的国际劳务市场，这种方式在南亚次大陆国家比较普遍。在巴基斯坦，通过这种方式输出的劳工占输出劳工的44%，在孟加拉国、印度和斯里兰卡，占56%。通过企业间国际合作输出劳务，其他国家的劳务输出企业并没有像我国的外派企业承担这么多的社会责任，而是作为国内境外就业介绍机构提供就业信息，劳务人员直接与境外雇主签约。这也是国际劳务输出的发展趋势，西欧和北美大多习惯和乐于接受这种输出方式。针对国际劳务输出的发展趋势和其他劳务输出大国的通常做法，再加之我国外派劳务合作过程中出现的形形色色的问题及困境，外派劳务主管部门对外派劳务合作这一劳务输出形式的前途、命运无法做出正确的估计。还有，通过国际工程承包输出劳务与单纯的外派劳务差别较大，二者难以形成统一的管理规范。因而外派劳务主管部门很难确定外派劳务立法的统一原则、外派企业和外派劳务人员的权利、义务、责任等问题，很难就外派劳务合作提出较为完善的立法建议。由于没有法律约束，个别企业无视政府部门的管理和中国国际承包商会的协调和监督，违规行为得不到有力的制止，影响了正常的外派劳务合作秩序，也有损于我国外派劳务合作的声誉。由于没有相关法律、法规，司法裁判和仲裁缺乏法律依据，在处理外派劳务纠纷时，不同的法院和不同的仲裁机构对同一类型的案件审理结果不同，其

至产生冲突，以至于外派企业和外派劳务人员的权益得不到及时、有力的保障。

2. 对外派企业与外派劳务人员之间签订的合同的性质认识各异，由此不能正确界定二者的权利义务

由于外派劳务合作法律、法规的缺失，外派企业和劳务人员之间签订的合同就成为处理二者之间争议的主要依据。实践中对该合同的性质认识各异，以致处理二者争议的法律依据不同，对二者权利义务的界定不同，处理结果各异，处于较混乱的状态。关于外派企业与外派劳务人员之间签订的合同的性质，存在着以下几种不同观点。

（1）认为属于行政性质合同。主张外派企业与外派劳务人员签订的合同属于派出单位依其行政职权对派出人员进行管理的一种行政措施，不属于民法和合同法的调整范围。此意见以最高人民法院 1990 年 10 月 9 日做出的《关于劳务输出合同的担保纠纷人民法院应否受理问题的复函》为代表。复函中指出对于外派劳务担保纠纷尚无法律规定可以向人民法院起诉，应当依照《中华人民共和国民事诉讼法（试行）》第 84 条第（2）项规定告知原告向有关行政部门申请解决。行政合同是指行政主体以实施行政管理为目的，与行政相对一方就有关事项经协商一致而达成的协议。行政合同必须具有行政性，即行政主体借助于合同形式实现其行政职权的目的。认为属于行政性质合同的观点是对外派企业的经营职能认识不清的结果。外派企业虽然具有外派劳务经营权，但与享有商品、技术进出口经营权的外贸企业一样都是民事法律关系的主体，不具有任何行政管理职能，外派企业不是具有法定行政职权的行政机关，也未经过法律法规的授权行使行政职能，它与外派劳务人员处于平等的法律地位。将二者之间签订的合同认定为行政性质的合同，在理论上是不成立的，在实践中也是站不住脚甚至是有害的。这样就会将二者置于不平等的地位，会使本来就处于弱势地位的外派劳务人员处于更加困难的境地。

（2）认为属于劳动合同性质，主张当事人权利义务关系应由劳动法调整。该观点以劳动部为代表，劳动部以此观点为据主张外派劳务合作业务归劳动部管理。这种观点是不成立的。劳动合同是劳动者和用人单位之间关于确立、变更或终止劳动权利和义务关系的协议。劳动合同的主体一方是劳动者，另一方是用人单位。外派企业不是用人单位，真正的用人单位是境外雇主。虽然具体的劳务是由被派出的劳务人员提供的，但外派劳务人员的行为仍代表了外派企业的行为，在法律上仍是由外派企业作为劳务的提供者的。

（3）认为属于居间合同性质，是外派企业为外派劳务人员提供境外服务

的机会，外派劳务人员向其支付报酬（服务费）的合同。在居间合同中，居间人的活动是以促进委托人与第三人订立合同为目的，居间人在合同关系中处于介绍人的地位。而在外派劳务合作法律关系中，外派企业不是居间人，而是该法律关系的当事人。外派企业的活动以履行与境外雇主订立的外派劳务合作合同为目的。

我国对外派企业与外派劳务人员之间合同性质认定上的差异，是由我国实行外派劳务经营许可制、专营制的单一管理方式和单一的经营方式、经营体制造成的。从法律关系、经营权责、风险保障、市场开拓、人员管理等方面，暴露出难以解决的种种矛盾，无法适应国际劳务合作的发展趋向，使外派企业难以走出管理不善、保护不力、纠纷不断、疲于应付的困境。我国外派劳务合作制度的运行做法，不仅造成垄断经营，而且使外派劳务过程复杂化，需要商谈的合同的各类份数大大增加，使产生劳务争议的概率大大增加。因此改变现行外派企业的职能，按国际惯例招募出国劳务人员，是明晰双方权利义务关系的关键所在。据此，外派企业作为境外雇主与劳务人员的中介，牵线搭桥，促成境外雇主与劳务人员雇佣合同成立，向境外雇主、劳务人员收取服务费，不再负有管理、协调、解决境外雇主与劳务人员争议的职能。

（二）政府对外派劳务合作管理过程中存在的问题

1. 外派劳务合作经营主体狭窄，在一定程度上制约了外派劳务合作规模

根据我国外贸法第十条的规定，从事对外劳务合作的单位，应当具备相应的资质或资格，具体办法由国务院规定。我国外派劳务合作实行审批制，外派劳务主管部门先后出台了几个对外劳务合作经营资格办法。商务部、国家工商行政管理总局令2004年第3号《对外劳务合作经营资格管理办法》第九条对申请外派劳务合作经营资格的企业规定了七项条件。与原外经贸部发布的《关于调整企业申请对外承包劳务经营权的资格条件及加强后期管理等问题的通知》和《关于部分调整对外承包工程、对外劳务合作经营资格条件的通知》相比，条件更为苛刻。《对外劳务合作经营资格管理办法》关于外派劳务合作经营资格的规定与我国入世后全面深化外贸经营体制改革的初衷相违背。我国已取消贸易权（指在货物贸易方面进口和出口的权利，而不包括在国内市场的分销权）审批制，所有在中国的企业经过登记后都可以获得贸易权（但国营贸易和指定经营产品除外）。虽然取消审批制变为登记制指的是货物贸易，但国际服务贸易经营资格实行登记制也是迟早的事情。与货物、技术进出口经营主体相比，外派劳务合作经营主体狭窄，在全国整体上还没

有形成开放型、多元化、宽领域的劳务输出渠道，在一定程度上制约了外派劳务合作的规模。因此，隐性劳务输出、非法偷渡现象时有发生，给公民个人造成了不应有的损失。如何改革外派劳务经营权，是扩大和深化我国国际服务贸易的一个重要问题。

2. 外派劳务主管部门颁布的有关规定起不到管理的效用

外派劳务主管部门在管理外派劳务合作过程中，颁布了一系列的行政规章。如就外派劳务人员工资管理问题，外经贸部、财政部联合发布了《关于对外经济合作企业外派人员工资管理办法的规定》及《补充规定》，对外派企业可以向外派劳务人员收取服务费的比例做出了规定。若干外派企业违反该规定收费并且规定在与外派劳务人员的合同中，当外派劳务人员与外派企业发生争议提起诉讼或仲裁，外派劳务人员以外派企业违反行政部门规章收费过高要求退还部分费用时，法院或仲裁机构往往以双方签订的合同意思表示真实，不违反法律、法规的强制性规定为由，确认了外派企业违反行政主管部门行政规章的行为有效。再如财政部、商务部于 2003 年 10 月发布的《关于取消对外经济合作企业向外派劳务人员收取履约保证金的通知》（以下简称"《通知》"）规定，外派企业"不得再向外派劳务人员收取履约保证金，也不得由此向外派劳务人员加收管理费及其他费用或要求外派劳务人员提供其他任何形式的担保、抵押"，这与我国担保法的规定相抵触。当外派企业向劳务人员收取履约保证金或要求外派劳务人员提供担保、抵押，如果双方发生争议，法院或仲裁机构同样会以外派企业的行为不违反法律法规的强制性规定为由，确认外派企业违反行政规定的行为有效。外经贸部（现为商务部）是经国务院授权、负责外派劳务合作的管理、指导、协调和服务的归口管理部门，这样一个部门所发布的管理规定，外派企业不遵照执行却可获得法律上的支持，这样的判（裁）决结果，对外派劳务人员来说无论如何是不能接受的。根据外经贸部《补充规定》第十二条规定，对于违规企业，外经贸主管机关可以给予警告、通报批评、吊销外派劳务经营许可证，及至终止、取消经营权等处罚。企业违反规定收取的费用，应如数退还外派劳务人员，无法退还的应予以没收。财政部、商务部对违反《通知》规定收取履约保证金或要求外派劳务人员提供担保、抵押的行为进行监督检查，并根据有关规定，视其违规情节轻重给予相应处罚。据此，外派企业的同一个行为，一方面得到法律的支持，另一方面却可能要受到行政主管部门的行政处罚。这种互相矛盾的结果，会使外派企业无所适从，给主管部门的管理带来很大困难，会使已生效的行政管理规章失去管理的效用！

（三）外派企业存在的问题

1. 管理不善，保护不力，争议不断

我国外派企业普遍存在人才不足和资金短缺两大困难，又没有建立起现代企业制度，经营管理水平低，影响了企业对外竞争力及企业的发展。一个外派劳务合作项目，尤其是成建制派出的，外派企业要在劳务输入国（地）设立管理机构或专职管理人员，除了费用的压力外，还对管理人员提出了较高的要求。然而，有些外派企业派出的管理人员或协调能力差，不能独立开展业务，或对外派劳务人员与境外雇主间发生的劳务争议不敢正视，对侵害我劳务人员合法权益的现象不敢斗争，委曲求全，生怕得罪境外雇主，失去客户。有的外派劳务项目，境外雇主不让派管理人员，外派企业更无法对外派劳务人员进行动态管理。外派企业管理薄弱，面对的是与境外雇主和外派劳务人员发生纠纷的双重压力，处于穷于应付的状态。不但使许多业务运转处于混乱状态，而且必然增加经营成本，降低利润。按我国目前外派劳务合作的制度设计，外派企业是外派劳务合作合同的当事人，不是中介机构，外派劳务合作合同的履行过程就是外派劳务人员在境外实施劳务项目的过程，外派企业要对此全过程负法律上的责任。

2. 对外派劳务人员违反合同离岗打工、期满滞留不归等问题制约不力，无力解决

离岗打工、期满滞留不归是境外劳动力市场需要大量的外籍劳工与限制外籍劳工入境的各种政策法规冲突的产物。由于我国和劳务输入国（地）的经济发展水平不同，劳动待遇和生活水平有着明显差异，受利益驱使，一些人离岗打工甚至期满滞留不归。与外派劳务人员出境前交纳的履约保证金、相关抵押相比，离岗打工、期满滞留不归所取得的经济利益更具有诱惑力。况且外派企业与外派劳务人员签订的合同中对这两种违约行为的制约条款并不能充分发挥其制约作用，因此合同中一些制约机制的规定形同虚设。如今按行政主管部门规定不允许外派企业收取履约保证金或要求外派劳务人员提供任何形式的担保、抵押，连这样软弱的制约机制都不允许设立，外派企业又怎能解决离岗打工、期满滞留不归的问题？况且，离岗打工、期满滞留不归也不是外派企业单独能解决的问题，一些劳务所在国（地）对非法劳务人员和非法使用者处罚不力也是十分重要的原因。这两种现象不但会给劳务输入国（地）带来社会问题，而且会使外派企业面临无法再派出或新派的名额减少等压力。

（四）外派劳务人员的法律主体资格得不到确认，其合法权益容易受到侵害

当外派企业与境外雇主充分谈判后，便签订外派劳务合作合同。据此合同规定的条件招募劳务人员，与劳务人员签订合同。在外派劳务法律关系中，由于外派劳务人员的法律主体资格得不到确认，涉及外派劳务人员切身利益的重大问题如劳动工种、工作年限、工作时间、工作条件、工资及支付方式、休假、医疗保险、劳动保护等均通过外派企业与境外雇主间的合同规定，外派劳务人员对其自身劳动价值的决定缺乏影响力。外派劳务人员参加到境外雇主实现劳动的过程中，与生产资料相结合，创造价值和使用价值。外派劳务人员直接从境外雇主处接受劳动任务，领取报酬，二者之间形成了事实上的雇佣关系。我国外贸易法第十条明确地将自然人排斥在外派劳务合作主体之外，所以在外派劳务合作业务中，外派劳务人员不能与境外雇主直接签订雇佣合同。外派劳务人员履行了外派劳务合作合同的主要义务，却不能成为外派劳务合作合同的当事人，不能成为外派劳务法律关系的主体，以至于在其应享有的财产权、人身权受到侵害时，连起码的诉权也不能保障，索赔权和诉讼权只能由外派企业行使。外派劳务人员利益的取舍、合法权益的保障主要取决于外派企业解决争议的态度和行为，如外派企业处理不力，外派劳务人员的利益必然受损。这种权利和义务的不对等，是我国外派劳务人员合法权益受到侵害的原因之一。外派劳务人员的合法权益受到侵害，将会引发其与境外雇主间的矛盾和争议，若外派企业处理不当，就会导致矛盾激化、引发冲突，轻则影响外派劳务合作项目的进行，重则影响国家之间的关系。

三 对我国外派劳务合作发展趋向的展望

就目前情况来看，对外劳务输出已成为我国对外贸易的一个新的经济增长点，成为我国开展国际服务贸易中的一个优势项目。由于外派劳务合作制度设计上的缺陷，外派劳务经营管理体制不能适应当代国际劳务市场发展的要求；外派劳务主管部门制定的管理规定、部门规章效用的低下；外派企业、外派劳务人员权利、义务、责任不明；外派企业管理外派劳务项目的无奈；外派劳务人员的合法权益屡遭侵犯而得不到救济。这种制度越来越不适应经营环境全球化、经营主体多元化、经营形式多样化的国际劳务市场的新格局。再结合国际劳务输出的发展趋势，外派劳务合作不会成为未来我国对外劳务输出的主要形式。通过中介公司到境外就业和通过亲戚、朋友介绍出境就业的方式将会成为我国对外劳务输出的主要形式。

当然，外派劳务合作制度的存在也有一定的空间。对外籍劳务比较敏感的国家和地区如中东石油产油国、日本、韩国、我国的香港地区和澳门地区等，都乐于接受组织派遣的劳务。由外派企业有组织地招募、派出劳务人员，实行有组织的管理，执行完合同后又有组织地返回，管理规范、可靠性高，解除了境外雇主的后顾之忧。同时，由于这种形式可以避免给当地带来社会麻烦，因而劳务所在国（地）当局也很放心。采取这种组织派遣方式，可以寻求到规模大、人数多、可靠性高的外派劳务合作项目。因此，当劳务输入国（地）特别要求我国对其劳务输出必须采取组织派遣方式时或我国同有关国家政府达成国际劳务合作协议成建制地派遣劳务时，仍可采取目前的做法，由我国外派企业负责外派劳务合作合同的履行和管理。除此之外，外派企业主要应履行中介职能，利用多年外派劳务合作的经验，把工作重点放到国际劳务市场开拓、国际劳务立法的研究上，为我国的劳动者提供广阔的择业空间和自由。

今后，我国将面临劳动力持续增长和就业规模不断扩大的挑战，大力发展对外劳务输出的意义更为突出。我国政府应引导全社会都来关注对外劳务输出，使其像招商引资那样，得到各级政府的支持和全社会的重视。这样我国劳动力资源的优势才会变成国际劳务市场的竞争优势。

[作者单位：山东大学（威海）]

论邓小平的系统观

张文军

事物是作为系统而存在的。系统是指事物由各个相互联系、相互作用的各个要素按一定的结构或方式组成的整体，它集中地体现了唯物辩证法关于普遍联系的观点。邓小平作为中国改革开放的总设计师，可称得上是善于运用系统论的典范。他的系统观主要表现在以下四个方面。

一　整体性观点

整体性是系统的一个最基本的特征。整体和部分的关系，也是全局和局部的关系。在系统整体和各个要素的相互关系中，整体居于主导地位，系统中的各个要素则居于次要的、服从的地位，其性能和发展必须服从和服务于系统整体统一性的要求。邓小平把这一原理变为一种领导艺术和领导方法，巧妙地运用于工作当中。

早在1954年，邓小平在全国财政厅局长会议上就说过："我们的一切工作都会涉及全局与局部的关系、中央与地方的关系、集中统一与因地制宜的关系。大道理与小道理必须弄清楚。全体和局部缺一不可，全体是由局部组成的，如果只有全体，没有局部，则全体也就不成其为全体了。另一方面，全体和局部、中央和地方、集中统一和因地制宜，以什么为主导呢？如果把局部、地方、因地制宜作主导，那就要犯原则错误。一定要以中央、全体、集中统一作主导。""如果两者之间发生矛盾，地方应服从中央，局部应服从全体，因地制宜应服从集中统一。不如此，就会发生地方主义、本位主义和山头主义。"这就非常精辟地揭示了全局与局部、大道理与小道理、整体与部分的辩证关系。这一观点至今仍然具有十分重要的现实意义。我们看到，目前在有些地方和单位，地方保护主义、本位主义和山头主义均不同程度地存在，有的为了地方利益不顾甚至不惜损害国家利益和人民利益，形成了所谓"诸侯经济"，已经成为制约整个国民经济发展的严重障碍。它在理论上的错误根源就是割裂或破坏了全局与局部、大道理与小道理、整体与部分的辩证关系。

1979年3月，邓小平再一次重申："在社会主义制度之下，个人利益要服从集体利益，局部利益要服从整体利益，暂时利益要服从长远利益，或者叫做小局服从大局，小道理服从大道理。我们提倡和实行这些原则，决不是说可以不注意个人利益，不注意局部利益，不注意暂时利益，而是因为在社会主义制度之下，归根结底，个人利益和集体利益是统一的，局部利益和整体利益是统一的，暂时利益和长远利益是统一的。我们必须按照统筹兼顾的原则来调节各种利益的相互关系。"这里所说的统筹兼顾的原则，实际上就是矛盾系统论的整体性观点在工作中的具体运用。在邓小平看来，整体和部分是一个有机的统一体，损害整体也就等于损害部分，"结果势必两头都受损失"。事实正是这样。比如有些地方制造假冒伪劣产品或以污染环境为代价获取了一些局部的、暂时的利益，但是从根本上和长远利益来看，他们的产品对当地的环境和人民生命财产的危害，实际上也包括他们自己。再如，有的地方急功近利，搞短期行为，靠"杀鸡取卵""竭泽而渔"的办法制造了一些"泡沫经济"，看起来好像获得了局部的、暂时的利益，其实最终受害的还是他们自己。类似的例子可谓屡见不鲜。这些现象除了主体意识方面的原因外，究其实质，也是不懂得整体和部分、暂时和长远利益的辩证关系。

运用系统整体观正确处理整体与部分、全局与局部的关系，是邓小平一贯的思想方法和工作方法。1980年8月，他在中央政治局扩大会议上又进一步强调："我们从来主张，在社会主义社会中，国家、集体和个人的利益在根本上是一致的，如果有矛盾，个人的利益要服从国家和集体的利益。"1984年11月，他在中央军委座谈会上反复强调，全国党政军民要一心一意服从国家建设这个大局，照顾这个大局。他提出，为了服从和照顾国家建设这个大局，有些地方和局部可能做出暂时的利益让步和牺牲。1988年9月，他又进一步指出，贯彻改革开放政策除了需要地方和局部具有整体观念以外，还需要有中央的权威来做保证。不能乱哄哄，各行其是，搞"你有政策我有对策"，否则就无法组织协调不同地区有先有后的发展。他举例说："沿海地区要加快对外开放，使这个拥有两亿人口的广大地带较快地先发展起来，从而带动内地更好地发展，这是一个事关大局的问题。内地要顾全这个大局。反过来，发展到一定的时候，又要求沿海拿出更多力量来帮助内地发展，这也是个大局。那时沿海也要服从这个大局。"党中央在世纪之交做出的关于西部大开发的战略决策，正是贯彻邓小平上述思想的具体表现。从整体上看，邓小平关于建设中国特色社会主义理论也是一个理论系统，它包括发展道路、发展阶段、根本任务、发展动力、外部条件、政治保证、战略步骤、领导力量和依靠力量以及祖国和平统一等许多基本要素，它们相互联系，相互作用，构成了一个完整的科学体系。

邓小平的系统整体观，要求我们想问题、办事情要自觉地坚持整体和部分、全局和局部的辩证法，既要承认和保护个人利益，又要识大体，顾大局，树立"全国一盘棋"的整体观念。

二 结构性观点

结构性与整体性具有十分密切的关系，任何系统都通过一定的组合方式、时空排列和比例关系把各个要素组合成一个统一的整体，实现其整体性能。邓小平十分注重系统的这一结构性特征，并把它运用于工作当中。

他在1980年1月的一次讲话中指出："为了建设现代化的社会主义强国，任务很多，需要做的事情很多，各种任务之间又有相互依存的关系，如像经济与教育、科学，经济与政治、法律等等，都有相互依存的关系，不能顾此失彼。我们过去长期搞计划，有一个很大的缺点，就是没有安排好各种比例关系。农业和工业比例失调，农林牧副渔之间和轻重工业之间比例失调，煤电油运和其他工业比例失调，'骨头'和'肉'（就是工业和住宅建设、交通市政建设、商业服务业建设等）比例失调，积累和消费比例失调。""除了这些比例以外，还有一个重要的比例，就是经济发展和教育、科学、文化、卫生发展的比例失调，教科文卫的费用太少，不成比例。"以上几个"比例失调"，也就是结构失调，或者叫结构不合理。我们知道，同样的要素，在结构合理的情况下，可以产生整体大于部分之和的效果；反之，结构不合理，人财物自身内耗，则可能产生整体小于部分之和的效果。这是系统论的一个重要原理。改革开放以前我国国民经济发展缓慢，其直接原因就是国民经济各要素结构不合理，即"比例失调"。我们搞改革，从根本上来说就是调整经济结构、政治结构和文化结构，使之协调发展。邓小平在改革开放之初提出的全面调整整顿的方针，以退为进的方针等，就是针对这种情况而采取的具体措施。1980年12月，他在《贯彻调整方针，保证安定团结》的讲话中指出：

"由于解放以前的历史状况，也由于第一个五年计划以后长期急于求成，我们的经济一直存在着比例严重失调的问题。加上'文化大革命'十年破坏，以及粉碎'四人帮'后的头两年对情况没有摸清，到三中全会前后，更发展成为财政不平衡、信贷不平衡、物资不平衡、外汇收支不平衡的局面。"这几个"不平衡"，也是说的结构不合理。为此，邓小平提出了调整的方针，要求在某些方面要后退，而且要退够。"主要是说，基本建设要退够，一些生产条件不足的企业要关、停、并、转或减少生产，行政费用（包括国防开支和一切企业事业单位的行政管理费用）要紧缩，使财政收支、信贷收支达到平衡。"他还要求有关方面"真正摸准、摸清我们的国情和经济活动中各种因素的相互关系，据以正确决定我们的长远规划的原则"。这里所说的"各种因素"，也就是系统中的各种要素，"相互关系"也就是它们的结构。在这篇讲话中，他还充分肯定"经济结构和经济体制的改革取得了很好的成绩"明确使用了"经济结构"的概念。1981年7月，他再次强调"中心的任务是调整结构，特别是把工业结构调整好"。根据邓小平的上述指示精神，中共中央制定了"调整、改革、整顿、提高"的八字方针，并以此为指导对国民经济结构进行了大幅度的调整，使我国的国民经济逐步进入协调健康发展的轨道。

邓小平还特别注重干部和人民群众的素质结构。他多次提出，要实现干部队伍的革命化、年轻化、知识化、专业化，要培养和造就一代有理想、有道德、有文化、有纪律的"四有"公民等重要观点。政治素质、年龄条件、文化程度、专业知识四个要素是对现代化干部综合素质结构的总体要求，"四有"是对新时期社会主义公民素质结构的总体要求。在整个干部队伍建设上，他明确提出"不是只讲年龄这一条，还要德才兼备，并且要有经验丰富熟悉情况的同志参加，形成梯级结构"。"梯级结构"是就年龄而言的，"德才兼备"是就政治素质和文化专业素质而言的。可见，邓小平的系统结构性观点是十分全面深刻的。

邓小平的系统结构性观点还体现在其他许多方面。比如，在国家体制结构方面，他创造性地提出了"一国两制"的科学构想；在生产关系结构方面，他提出了以公有制为主体、多种所有制经济成分并存，以按劳分配为主体、多种分配方式并存的思想；如此等等。所有这些，都是对系统结构性的科学运用。

三　层次性观点

系统的层次性理论认为，系统由一定的要素组成，这些要素是由更小一层的要素组成的子系统；另一方面，系统本身相对于更大的母系统来说，则又成为要素。世界上的一切事物、现象和过程，都是自成系统又互成系统。任何一个系统都是比它较大的母系统的子系统，又是比它较小的子系统的母系统。邓小平理论体系中比较充分地体现了上述观点。

第一，体现于社会主义初级阶段的理论中。他多次讲，中国的社会主义是初级阶段的社会主义。社会主义本身是共产主义的初级阶段，而我们目前又处在社会主义初级阶段，就是不发达的阶段。这样，就在社会主义发展阶段问题上给我们展示了社会主义三个十分清晰的层次结构。

第二，体现于"三步走"的社会主义初级阶段发展战略中。邓小平在设计社会主义现代化建设蓝图的过程中，始终考虑分阶段、分层次进行。在党的十二大以前，他主要考虑的是 20 世纪的现代化建设，提出要分两个阶段进行。总的思路是：1990 年之前的十年为第一步，是打基础的阶段，实现工农业总产值翻一番，解决人民的温饱问题；90 年代为起飞阶段，工农业总产值再翻一番，人民生活达到小康水平。十二大以后，邓小平对这个问题又多次进行了探索和论述，他在 1985 年 4 月的一次谈话中对中国的经济发展阶段进行了描述："第一步，到本世纪末翻两番，达到小康水平。第二步，再花三十年到五十年时间，接近发达国家的水平。"

从 1987 年 4 月开始，邓小平更加完整清晰地提出了"三步走"的发展战略，并将发展程度由"接近发达国家水平"改为"达到中等发达国家水平"。他指出："我们原定的目标是，第一步在八十年代翻一番。以一九八〇年为基数，当时国民生产总值人均只有二百五十美元，翻一番，达到五百美元。第二步是到本世纪末，再翻一番，人均达到一千美元。实现这个目标意味着我们进入小康社会，把贫困的中国变成小康的中国。那时国民生产总值超过一万亿美元，虽然人均数还很低，但是国家的力量有很大增加。我们制定的目标更重要的还是第三步，在下世纪用三十年到五十年再翻两番，大体上达到人均四千美元。做到这一步，中国就达到中等发达的水平。"1987 年 8 月，他又一次重申："我国经济发展分三步走，本世纪走两步，达到温饱和小康，下个世纪用三十年到五十年时间再走一步，达到中等发达国家的水平。"

根据邓小平的上述思想精神，党的十三大确立了十一届三中全会以后我国经济建设大体上分三步走的战略部署。党的十四大把"三步走"的发展战略纳入建设有中国特色社会主义理论体系之中，提出："在九十年代，我们要初步建立起新的经济体制，实现达到小康水平的第二步发展目标。再经过二十年的努力，到建党一百周年的时候，我们将在各方面形成一整套更加成熟更加定型的制度。在这样的基础上，到下世纪中叶建国一百周年的时候，就能够达到第三步发展目标，基本实现社会主义现代化。"党的十五大又进一步提出："第一个十年实现国民生产总值比二〇〇〇年翻一番，使人民的小康生活更加宽裕，形成比较完善的社会主义市场经济体制；再经过十年的努力，到建党一百年时，使国民经济更加发展，各项制度更加完善；到世纪中叶建国一百年时，基本实现现代化，建成富强民主文明的社会主义国家。"党的十六大再次重申了上述思想并进行了明确和细化。这样，就使"三步走"的战略步骤更加具体化、明晰化。

第三，邓小平的系统层次性观点体现在他关于不同地区和个人有先有后发展的层次理论中。1978年12月，邓小平提出了让一部分人先富起来，以先富带后富，实现共同富裕的战略。1986年3月，他又指出："我们的政策是让一部分人、一部分地区先富起来，以带动和帮助落后的地区，先进地区帮助落后地区是一个义务。我们坚持走社会主义道路，根本目标是实现共同富裕，然而平均发展是不可能的。"需要指出的是，现在出现的贫富悬殊状况，是由于我们的宏观调控政策存在某些缺陷，而不是邓小平提倡的有先有后的发展思路有问题。

第四，邓小平的系统层次观还体现在他关于对外开放先后顺序的理论中。在邓小平的提议下，1979年7月，中央决定在深圳、珠海、汕头、厦门建立四个经济特区，作为中国对外开放的试验基地。从1984年到1987年，又先后开放了14个沿海港口城市，把长江三角洲、珠江三角洲和闽东南地区开辟为经济开放区。1988年4月，建立了海南省并将全省列为经济特区。这样，就在全国形成了经济特区—沿海开放城市—沿海经济开放区—内地这样一个有先有后、逐步推进、多层次的对外开放格局。另外，邓小平关于隔几年上一个新台阶等思想，也是对系统层次性理论的生动运用。

四　开放性观点

系统的开放性是把系统看作与外界环境有物质、能量、信息交换的系统，系统与外部条件具有普遍联系和相互制约的作用，任何具体的系统都是开放系统，不存在与外部条件无任何交换的完全封闭的系统。世界现代科学技术的发展，使人类的经济、政治、文化等各个方面的交流愈来愈广泛深入，同时竞争愈来愈激烈。任何一个国家和地区或者是一个部门和单位，只有敞开门户，积极地参与竞争，主动地进行各个方面的交流，扬长避短，取长补短，才能得以存在和发展，自我封闭就等于自取灭亡。邓小平深得系统开放性的真谛，创立了一整套系统科学的开放理论。

早在 1957 年 4 月的一次讲话中他就明确指出，除了要善于接受苏联的经验教训以外，"当然我们也要学习世界上一切先进的经验，世界各国，包括美国在内，有先进的东西我们也要学"。在当时做出如此精辟的论断没有相当的理论水平和政治胆略是不可想象的。改革开放之后，由于长期闭关锁国，我国与发达国家差距拉大，邓小平更加强调对外开放的重要性。他在 1978 年 5 月会见外宾时讲："我们制定了明确的方针，要利用世界上一切先进技术、先进成果。"在此之后，邓小平在不同的场合又多次重申了类似观点："关起门来，固步自封，夜郎自大，是发达不起来的。""现在的世界是开放的世界。""现在任何国家要发达起来，闭关自守都不可能。"在他看来，开放也是一种改革，或者说是改革的同义语。"一个对外经济开放，一个对内经济搞活。改革就是搞活，对内搞活也就是对内开放，实际上都叫开放政策。"这就是说，开放有两种形式，一种是系统内部诸要素之间开放（对内搞活），一种是本系统与外系统之间开放（对外开放）。他认为对外开放并不只是对西方国家，还包括对苏联和东欧以及第三世界国家。对内开放，就是在中国（如果把它看作母系统的话）这个母系统内部各子系统之间以及子系统内部各要素之间打破那种条块分割、部门分割、画地为牢、互相封锁的状况，加强物资、技术、人才、信息等方面的交流；对外开放，就是在中国这个系统与其他国家（系统）的相互联系、相互作用中，加强经济技术合作，引进和利用外资，扩大进出口贸易，特别是吸收和学习世界上先进的科学技术和管理经验。邓小平于 1987 年 1 月对我国改革开放所取得的成就给予充分的肯定后指出："如果说有什么不足之处，就是开放得还不够。我们要继续开放，更加开放。"由此可见邓小平对外开放思想的超前性、坚定性和彻底性。正是在邓小平系统开放思想的引导下，我国才在较短的时期内形成了全方位、多层次、宽领域的对外开放格局。

近几年来中央提出的科学发展观、社会和谐观与邓小平的系统观具有内在的一致性，都是要求我们注重从整体上、全局上认识和处理社会发展中各种要素之间的关系。在改革开放向纵深发展的今天，学习和掌握邓小平的系统观，对于贯彻落实中央近年来提出的科学发展观、"五个统筹"、构建社会主义和谐社会等战略方针，具有十分重要的现实意义。

[作者单位：山东大学（威海）]

政府档案信息公开的立法探索

汪全胜

政府档案信息是政府信息的一种存在形式，也是政府信息中重要的组成部分。在政府信息公开化的今天，我们面临的问题是：如何实现政府档案信息的公开？这不仅涉及档案法的修改，也涉及档案法如何与政府信息公开立法协调。在已制定档案法律法规的今天，应该怎样进行政府信息公开立法呢？笔者认为，在政府信息立法体系化过程中，我们的立法选择应该两手同时进行，即一方面修改档案法律法规，另一方面积极制定政府信息公开法。

一 政府信息公开中的政府档案信息

所谓政府信息，一般是指国家政府机关以及其他有关行使政府权力的组织在其管理或提供公共服务过程中制作、获得或拥有的信息，尤其是指各级人民政府及其职能部门以及依法行使行政职权的组织在其管理或提供公共服务过程中制作、获得或拥有的信息。而政府档案信息指什么呢？这就有必要弄清楚"档案"是什么。

根据我国《档案法》第 2 条的规定，档案是指过去和现在的国家机构、社会组织以及个人从事政治、军事、经济、科学、技术、文化、宗教等活动直接形成的对国家和社会有保存价值的各种文字、图表、声像等不同形式的历史记录。从这个概念我们可以看出：①从信息主体来看，档案信息主体（档案信息的生成主体）不仅有政府机关（国家机构），还包括社会组织与个人；②从信息内容来看，档案信息是政府机关、社会组织以及个人在从事各种活动过程中所形成的对国家与社会有保存价值的信息；③从信息的范围来看，既包括过去也包括现在生成的各种档案信息。可见，政府档案信息只是政府信息的一个部分。

有学者认为，归档是作为文件与档案概念的分水岭。就政府信息与政府档案信息来讲，归档是构成二者分离的一个界限：在没有归档之前，它是以政府信息即政府文件的形式存在的；而归档之后就成为政府档案信息。从信息的保存主体方面来说：在归档之前，政府信息是由政府机关自己保存的；归档之后，这些文件经履行一定的手续就归于各级各类的档案馆来保存了。

还有学者认为，政府信息分为两类：一类是档案信息，另一类是非档案信息。这种观点其实是静态地划分了政府信息，与前面动态的划分没有实质区别。但因为涉及不同性质的信息，所以其法律规制也有区别。在很多国家，档案信息是由档案法律法规规制的，而非档案信息则由信息公开法规制。

从 20 世纪中叶开始，世界上很多国家纷纷开展了政府信息公开立法。我国也开始启动政府信息公开立法的议程，有不少地方已经制定《政府信息公开规定》，如广州、上海、杭州等。政府信息公开立法凸显的是政府信息公开，就是指政府机构通过多种方式公开其政务活动，因为公开政府的政务活动有利于公众实现其权利，即信息资源允许用户查询、阅读、复制、下载、摘录、收听、观看等，这有利于公众依法利用各级政府部门所控制的信息。

政府信息公开的内容，根据各国的立法状况，一般包括以下一些方面。①政府机构的职能、设置等情况。包括政府机构的名称、地址、联系方式；政府机构负责人的姓名及联系方式；政府机构的职权范围及权力来源，即权力是由法律赋予的还是由其他政府机关授予的；政府机构的地位，即是独立的政府机关还是受委托的机构；政府机关的具体职责以及保证其职责行使的具体措施；政府机构组织的设置及职能分工；政府机构的内部组织程序规则；等等。②政府机构的工作程序及规则。程序是保证社会公众获取政府信息的重要保障，应在立法中明确规定公众获取政府信息资源的程序、规则，需要准备的证件材料，必须填写的书面文件、表格及其具体内容，交纳申请手续费、对申请给予答复的期限等。③政府机构的决策、政策与措施。包括本级政府机构所辖区域的社会经济发展战略、发展计划、工作目标及完成情况；事关全局的重大决策和出台的政策；法规、规章、规范性文件及其他政策措施；政府机构审批的项目；当地重大突发事件的处理情况；政府机构承诺办理的事项及其完成情况；等等。④监督方式。公众在获取政府信息过程中，可以就政府机构的工作人员贯彻信息公开法的情况、办事效率、工作态度等进行监督，规定举报、申诉的方式、程序和规则。同时，还应当明确政府工作人员无正当理由拒不提供信息所承担的法律责任，以及公众在政府部门拒不提供信息时可以采取的救济措施与途径。

那么，政府档案信息公开的内容是什么呢？从前面的分析我们知道，政府信息与政府档案信息只是存在形式的区别，内容上没有区别。正如有学者所言："现代国家的信息公开制度，要求公开的国家机关的信息……既有以档案形式存在的，也有不以档案形式存在的，形式多种多样，只要不属于免除公开的信息，都应依法向公众公开。"

二 政府档案信息的保密范围

政府信息公开是有一定范围的，有的可以公开，有的则不可以公开。很多国家对政府信息公开都采取了一定的限制，即有一些信息是豁免公开的。如《日本信息公开法》规定以下信息豁免公开："1. 特定个人的信息。但法令规定或习惯上可以公开以及公务员职业有关的信息除外；2. 如若公开即有损害法人正当利益之虞的信息。属于附带非公开条件的信息，以及按照惯例不作为公开的信息；3. 如若公开即有损害国家安全、损害与他国信赖关系之虞的信息，以及行政机关的负责人认为有正当理由不做公开的信息；4. 如若公开即有影响预防犯罪、侦察等维护公共安全之虞的信息，以及行政机关负责人认为有正当理由不做公开的信息；5. 以国家机关及地方公共团体的内部或机关之间、团体之间以及机关与团体之间审议讨论为内容的信息。因为这些信息一旦公开很可能对正常的意见陈述和交换造成不良影响；6. 与国家机关或地方公共团体所从事的事务、事业相关的信息。从事物或事业的性质上看，如果公开会给正常运作造成不良影响的信息。"

1987 年 9 月 5 日第六届全国人大常委会制定《中华人民共和国档案法》（1996 年 7 月 5 日第八届全国人大常委会修改），1990 年 10 月 24 日经国务院批准、1990 年 11 月 10 日国家档案局发布《中华人民共和国档案法实施办法》（1999 年 5 月 5 日国务院批准再次修订、1999 年 6 月 7 日国家档案局重新发布）对档案法做了解释与补充。从我国档案法及其实施办法的规定内容上看，档案法更多的是强调保存，而不是开放或利用，虽然在《档案法》第一章中对保存与利用都做了规定。这种价值取向在《档案法》第 19 条以及《档案法实施办法》第 20 条中都有集中体现。《档案法》第 19 条规定："国家档案馆保管的档案，一般应当自形成之日起满三十年向社会开放。经济、科学、技术、文化等类档案向社会开放的期限，可以少于三十年，涉及国家安全或者重大利益以及其他到期不宜开放的档案向社会开放的期限，可以多于三十年，具体期限由国家档案行政管理部门制订，报国务院批准施行。"《档案法实施办法》第 20 条规定："各级国家档案馆保管的档案应当按照《档案法》的有关规定，分期分批地向社会开放，并同时公布开放档案的目录。档案开放的起始时间：（一）中华人民共和国成立以前的档案（包括清代和清代以前的档案；民国时期的档案和革命历史档案），自本办法实施之日起向社会开放；（二）中华人民共和国成立以来形成的档案，自形成之日起满 30 年向社会开放；（三）经济、科学、技术、文化等类档案，可以随时向社会开放。前款所列档案中涉及国防、外交、公安、国家安全等国家重大利益的档案，以及其他虽自形成之日起已满 30 年但档案馆认为到期仍不宜开放的档案，经上一级档案行政管理部门批准，可以延期向社会开放。"不难看出，这两条规定都强调了档案开放利用的限制。而且这两个层级不同的法律法规还出现了矛盾，比如《档案法》规定"经济、科学、技术、文化等类档案向社会开放的期限，可以少于三十年"，但在《档案法实施办法》中则规定"经济、科学、技术、文化等类档案，可以随时向社会开放"，这可能导致实践中操作的困难。不仅如此，这两条的规定无法与《档案法》第 14 条规定相协调。第 14 条规定："保密档案的管理和利用，密级的变更和解密，必须按照国家有关保密的法律和行政法规的规定办理。"但实际上根据我国《保守国家秘密法》的规定，绝密级档案保密期为 30 年，机密级档案保密期为 20 年，秘密级档案保密期为 10 年，而《档案法》及其实施办法规定一般档案开放利用要自档案形成之日起满 30 年。

法律法规之间的矛盾影响我国档案事业的发展，更阻碍我国档案的开放利用。随着政府信息公开化的发展，这个问题已经引起社会的重视。在第十届全国人大第三次会议期间，全国人大代表、上海市浦东新区人大常委会主任王午鼎联名 30 多位代表，向大会提交了《关于修改〈中华人民共和国档案法〉的议案》，建议《档案法》增设有关"档案馆成为政府信息公开场所"的内容。

上海自制定《政府信息公开规定》之后，又对本市的档案条例做了修改，修改后的《上海市档案条例》做出创设性规定，首次确定市和区县综合档案馆是同级人民政府公开信息的集中查阅场所，同时明确了政府部门向同级综合档案馆送交行政规范性文件的法定义务。这与《上海市政府信息公开规定》中关于档案馆向公众提供政府公开信息的查阅服务规定实现了协调，也实现了档案馆业务链的前后拓展，其角色更加类似于国外的信息中心。

从一些国家的实际做法来看，档案馆就是信息开放的中心与场所。我国应对《档案法》及其实施办法做出修改，废除档案利用的时间限制，档案除确定为国家秘密或其他不予公开的以外，档案都对外开放。

可见，应该删除《档案法》第19条及《档案法实施办法》第20条的规定，保留《档案法》第14条的规定。借鉴各国共同做法，属于国家秘密的政府档案信息事项限于：①涉及国防的保密信息，如军队编制、军事部署、军事情报与技术等；②涉及国家安全、公共安全和外交利益的保密信息，如公安机关重大工作计划、行动方案，尚未透露的外交信息等；③对国家利益、国计民生和社会稳定有重大影响的保密信息，如未经批准公布的地震预报、价格、工资、汇率、利率调整方案等；④其他可能造成国家安全和利益损害的信息。

三 政府信息公开立法与档案法律法规的协调

自中国社会科学院周汉华教授负责起草的《政府信息公开条例》专家建议稿出台之后，我国政府信息公开立法也就正式进入立法机关的议事议程。但作为法律形式的政府信息公开法的出台还需要一定的时日。

从总体上来讲，我国现行的政府信息立法应该从以下两个方面着手。一是对我国现行的政府信息法律法规如《保守国家秘密法》《档案法》进行修改，以适应现代信息立法的基本趋势。我国目前已有很多关于信息方面的法律法规。应该说我国现有的很多法律制度多是从信息的安全、信息的保密角度来考虑的，而从信息公开的角度来立法的还是空白。也可以说，我国现行的法律制度与政府信息公开制度存在较大的立法反差。现行的法律制度多是讲信息在什么样情况下不能公开，而信息公开制度主要倡导信息应尽可能地公开，这不仅反映了对政府信息的两种不同的思路，也深刻地体现了两种不同的立法思维模式。二是积极制定政府信息公开法，但制定这一法律在我国是一个循序渐进的过程。有学者建议："在我国现阶段的一元两级多层次的立法体制下，我国政府信息公开的立法路径应经历这样的几个阶段：第一个阶段地方立法主体或国务院各部门先行制定政府信息公开方面的地方性法规、地方政府规章或部门规章；第二个阶段国务院在地方性法规、地方政府规章以及部门规章成熟的基础上再行制定《政府信息公开条例》；第三个阶段同其他国家一样，最后实现由国家立法权的机关制定政府信息公开法。"

就档案法律法规与政府信息公开立法的关系来讲，它们共同构成我国政府信息立法体系的组成部分。二者虽然调整对象有所区别，前者主要是调整档案的保护与利用的法律关系，后者主要是调整在政府信息开放过程中政府与其他社会主体的权利义务关系；但是，二者应该是互相协调的。档案法律法规与信息公开立法的相互协调关系主要体现在以下几个方面。

第一，法律位阶的协调。"所谓法律位阶是指在统一的法律体系内，确定不同类别规范性法律文件之间效力等级与适用顺序的制度。"法律位阶范畴揭示了法律规范在整个法律体系中的纵向地位，是确立法律效力等级制度的根本依据，处于高一层次的法律规范为上位法，反之为下位法。不同位阶的法律规范之间构成了等级体系，高位阶的法律规范的效力高，低位阶的法律规范的效力低。政府信息公开立法与档案法律法规的法律位阶关系如何呢？世界上一些国家的通常做法都是两法并存，法律等级相同，法律效力相同，只是调整的是不同的法律关系。如美国有以下规定："美国联邦一级政府机构的文件在现行和半现行期的保存时间为30年，这些文件在现行、半现行期的处置和利用受《联邦文件管理法》和《信息自由法》的规范，当形成期满30年需要由联邦政府永久保存的文件，由国家档案专员确定具有足够的历史价值或其他价值需要后移交到国家档案馆保存。"

虽然我国目前只有全国人大常务委员会制定的《档案法》，还没有由全国人大常务委员会制定的政府信息公开法，但制定政府信息公开法是我国政府信息公开立法的最终目标。"在现有制度框架内，我们要进行政府信息公开立法，必须走地方、部门立法先行的路子，在地方、部门立法成熟的基础上，制定政府信息公开条例和政府信息公开法，逐步建立我国的政府信息公开法律制度。"

第二，立法价值及指导思想的协调。立法价值及指导思想是立法主体据以进行立法活动的重要理论根据，是为立法活动指明方向的理性认识。它反映立法主体根据什么思想、理论立法以及立什么样的法，是立法所坚持的基本指导原则。综观各国和地区的政府信息公开立法，基本上都遵循这样的一条原则：信息公开原则（不公开为例外）。一些国家或地区都通过法律明确规定了这样的原则，如《新西兰官方信息法》第5条规定所有的政府信息都应该向公众公开，除非有充足的理由保密；《芬兰政府活动公开法》第1条明确规定"除本法或者其他法律另有其他特别规定外，官方文件必须公开"。我国《政府信息公开条例草案》第2条也明确规定"政府信息以公开为原则，不公开为例外"。《广州政府信息公开规定》第6条也确立了这样的原则。

我国现行的《档案法》及其实施细则的指导思想强调的是保护，而对开放利用强调不够。其实，档案的保护只是为了利用，或者说它的保存价值就是为了现在或以后的利用，如果一个档案不被利用，那就谈不上保存价值了。我国应借鉴美国的做法，即"进入档案馆的档案基本属于全部向社会开放的档案"。档案馆应当成为政府信息公开的场所。除确定为国家秘密的政府档案信息以外，其余的政府档案信息都必须向社会开放。这样，才能保证政府信息公开法与《档案法》立法价值与原则的协调。笔者建议在修改《档案法》时，在其第一章增加一条作为指导原则，即"档案馆是政府信息公开的场所"。

第三，立法内容的协调。应该说，立法主体在立法过程中坚持正确的立法指导思想，在一定程度上可以保障立法内容的协调。前面我们分析过，《档案法》第19条以及《档案法实施办法》第20条的规定显然与政府信息公开化背景下的立法原则与指导思想是不协调的。因此，在对《档案法》及《档案法实施办法》进行修改时，这两条应加以删除。

从全国人大常务委员会1996年对《档案法》的修改和国务院批准的《档案法实施办法》来看，档案制度是在向开放利用的方向上发展的。比如，在修改过的《档案法》中，增加了"档案馆应当定期公布开放档案的目录"。《档案法实施办法》第10条第3款规定："采取各种形式开发档案资源，为社会利用档案资源提供服务。"其第20条第2款规定："经济、科学、技术、文化等类档案，可以随时向社会开放。"关于档案公布方式，《档案法实施办法》第23条增加了"声像、电子等出版物发表""通过公众计算机信息网络传播"的内容。可见，制定信息公开法时，为使信息公开制度与档案管理制度协调，对《档案法》的不合理规定应当进行修改。

关于立法内容协调，不仅涉及同位法之间的内容协调（如《档案法》与政府信息公开法立法内容的协调），还涉及上下位阶法律之间的协调。严格地讲，作为下位阶的《档案法实施办法》对上位法的《档案法》的解释与补充超越了《档案法》的规定。尽管《档案法实施办法》的解释与补充具有合理之处，但与上位法不相一致，这不仅违反了《立法法》"下位法不得违反上位法"的规定，更重要的是，它可能会造成实践操作上的无所适从。

[作者单位：山东大学（威海）]

鲁绣的演变及影响

——从威海地区的刺绣看鲁绣的传承与发展

许崇岫　于孔宝

鲁绣是中国古老的、传统工艺美术品种，是我国刺绣工艺史上记载最早的品种之一，是中国珍贵的文化遗产，有着悠久的历史。鲁绣，顾名思义是山东的刺绣，在《中国工艺美术大词典》中，对鲁绣的解释为："'鲁绣'：山东生产的刺绣品。山东省简称为'鲁'，故名'鲁绣'，日常用品大多以棉线绣制，有拉花围裙、割花袜底、挑花裤边等。"它博采"苏、粤、蜀、湘"四大名绣之长，又独具一格，绵远悠长的齐鲁文化赋予了鲁绣浓郁的地方特色和丰富的人文内涵。

一　鲁绣的起源、演变与发展

由于历史上齐国和鲁国的属地包含山东，因此谈鲁绣的起源和发展自然要谈到齐国和鲁国。纵观古今可以看到，鲁绣的起源和发展与山东地区，特别是齐鲁之地发达的丝织业有着密不可分的关系。古代齐国的丝织业，在汉以前较其他地区发达，从而成为我国最早的丝织业中心之一。刺绣作为丝织品装饰美化的一种手段和表现形式，已经普遍地存在于人们的生活中。

鲁绣具有悠久的历史，从出土文物——黏附在泥土上的丝织物的纹路和刺绣的花纹可以窥见一斑；齐国临淄郎家庄一号东周殉人墓，发现了不少炭化的丝织品残片，同时在墓中发现了刺绣残片。《国语·齐语》中也记载，齐襄公时，"九妃、六嫔，陈妾数百，食必粱肉，衣必文绣"。足见当时的齐鲁大地，刺绣已经遍及民间，并且有了一定的生产规模。到了战国时期，刺绣则由帝王公卿的章服发展到民间。当时齐鲁的织绣最为发达，齐国妇女高超的刺绣技艺已闻名全国，产品行销各地。

东汉王充《论衡》记载："齐郡世刺绣，桓女无不能，襄邑俗织锦，钝妇无不巧，目见之、日为之、手胕也。"《汉书》也记载："齐三服官作工各数千人，一岁费数巨万。"汉代的统治者在一些刺绣工艺高度发展的地区有所谓"服官"的设置；在民间，除家庭妇女自绣自用民间日用服饰品外，各大中城市均有刺绣作坊制作商品绣件出售。足见汉代鲁绣已经遍及民间各地。

由于历史上两次民族大迁移，促进了鲁绣与其他刺绣的融合；北方少数民族入侵和各小国林立战乱，迫使北方汉族人民大量南迁。在大迁移中带去了鲁绣的工艺风格，使其融于南方的刺绣中，发展了南方的刺绣，但是北方的鲁绣从此一蹶不振。直至宋代，关于鲁绣的文献记载未见史端，没有出土实物，鲁绣在民间却世世相传。

到了元明时期，"鲁绣"又迅速发展，与中国的四大名绣一起形成不同的地方风格而闻名于世。1975 年 3 月，在山东邹县火车站扩建中发现了李裕庵墓。李墓出土了几件元代刺绣品，有绣裙、袖边、鞋面等具有典型鲁绣风格的刺绣品，故宫博物院收藏的《芙蓉双鸭图轴》和《荷花鸳鸯图轴》是明代北方刺绣的代表性品种，运用了加捻双股丝线的衣线绣工艺，这两幅鲁绣布局自由，色彩明快、浓艳，体现了鲁绣的特有风格。

清代鲁绣在明代基础上向前发展，刺绣在民间是每一个妇女的必修功业，一生不辍，代相传习。这样的条件，形成了一个品类万千、百花争妍的崭新局面，使民间刺绣工艺达到全盛时期。孔府现存的 2900 余件古代鲁绣作品包括挂屏、床上用品、绣衣、绣垫、绣鞋、桌椅装饰、日用小品等，无不体现着鲜明的鲁绣风格。

清代末期英国传教士詹姆士·马茂兰和他的妻子来到烟台，创办仁德洋行和培真学校，组织人员学习欧洲抽纱和刺绣工艺，生产抽纱工艺品，又通过向胶东如栖霞、福山、蓬莱等县发原料，收成品，组织棒槌花边、被子花边等绣制、出口，带动了胶东地区刺绣的发展。欧洲刺绣、抽纱工艺的传入，为胶东地区鲁绣注入了新的血液，但是也改变了胶东烟威地区传统鲁绣工艺的艺术风格。

中华人民共和国成立后，政府开始大力扶持和保护鲁绣，以济南、青岛、潍坊、烟台、威海等城市为中心，带动全省的鲁绣的发展，出现了许多传世之作。陈列于人民大会堂的《百蝶图》《百菊图》《采桑子·重阳》大型绣屏，珍藏于周总理纪念堂的《周总理的睡衣》大型发丝绣，获全国工艺美术百花奖珍品奖的大型座屏发丝绣《竹林七贤图》，都是鲁绣的代表作品。

中华人民共和国成立后的烟威地区，通过与欧洲抽纱绣品的结合，鲁绣有了新的发展，产品销售到 60 多个国家和地区。工艺技法丰富多彩，抽纱品种有雕平绣、威海满工扣锁、乳山扣眼、梭子花边、棒槌花边、手拿花边、网扣、钩针等，在国际市场上享有盛誉。文登云龙集团继承传统鲁绣，先后开发出填补国内空白的新产品 45 项、新针法新工艺 86 项，获得国家专利 56 项，独创了中国机绣史上第一项新工艺——"巧联目"，创作了"小扣眼""回龙锁"等抽纱新工艺，推出了"地龙绣""插花绣"等新品种，20 世纪 90 年代，在工艺美术大师王殿太和技术人员的努力下，"雕玉龙、回龙锁、飞龙纱"等机绣新产品被相继开发出来。代表作《孔雀开屏图》把传统的雕、抽丝、勒花及大面积的手工扒丝工艺与机绣新工艺有机结合，惟妙惟肖地表现出了吉祥富贵的孔雀形象；云龙绣的代表作品《如意连环》以吉祥如意为图案主题，花纹生动形象，已被中国工艺美术馆珍品馆收藏，并被列为国家领导人在国际交往活动中赠送友人的艺术珍品；机绣品《云龙绣》从数千件作品中脱颖而出，被评为全国第一，荣获国家最高质量金杯奖，并获得中国抽纱行业第一个发明专利；作为工艺品的"雕玉龙"，在第二届中国工艺美术百花奖评比中，一举夺冠，为云龙绣品集团赢得了第二个国家最高质量金质奖杯；作为商品的"雕玉龙"，在投放国际市场的当年，即成交 2000 多万元；等等。这些都是鲁绣发展兴盛的鲜明例证。

二　鲁绣工艺的传承与交流

"鲁绣"交流与传承的形式主要体现在刺绣图案纹样和刺绣工艺上，鲁绣发展至今，工艺的交流与传承主要有以下几种形式。其一，亲邻好友互相揣摩技艺、借鉴图案和工艺。其二，上下代之间技艺相传，长辈教授儿女。其三，培训学校师生传授技艺，通过学校老师教授学生来达到学习要求，已经成为一种主要的途径。根据《文登市志》记载，1888 年，美国传教士乔治夫妇在登州文会女校学生编制花边，两年后迁到烟台开班，正式招收学徒传授花边编织工艺。现在在胶东的农村还可散见到被称为"棒槌花边"的花边，就是当年培真学校的学员所学并流传至今的。由此可见，对于"鲁绣"的发展，学校师生的相授技艺起到了很大作用。其四，行业组织结构中师徒的传授与学习，许多经营刺绣抽纱的作坊、工厂，他们的技艺传授方式许多是靠师傅带徒弟来传授技艺的，为鲁绣图案纹样和工艺的借鉴和交流起到了重要作用。其五，相关门类图案的借鉴对传承的促进作用，从许多图案的书上摘抄部分花稿内容，加上自己的构思设计出新的刺绣图案花样，譬如借鉴地毯纹样，设计绣品图案，借鉴剪纸艺术设计花稿，促进鲁绣图案的创新与发展。

三　鲁绣工艺的艺术特色

鲁绣图案在构成形式上各具特色，可以分为单独纹样、适合纹样、连续纹样、综合纹样几类。由于鲁绣的种类不同，应用位置不同，作用也不一样，因此形成了鲁绣丰富多变、均匀规律的构图特点，展示了多样统一、均齐平衡、对称呼应、节奏韵律等形式美法则，给人以美的感受。

色彩在刺绣作品中同样发挥着重要作用，多用高纯度色和对比色相的搭配，大红、枣红、黄、桃红、天蓝、深蓝、藏青、白、黑色等是"鲁绣"的常用色。通过不同色彩的搭配，与不同的纹样结合，会产生不同的效果，鲁绣的色彩明快、对比强烈、色彩艳丽浓郁，充分体现浓艳、鲜明、强烈而协调的山东民间艺术特色。

鲁绣工艺运用不同的艺术形式来表现吉祥祝福的含义，每个图案的寓意不同，代表的含义也各有不同，形成了鲜明的山东民间文化特色。

按照鲁绣的形成时代和工艺特点可以把鲁绣分为传统鲁绣和现代创新鲁绣。

传统鲁绣工艺有着选题广泛、色彩明丽、工艺独特、针法多变、雅俗共赏的艺术特色，但在其工艺制作上需要大量的人工，不仅费时费工，而且绣织人员的素质影响着传统鲁绣的织纹和色彩的搭配。同时作为一种古老的民间传统艺术，由于受到城市化进程加速、现代生活节奏加快、生活方式改变、机器大工业的冲击，民间艺人越来越少，面临濒临消亡的危险；再者，随着各种艺术流派的不断兴起，鲁绣没有加以很好地吸收、利用、改造并创新，致使刺绣的表现力与其他民族艺术品相比，没有充分发挥出其艺术和商业价值。

威海地区的现代创新鲁绣，把欧洲刺绣的高雅、华丽、精巧的风格融于传统鲁绣中，形成了传统鲁绣技法与西方工艺相结合、传统鲁绣艺术与现代装饰艺术相结合的、中西合璧的、机械化大生产的机器绣。其一，在针法上，现代创新鲁绣博采蜀、粤、苏、湘等一切传统刺绣之长，吸取欧洲刺绣与抽纱优点，创造出了"抽、绣、编、锁、勒、挑、补、雕"等工艺技法，突破传统刺绣平面绣制的局限，形成了作品在层次上比传统刺绣更加丰富的立体效果；其二，在材料上，现代创新鲁绣打破了传统鲁绣在材料上仅使用丝线、棉线、头发、绒线之类材料的局限性，充分利用现代新材料、新工艺、新技术的成果，利用比传统材料更有想象空间和视觉冲击力的新纤维材料，突出工艺品的视觉效果；其三，在艺术风格上，受各种艺术流派的影响和艺术理论指导，运用现代艺术设计的基本要素，从造型、色彩和材料上，达到了和谐统一的形式美。现代创新鲁绣构图简练朴实、色彩搭配和谐、针法奇特多变，极富装饰性和立体感的艺术特点，这使它在发展中比传统鲁绣有更加旺盛的生命力。

四　鲁绣工艺的发展与现代运用

鲁绣作为中国著名的传统民间刺绣艺术，历经了从先秦以前至今几千年的传承与发展，有其自身发展延续的规律。在文章中把鲁绣分为两种类型来分析论述：一种是传统鲁绣，另一种是现代创新鲁绣。

（一）传统鲁绣现状分析与对策

1. 传统鲁绣现状分析一：部分鲁绣得以传承发展

从威海地区的鲁绣现存状况来看，在市区和城市郊区已经很少见到"传统鲁绣"作品，远离城市的区域，"鲁绣"的保存状况相对较好一些。由于妇女有着在家喜欢做"针头线脑"活的习惯，传统的"鲁绣"艺术保留较好，笔者在当地离繁华地区较远的农村集市上见到过农村妇女在出售鞋垫、绣花儿童鞋，并且在农村妇女的"针线筐筌"里见识过鲁绣的部分作品。由此，我们可以找到研究"鲁绣"传承发展以及运用的证据。

2. 传统鲁绣现状分析二：传统鲁绣大的趋势处于濒危

作为中国非物质文化遗产的传统"鲁绣"在威海乃至山东大部分城市和发达地区，由于交通便利、人口稠密、外界文化经济因素的影响，面临逐渐消亡的命运。由于机械化生产的刺绣品，规模大、效率高、生产成本低，被大量运用于服装服饰、家纺产品和日常生活用品，逐步代替了手工工艺制作的费时费工的手工工艺刺绣；从事鲁绣制作的绣工越来越少，尤其是繁华地区；掌握鲁绣工艺的艺人接近老年或者离开人世；由于"鲁绣"费时费力，价格低，经济效益差，许多人追求经济效益，不愿意潜心研究和继承；许多年轻人由于受到外来文化和现代潮流的影响，认为民间艺术和现代艺术格格不入，"太土"，传统鲁绣面临无人问津的危险。

3. 保护传统鲁绣艺术的对策

成立保护传统鲁绣艺术的手工艺协会，为地方手工艺的传承和保护制定政策法规、提供服务、协调当地政府出台相关政策，支持"鲁绣"艺术的发展；鼓励手工艺人运用多种形式保护传统鲁绣手工艺术，争取政府扶持手工艺人的鲁绣艺术开发保护活动；利用媒体手段宣传保护"鲁绣"；举办艺术节，使中国鲁绣艺术走出国门，为世界人民所了解和熟知；为"鲁绣"行业开通网站，让鲁绣手工艺人免费上网进行交流学习和经营；倡导专人整理鲁绣艺术资料；鲁绣的保护与文化产业开发、旅游纪念品开发相结合，在保护的同时，结合本地各种特色文化，开展雅俗共赏的乡土文化旅游活动，精心设计鲁绣艺术特色旅游产品，展示鲁绣文化；以大养小，机绣带动手工绣，有效地利用机绣的知名度，大力宣传手工绣，开发手工绣产品，发展传统鲁绣艺术。

（二）现代创新鲁绣发展现状分析与对策

1. 现代创新鲁绣现状

前面已经讲述过，现代创新鲁绣主要指机绣为主的刺绣，威海地区的机绣刺绣在全省处于领先地位，因此，选择以威海地区的现代创新鲁绣来分析。威海地区的鲁绣行业，不断加强技术改造，工业生产呈强劲发展态势，形成了以云龙集团、艺达集团、刺绣集团、艺源绣业、万得集团为龙头的生产体系。但是不能忽视，在鲁绣的产业中，还存在诸多方面的问题：出口企业产品相互压价，无序竞争，损害了行业利益；品牌产品少，来料、来样加工产品多；名牌产品、特色产品没有做强做大，市场开拓力度不大，技术创新水平不高，管理不严，效益低下等方面的问题还比较突出。

随着世界区域经济的强化和经济全球化的发展，国内家纺市场需求将出现六大趋势：一是家纺消费由底技术含量、低附加值、低市场占有率转到高技术含量、高附加值、高市场占有率的产品上；二是多层次的消费群体需要高、中、低档家纺相配套；三是品牌的作用不断扩大，以品牌知名度来拓展市场更为有效；四是生态家纺消费成为主流；五是个性化需求日趋显现；六是重品牌、重设计风格的品牌消费群体相对扩大。

2. 现代鲁绣创新与发展对策

"鲁绣"行业要想发展，必须抢抓机遇，积极参与国际化竞争，不断加大国内市场的开拓力度，提升企业的核心竞争力，积极推动企业由劳动密集型向技术密集型、生产加工型向贸易经营型、资金密集型向资本密集型的转移，努力达到企业的规模与效益同步增长。

加强规划、引导和调控，促进行业可持续发展。充分发挥家纺行业协会作用，全面实施产业优化升级，提高企业标准化程度和产品质量，积极开展行业技术交流、合作研讨，增加企业间联系，使企业掌握更多的行业动态和国际国内形势，共同应对日趋激烈的国内外市场竞争。

实施国际化战略，积极开拓国内外市场。组织有关业务人员走出国门，直接进入国外市场销售网络，加大自营进出口贸易业务，积极与国际市场接轨；建立大型的以工艺家纺产品为主的交易市场，有效地提高产业的市场效应，实现从生产到消费流通的专业信息共享，使合作成员实现效益最大化；充分发挥中国工艺家纺城的作用，建成胶东半岛规模最大的家纺原料、半成品、成品及设备的物流中心，并形成家纺行业产销产业链，辐射到国内乃至世界各地。

积极实施名牌带动战略，提升行业和产品竞争力。努力抓好品牌的开发、培育和宣传，走品牌兴企的路子。通过实施名牌战略，不断形成我们的强势企业和产品，扩大市场影响力，提高市场占有率，有效应对国际国内市场的激烈竞争。

大力实施人才战略，加大设计技术人才的培养引进力度。对现有人员实施继续教育，提高企业人才素质；充分利用国内外高校、科研院所、著名企业的人才资源，以合作开发、委托培训、咨询交流等形式，吸引国内外一流人才；强化激励机制，最大限度地调动科技人员与管理人才的积极性，使技术骨干的收入率先与人才市场接轨。

鲁绣的发展和成就，为我们研究当代民间文化艺术的发展提供了值得参考的个案。纵观威海地区鲁绣的发展历程，可以发现鲁绣从起源、发展、繁荣到衰退的过程，也可以发现鲁绣历史传承与发展所面临的困难，更可以发现鲁绣发展的前景和广阔的市场。

（作者单位：威海职业学院）

《汉字中的动物》内容提要

段石羽

本书首次系统而深入地探讨了汉字中有关动物意象的文化内涵、动物命名与汉字的关系，以及动物在中国古代文化中的表现等内容。本书是一部填补我国汉字文化研究空白的学术著作。

汉字中，不仅蕴含着我们民族的历史和先民的思想、观念、感情以及对于这个世界的认知，还蕴含着我们的价值系统和民族精神。同动物世界中的动物一样，汉字中的动物也是十分迷人而有趣的，由于它们与我们的日常生活息息相关，由于它们的形象中积淀有许多历史文化信息，所以它们就是中国历史文化的"活化石"，它们不但极具历史文化价值，而且具有很强欣赏性和趣味性。

汉字是象形字，许多汉字原本就取象于动物，许多汉字里都有动物隐身于其中，只是我们司空见惯，不大注意它们的存在而已。如"美"中有"羊"；"家"中有"豕"；"虑"中有"虎"；"爲（为）"中有"象"；"虹"中有"虫"；等等。由种种动物形象构成的汉字是丰富多样、意味深长而又令人叹为观止的。正是这一类的汉字，构成了一个独特的汉字中的动物世界。

比如，汉字中的"羊"与动物世界中的"羊"就有所不同。在动物世界中，羊就是羊。而在汉字中就大有不同，我国最早的辞书《说文解字》就认为："羊，祥也。"即羊就是吉祥。而且，汉代有的瓦当上"吉羊"二字，就是"吉祥"的意思。这真是奇怪。羊就是羊，为什么要和吉祥拉扯在一起呢？这到底是为什么呢？这是因为，某种动物一旦进入汉字系统，一经约定俗成，这种动物便成为汉字系统中的一员。这时，"羊"字已经不单纯指一种动物、一种家畜，"羊"字又有了吉祥、美好的含义。不仅如此，而且一系列的汉字结构中都有这个"羊"字出现，如美、善、義（义）、羡、羞、鲜、养等字。

也就是说，当某种动物进入汉字系统以后，这种动物就变成了汉字系统中的一员，由于每一个汉字都是形、音、义的结合体，都与汉字系统的其他成员有着一种形、音、义方面的连带关系，因此，这个字既可表示这个动物，又往往包含有与之相关的许多思想观念上的内容。本书的目的之一，就是试图系统而深入地揭示汉字中的这种现象。

一 上编：《汉字中的动物》

上编的顺序基本上是按照各种动物在中国古代文化中的地位来排列的。像羊、豕、虎、牛等这些在中国古代文化中比较重要的动物，其字不但出现得早，往往还是独体字，在词典中它们往往也是部首字。正因为如此，它们的构字能力也非常之强，形体上与它们相关的字也非常之多，而且其中很多字又是比较重要的概念。

如"豕"字，家字从豕，稼、嫁二字又从家。笔者以为，正像从羊的字一样，一系列从豕的字亦反映了豕在中国古代文化中的地位。而且，有的字，如"羊"字，构字能力非常强，除"羊部"外，又形成"善部""義部""羲部"。在充分展开的各个部中，我们可以清楚地看到"羊"字与一系列与之相关的字的一种关系。笔者以为，在汉字系统中，在形、音、义上所有与"羊"相关的字，恰好与中国古人关于羊的观念是全息相关、全息对应的。因此，系统、深入地进行这种研究，即可对动物与中国古代文化的关系有全面而深刻的认识。

二 中编：《动物命名与汉字的关系》

中编主要是对一些常见动物的汉语命名进行探讨，并结合古人对这些动物的描述和认识，试图理清动物和中国古代文化之间的千丝万缕的关系。笔者所依据的材料主要是《本草纲目》，因为李时珍在此书的写作中也曾经认真地做过这方面的工作。

三 下编：《动物在中国古代文化中的表现》

中国古代文化中的动物可分为一般动物、神奇动物和图腾动物（与图腾崇拜有关的动物）。中国古代文化中的图腾动物和神异动物相当丰富，其中都积淀、蕴含着丰厚的历史文化内容，其中的每一种动物都可以说是民族精神的纹样，它们是中国古代文化中最为精彩、最为形象、最为迷人、最为灿烂的组成部分。本书下编的目的是展示动物与中国古代文化的关系，并进行初步的探讨。因此，选取了龙、凤、麒麟等最有代表性的十几种神异动物，进行了展示和探讨。另外，还选取了几个不同的角度，展示了动物在中国古代文化中的表现，如少昊氏以鸟名做官名、清代官服上的动物图案、中国文化中的十二生肖等。下编还涉及汉语动物命名的文化内涵，即动物命名中所反映出的中国古代思想观念，其中包括孝的观念、君长意识、农桑意识等。动物在中国古代文学中的表现也是一个非常有趣的话题，下编选取了《水浒传》和《西游记》两部作品为例，指出了文学与动物之间密不可分的重要关系，并且着重指出了文学作品中动物意象或动物形象的艺术魅力。

（作者单位：威海市广播电视局）

《威海市人民代表大会志》内容提要

《威海市人民代表大会志》编纂委员会

　　《威海市人民代表大会志》是地级威海市成立以来，第一部全面、系统、详细、真实地记录和反映全市人大及其常委会各方面工作情况的专著。

　　《威海市人民代表大会志》坚持以马克思列宁主义、毛泽东思想、邓小平理论、"三个代表"重要思想和科学发展观为指导，以辩证唯物主义和历史唯物主义为准则，实事求是地记述人民代表大会在威海的历史和现状，展示威海市人民代表大会及其常务委员会建立、发展的进程。

　　《威海市人民代表大会志》依据国务院颁布的《地方志工作条例》和《山东省地方史志工作条例》的规定编纂。重点记述威海市人大及其常委会所做的工作，并概述环翠区（1987年6月县级威海市升格为地级威海市，原县级威海市改称环翠区）、荣成市、文登市、乳山市人民代表大会及其常务委员会的工作。记述时限，威海市人大及其常委会上限1987年9月，下限2007年6月。各市、区上限1940年，下限2007年6月。

　　《威海市人民代表大会志》采用述、记、志、传、图、表、录等形式，以志为主。卷首置概述、大事记；专志按章节体"横排门类，纵写史实"，分设威海市人民代表大会代表、威海市人民代表大会、威海市人民代表大会常务委员会、威海市人民代表大会常务委员会工作机构、环翠区人民代表大会、荣成市人民代表大会、文登市人民代表大会、乳山市人民代表大会、人物9章，共57节；末缀表、录索引和编后记。

　　《威海市人民代表大会志》是集体智慧的结晶。2007年8月第一次印刷出版。本志书的出版发行，填补了威海地方政权建设史上的空白。

威海市港口物流发展的对策探析

尹兴山

港口是水陆运输的枢纽，是连接国内市场与国外市场的节点，在现代物流中占据举足轻重的地位，90%以上的国际贸易是通过港口物流实现的，世界上以港兴市、以港兴国的成功例子不胜枚举。据经济学家测算，城市港口对所在城市 GDP 的直接和间接贡献率为 20% 左右，目前世界第二大港、欧洲第一大港的荷兰鹿特丹港对所在城市的 GDP 贡献率已超过 60%，占全国的20%。威海市作为沿海开放城市，拥有千公里的海岸线，有 16 个港口和 3 个国家一类开放口岸，是我国北方重要的海上交通枢纽和对外经贸出口的通道。实施"以港兴市"战略，加快发展港口物流业，是威海市实现又好又快发展的必然要求和战略选择。

一 威海市港口物流发展现状

多年来，威海市坚持"以港兴市"战略，加快推进港口建设步伐，不断完善港口物流体系，着力优化发展环境，有力地促进了港口物流经济持续较快发展。

一是港口基础设施建设逐步完善。目前，全市拥有各类港口 16 个，其中威海港、石岛港、龙眼港为国家一类开放口岸，建成万吨级以上泊位 16 个，初步形成了通用码头、集装箱码头、石油煤炭码头、旅游码头配套，各种设施较为齐全、功能较多的港口体系。拥有国内外船舶 148 艘，总载重吨达 22万吨。目前投资 100 亿元的威海港新区正在建设当中。

二是港口货物吞吐量迅速增长。"十五"期间，威海市港口货物吞吐量以年均 24.2% 的速度增长。2006 年，全市港口共完成货物吞吐量 2567.8 万吨，集装箱吞吐量 38.2 万 TEU，分别比 2005 年增长了 15.7% 和 24.8%，港口物流发展迅速。

三是港口物流交通网络初具规模。开通了威海至韩国、威海至大连的海上客货运输航线，以及至日本、香港的海上货运航线。拥有集装箱航线 18 条，其中全集装箱航线 15 条，形成了客货功能较为齐全的海上综合运输体系。

四是对经济社会发展贡献凸现。目前，全市有 220 多家从事货运代理企业，从业人员近 3000 人，其中 90% 以上货代企业与港口物流有关。2006 年，全市交通运输仓储业增加值达到 140.8 亿元，对 GDP 的贡献率为 12.7%。据海关统计，2006 年通过威海海关的货物进出口贸易额达到 65.1 亿美元，通过威海市港口完成的进出口贸易额达 62.2 亿美元，比上一年增长 42%，占海关进出口贸易额的 95.5%，港口物流成为威海市进出口贸易的主流；海上货运周转量达到 1080203 万吨公里，占货运周转量的 70.3%，港口运输成为货物运输的主流，港口物流业对社会经济贡献日渐突出。

尽管威海市港口物流业取得了较快发展，但与经济社会发展要求相比，与所拥有的优势，与先进地区相比，仍然存在一些不协调的地方。主要表现在以下四个方面。

一是整体规模偏小。尽管威海市港口数量较多，但规模普遍偏小，缺乏具有影响力的骨干港口，形不成竞争优势。2006 年，全市 16 个港口的吞吐总量只有日照港的 1/5，威海市最大的港口威海港，完成货物吞吐量 1400 万吨，集装箱吞吐量 25 万 TEU，仅分别相当于烟台港的 1/6 和 1/4。

二是港口建设相对滞后。威海港作为市直属企业，近几年来，在港口建设上投入不断加大，目前两个港区拥有泊位 12 个，万吨级以上 5 个。但横向比较，仅烟台港老港区 - 芝罘湾港区就有泊位 46 个，其中万吨级以上深水泊位 23 个，日照港 28 个泊位中 18 个是万吨级以上泊位。威海市港口泊位偏少，而且大型专业化深水泊位更少，吞吐能力明显滞后。目前，威海市港口货物总吞吐能力只有 1874 万吨，2006 年吞吐能力缺口达 37%。

三是服务水平较低。威海市港口物流标准化和信息化程度普遍低，港口物流专业人才匮乏，管理、服务水平皆处于较低层次，物流功能远远达不到现代国际物流服务体系的要求。

四是对经济贡献率不高。据统计，2006 年全市交通运输仓储业对 GDP 总的贡献率为 12.7%，那么港口物流业对 GDP 的贡献率肯定要低于 12.7%，这与威海市港口城市的地位不相称，以港兴市任重道远。

二　威海市发展港口物流的有利条件

虽然威海市的港口建设滞后，港口物流和港口经济发展状况不容乐观，但是威海市仍具有快速发展港口物流的巨大潜力，具有奋起直追、迎头赶上的可比较优势和资本。

一是独特的区位优势。威海地处东北亚经济圈和环渤海经济圈的中心地带，西与内地京津塘相连，东与日本、韩国隔海相望，南下可直抵长三角，陆域海域辐射面广。特殊的地理位置，使威海日益成为东北亚地区重要的交通枢纽。

二是港口资源丰富。威海市三面环海，海岸线近千公里，占全省海岸线总长的1/3；拥有众多的港湾、基岩岬角，－20米等深线以内浅海、滩涂海域面积为25万多公顷，不冻不淤，岸线地质条件稳定，有利于建设大型专用码头和万吨级泊位。

三是基础设施不断完善。近年来，威海市按照"公路升级、铁路提速、港口扩建、机场开放"的思路，大力加强交通基础设施建设，交通瓶颈制约正在逐步得到改善。"十一五"期间，威海市将要完成威乳高速、荣乌高速、环海生态旅游示范路、城际铁路及威海港三、四期工程和石岛港区、龙眼港区扩建等一批交通重点工程，并积极争取实施中韩火车轮渡项目、石油储备项目，港口物流业发展的支撑条件将发生根本性变化。

四是区域经济不断发展。近几年来，威海市围绕"三大基地"建设，大力实施工业强市、三产兴市战略，外向型经济发展迅速。2006年，全市外贸进出口总值达到95.1亿美元，同比增长26.1%，逐渐形成了以运输设备、电子信息、机电工具、轻工纺织服装、食品医药五大产业群为支柱的产业体系，是全国最大的渔具、轮胎、医用高分子、木工机械、地毯等生产基地，重要的汽车零配件、玻璃等生产基地，为港口物流发展提供了较强的承载能力。

三　对策与建议

（一）抢抓机遇，把港口经济发展置于城市发展的核心地位

"港依城建、城以港兴"，是当今世界许多著名港口城市发展的成功经验。实施"以港兴市"战略可以有力地推动港口经济的发展，从而带动城市的发

展。据测算，深圳港每产生 1 元收入，就给相关产业带来 6 元的综合收入，社会贡献率达 1:7；香港港口经济及相关服务业产生的经济贡献占 GDP 的 20% 多。由此可见，港口物流经济已经成为城市经济发展的增长极，成为城市吸引和聚集现代产业、物流业的最佳区域。苏南地区外商投资企业多，外向型经济发达，主要是依赖于上海港的辐射带动作用，依赖于发达的港口物流而形成的运输低成本。威海市作为沿海港口城市和开放城市，在实现经济社会又好又快发展中，同样面临新的发展机遇。

随着我国经济的持续高速增长，日本、韩国、俄罗斯等国经济也出现了明显的恢复性增长，使东北亚成为当前世界经济最富有活力的地区，区域经济一体化进程进一步加快，东北亚经济圈正在形成。目前，中日韩三国的贸易量 85% 是通过水运完成，但是港口吞吐量发展极不平衡，中国近年来港口生产能力不足，2005 年吞吐量总缺口达到 5 亿吨，并有逐年增大趋势，而日本、韩国目前的港口吞吐能力过剩。因此，"十一五"期间，国家将投资 4000 亿元重点支持长三角、珠三角及渤海湾三大区域的沿海港口建设，我省也将全力打造以青岛港为龙头，以日照港、烟台港为两翼，以山东半岛港口群为基础的"东北亚国际航运中心"，形成大型集装箱、矿石、煤炭和原油四大港口运输体系，以港口物流经济发展带动区域经济发展。威海市处于东北亚经济圈的中心地带和渤海湾出海口，在新一轮港口发展布局中，占尽天时地利。因此，必须强化机遇意识，做好港口物流经济这篇文章，增强发展港口物流经济的紧迫感、压力感和责任感，切实将港口物流经济发展置于城市发展的核心地位，作为优化经济结构、转变经济增长方式、增强区域经济竞争力的必然选择。

首先，要制定威海市港口物流发展总体规划，为实现港口物流经济的健康可持续发展提供保证。港口属于稀缺资源，也是优势资源，港口物流要实现健康、快速发展，规划要先行。要避免港口岸线资源由于无序、过度开发和重复建设而浪费，切实为港口发展留有足够空间。结合国家《全国沿海港口布局规划》（2006 年 11 月，国务院已审议通过）和山东省在山东半岛全力打造"东北亚国际航运中心"的发展规划，以及威海市的海洋功能区划，尽快制定或完善威海市港口物流发展的"十一五"规划，科学规划港口布局，合理、有序地开发和利用港口资源，严格在科学论证的基础上组织实施。同时，充分重视铁路、公路和航空等交通运输方式一体化的交通网络建设，将港口物流的综合功能与高速公路建设、城际铁路建设和地方铁路升级改建等置于同等重要的地位通盘考虑，合理配置港口物流资源，科学指导威海市港口物流业发展。

其次，突出威海港龙头带动作用，将威海港的建设与发展放在威海市港口经济发展的中心地位。在全市 16 个港口中，威海港位于威海中心城区，规模较大，功能齐全完善，具有做大做强的基础条件。2006 年，威海港完成的货物和集装箱吞吐量不仅大幅度增长，且均占全市半壁江山。其中货物吞吐量完成 1410 万吨，同比增长了 39%，占全市的 54.9%；完成集装箱吞吐量 25 万 TEU，同比增长了 46%，占全市的 65.8%。均创历史最好水平。同时，威海港在"十一五"期间，计划投资 100 亿元，分步实施奋进亿吨大港的战略目标。目前，投资 20 亿元的新港区三、四期工程正在建设之中，计划建设两个 5 万吨、两个 7 万吨和两个 10 万吨泊位。因此，在新一轮港口建设与港口物流经济发展中，我们应集中优势资源，重点加大对威海港的扶持力度，支持港口骨干企业加快发展，做大做强。

一是进一步加大政策特别是土地供应环节扶持力度。港口建设与发展没有土地不行，港口前沿要有充足的货场，后方要为物流园区、临港工业和仓储留有发展空间，因此规划上要有前瞻性，切实树立大港口、大物流意识。目前，与威海新港区三、四期工程项目配套的国际物流园区项目建设，规划面积 35 平方公里，主要包括集装箱场站、仓储运输中心和以临港工业为主的仓储、中转项目等功能区，在土地指标紧张的情况下，要优先保证供应。做好威海新港周围岸线资源整合工作，特别是东部近 5 公里的深水岸线，可直接建设多个 20 万 ~ 30 万吨的大型专业码头，要按照总体规划要求，宜港则港，避免资源浪费。同时，抓紧完成威海港国际客运中心海域地段填海工程建设和海域征用手续的审批，水、电、气等生产要素优先向其倾斜。

二是加大对威海港新港建设的资金扶持力度。威海新港基础设施建设是威海市的重点工程项目，需要大量投入。在资金筹措上，应采取多种方式，除了加大信贷资金支持力度外，要积极争取把其列入国家或省重点项目目录中，争取国债贴息或国家资金支持。尽快促成与泰王国合作项目落地，实现外来资金注入。加快推动威海港集团在国内外上市融资，切实解决港口发展的资金瓶颈问题。

三是加大港口招商力度。抓住国际物流服务产业加快转移的战略机遇，以威海港国际物流园区为载体，面向国内外，大打港口牌，创新招商引资工作。今后威海市在国内外举办的招商说明会上，应加大港口招商力度，重点宣传通畅便捷的港口物流优势，重点推介威海港，提高其知名度。目前，要做好中韩火车轮渡项目的衔接和准备工作，积极协调有关方面，特别是做好韩国方面工作，尽快促成项目落地。中韩火车轮渡工程一旦建成，将会实现威海港与韩国平泽、仁川等港口的对接，大大弥补威海市腹地经济不足和无大进大出产业的局面，为威海市成为整个中韩贸易的桥头堡增加了一个重量级砝码。抓好总投资 8 亿元，储存量达到 72 万立方米的威海富海华燃料油仓储项目、建筑面积 1 万平方米的三角轮胎仓储中心项目、中石油成品油 5 万方仓储项目和大庆油田经贸威海木材货场项目建设。上述项目建成后，每年可为威海港增加吞吐量几千万吨，两三年内就可实现威海港吞吐量翻番的目标。

四是加大资源整合力度。目前，虽然威海市港口数量较多，但规模普遍偏小，对外形不成竞争优势，对内又存在同质业务条件下的低成本竞争，势必影响到威海市整个港口企业的发展。因此，要积极探索港口资源整合的新路子。对内，应以威海港为主，通过兼并、重组和强强联合等方式，实现优势互补，加速威海港规模膨胀，短时间内形成"拳头"优势，推动港口物流向规模化、集约化方向发展，增强市场竞争力和抵御风险能力。烟台港兼并了龙口港，使烟台港 2006 年的货物吞吐量突破了 8000 万吨，集装箱 110 万TEU，跻身于全国内贸集装箱五强行列；日照港兼并了岚山港，使日照港步入了亿吨大港行列，成为沿海第九个亿吨大港。对外，积极谋求同周边青岛、天津、大连等大港口的合作，把港口的基本功能定位于集装箱支线港和喂给港，赢得发展空间。目前，威海港集团与青岛港集团签约，合资经营威海港集装箱码头，开展集装箱业务，在合作中赢得竞争优势，对于进一步降低物流成本，最大限度地实现优势互补，搭建起山东半岛港口新的发展平台，具有重要的意义。

（二）优化发展环境，打造威海市港口物流发展新的比较优势

要实现港口物流经济的健康快速发展，必须优化发展环境，创造比较优势和平台。针对威海市港口物流发展现状，重点要优化政策、服务、市场和人才四个环境。

政策环境。港口物流经济的健康快速发展，离不开政府的政策性引导和扶持。面对竞争日益激烈的港口物流市场，各国、各地皆出台了针对性和可操作性强的意在促进港口物流发展的优惠政策。要认真研究国际环境和国家政策，因地制宜，科学制定适合威海市港口物流经济发展的新政策、新措施。韩国政府为应对中国长三角及华北港口崛起压力，通过补贴措施，已使釜山港的场地租赁费用降为上海港的 1/15，并推出入区外企免税等优惠政策。威

海市对韩贸易较发达，要重点研究韩国政策。坚持"非禁即入"，建立公开、平等、规范的行业准入制度，发展壮大一批港口物流企业。深化"一港一政"的港口管理体制改革，提高港口行政管理的统筹协调能力和行业管理能力，最大限度地发挥港口企业的积极性和主观能动性。制定包括税收等切实可行的鼓励港口物流业发展的优惠政策，取消联运代理资格审批，将审批制改为备案制。扩大港口物流企业税收优惠政策试点范围，贯彻落实好国家关于扶持港口发展的有关规定。积极支持现有港口基础设施改造和信息化改造项目。鼓励金融机构为港口物流企业提供全方位的金融服务。建立港口物流发展工作联席会议制度，协调解决港口物流业发展中的重大问题。建立港口物流发展的专项基金，对重点项目进行补助或贴息，引导和吸引更多的社会资金投向现代港口物流业。总之，要通过政策、市场等手段，真正为现代港口物流的发展营造公平、开放、有序竞争的政策环境。

服务环境。现代港口物流的竞争，已从单纯的成本竞争转移到服务竞争，港口服务能力的高低直接影响到港口的竞争实力。一是建立符合国际规则的高性能公用物流信息化平台。利用 INTERNET 等信息技术和现代通信技术，建立覆盖港区生产流通和仓储运输的网络平台，提高港口的信息化、自动化和网络化水平，改善服务手段，提高集疏散能力。二是建立与国际接轨的服务标准体系和企业运行机制，加快港口物流标准化进程，广泛推行服务承诺、服务公约和规范化管理等制度，提高服务质量。三是支持和引导发展港口第三方物流服务，提升物流专业化、社会化水平。以威海新港和国际物流园区建设为依托，建立港口物流仓储中心，加快发展威海市轮胎、渔具、医用高分子、木工机械、地毯等优势产业第三方港口物流，降低企业运输成本。

市场环境。一是增航线培育市场。大力发展威海—韩国、日本近洋国际航线，延伸港口腹地范围，吸引中远、中海等国内著名航运企业以及国际著名航运企业前来挂港，拓展业务领域，增加市场份额。二是增航班扩大市场。随着威海港三、四期工程的竣工，港口泊位不断增加，目前航班密度过小将会产生泊位利用率不足问题。因此，应充分依托对韩、日的区位优势，采取前期补贴亏损的形式，加大对韩、日航班密度，加大揽箱力度，积极培育国际集装箱中转和运输市场。据了解，青岛港和烟台港虽然也有韩国航班，但海尔集团和烟台大宇重工等企业每年发往韩国的集装箱货物也多走威海港，说明威海港对韩集装箱业务上具有明显的优势，因此适时增加对韩航班是当务之急。三是重合作开辟市场。青岛港作为山东半岛港口群的龙头，逐渐成为国际化的枢纽港口，其吞吐量占全省港口总吞吐量的一半以上，已跻身世界十大港口之列。2006 年，港口货物吞吐量将超过 2.2 亿吨，集装箱吞吐量突破 750 万 TEU。另外，青岛港还是我国对外贸易的第二大港，其原油吞吐量居全国第一位，矿石吞吐量居世界第一位。除了威海港，威海市的其他港口应加强与青岛港的合作，坚持走专业化路线，以青岛港的"喂给港"和支线港身份，大力开展集装箱外贸公共内支线业务，积极开辟市场。威海港在巩固与青岛港合作的基础上，积极谋求与天津、大连等环渤海港口的合作，开辟环渤海集装箱公共内支线。四是建同盟分享市场。根据地域特点和自身优势，加强与烟台、日照港的合作，实现信息资源共享，构建战略同盟，合理科学配置货物和市场资源，提高物流效率。五是建协会规范市场。要尽快建立起港口物流行业协会，制定行业规范，引导港口企业规范经营，防止业务同质化下的恶性竞争，维护共同利益，营造良好的市场环境。

人才环境。港口物流是一个涉及交通运输、贸易沟通、国际通关、金融保险等方面知识的复杂系统，要求知识的专业性和综合性比较高。因此，应采取多种方式，鼓励和引导企业培养和引进掌握港口物流经营管理、国际贸易和信息技术的复合型人才，并建立人尽其才、才尽其用的激励机制；支持山大（威海）、哈工大（威海）和威海职业技术学院，开展物流工程和管理教育，培养港口物流专业人才，不断壮大物流人才队伍；借鉴国际先进经验，逐步推广港口物流从业人员职业资格认证制度。

（三）实施"临港产业"带动战略，加快经济腹地发展

世界许多重要的港口都有"前港口、后工厂"的布局设置，港口物流业的发展必须依托于发展的经济腹地提供充足的货源支持，经济腹地的发展程度客观上决定了港口的业务规模。否则，"巧妇难为无米之炊"，港口资源无法得到充分利用，现代港口物流的发展则无从谈起。

多年来，威海市众多港口皆定位于商港，定位于物流港，忽视了临港产业的发展。目前，山东省青岛、烟台、日照等地依托港口，积极发展临港产业特别是临港工业，大力实施临港产业带动战略，进一步优化经济结构，形成了港口物流与临港产业相辅相成、相得益彰的新一轮经济发展框架。青岛，依托青岛港建设大炼油厂项目，建成后年可加工进口原油 1000 万吨，生产成品油 766 万吨，实现销售收入 230 多亿元。日照，依托煤炭、铁矿石、粮食、液体化工等四大港口运输体系，建设了配套的临港工业园区，目前已有多家粮食加工和仓储企业落户。同时，济钢与莱钢合并后也将入驻日照临港工业园区。面对当前沿海港口千帆竞发、百舸争流、咄咄逼人的竞争态势，要实

现威海市经济发展，我们必须突破港口"商化"的理念，加快港口"工化"，实现港口"工贸一体化"。要继续坚持"抓二产促三产"的工作思路，发挥后发优势，实施临港产业带动战略，实现临港产业与港口物流经济的良性互动和共同发展。

一是加快船舶制造业发展。以俚岛湾为依托，加快规划陆域面积25平方公里，水域面积10平方公里，总投资80亿元的国际船舶修造基地建设。加快三星、伽耶、大宇等造船项目建设。以威海船厂、黄海造船有限公司两大造船企业为平台，通过与国内外及周边船舶制造和配套企业的分工协作，培植两大造船企业集团，至"十一五"末，分别形成20万载重吨的年造船能力。整合沿海修造船企业资源，建设沿海修造船工业带，重点发展好经区东海船舶修造公司、经区翰远船业公司、西霞口船厂、荣成海达造船公司、荣成造船公司、荣成荣通船厂、荣成大鱼岛造船公司、文登造船厂、文登前岛造船厂、乳山造船厂等，至2010年造船能力达到54万载重吨。承接好日韩船舶业转移，抓好韩国新韩机械造船、尾浦船业，日本三井公司、名村造船株式会社等一批日韩造船企业的跟踪洽谈工作，促成更多船舶强企和配套企业入驻威海。

二是加快临港物流特色园区和工业园区发展。港口的建设与发展要处处体现城市功能，临港产业园区建设必须与城市建设紧密结合起来，实现港城一体化的协调发展。按照临港产业园区发展规划，以推动第三方物流发展为重点，加快建设中韩国际物流园区、石岛北方渔市交易中心、大型原油储备中转中心和国际集装箱中转中心建设。依托威海出口加工区，建设面向国内外市场的大型保税仓储基地，建设货物集散分拨中心和临港园区，鼓励中外投资者入驻从事贸易、加工、仓储、物流分拨运输等，将威海出口加工区发展成为东北亚重要的出口贸易加工区。

三是加快水产品精深加工业发展。依托好当家集团、鸿洋神集团等水产品加工企业，加大科技投入，强化自主创新，健全质量安全监测体系，开发适应市场需求的高端海洋生物制品，加快发展水产品深加工、藻类产品精加工、海洋保健品和海洋药物产业，建成我国重要的水产品加工贸易基地、海洋生物医药和海洋生化产品开发生产基地。

四是加快临港重化工业发展。加快临港大型、新型电源建设，"十一五"期间，重点加快荣成高温气冷堆示范电站、国电荣成电厂、乳山核电站、华能威海电厂三期工程建设。积极探索石化、钢铁等重化工业项目的招商与建设的可行性，在重化工业规模上有所突破，优化产业结构，加速工业化进程。

　　威海市作为港口城市，经济发展优势在港，潜力在港，希望在港，充分利用港口这一核心战略资源发展港口物流经济，是威海市新一轮发展的关键所在。只有牢固树立和落实科学发展观，坚持实施"以港兴市"战略，深入推进"三大基地"建设，不断完善港口基础设施和综合服务功能，提高港口竞争力，才能推动港口物流经济的健康快速发展，为实现威海经济社会的又好又快发展添上浓重的一笔。

（作者单位：威海市政府办公室）

新企业所得税法实施对威海市经济
和财税的影响及对策

曲仕军　黄军强　陈伟安　丛景山　黄　蓉　等

《中华人民共和国企业所得税法》（以下简称"新企业所得税法"）及其实施条例已于 2008 年 1 月 1 日正式实施。新企业所得税法以内、外资企业所得税制统一为基础，将充分发挥其独特的调节经济功能，促进经济结构的调整和优化，实现经济与税收的可持续发展。企业所得税作为威海市地方财政收入的第三大税收来源，新企业所得税法的实施，不仅能够并且已经对纳税人税负和财税收入产生直接影响，而且将对威海市今后的经济发展、产业结构调整、招商引资和税收增长等产生长期而深远的影响。本文以威海市国税部门管理的内、外资企业所得税纳税人为分析测算对象，试依据 2007 年度汇算清缴数据，静态地分析测算实施新企业所得税法对威海市经济、财税收入产生的影响。

一　新企业所得税法及其实施条例的主要变化

新企业所得税法及其实施细则与原税法相比，无论在法律层级，还是立法技术上，都有了质的飞跃。新税法根据我国经济社会发展现状和未来发展要求，并借鉴国际通行的所得税处理办法和国际税制改革的新经验，改变了过去内资企业所得税以行政法规形式立法的做法，在完善所得税制基本要素的基础上，增加了法人纳税、规范优惠政策、反避税规则等内容，使制度规定更科学，更符合国际惯例和经济社会发展要求。新企业所得税法的顺利实施，实现了五个方面的统一，并规定了两个方面的过渡政策。具体内容如下。

（1）统一适用企业所得税法。原《企业所得税暂行条例》和《外商投资企业和外国企业所得税法》已于 2008 年 1 月 1 日停止执行，按照国务院规定，除部分老企业可以享受五年过渡期税收优惠政策之外，其他内、外资企业，包括所有公司、企业、事业单位、社会团体、民办非企业单位等，不论其经济性质、投资来源、规模大小如何，只要在中华人民共和国境内从事经营活动并取得收入，都是企业所得税的纳税人，依法承担相应的纳税义务。

（2）统一企业所得税税率。原内、外资企业的基本税率为 33%，但对一些特殊的外企实行 24%、15%，甚至更低的优惠税率，对内资微利企业实行 27% 和 18% 的照顾税率；除小型微利企业、非居民企业实行 20% 和高新技术企业实行 15% 的优惠税率之外，内、外资企业统一实行 25% 的税率。也就是说，今后，内资企业、外资企业、不同所有制企业都实行同一个税率，在同一个水平线上公平竞争。

（3）统一企业各项支出扣除标准。新企业所得税法规定，内外资企业所得税在成本费用等扣除方面，实行统一的实际发生扣除政策，规定了公益性捐赠支出扣除的标准，明确了不得扣除的支出范围。同时，对企业实际发生的有关固定资产、无形资产、长期待摊费用、投资资产和存货等方面的支出扣除做了统一规范。由于扩大了税前扣除范围，缩小了税基，与老税法相比将会减轻企业的税负。

（4）统一和优化税收优惠政策。新企业所得税法将税收优惠政策格局由过去的"以区域优惠为主"转向"以产业优惠为主、区域优惠为辅"的新格局，税收优惠更多的由直接优惠转向间接优惠。国家除对西部大开发地区的鼓励类企业继续实施区域性税收优惠之外，重点对农林牧渔业、基础设施投资、高新技术、环境保护、节能节水、安全生产、资源综合利用等行业，给予降低税率、免征、减征、加计扣除、少计收入等优惠政策。同时，为缓解新税法出台对部分原享受税收优惠政策企业的影响，新企业所得税法规定，对新税法公布前已经批准设立，依照当时的税收政策，享受低税率和定期减免税优惠的老企业，给予最长五年的过渡期照顾。

（5）统一企业所得税征收管理制度。新企业所得税法对原内、外税法的征收管理办法进行了统一，规定企业所得税的征管除按新税法规定外，依照征管法的规定执行。进一步规范了企业所得税征收管理的程序性要求，具体包括特别纳税调整中的关联交易调整、预约定价、受控外国公司、资本弱化等措施的范围、标准和具体办法，纳税地点，预缴税款和汇算清缴方法，以及纳税申报期限、货币折算方法等。

除了上述"五个统一"外，新企业所得税法规定了两类过渡优惠政策，保持了税收政策的相对连续性。一是对新税法公布前已经批准设立、享受低税率和定期减免税优惠的老企业，给予过渡性照顾。二是对法律设置的发展对外经济合作和技术交流的特定地区内，以及国务院已规定执行上述地区特殊政策的地区内新设立的国家需要重点扶持的高新技术企业，给予过渡性税收优惠。同时，国家已确定的其他鼓励类企业，可以按照国务院规定享受减免税优惠政策。

为了保证新企业所得税法的可操作性，实施条例按照新企业所得税法的框架，对新企业所得税法的规定逐条逐项细化，明确了重要概念、重大政策以及征管问题。同时，财政部、国家税务总局还根据新企业所得税法及其实施条例的规定，针对一些具体的操作性问题，研究制定了部门规章和具体操作的规范性文件，作为新企业所得税法及其实施条例的配套制度。通过这样的制度安排，形成企业所得税法律、行政法规和规章及其规范性文件的三个层次的制度框架，形成一个体系完备、符合国际惯例、便于操作的企业所得税制度体系。

二　新企业所得税法实施对威海市经济的影响分析

新企业所得税法对威海经济发展既有有利的一面，又存在一定的不利影响，但不会对威海经济发展造成重大冲击。短期看，新企业所得税法实施可能会对威海两个国家级开发区内部分产业和企业的吸引力产生一定的影响；从长期来看，对威海经济整体发展则利大于弊。统一的新税制，将有利于产业结构的进一步优化调整，有利于提升利用外资的质量与效益，有利于城市竞争力的增强。

（一）创造平等竞争的税收环境，有利于各类企业的均衡发展

2007 年，全市共有内资企业 7235 户，实现应纳企业所得税 64609 万元；全市外资企业有 2274 户，应纳外资企业所得税 30204 万元。实施新税法前的近几年，全市内资企业实际平均税负明显高于外资企业，外资企业享有税收上的超国民待遇。新企业所得税法实施，降低了内资企业的税率、扩大了税前扣除范围和统一了税收优惠，将导致直接的减税效应，减轻了企业负担。同时，因为取消计税工资，企业实际发生的工资可以据实在成本列支，并且提高了企业的捐赠和广告列支标准，职工福利费、职工工会经费和职工教育经费也可以增加扣除，有利于内资企业积极引入人才和加快企业技术研发。

对外资企业来说，由于整体税率提高、税前扣除统一和优惠政策减少，税负有一定提高。新企业所得税法实施后，内外资企业适用统一的税收政策和税收待遇，减少了企业间适用税收政策不同而造成的税负不均现象，进而为各类企业创造了公平合理的市场竞争环境，有利于各类企业的全面发展。特别是对内资企业来讲，由于税负降低，企业将有更多资金加大对科技的投入，进行技术改造、自主创新，有利于企业扩大再生产，为企业的发展提供了新的契机，进而促进威海市经济的发展和税源的壮大。

（二）促进产业结构优化、调整，有利于经济可持续发展

（1）有利于促进高新技术和循环经济发展。新企业所得税法统一了税收优惠政策，实行"产业优惠为主、区域优惠为辅"的新税收优惠体系，明确了对国家需要重点扶持的高新技术企业实行15%的优惠税率，扩大对创业投资企业的税收优惠，以及企业投资于环境保护、节能节水、安全生产等方面的税收优惠，鼓励企业技术创新和科技进步、鼓励基础设施建设、鼓励农业发展及环境保护与节能、支持安全生产、促进公益事业和照顾弱势群体。这些政策的出台，将进一步促进威海市高新技术企业和创业投资企业的发展，有利于威海市合理利用地缘优势发展设备制造、电子信息、机电工具、轻工纺织及食品医药等产业，并促进环境保护与节能及基础设施建设等产业的发展，对威海市合理调整产业结构、建设"五大产业群"将产生积极的影响。

（2）为加快威海市第三产业发展提供了契机。以前，因绝大部分的非生产性外资企业没有税收优惠，影响了对这部分企业的招商。例如，威海市从事房地产、建筑装饰、住宿餐饮、娱乐等非生产性的外资企业共172家，只占威海市开业户的10.14%，实现税款占开业户的2.07%。而新企业所得税法后，非生产性外资企业将统一享受25%的税率，税率将比目前降低8个百分点。以2007年数据静态测算，全市原执行33%税率的非生产性外资企业年将减少企业所得税998万元。这一政策将有利于威海市吸引外资大力发展第三产业，在加快发展房地产业、旅游、餐饮服务等传统第三产业的同时，应加快对金融、保险、物流、软件开发以及服务外包等现代服务业的发展，不断提高新兴产业在产业构成中的比重。

（3）有利于提高内资企业出口竞争力。原税法对出口收入占总收入70%以上的外资企业实行"两免三减半"优惠政策期满后，延长两年享受减半征收的所得税优惠。"两法合并"后取消"减半征收"优惠，将增加现有出口型外资企业的税负，对其产品出口产生一定的负面影响。相反，内资企业由

于税率降低、扣除标准提高和公平的竞争环境，将降低产品成本，提高出口产品在国外的竞争力，扩大出口额和出口比重。多年来，威海市外资企业出口占到外贸出口一半以上。新税法不再对主要出口的外资企业实行减半征税优惠，反映了国家调整出口结构的意向，不仅有利于促进外资企业加大对国内市场的开拓力度，而且有利于内资企业与外资企业在外贸出口方面公平竞争，促进外贸出口协调发展。

（三）有利于促进两区二次创业，实现县域经济协调发展

目前威海市经区、高区的企业享受较多的税收优惠，在利用外资和发展高新技术等方面具有明显优势，但新企业所得税法实施后，全市企业所得税政策统一，将使经区的生产性外资企业不再享受15%的低税率优惠，全市所有企业将共同适用25%的税率，高区的高新技术企业也不再独享15%的低税率优惠。因此，威海市经区和高区在税收上的区位优势将有所减弱，短期内对两区的税收和经济方面会有一定影响，特别是身处经区的非高新技术外资企业，税率将由现行15%提高到25%，企业税负增加明显。尽管这种情况对增加地方财政收入效果明显，但对外资企业发展有一定的负面影响。因此，两区应重新定位，立足现实，突出优势，积极应对新企业所得税法实施给国家级开发区带来的新机遇和挑战，特别是两区要在发展高新技术、节能环保和现代服务业等方面进一步发挥示范带动作用，形成威海市发展高新技术产业和现代服务业的两大高地。从长期来看，统一税制有利于威海市均衡县域经济发展布局，促进招商引资从税收优惠竞争转向优化投资环境上来，威海市经济发展重心也将由市区为主导向各市区协调共赢转变。各县市区应抓住税制统一的契机，加大招商引资力度，加快产业结构调整步伐，提高经济发展的后劲。

（四）促进招商引资向深层次发展，提高外向型经济发展质量

新企业所得税法对地区性税收优惠的取消和税率的统一，在一定程度上会降低威海市整体利用外资在税收方面的比较优势，外资企业的税负将明显提升。一部分竞争力差、劳动密集型、产品附加值低的生产性外资出口企业，因为税负的提高和用工成本的增加，有可能转向东南亚一些税率较低的国家和我国中西部地区发展，从国家级开发区内向开发区外发展，这对吸引外资或多或少会产生一些影响。从去年以来，威海市曾连续发生多起韩资企业非正常撤离的情形。但国际经验表明，稳定的政治局面、发

展良好的经济态势、广阔的市场、丰富的劳动力资源，以及不断完善的社会法制环境和良好的政府服务等，是吸引外资的主要因素，税收优惠只是一个方面。对于威海来说，吸引外资的根本原因在于：市委市政府的正确引导、优越的地理位置、良好的人居生态环境、不断扩大的市场、日渐完善的立体化交通网络等。这些都是对吸引外资长期起作用的决定性因素，新税法的实施不会对威海市吸引外资产生大的影响。相反，税制的统一，有利于克服目前普遍存在的"假外资"现象，有效地促进外资企业通过提升产品和质量来占领市场，回归到招商引资的真正目的上来。今后，税收优惠不再看重企业的身份，而是根据企业生产经营的技术含量和它在产业政策中的定位，这将有利于提高吸引外资的质量和结构，并促使政府进一步转换职能，提高行政效能，优化投资环境，走出利用"税收优惠"吸引外资的误区。同时，新企业所得税法中新增了间接抵免规定，即国内企业对境外缴纳的所得税税额可以从其当期应纳税额中抵免，这将有利于威海市企业"走出去"，参与国际竞争，提高国际竞争力。

三 新企业所得税法实施对威海市财税收入的影响

由于新税法与原税法相比，在税率、税前扣除、税收优惠、征管方式等方面存在较大差异，对企业所得税收入的影响是直接而长远的。新企业所得税法的税负水平总体上低于原税法，对财税收入静态是减收因素。新税法实施初期，威海市由于内资企业所得税占企业所得税的比例较高，新税法实施后由于税率降低、税前扣除范围的加大，威海市财税要承受较大的减收压力；从长期发展看，由于威海市经济结构的不断优化和调整，财税收入则会因经济的又好又快发展而不断增长，减收压力将得到一定程度的缓解和消化。我们以国税部门 2007 年度企业所得税汇算清缴数据为基础，静态测算不同政策变动对财税收入的影响。

（一）税率调整对财税收入的影响

税率统一是影响企业所得税最显著的因素，对财税收入的影响也最明显。按 25% 的法定税率对 2007 年度数据进行静态测算，新企业所得税法实施后，综合考虑中国税部门管理的内资企业所得税纳税人因税率下调出现较大减收因素的影响，年将减少税收收入 8500 万元，按一般企业所得税地方财政分成比例 32% 计算，因税率调整将年减少地方财政收入 2720 万元。

（二）税前扣除政策调整对财税收入的影响

新税法在工资及三项费用、公益性捐赠、广告费等税前列支方面变动较大，虽不像税率变动对财税收入的影响那么明显，但对税收特别是内资企业所得税的影响也非常直接。以 2007 年数据静态分析，国税部门管理的纳税人预计将年减少企业所得税 13300 万元，减少地方财政收入 4256 万元。

（三）主要税收优惠政策调整对全市财税的影响

目前威海市的区域性税收优惠数量在全省位居前列，具有经济开放区、国家级开发区等不少区域性优惠政策。新税法对税收优惠的统一调整，特别是由区域性优惠向行业性优惠的过渡，使原先的政策优势大为减弱，但对财税收入长远来说则是利好，特别是外资企业的税收贡献将有所提高。

（四）总分支机构汇总纳税对全市财税的影响

新税法规定，居民企业在中国境内设立不具有法人资格营业机构的，应当汇总计算并缴纳企业所得税。这一政策调整可能会对税收收入和财政体制产生一定的负面影响。威海市属中小城市，总部经济有待发展，会出现威海市企业所得税纳税人数量的变动，出现企业所得税税源向北京、济南等大城市集中和转移的问题。2007 年度，威海国税部门共涉及跨地区经营总分机构企业总机构 53 户，相关的分支机构 70 户，适用新企业所得税法后，静态计算，会造成威海市国税部门企业所得税减收 550 万元，并且随着分支机构经营规模的扩大，对威海市减收影响也会相应增大。

综合以上四个因素对全市财税的影响，新企业所得税法实施后，以 2007 年数据为基础静态测算，国税部门年将减少企业所得税收入 13506 万元，减少地方财政收入 4322 万元。过渡期结束后，税收收入将逐步增加，综合考虑各种因素的影响，预计年增加税收收入 4310 万元，增加财政收入 1380 万元。随着威海市经济的持续健康发展，纳税户数的不断增加，经营规模的扩大和经济效益的改善，税收征管手段的不断加强，企业所得税总体规模也将同步增长，在一定程度上缓解新企业所得税法实施对税收收入产生的不利影响，而新税法的增收效应将逐步显现。

四 促进经济、税收发展的应对措施及建议

企业所得税属于直接税，税负不易转嫁，在各税种中对地方经济的宏观

调控力度最大，是地方财政收入的重要来源。为更好地顺应两税合并改革，威海市应以税制统一为契机，及时采取积极有效的应对策略，尽力降低改革初期对威海市财税经济等方面的不利影响，变不利为有利，化被动为主动，促进经济与税收又好又快发展。现提出如下对策建议。

（1）及时优化产业结构，提升产业发展层次。新企业所得税法是国家宏观政策导向的体现，威海市应抓住这一契机，进一步调整优化产业结构，充分运用威海市独特优越的地理环境和区位优势，在大力打造"三大基地、五大产业群、四大支柱产业"的基础上，积极发展高新技术、节能环保、现代农业和现代服务业等新兴产业，逐步淘汰落后产业，建立推广和普及节能降耗技术的新机制，积极扶持企业提高出口产品的生产和竞争能力，增强大中型企业的活力，鼓励和刺激民营企业、中小企业遍地开花，走可持续发展的道路，促进威海市经济的稳定、健康、快速发展。在积极鼓励发展高新技术等产业的同时，有关部门也要严格对该类企业的报批，防止不法企业以虚假材料骗取有关资质，减少财政收入流失。

（2）进一步优化投资环境，吸收外来资金和先进技术。今后吸引外资的重点将由税收优惠竞争向综合投资环境竞争转变，威海市应积极完善和提高服务措施，进一步加强基础设施建设和生态环境建设，全面提升政府服务、金融、教育等软环境质量，并优化有关招商引资的扶持政策，进一步吸收外国、外地区的资金和先进技术，促进地方经济更好、更快发展。同时，要建立引商引资考评机制，科学评价招商引资质量，加强引资项目的跟踪管理，特别是要加强对中小微利企业的监管，既要防止中小外资企业在"两免三减半"等优惠政策快到期时非正常撤离，又要积极兑现小型微利企业低税率的优惠，促进企业做大做强。

（3）积极发展威海市的总部经济。由于对不具备法人资格的分支机构企业实行汇总纳税，如果总机构不在威海市，即使税源产生地在威海市，也不全部在威海市缴纳。发展总部经济，对增强税收贡献、促进产业集群、提升城市形象、增强竞争优势具有重要作用，发展总部经济将成为今后地区之间税收竞争的一个重点。因此，在经济发展过程中，要注重多引进具有法人资格的企业总部在本市落户，促进总部经济的优先发展。同时，对威海市成立的法人企业，在积极实施"走出去"战略的过程中，尽量鼓励成立分公司、分支机构等不具备法人性质的经济组织，争取回总部纳税，实现经济发展与财政效益的最大化。

（4）充分发挥税收杠杆作用，促进经济和谐快速发展。经济决定税收，税收对经济又具有反作用。内、外资企业所得税政策的统一和以产业优惠为主的税收优惠体系的建立，既为促进各经济主体的公平竞争、和谐发展创造了有利条件，又为优化产业结构、转变经济增长方式奠定了政策基础。威海市应抓住两法合并这一契机，进一步发挥税收的调控作用，充分利用各项有利税收政策，积极发展适合威海市的行业或产业。要进一步加大社会综合治税工作力度，为各类企业的竞争、发展创造更加公平的税收环境。同时要利用税收杠杆，合理调节社会收入分配和协调区域间经济的均衡发展，保持财政收入的稳步增长，促进威海市经济和社会的快速和谐发展。

（5）深入贯彻实施新税法，进一步强化税收征管。目前，企业所得税纳税人经营日益多元化、国际化，而偷逃税、避税手段呈多样化、复杂化，与其他税种相比，征管难度大、技术要求高。强化企业所得税征管，应从提高纳税人依法纳税意识为基础，以税务机关严格征管为主导，以各部门、全社会广泛参与开展综合治税为保障，进一步完善和强化征管措施，管好税源，堵塞漏洞，努力增加财政收入。各级应进一步加强新税法的宣传培训工作，让纳税人和社会各界及时了解税收政策变动及国家行业发展导向，增强依法纳税的自觉性和政策利用的主动性；税务部门在提高征管人员的企业所得税管理能力的基础上，要进一步完善与新税法相配套的制度和办法，研究偷逃税和避税行为的应对策略，加强对重点行业和重点税源的监控，建立起促进企业所得税增长的长效机制，在贯彻落实好各项税收政策的同时，确保税款及时足额入库。同时，要大力推进综合治税工程，完善由主管部门、社会组织、中介机构以及广大纳税人和普通公众参与的协税护税机制，加强各部门间的涉税信息交流，提高企业所得税的综合管理能力。

（作者单位：威海市国家税务局）

威海市志愿者服务活动研究

李永玲

慈善是"有钱出钱、有力出力"的事业。一个社会的慈善事业是否发达，不仅要看它能募集到多少善款用于慈善救助，而且要看它能发动多少志愿者投身到志愿服务中来。志愿者服务是慈善事业得以蓬勃发展的重要资源，也是慈善事业走向成熟的主要标志。近年来特别是通过 2007 年的"慈善月"活动，威海市已经筹集数量可观、来源稳定的慈善救助基金，而志愿服务在威海才刚刚起步。从威海经济社会的发展现状以及"人居福地"的发展前景看，不仅需要大量的慈善救助，更需要广泛的社会服务。这种背景下，如何大力培育志愿精神，不断壮大志愿者队伍，深入开展志愿服务活动，以推动威海慈善事业的全面、协调、可持续发展，就成为"慈善月"活动以来我们一直思考和探讨的重大问题。

本课题研究的基本思路是：首先，从志愿服务的普世价值和对威海的特殊意义入手，阐述发展志愿服务事业的必要性和迫切性；其次，通过考察市民对志愿服务的认可程度和参与热情，从民众基础层面对威海发展志愿服务事业做出可行性分析；再次，对目前威海市志愿服务活动开展情况进行调查研究，查摆其中存在的多种问题；最后，借鉴先发地区的成功做法，提出威海市志愿服务发展的对策建议。

本课题研究采用了问卷调查、访谈调查和比较研究等多种研究方法。其中，对威海市民慈善意识的考察，运用了问卷调查的方法；对威海市志愿服务工作现状的调查，采用了个别访谈和小型座谈会的方法；对威海市志愿服务活动中存在问题的分析和今后发展路径的设计，采用了比较研究的方法。

一　发展志愿服务事业的社会意义

志愿者是指那些出于某种道义、信念、良知、同情心或责任感，不为物质报酬或私利驱使，自觉自愿地奉献自己的时间、智力、技术、资源为社会提供公益服务的个人或群体。志愿者在国内也有"义工"之称。中文的"志愿者"和"义工"，这两个词语其实都对应于英文的"volunteer"，只是由于不同的文化接触路径，才产生两种在字面上和发音上都不甚相同的用语。在海外华人社团及香港地区一般被称为"义工"，在台湾称作"志工"。

志愿服务是指任何人自愿贡献个人时间和精力，在不为物质报酬的前提下，为推动人类发展、社会进步和社会福利事业而提供的服务。其主要特征是志愿性、无偿性、公益性、组织性。

志愿服务工作是一项超越种族、信仰和区域的活动。"志愿者"是一个没有国界的名称。在世界各地，在有战争、自然灾害、疾病流行、环境保护等重大问题出现的地方，便可见到志愿者的身影。汶川地震后，赴灾区救援的国内志愿者涵盖了全国 32 个省区市以及香港、澳门，此外还有来自加拿大、美国、俄罗斯、日本、新加坡的国外志愿者。志愿服务的真正意义在于塑造和弘扬"奉献、友爱、互助、进步"的志愿精神。志愿精神是全人类共同的宝贵财富。联合国于 1970 年成立国际志愿服务组织，并把每年的 12 月 5 日定为国际志愿者日，旨在鼓励全球各地政府及团体，于当天表彰志愿者对社会所做的贡献，并借此提醒社会人士积极支持及参与志愿服务工作。

（一）志愿服务的普世价值

志愿服务体现了人类的至高情操，是现代社会文明进步的产物，具有普世价值。

1. 志愿服务是社会稳定的润滑剂

志愿服务的核心是利他主义价值观，其精髓在于个人对社会发展具有不可推卸的责任，追求平等互助的理念。志愿者以满足社会和成员的需求为己任，以其热情、友好的服务，对弱势群体提供必要的关爱和扶助，不仅可以通过服务本身缓解某些群体的困境，而且可以通过其所传递的善意和爱心，从心理上、情感上消除贫富阶层传统积弊造成的隔阂和对立，促进人与人之间的彼此亲近、沟通和认同，增强人际关系的融洽和友善，从而增进社会凝聚力和向心力。人类历史一再证明志愿服务对社会稳定的积极作用。香港的志愿服务是世界上最兴旺的地区之一，志愿服务渗透到社会的各个领域，高度发达的社会志愿服务业和慈善捐助业，是连社会基本保险制度都没有的香港能够持续发展的一个重要的稳定因素；美国作为世界上贫富分化最严重的国家之一，却保持了长期的社会稳定，与志愿服务的无处不在直接相关，美国是世界上志愿服务率最高的国家。

2. 志愿服务是政府服务职能的有益补充

公共管理与公共服务是政府的基本职责。但随着现代社会的多元化，人们的生活方式和社会需求呈现出多元化的趋势，大量的社会公共管理需求和公共服务需求已经无法由政府力量充分有效地满足，从而出现了"政府失灵"现象。志愿服务作为民间自发的社会公益活动，可以有效地在社会保障机制覆盖不到、政府职能延伸不到、市场机制顾及不到的领域发挥重要的作用，填补政府服务不足留下的空间，增加对社会成员生活的保障功能，减少因为生活危机出现的社会波动。汶川地震后志愿者在抗震救灾中的积极作用，就是最好的例证。据统计，震后全国各地共有近 500 万名志愿者参与抗震救灾。赶赴抗震救灾一线的志愿者共计 20 万人，成为灾区人数最多的一支救援力量。救灾现场，志愿者们深入山村，在废墟中搜救幸存群众；受灾群众安置现场，志愿者的服务无微不至，担负起护理、开导、安慰伤员的责任；献血现场，志愿者们排起长队为灾区伤病群众献血，自觉发动群众，维护队伍秩序，志愿者发挥了其他力量难以替代的作用。除了军队和政府专业救援队伍之外，志愿者成为给灾区带来希望、让世人为之惊讶的第三种力量。

3. 志愿服务是培育公民意识的重要途径

志愿服务是公民社会的基石。在自发、自愿、自觉的志愿服务中，每一个参与者都以默默无闻的实际行动履行作为一个社会公民应有的责任。志愿者组织的非政府性、非营利性，为公民提供了参与公共事务的机会和手段，提高了他们的参与能力和水平，培养了他们的社会责任意识，是公民社会发育的重要载体。在一些国家，志愿精神是公民社会和公民组织的精髓，志愿服务活动已经成为许多国家加强对公民的道德教育的有效形式。加拿大公民社会组织被认为是社会资本的形式，参与他们的工作不是"做好事"，而是为了以行动表达建设社区的意愿和自己的公民身份。"9·11"事件后美国人民表现出高涨的爱国主义和志愿精神，总统布什顺势激发国人的社会责任心和公民义务感，提议美国公民一生中要为社会贡献 4000 个小时的服务。汶川地震后，许多外国媒体惊叹：发生在中国的毁灭性地震催生出中国的志愿大军。这支大军让世界对中国有了崭新的认识，看到了中国公民意识的觉醒。

4. 志愿服务是普通人参与慈善事业的重要方式

现代慈善事业已经超越传统的帮困救助范围，延伸到科学、文化、教育、卫生、医疗、环保等相关社会事务领域，于是慈善活动在钱物捐赠之外，还出现了新的重要形式，就是志愿者付出时间和精力，为需要帮助的人们提供服务。如果说慈善款物不仅来自个人，还可以来自企业等组织团体，且后者又往往占很大比例，那么志愿行动只能来自普通个体。如果说捐款捐物的慈善行为往往受经济条件的制约，让许多爱心人士面临心有余而力不足的尴尬，那么志愿服务则不受任何限制，只要有爱心，哪怕是身无分文，也可以为他人或社会尽一份力。因此，与捐款捐物相比，志愿服务是真正平民化的活动，是普通人都可以尽情参与、展示爱心的社会事业。而且，志愿服务能够使被救助者在志愿者的热情帮助中充分感受到社会关爱，其效果甚于一般的金钱救助。英国约翰·霍普金斯大学的一个研究小组，通过对世界上36个国家的考察指出：慈善之举中，现金捐赠通常没有奉献时间来得重要，大约60%的私人捐赠采取了义工的形式。

5. 志愿服务可以创造巨大的社会财富

志愿服务具有现金保障的可替代性，即它本身具有现金价值，能够创造巨大的社会经济效益。志愿服务既不需要政府较多的投入，又能够满足社会群体对服务的需求，并且由于没有庞大臃肿的官僚机构，运作成本很低廉。因此，志愿服务创造的价值是含金量相当高的价值。联合国前秘书长安南曾指出：在世界各地，志愿者的贡献往往被忽视。根据一些国家的统计，志愿服务创造的经济价值能够达到国民生产总值的8%～14%。在美国，志愿者的服务相当于900万工作者的全时工作量，每年创造2550亿美元的经济价值。

正是由于志愿服务具有普遍的社会意义，当前志愿服务已经成为一种国际潮流、一种世界性的社会运动，并在各国的经济和社会进步中发挥着越来越重要的作用。志愿服务受到越来越多的国家政府和社会的重视。目前国外志愿服务活动呈现出法制化、政府化、机制化、全民化、社区化的发展方向。虽然各国的志愿服务发展并不平衡，但是越来越普及、越来越壮大，这是共同的趋势。

（二）发展志愿服务事业对于威海的特殊现实意义

对于当前的威海乃至全国来说，推进志愿服务事业的发展还具有特殊的现实意义。

1. 发展志愿服务是构建社会主义核心价值体系的客观需要

建设社会主义核心价值体系，不仅是实现文化自身和谐的关键，也是促进整个社会和谐的中心环节，是社会主义社会发展进步的"生命线"。以"奉献、团结、互助、进步"为内涵的志愿精神是社会主义核心价值体系的题中之意，也是对社会主义核心价值体系最具体的诠释。志愿者在服务他人、服务社会的同时，一方面自身得到提高、完善和发展，另一方面也传递了爱心，传播了文明，对唤醒自身的公民意识，培养社会责任感，增强社会归属感，提高社会参与水平，都将产生一定的影响。社会主义核心价值体系的构建需要借助志愿服务活动过程中所产生的凝聚功能、人文教育功能和示范功能。

2. 发展志愿服务是打造幸福威海的重要举措

"创新、开放、宜居、幸福的现代化新威海"是威海市的中长期发展目标，而要建设幸福威海就必须大力发展志愿服务事业。因为幸福威海的内涵十分丰富，不仅需要富裕的经济生活，更需要和谐的人际关系和文明的社会风尚。志愿服务作为一种超越现实利益之外的行为，扩展着志愿者对人和社会的理解，推动人们以一种乐观向上的态度追求进步和完美。志愿者在帮助他人中也快乐了自己，在为他人送去玫瑰的同时自己也收获了芬芳。同时志愿活动的开展，促进了人与人之间的融合互助，加强了人与人之间的关怀与接触，减轻、消除了彼此之间的距离感和隔阂，从而缓解由于社会群体分化所带来的矛盾，增进人们之间的了解。志愿服务既营造了和谐的人际关系，又培养了社会文明风尚，是打造幸福威海不可或缺的重要载体。

3. 发展志愿服务是创建全国文明城市的内在要求

全国文明城市是目前我国城市综合类评比中的最高荣誉，是区域内社会主义物质文明、政治文明、精神文明建设成效的集中体现，是最有价值的无形资产和最重要的城市品牌。自2005年全国首次文明城市评比活动以来，威海市就致力于创建全国文明城市的活动，这对于推动威海市经济社会协调发展，树立威海良好形象，改善人民群众的物质文化生活，具有十分重要意义。在我国文明城市评选中，志愿服务水平是重要指标之一，在测评体系指标中明确要求：注册志愿者数量占城市人口总数的比例不少于8%；人际互助方面包括志愿为孤、老、残、弱者提供服务等内容。因此，威海市要争做全国文明城市，还需要扩大市民对志愿服务的参与，广泛开展面向全社会的志愿服务活动，提高志愿服务水平。

4. 发展志愿服务是满足大量社会服务需求的必要手段

威海经济相对发达，但发展并不均衡，社会救助与服务需求大量存在。

目前，全市有困难群众约 7 万人，主要分四种情况：一是因病、因灾致贫返贫的农村人口近 3 万人，城市人口近 1 万人；二是农村五保户 9400 人、城市三无对象 1500 人、城市孤残儿童 297 人；三是 7.4 万残疾人中，丧失劳动能力的有 5500 多人；四是困难学生 1.3 万多名。同时，每年还有近万人次临时救助对象。近年来尽管各级政府加大了社会保障体系建设力度，但仍然无法解决所有问题。保障困难群众的基本生活权益，是各级政府义不容辞的责任。但仅靠政府的努力远远不够，还必须动员社会广泛参与，形成政府资源同社会资源互补、政府行动力量同社会动员力量互促的运行机制。在社会参与中，志愿者对困难群众、弱势群体提供的广泛的、无偿的社会服务是对政府救助的最重要、最有益的补充力量。

5. 发展志愿服务是慈善事业良性发展的必然选择

慈善是公众以捐赠款物、志愿服务等形式关爱他人、奉献社会的自愿行动。慈善事业不仅包括捐款捐物，志愿服务也是现代慈善事业的重要形式。2007 年的"慈善月"活动使威海市慈善基金总额猛增至 16 亿元，每年可以支配的善款 1 亿多元，极大地推动了慈善事业的发展，引起全省乃至全国的关注。但与慈善事业发达地区相比，目前威海市的志愿服务社会参与还不够广泛，志愿服务水平还相对较低，志愿服务活动还难以满足大量的社会服务需求。要实现慈善事业的全面、协调、可持续发展，仅有大量的善款还不够，还必须大力发展志愿服务，形成社会慈善救助与社会志愿服务齐头并进的良好态势。

二　威海发展志愿服务事业的民众基础

志愿服务是由"人"来从事的，而且是最平民化的活动，广泛的社会参与是志愿服务的源头活水。如果没有成千上万的人们出于道义、信念、良知、同情心和责任感，自觉自愿地奉献自己的时间、智力、技术、资源为社会提供公益服务，志愿服务不可能有长足的发展。人力资源是支撑志愿服务发展壮大的基础要素，发展志愿服务需要良好的民众基础。而观念是行动的先导，民众基础的强弱直接取决于民众对于志愿服务精神的认同状态、对志愿服务行动的认可程度及参与热情，即民众志愿服务意识的高低。

为考察威海市民的志愿服务意识，我们编制了一份调查问卷表，从认知程度、现状了解、参与热情及主观评价四个维度设计了十几项问题，以威海市在全国第五次人口普查中的数据为依据，在市民中进行抽样调查，样本主要构成成分有两项。①年龄：18～25岁22.2%，26～35岁36.7%，36～45岁23.2%，46～55岁10.4%，56岁以上7.6%；②职业：党政机关工作人员13.9%，专业技术人员11.5%，企事业单位管理人员24.7%，工人21.8%，个体、私营者7.6%，离退休人员7.6%，无业人员2.2%，学生8.9%。其间，共发放问卷560份，回收问卷521份，其中有效问卷503份。调查所得数据经SPSS WIN10.0软件包处理，得出以下分析结论。

（一）对志愿服务的评价较积极

对于志愿服务在社会和谐稳定中的作用评价，有67%的被调查者表示"有很大作用"，有29.4%的被调查者表示"有一定作用"，认为"基本没作用"或"没有任何作用"的比例之和仅为3.6%。可见绝大多数人们对志愿服务在社会文明进步中的重大意义是充分肯定的。

有81.5%的人们认为志愿者是"有社会责任感的人"，有73%的人们认为志愿者是"富有爱心的人"，有59%的人们认为志愿者是"道德高尚的人"。当听说周围某同事是注册志愿者时，85.5%的被调查者表示"由衷地敬佩和支持"，12.7%的被调查者表示"精神可嘉，行为不可取"，另有10.2%的被调查者用"吃饱撑的""想显摆自己""日子过得滋润"等异样眼光看待。表明绝大多数市民对于社会上的志愿者们是充满敬佩的，而敬佩感的产生主要是源于人们对于志愿精神的高度认同。

对于志愿者中的优秀分子是否应该奖励问题，94.2%的被调查者表示"应该"，只有5.8%的被调查者认为"不应该"给志愿者任何奖励。尽管志愿者是不计取物质报酬和其他私利的，但进行适当奖励是社会对志愿者高尚行为的认可，这也是国际社会通行的做法。绝大多数市民支持对志愿者进行激励，体现出志愿服务在威海市已得到较为广泛的社会认可和支持。

以上数据足以表明人们对志愿服务的充分肯定和对志愿者的积极支持态度。这既是志愿服务在威海能够形成广泛的社会参与的民意基础，也是志愿服务在威海得以发展的良好的社会舆论氛围。

（二）对志愿服务的认知水平有待提高

对于"您了解志愿者服务活动是怎么一回事吗"的回答，表示"非常了解"的占12.3%，"比较了解"的占60.4%，表示"不太了解"和"完全不了解"的占27.2%。对于志愿者精神，有29.7%的被调查者表示"知道"，52.3%的人们表示"听说过一点"，另有18%的人表示"完全不知道"。对于

"志愿者"与"义工"，只有18.1%的被调查者表示"两者根本就是一回事儿"，有三成多（31.6%）的被调查者认为"二者含义完全不同"。表明不少市民对于志愿服务的基本内涵和具体表现还知之甚少。尽管人们对志愿服务积极认可和支持，但如果对志愿服务的理论与实践缺乏足够的认知，也是难以对志愿服务表现出参与积极性的，即使是一朝参与其中，也很难具有主动性和持久性。

对于"志愿者服务与慈善活动是两码事"的说法，38.9%的被调查者表示不同程度的赞同。表明不少人对慈善活动的认识是片面的，只把慈善活动与捐款款物画等号，而没有认识到志愿服务是慈善活动的重要形式之一。这或许与我们的宣传导向有关。改革开放之前我们曾把中国版的志愿服务——"雷锋精神"当作共产主义精神发扬，而将钱物捐赠当作"伪慈善"加以批判；改革开放以来特别是近年来威海市又大张旗鼓地宣传和发动钱物捐赠，而相对忽视了对志愿服务的宣传和以慈善行为对"学雷锋、做好事"进行注释。这种推测，也得到了调查数据的支持，在进一步的交叉分析后发现，46岁以上的中老年人认识偏差十分严重，认为志愿者服务与慈善活动是两码事的比例为55.8%，远高于平均值（38.9%）。这种认识误区的存在，将导致许多爱心人士更注重以款物的形式献爱心，而不重视对志愿服务的参与。

（三）对志愿服务的参与热情较高涨

当问及"如果市志愿者协会宣传发动中给每人发放了志愿者登记注册表，您是否会填表报名"时，56.4%的被调查者表示会"积极填表"，40%的人表示"看情况而定"，只有3.6%的被调查者表示"不想填"。表明大多数市民对志愿服务怀有较高的参与热情，并随时准备成为一名注册志愿者。

对于"至今没有报名参加志愿者"的原因，41.6%的人表示"找不到组织"，39.2%的人表示"没有多余的时间和精力"，26.6%的人担心自己没有能力（本领问题、年龄问题）帮助别人，8.2%的人表示"不愿报名受约束"。四成多市民因找不到组织而没有参加志愿者，这从反面印证了市民对参加志愿者组织所具有的积极态度。由于志愿服务是用"心"做的事业，与能力没有多大关系，因此对于担心能力原因没有报名参加志愿者的市民，只要加以正确的引导和鼓励，一定会有不少成为志愿活动的积极参与者。

（四）对威海的志愿服务现状了解较少

对于威海的志愿组织现状，43.3%的被调查者表示"一点儿也不了解"，

51.3%的被调查者表示"听说过一点儿"，只有5.4%的人表示"很了解"。

对于如何报名参加志愿者，49.2%的被调查者表示"不知道"，34.7%的人表示"听说过一点儿"，"知道"者只有16.1%。有41.6%的人表示至今没有成为注册志愿者的原因是"不知道到哪儿报名"。

调查数据显示，许多市民对威海市志愿者组织及志愿者登记报名情况等参与志愿服务的最基本信息都不掌握，这一方面有市民主观被动因素，另一方面有社会动员不广泛的原因。在问卷调查过程中，许多被调查者在交卷的同时，主动向课题组咨询如何报名、怎样才能成为社会志愿者等问题，这一方面表明了人们的参与热情，另一方面也反映出，对于参与渠道和参与形式不了解是制约人们参与志愿服务的重要因素。

总之，从问卷调查结果可以看出，威海市民不乏爱心，有着较高的志愿参与热情，这是发展志愿服务事业潜在的资源优势。只要充分激发和正确引导，是可以形成广泛的社会参与局面的。当然，要建立巩固的民众基础，使志愿服务活动真正成为大众普遍参与的社会事业，还需要加强宣传发动，增强市民对志愿精神的理解，提高市民对志愿服务的认知水平，纠正市民对慈善事业和志愿服务的认识偏颇。

三 威海市志愿服务活动较之先发地区的差距

许多国家和地区的志愿服务活动起步较早，当前已步入成熟时期，形成了一套比较完整的运作机制和国际惯例。与志愿服务事业发达的国家和地区相比，志愿服务在威海市尚属新生事物，处于发展的起步阶段，其中既有大量的空白点和盲区，也有许多不完善、不规范的方面。作为志愿服务活动后发地区的威海市，在其发展过程中，需要借鉴先发地区的成功做法和经验，避免不必要的弯路和过程，一步到位，直接进入现代文明的发展轨道。

（一）志愿服务尚未成为广大市民的自觉行为

志愿者事业是一项社会事业，强调社会化参与、社会化组织、社会化服务、社会化运作。许多国家的志愿服务活动起步早、规模大、社会效益好，它们在国内有广泛的群众基础和良好的社会声誉，参加志愿服务活动已成为广大公民的自觉行动。在一些发达国家，公民志愿从事的服务在价值含量上已经和慈善捐款相当，为社会整体发展做出了重要贡献。

在美国，13岁以上人口中的50%，每周平均参加志愿服务4个小时；18

岁以上成年人参加志愿者的比重超过44%。美国政府官员积极参加社区志愿服务活动，有些州长或市长志愿辅导社区青少年，或给居住在家中的老人送饭，有些政府官员主动到公园打扫卫生等。

在加拿大，2000年平均每个志愿者贡献的时间是162小时，合计为10.5亿个小时。

英国16岁以上的成年人平均每人每月都会从事一次以上某种形式的志愿活动。

在爱尔兰，目前大约33%的成年人是义工，每年致力于义工活动的总时间相当于96454个全职工作。

日本有50%的国民参加过志愿服务活动。

以色列全部人口中，20%以上的人参加志愿活动，平均每月服务16小时。

我国香港是一个节奏很快的城市，可是人们还是愿意挤出时间做义工，贡献自己的时间和才能，香港有62%的人参加过义工工作，18岁以上成年人参加志愿者的比重超过20%。据香港义工机构的统计，在香港，通过正式注册的义工到2007年年底已经达到67.5万名，这对于香港700多万的总人口来说，是一个不小的比例。

与全国情况大致相同，威海市志愿服务的历史比较短，志愿服务的参与率与先进国家和地区相比还不是很高，威海市目前有注册志愿者74660人，约占市区总人口的12%。从注册志愿者比例看，远高于全国平均水平，但其中很大部分是2005年以来为创建全国文明城而"突击"发展的，之前威海市志愿者注册人数仅1万人左右。在"文明城市"志愿者指标的压力下，注册志愿者人数大幅上升，然而由于重注册、轻管理，真正持久参与服务的人数并不理想。加之许多人习惯于传统组织的安排与指挥，一味等待志愿者协会布置服务项目，缺乏自主能动性，因而尽管调查中市民对志愿服务表现出较高的参与热情，但志愿服务至今尚未成为市民的文化自觉。

（二）志愿服务活动日常化、多样化、有序化程度较低

志愿服务活动是以满足社会发展需求为出发点的。随着社会需求的日益多样化，国外的志愿服务已经从神圣化向日常化转变。神圣化是指专门从事特殊的、有崇高意义的服务；日常化是针对社会成员任何合理的利益需求开展服务。过去的志愿服务模式主要以满足少数受服务者的生活需求为主体，现在志愿服务更加注重从国家和社会的发展大局着眼，在经济和文化领域中

寻找服务课题。目前国外志愿服务的主要形式有：专项性的志愿服务工作、专业性的志愿服务工作、公益性的志愿服务工作、社区性的志愿服务工作。

在美国，从家庭、学校、机关、教堂、社区，到市、州乃至全国性的一些活动，都可以看到志愿者在提供服务。志愿服务的内容很多，除在突发事故中救死扶伤外，有的面向家庭，比如帮生活和学习上有困难的人做家务、照顾小孩、老人或病人，当家庭教师，尤其是教新移民英语，帮助困难户粉刷房间、美化环境，给想购物、参观或听音乐会而缺车的人提供车辆接送。有的面向学校、图书馆、博物馆，比如给儿童念书讲故事、教儿童手工、帮助学生学画、准备展出作品，到托儿所帮助照顾孩子，到医院或疗养院照顾老人、陪聊天、读报、玩牌，到剧院、展览馆、体育场馆帮助收票、引座、发资料，到儿童俱乐部主持比赛，以及为失散的宠物提供保护等。还有不少义务服务是由教堂或慈善机构组织的，比如到这些机构帮助收集、整理、分发或义卖捐赠来的东西。美国人参加志愿服务活动的动机各不相同，许多人把参加活动作为实现理想与抱负的场所，也是显示自己的才能、扩大社会交往、认识更多有意思的人的途径；还有的是在未找到理想工作前积累一下经验；还有的是想成为对别人有帮助的人，以赢得社会尊敬。针对这种情况，志愿活动组织者会针对性地推出各种不同的活动项目，吸引更多的人参加，这是志愿者组织在美国长盛不衰的原因之一。

德国义工遍及社会各个阶层，不管富人还是穷人，都会在业余时间做义工，义工的服务业主要集中在社区，主要是参加一些帮助邻里的活动，如照顾老人、打扫社区卫生、陪伴孤苦重病患者、帮助吸毒者戒毒等。

在我国，北京、上海、深圳等城市近年来志愿服务范围逐步扩大，不仅包括环境卫生、帮扶帮困、法律援助、文化文艺服务等方面，还拓展到热线电话服务、信箱服务、残疾人服务、老人服务、病人服务、孤儿服务、禁毒服务、培训服务、社会调研服务、学生服务、网络服务、手工制作服务、后勤服务、精神病患者康复服务等，共20大类30多个项目。

与国内大多数地区相似，威海市开展的许多志愿服务活动，仍然受传统观念影响，主要针对老人、残疾人等特殊群体的服务，停留在传统救助层面上，还没有将服务视野扩大到社会成员的全面需求，没有将服务网络延伸至社会生活更深更广的领域。例如，2008年初成立的10支志愿者专业队，服务对象仅限于城市低保户。

威海市目前的志愿服务方式多是统一组织的、典型的、集中的"一阵风"式的短期活动，运动化、形式化趋势还比较明显，活动内容有时比较乏味，活动设计不够新颖。从已开展的志愿活动看，围绕党委政府某一时期重点工作和主要任务开展的志愿活动较多，应急、应时、应景性的志愿活动较多，轰轰烈烈、锦上添花式的志愿活动比较多；而体现志愿者个人兴趣爱好和自愿性的活动相对较少，日常性、定期化的志愿活动较少，雪中送炭式的志愿活动较少。尚未打造出有社会影响的志愿服务项目。在已有的各类志愿服务活动中，救助慰问活动是开展频率较高的一类，此类活动中志愿者有时也需要付出时间和劳动，但更多的是出钱出物，虽然既愿出钱又愿出力者不乏其人，但毕竟志愿服务是以奉献时间、智力、技术为主旨的，开展活动过程中如果有任何违背自愿的因素出现，都很容易引起志愿者的反感，导致服务兴趣降低。另外，此类活动也是有悖于现代慈善理念的，现代慈善捐赠（款物）要求通过合法的社会组织，主张捐赠者与受助者分离。

此外，威海志愿服务活动的无序化现象较明显。特别是对福利院、孤儿院的服务活动"扎堆"情况严重，一方面说明服务活动形式贫乏，服务领域单一，另一方面表明组织之间缺乏协调，处于各自为政状态。

志愿服务活动方式方法的陈旧、单调和落后，致使志愿服务资源与社会服务需求之间缺乏有效对接。调查中我们发现：面对大量的、日益增多的社会需求，一方面是许多组织者抱怨在组织活动方面已是江郎才尽、无计可施，另一方面则是不少志愿者感到"无用武之地"、服务资源被闲置。如何实现志愿者与需求者之间的对接，充分合理地运用已有的志愿者资源，最大限度地满足社会服务需求，是值得认真思考的问题。

（三）志愿服务组织体系不健全

现代志愿服务不是一种简单的率性行为，而是一种有组织、有目的、有规范的社会活动。组织化是现代志愿服务的基本特征。先进国家和地区的志愿服务组织相当发达。

在美国，政府、企业、非营利组织并列为社会的三大支柱，构成美国公民社会的基础，而志愿服务组织是非营利组织的重要成分。美国有志愿服务组织约101万个，其数量堪称世界第一，遍及各个社区，比邻于医院、企业、学校，大约每50人就有1个。

据英国内政部的一项居民调查估计，2001年27%的人口通过某个团体、俱乐部或组织至少每月参加一次志愿活动。

在加拿大，志愿者的贡献是非营利组织展开工作的一个关键因素。据2000年《全国捐赠、志愿者活动参与抽样调查》显示，有650万的加拿大人

（占 15 岁以上人口的 27%）参与过志愿活动，51% 的加拿大人是一个或多个志愿团体或组织中的成员。加拿大几乎所有的非营利组织都是由作为志愿者的理事会成员管理的。

上海是国内志愿服务事业组织化程度最高的地区之一。1992 年，志愿服务被纳入是政府 12 件实事之一，并要求在 1000 个居委会内成立志愿队或志愿服务者协会；1995 年上海市青年志愿者协会成立，成为规划、组织全市青年志愿者活动的平台；1997 年上海市志愿者协会成立，成为整合全市志愿服务的中心载体。目前，上海市志愿者协会已构成市、区、街道和基层单位的三级管理四级网络机制，即协会、分会、总队、服务队。2005 年，上海市慈善基金会又发起成立了慈善志愿者服务总队，包括若干区县义工大队、专业义工大队和企业义工大队，为上海市志愿服务网络增添了新的节点。

近年来，烟台、杭州、广州等先发地区，纷纷由政府发起成立有相关部门参加的志愿服务工作指导委员会，负责对全市志愿服务工作的规划、指导和协调。

目前威海市以市志愿者协会为核心，建立了基本的组织网络，但往往是形式多于内容，组织优势发挥得并不理想。威海市青年志愿者协会 1995 年 3 月成立，秘书处设在团市委。2005 年 5 月，经市民政局批准正式更名为威海市志愿者协会。近年又将威海市志愿者工作指导中心的牌子挂到了志愿者协会旁。无论是志愿者协会秘书处还是志愿者工作指导中心，均无专职工作人员，日常工作由 2 名团市委机关工作人员兼职。设在团市委的志愿者工作指导中心既是具体的志愿服务团体，又兼顾对全市志愿服务的规划、指导工作，这种职责的重叠是不科学的，也不利于效率的提高。除市级组织外，三市一区基本依托团组织成立了青年志愿者协会，但各镇、街道的青年志愿者服务站及社区的青年志愿者服务中心尚未形成网络和有效发挥作用，一线的服务队更是凤毛麟角。年初，在市区成立了医疗卫生、水务、供电、法律等 10 支志愿者专业服务总队。在团系统的志愿组织之外，环翠楼、竹岛等办事处自发成立了义工协会，目前尚无系统归属。此外，基层组织之间缺乏基本的信息沟通，没有做到资源共享。

（四）志愿者队伍管理较松散

美国志愿者组织内部有严格的规章制度。参加志愿者服务的人意味着要承担一定的责任和义务，并接受必要的培训；志愿者不能在活动中利用与他人接触的机会谋取个人利益；志愿者应制定准确的工作计划并按计划行事，不能有"想做时才做"，或是"有时间的时候"等不确定的时间表；志愿者还应以认真负责的态度对待活动，一旦因生病或其他原因不能履行义务时，要提前通知活动的组织者，尽量找到接替的人手。美国人的理解是：参加志愿者服务工作是自愿的，没有人强迫你，但也不应该认为你的工作是对别人的一种施舍。即使志愿者服务是一项没有报酬的工作，参加者也要拿出相当的热情和认真的态度去完成任务。

美国的志愿者组织有一套记载、招聘、培训、评定志愿者的科学程序。志愿者的一切活动和经历，包括工作累计的时间、性质、成绩、技能、评语，最终输入志愿者人才库，进入全国计算机网络。志愿者不仅在为别人服务中得到精神上的满足和升华，同时通过培训也能使自己学会一种或几种新的技能，为今后寻找更好的职业创造条件。

在我国，许多地方探索建立了志愿者登记制度、服务认证制度和志愿人才档案等志愿者管理机制，对志愿者的培训也越来越重视。2008 年奥运会志愿者的培训就是典型例证。为提供以人为本、周到细致、热情专业的服务，组织者分别面向官员、运动员、媒体记者、赞助商、观众等服务对象开展了比较深入的志愿服务的需求调查。通过调查，制定了比较科学详尽的、有针对性的培训计划。志愿者的培训分为通用培训、专业培训、场馆培训和岗位培训四个类群，通过集中培训和远程网络培训，每个志愿者申请人都能参加到培训中来，并通过考核颁发上岗证书，实行持证上岗制度。

威海市对志愿者的管理措施还比较匮乏。虽然有成文的《威海市志愿者协会章程》，但受文明城市志愿者人数指标的驱动，相关部门更多地关注注册人数，而具体的管理措施即便是有规定，也基本停留在纸上。在培训方面，威海市只有少量临时性、应急性岗前培训，如在人居节志愿服务前，对志愿者进行个把小时的基本礼仪培训。除此之外，并没有对志愿者进行必要的服务理念培训和系统性的专业培训。《威海市志愿者协会章程》中规定，申请入会会员必须具备的条件之一是"具有参与志愿服务的一技之长"，这从某种程度上折射出威海市在志愿者培训方面的薄弱。

（五）对志愿者缺乏必要的激励

虽然志愿者本人是怀着奉献爱心和充实精神等动机参与志愿服务的，不图社会回报，但从社会方面看，对志愿者的服务予以认可、进行奖励、提供回报，有利于激发志愿者热情，有助于志愿服务事业的持久发展。从全球看，对志愿者进行多种激励，已经成为国际惯例。

美国《国家与社区服务法案》明确规定，凡做满 1400 小时志愿服务的青少年，政府每年奖励其 4725 美元的奖学金，这笔钱可用作大学学费，也可用作职业培训，还可用作偿还大学贷款。美国的志愿者都有服务纪录，形成志愿者"时间银行"，志愿者年老之后，可以用自己的"时间存款"，换取其他志愿者的服务，而且可以"通存通兑"。一些地方政府规定有固定收入的老年人或低工资收入者参加社区志愿服务可以减免所在辖区任何现金交纳义务。每年的 4 月，美国有一个"全国志愿者活动周"，活动期间由总统及州长表彰、奖励年度内表现突出的志愿者服务组织和个人。

法国设立志愿者学院制度，在完成某时数的志愿者服务后，颁发"学分证书"以资鼓励，根据不同领域的志愿服务颁发不同的证书。日本政府给派往国外的志愿者一定的生活津贴、医疗费、保险费等。

新加坡根据志愿者每年服务的时间和业绩，分别授予志愿者"公共服务奖状""公共服务勋章""公共服务星条勋章"，并在每年国庆日由总统或总理颁奖，新加坡公民非常珍惜这种荣誉。

泰国政府为倡导志愿服务风气，规定大学毕业生要到贫困地区做 1 年的志愿服务，服务满 1 年后，毕业生有更多的机会得到一份好工作。

我国台湾每年都要请专家评选文化建设优秀义工并进行表彰，其中金牌奖 10 名，银牌奖 21 名，铜牌奖 30 名，还要组织获奖者去海外学习观摩。

大连市慈善总会依据义工服务时间的长短和服务社会的业绩，实行星级义工奖励制度。义工服务 50 小时、150 小时、500 小时、1200 小时、5000 小时以上，分别可晋一、二、三、四、五星级义工。对业绩突出、贡献较大、社会反响良好或获市以上突出奖项的星级义工，颁发杰出贡献银质奖章；对服务年限长、成效显著、社会影响程度大、在义工队伍和全社会具有榜样作用的星级义工，颁发义工终身成就金星奖章。星级义工奖励制度是义工服务取得社会认可的有效方式，是弘扬义工奉献精神的重要举措。为确保星级义工奖励制度落到实处，大连慈善总会给每名义工建立了义工服务计时档案，实行义工服务纪实手册管理制度，从而保证了服务时间记载的真实性和有效性。烟台市也有类似规定，依据义工服务时间和服务业绩进行"星级"义工评选，颁发"星级义工证书"，佩戴"星级义工标志卡"。

深圳市还为义工设立了一项特别奖项——"义工服务市长奖"，《中共深圳市委关于进一步加强改进青年工作的决定》中提出：在开展"百名优秀义工"评选活动的基础上，对特别优秀的义工，每两年一次由市长授予"义工服务市长奖"。

杭州鼓励有关单位在招聘公务员、招工、招生时，同等条件下优先录用、录取优秀志愿者。广东、福建等省区宁波、济南、成都等城市都有类似的规定。

截至2007年底，威海市在志愿服务领域还没有制定具体的表彰制度和进行任何形式的表彰。目前相关部门正在组织优秀志愿服务集体和个人的申报评审工作，计划年内由宣传部、团市委、文明办、市志愿者协会联合发文进行表彰，并颁发证书。这将是威海市首届志愿服务表彰活动。

（六）志愿服务缺乏广泛的社会支持

众人拾柴火焰高，志愿服务作为一项社会化事业，不仅需要社会成员的广泛参与，而且需要社会各界的积极支持。社会支持不仅包括政策法规、舆论氛围，更包括物力财力，因为尽管志愿服务是不计报酬的，但志愿服务活动还是需要一定资金成本的，包括场地费、交通费、服务材料费、误餐费等，适当合理的服务成本支出，是开展志愿服务活动的保证。

在一些发达国家和地区，志愿服务成为一项社会各方面都支持和参与的重要的公益事业，志愿服务的社会支持网络完善。除了有立法的鼓励和规范外，政府还提供许多政策激励和资金支持，此外，媒体、教会、企业都是志愿服务的积极支持者和推动者。

在美国，读初中的学生要想进入一流的高中，光有出色的学习成绩和能力还不够，还必须提供自己参加社区服务的记录，以衡量学生的社会责任意识。志愿服务的经历对于外国留学生也很重要，经常参加志愿服务者比没有服务记录者被名牌学校录取的可能性大得多。法国法律规定，年满18岁的法国男性，符合条件者都必须履行国民志愿役，违规者处2年有期徒刑。韩国各大学都把学生参与社会服务列为必修课，规定不获此门课学分的学生不得毕业，高中学生的志愿服务活动被计入学分，占高中成绩的20多分。墨西哥政府规定每个大学生在校期间至少要从事6个月的志愿服务，否则无法获得毕业文凭。我国台湾地区社会服务被列为中学的必修课。台北市的学生每学期至少要做8小时义工，诸如课业辅导、病房陪伴、募集善款、导游解说、回收垃圾等。大学生必须做满50小时义工才能毕业。

许多政府一方面制定制度鼓励捐赠，例如免税制度（企业可用一定数额赞助志愿服务的款项代替交税），这既是国家财政支持的变相形式，更是激励社会捐赠的有效措施；另一方面还将其职责范围内的项目委托给志愿服务组织，例如，陪有需要的老人聊天等，政府提供交通费、办公费等费用，由志愿者具体完成，从而达到双赢。

美国志愿者组织的资金大致来源于公民个人、联邦政府、地区政府、私人的基金会以及企业组织。美国有超过 6 万个基金会，志愿者团体需要开展项目，可以寻找不同领域的基金会申请资助。法国志愿者组织资金 60% 来自政府的补助，33% 来自所得收入，7% 来自私人捐赠。德国政府部门对非营利部门的社会服务进行高比例的资源补助，大约占其资金总额的 2/3，而私人捐赠部分占的比例较小。瑞典志愿者经费严重依赖政府的公共津贴。

目前为止，我国的志愿服务还缺乏统一的权威性法规，但在许多地方，志愿服务也得到了当地政府的积极支持。南京、杭州等城市都在《志愿服务条例》中做出明确规定，要求各级政府为志愿服务活动提供必要的经费支持，并由志愿服务工作委员会负责统一管理和使用。成都市政府每年为志愿服务活动提供专项经费 400 余万元。深圳各级义工联经费主要来自财政经费，分为经常性经费及项目经费两类。广州市各级政府根据义工工作开展的实际情况，统筹解决义工团体开展活动的基本经费，并列入同级政府财政预算。上海普陀区政府对于义工管理和服务机构的办公场地以及日常办公、宣传、管理经费，专职人员的工资报酬等予以支持，并且建立了公务员发展基金，支持公务员开展社区志愿服务。

据调查，威海市志愿服务活动获得的社会支持并不多，针对志愿服务的捐赠和资助极为有限，志愿服务组织面临"单打独斗""势单力薄"的艰难局面。各类志愿组织在开展志愿服务活动中都遭遇了资金、财物、场地等方面的困难，以至于许多活动为避免发生午餐费用，只能精心安排在半天内结束。资金短缺成为几乎所有志愿者组织共同面临的难题。环翠楼义工协会成立两年来，尽管办事处投入近 60 万元，但组织者仍感经费紧张，难以开展活动。

（七）志愿者的合法权益缺乏保障

志愿者虽然不要报酬，但应该得到最起码的保障。志愿者的人身安全问题是开展志愿活动面临的一个重大难题。在志愿服务过程中，难免会出现一方损害另一方权益的情况，在这种情况下，如何处理侵权纠纷，维护志愿者、被服务单位和个人以及志愿组织三方的权益，是一个亟待进一步明确的问题。

目前许多国家都为志愿者、志愿服务立法。美国的劳动法规定任何组织使用志愿者必须为志愿者购买保险，这就为志愿者解除了后顾之忧。

近年来，国内许多地方探索通过政府埋单、社会赠送等方式为志愿者提供保险。大连市慈善总会从 2004 年开始，依法为具备保险条件的义工提供了意外伤害保险，个人最高赔偿金额为 5 万元，并附加医疗费 5000 元。2006 年宁波市由政府出钱，为义工提供人身意外伤害综合保险，让义工更安心于服务。2008 年 3 月，佛山市太平洋保险公司为全市 18 万志愿者赠送保额高达 360 亿元的人身意外险。2008 年 5 月 21 日，中国人寿济南分公司向赴灾区的 5 名泉城义工每人赠送保额为 60 万元的保险，其中每份保险包含"国寿基本人身意外伤害"55 万元，"国寿附加意外伤害医疗"5 万元。

建立一个完善的侵权纠纷解决机制，进一步维护各方，特别是志愿者自身的权益是威海市目前志愿者工作的一个"盲点"。据威海市赴四川救灾志愿者的体会交流，他们此次行动遇到的最大难题和困惑：一是救助活动缺乏组织协调，无序化现象严重；二是自身健康与安全缺乏基本保障。

四 威海市志愿服务活动的发展思路

借鉴人类志愿服务事业发展的共同成果和国内先进地区的有益探索，今后一段时期内威海志愿服务的发展，要以邓小平理论、"三个代表"重要思想、科学发展观为指导，以满足人民群众需求、为人民群众提供服务为宗旨，大力培育志愿精神，积极发展志愿者队伍，力争到 2010 年注册志愿者人数达到市区总人口的 15%，广泛开展面向全社会的志愿服务活动，完善志愿者服务长效机制，提高全市精神文明建设水平，推进社会的协调发展与全面进步。

（一）政府要积极作为，大力推动志愿服务的发展

志愿服务是关爱他人、奉献社会的自愿行动，它在本质上是民间和自愿的，但这并不意味着政府与志愿服务毫不相干。人类慈善发展的历史表明，政府支持是志愿服务事业发展的必然要求，也是志愿服务事业长足发展的强大动力。借鉴人类共同成果，在推进威海市志愿服务事业发展的过程中，也必须充分发挥政府的积极作用，把志愿服务工作纳入政府事务。

1. 发起成立统筹协调机构，整合慈善资源

由政府牵头，成立包括人大、政协、各人民团体和各慈善组织、志愿服务组织在内的"威海市慈善事业发展协调委员会"，统筹安排和协调全市慈善事业的发展问题，其中既要包括慈善捐赠与救助领域，也要包括志愿服务领域。"委员会"下设办公室，负责处理日常事务，并建立市一级的慈善救助与志愿服务信息网络。一方面可以与威海政府网及有关部门的网站对接，负责收集全市救助需求和服务需求的社会信息，公布已开展的慈善救助项目和志

愿服务项目，便于慈善组织和志愿服务组织制定具体的救助计划和公益活动方案；另一方面，也可以作为慈善组织和志愿服务组织业务交流的平台，增进慈善组织、志愿服务组织之间的业务了解和社会记忆，实现慈善救助资源、志愿服务资源的有效整合和充分利用。

2. 出台政策制度，支持和规范志愿服务活动

政府应下发《关于推进志愿服务发展和管理的指导意见》，明确全市志愿者实行统一宗旨、统一标识、统一管理、统一评价要求，建立志愿者手册"一卡通"；规定志愿者登记、考核和表彰制度；鼓励社会各界积极以人力、物力、财力支持志愿服务；明确界定志愿者的服务范围，防止出现某些机构和个人将志愿者当作免费劳动力为自己谋取私利的丑陋行径，和其他种种志愿者使用方面的不规范行为。在《慈善资金管理使用办法》中，明确规定每年以一定比例（5%~10%）的善款作为志愿服务基金，用于全市志愿服务活动，制定政府有关部门、捐赠人和志愿者对志愿服务基金使用和管理的监督办法。

3. 进行委托服务，实现工作领域的合作双赢

根据威海城市发展的阶段性目标和任务，每年确立一批志愿服务重点突破领域和推进项目，并通过政府购买服务的形式，向全市志愿者组织公开招标。通过招标，选定代理服务组织，签订委托服务合同，政府要为志愿者提供交通费、误餐费、办公费等费用，志愿者组织必须如期保质保量完成服务项目。这种合作，既可以使政府的工作压力减轻，又可以解决志愿组织经费不足问题，还可以使市民获得许多政府力所不及的优质服务，实属共赢之举。

4. 发动公务员特别是领导干部参加志愿服务活动，为社会做表率

作为国家机关的成员，公务员的言行举止对社会具有重要的示范和引领作用。领导干部、公务员身体力行、带头捐款捐物，曾是威海"慈善月"活动成功开展的重要秘诀。为推进威海志愿服务活动的深入开展，有必要动员公务员积极参加志愿服务，以此带动社会的广泛参与。可仿照上海普陀区的做法，实行《公务员志愿者登记制度》，发动公务员登记注册志愿者，发放公务员志愿者手册，规定每年完成40小时服务时间，明确公务员志愿者参与助困、助老、助残、助医、助学等领域以及法律援助、文明城区创建、社区服务、就业援助、社会矫治等一系列活动的推进工作意见和工作制度。同时，要出台相关规定，将有无善举和志愿服务活动的记录作为干部品德考察的重要依据，在评先选优和竞争上岗中充分体现。

（二）加强志愿动员与宣传，营造良好的社会舆论氛围

从理论上说，志愿服务应是志愿者自觉的行动，但在目前中国社会转型时期和志愿服务的起步阶段，人们的爱心需要唤起、参与热情需要激发。同时，志愿者参与志愿服务虽然没有物质回报的要求，却渴望获得精神回报，有着自己的精神诉求。要让志愿者在精神上获得满足感，除了志愿组织实行相应的激励外，良好的社会氛围也至关重要。因此，有必要在全市范围广泛开展志愿动员和宣传，让"有困难找志愿者，有时间做志愿者"成为威海新风，推动志愿服务事业的健康快速发展。

1. 借助媒体力量

在高度信息化的社会里，媒体对人们的影响日益扩大，对人们的行为决策直接或间接起着导向作用。要借助媒体宣传志愿服务精神、理念和相关政策法规；借助媒体宣传志愿服务的生动实践；借助媒体宣传志愿服务的先进事迹。

2. 发挥名人效应

作为一种社会资本，名人参与志愿活动，不仅可以为自己树立良好的公众形象，更重要的是通过参与，来证明作为社会精英对志愿事业的支持和认同，从而引导和强化公众参与志愿服务活动的意识，实现人们心里潜在的崇拜名人的情结。名人良好的社会形象和广泛的社会影响力，既可以有效传播志愿服务理念和志愿精神，又可以吸引社会各界人士参与志愿服务活动。可以仿效国内外许多做法，在志愿服务活动中聘请社会各界名人来为志愿者当"喇叭"，做志愿形象大使。

3. 利用教育阵地

志愿服务是需要靠"心"去做的事业，志愿服务精神的培育和理念的培养十分重要。当前应充分利用好中小学和党校两种教育阵地。早期公民教育可以提升青少年的公民道德和价值观，对于成人后积极参与志愿活动将产生积极影响。从现在起就应当将慈善文化、志愿服务纳入中小学生道德教育体系之中，培养学生关爱他人、善待陌生人的情感，引导学生加深对志愿服务、慈善捐助的理解，增强投身慈善事业的责任感。让志愿者活动成为学校养成教育的一部分。此外，还要在各级党校开设志愿服务教育课程，把志愿服务理论与实践纳入干部素质培训的计划中。

4. 依托大型活动

大型活动往往是人们非常关注并渴望参与的事件，大型活动的举办为志

愿服务宣传提供了难得的机会。只要能够进行合理的安排和组织，成千上万的人会积极加入志愿者队伍中来，并希望通过志愿服务提高某种技能、增强社会交往能力、增强自信心和自豪感。2008 年北京奥运会志愿者招募结果就是最好的证明：计划招募赛会志愿者 10 万人，结果截至目前报名人数超过 150 万人。威海可以充分利用"国际人居节"等大型活动，为志愿服务广造声势。此外，据悉，威海市政府已将每年 5 月确定为"慈善月"，可以考虑设计不同项目的志愿服务作为"慈善月"活动的主题，这样既可以纠正"慈善只是捐款捐物"的狭隘认识，又可以扩大志愿服务的社会影响力。

5. 聚焦特别群体

志愿服务的动员与宣传中，抓住特征鲜明、影响力大、可塑性强、积极性高的几个特别群体，可以收到良好效果，形成广泛的社会影响。

（1）公务员：是最应该也是最能够在志愿服务活动中起表率作用的群体。

（2）学生：是最应该接受志愿服务熏陶和教育，也是最容易发动、影响后劲最大的群体。

（3）退休人员：既是最需要社会关爱的群体，也是最适合从事志愿服务活动的群体，因为老年人退休有空闲，也有多年积累的丰富生活和工作经验。可以充分动员和组织身体健康、年龄不高的退休老人参与社区志愿服务。调查中也发现，许多退休人士也非常希望做一些力所能及、对社会有益的事情以充实自己的晚年生活、丰富自己的人生经历。

（三）根据个人意愿和社会需求，扎实有效地开展志愿服务活动

1. 尊重个人志愿安排服务工作

志愿服务的本质属于个人的自愿选择，而不是来自外界的强制，自愿性是志愿精神的内在灵魂，是志愿活动的一个鲜明特点。志愿服务，实质上是让每个人用自己的时间和精力为社会、为他人做好事，使社会更美好。实现社会公益是志愿服务的根本目标，它是在一定公共空间内和特定人群中间的互助行为，所以，志愿服务方式应当在充分尊重个体志愿和自主性等现代价值基础上倡导互助奉献精神，培育和满足人们服务奉献社会的期待和愿望。志愿服务活动只有遵循这些基本理念，志愿者活动才能体现出感召力和影响力，志愿服务事业才有可能走上社会化的发展道路。

在策划志愿服务项目时，不仅从社会需要出发，还要很好地兼顾个人愿望，对个人愿望进行必要的细分。如对于希望获得工作经验的志愿者，要为其设计或安排能在服务中学到技能的工作；对于满腔热忱希望为社会做贡献

的志愿者，要为其安排能体现社会价值的服务工作。在细分的基础上，通过项目平台，把志愿者的个人需要放入社会服务的过程中以达到最大的满足，实现社会需要与个人愿望的有效对接，达到"双赢"的结果。

2. 围绕社会需求开发服务项目

志愿服务要产生持久、深入的社会影响力，必须提供好的服务项目，注重培育服务的品牌项目。一方面要抓好已有工作项目的深化，如"一对一"结队服务等，充分发挥其品牌优势，争取更多的社会资源，赋予其新的时代特征和工作内涵，推动其不断向前发展；另一方面要抓好新领域新项目的拓展。要敏锐关注社会发展趋势，确定新的工作突破口，尤其是在社会公益、社区互助、公共管理、社会应急突发事件和城市大型活动等新领域积极开拓，培育和衍生出更多受群众欢迎的工作项目。

（四）探索创新管理机制，推动志愿服务规范化

建立一整套科学的管理和运行机制，是志愿服务规范化的必然要求，更是实现志愿服务事业可持续发展的重要保证。

1. 完善志愿者招募注册制度

充分发挥志愿者服务站点在志愿者注册中的基础性作用，做到在每个社区、每个街道都能方便地进行注册登记。凡参与志愿服务的人员可以到就近的区志愿者协会、街道联络处、社区居委会志愿服务站报名和办理注册登记手续。为便于市民和广大青少年登记注册，可探索将共青团工作使用的"12355"作为服务热线。

2. 加强志愿者的信息管理制度

建立志愿者信息管理系统，以行政区划为单位，设立志愿人员资料库，按照志愿者登记的专长、特长、服务意向、服务区域等进行分类，实现志愿者资源共享。

3. 建立统一的志愿者服务认证制度

制定工作量核算制度，推行以"小时制"为主要导向的志愿服务认证制度，记录志愿者从事志愿服务的时间和经历。

4. 建立统一的志愿服务考评体系

建立志愿服务考评体系是对志愿者提供志愿服务的肯定，在某种程度上，考评是志愿者获得精神动力的一个重要外部因素。重点在于引导志愿者修正不足，完成工作目标，而非评判其工作好坏。要定期对志愿者表现做出评估，并及时告知干得如何及需要注意的方面。目前，全国各地都还没有建立起完

善的志愿服务考评体系，因此，探索科学、完善、统一的志愿服务考评体系是志愿服务管理制度建设中的一个重要课题。

（五）强化培训，提高志愿者的素养和能力

培训是提高志愿者队伍素质的关键，也是促进志愿服务专业化的重要举措。要依托各种培训基地，发动社会各种教育机构的专业人员进行指导培训，更要充分利用志愿者队伍中的专业人士进行相互培训，也可以直接招募志愿者作为培训师资。

1. 加强对新注册志愿者的培训

这是登记注册后的基础培训。目的是使志愿者掌握志愿服务活动和志愿者知识，了解志愿者组织的形式和制度，学习志愿者服务的内容和方法，执行志愿者的承诺和纪律。新志愿者注册累计达到 30 名时，即应通过召开新志愿者迎新会的形式对新志愿者加强培训，培训的主要内容包括：介绍志愿者组织性质、任务、组织架构；重点介绍志愿者组织目前开展的项目活动，帮助新志愿者找到适合自己的项目活动；进行有关规章制度、纪律等方面的教育；介绍优秀志愿者的先进事迹。

2. 进行项目专业培训

专业培训的目的是提高志愿者的服务素质和实际操作能力，使之能够胜任特殊服务和具体项目的需要。志愿者开展项目活动前，原则上都要经过项目培训，即使是没有专业技能要求的，也要通过培训把项目意义、活动内容、时间、地点、要求、注意事项等讲解明白，保证让每名参与该项目的志愿者有一个全面的了解。对专业性较强的项目，须聘请有关方面的专业人员进行培训，使项目开展过程中能够保证按要求做细做好。在项目进行中，如有需要强化培训的，须及时组织好。这样一方面可以使参加培训的人员进一步得到提高，另一方面也可以使培训进一步深化，使之跟得上项目的深入发展。专业培训须经考试考核，合格后方可发证，持证后方可参与服务。

3. 开展志愿者的全员培训

全体志愿者每年都要参加一次全员培训，主要对志愿者进行理念、精神和纪律等方面的培训。倡导"以人为本""助人自助""服务者与被服务者是平等的"等社会工作专业理念，强调服务双方都是平等的主体，服务中应尊重服务对象的意见和隐私权，摒弃"施与"心理和"救世主"态度。培训以志愿者协会、志愿者服务站或项目组为单位。志愿者全员培训要求在志愿者手册上做记录，未能参加培训的志愿者不能通过年审，未通过年审的志愿者

取消年终晋星评定资格。

（六）建立激励机制，增强志愿者的自豪感

没有哪一项事业仅仅依靠爱心、激情和崇高就能长久地支撑下去，也没有哪一个组织单靠理想与冲动或领导精英的个人魅力与和谐的人际关系就能够持久地运转和发展。虽然志愿服务是奉献爱心的自觉行动，但为了维护志愿者的热情，推进志愿活动持久健康发展，政府和组织机构必须探索和建立有效的激励机制。

1. 建立组织激励机制

志愿者组织机构要根据志愿者的实际和组织的情况实施合理的激励。激励方式有多种选择：①为志愿者安排能够施展个人特长的工作，使之不断获得满足感和成就感；②根据志愿者服务时间和服务业绩进行星级志愿者评选，颁发"星级志愿者证书"，佩戴"星级志愿者标志卡"，对服务年限长、社会影响大、成绩显著的五星级志愿者，授予志愿者终身成就金星奖；③根据不同情况订立不同的表彰奖项，如最佳志愿团队奖等；④对有突出贡献的志愿者事迹进行书面报道或报告；⑤聘请有突出贡献的志愿者担任顾问或理事；⑥邀请志愿者参与组织的一些活动，如内部会议、年终总结、联谊活动、庆祝活动等；⑦对志愿者以诚相待，注重关怀沟通。

2. 建立社会激励机制

从先发地区经验看，社会激励机制主要有两种。①荣誉激励：与慈善捐赠表彰统一进行，由政府为有突出贡献的志愿者设立"志愿者服务市长奖""慈善之星""优秀志愿者"等荣誉奖励。②回报激励：建立"志愿服务银行"，将志愿者的服务时间储存，将来一旦需要，可以获得同等时间的志愿服务。至少要做到威海范围"一卡通"，避免因搬迁、工作调动等原因，导致服务时间储蓄失效。还要鼓励有关单位对达到设定时间额度的志愿者，在升学、就业、评先选优时予以优先。

（七）加强志愿服务组织建设，提升志愿服务水平

良好的开端是成功的一半。组织化是现代慈善事业发展的基本要求，起步阶段的威海市志愿服务活动，就应该瞄准现代慈善文明，高度重视组织建设。

1. 大力培育志愿服务组织，扩大组织覆盖

首先，要进一步加强专门工作机构建设，加强对志愿者工作的领导，不断建立健全基层志愿服务站，扩大志愿服务基层组织的覆盖面，切实提高对

志愿者工作协调指导的能力。其次，要在继续充分发挥行政组织、单位组织在推进志愿活动中组织优势的同时，积极培育各类志愿组织，特别是社会性、民间性志愿组织，激发和吸引更为丰富的民间自愿力量参与志愿者事业发展，以更加专业化、职业化的服务，满足经济社会发展对志愿服务活动愈来愈迫切的、多样化的需求。再次，要以服务群众、积极参与城市公共管理为重点，拓展服务领域，培育和扶持各类功能性、项目化的志愿组织、服务基地和特色项目，采取小额项目支柱的办法来建立大批有生机、有活力的志愿者服务队，积极构建服务项目丰富、服务领域宽广、服务功能齐全的结构体系。最后，在培育团队上，要把相同服务意向和志趣爱好的志愿者相对稳定、有效地组织起来，努力使志愿者服务团队发展成为具有独立运转能力、工作协同配合，能够可持续发展的工作团队。

2. 加强组织能力建设，打造高素质员工队伍

志愿者组织机构是整合各种资源的平台，也是各种利益群体互动的平台。公益机构不仅需要有强烈的公益使命和服务的意愿，还需要有各种专业知识、技能和综合能力，才能为志愿者提供参与和施展才华的空间和舞台，发展助人者和受助者的潜力。因此，加强员工队伍建设十分重要。首先，要挑选具有一定专业知识、政治素质高、沟通能力强的人员从事志愿者组织工作。其次，要加强对工作人员的业务培训，通过学习，提高志愿服务的组织和管理能力。最后，要重视工作人员的思想教育。志愿服务是高尚的行为，志愿者应该得到最真诚的尊重。工作人员的"冷脸"，对志愿者的热情是极大的挫伤。因此，要培养工作人员热情待人的工作态度和求真务实的工作作风。

3. 充分发挥志愿者的主观能动性，实现民主管理

志愿服务组织本质上是民间性的。由于我国特殊的国情和发展阶段，目前的志愿服务组织不可避免地带有浓厚的行政色彩，在一定程度上制约了志愿者的主动性和创造性。志愿者中有各种各样的人才，要积极鼓励和吸纳志愿者骨干进入理事会，在进行组织重大决策、解决重要问题、制定战略和规划时，鼓励志愿者参与；要鼓励和引导志愿者间的互相培训。积极探索"自我管理、自我运作、自我服务"的运行机制，通过志愿者广泛的民主参与，逐步推动志愿者组织的民间化、社会化。

（作者单位：中共威海市委党校　课题组成员：邢鲁勇　唐修娟　隋书卿）

威海市农村体育发展现状的调查分析

戚俊娣

前　言

中国是一个农业大国，农业人口占总人口的70%以上，这就决定了农业、农村和农民问题始终是中国革命和建设的根本问题。对此，党和国家一贯高度重视，把发展农业、建设农村、改善农民生活作为安邦兴国的大事来抓。中国农村的进步、发展、繁荣和稳定，直接关系到社会主义现代化建设的成败。没有农民的富裕，就没有真正意义上的全国人民的富裕；没有农民的强身健体，就没有中华民族整体素质的提高。《全民健身计划纲要》中明确提出："提高农民的体质与健康水平是农村社会发展的一项重要内容。"有关调查显示：目前，我国农民的身体形态、素质、机能等大部分指标低于工人、科技人员和行政管理人员，部分地区农民仍是癌症、心血管疾病和各种传染病的高危人群。在我国农村医疗保健体系尚不发达和完善的今天，农民的身体素质不高而患病率高，已成为制约农村经济发展的一个重要因素。

"三农"问题一直是决定我国全面建设小康社会进程和现代化进程的关键性问题，也是关系党和国家工作全局的根本性问题。2006年中央一号文件《中共中央国务院关于推进社会主义新农村建设的若干意见》指出：要把我国广大农村建设成为"生产发展、生活宽裕、乡风文明、村容整洁、管理民主"的社会主义新农村，同时构建农村公共文化服务体系，推动实施农民的体育健身工程，也成为建设社会主义新农村中发展农村体育事业的新举措。在这一时代背景下重新审视新农村体育发展，对影响新农村建设中农村体育的发展问题进行分析和探究，将有利于在农村体育发展的实践中，针对出现问题的症结进行"对症下药";将有利于取缔农村长期沿袭的"黄、赌、毒"等丑恶现象以及一些非法宗教活动,从而推广积极、乐观、有益的文体活动;还将有利于引导农民形成健康、科学、文明的生活方式,提高广大农民的生活质量。

作为群众体育重要组成部分和两个文明建设重要内容的农村体育,随着我国农村经济、社会发展,随着小城镇建设步伐进一步加快,将扮演越来越重要的角色。研究分析农村体育的现状并在此基础上提出切实可行的发展对策,对于促进农村体育事业发展和两个文明建设,提高农民的身体素质和生活质量,对于促进农村乃至全国经济和社会发展,均具有现实的指导意义。

1 研究对象与研究方法

1.1 研究对象

本研究以威海市辖区内 3 个县级市及全部 2748 个行政村为总体研究对象,以 3 个反馈信息的县级市所属的 850 个行政村为研究对象。首先由县市体育部门综合辖区内全部乡镇的情况后填写县市体育主管部门调查问卷,然后由抽查的行政村居民根据自身实际情况填写农户调查问卷。

1.2 研究方法

1.2.1 文献资料法

在图书馆、市县体育部门、教育部门和农业部门,大量查阅有关农村体育活动以及经济、文化、社会发展的文献资料。

1.2.2 问卷调查法

对 3 个县市体育主管部门发出问卷 60 份,收回 54 份,收回率为 90%,其中有效问卷 54 份,有效率为 100%。对 600 名农民进行无记名问卷调查,发出问卷 600 份,收回 480 份,收回率为 80%,其中有效问卷 365 份,有效率为 76%。

1.2.3 专家访谈法

课题组对部分体育局、行政村的领导进行访谈,了解目前农村体育开展情况。

1.2.4 座谈调查法

课题组成员深入市县、乡镇和农村与相关人员座谈,实地了解体育运动的开展情况。

1.2.5 综合分析方法

运用比较的、历史的多种方法对现状进行因素分析。

2 结果与分析

2.1 研究威海市农村体育发展的现实意义

农村体育是指在县级以下广大农村开展的，以农民为主要参加对象，以增强体质、丰富社会文化、促进社会主义物质文明与精神文明建设为主要目的的群众性体育活动。农村体育具有活动项目多样化、乡土化，活动时间农闲化，活动形式分散化等特点。同时，它又是社会体育和社会主义现代化建设事业的重要组成部分。

改革开放以来，为改善和提高广大农民体育健身的物质条件，在党中央、国务院的亲切关怀下，体育主管部门通过多种形式、多种渠道的努力，大力倡导培养农民健康文明的生活方式，增进其身心健康，农村体育的确得到了一些发展，但目前还存在很多问题。发展农村体育在我国体育事业发展中占有最大的人口基础和重要战略地位，其发展程度的高低直接关系到中国大多数人口的体质和健康水平，其发展的好坏也直接影响着社会体育发展的大局，影响着全民健身体系完善的大局，最终会影响全面建设小康社会目标实现的大局。

近些年我国小康社会进程日益推进，人们深深认识到新农村建设已不仅仅是解决温饱问题，而是要从根本上改变数千年沿袭下来的因循守旧的生产方式和生活模式，改善广大农民的生活环境和提高他们的生活质量。农村体育的开展不仅能够增强农民的体质和身体健康，更重要的是，它是现代社会人们健康文明的一种生活方式，能够向人们展示一种积极的生活哲学，为新农村建设和新农民的成长提供宝贵的文化滋养，从而抵制农村"贫困文化"现象的影响，使广大农民潜移默化地受到体育自身蕴涵的竞争意识和拼搏精神的熏陶。我们应该用全局性、长远性和战略性的眼光来认识和研究农村体育事业发展问题，这对于我国构建和谐社会具有重要的现实意义。

通过调查，威海市总人口约 250 万，辖区内共有行政村 2748 个，农村人口约 132 万，超过总人口的一半，占总人口的 64%。因此研究威海市农村体育的发展情况，对整个威海市体育事业的发展具有重要意义。

2.2 威海市农村体育发展现状

威海市的群众体育事业一直具有良好的传统和较好的基础，在几次国家体委组织的全国群众体育综合评估中均获先进单位奖。作为群众体育重要组成部分的农村体育工作，也取得了显著的成绩和进步。1999 年，威海市农村体育充分发挥了小城镇体育对农村体育的带动和辐射作用，初步实现了以城带乡、以乡促村、城乡互动、乡村连动、城乡共荣的新局面。年内，文登市口子镇等 10 个镇被省体委命名为"山东省第五批体育先进乡镇"。至此，威海市有 39 个镇被命名为山东省体育先进乡镇。

随着农村经济和社会的发展，尤其是创建全国体育先进县工作的开展，农村的体育场地设施大大改善；体育宣传形式多样、深入人心，受其影响，领导干部和农民群众的体育意识不断增强，越来越多的领导开始重视支持体育工作，参加体育锻炼和体育活动的群众日益增多；武术、太极柔力球、舞龙舞狮、龙舟、秧歌、拔河等民族民间传统项目在许多地方已经形成特色。根据威海的实际，市体委重点推广和扶持传统项目，经过几年的努力，已经显现出优势和特色，不仅具备了广泛的群众基础，而且培养了一批技术骨干，技术水平不断提高，业已走出乡村，走向全国，走向世界。

近些年威海市农村体育工作虽然取得了一些成绩、涌现出不少典型，但发展极不平衡，整体仍然落后，与国内外先进水平相比，与农村经济社会发展形势和时代要求相比，仍然存在不小的差距。威海市农村体育总体上表现出以下基本特征。

2.2.1 有组织的体育活动、体育赛事少，不能满足广大群众的体育需求

举办体育活动和体育比赛，不仅给群众提供了亲身参与、体验体育的机会，而且可以起到示范作用，吸引人们参加体育锻炼。因此，体育比赛不仅是群众体育的重要组成部分，而且是提高群众体育整体水平的重要手段。统计表明，文登市 2006 年全年举办全市性群体活动 20 次，荣成市 2006 年举办全民健身活动 125 次，乳山市 2006 年共组织举办全市性群体活动 11 次。以上数字表明，威海市各市县有组织的全民健身活动次数较少，不能满足广大群众参加体育、观赏体育、享受体育的需求。

2.2.2 体育经费严重不足，已成为农村体育发展的瓶颈

组织体育活动，从宣传发动，到前期筹备，到正式进行、总结表彰，都离不开经费的支持。对于体育经费是否充足的问题，课题组对部分乡镇村的领导进行了问卷调查，10% 的受调查者认为，乡镇体育经费有一些缺口，另

外 90% 的人认为，经费缺口很大；与此同时，96% 的受调查者认为，缺乏经费是乡镇开展体育活动所面临的最大困难，已成为制约农村乡镇开展群众体育活动的瓶颈。

2.2.3 乡镇体育场地、体育设施少，质量差，无法满足体育活动和锻炼的需要

受经济因素的影响，体育设施方面也存在明显的城乡差别，很多农村地区根本没有体育场（馆）和体育设施，使得一些想成为体育人口的农民不得不放弃体育锻炼，严重阻碍农村体育的发展。根据《中国群众体育现状调查结果报告》，我国占国土面积近 1/5 和占人口大约 2/5 的城镇，占全部体育场（馆）的比重大约为 4/5，而与此相反，占国土面积近 4/5 并拥有大约 3/5 左右人口的广大农村地区却只占大约 1/5 的体育场（馆）资源。

近期市体育局对威海市 69 个镇（办事处）2748 个村（居委会）的体育设施状况进行了调查，发现全市拥有体育设施的行政村 890 个，仅占总数的 32%，还有近七成村庄没有配备相关的体育设施。其中，环翠区共有行政村 211 个，有体育设施的行政村 40 个，占该区行政村总数的 19%；荣成市共有行政村 892 个，有体育设施的行政村 116 个，占该市行政村总数的 13%；文登市共有行政村 879 个，有体育设施的行政村 290 个，占该市行政村总数的 33%；乳山市共有行政村 603 个，有体育设施的行政村 386 个，占该市行政村总数的 64%；高区共有行政村 58 个，有体育设施的行政村 40 个，占该区行政村总数的 69%；经区共有行政村 95 个，有体育设施的行政村 18 个，占该区行政村总数的 19%。应该说，农村体育的发展规模、水平和速度，归根结底取决于经济发展水平，取决于经济发展为农村体育发展提供的物质条件，取决于经济发展带来的个人经济状况，以及由此引发的人的观念、思维方式和行为方式的变化。

我们知道，"农村体育健身工程"所购置农村体育设施的资金主要来自体育彩票基金，目前威海市"农村体育健身工程"已开始实施，计划到 2009 年，全市实现村村拥有健身设施。市委市政府计划总投资 900 多万元，为农村购置篮球架、乒乓球等休闲体育健身器材，其中，农村健身场地建设则由各镇自筹资金完成，威海市有关部门还将对各村庄的健身场地建设情况进行实地验收，并根据实际情况发放健身器材，一些地理位置偏远、集体经济薄弱村的体育设施建设工作，也将争取在 2009 年底完成。这将有力改善威海市乡镇体育场地、体育设施少及质量差的现状。

2.2.4 缺少组织机构和管理人员、骨干队伍较少，制约农村体育的发展

农民群众居住分散、作息时间各不相同，如果没有人组织，体育活动和体育比赛就很难开展起来。在接受调查的乡镇中，文体专干人员较少，还有部分乡镇没有配备乡镇文体专干，体育工作在这些乡镇没有相应的支撑点，影响了上下联系，体育活动在这里便成了盲点。另一方面，农村的体育骨干尤其是经过正规培训的体育骨干很少，极大地制约了农村体育的发展。就各级社会体育指导员而言，目前，威海市共有一级社会体育指导员 173 人，二级社会体育指导员 456 人，基本上达到了山东省体育事业发展十年规划中 2005 年以前的数量和比例，但是三级社会体育指导员的数量和比例还没有达到要求。这些社会体育指导员多集中在城市，在农村的人数不足 1/10，平均数万农民才拥有 1 名社会体育指导员，显然不能满足要求。

2.3 威海市农村体育发展的主要影响因素

中国人口多、底子薄、体育事业起点低等现有国情影响着我国农村体育的发展。在全面建设小康社会及构建和谐社会的现时代，不可避免地会显露出一些不和谐的地方。城乡差距日益突出，广大农民成为弱势群体，农村体育与城市体育的发展出现了"两极分化"，农村体育人口数量偏少，他们的身体形态、素质、机能等大部分指标低于科技人员、行政管理人员、工人等人群，部分地区的农民仍然是癌症、心血管疾病和各种传染病的高发人群。如今是迈向"新农村"，发展农村经济与提高农民生活质量并重的新时期，我们要把农村体育的发展作为全民健身工作的重要任务来完成。

作为一种社会现象，体育既有一定的独立性，有其自身的规律，同时，它又是整个社会结构的一个组成部分，在社会这个大的系统中，体育与其他社会活动如经济、文化、教育等都有着密切的联系，并受到它们的影响。农村体育也是如此，它所生存的外部环境直接影响它的发展。已有的研究成果和实践表明，经济、文化、学校体育、竞技体育、管理体制和运行机制等是影响农村体育发展的主要因素。本研究从经济因素、机构变迁和投入力度因素、导向机构因素、主体力量因素、农民文化素质因素、农村贫困文化因素等方面进行分析，深入揭示影响农村体育发展的因素。

2.3.1 经济因素对威海市农村体育发展的影响

经济是社会发展的基础，也是农村体育发展的基础。农村体育的发展规模、水平和速度，在很大程度上取决于经济发展水平，取决于经济发展所能为农村体育发展提供的物质条件，取决于经济发展带来的个人经济状况以及

由此而引发的人的观念、思维方式和行为方式的改变。经济对农村体育的影响主要表现在对体育事业经费投入、体育场地设施建设以及人们的体育消费水平等方面。

据调查自 2006 年以来，威海市各级党委和政府进一步强化对"三农"的扶持政策，全面贯彻落实中央关于农业和农村工作的一系列方针政策，大力发展农业生产，进一步增加农民收入，各级党委政府积极实施的"三补贴"（粮食直补、良种补贴、农用机械设备补贴），"两减免"（减免农业税和特产税）及国家制定的粮食保护价格等惠农政策，极大地调动了农民生产的积极性，农村经济出现了前所未有的快速发展，农村各项改革稳步推进，农业和农村形势良好。但欣喜之余，我们还应看到当前农村经济发展中还存在许多制约因素，比如农村人口文化素质较低、信息不灵、产品流通不畅、农民科技文化素质偏低、非农产业发展滞后等，均阻碍着威海农村经济的进一步发展。

2.3.1.1 2006 年威海市农村居民收入情况调查分析

2006 年全市农村经济总收入达到 1971.9 亿元，比上年增长 9.3%，农业经济稳定增长。全年粮食生产继续增加，全市粮食总产量为 96.34 万吨，比上年增产 1.37 万吨，增长 1.44%。农民收入继续保持较快增长，具体情况见表 1。

表 1　威海市农村居民收入情况调查统计

项目	合计	环翠区	文登市	荣成市	乳山市
调查户数（户）	540	100	130	160	150
人均全年总收入（元）	9230	8465	11391	9384	7633
第一产业收入（元）	4527	2317	8470	3286	3632
工资性收入（元）	3275	3878	1830	5129	2336
经营性收入（元）	5473	3775	9320	3647	4932
全年农民人均纯收入（元）	6842	7365	6786	7376	6034
全年总支出（元）	6777	7181	8539	7049	4696
生活消费支出（元）	4005	4788	3841	4447	3225
期末存款余额（元）	11235	9616	9795	9422	15313

2006 年威海市农村居民人均纯收入为 6842 元，比上年增长 12.47%。农民收入增长的特点主要有三个。一是工资性收入增长加快，首次反超家庭经营收入，成为农民增收最主要的来源。2006 年农民工资性纯收入人均 3276

元，比上年增加 554 元，增长 20.37%，增长率比上年高 5.81 个百分点，工资性收入的增加额占全年农民人均纯收入总增量的 73.06%。二是农民家庭经营纯收入继续保持增长。2006 年农民家庭经营纯收入人均 3152 元，比去年增加 270 元，增长 9.38%。家庭经营收入中从事二、三产业的收入猛增，分别为 197 元和 535 元，分别比上年增长 38.28% 和 178.25%，经营第一产业的收入由于受天气等自然灾害的影响，收入锐减为 2420 元，比上年下降了4.99%。三是农村内部收入分配差距略有缩小，但城乡居民收入差距仍然很大。2006 年农村居民内部收入分配差距与上年相比有所减小，农民人均纯收入基尼系数为 0.3365，比上年降低了 0.0151。城乡居民收入之比仍然保持在2.05∶1，与上年基本一致，没有明显改观。

2.3.1.2 威海市城镇居民和农村居民收入与消费情况对比分析

在我国新农村建设中，制约农村体育发展的根本性因素就是农村经济基础薄弱，整体生活水平较低。社会转型期，虽然农村地区的经济得到了较快的发展，但城乡二元经济结构和农村经济基础长期薄弱的局面并未得到彻底改变，农村居民的经济收入仍然很低，生活消费仍占很大比例。

经济因素又制约着体育消费水平。人们要参加体育活动和锻炼，就需要配备必要的器材和服装，这两部分物质的消费构成了体育消费的主体。体育消费水平受消费者收入水平制约，而收入水平则与当地经济发展密切相关。因此，经济发展水平制约着体育消费水平。威海市农村居民生活消费无论是绝对数还是所占比例都较高，从而导致其他方面的消费降低，用于体育方面的消费就更微不足道了（见表 2、表 3）。

表 2 威海市城乡居民收支情况调查

单位：元

项　　目		合计
城镇居民	人均全年总收入	15041
	可支配收入	13974
	全年总支出	13648
	生活消费支出	3085
农村居民	人均全年总收入	9230
	全年农民人均纯收入	6842
	全年总支出	6777
	生活消费支出	4005

表3　威海市可支配收入比较

单位：元

项　目	2006 年	2005 年
城镇居民人均可支配收入	13974	12455
农民人均可支配收入	6842	6083

据抽样调查资料显示，威海市农民人均全年总支出 6777 元，人均生活消费支出 4005 元，占总支出的 60%；城市居民人均全年总支出 13648 元，人均生活消费支出 3085 元，占总支出的 23%。城乡居民收入水平有明显差异。农村居民用于生活方面的支出明显高于城市居民，与城镇居民相比，威海市农民生活水平还有待进一步提高。

经济发展决定人们的体育需求。恩格斯把人类生活分为生存、发展和享受三个部分。人类首先必须完成为生存而进行的斗争。当生存的基本生活资料——衣食住行解决之后，人们便追求生理和心理上的放松和享受，寻求工作，解决生存基本条件以外的社会生活方式。这种追求，正是社会不断进步、人们自身文化程度不断提高、生产力不断发展、人们余暇时间不断增多的必然结果。威海市农村地区经济与城市相比欠发达，有相当比例的农村人口还在为生存的基本条件——衣食住行而奔波，处于温饱线以下；进入"小康"水平的人口比例很低，处于富裕阶层的人口比例则更低。处于温饱线以下的人群是不会顾及健身的，他们几乎与体育无缘；进入"小康"水平的人才有光顾体育的可能，在农村，真正涉足体育健身的是那些富裕阶层的人们。其他人群，每年除了参加屈指可数的几次传统体育活动外，对体育几乎"作壁上观"。在贫困地区，当地政府的主要任务是帮助人民群众脱贫致富，在此项根本任务之前，根本不可能把发展体育运动摆在议事日程上。因此，发展农村经济是发展农村体育的前提和基础。

根据《中国群众体育现状调查与研究》显示，从事体育锻炼与经济收入多少的分布情况是：不参加体育活动的人月收入分布在 100～300 元之间，偶尔参加体育锻炼的人月收入分布在 100～400 元之间，体育人口的月收入在 200～500 元之间。据国家统计局 2000 年国民经济和社会发展统计公报资料显示：我国农村人口现金纯收入为 1640 元/年，月平均收入仅 136.67 元。威海市农村居民月平均收入 570 元，明显高于国家平均水平，但是与威海市城市居民 1164 元的月平均收入相比仍然较低。农村居民可支配收入也明显低于城市居民，这些因素都在很大程度上影响着农村的体育人口。

经济条件制约着体育经费投入水平。通常，一个地区的经济发展水平越高，政府和社会投入体育的经费就越多，反之亦然。尤其是在我国，体育事业经费的投入是按照一定比例进行的。政府财政收入多，投入就相对多一点；收入少，给体育事业的投入就少甚至没有投入。最近几年，威海市的县和乡镇两级财政普遍一般，要让乡镇政府投入较多资金开展体育活动，实在勉为其难。乡镇企业及社会资助体育活动，注重的是社会效益，很少有直接的利益回报，当他们的经济效益好时，资助体育的积极性便高，当他们自己都入不敷出时，投入体育的资金便少。

表4 经济发展程度不同地区的体育场地设施建设投入情况

单位：元

地区	人均 GDP（1996）金额	人均场地投入额（1996）金额
上海	20425	100
北京	12833	194
天津	11628	77
浙江	9594	37
广东	9365	149
江苏	8444	21
云南	3690	17
四川	3687	14
贵州	1024	7
威海	15436	

体育场地设施尤其是体育场馆的建设需要较大的资金投入，对经济发展水平的依赖性很大。表4反映出京、沪、浙、粤等省市人均 GDP 水平高，其场地设施投入也高。1996 年威海市人均 GDP 水平较高，因此威海市有可能拿出很多资金到农村去修建体育场馆和设施，但是威海市农村体育设施情况的实际调查结果并不乐观，广大农村体育场地设施和器材严重不足、体育活动的物质基础较差，极大地限制了农民群众参加体育活动的积极性。

2.3.2 机构变迁和投入力度对威海市农村体育发展的影响

从整体上看，我国现阶段群众体育管理体制是处于由政府管理型体制向政府与社会结合型管理体制改革过程中的一个过渡阶段。群众体育管理系统由群众体育政府系统和群众体育社会系统共同组成。政府管理系统包括政府专门管理系统和非专门管理系统。政府专门管理系统是由政府体育行政管理系统中各种群众体育管理系统组成，它是群众体育管理的主系统。在这个主系统中，国家体育总局是最高职能部门，地方各级体育行政部门接受上级体育行政部门的业务指导和本级人民政府在人事、财务等方面的行政领导。政府非专门管理系统是指在政府其他一些部门，如教育、卫生、民政等也设有体育管理部门负责本系统的体育工作。群众体育社会管理系统由体育社会组织（主要有各单项运动协会、行业体育协会和各种人群体育协会三类）和其他社会组织（如工会、共青团、妇联等所设的体育机构）组成。在农村，由于群众体育社会管理系统极不健全，影响很小，所以，强化政府职能对于发展农村群众体育事业有着特殊的意义。作为乡镇体育的上级业务指导机构，县级体育部门的一项重要职责就是促进乡镇体育的发展。调查中发现，大多数县级体育部门由于受人员素质和人数等多方面条件的限制，没有很好地担负起领导、协调和监督职能，影响了乡镇体育的发展。"领导重视"是影响群众体育事业发展的重要因素，这一点人们有切身体会。

乡镇体育工作受人为因素的影响较大，随意性强，如果乡镇领导不关心、不支持体育，工作就很难开展。调查中发现，乡镇领导不重视体育导致体育工作举步维艰的现象在威海并不少见。作为管理诸要素中最活跃、最重要的因素，人的作用举足轻重。农村乡镇体育活动需要有人组织，否则就无法开展。目前的情况是，很多乡镇连管理、组织文体活动的专干都没有，更毋论管理水平的高低了。在现有的文体专干中，也有一部分人因为从事基层文体工作条件差、地位低、待遇差而缺乏积极性。没有文体（体育）专干以及管理水平较低已经成为限制乡镇体育发展的重要因素之一。

另外在基层公共体育事业仍需要以国家和政府投入为主的今天，基层体育管理部门职能的弱化将直接导致对包括农村体育在内的公共体育事业投入力度的减弱，这已成为我国新农村建设中农村体育发展的一个重要制约因素。

2.3.3 导向机构因素对农村体育发展的影响

国家体育总局颁发的《2001—2010 年体育改革与发展纲要》和中共中央、国务院 2002 年 7 月发布的《关于进一步加强和改进新时期体育工作的意见》均强调"农村体育以乡镇为重点"。小城镇背靠城市，植根农村，既有城市的属性，又有乡村的属性，是连接城市和乡村的桥梁与纽带，是带动农村经济和社会发展的龙头，推动着城乡文化的渗透与交融，最适宜把城市的生活方式推广、辐射到农村，促进城乡一体化发展。

然而，这一导向也需要在农村体育发展的实践中进一步接受检验和完善，因为，当前其在一定程度上存在运行机制或保障机制不健全的地方。一方面，现阶段我国乡（镇）自身的不稳定会影响乡（镇）体育的发展，进而影响乡

（镇）体育在农村体育发展中所能发挥的作用。近几年，我国采取"县政权取实，乡政权取虚"的做法，大规模地"撤乡并镇"，致使乡（镇）政权处于非稳定的状态。譬如，1985～2004 年的 19 年间，全国乡（镇）数量由 91138 个下降到 37334 个，共减少了 53804 个。预计到 2010 年，中国乡（镇）数量将保持在 3 万个左右。无疑，乡（镇）自身的不稳定必然会影响乡（镇）体育的发展，进而也动摇乡（镇）体育作为农村体育支撑点的可能。另一方面，从县、乡（镇）两级政府在管理地方体育事业中所承担的财权、事权关系上我们发现，县级政府既有管理农村体育的事权，也有财权，是农村体育事业经费投资的唯一承担主体。而乡（镇）一级政府在此方面的职能划分却不一样，乡、民族乡、镇的人民政府有执行本行政区域内的经济和社会发展计划、预算，管理本行政区域内的经济、教育、科学、文化、卫生、体育事业和财政、民政、公安、司法行政、计划生育等行政工作的职权，但是，现有相关法律中却未赋予其财权。威海市的情况与国家现状大体相同，因此不难发现，县、乡（镇）两级政府管理地方体育事业所承担的财权、事权尚未厘清，承担农村体育发展的财权与事权不统一，这直接影响了乡（镇）政府在推动农村体育发展中的主动性和积极性。

2.3.4 主体力量对威海市农村体育发展的影响

党的十一届三中全会后开展的市场取向的经济改革为农村劳动力流动由"势能"转化为"动能"提供了巨大拉力。因此，从 20 世纪 80 年代末开始，农村中剩余劳动力开始涌向城市，全国出现"农民工潮"现象，进入 90 年代，农民工潮一浪盖过一浪。据第五次人口普查结果显示，目前中国有 8800 万流动人口（实际人口可能更多），其中，大部分是农民工。动态地看，据"农村劳动力流动课题组"的研究结果，今后几年，每年新增外出打工农民将不少于 800 万人，即使考虑到回流因素，新增外出打工农民的数量也不会少于 600 万人。

农村劳动力转移是市场经济发展的必然趋势，也是实现农业现代化和提高农民生活水平的客观需要。从 20 世纪 80 年代开始，随着乡镇企业的崛起、第三产业的发展，威海市农村大批剩余劳动力相继转向非农产业，农村人口大量外出务工。

表 5　威海市流动人口调查

项　目	农村人口数	农村从业人员
人数（万人）	132.3	86.57
比例	占全市人口 53%	占农村人口 65%

由表 5 数据可以看出，威海市农村转移出去的劳动力数量较大，约占农村总人口的 65%。这些外出务工人员多数是年轻人，他们年初离家，年末才返回，而这些农村青壮年劳动力的素质一般而言会普遍高于农村劳动力的平均水平，他们既可以也理应是农村体育的中坚力量，但其长年漂泊在外，无形中削弱了威海市农村体育发展的主体力量。

2.3.5 文化素质水平对威海市农村体育发展的影响

实践证明，一个地区、一个民族绵延千百年积累起来的传统文化（包括传统体育文化），对群众体育活动内容的产生与发展，对人们体育健身观念的形成乃至体育健身方式的选择具有重要的影响。

所谓传统文化，系指本民族在人类社会发展过程中创造出来的物质财富和精神财富的总和，带有鲜明的民族特点。中华民族在辽阔的中国大地上孕育了灿烂的文化和优良的传统。中国传统文化有以下几个主要特征，即大陆民族文化，农业社会文化，宗法制文化。几千年来，中国古代制度不管如何变更，都是建立在农业自给自足的基础上，建立在以父系家长制为中心的宗法制度上的。到封建社会时期，宗法思想渗透到社会生活的最深层，由历代的君主、文人修饰完善。再加上儒道思想的互补，使"三纲五常""中庸之道""修身养性""君子无争""读书做官"等伦理道德观念自成体系，铸就了人类文明的第二个高峰（第一个高峰是以古希腊、古罗马为代表的奴隶制文明，第三个高峰是以英法为代表的资本主义文明）。这种文化在中国人的心理上形成了深深的积淀。直到现代，我们仍把封建的政权、族权、神权和夫权作为革命的基本目标。中国的传统文化对民族的发展产生了深远影响，而植根于传统文化母体的传统体育文化必然带有显著的传统文化的特点，受到中国封建社会的精神主宰——儒家思想的支配，其主要表现在如下几个方面。第一，提倡中庸轻竞争。体育运动发展的生命力在于竞争，而儒家的处世哲学则与之相反，强调中庸之道，要求人们循中道而行，不偏不倚。在这种中庸体育观念的支配下，提倡安于现状，不为人先。中庸的体育观念严重限制了人们在体育运动中的创造力，也谈化了人们在体育运动中的竞争意识。第二，重群体轻个体。儒家思想强调"克己复礼"，以群体为本位，以伦理为中心。要求人们统一、和谐，反对个人独立于封建伦理道德之外发挥主观能动性，并以政治理想制约个人的欲望。这种思想深深渗透到传统体育观念中，影响传统体育的发展。"礼"将人的个性、主体性消融在贵贱有别、尊卑有等的名分之中，结果造成民族不平等心理，使体育比赛无法展开公平竞争，使个性淹没在共性之中。在这种大一统的封建专制背景影响下，导致中国传统体育文化缺乏自主精神和创造力，毫无进取追求意识。第三，重文轻武。在儒家思想处于主宰地位的封建社会里，"劳心者治人，劳力者治于人"成为地主士人的座右铭，读书做官则是人们的终生奋斗目标，轻视劳动和体育运动的现象风行于世。自汉武帝推行"罢黜百家，独尊儒术"之后，儒学在汉代大兴。结果汉代抛弃了文武兼备的选士标准，而以"好文学，敬长上，肃政教，顺乡里，出入不悖"代之。重文轻武的思想从汉代开始，随着时代的推移而愈演愈烈。体育活动为士大夫所不齿。"秀才挟弓矢出世人以不才目之"，"文质彬彬，然后君子"。体育运动被儒家视为"玩物丧志"的末举。受此影响，体育运动受到社会的冷落。中华人民共和国成立后，人们对于体育的认识有了彻底改变，但历史长期积淀下来的影响不可能在短时期内消失，它仍然影响着传统的中国人，尤其是生活在经济文化落后、交通信息闭塞地区的农民群众，他们大多没有体育意识，普遍存在"体力劳动就是体育锻炼"的思想，加之本来就缺乏时间、技术、条件方面的支持，不可能经常参加体育锻炼。

与此同时，作为一个具有三千多年奴隶制度封建制度历史的国家，中国古代的体育具有鲜明的阶级特色，是为统治阶级服务的工具。对于平民，它只是一件奢侈品。统治阶级为了维护自己的统治地位，害怕看到平民的健康强大，在思想上宣扬"天命论"，在行为上禁民习武，客观上阻碍了体育运动在民间发展。

农民的文化素质是反映我国农民整体水平的基本素质，没有良好的基础教育和文化水平，也就没有新型农民。随着我国政府对农村教育重视程度的提高，以及党的教育方针在农村的贯彻落实，使得广大农民文化素质整体水平有了较大提高。但是，现时期我国农民的文化素质仍不容乐观。有研究表明，目前我国农民平均受教育年限只有 7.3 年，与城市相差 3 年，全国 92% 的文盲、半文盲在农村。农村劳动力中，小学以下文化程度占 38.2%（其中，文盲、半文盲占 7.6%）、初中文化程度占 49.3%、高中及中专文化程度占 11.9%、大专及以上文化程度仅占 0.6%；受过专业技能培训的只有 9.1%，接受过农业职业教育的只占 5%。农民的文化素质低，已经不能适应建设新农村和现代农业的需要。

表 6　威海市各地区城乡人口和文盲人口情况调查

地区	15 岁及 15 岁以上总人口（人）			文盲人口（人）			文盲人口占 15 岁及以上人口比重（%）		
	合计	城镇人口	乡村人口	合计	城镇人口	乡村人口	合计	城镇人口	乡村人口
威海市	2172341	1079456	1092885	163715	46309	117406	7.54	4.29	10.74

续表

地区	15 岁及 15 岁以上总人口（人）			文盲人口（人）			文盲人口占 15 岁及以上人口比重（%）		
	合计	城镇人口	乡村人口	合计	城镇人口	乡村人口	合计	城镇人口	乡村人口
环翠区	513582	390228	123354	21870	10745	11125	4.26	2.75	9.02
文登市	564351	247136	317215	52694	14050	38644	9.34	5.69	12.18
荣成市	609143	267878	341265	38517	10765	27752	6.32	4.02	8.13
乳山市	485265	174214	311051	50634	10749	39885	10.43	6.17	12.82

从表 6 可以清晰地看出，威海市 16.37 万文盲人口中，分布在城镇的 4.63 万人，乡村 11.74 万人，分别占文盲人口总数的 28.28% 和 71.72%，乡村文盲人口总数远远大于城镇文盲人口。15 岁及 15 岁以上总人口中，每百个城镇人口有文盲 4.29 个，而每百个乡村人口有文盲 10.74 个，农村文盲比例明显高于城镇。从分地区情况看，同样亦反映出这一态势，表明文盲人口主要分布在农村。

由于多数年轻人外出务工，老年人是农村体育主体力量。但是由于各种原因，在文盲人口总量中，中老年文盲占据了绝大多数。从威海市"四普""五普"两次普查结果看，虽然全市总体文盲人数大幅度减少，但文盲人口中中老年文盲人口占主体的地位并未改变，反而有增强趋势。"四普"时，威海市文盲人口 27.94 万人，其中 15～40 岁青壮年文盲 1.84 万人，40 岁以上中老年文盲 26.1 万人，分别占文盲人口总数的 6.59% 和 93.41%。到"五普"，威海市文盲人口减少至 16.37 万人，其中青壮年文盲仅为 0.94 万人，而中老年文盲则高达 15.43 万人，分别占文盲人口总数的 5.74% 和 94.26%。

究其原因，一是国家规定 15～40 岁青壮年文盲人口为扫盲对象，必须通过各种途径接受教育学习达到脱盲，但这一规定也使得一大批中老年文盲失去参加专门学习的脱盲机会，使文盲年龄结构趋于中老年化。二是威海市中老年文盲居多，主要在于中华人民共和国成立前出生的中老年群体，这部分人既是旧社会教育事业落后的牺牲品，又受到新社会未列扫盲对象的限制。威海市历史上文盲率偏高，与威海市文盲人口的年龄结构有很大关系，随着时间推移，中老年文盲人口自然消亡，全市文盲率在不断下降，而青壮年文盲脱盲，又促使文盲人口进一步减少，文盲人口的年龄结构在悄然发生变化。

上述因素必然导致现时期"全民健身计划"在农村特别是广大乡村中宣传、推广、普及的难度增大，加之当前乡（镇）、行政村体育领导机构及农村体育组织还很不健全，全民健身宣传的主体缺失，使得健身宣传的难度更大。

2.3.6　农村贫困文化因素的影响

随着农村经济的快速发展，农民收入的不断增加，生活质量的不断提高，按理说农民的传统封建意识和精神生活应当有根本的转变和极大的提高，但笔者在春节期间通过走亲访友和近期对威海市部分农村、农户所进行的调查中，耳闻目睹了当前农村诸多的封建迷信活动，发现封建迷信活动在威海市广大农村不仅普遍存在，而且有扩大和蔓延之势，如果任其发展，势必影响农村经济的正常快速发展，动摇农村社会的稳定，成为建设全面小康社会和社会主义新农村进程中的阻力。因而应尽快引起各级政府和有关部门的高度重视。

当前大多数农村除了在村民选举时召开村民大会，平时既不开会也不组织集体活动，高音喇叭也失去了原有的宣传科普文化知识的功能，往日在过春节时经常看到的秧歌队、锣鼓队、办活报等群众喜闻乐见的活动没有了，敲锣打鼓为烈军属贴春联也不见了，每个镇原有的电影院不是拆除了就是挪作他用，下乡电影队也取消了，乡镇文化站也无踪影了，已有的老年活动室也成为打麻将、打扑克的场所。农民虽然物质生活得到了很大的提高，但精神生活没有得到相应改善，空虚的精神世界无法得到充实，封建迷信、宗教等活动日益发展。

中共中央、国务院《关于深化文化体制改革的若干意见》指出，要"加大农村文化基础设施建设的投入，逐步解决农村文化产品和服务相对缺乏的问题，丰富农民群众精神文化生活"。在建设社会主义新农村进程中，农村的文化建设同经济建设与政治建设一样重要，甚至显得更为迫切。因为，农村的文化建设还十分贫乏，农民的文化"温饱"还尚未解决，农村还未脱离文化贫困。农村的文化贫困必然导致小农思想根深蒂固，封建迷信滋生泛滥，低俗文化乘虚而入。在现实农村生活中，由于愚昧无知而迷恋于吸毒、卖淫等非法活动的，由于文化生活的空虚而参与摇骰子、打麻将等赌博活动的乡村村民已不在少数，新闻媒体对此已有所关注和揭露。诚然，造成农村文化贫困的因素是多方面的，既有历史的，也有现实的原因；既有社会方面的，也有农民自身的原因。但其中关键的一个因素，就是农村文化建设的贫乏。

据有关调查显示，当前威海市农村封建迷信活动有抬头趋势，而中华传统美德、现代文明和科普知识却得不到很好地继承、发扬和普及，与封建迷信活动形成的反差令人深思。主要有以下几种。①丧事大操大办。据调查资料显示，2004 年全市农村人均殡殓费支出为 5.49 元，比人均赡养费 4.04 元高出 1.45 元。②有病不去医院，相信巫婆神汉。有些得了病的农民，特别是一些得了重病或久治不愈的农民，在经过一段时间治疗之后仍然没有很好的效果，往往会找一些所谓的"神医"治疗，其结果不仅耽误了宝贵的治疗时间，也浪费了钱财。更有部分人根本就不到医院治疗，直接找"神医"化解病情。调查中了解到，信奉"神医"者中以中老年妇女居多，有给自己看病的，也有给家人看病的，这部分人不仅真诚信奉"神医"，而且到处散布传播，影响极大，并且越是贫困、偏僻的山村这种情况越是严重。③算命先生、风水先生生意兴隆。从调查情况看，调查户家中成员有过占卜、算卦经历的占总调查户总人口的比重高达 70%。据抽样调查显示，2005 年全市农村居民人均购买封建迷信、宗教用品支出为 4.57 元，比上年增加了 1.17 元。④建庙祭祖，焚香磕头。时下有些地方建祖庙、竖牌坊、立家谱等风气有所抬头，组织者不仅要求同村同姓氏的农户捐钱捐物，还要在特定的日子烧香拜祖。而带头建祖庙的，往往不是农民自身，而是前些年离开了农村在城里暴富的一些个体户老板、企业厂长、经理和极个别的机关干部，还美其名曰为乡村办好事，以满足自己光宗耀祖的心理。而与之形成对比的是，在各级政府给予极大的优惠政策的基础上，鼓励、扶持农民安装自来水、有线电视，开展各种科技致富活动，一部分农民却成为其中的阻力。据抽样调查显示，2005年全市农村自来水普及率为 73.88%，有线电视联网率为 91.63%，还有16.12% 和 8.37% 的农民没有通上自来水和有线电视。⑤各种宗教组织活动频繁。当前农村各种宗教组织活动不仅组织严密、活动频繁，而且有逐步扩大规模的趋势。据抽样调查显示，2005 年农村居民人均宗教、迷信活动捐赠0.46 元，比上年增长了 4.97%。

摆脱农村封建迷信束缚的根本之道还是要加强农村精神文明建设。坚持文化、科技和卫生三下乡活动，不断提高、丰富农民的文化知识水平和精神生活，使农村的精神文明建设达到一个更高的层次。改革开放以来，农民的物质生活得到了不断提高。然而部分干部群众小富即安、小进即满，或只顾埋头致富不抬头看路，忽视精神生活的高层次追求，一些不良的社会现象便乘虚而入，农村封建迷信活动也有所萌动。针对这种状况，应该认识到，农村思想阵地不能丢，必须用健康向上的文化去牢牢占领。想方设法活跃农村的文化生活，满足农民精神文化需求，提高农民思想道德素质。利用科技文化卫生"三下乡"活动，引导农民营造自己的精神乐园。通过科技下乡，把先进的种田技术、饲养技术、发家致富的真本领传授给农民；通过文化下乡，把健康的书籍、文明的娱乐、向上的思想传播给农民。用先进的文化击溃落后的文化，用健康的活动替代愚昧的活动，使封建迷信活动失去赖以滋生的土壤。

2.3.7　其他因素对威海市农村体育发展的影响

农村体育发展滞后，体育人才的缺乏也是一个关键因素。尽管有许多地方建立了农民体育协会、农民体育俱乐部、体育辅导站、社会体育指导中心、体育健身点等基层体育组织，但无论是农民体育锻炼的指导人才，还是农民体育组织的管理人才都非常紧缺。正式经过体育专业训练或是体育管理学习的体育专业人才几乎都集中于城市内，且大多集中于高校或竞技体育部门，而城市社区体育指导员尚且偏少。出现这种情况的原因，一方面，由于缺乏对大学生到基层工作的相关优惠政策，高校培养的体育专业人才不愿到社区工作，更不愿到农村等基层组织；另一方面，农村缺乏对社会体育指导员的管理与培训工作。

3　结论与建议

3.1　结论

长期以来，"劳动即体育"的观念扎根于广大劳动人民心中，认为劳动可以代替体育锻炼，殊不知劳动是机械、重复和单调的，而体育锻炼是有意识的，目的在于增强体质、娱乐身心，并且农民那种日出而作日落而息的生活方式，使农民几乎没有时间从事体育锻炼，加上科技文化素质普遍偏低，缺乏对科学文明生活方式以及个人健康知识的了解。此外，绝大部分农村体育设施、经费和体育指导人员不足，健身观念落后，缺乏对科学文明生活方式及个人健康知识的了解和行动，业余时间少等因素都对农村体育发展造成很大的影响。

经课题组调查，威海市农村乡镇体育的现状主要表现为：农民群众的体育意识有所增强，农村体育已经具备一定条件，但极不完善；有组织的体育活动和体育竞赛较少，参加的人次也少；体育经费不足，制约了农村群体活动的开展；体育场地、设施少，质量差，无法满足体育活动和体育锻炼的需要；缺少组织机构和管理人员，骨干队伍小。之所以呈现以上特征，是因为受到经济发展水平、传统文化、学校体育、管理体制等因素的影响。在现状分析的基础上，本研究提出了发展乡镇体育的几条措施：强化政府职能，提高领导认识；健全组织机构，加强队伍建设；因时因地制宜，开展特色项目；

推介先进典型，实现以点带面；强化学校体育，促进习惯养成；落实基本要素，创造外部条件；发挥技术优势，加强业务指导；依靠社会力量，拓宽经费来源；建立体育会所，发挥示范功能；实施体质检测，推广科学方法。

3.2 建议

（1）逐步提高对农村体育工作的认识，把发展体育事业纳入新农村建设的发展计划，作为农村社会主义精神文明建设的重要组成部分和创建文明村镇活动的重要内容。加强对农村基层体育工作如何适应农村经济社会总体发展需要的研究，为充分发挥农村体育提高农民素质、促进经济发展的功能献计献策。同时，加强农村群众体育科研工作。体育部门要从全面的、实践的、群众的观点出发，认真研究制定城乡统筹兼顾的体育发展政策和规划，合理调整与完善相关政策措施，加强与落实科学发展观相适应的体制、机制和规章建设。加强《体育法》和《全民健身计划纲要》的宣传和贯彻力度，争取各级人大开展执法检查，争取各级领导和部门对农村体育工作的重视。

（2）积极引导和加快建设适合农村特点，根植于农民群众之中的各种群众体育组织，发挥以农民体协为主体的各种群众体育组织的作用，形成农村健身组织体系。加强对农村体育工作的领导，把农村体育工作作为省市县群众体育工作的重点，体育、农业、财政、共青团、妇联等部门和组织齐抓共管，形成合力。加大对体育先进乡镇的检查和表彰力度。

（3）要结合农村集镇建设，进一步规划、有目标地建设和改善场地设施，为农民提供体育健身的物质条件。将中国体育彩票全民健身工程资助重点调整至农村，帮助农村改善体育场地设施条件。

（4）积极培训以社会体育指导为主体的农村体育骨干队伍，发挥他们在组织群众开展科学健身中的重要作用。制定全市性的农村体育工作条例或乡镇体育工作条例，保证农村基层体育工作有章可循。

（5）从农村体育的特点和规律出发，努力探索适合农民特点的体育活动形式。

（6）积极推进农村体育的社会化进程，大力提倡社会团体修建体育场所，自办小型竞赛和业余训练，设立健身辅导站。

[作者单位：哈尔滨工业大学（威海）]

重复上访化解机制研究

张惠民

一 近年来威海市影响社会稳定的重点矛盾
纠纷及其构成特点

近几年，威海市和全国、全省一样，既处于经济发展的机遇期、黄金期，也处于社会矛盾的凸显期。为此，从2005年以来，威海市将防范化解社会矛盾作为深化平安威海建设和社会治安综合治理的首要任务，进一步加大信访工作力度，着力健全以市区（开发区）综治办为主的块块排查调处机制和以综治委成员部门为主的条条排查调处机制，大力加强镇（街道）调解中心和人民调解委员会建设，积极推行社会矛盾行政调处机制和镇村人民调解片机制，初步形成了人民调解、行政调解、司法调解三位一体的大调解格局，有效提高了化解社会矛盾的能力和水平。绝大部分矛盾纠纷通过基层、行业的调解和司法程序得到了妥善解决。但是，由于多种原因，目前越级访和集体访仍然居高不下，成为困扰各级党委、政府的一大难题和影响社会稳定最突出的问题。

从2005~2007年的全市信访情况看，有以下三个特点。一是重复信访在信访总量中所占比例较高。全市信访机关受理信访案件的重复率每年都在20%左右，最高年份为40%以上。全市综治部门受理重复访占上访总量的比例每年都在30%以上，最高年份达到60%。二是重复信访在越级信访中所占比例较高。三年中，在威海市发生的197起进京非正常上访中，重复上访97起，占总量的49.2%；在中央、省转来的3170件来信中，重信1968件，重复率为62%。三是重复上访在集体上访中所占比例较高。三年中，威海市共发生集体上访 1087 起，其中属于重复上访的有 287 起，重复上访在每年集体上访中所占比例分别为 24.1%、28.5% 和 26.7%。由此可见，重复访是越级访和集体访的重要诱因，是群众多次上访后问题仍得不到有效解决而矛盾激化的结果。因此，大力加强重复上访化解机制建设，是威海市当前防范化解社会矛盾工作的当务之急，也是减少越级访和集体访、实现到省进京上访"零登记"的必然要求。

二　重复上访产生的主要原因

从调研掌握的情况看，群众重复上访反映的问题 70% 以上具有一定的道理，95% 以上是经基层有关部门处理过但未彻底解决的，90% 以上是依法应当在市以下解决但未解决好的。为什么多次上访却始终得不到解决，致使重复访居高不下呢？我们认为，除了有历史遗留问题疑难复杂、部分问题缺乏政策规定、上访人思想认识存在偏差等客观原因外，在主观方面主要有以下几个原因。

（1）某些承办单位对待交办的信访案件存在重视不够、失之于粗或者不负责任的问题。主要表现在三个方面。一是简单化。对群众反映的问题，主要领导批给分管领导，分管领导批给主管科处室，主管科处室再转给下属单位，如此层层批转，没有认认真真地调查掌握第一手资料，也没有采取必要措施进行公开听证和论证，难以了解事实真相，致使群众反映的问题得不到解决。二是存在厌烦情绪。认为上访是无理取闹，制造麻烦，影响政绩，对待上访群众态度蛮横，不是认真解决问题，而是敷衍了事，导致群众对问题的处理不满意，进而引发重复上访。三是交而不办。市里虽然建立了市直 32 个主管部门按行业排查调处社会矛盾的月报制度，但每年都有一半以上的部门全年矛盾纠纷"零报告"，与此同时，涉及其中一些部门主管范围的上访案件却不断发生，有的矛盾上月通知有关单位调处，下月反而来越级上访。这说明有些部门根本没有认真开展排查调处工作，还有些地方和部门之间由于职责不清、界限不明，存在互相推诿、互踢皮球的现象，千方百计将问题推给其他单位。出现这些情况，究其深层次原因，主要有两条：一是各级目标绩效管理考核中涉及稳定工作的比例偏低，二是干部考核任用与维护稳定工作成效挂钩不紧。这就直接导致了一些领导干部的单纯业务观点，认为只要抓好业务工作就可以一俊遮百丑，即使出现了一般性的刑事治安案件和上访案件也一样可以评先选优，一样可以被提拔重用，从而使各级各部门弱化了对维护稳定工作的重视程度，不愿意拿出很大的精力做过细的思想政治工作、治安防范工作和矛盾纠纷化解工作。

（2）传统的分流交办体制缺乏应有的权威性。现行体制的弊端表现为以下两个方面。一是只交办不调处。信访和综治部门不是具体执法机关，不直接调处矛盾纠纷，一般只是按照"属地管理、分级负责"和"谁主管、谁负责"的原则，对上访案件进行交办、转办，因此一直处于一种被动的境地，既不了解事实真相，也不知道承办单位的办理情况是对是错。二是督办缺乏权威性。信访和综治部门虽然有督办职能，但是对负责查处、解决问题的职能部门缺乏必要的现场监督，对其处理结果不能进行有效的责任查究。有些问题即使形成了调处意见，由于缺乏有效的监督制约，也很难落到实处。尤其是对一些涉及非公有制企业特别是外资企业的重复访问题，解决起来难度相当大，有关部门的责任倒查、党纪政纪处分、社会治安综合治理一票否决对他们已起不到制约作用。而与传统的分流交办形成鲜明对比的是，各单位对领导交办的特别是党政主要领导交办的信访问题，都能够高度重视，及时地予以解决。环翠区涉法涉诉上访老户李某反映区法院判决不公，信访、综治部门前几年多次分流到区法院办理，一直没有结果，李某因此多次进京上访，成为中央督办的重点案件。今年3月，市委常委、区委书记王学文同志亲自主持公开听证，确认了证据认定中的瑕疵，区法院才重新审理改判，使李某彻底息诉罢访。这件事说明了纠正错误的难度和提高督办层次的重要性。

（3）调处机制不完善。当前各级在处理重复上访中，一般遵循"谁的孩子谁抱走、谁的问题谁解决"的做法。这种调处机制存在两方面的突出问题。一方面，调处单位和调处人的设定不合理。案件涉及谁由谁受理、群众告谁由谁调处，很容易因地方和部门保护主义导致调处不公，原调处单位即使知道自己办案有错误也很难纠正，实践中多数承办单位是继续维持原来的处理意见。另一方面，一个单位调处往往受到多方面的制约。由于部门、单位认识水平、法律水平和其他方面的限制，原调处单位往往在认识上跳不出"首因效应"和"刻板印象"的圈子，总是按原来的思路走，总认为自己处理正确，别人是无理上访，并且对上级部门产生误导，重访问题难以解决。环翠区羊亭镇谷某因土地承包问题上访10年，涉案单位一直维持原处理意见。后区委按照回避原则，改由区委政法委采取提级解决的办法，统一组织力量进行调查，发现原处理意见确有不妥并进行了纠正，使谷某息诉罢访。

三 对策措施

党的十七大关于坚持科学发展、构建和谐社会、以人为本、保障民生等战略思想和战略部署的提出，使维护稳定工作的重要性达到了前所未有的程度。胡锦涛总书记要求全党全社会必须把平安稳定当作极重要的民生问题、最基本的发展环境来抓，并强调政法综治工作必须以化解社会矛盾为主线。贯彻十七大精神和胡锦涛总书记的要求，必须把防范化解重复访摆到更加突出的位置，努力减少到市以上越级访，实现集体到省进京上访"零登记"的目标。当前，应围绕化解重复访，重点做好以下三个方面的工作。

（1）积极引导各级各部门高度重视社会矛盾化解工作。为促使各级牢固树立"稳定压倒一切"的意识，从改善民生、保障发展、促进和谐的高度，切实将防范化解社会矛盾、维护社会稳定作为"第一责任"，要调整完善维护稳定工作考核办法，将市级考核延伸到镇、市（区）考核延伸到村，主要考核硬指标、实指标，以增强考核的真实性、约束性；同时，在各级的目标绩效考核细则中增加对平安稳定和综治信访工作的考核比重，以引导各部门各单位重视和做好综治信访工作。要严格落实中央综治委和中组部等五部委关于干部考察和干部使用与维护稳定工作挂钩的规定，对防范化解矛盾纠纷成绩突出的给予表彰奖励、提拔重用，对不负责任的给予通报批评、严肃处理。要进一步加大重访问题处理责任查究力度，由人大、纪检监察部门、政法委等部门共同建立联合督导机制，对每起案件的处理情况进行跟踪督导。对徇私舞弊制造错案导致越级上访，或对群众上访不按规定时限处结的部门和个人，坚决进行责任查究；对因工作不得力、措施不落实造成再次上访的，按规定给予严肃处理。属于党政机关的，严格按党纪政纪进行处理；属于企业的，由综治部门实行一票否决，并由各行政执法部门实行"联动惩处"，或处以罚款，或停业整顿，或吊销执照，或取消市场准入资格，以此警示公众，进一步增强各级各部门各单位关注民生、公正高效处理群众诉求的责任感和紧迫感，从源头上预防重复访问题的发生。

（2）大胆改革现行的社会矛盾调处化解体制。一是建立健全市县两级重复访、越级访直接调处机构。去年以来，我们按照省委"建立新的信访工作秩序，对矛盾纠纷实行统一受理、集中梳理、归口管理、限期办理"的要求，经市委常委会研究确定，在各市区、开发区建立了县级社会矛盾受理调处中心，主要负责就地化解重复上访和到省进京越级访。其中荣成市、环翠区设立了正科级的事业单位，核定专门编制，并研究制定了社会矛盾受理调处中心工作规范，赋予调处中心矛盾纠纷调查权、矛盾处理建议权和对涉案部门的督导权、考核权。一年多来的实践证明，这项改革是成功的。今年 1~4 月，全市和到市重复访分别比去年同期下降了 71.7% 和 56.5%。在今年 5 月份召开的全省社会治安综合治理工作会议上，环翠区社会矛盾受理调处中心建设的经验受到省领导和与会人员的高度评价。根据各市区改革的实践和目前到市去省进京越级访仍居高位的实际，为尽快改变这种局面，建议成立威海市社会矛盾受理调处中心，与市信访局合署办公，同时挂威海市重复上访事项复查复核办公室的牌子，在市委、市政府的直接领导下，专门负责到市以上重复访和到省进京越级访事项的复查复核，研究提出处理意见。二是实行领导同志直接主持调处重大矛盾纠纷。由调处中心排出计划，一般性纠纷由调处中心主持调处，重大纠纷由党委、政府领导主持调处，提高调处主持人的层次和调处工作的公信力，确保调处意见和决议能够落到实处。三是提高重大矛盾纠纷交办督办的权威性。环翠区的做法是成立区社会矛盾调处工作领导小组，由区委副书记担任组长，分管信访工作的常委、分管信访工作的副区长和政法委书记担任副组长。调处中心研究确定的处理意见，均由组长、副组长联合会签，下发到涉案单位承办落实，这种交办模式与综治办、信访局的交办督办相比，具有明显的权威性优势，收到了显著的效果。应借鉴这种做法，成立专门领导机构，把综治办、信访局交办矛盾纠纷改为党委、人大和政府交办、督办，统一签发执行，切实提高交办督办的权威性，以根治推诿扯皮、拖而不办等弊端。

（3）建立有利于社会矛盾就地化解的公正调处机制。一是建立健全联合调处机制。改变过去"谁的孩子谁抱走、谁的问题谁解决"的习惯做法，凡重访案件，每一起案件都应该由 3 个以上部门联合调查、5 个以上部门参与调处，对每一案件的处理意见必须由参与调查、调处的部门联合提出。这样，大家共同调查事实，共同发表意见，由过去的"一家之言"变为集思广益，使问题的处理更科学、更透明、更准确。二是建立健全调查听证机制。要按照不限原调查结论、不限原处理意见、不限原领导表态的"三不限"原则，对每一起案件都进行重新调查，严格做到与双方当事人见面、与原调处单位见面、与相关证人见面的"三个见面"，千方百计搞清事实。对复杂疑难案件和热点、难点问题，要坚持实行听证方法，根据当事人的申请或调处中心认为有必要组织听证的，在调处中心或方便当事人的场所进行公开听证，集中听取多方面的意见和建议，努力查清事实真相。三是建立涉案回避机制。为有效避免重访调处中的地方和部门保护主义，提高化解重复访的公信力，调处中心在调处重访案件中，应积极推行"三个回避"，即涉案单位一律回避，原来主持过该案调处的单位和主管部门一律回避，当事人要求回避的部门一律回避，改为由与上访人无利害关系的部门主持调处。其中，干群关系类纠纷由纪检监察部门派驻人员主持调查、调处，涉法涉诉类纠纷由检察机关派驻人员主持调查、调处，公民与法人或其他组织之间的纠纷以及公民与公民之间的纠纷由司法行政机关派驻人员主持调查、调处。四是建立健全监督制约机制。为了有效防止矛盾调处中不公正问题的发生，将政法委、人大法工委作为涉法涉诉纠纷调处的监督机关，信访部门、监察部门作为公民与法人或其他组织之间纠纷调处的监督机关，信访部门作为公民与公民之间纠纷调处的监督机关，分别对有关机关主持的调处进行现场监督；同时，安排公职律师参加各个机关主持的调处，对所有案件调处全过程进行现场监督。此外，上访人的代理人和有关代表也同时参加调处，充分发表意见，保证调处工作的公开公正。

（作者单位：中共威海市委政法委　课题组成员：王春晓　李　志）

威海海洋生态可持续发展视角下的
沙滩整治方略

左 峰

生态文明建设是以尊重和维护生态环境为主旨，以可持续发展为依据，是实现天人和谐、代际平等、人类长久发展的根基。威海作为一个海滨城市，在生态保护方面取得了一定成绩，但同时其生态可持续发展面临来自内外部的巨大压力。本文立足于威海现有各种资源及所处的发展阶段，根据科学发展观要求，提出合理开发、动态保护沙滩资源是威海提升综合竞争力、实现可持续发展的突破口。

海滩是海岸附近的淤泥质沉积地貌，可分为潮上滩涂、潮间带和潮下滩涂，是由平均低潮线以下的浅水区泥沙质沉积地带到平均高潮线以上的淤泥质沉积地带构成的。海滩砂与浪基面以上的浅水区砂有着密切的联系，砂的运动受控于波浪、沿岸流、潮流等众多因素，海滩砂和近岸浅水区砂始终处于动态平衡之中。这种平衡体系是相当复杂的，不仅仅受控于波浪的垂直海岸和平行海岸的搬运，平衡体系任何一点被破坏都会对整个体系带来影响，而求得新的平衡。从地理范围看，海岸带包括紧邻海岸一定宽度的陆域和海域，包括内陆地区、沿海地区、沿海水域和近海水域等四种类型。海岸带生态系统与海上生态系统一起构成海洋生态系统，同时能对海洋和陆地进行能量交换起缓冲作用。在呼唤绿色，呼唤自然回归的今天，保护海岸生态系统平衡可以实现生态、经济、社会和谐发展。在威海的海岸生态系统中，开发、保护沙滩资源是关键。

威海依山傍海、山海相融，近年来先后被授予"全球改善人居环境范例城市""国家级园林城市"等荣誉，整治威海沙滩可以促进滨海旅游业发展，建设独具魅力的滨海精品城市。

一 威海沙滩资源现状分析

威海市位于山东半岛东端，地处北纬 36°41′~37°35′，东经 121°11′~122°42′。北东南三面濒临黄海，北与辽东半岛相对，东及东南与朝鲜半岛和日本列岛隔海相望，西与烟台市接壤。东西最大横距 135 公里，南北最大纵距 81 公里，总面积 5436 平方公里，其中市区面积 731 平方公里。海岸线长985.9 公里，岸线曲折，岬湾交错，主要岬角 20 多个，较大海湾 30 多个。岛屿众多，大小岛屿 104 个，面积 11.6 平方公里，岛岸线总长 141.7 公里。辖荣成、文登、乳山三市和环翠区。

威海市不仅有优越的地理位置，同时还拥有优越的自然资源条件，沿海一线属典型的北温带季风型海洋性气候。所属海区处黄、渤海的接合部，四季水温波动范围 1~25℃之间，海洋动植物资源十分丰富，拥有山东省三大渔场中的烟威、石岛两大渔场。沿海海域常见经济价值较高的水生动物有 70 多种，盛产小黄鱼、带鱼、鲅鱼、鲐鱼、鳓鱼、黄姑鱼等。

威海市的沙滩资源特别丰富。威海市海岸线长 985.9 公里，主要属基岩港湾型海岸，岸线曲折，沿线沙滩、港湾、岬角、海岛、岩岸、险滩、松林、温泉相间分布，具有世界海滨最典型的自然风貌。经初步统计，市域优良海湾达 36 个，海湾内遍布沙滩，沙质良好（主要由中细砂组成）、面积较大，海滩坡平面阔。市区几处海水浴场、东环海路沿线海滩（泊于—朝阳港—成山头—花斑彩石）、荣成桑沟湾海滩、月湖海滩、乳山湾白沙口海滩等是典型代表，是国内甚至是国际最佳岸线之一，是天然海滨度假旅游带。

（一）沙滩开发利用处于粗放阶段，布局结构不合理

（1）沙滩资源利用不充分。目前只对少数沙滩进行了开发利用，远离城镇的沙滩大多处于轻度开发或尚未开发状态。

（2）岸线利用无序。海岸线部分开发建设活动和海上养殖业对沙滩、沙丘系统造成的建设性破坏，岸段上建筑物杂乱无章，侵占海滩面积，人为造成海岸空间缩减。

（3）受季风气候的影响，威海的旅游旺季和淡季分明。夏季为旅游旺季，威海附近的海滩旅游资源存在过度开发利用问题，夏季人满为患。海滩旅游资源的过度开发利用带来的副效应十分明显，海水浴场水质下降，氨、氮和含硝酸盐量超出国家海水浴场水质标准。同时受游人较多的影响，海滩人为

污染加剧，本来纯净的海滩砂中混入一些香烟过滤嘴头、饮料瓶盖、食品碎屑、水果瓜皮碎屑等。受海滩狭小旅游空间的影响，多数游客会感到旅游的效果不太理想。

（二）对沙滩资源保护乏力，沙滩资源遭受严重破坏

威海市位于胶东半岛，旅游环境优越，气候宜人，是中国北方沿海避暑、观海、度假等旅游活动最佳旅游地之一。但是由于近年来威海城市化进程加快，城市建成区面积从2000年的43.15平方公里迅速扩展至2006年末的92平方公里。城市的不断扩大，人口的增加，城市的大部分空间被密集的建筑物和铺装路面所覆盖；工业生产的快速增长产生了大量的排放物；资源的大量消耗导致了大量的废弃物；随着人们生活水平的不断提高，生活废弃物的排放量不断增多；为了满足城市生产、生活所必需的大量人流、物流的流通需要，建设了大量的交通设施；交通的便利，加剧了污染程度；密集的路网破坏了生态系统的自然循环体系，降低了自然环境的调节净化能力，诸如此类问题不一而足。但毫无疑问的是，它们都或直接或间接或重或轻地损害着海洋生态环境。特别是威海市的海滩与沙丘受到破坏。由于海滩与沙丘是海岸带动态系统不可或缺的重要组成部分：海滩不仅是重要的海滨旅游资源，能够满足人类的海滨休闲需求，而且在维护海岸带的自然水动力平衡、阻止海岸蚀退方面起着非常重要的作用；沙丘是抵御风暴潮和海滩蚀退花费最少、但也是最为有效的自然弹性防护屏障。海岸带海滩与沙丘系统面临的问题主要表现为各种开发活动造成的建设性破坏。其具体表现如下。

（1）滨海大道建设对海滩和沙丘的破坏。海岸带海滨道路等基础设施建设，由于引导不当，对海洋生态危害极大。首先，道路布线过于靠近海滨，道路线型追求平直顺畅；其次，已建和在建的海滨大道往往都采用双向4~6车道的断面组合，宽度在25米以上，割断了内陆地区与海滨之间有机的联系；最后，如此之宽、之直的海滨大道，事实上更多地承担了各沿海城市的过境交通功能，而其海滨观光功能往往在快带的过境交通作用下基本无法实现。威海滨海大道2004年开工建设，目前不合理的道路布线和断面设计已造成海岸带多处海滩和沙丘的破坏。其一，部分路段直接在海滩和沙丘上布线。首先是破坏了海岸沙丘的自然形态和植被，影响海滩/沙丘生态系统的完整性，同时改变了海滩/沙丘系统的自然动力过程，阻断了海崖侵蚀等对海滩/沙丘的泥沙供给，将加剧海滩的蚀退进程；其次是造成自然景观的人工化，直接影响自然海滩的景观质量和魅力。其二，道路过宽（采用双向4车道道

路断面形式，宽度在 25 米以上），道路线型追求平直顺畅，交通快速化，将使滨海大道实际使用功能偏离原来的景观道路功能为主的初衷，更多地承担起联系威海各市、区的过境交通功能，不仅会带来环境和景观问题，还割断了内陆地区与海滨的有机联系。

（2）近岸养殖业发展对海滩和沙丘的破坏。近岸养殖业发展对海滩和沙丘的破坏十分普遍：紧临海滩/沙丘或直接在海滩/沙丘上建设工厂化养殖厂房、冷藏库及挖掘养殖池等养殖设施，几乎成为威海近岸养殖业发展的"通用"模式。这一现象在近岸养殖业最为发达的威海荣成岸段及文登市的万亩金沙滩等岸段表现得尤为明显。

（3）城市建设对海滩和沙丘造成压力。城市建设活动过度逼近海滩和沙丘或采用不合理的海滩/沙丘硬化措施，致使海滩/沙丘系统破碎化，沙丘植被被毁，沙丘退化，从而影响海滩/沙丘系统的稳定性，加速了由风和海浪侵蚀造成的海滩的损毁。这些建设活动包括城市道路、海滨旅游度假设施的开发、硬质护岸的修建等。

（4）海滩和沙丘的蚀退。威海海岸带砂质海岸有三个较严重的蚀退区域。

荣成大西庄一带：蚀退速率 1.0 米/年。近 20 年蚀退了数十米，大片防护林随沿岸沙堤和海岸沙丘塌入海中，岸边形成了 2~3 米高的海蚀崖。（见图 1）

图 1 荣成大西庄一带砂质岸线（荣成马家疃沙滩）

文登五垒岛湾一带：蚀退速率 1.5~2.0 米/年。近期受侵蚀后退，其中黄垒河口一带最明显，沿岸沙堤被切割，20 世纪 50 年代初建于距岸线 50 米的沿岸沙堤上的碉堡早已塌入海中，沙堤前缘形成侵蚀陡坎。（见图 2）

图2 文登五垒岛湾一带砂质岸线

乳山白沙口一带：蚀退速率1.5～2.0米/年。近期受侵蚀后退。（见图3）

图3 乳山白沙口一带砂质岸线

（5）采砂活动对海滩和沙丘的破坏。目前砂石的采挖基本上处于无序、无度状态。盲目地大规模采挖砂石，破坏了动力与岸滩的平衡，引起岸滩侵蚀。近20年来过量采挖海沙，使海滩附近海洋的自然动力条件失去平衡，导致部分海岸侵蚀严重，海岸后退几十米到几百米不等，出现了沿海农田被毁、防护林被淹、工程设施倒塌等严重后果。

滨海砂矿主要是工业用砂和建筑用砂，但因不注意合理开采，造成海岸破坏、国土流失的严重后果。如蓬莱水道，采挖近岸的海中沙质，去掉了阻浪消浪的屏障，导致蓬莱西庄海岸塌陷。

河流输沙是岸滩砂的主要来源，随着河流上中游水资源开发利用程度加大，加上人工开挖河沙量的增加，使河流输沙量大为减少。黄河 1950～1979 年平均入海泥沙（利津站）为 10.8×108 t/a，20 世纪 80 年代入海泥沙仅为 7.6×108 t/a。河流输沙量的减少，破坏了海岸的稳定。黄河三角洲除现入海口附近 20 千米范围内淤涨外，其他岸段以蚀退为主。大口河口至顺江沟岸段蚀退率为 1m/a，顺江沟至神仙沟岸段蚀退率为 100～150m/a，其中沟河河口 1976～1981 年后退达 6 千米。采砂活动对威海海滩和沙丘的破坏主要集中在下述岸段：市区东部崮山镇至荣成成山镇岸段；文登黄垒河河口、五垒岛岸段；乳山白岸段。具体包括：威海中央影视城以西沙滩的盗沙现象；威海牛鼻咀至朝阳港区域内沙滩的盗沙现象；荣成靖海角以东沙滩的盗沙现象；文登五垒岛湾以西沙滩的盗沙现象；文登黄垒河河口以东沙滩的盗沙现象。

所以虽然威海市拥有丰富的沙滩资源，但是也存在不少的问题，总体而言，可以归纳为存在以下四个问题。第一，沙滩资源利用不充分。目前只对少数沙滩进行了开发利用，远离城镇的沙滩大多处于轻度开发或尚未开发状态。第二，岸线利用无序。海岸线部分开发建设活动和海上养殖业，对沙滩、沙丘系统造成的建设性破坏，岸段上建筑物杂乱无章，侵占海滩面积，人为造成海岸空间缩减。第三，液体、固体污染对近海海域、沙滩造成破坏。海滩上散布多处排污口，部分生活、工业污水未经处理或处理不达标，直接排放至河流、泻湖或大海，造成沙滩质量退化。部分岸段存在随意倾倒建筑垃圾现象。第四，灾害性气候对海岸线的侵蚀破坏。在全球环境压力下，灾害性气象活动频繁。台风引发的风暴潮对海岸护堤的破坏以及洋流对沙滩的侵蚀加剧了海岸线资源的流失。

为了充分利用威海的自然资源，推动威海经济的可持续发展，并且实现生态环境和经济发展的双赢，威海市应该对现有的沙滩资源进行合理的规划和整治。

二 沙滩保护与开发的理论基础

（一）生态系统理论

生态系统是把系统论及其方法引入生态学研究，1935 年 A. G. Tasley 提出了生态系统的概念，此后人类对生态理论进行了广泛研究。从整体上，生态系统具有开放系统和控制系统的特征，即依赖于外界环境同时对外进行反馈调节。生态系统能够在一定水平上进行调节从而保持系统自身的稳定性，然而，一旦超出自身运行极限，其稳定性就会受破坏。生态系统还具有整体大于部分之和的特性。早期的生态学研究的是生物群落及其环境相互作用的规律。

随着社会经济的发展，人类对自然资源的掠夺、对生态环境的破坏使环境质量显著下降，人类生存受到威胁。国际生态经济学会主席 Costanza 1997年用生态经济学方法估算出，全球生态系统服务功能的经济价值的下限为33万亿美元，大约是全世界年国民生产总值的2倍。也就是说，全球每年所得的经济资产是用2倍的生态资产换来的。为了实现人类可持续发展，生态伦理逐渐被人们重视。在自然生态学基础上，现代生态学产生，该理论提出了人类复合生态系统，强调以人类为中心，环境是生态系统各要素的总和，以及主体对象和生态系统之间的联系。整个生态系统按人类对它的影响分为自然生态系统和人工生态系统，环境便分为自然生态环境和人工生态环境，前者如森林生态环境、草原生态环境、湖泊生态环境等，后者如农业生态环境、城市生态环境、社会－经济－自然复合生态环境。生态学在层次上便可概括成三个子系统：自然子系统、经济子系统和社会子系统。现代生态学是把人类整体的长远生存利益作为生态道德行为的终极目的和尺度，把人道原理作为生态伦理学深层的价值论基础，是可持续发展的理论基础。

生态系统是有生命系统及其生存环境在特定空间组成的具有一定结构和功能的系统。在生态系统中，生物间、生物与环境以及环境各因子间相互影响制约，形成一个动态平衡体系。生态系统结构由生物因素和非生物因素决定。随着时间变化，生态系统进行物质能量运动转化，维持着物种多样性。生态系统可以分为自然生态系统、人工生态系统和半自然生态系统。自然生态系统有水生生态系统和陆地生态系统、湿地生态系统。人工生态系统是以人类活动为中心，由自然环境、社会环境和人类三部分组成，三者相互影响相互制约。在这个系统中，人类经济社会活动和人类自身的再生产是决定因素。

在一定时期内，系统的能量运动和物质循环在较长的时间内保持稳定，即生态系统平衡。生态系统平衡是经过环境中发生的一系列物理化学生化变换实现的。当自然因素、人为因素破坏生态系统结构功能时，会使生态系统平衡的动态机制遭到破坏从而出现环境恶化，生物物种种类、数量减少等生态危机，进而间接或直接危害人类自身发展的基础。生态平衡是一种客观存在。人类应在生态学原理基础上规划经济活动，建立生态系统的最佳平衡。

在生态系统理论和概念的基础上，人类继续研究了生态系统服务功能及价值评价方法。生态系统服务功能是指生态系统与生态过程所形成及所维持的人类赖以生存的自然环境条件与效用。1981 年，生态学家 Ehrilshi P. 首次使用"生态系统服务"一词。1995 年，Costanza R. 等人将全球生态系统服务划分为 17 类，包括大气调节、气候调节、干扰调节、水调节、水供给、侵蚀控制和沉积物保持、土壤发育、营养循环、废物处理、受粉、生物控制、庇护所、食物生产、原材料、基因资源、娱乐、文化，同时对生态系统服务价值进行研究。在 1997 年，Daliy 指出：生态系统服务是指自然生态系统及其物种所提供的能够满足和维持人类生活需要的条件和过程。生态系统服务功能的价值可以分为直接利用价值、间接利用价值、选择价值与存在价值。对生态系统服务价值的评价方法有市场价值法、边际机会成本法、费用支出法、条件价值法、影子价格法、恢复和保护费用法等。

生态系统具有服务功能，是人类生存发展的物质基础。生态系统的平衡是由自身的自我调节能力、自我净化能力、承载能力和环境因素共同决定的，而任何一个生态系统的自我调节能力都有一定限度，一旦超出这个限度，生态平衡就会遭到破坏。生态系统的脆弱性要求人类要利用与保护相结合，短期利益与长期利益结合。脆弱性是生态系统固有的特征，反映了群落、物种对周围环境变化的敏感程度，是内外因相互作用的结果。当生态系统所受到的内外作用力超过其自身限度时，便会出现生态失衡，生态系统退化。对生态脆弱性的评价可以用环境因子进行。

海洋生态资源系统是参与人类社会的生产消费和生活消费过程的一切海洋生态系统要素的总和。海洋生态资源系统是海洋生态系统的一个重要组成部分，是那些已经或正在被人类认识，正在或即将参与国民经济运行和人类生活消费的那部分海洋生命要素和海洋环境要素的总和。海洋生态系统的另一部分则是那些尚未被人类认识和利用的，以潜在海洋生态资源形式存在的系统。

沙滩是近海岸生态系统的一部分，连接海洋生态系统和陆地生态系统，是海陆生态交错地带，因此受陆地海洋双重影响。为实现沙滩资源的保护利用，必须对其所处的生态系统进行分析，找出脆弱根源，结合生态系统承载力和阀值，综合计算资源总价值，做到保护得当、开发合理有序，注重资源、人与社会的统一，寻求生态利益、经济利益和社会利益的最佳组合。

（二）环境科学理论

环境系统是各种环境要素及其相互关系的总和。环境要素是构成环境系统的子系统，每个环境要素都是由许多要素组成。环境系统具有整体性、地域差异性、变动性和稳定性、资源性及其有限性。人类借助各种传统的和现代的技术，把无数自然生态系统变化为半自然生态系统和人工自然生态系统，并在更大范围和更深层次上，影响和改变着整个生态环境乃至生物圈。

环境质量是环境系统的内在结构和外部所表现的状态对人类及生物界生存发展的适应性。环境污染和环境退化是由自然过程和人类活动所造成的环境质量系统或环境要素结构的变化，从而表现出不良状态。环境价值反映人们对环境质量的期望程度、效用要求、重视或重要程度的观念。人类逐渐由最初的忽视环境价值到认可其价值是一个痛苦的、漫长的进步过程。环境质量评价是研究人类环境质量的变化规律，评价人类环境质量水平并对环境要素或区域环境的优劣进行定量描述，也是研究改善和提高人类环境质量的方法和途径。环境质量评价包括自然环境和社会环境两方面，在环境评价中环境指数被广泛应用。沿海及近海地区多数是生态脆弱区，对环境变化极为敏感，是世界银行和亚洲开发银行要求特别关注的社会经济敏感区。

（三）比较优势及竞争优势理论

1. 传统的比较优势

传统的比较优势概念源于李嘉图的比较成本说。比较优势指各国、各地区在土地、劳动力及金融资本等有形资源禀赋上存在差异，而使一个国家可以在某类产品的国际贸易中形成比较生产费用优势，据此说明其参与国际分工的依据和条件。

我们将此理论套用过来来说明威海将来的发展要依靠威海本身的资源禀赋优势。前文说到威海市沙滩资源特别丰富，这是大自然赋予威海本身的资源禀赋优势，是我们最大的比较优势，是威海未来发展的潜力所在。当前，世界旅游业处在由观光旅游向休闲度假、体验旅游转型期。海湾、沙滩、海水是新型旅游产品开发最优良的资源，而这些恰恰是威海最大的自然资源优势。

2. 竞争优势

20世纪80年代以来，美国经济学家麦克尔·波特提出了竞争优势的概念。竞争优势是一个国家在世界市场竞争中显现的优势，是其生产力发展水平的标志。竞争优势概念的革命性在于它是从现代市场观念的高度描述的，因此可以用市场份额等指标定量表示优势的程度，又可以用影响市场需求、激励竞争机制环境的形成等诸多因素，切实找到提高竞争优势的途径和方法，因此比比较优势概念又跨越了一步。竞争优势可以细分为产品、产业及国家三个层次。

（1）产品的竞争优势。对一种产品而言，竞争优势反映的是产品的实际价格、实际质量、实际的品种档次及服务水平等综合体现的市场竞争力，并且可以用市场占有率及资金利润率等经济效益指标来比较。这种竞争力受产品的成本、包装、品牌、营销策略、销售渠道、广告宣传、企业家的胆识和谋略等多种经营因素制约。

（2）产业的竞争优势。产业的竞争优势是指产业内产品竞争优势的集合，与产业结构演变规律及一个国家在工业化进行中所处的阶段密切相关。从逻辑推理上讲，竞争优势产业应是该国、地区的主导产业，才能更好地发挥比较优势，实施资源优化配置，以最低交易成本实现经济增长。从产业结构演变规律上看：工业由以轻工业为中心的发展向以重工业为中心的发展推进时，竞争优势由轻纺工业向重工业转变；在重工业化过程中，竞争优势产业由原材料工业向加工装配业转变；在高加工度化过程中，竞争优势产业由低技术产业向高新技术产业转变。当前工业结构明显趋向技术、知识的集约化。

（3）国家竞争力。波特把一个国家的竞争优势看成是企业、行业的竞争优势。实际上国家的竞争优势可理解为产业竞争优势的集合，表现为一个国家在国际市场上的综合经济实力。

拥有比较优势并不等于拥有竞争优势。比较优势是一种潜在的优势，往往表现为某一要素禀赋相对丰富，而使其在国际分工中扮演着某种特定的角色。但竞争优势是一种实际显现的竞争能力，是生产力各构成要素综合协调的结果。

2007年威海市经济工作会议强调要加强对近岸海域、重点流域和饮用水源地的保护和精品城市建设。因此开展海洋生态整治、沙滩治理既符合威海市海洋战略目标，也是实现精品城市可持续发展的重大基础保障工程。威海要通过产业结构调整，发展沙滩经济、加强第三产业发展来实现比较优势向竞争优势的转化。

三　国内外沙滩保护、优化措施的案例研究

在海岸线外一定距离的海域中建造大致与岸线相平行的防波堤，在海港工程中称为岛式防波堤，而在海岸防护工程中称为离岸式防波堤（offshore breakwater，简称离岸堤）。通常，岛式防波堤建于较深的海域，以使其后侧有足够的港口水域面积；而离岸堤则建于离海岸线较近的相对浅水海域，以

形成海滩的有效保护。

（一）海岸防护的基本方法

海岸防护的基本方法有建造丁坝、离岸堤和护岸等海岸建筑物，以及采取人工海滩补沙措施等 4 种。

1. 丁坝

丁坝是一种大致与海岸线相垂直布置的海岸建筑物。从岸线向海，丁坝的长度可取为当地波浪破碎带平均宽度的 14～16 倍。丁坝将部分地拦住在破波带内的沿岸输沙。对于单座丁坝建筑物而言，拦截沿岸输沙的结果将在丁坝的上游侧发生淤积，而在下游侧发生冲刷。为了保护一定长度的海岸线，将需沿岸线建造多座丁坝，形成丁坝群。丁坝的间距可取为丁坝长度的 1～3 倍。被丁坝群拦截的沿岸输沙将沉积在丁坝群的上游侧以及各座丁坝间的滩面上，从而使该段海岸不再被侵蚀。采取丁坝群作为海岸防护措施时，应注意防止丁坝群下游侧海滩的侵蚀问题。丁坝群适宜建造在以沿岸输沙为主，且输沙主导方向明显（即主要为单向输沙）的情况。丁坝群对以横向泥沙运动（即向岸－离岸输沙）为主的海岸基本上无效。

2. 离岸堤

当在离岸一定距离的浅水海域中建造大致与岸线平行的离岸堤后，由于堤后波能减弱，因此可保护该段海滩免遭海浪的侵蚀。在离岸堤与海岸线间波浪掩护区内，沿岸输沙能力也将减弱，促使自上游侧进入波影区的泥沙沉积下来。离岸堤主要适用于以横向泥沙运动为主的海岸，对于拦截沿岸输沙也是有效的。离岸堤可为单堤，也可布置为间断的形式，即每两道堤间有一口门的分段式离岸堤。在上游有足够来沙的情况下，粗略地说：当单道离岸的离岸距离 XB 与堤长 LB 的比值在 1～2 时，堤后将形成由岸伸向海的沙嘴；当 XB/LB ＜ 1 时，沙嘴将发展成连岛沙坝。

离岸堤的下游侧，由于部分沿岸输沙被截，也存在岸滩侵蚀的问题。实践表明，分段式离岸堤对下游侧岸滩的影响将比总长度相同的单道堤的情况下小。

3. 护岸

护岸是建造在海滩较高部位用来分界海滨陆域与海域的建筑物，它的走向一般大致与海岸线平行。护岸只能保护其后侧的海岸陆地。对于护岸前的海滩，由于护岸对波浪的反射作用，通常会使侵蚀加剧。因此为了海岸防护的目的，护岸不宜单独采用，而是常与丁坝系统或是人工海滩补沙措施等综合使用。

4. 人工海滩补沙

对于海滩侵蚀的最自然的对策，是从海中或陆上采集合适的沙料补充到被蚀的岸滩上。海滩补沙已被证明是一种经济有效的方法，而且它对下游岸滩的影响也比其他方法小。但是人工海滩补沙不是一种永久性的海岸防护方法，因为人工补充的沙料仍遭到海浪的冲刷。第 26 届国际航运会议有关海滩补沙技术议题组的一条结论意见是：对于沙质海岸进行的海岸补沙，在需要时可与建造短而低的丁坝群或离岸堤相结合，并成为一种经济的方案。

（二）国内外沙滩保护、优化措施的案例研究

在沙滩保护方面，欧洲、北美、亚洲等海滨休闲旅游一线国家、地区有很多成功经验。欧洲主要集中在地中海沿岸（如西班牙巴伦西亚市、意大利罗马西部岸线、法国戛纳）和西北欧沿海国家（如荷兰海牙、德国北部岸线），北美主要是在西海岸，亚洲主要有日本的濑户内海、千叶鹿岛滩南部，新加坡的圣陶沙岛。此外，亚洲的日本、新加坡和我国大连在这方面也有成功实例。

通过对国内外沙滩保护案例的针对性研究，我们总结这些近海保护、优化沙滩工程设施具有以下特点和其他作用。

1. 连续垂直海岸式固沙、造沙工程的区位及作用

大多数采取连续垂直海岸的固沙、造沙工程，通常依托大中城市，并距市区或市中心有一定距离，其岸线较为顺滑。区位特点表明这些区域符合以休闲旅游为目的的活动要求。这些近海工程设施经过一段时间后将会形成若干连续海湾，增加了海滩宽度，可营造一定范围的积极空间，使活动具有领域感，增加近岸水流的稳定性。如新加坡、大连（见图 4、图 5）。

经过改造之后，占地面积 110 万平方米的全亚洲最大的城市广场——星海广场成为大连市最具标志的城市名片，对大连市的旅游业起到了巨大的推动作用，促使旅游业蓬勃发展。从 2007 年的统计数字来看，全年共接待国内游客 2480 万人次，比上年增长 15.3%；接待海外游客 84 万人次，增长 20%。实现旅游总收入 325 亿元，增长 25%。其中，国内旅游收入 281.5 亿元，增长 26.3%；旅游创汇 5.8 亿美元，增长 25%。截至年末，全市拥有旅游宾馆（饭店）206 家，增加 16 家，其中星级宾馆（饭店）166 家，增加 7 家；旅行社 378 家，增加 5 家。大连市获得"中国最佳旅游城市"称号。旅游业的发展也推动了大连市国民经济持续快速健康增长，2007 年创造的地区生产总值为 3131 亿元。

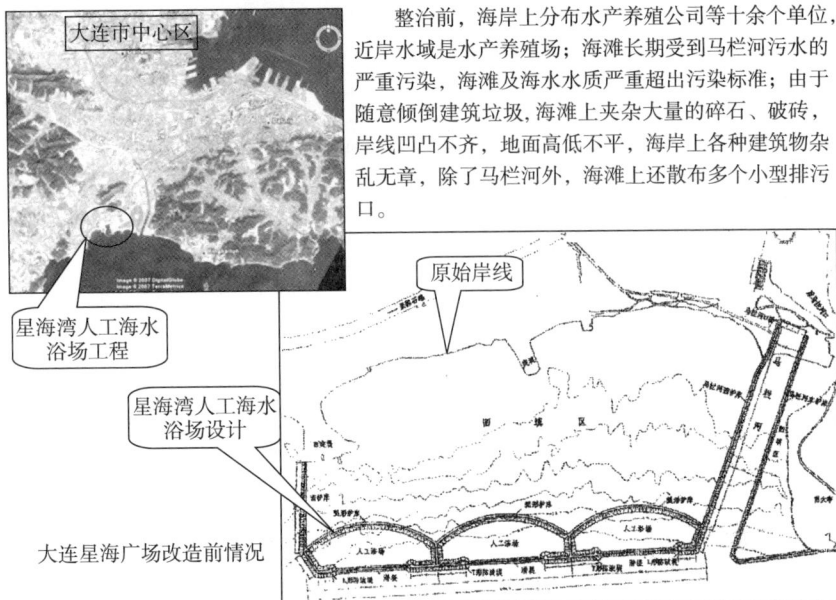

整治前，海岸上分布水产养殖公司等十余个单位，近岸水域是水产养殖场；海滩长期受到马栏河污水的严重污染，海滩及海水水质严重超出污染标准；由于随意倾倒建筑垃圾，海滩上夹杂大量的碎石、破砖，岸线凹凸不齐，地面高低不平，海岸上各种建筑物杂乱无章，除了马栏河外，海滩上还散布多个小型排污口。

图4 连续垂直海岸式固沙、造沙工程实例——大连市

图5 建成后的大连星海广场及人工浴场

2. 市区内的近海工程设施通常属复合性工程

在市区内的护沙、造沙近海工程设施往往具有其他作用，属复合性工程。有的与港口的海堤、护岸相结合；有的与区域环境改造相结合；有的与海湾形式优化相结合；有的与海上观光游憩建筑物、构筑物等具体项目相结合；还有的与游船下水上岸坡道等设施相结合（见图6）。

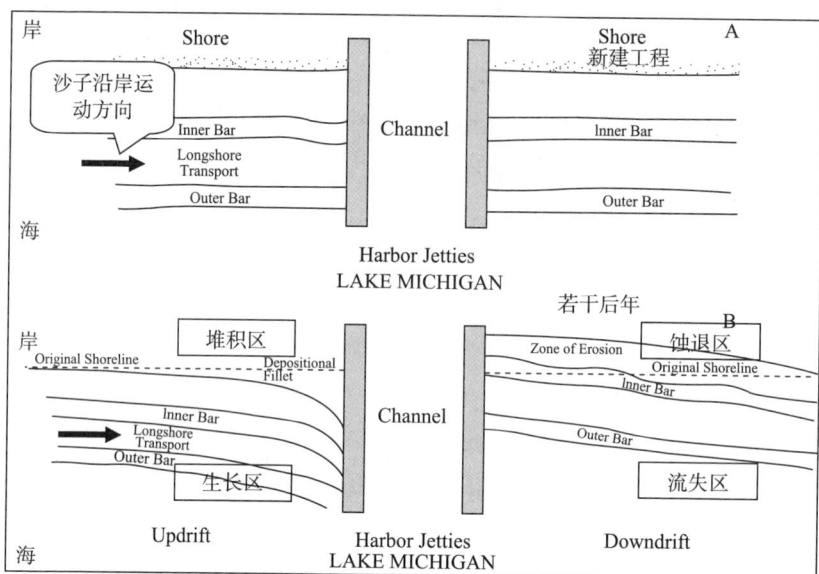

图6　工程设施对沙滩的影响

沙滩保护措施在护沙造沙的同时还成为旅游观光的平台，是连接陆地与海洋的纽带。如洛杉矶的水上平台、海牙水上平台（见图7、图8）。

图7　洛杉矶水上平台

图 8 海牙水上平台

从 2005 年起，上海投资 50 亿元，在奉贤区东海杭州湾辟出 13 公里长的海岸线，建造全国最大的人工沙滩——"碧海金沙·黄金海岸"，为达到预期效果，花费大量资金，采用多种技术，将浑浊的海水和滩涂变成水清沙细的"碧海金沙"。第一期"碧海金沙水上乐园"约有 6 万平方米游泳区，能够同时容纳 1 万人游泳戏水。而在游泳区外的 60 多万平方米的海域中，则有各式水上娱乐活动供游人选择。

人工沙滩"碧海金沙"的资源品质与自然沙滩没办法相比，但仍获得了相当程度的认可，由此可见沙滩在滨海旅游当中的地位。对于像威海市这样拥有良好自然沙滩资源的区域，更应做好沙滩的利用与保护工作。

3. 在泻湖、湿地和河流入海口处建设引堤的作用

通过在泻湖、湿地和河流入海口处建设引堤，可减少或防止沉积物在入海口处沉积。对河流而言，可防止河口三角洲的形成，避免河口附近沙滩的破碎化；对泻湖、湿地而言，可扩大其纳潮量，提高水交换能力，防止水质恶化。如洛杉矶的引堤建设（见图 9）。

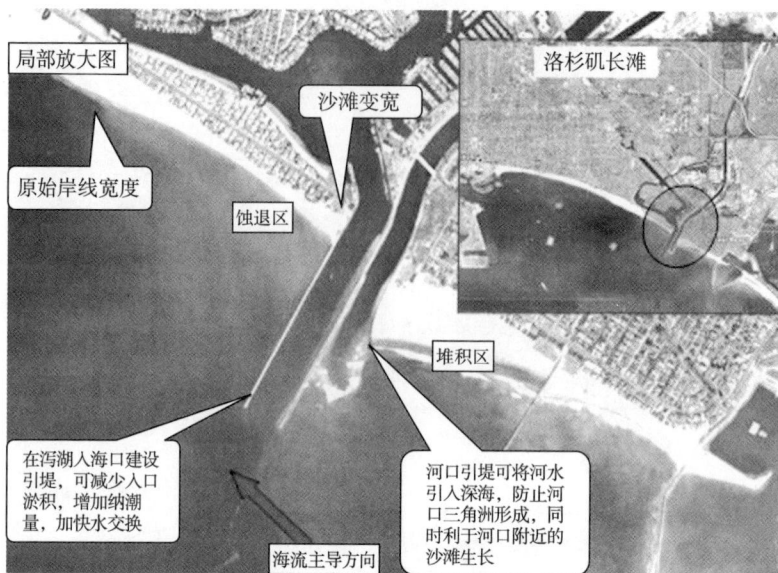

图9 泻湖、河流入海口处理实例——洛杉矶

注：国外针对河流、泻湖、海湾入海口处建设引堤的作法较为普遍，建议对威海市海岸线类似地方也采取此类工程设施。

四 开发保护威海沙滩的现实必要性

（一）面临"零开发、负收益"的尴尬

海洋水体的联动性和连贯性，把海岸带、海区、大陆架连为一体，从而使沿海地区通过海洋间接连通。海洋资源是公共性资源，这决定对其开发利用上共享性与竞争性并存。各开发主体作为理性"经济人"都想从开发中取得最大化利益，极力避免支付保护治理成本。然而海洋水体跨区域流动性强，一个地区某一海域的污染会使其他地区海域受到同样经济损失，这不以个人意志为转移。海洋资源收益的弹性和保护支出的刚性挑战着滨海地区的可持续发展。

由于近海岸带生态系统的特殊地理位置，沙滩受到海陆污染物的双重直接影响。海水在完成物质能量交换的同时也进行着污染物的跨区域转移，在近岸流的作用下使污染物在沙滩逐渐累积，最终沙滩因污染变色，浅水中微生物减少或消亡。如近几年威海海岸边石油污染等。然而，威海却要对这种漂移污染支付治污成本，否则要承担环境退化损失，这虽违背谁污染谁治理

原则，却在情理之中。以邻近的滨海城市甲、乙两地为例，假设所有资源禀赋、产业情况等都相同。甲决定开发沙滩用于旅游或是其他用途，每年收益为 Y_1，同时拿出 C_1 作为沙滩保护费用；乙实行的是零开发政策。由于海上污染加重，现在甲乙为使近海生态环境不退化，必须拿出 C 来支付治理附在沙滩上的海上污染物。对甲来说，其每年净收益是 $Y_1 - C_1 - C$，乙净收益是 $-C$。比较可知只要其净收益不小于零就可实现经济社会生态的可持续发展，然而乙却会因为长期只支付治污成本而经济资源枯竭，一旦此情况出现，生态保护必然会因没有后盾支撑而搁置，生态退化变成必然。

（二）竞合策略的必然选择

威海处于黄渤海区，临近烟台青岛，与日本韩国隔海相望。由于地理上的接近，威海与烟台、青岛存在激烈的竞争，这是不争的事实。然而，烟威地区经济社会各方面又存在合作关系。这种既竞争又合作的复杂关系即为"竞合"关系，常用竞合对策博弈模型对此分析。假定两个滨海地区 A_i（i = 1，2）是相互竞争的，为了各自生存和发展，针对沙滩资源（不妨以沙滩旅游开发为例）各自情况采用不同策略增强竞争力。可供选择的策略是：成本策略、价格策略、开发策略、服务策略。在一定时期内，对两地的沙滩旅游需求 Q（包括固定需求 Q_0 和变动需求 Q_i）是一定的。由于各自生态系统承载力、沙滩资源现状的限制，两地最大容量一定，在长期内各自可以通过开发策略提高容量。在一定时间内一地的策略选择会影响竞争对手，为此另一地会相应做出抉择以保持原有的竞争势态和自身优势，即为动态竞争性对策模型。

两地竞争所争夺的其实是变动需求 Q_i，是通过价格、服务和开发策略取得的。沙滩保护开发成本 C 随需求量的变化而变化，可分为固定成本 C_0 和变动成本 C_i，其中 C_i 受沙滩旅游服务质量和沙滩开发治理保护策略的影响。沙滩旅游服务质量越高，则变动成本越大；开发治理保护水平越高，变动成本会降低。两地利润是收入与成本之差。青岛地处山东半岛南部，三面环海，是山东省沿海流域最大的出海口，海岸线总长 862.64 公里，其中大陆海岸线 730.64 公里，沿海滩涂 3.8 万公顷，浅海水面 5.8 万公顷，水质肥沃，海洋价值丰富，同时青岛海洋科研机构众多，经济实力雄厚，为海洋空间开发保护提供强有力支持，"虹吸"周边旅游需求，对周边滨海城市海岸带尤其是海岸旅游带来一定压力。

然而威海、烟台、青岛等黄渤海沿海地区间的竞争只是现有资源的重新分配问题，不会增加沙滩旅游总收入，同时都面临日本韩国沿海旅游开发的激烈竞争。韩国浅海滩涂广阔，利用率高，海水浴场主要分布在东、西海岸，全国共 80 多个海水浴场。济州是韩国最大的海岛，素有"东方夏威夷"之称，拥有美丽而细软的海滩；釜山有韩国最大的海水浴场及疗养胜地——海云台。现在韩国海外旅游已成为重要产业部门之一。

若山东各沿海城市采取合作策略，可以把它们看成一个虚拟的海滨城市 A，由各地综合情况制定最优策略。若采取内部合作策略可以避免批次间相互压价的恶性竞争局面，使各地根据成本、地理位置、资源优势，制定合理的价格。同时增强辐射范围，形成规模经济效应，降低平均成本。因此，要紧紧联系青岛、烟台，提升山东省滨海城市整体竞争力，同时加强与大连等地的联系，提升黄渤海区的国际知名度，在维护区域共同利益的基础上，形成竞争性合作关系，共同开拓服务领域，形成区域规模，参与国际竞争。

沙滩开发与保护也是威海主动遵循一体化和协同发展的原则，打破行政区划界限，加强旅游合作，打造"黄金海岸"线，实现与周边城市产业对接，积极融入全省"一体两翼"区域发展格局的战略性选择。

五 威海沙滩资源开发保护的原则

（一）坚持生态效益、经济效益和社会效益统一的可持续发展原则

沿海地区是当今最发达的全球性旅游带，旅游业发展过程中依托滨海海滩旅游资源进行的海岸带旅游综合开发，最能体现旅游业投资少、见效快、收益大的经济特点。所以，发达国家十分重视对滨海海滩资源的合理开发利用和保护，以确保滨海旅游资源的可持续开发利用和旅游业的可持续发展。海岸可持续开发（sustainable coastal development）是当前国际学术界十分活跃的领域，服务于海岸可持续开发的海岸带管理受到广泛的关注。人类活动从多个层面对海洋大环境产生强烈影响，海滩也不例外。海滩资源的可持续开发是海岸带管理的重要内容，现代海滩动态变化和海岸侵蚀防护的研究为海滩旅游资源的可持续开发利用提供了科学依据。

生态环境功能的社会经济价值大小，取决于人们在生态经济活动中所获得的生态经济成果（包括环境成果和经济成果）与人类消耗的总劳动（活劳动和物化劳动）的差值或比值。由于生态环境系统和人类社会的经济系统都有自己的发展规律，生态效益和经济效益往往不能同时达到最好效

果，而人类社会的可持续发展则要求生态、经济、社会三者效益的有机统一，这就要求人们在改造自然、利用自然的过程中制定的方案应该能够同时保证这三者的综合效益最优，保证社会可持续发展。要实现资源供给的持久性和生态环境对污染容纳的持久性，人们必须认识和正确对待自然资源供给能力的有限性和生态环境容纳排污能力的有限性。在生态、社会和经济发展管理实践中，坚持可持续发展原则，正确处理当前需要和长远需要以及当前利益和长远利益之间的关系，把人类的社会经济发展放在持续发展的稳固基础上。

威海沙滩保护是重点，这是由其所处地理位置的特殊性和生态系统的脆弱性决定的。威海海岸是山东半岛大陆海岸的一部分，山东半岛海岸有淤泥质海岸、基岩海岸和砂质海岸，海岸侵蚀作为一种灾害性的海岸地质现象不仅给沿岸居民带来了严重的经济损失，还使海岸生态环境系统遭受破坏，给沿岸经济社会可持续发展造成严重威胁。威海大陆海岸线长度985.9公里，其中市区152.6公里，文登市155.9公里，荣成市491.8公里，乳山市185.6公里。黄海沿岸的威海－乳山各基岩海岬附近的海岸侵蚀已经非常严重。

滨海海岸带系统是连接陆地和海洋的重要纽带，是海陆物质能量交换的通道，同时近海水域还有丰富的水生生物，沙滩是滨海海岸系统的一部分，缓冲海水对陆地的冲击。与沙滩连着的大部分沙丘是岸前沙丘，是在海滩沙基础上形成的，故被称为海岸初始沙丘或海岸原生沙丘，为平行于海岸的第一道沙丘，是最具海岸环境特色的风成沙丘类型。沙滩处于生态系统的特殊位置。滨海海岸系统的脆弱性也决定了沙滩保护的重要性。因此，合理保护沙滩应放在第一位。

生态系统是动态平衡的，生态环境资源具有价值。沙滩资源同样有满足人类生产生活需求的功能，这决定了沙滩可以为人类带来收益，所以在维持系统平衡不受破坏的前提下最大限度满足人类利益符合生态可持续要求。

所以，威海沙滩作为一项有价值同时又极易受破坏的资源，要更据每处沙滩的具体情况，确定保护和开发策略。

（二）坚持适度开发与区别对待原则

环境容量是指某一地区环境可以容纳的某一污染物的最大值。它包括资源容量、生态容量、经济发展容量、社会地域容量和感知容量。旅游环境容量是满足游人最低游览要求和达到保护环境质量所能容纳的最大值。

旅游资源容量和旅游感知容量测算：

$$极限（日）容量公式：c = \frac{T}{T0} \times \frac{A}{A0}$$

其中，T 代表每日开放时间；$T0$ 代表人均每次利用时间；A 代表资源空间的规模；$A0$ 代表每人最低空间标准。

旅游资源的心理容量一般要比资源极限容量低得多。旅游资源合理容量是旅游环境最适容量或旅游环境最佳容量。

旅游生态环境容量的测算：以自然为基础的旅游区容纳旅客活动量的限值，在这个限制内旅游资源不致恶化、退化或者在很短的时间内能够自我调节恢复平衡。它受资源的生态质量的制约。测定因子主要是自然环境净化与吸收污染物的能力，以及一定时间内每个旅游者产生的污染物总量。

$$F0 = \frac{\sum_{i=1}^{n} SiTi}{\sum_{i=1}^{n} Pi}$$

其中，$F0$ 代表生态（日）容量；Pi 代表每位旅游者一天内产生的第 i 种污染物；Si 代表自然生态环境净化吸收第 i 收种污染物的数量；Ti 代表各种污染物的净化时间；n 代表旅游污染物种类数量。

要开发利用沙滩资源必须合理测算其容量，以免对其造成环境破坏。沙滩资源的保护开发要以海岸带系统的生态容量、环境污染治理能力相适应，同时还要考虑社会、经济、状况和科技水平。区别对待是具体在分析评价的基础上，对生态系统已遭受严重破坏的沙滩实行严格的保护措施。如利用行政手段禁止挖沙，向海水中倾倒工业污水和生活垃圾；建立海岸带保护区；等等。对环境质量好，开发价值大，市场前景广阔同时开发程度大的沙滩要加大开发力度，在保护生态环境基础上挖掘沙滩旅游发展潜力、适当进行近海养殖等。

六　威海沙滩保护开发前景定位——旅游休闲胜地的定位

对于一个拥有十几亿人口的国家，海滩作为旅游资源远远满足不了人们的需求。我国今后的旅游业将逐渐从观光游览型向休闲度假型转变，海滩是一个理想的去处。只要合理地引导，适度地宣传，旅行社办理好中介服务，不用几年，即便是没有名胜古迹但拥有良好海滩的海岸农村，依靠旅游、开办家庭旅馆或出租住房，就可以迅速地提高生活水平，祖祖辈辈受益，保持经济的可持续发展。荷兰海岸的一些地方没有名胜古迹，却有着海滩和海岸沙丘，由于土地贫瘠那里曾是荷兰的穷困地区，到了 20 世纪 60 年代，靠向度假的德国人出租住房（那里并没有豪华的旅馆）发展成为荷兰的富裕地区。

滨海旅游依托的是"3S"，即波浪、沙滩、阳光。沙滩是一种共性大、个性小的旅游资源，世界上沙滩旅游资源的开发经历了两个阶段，即初级开发阶段和综合开发阶段。两个阶段的特点见表 1。

表 1 世界沙滩旅游资源开发的阶段特点

项 目	初级开发阶段	综合开发阶段
规划	简单的，旨在占有资源	综合的，旨在提高旅游度假质量的结构规划
开发形式	少约束松散式带状开发	紧凑集中的团式开发
开发程序	初级开发	综合开发
建设程序	分散	分期建设集中完成
旅游项目	少	多样化

很明显，威海沙滩开发处于初级开发阶段，对优质沙滩开发利用不足。

（一）开发的有利条件

除了具备自身开发条件外，沙滩资源的开发利用价值离不开它所依托的具体社会经济资源环境。威海的自然、气候条件和经济社会基础为沙滩保护开发提供了有利的外部条件。

（1）自然条件。威海北、东、南三面为黄海环绕，海岸线总长 985.9 公里，约占山东省的 33%，全国的 6%。海岸类型属于港湾海岸，海岸线曲折，沿海有大小港湾 30 多处，岬角 20 多个，并有众多优质海滩分布。全市大小海岛 114 个，其中面积 500 平方米以上的 84 个，有居民岛屿 6 个。

（2）气候条件。威海市地处中纬度，属于北温带季风型大陆性气候，四季变化和季风进退都较明显。与同纬度的内陆地区相比，具有雨水丰富、年温适中、气候温和的特点。另外，受海洋的调节作用，又具有春冷、夏凉、秋暖、冬温，昼夜温差小、无霜期长、大风多和湿度大等海洋性气候特点。

全市历年平均气温 11.9℃，历年平均降水量 730.2 毫米，历年平均日照时数 2538.2 小时。2005 年，全市气温偏高；荣成市降水偏少，其他市区偏多；光照偏少。

（3）经济条件。20 多年来，威海市生产总值年均增长 17.4%，财政总收入年均增长 23.2%，2007 年分别达到 1583 亿元和 156 亿元，在国家统计局 2007 年公布的全国综合百强城市中列第 23 位。

（4）社会条件。先后成为全国第一个"国家卫生城市"、第一个"国家环境保护模范城市"和"中国优秀旅游城市"，获得"全国绿化模范城市"、联合国"人居奖"等称号。2008 年，中国城市竞争力研究会公布了首届中国最美丽城市和最安全城市排行榜，威海在参评的 668 个城市中分列第 17 位和第 10 位。"城市文明美、自然环境美"和"生态发展安全"，是其评价指标的重要内容。

（二）开发的不利条件

1966 年，L. J. Crampon 把引力模型应用在游客预测中，我国学者用引力模型对旅游资源开发的空间竞争力进行分析。引力基本模型：

$$Tij = G \times \frac{PiAj}{Dij^b}$$

Tij：客源地 i 与目的地 j 间的游客量的某种度量；

Pi：客源地 i 人口规模、财富或旅游倾向的度量；

Aj：旅游目的地 j 吸引力或旅游容量的某种度量；

Dij：旅游客源地 i 与目的地 j 间的距离；

G 与 b 为系数，b 反映距离作为一种阻力函数对旅游影响的相对程度。

通过引力模型可以判断出两个旅游资源相近的旅游地，影响游客的主要因子是距离因子。沙滩旅游资源对旅游者的竞争力与沙滩到客源地距离成反比例关系。如果在相近的地域上出现两个以上沙滩，若面对共同的客源市场，则与客源地较近的沙滩的竞争力大于距离过远的。通过 2002 年威海情况可知：来威海旅游的主体是国内游客，在国内游客中过夜游客占大多数，不过夜者所占比例低。所以威海游客客源地大多数是省外游客，只有部分是当地游客和国外游客。与青岛相比，威海距内陆客源市场较远，显然在同等条件下旅游资源空间竞争力较低。

（三）具体措施

海洋生态资源属于公共产品，也是市场不愿意提供而且也无力推动的公益性项目，市场调节对此失灵，只能依赖于政府宏观调控职能的充分发挥，而宏观调控职能发挥的主线恰恰是制度和政策的供给。海洋生态整治工程事关区域多方共同利益，关系到区域的长远发展，而且是单方无法解决的重大而棘手的问题，因而必须借助省政府的宏观调控实施跨区域海洋生态整治的协调与合作。

（1）搞好保护滨海海滩旅游资源工程建设。威海城市岸段的旅游海滩需要容纳大多数游客的旅游活动，旅游环境问题也最为严重。在全球海平面上升背景下，海滩侵蚀会加剧发展，及时采取措施进行滨海旅游海滩的保护和改造工程建设，对于威海旅游业的发展具有重要意义。

通过对比观察威海市不同时期的卫星图像，由于近海一些工程设施影响，有些岸线沙滩有所变化，从而进一步印证了近岸工程对沙滩的影响作用。

近海工程建设应考虑工程的复合性，在增加海滩、沙丘面积的同时，要与河流、泻湖入海口整治、河港口建设相结合，要为游船、休闲观光、海上运动的开展提供相应设施，可充分利用近海已有或在建的养殖工程设施。把海岸工程与海岸美学结合起来，丰富和扩大海岸工程的内涵和外延。目前要做好城市岸段旅游海滩的保护和改造工程建设，对遭受侵蚀的旅游海滩，要编制人工移砂补滩的工程计划，满足城市附近日益发展的滨海旅游业的需要。国外发达国家对旅游海滩的管理采取"人工养滩"（Beach Nourishment）的办法来补偿旅游海滩砂的自然损失，从陆地或深海取砂，在旅游海滩投放，达到保护海滩的目的。从山东半岛海岸线资源禀赋特点来看，较之青岛、烟台、日照三市，威海的海岸线是以海湾著称。如能将沙滩资源进行保护、优化，充分挖掘利用此类旅游资源产品，通过多种旅游资源组合，能产生相得益彰的效果，从而极大提高威海市海滨休闲旅游业的整体品质。

（2）重视偏离威海市滨海岸段沙滩旅游资源的开发。除城市滨海岸段外，威海漫长的海滩旅游资源尚未得到很好的开发。解决威海城市滨海岸段旅游资源过度开发的问题，需要重视偏离威海市的滨海海滩旅游资源的开发。首先，要在调查的基础上确定偏离威海的滨海旅游资源开发岸段；其次，要做好旅游宣传工作，改善滨海旅游新区的旅游交通条件和服务设施，意在增加对游客的吸引力。偏离威海城市的海滩旅游资源的开发利用，不仅能够带动区域经济的发展，而且可以为保护滨海自然旅游资源提供强有力的资金后盾。

（3）加强威海海滩旅游资源管理。威海海岸线绵长，滨海旅游开发具有巨大的潜力，加强旅游资源的管理对 21 世纪威海的旅游业发展具有重要意义。目前急需要加强威海海滩旅游资源动态变化的调查、评价和开发利用规划等基础研究，建立和健全滨海海滩旅游资源的管理条例，确定海滩旅游资源保护区，将旅游资源保护工作落到实处，加强指导和统一规则。海岸工程涉及各个行业和各市地县乡镇，目前还没有一个部门能统管起来。海洋和海岸工程是个大系统，内容又非常综合，所以必须加强指导。目前关于海洋和海岸工程的事业，大都由地方、部门和单位自己搞，缺乏统一规则，这就容易产生各方面的矛盾、重复建设、资源的浪费和破坏等。因此做好前期工作，加强指导和规划是非常必要的。统一规划，应是跨部门多学科的综合控制的宏观规划。建议三市一区政府在近岸工程建设过程中，要委托专业设计机构对沙滩保护、涵养方面进行充分研究，广泛聘请水文、海洋方面的专家进行严格论证和设计。

（4）加大沿海旅游海滩环境保护的力度。威海滨海旅游海滩的环境保护工作亟待加强，滨海旅游环境亟待改善。滨海旅游环境的改善要同城市环境保护总体工作结合起来，实施远海深水排污工程，减轻滨海旅游环境污染，对改善威海滨海旅游环境具有重要意义。城市岸段夏季游客众多，海滩和近岸水体的环境质量较差也是旅游海滩需要解决的环境问题，提高公众环境保护意识，并积极参与滨海旅游环境保护的活动，也是解决滨海旅游区环境问题的重要途径。

（5）加强海滩地貌变化和沉积动力学的观测与研究。由于海滩动力环境的复杂性和地形的时空多变性，应用现代先进的海洋观测技术，开展海滩地貌变化和沉积动力学的观测与研究，可丰富海洋沉积动力学研究的内容，为胶东半岛海滩旅游资源的可持续开发利用奠定科学基础。现阶段应发挥青岛海洋科学研究中心的优势，对胶东半岛城市附近重要旅游海滩动态和沉积动力进行研究，积累观测数据、理论方法和实践经验，服务于 21 世纪中国沿海海滩旅游资源的可持续开发利用。

因此，广泛借鉴国内外对海滩和沙丘采取的工程做法，对威海市沙滩资源进行保护、优化十分必要。我们仅对市区双岛湾和海上公园岸线沙滩提出了初步整治设想（见图 10，图 11）。

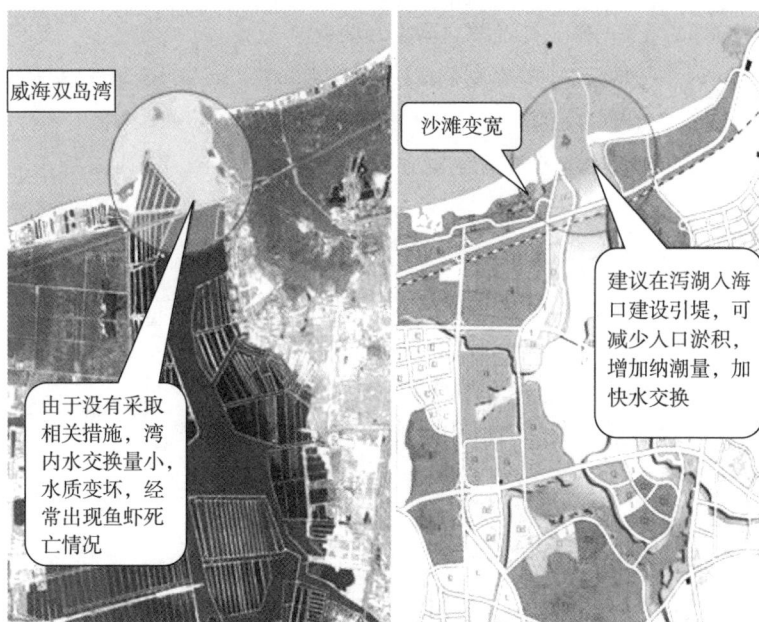

图 10 初步整治设想——双岛湾

现状情况：受污染的河水滞留在近海处，影响海上公园附近环境，三条河流缺少统一的工程措施，致使沙滩破碎，不利于海滨旅游业的开展。

图 11　初步整治设想——海上公园岸线沙滩

七　加强威海沙滩保护开发，实现生态环境、经济发展和社会进步多赢

随着我国经济的发展和社会的进步，人们开始逐渐了解生态环境的脆弱性，同时也更加深刻地认识了经济发展和生态环境之间密不可分的关系。生态环境不仅仅是经济发展的基础条件，而且有利的生态环境还能促进经济的发展。近年来，我国在经济发展的过程中也更加注重能源资源的节约和生态环境的保护，增强可持续的发展能力，中共十七大报告中提出把建立资源节约型、环境友好型社会放在工业化和现代化发展战略的突出位置。因此我们更要注重生态环境与经济发展的关系。

在传统的经济发展理论中，不论是"经济先发展，生态环境后治理"的发展观，还是"零度增长均衡"的发展观，都只看到了经济发展对生态环境带来的消极作用。环境库兹涅茨曲线是通过人均收入与环境污染指标之间的演变模拟，说明经济发展对环境污染程度的影响，也就是说，在经济发展过程中，环境状况先是恶化而后得到逐步改善。对这种关系的理论解释主要是

围绕三个方面展开的：经济规模效应（scale effect）与结构效应（structure effect）、环境服务的需求与收入的关系和政府对环境污染的政策与规制。

随着人均收入的增长，经济规模变得越来越大。正如 Grossman（1995）所说的，对于一个发展中的经济，需要更多的资源投入。而产出的提高意味着废弃物的增加和经济活动副产品——废气排放量的增长，从而使环境的质量水平下降。这就是所谓的规模效应。不难发现，规模效应是收入的单调递增函数。同时，经济的发展也使其经济结构产生了变化。Panayotou（1993）指出，当一国经济从以农耕为主向以工业为主转变时，环境污染的程度将加深，因为伴随着工业化的加快，越来越多的资源被开发利用，资源消耗速率开始超过资源的再生速率，产生的废弃物数量大幅增加，从而使环境的质量水平下降；而当经济发展到更高的水平，产业结构进一步升级，从能源密集型为主的重工业向服务业和技术密集型产业转移时，环境污染减少，这就是结构变化对环境所产生的效应。实际上，结构效应暗含着技术效应。产业结构的升级需要有技术的支持，而技术进步使原先那些污染严重的技术为较清洁技术所替代，从而改善了环境的质量。正是规模效应与技术效应二者之间的权衡，才使在第一次产业结构升级时，环境污染加深，而在第二次产业结构升级时，环境污染减轻，从而使环境与经济发展的关系呈倒"U"型曲线。因此，沙滩的开发与保护可以实现生态环境可持续发展与产业升级同步进行，做到生态保护与经济效益的统一。

《中国现代化报告 2007》中提出，中国生态现代化可以以生态经济、生态社会和生态意识为突破口，以轻量化、绿色化、生态化、经济增长与环境退化脱钩为主攻方向，从源头入手解决发展与环境的冲突，努力完成现代化模式的生态转型，实现环境管理从"应急反应型"向"预防创新型"的战略转变。

山东省威海市，2003 年联合国就为其颁布了"联合国人居奖"，是最适合人类居住的地方，这个生态环境优良的城市的发展目标是"高新技术产业为主的生态化海滨城市"，建设生态城市是威海市可持续发展的战略选择，发展循环经济、建设生态市，是威海市城市发展的必由之路。三面临海的威海市拥有丰富的沙滩资源，沙滩具有维护海岸带的自然水动力平衡、阻止海岸蚀退的作用之外还是重要的旅游资源。沙滩、沙丘具有脆弱性和难再生性，干扰、破坏海岸带动态平衡的行为，往往会导致难以逆转的不良后果，必须加强海滩、沙丘的保护和涵养。

21 世纪是海洋世纪，海洋生态是资源，是资产，是威海市最大的发展优势和效益。沙滩是海洋生态系统的重要组成部分，整治沙滩是实现海洋生态可持续发展和构建和谐威海的必然要求。所以对威海市现有的沙滩资源进行合理利用，不仅可以发展城市的特色促使城市升值，同时也实现了环境、经济和社会的多赢。

[作者单位：山东大学（威海） 课题组成员：刘东霞 都剑光 曲庆伟 张 冲]

威海市农民工薪酬及就业情况的调研

郭景璐

近年来，威海各级政府高度关注农民工问题。从更新观念、完善政策、加强教育培训和加大执法力度等几个方面入手，逐步使农民工真正成为高素质的稳定产业工人。

一 威海市农民工就业总体情况及特点

威海市现有人口 249 万人，农业人口占全市总人口的 52.6% 。农村劳动力有 89 万人，占农村人口的 67.9% 。在目前的农村劳动力中，从事第一产业的有 40.6 万人，从事第二产业的有 23 万人，从事第三产业的有 25.4 万人，分别占农村劳动力的 45.6% 、25.8% 和 28.6% 。随着小城镇建设和二、三产业的快速发展，大批农村劳动力相继进城务工经商，成为新时期城市产业发展的生力军。

（1）农民工肩负着建设城市和繁荣农村的双重任务。一是农民工已成为威海市产业工人队伍的重要组成部分。2006 年末，在威海市建筑行业中农民工占 75% 以上，加工贸易型的服装、电子行业农民工占 50% 以上。二是进城务工经商成为增加农民收入的重要途径。当年全市农民人均纯收入达 6842 元，其中工资性收入达 3083 元，比上年增长 11.08% ，对农民收入增长的贡献率达 37.96% 。另外，自 2005 年以来，威海市农民人均纯收入中，工资性收入比重在 45% 左右。三是农民进城务工经商成为工业反哺农业、城市文明辐射农村的现实途径。农民进城打工不仅可以获得现金收入，改善生活条件，而且可以直接支持农业建设。农民在打工过程中接触先进的生产方式和文化理念，返乡后既为农村经济发展带来资金，又带来市场信息、管理经验，更带来现代文明的生活方式。四是农民进城务工，以比城市劳动者低得多的劳动报酬，从事更苦更累的工作，使整个劳动力市场价格长期保持较低水平，使威海市在长时间内保持着低劳动力成本的竞争优势。

（2）阶段性的"农工荒"依然存在。因农民工在农村有他们赖以生存的最可靠的保障——土地和住房，兼业成为农民工的保障选择。据了解，威海市农村外出劳动力兼业转移人员在外从事非农行业6个月以上的比重为95.83%。从生存成本来看，较高的城市生存成本使不少农民工更趋于"城里挣钱，农村消费"，没有长期居住城市和为企业长期效力的打算。另外，进城务工的目的较单一，哪里钱多就往哪里去。威海市的服装加工、电子加工装配等是农民工流动最频繁的行业。由于一些企业对劳动力的需求不稳定，生产任务多时，用工紧张，生产任务少或没有时，就放假停工，农民工的流动和企业用工的阶段性紧缺不可避免。

（3）企业用工需求增加，农民向城镇转移速度加快。一方面，产业工人短缺现象加剧。近年来，威海市每年新增私营企业2000多家，部分中小企业特别是劳动密集型的电子、纺织服装、食品、海产养殖加工等行业的用工情况一直紧张，有的企业不得不长年招工。另一方面，农村劳动力转移及外来人口流入呈加速趋势。2001～2006年，威海市农民工总数增长近两倍。2001年以来，全市平均每年有2.2万农村劳动力到城镇就业。去年，全市单位从业人员增加8.6万人，农民工占45%以上。

（4）农民工权益保障和就业环境有所改善。威海市大部分农民工能按时全额领到工资，企业管理者对社保的认识有所增强，农民工的参保率和合同签订率正逐步提高。政府出台的《关于劳动预备制度实施办法》《威海市农村劳动力转移培训规划意见》《进一步加强农村劳动力职业培训工作促进转移就业的意见的通知》《进一步做好农民工就业服务和社会保障工作的通知》《关于进一步改善农民进城就业环境的通知》等一系列法规性文件，为农村劳动力转移和农民工就业培训提供了制度保障。先培训、后就业，先实习、后上岗，已经成为企业用工的普遍现象。

二　农民工自身的局限性及其生存发展环境是目前最值得关注的问题

农民进城务工经商，在给城市经济生活带来活力的同时，也给城市发展和管理提出了新的挑战。

（1）农民工的就业竞争力和维权意识弱。一方面威海市有75%以上的农民工是初中及以下文化程度，有些是文盲或半文盲。有些掌握了简单的职业技能，但90%以上的人没有职业资格证书，难以满足劳动力市场的要求。另一方面多数农民工不了解相关法律法规，不知道如何维护自身合法权益，碰到问题投诉时基本无依无据，处于被动地位。同时，追求短期利益心理严重。有的农民工不愿与企业签订劳动合同，不愿缴纳社会保险，原因是签了合同受约束，缴纳社会保险需要自己出一部分而少拿了现钱。

（2）社会歧视、政策不公现象依然存在。虽然目前各级政府对农民进城就业的政策限制逐步放宽，但关心关注农民工的社会氛围尚未真正形成。农民工在就业、生活、医疗、保险、教育、子女入学等诸多方面与城里人存在明显不平等，许多做法严重侵害了农民工的合法权益。从医疗保险方面看，农民工尽管是以青壮年为主的群体，但生病也是在所难免的，发生工伤或者生病住院难以及时得到救助。从住房上方面看，农民工无缘购买经济适用房。从权益看，农民工的合法权益受到侵害多，拖欠工资、缺少劳动保护等问题，基本发生在农民工身上。

（3）农民工收入水平低，生存条件差。由于农民工的技能水平低，只能从事以体力劳动为主的、工资相对较低的工作。2006年，全市农民工的年平均收入在1万元左右，只相当于城镇在岗职工年工资收入的78%，而同年威海市城镇居民的人均消费性支出为10505元。较高的城市生活成本和低水平的收入，使得农民工无论从物质生活上还是精神生活上，都成为城市社会中的弱势群体。面对较高的城市生活成本，特别是较高的房产价格，多数农民工只能选择流动打工，有的农民工只能临时租住在城市居民的"草厦子"里，自身生活条件简陋，也给社区管理带来一些麻烦。

三 解决问题的对策及措施

农民工问题的妥善解决，事关城市产业的长远发展与和谐社会建设的大计。从威海市实际出发，当前重点要做好以下工作。

1. 顺应形势需要，主动承接吸纳农民工

确立农民工是城市财富的创造者，逐步把常住人口中的农民工视为城镇居民，按照机会均等、权利平等、制度一致、身份统一的方向，推进相关的就业、教育、住房、选举、户籍、迁移等制度和社会管理体制的改革，让农民工分享城市发展的成果。

2. 完善各项政策，促进农民工向稳定的产业工人和市民转化

从解决城乡人口的不同待遇入手，搞好制度保障和政策配套，消除不公正因素，缩小城乡差别。

（1）继续深化户籍制度改革。2004 年威海市已经启动"取消农业、非农业户口性质划分的城乡二元分割体制改革"，为农民工向市民的转化消除了制度障碍。但城市的发展受资源、基础设施、管理能力和产业规模等诸多因素制约，需要有条件、分阶段地稳步扩大。因此，对中心城市人口的流入必须有所限制，实行区别对待的政策。如，对拥有合法固定的住所、有稳定的职业和经济来源的本地农民可以在城镇落户，获得城市居民的同等福利待遇和权益保护；增加对技术等级或学历方面的限制，有条件接收外地人口落户。对次中心城市和小城镇，可适当放宽准入条件，以引导农民工向次中心城市和小城镇有序流动。另外，随着城乡二元户籍制度的改革，原依附在户籍制度上城乡不同的就业权、居住权、教育权、社会参与权、社会保障权、公共服务权等，将逐步趋于平等。

（2）加快城乡社会保险制度改革。针对企业财力有限、农民工收入较低和从事的工作大多存在危险性的实际及农民工对工伤、医疗保险的迫切需求，重点建立完善工伤和医疗保障制度，以保证农民工在因工受伤后得到及时有效的医疗和补偿。目前可考虑先改变威海市养老、医疗保险挂钩的做法，根据企业和个人意愿，自行选择险种；针对外地农民工不愿参保的情况，可考虑实行区别对待的政策。

（3）建立工资自然增长机制。农村劳动力资源作为社会劳动力资源的一部分，它的供给受市场、政策因素的影响，而且也不是无限供给的。如果企业没有吸引和留住农民工的相关政策，那么市场将以"民工荒"的形式给那些不能善待农民工的企业以惩戒。据了解，威海市不少企业面临高技术工人流向长三角和珠三角地区的现象。"招工难、留人难"不仅影响了企业生产，而且会影响投资环境，甚至导致企业外迁，降低城市竞争力。因此，要根据经济发展水平，通过完善最低工资标准的自然增长机制，引导企业工资水平的提高，使职工的工资水平与当地的经济发展相适应，让农民工在参与城镇建设中得到实惠，提升待遇。

3. 强化教育培训，加快农民工向高素质产业工人转变

产业工人队伍整体素质的提高，农民工是重点，也是难点。针对农民工自身文化水平较低的情况，要加大对农民工的教育培训。

（1）加大教育投资力度，提高农民工素质。把农村劳动力的培训纳入各

级公共财政的支持范围，建立"政府主导、多方筹集"的投入机制，引导农民接受各种技术培训，免费对农民进行文明修养、劳动保护及法律知识等方面的基本素质培训，提高农民的就业竞争力及自我保护意识。

（2）大力发展职业技术教育，拓宽农民工的就业渠道。整合培训资源，调动全社会的力量，确保农民工在一二年之内普遍得到职业技能培训。充分利用职业技术学校及各类培训中心，大力发展农村职业教育，重点转向职业技术培训，对农村劳动力实施订单式培养和定向输出。

（3）积极开展农村劳动力职业技能鉴定。各类职业学校要积极探索"适应市场、依靠社会、校企合作、联合办学"的路子，建立起培训、考核、发证、上岗等一整套措施和运行机制。鼓励经过转移培训的农村劳动力参加有关部门组织的职业技能鉴定，合格者可统一发放职业资格证书。

（4）加大劳动预备制度的落实力度。按要求把拟向非农产业转移或进城务工的农村初、高中毕业生纳入劳动预备制培训范围，在取得相应的职业资格或掌握一定技能后，纳入劳动力信息资源管理系统，优先推荐就业，实现培训与就业的有机结合。

4. 加大监管力度，建立良好的执法环境和市场秩序

一是抓合同监管。劳动合同监督是劳动保障执法的头道环节，也是当前实际执法监督中的"薄弱环节"。要加大对农民工劳动合同的监督检查力度，切实提高劳动合同签订率。用人单位与农民工必须签订劳动合同，以减少和预防劳资纠纷发生。对不与农民工签订劳动合同、采取欺诈和威胁等手段签订合同，以及不履行劳动合同的单位，要责令其纠正；对农民工合法利益造成损害的，要责令其进行赔偿；造成严重后果的，要依法严肃处理。二是抓工资支付。加强对用人单位拖欠农民工工资及其他违法行为的查处，加大拖欠工资和其他违法用工行为的惩处力度，使不法企业和经营者对长远的不利后果有所顾忌；对拖欠和克扣农民工工资的用人单位，执法部门要责令其及时补发，不能立即补发的，要制定清欠计划，限期补发；对恶意拖欠和克扣工资的企业，涉嫌犯罪的，移交司法机关依法严肃处理。三是抓招工行为的规范。继续做好劳动力市场清理整顿工作，严厉打击非法职业中介组织，净化招工市场秩序。严厉禁止用人单位招用童工和无合法证件人员，营造依法用工的良好社会氛围。

（作者单位：威海市劳动就业办公室）

理性应对社会责任国际贸易新规则刍议

许春燕

20 世纪 90 年代中后期悄然兴起的一场发轫于西方的"企业社会责任"运动，将企业社会责任诉求转化为一种新的国际贸易规则，标志着国际竞争已进入企业社会责任竞争的新时代。遵守国际社会责任标准，是企业提高持续竞争力的内在要求，也是作为"世界工厂"的中国企业无法规避的选择。中国企业必须认清这场席卷全球的"道德革命"的实质，转换竞争手段，谋求可持续发展。

一 西方企业社会责任运动：国际贸易新规则

经济全球化，意味资本、劳动力、技术等生产要素在全球范围内"有效配置"并重新分工。以沃尔玛为代表的跨国公司以其"巨无霸"的实力，它们在生产成本低廉的第三世界国家和地区，构建起全球性的生产和采购网络，成为经济全球化进程的发动者和携进者。世界范围内的资源流动和全球化的生产使跨国公司有可能规避在其本国必须执行的国际（劳工）标准，同时又可以不受东道国法律的制约。这种劳工政策上的双重标准，使得跨国公司在第三世界的生产和供应网络中，发生了许多诸如超时加班、超低工资、恶性工伤、工人工作以及居住条件恶劣等非人性用工现象。西方消费者出于道德意识，从 20 世纪 80 年代开始掀起了反血汗工厂运动。20 世纪 90 年代以来，经济全球化带来的全球环境恶化、人权及贸易争端、能源危机等系列挑战，使可持续发展理念开始成为各国公认的基本价值观，以美国服装、鞋类、玩具为主的跨国公司开始以国际标准为基础，用订单的力量、以合同的形式，制定供应商工厂行为准则，在全球范围内实施"人权查厂"，要求跨国公司改善工作环境、保护工人权利、发展社区伙伴关系。

发端于跨国公司行为的西方企业社会责任运动，后来上升到联合国以及欧盟等多边国际组织和国际消费者组织、环保组织、人权组织、工会组织和宗教组织等众多非政府组织及美国等国家政府的政策，以国际劳工标准为代表的国际社会责任标准逐渐演化为一种重要的国际贸易新规则，熟悉并自觉遵守这些规则的企业就能获得越来越多的订单而日益壮大，反之则被淘汰或无法进入国际市场。为了适应来自国际组织和非政府机构、政府和社会公众的巨大压力，越来越多的跨国公司，声明遵守 UNGC（联合国的"全球协议"）、GRI（Global Reporting Initiative 的非财务事务披露规范）以及 AA1000（Account Ability）、SA8000（Social Accountability International）等国际社会责任规范和标准，同时着手制定本企业的行为规范，用来规范自身和供应商行为，并且定期发布反映企业社会责任表现的年度报告。越来越多的媒体，也开始致力于监督企业的社会责任表现，《财富》和《福布斯》等权威媒体，在企业评比排名上，开始加上了"社会责任"标准。"道德革命"势不可挡。

二　遵守国际企业社会责任标准，是提高企业可持续竞争力的内在要求

今天，股东以外的消费者、媒体与金融、政府、公众等其他利益相关者已经形成一个与跨国公司命运生死攸关的巨大压力集团，跨国公司必须按照他们形成的共同的价值观来调整经营行为，否则就会被公众所抛弃。跨国公司社会责任的本质是企业利益相关者对跨国公司利益实现机制的重构。

因此，一方面，我们看到跨国公司在中国并非完美的化身，从雀巢金牌成长 3＋奶粉碘含量超标到肯德基"苏丹红 1 号"事件，从宝洁 SK-Ⅱ涉嫌含有腐蚀性物质——烧碱到卡夫被控销售含转基因食品，跨国公司在人们心目中的形象大打折扣。但另一方面，我们也看到了这些世界巨人敢于直面公众诘问的磊落、有错必纠的行事风格，以及更多地跳入我们眼帘的他们的高大身影：20 年中，惠普为中国各类公益事业捐赠超过 2.5 亿元人民币，捐赠力度大大超过全球平均水平；10 年来，安利在"儿童、环保、健康"三大公益主题下参与实施了中国 1100 余项公益活动，累计投入人民币 1.2 亿元；即便是在 SK-Ⅱ事件缠身的关头，宝洁公司仍在按计划对中国"希望工程"捐款 400 万元，使得 10 年来捐款总额超过 2000 万元。

并且，跨国公司在跨国经营活动中不仅对所有产业链的员工负责任，也

对自己的员工负责任。从 2005 年开始，全球各大跨国公司几乎不约而同地向外界发布了社会责任报告，而且毫不隐讳地"自曝家丑"。在长达 77 页的 2005 年责任报告中，美国通用电气公司披露了自己在过去两年中因为空气与废物排放被罚款 100 多万美元的事实。耐克公司在其社会责任报告中，不仅公布了曾被公司视为商业机密的 700 个供货商的具体情况，同时承认与其签有合同的供货公司中，的确存在盘剥工人、强制工人超负荷劳动的情况。虽然，我们并不否认跨国公司的公益性投资带有造势作秀或者政府公关的性质，但与那些躲在"黑幕"之后或者对公众下套设局的企业相比，这些阳光下的跨国公司日渐趋浓的社会责任意识及其自觉披露自身"丑陋"行径的负责任行为，显然为他们赢得了未来更大的主动。正如诺贝尔经济学奖得主、美国经济学家谢林提出的"谢林定理"所言："主动约束自己的随意性和自主性反而会增加自我主动性。"这已经超越法律的范围，成为一种道德的要求，并且已经转化为市场力量，成为一种新的赚钱的法则。

三 中国企业面临的困境和挑战

西方社会掀起的这场"道德革命"，无疑给广大的中国出口加工企业带来了巨大的挑战。

由于"中国制造"处于全球价值链的底端，中国企业根本无力同采购商进行"企业责任"价格谈判，他们实际能分得的利润份额少得可怜。据《第一财经日报》报道以及香港乐施会于 2004 年所做的报告显示，在一件成本为 100 美元的 T 恤中工人工资只占 1.75 美元。报道还披露，采购商不仅压低产品的单价，而且本应是政府给予出口企业的退税补贴也常在压价范围之内；一个生产无纺布的老板抱怨，一集装箱的布只能赚到 100 多元甚至仅几十元钱；在过去几年的时间里，采购商要求的交货时间也缩短了一半，有的企业从原来的 60 多天缩短到 25 天，这 25 天包括订货、打样、样品邮寄回去审查、采购、加工等看起来几乎是不可能完成的任务，为了存活工厂只好请工人加班，供应商被挤压到勉强维持生计。更何况，据国内某省工会组织做过的一项调查，一个千人企业要通过所谓 SA8000 的标准认证就需要支付 20 万～30 万元的咨询认证费，这还不包括整改的费用。

与此同时，对企业社会责任的诉求，却正在成为不可逆转的国际贸易新规则。欧美已开始从社会责任方面来考虑关税的优惠问题，欧盟就规定达到国际劳工标准的产品，关税可以降到 7% 以下；2005 年美国对中国彩电、纺织品的反倾销，就有美国的劳工组织参与；在 2002～2005 年三年中，沃尔玛在中国的采购以企业的"社会责任"表现不达标为由淘汰了 40% 左右的供应商，许多中国企业立即陷入破产边缘。而沃尔玛 2005 年在中国采购了 180 亿美元的商品，直接管理的供应商达 6000 家之多。在沃尔玛全球采购中，有个"工厂素质评分标准"，其中有关劳动安全的部分占到总分的 25%，扣分项目包括：消防设施不齐备，非法使用童工等。几年前沃尔玛曾经到浙江义乌浪莎集团检查安全生产和消防设备，"甚至还到职工厕所看过"。近几年来，把以劳工权利为主要内容的企业"社会责任"与订单挂钩开展劳工查厂验厂，也早已不是沃尔玛一家的"苛求"，雅芳、迪士尼、麦当劳、耐克等知名跨国公司几乎 100% 纷纷采用社会责任标准对下游产业链进行劳工权益评估和监督，对于中国出口加工和外贸企业社会责任的监控已经成为各大跨国公司频频"发难"的重点。从 1997 年到 2004 年 7 月，已先后有 8000 多家中国企业接受过跨国公司关于社会责任的审核。

况且，随着中国经济的迅猛发展，要求企业承担必要的社会责任，业已变成广大中国企业且不仅仅是出口加工企业自身可持续发展的内在需求。

一方面，中国百姓温饱问题解决以后，食品安全、生活质量等问题日益成为公众关注焦点。各种媒体上，"重大矿难""饮用水污染""毒奶粉""苏丹红""工资拖欠"等这些频频出现、触目惊心的字眼，使广大社会公众要求提高企业社会责任的呼声日益高涨。因此，2007 年央视第十七届"3·15"晚会选择以"责任、和谐"为主题，聚焦虚假广告、医保等消费热点，揭露行业黑幕，引发了全民对企业责任的高度关注。

另一方面，目前我国人均 GDP 已经超过 1000 美元。国际经验表明，这一时期是社会稳定问题非常突出的时期，经济体制改革打破了原有的利益格局，同时也催生了大量的利益群体，多元利益主体之间矛盾大量出现，由此滋生的各种市场弊端诸如"权钱交易""弄虚作假""贫富悬殊"等社会失范大量显现。因此，党的十六届四中全会提出了"以人为本，全面协调可持续的科学发展观，建设社会主义和谐社会"的长远目标。倡导和落实企业社会责任，显然是发展和谐社会的必要举措。

四　中国企业责任运动的胸怀与勇气：理性应对

近 10 年来，中国企业社会责任内在化进程在不断加快，进入 2006 年堪称中国企业社会责任发展的新纪年。

从法律层面看，首先，2006 年 1 月 1 日生效的《中华人民共和国公司法》修订案第五条鲜明提出公司要承担社会责任，并提出遵守法规和社会公德的具体要求。其次，2006 年 10 月党的十六届六中全会审议通过的《中共中央关于构建社会主义和谐社会若干重大问题的决定》明确提出"广泛开展和谐创建活动，形成人人促进和谐的局面。着眼于增强公民、企业、各种组织的社会责任"。最后，2006 年 3 月温家宝总理对国家电网公司发布首份央企 CSR 报告的批示指出："这件事办得好，企业要对社会负责，并自觉接受社会监督。"至此，企业是否要承担社会责任已从学术辩论，从国外的舶来品，通过法律政策走上了社会关注的前台。

从实践层面看，2006 企业社会责任运动具有两个重要的特点。第一，政府、立法等部门开始高调加入运动中来。从 2006 年 2 月的"中国企业社会责任国际论坛"一直到 11 月的"2006 建设和谐社会与企业社会责任（深圳）论坛"，涉及企业社会责任的国家发改委、商务部、卫生部、劳动保障部、环保总局（现为环境保护部）、国务院国资委、国家工商总局等相关政府部门都有副部级以上的高官高调出席。第二，运动开始向纵深、系列化发展。从 2006 年 3 月在上海举办的企业社会责任优秀案例国际展，到开展中国企业社会责任调查等重大举措，表明业界开始切实促进企业经验交流、提高公司履行责任能力；深圳市政府开始将企业社会责任的理念融入治市的战略和政策中，解开了地方政府开始推进企业责任运动的先河。

至此，中国企业社会责任的发展进入一个崭新的发展阶段。越来越多的中国企业开始学会把承担必要的社会责任看作是一种投资来平衡日益多元的企业利益诉求，以当前暂时的成本付出和利益损失换取未来（甚至是现在）的竞争优势。越来越多的中国企业认识到仅仅从追求自身利益出发，也应该尽可能积极应对跨国公司考核供应商的国际责任新规则，积极投身于承担企业责任的事务中，努力做负责任的"中国造"。企业社会责任已开始内化为中国先锋领导企业自身发展的需求，标志性的里程碑事件就是 2006 年 3 月 10 日国家电网公司向社会发布了第一份中国本土企业的企业社会责任报告。此后，2006 年 6 月 23 日上海浦东发展银行公开发布了中国银行业首份《企业社会责任报告》，2007 年 2 月 28 日中石油发布了 2006 年企业社会责任报告，2007 年浙江民营西子联合控股有限公司企业公开发布民企首份"企业社会责任报告"。改革开放 20 多年来形成的国有企业、民营企业和外资企业的企业经济格局中主要角色的代表都主动地加入了履行社会责任的潮流中。

当然，我们还必须清晰地看到，对于广大发展中的、资源有限的中国企业，尤其是中小企业而言，履行必要的企业社会责任任重而道远。目前一定要立足实际从如下几方面着手。

更新观念。务必清醒地认识到新一轮国际竞争已进入包括质量、环境和社会责任的全面责任竞争时代，中国企业要谋求可持续发展，必须自觉构建现代企业社会责任治理结构。

澄清认识。避免把企业承担必要的社会责任片面地和"企业办社会论""增加负担论""SA8000 论""贸易壁垒论""捐赠论""出口企业论"等模糊认识混为一谈，要认识到企业社会责任的内涵是实现企业与社会的共同可持续发展。

改变生产模式，转换企业竞争手段。随着"劳工标准"在国际贸易中的日益强化，低廉的劳动力作为我国传统的"比较竞争优势"明显在减弱。中国企业应该在明确社会责任的前提下，奉行"以人为本"的科学发展观，以提高劳动生产率为中心，加强人力资本投资，改善教育体系，增加劳动力的知识、技能存量，遵循"高速增长"的劳动生产率与"适度增长"的劳动力成本相结合的发展模式，才能保持持续竞争力，实现经济效益与社会效益的同步发展。

舆论引导。发达国家经验表明，企业社会责任并不是完全靠企业家自身的觉醒形成的，而是靠市民社会和各种社会运动的推动发展起来的。目前在中国两者都缺失的条件下，广大媒体应该学习央视"3·15"栏目，积极投入倡导企业社会责任的大潮中来，致力于监督企业，特别是知名企业的社会责任表现，引导企业社会责任公民舆论的形成，推进企业责任运动的良性健康发展。

政府支持。中国企业社会责任的设计与构造、规范与落实，还必须借助政府的强大力量。

要求政府将自己的观念拨正到社会责任的轨道上来，进行制度与机制的创新，包括：实现企业社会责任的法制化；加强企业社会责任监管；加快建立贸易壁垒预警机制，推动企业信息透明化，帮助企业建立财务、环境、社会责任相统一的信息公布渠道，诸如强求国内上市企业在出具年度报告的同时，必须出具企业社会责任年报；创建科学的评价机制，在关注创造财富英雄的同时，更多地张扬承担社会责任的英雄；等等。

（作者单位：威海职业学院）

关于深化税务行政审批制度改革的探讨

时　晓

税务行政审批作为税收管理的重要手段，是税务部门为了保证税收收入和经济调控等目标的实现，通过对税务行政相对人的涉税事项所进行的审核、批准的一系列管理活动。近年来，税务行政审批制度改革取得了很大进展，但与我国行政法治的要求、加入 WTO 后的形势和纳税人的期望相比，还存在相当的差距和不足，仍待改进和深化。

一　当前税务行政审批制度存在的问题

从 1998 年开始到行政许可法实施前期，全国累计取消税务行政审批项目69 项，保留并设定行政许可项目 6 项，保留不变的非行政许可审批项目 48项，保留下放审批权的 6 项，取消和下放比例占原审批项目的 58.1%。尽管我国税务行政审批改革已经取得前所未有的进展，但当前税务行政审批制度无论在审批设定还是执行方面，都还存在一定的不足，仍需大力推进和深化。

（一）税务行政审批设定的法律依据比较薄弱

现行税务审批项目在设定的严肃性、规范性等方面存在一定的先天不足。在 6 项税务行政许可中，来源于法律、行政法规设定的有 2 项；由国务院决定设定，但来源于部门规章和部门文件的有 2 项；来源于国务院文件和部门规章的有 2 项；在现行 54 项非许可审批项目中，依据法律、行政法规设定的仅有 19 项，依据部门规章和其他规范性文件的有 35 项，分别占到非许可审批的 35% 和 65%。

（1）对现行税务行政许可设定合法性的质疑。现行 6 项税务行政许可中，除了根据国务院决定设定的 2 项税务行政许可外，其他 4 项审批事项均未履行法定行政许可设定程序，存在违法设定行政许可之嫌。根据"谁制定，谁解释"的原理，法律、行政法规设定的行政审批是否属于行政许可，应由有权国家机关或被授权机关确认，而不能由行政机关自行决定。况且，依据国务院规范性文件设定的"对发票使用和管理的审批"和"对发票领购资格的审核"不符合行政许可设定的法定形式，行政机关将其视同行政法规而确定为行政许可没有法律依据；依据《发票管理办法实施细则》设定的印制有本单位名称的发票，属于部门规章设定行政许可，应当没有法律效力。

（2）对部分行政许可合理性的质疑。一是"建立收支凭证粘贴簿、进货销货登记簿或者使用税控装置的审批"将许可条件与许可事项倒置。使用税控装置本是征管法确定的纳税人的义务，在"依申请"和"授益性"方面不具有行政许可的特点。同时，"建立收支凭证粘贴簿、进货销货登记簿或者使用税控装置"是纳税人免于建账的条件，免予建账审批更具备行政许可的实质要件，设定行政许可则更为合理，而目前将许可的条件设定为行政许可，将真正需要许可的内容却不涉及，近乎舍本逐末，这是对行政许可的极大误解。二是"印花税票代售许可"不利于委托代征工作。根据《印花税暂行条例施行细则》第 31 条，税务机关可以将印花税票委托单位或者个人代售，属于依职权的行为。但印花税票代售被设定为行政许可之后，没有相对人的申请，税务机关无权主动对外委托代售业务。但由于印花税票代售收益性较低，该许可设立之后，很少有人申请此项许可，使目前印花税从原来的税务机关征收和委托征收两条腿走路，变成纳税人自行申报、税务机关自行征收一种。这显然与行政许可法的高效、便民原则不相符。

（3）对部分税务行政审批项目"非许可"性的质疑。根据行政许可法对行政许可的定义以及行政许可设定范围的规定，在税务行政审批项目中，除现行的 6 项行政许可外，还有相当部分的审批项目，已经具有行政许可的实质要件，只是未履行法定的行政许可认定程序而已。目前由法律和行政法规设定的 19 项税务行政审批中，有相当部分符合行政许可法关于行政许可的界定，但目前出于"平稳过渡"的考虑将其确认为非行政许可审批项目，则存在一定的越权嫌疑。将本来应为行政许可的项目确定为非行政许可审批项目，扩大了行政权力的领地，而压缩了公民和法人的法定权利。

（二）税务行政许可实施不到位

（1）法规、规章对税务行政许可实施规定的不太具体。一是实施机关不明确。存在主管税务机关、县以上税务机关、当地税务机关等多种称谓，导致行政许可申请人无所适从，受理机关也有可能推诿扯皮。二是法定许可条件不完备。目前税务部门规章没有对发票使用、管理审批和印花税票代售许可规定具体条件，现行按其他文件规定的许可条件不应为法定依据。三是许可决定反馈形式不明确。税务行政许可决定采取什么形式、不同形式的优先次序是什么、送达是人工送达还是邮寄送达、是否需要送达回证、是否需要纳税人签收、决定何时公开、公开的期限等，都需要部门规章来一一明确。四是许可决定变更和撤销程序不明确。纳税人因生产经营的发展需要，提出变更原许可决定时的部分审批内容，是重新启动许可程序，还是按非许可审批程序办理，基层税务机关在执行时不很一致；纳税人在行政许可法实施前已取得许可的，但行政许可法实施后发生了需要依法取消其资格的情形，是做出撤销行政许可决定还是直接做出取消决定即可，目前部门规章没有明确。

（2）税务行政许可的配套措施不尽完善。一是税务行政许可受理制度不健全。行政许可申请可以通过信函、电报、电传、传真、电子数据交换和电子邮件等方式提出，但税务部门规章对税务机关如何受理没有做出具体规定，导致绝大多数税务机关只接受当面提交的书面申请，其他方式在实践中很少被采用，或根本无法受理，导致法律规定难以落到实处。二是税务许可听证制度难以实施。现行法律、法规、规章均未要求对税务行政许可必须实施听证，发起听证与否完全取决于税务机关单方意愿。纳税人事先并不知道哪些事项应该申请听证，只能消极被动地等待税务机关的"公告"或"告知"而参加听证。这实际上变相剥夺了纳税人的税务行政许可听证权。三是存在资料重复报送问题。在不同的税务行政许可要求纳税人提交的材料中，存在很多相同的内容，但要求多次提供同一资料，与行政许可法"便民"原则不符。

（3）行政许可培训有待加强。法律实施在很大程度上取决于执法者的法律素养，但目前仍有相当多的税务人员对行政许可法的重要性认识不足，对建设现代法治政府的认识模糊、动作迟缓，有限、透明、高效、诚信、责任等法治理念尚未深入人心，平等法律主体的意识尚待树立。许多税务人员对税务许可和审批区分不清，老思路、老办法、老程序还在部分单位实施行政许可过程中延续。

（三）已取消审批项目的后续管理有待完善

对那些已取消和下放项目的后续管理问题，税务部门先后出台了一系列文件办法，以防止取消或下放审批后可能出现的管理缺位和征管漏洞，造成国家税款的流失。但这些后续管理措施相对薄弱，而且存在管理过度问题。

（1）个别取消审批的项目面临失控的风险。如第三轮审批制度改革中取消审批或下放的企业所得税审批项目，以前大多由主管税务机关进行逐项审核审批才能税前列支，但由事前审批改为事后监管后，基层税务机关的工作压力明显增大，一些精细化管理措施难以全面在税收征管中落实到位，一些税务机关对备案项目多采取粗放式管理，企业在弥补亏损、技术开发费加计扣除、广告费税前扣除、坏账呆账损失等方面的处理存在一定的随意性，相当比例的备案事项未及时报税务机关备案。

（2）取消审核项目的后续管理"矫枉过正"。目前，大多数已取消审批的审批项目，税务部门依然需要纳税人提供大量的备案资料，纳税人报送审批事项的程序并没有明显减少，仍然存在较大负担。而同时，因怕只报不审出现监管失控，反而税务机关的日常管理和事后监督检查频率有所增多，个别纳税人苦不堪言。如"对新认定商贸企业首次领购增值税专用发票数量超过 25 份的审批"，作为国务院统一取消的第三批税务审批项目，在取消后商贸企业大量骗购和虚开增值税专用发票等违法犯罪现象随即出现抬头趋势。为紧急应对这一问题，国家税务总局分别在 2004 年 7 月 1 日和 2004 年 12 月 1 日，先后两次以内部"明传电报"的形式，下发紧急通知，不仅重新规定了新认定商贸企业首次领购增值税专用发票的数量，而且规定了商贸企业一般纳税人认定的其他严格要求。这两份"明传电报"，虽属内部文件，不具备规范性文件的法定效力，却在系统内部切实地发挥了作用，纳税人不得不受其影响和制约，这在一定程度上影响了审批制度改革的成果，陷入了"审批—取消—再审批"的怪圈。

（四）已保留的非许可审批项目改革有待深化

目前保留的非许可审批项目总数有 50 多项，广泛分布于各个税种和税收管理的各个方面，目前仍按原办法执行，不受行政许可法约束。在这些项目审批过程中，审批项目设定的层级较低，审批手续复杂，审批环节过多，审批效率低下，妨碍纳税人自主经营等问题依然存在。一些税务部门和税务人员受传统思想观念的束缚，不愿轻易放弃原已习惯的管理方式，现代服务型政府的理念还未深入人心，有的仍然将行政审批作为本部门权力扩张的重要来源，习惯于靠审批代替管理，不忍、不愿也不敢轻易放弃审批权力，甚至担心行政许可或取消审批后管理失控，导致税款大量流失。而纳税人对何种审批是行政许可，何种审批是非行政许可，是否能启用听证程序，多长时间办结等问题，都没有发言权，只能被动地接受税务机关的安排。

二 税务行政审批项目与行政许可项目的重新定位

为便于税务行政审批改革的平稳进行，目前采取积极稳妥的方针，将税务行政审批项目划分为行政许可和非许可审批项目两类，分别适用行政许可法和原法律、法规、规章。单纯从行政管理的角度来看，这种兼顾历史与现实、便于法律的有效实施和提高行政效率的做法本无可厚非，况且由于税收立法语言的含糊性和税收管理过程中的不规范性，税法中本没有形式意义上的行政许可，在我国当前宪政体制下，立法权和司法权难于及时发挥对行政许可的认定情况下，行政机关当然成为行政审批项目认定的权力机关。但是，随着建设法治政府进程的加快、公民法治意识的觉醒和理论研究的深入开展，这种认定不可能是一成不变的，必然在深化行政审批改革过程中不断地调整，真正实质意义上的行政许可也将正式走出"非行政许可"认定的阴影，受到行政许可法的有效规制。为此，我们不妨从法理上具体考察各类税务行政审批中的行政许可行为。

（一）税收优惠审批中的行政许可行为

税收优惠类审批，是税务机关对纳税人申请享受税收方面的某种优惠待遇、减轻纳税义务而进行的审批，这类审批项目所占比重较大，共有 36 项，占全部审批项目的 60%，是内容最多、涉及税种最广、影响最大的一类行政审批，目前全部是非行政许可审批项目。对税收优惠审批是否应纳入行政许可法规范的范围，目前有较大争议。有学者认为，准予行政许可，表明申请人符合法定条件或者标准，可以依法从事特定活动或者以特定身份从事特定活动，单纯授予相对人以特定利益的各种税费的减免，不以相对人获得许可后依法从事特定活动为必要的，不是行政许可。同时，有学者认为，行政许可主要在于排除不作为义务，并不包括免除作为义务，以免除作为义务为内容的减免税费审批行为并不在行政许可的范围之内。但也有学者认为，减免纳税义务的税收行为与行政许可行为均是需经申请的行政行为，其法律后果在于在个案中解除法律所禁止的行为，二者的区别仅在于所解除的行为在立法中的受禁止程度。因此，从严格的法律概念来说，特定活动不应仅仅包含积极的行为，消极的不作为也应属特定活动的一种。从这个意义上说，减免税收的审批行为，产生使纳税人在一定范围内得以"不履行"其纳税义务的法律后果，与行政许可并无太大的区别，同样应系属于行政许可行为的范围。

（二） 会计核算审批中的行政许可行为

会计核算类审批，是对纳税人与税款核算、税款缴纳有关的会计核算方法、财务管理活动的审批，主要涉及发票领购、账簿设置、延期纳税、汇总纳税、费用列支、定额调整等 16 种涉税审批事项，占全部税务审批的 27%。其中已有 4 项已被确认为行政许可，占本类审批的 25%，远远高于其他两类审批项目。这类审批事项，从税收管理程序看，都需要纳税人提出申请，经税务机关依法进行审查批准后，纳税人实施具体的财务管理活动，符合行政许可的法定定义；从具体内容看，均直接或间接地影响着纳税人的生产经营及国家税款的实现和入库，因此属于"直接涉及国家安全、公共安全、经济宏观调控……特定活动，需要按照法定条件予以批准的事项"，符合行政许可设定的法定范围；从设定形式看，除 4 项行政许可外，根据法律、行政法规设定的有 5 项，根据部门规章设定的有 4 项，部门文件设定的有 3 项，因此由法律、法规设定的这 5 项审批，符合了行政许可设定的法定形式，唯一缺乏的是权力机关的正式确认和公布，其他 7 项在实质上已经属于行政许可，但需要履行法定程序，满足其法定形式，使之上升为行政许可。

（三） 主体资格审批 （登记） 中的行政许可行为

主体资格类审批，即由税务机关确立个人、企业或者其他组织的特定主体资格，目前共有 8 项，占税务行政审批的 13%。除印制发票资格和代售印花税资格已被确认行政许可外，其他 6 项可分为三种情况。

（1） 纳税人主体资格认定。一般认为，税务登记（含开业、变更和注销、验证和换证、停业和复业、外出经营报验）和扣缴税款登记属于行政登记的一种形式，是确认税法意义上的纳税人和扣缴义务人主体资格的重要途径，但它们是否属于行政许可法的调整范围，学界则存在一定的争议。有学者认为，税务登记属于无数额限制的登记类行政许可。还有学者认为，从税法角度看，税务登记意味着申请人的纳税人主体资格的确立，限定了纳税主体的权利能力和行为能力，确认了申请人在税法上所享有的权利义务，因此属于行政许可。但是也有学者认为，税务登记是行政管理中基于统计目的的登记，这种登记只是作为行政管理的辅助手段，是相对人的义务。笔者认为，税务登记和扣缴税款登记均不属于行政许可，原因如下。①二者不属于行政许可法第 12 条第 4 款所规定的严格意义上的确立主体资格的行政行为，因为税务登记往往是市场主体成立后的行为，其登记行为并不影响申请人的市场主体资格的存续。②二者具有内部管理的特点，申请不是税务登记的必要条件，税务机关可以不通过纳税人申请而直接强制不办理登记的进行登记并予以处罚，这一点行政许可明显不同。③二者是税务管理的辅助手段，登记与否虽然关系其作为税法意义上的纳税人主体资格的确立，但相对人享受税法上的权利义务不以税务登记为前提，换句话说，即使不办理税务登记和扣缴税款登记同样依法享有纳税的权利和义务。

（2）特殊主体资格认定：与税务登记相类似的还有出口退税登记、公路货运业自开票和代开票纳税人认定、增值税一般纳税人资格认定三种审批项目。这三种审批均是授予某些纳税人以特殊资格，使其享受特殊权利义务的前提，属市场准入性质的行政审批。纳税人为取得该特定主体资格，必须向税务机关提出申请，由税务机关对是否符合法定条件予以考察，并对其资格予以认定。通过认定之后，相关企业可以享受特殊税收待遇。未经过认定和审批的任何单位和个人，均不享受特殊待遇，不得非法取得和开具货运发票和增值税专用发票。因此，这三种特殊主体资格认定性质的审批，具有行政许可的外部性、被动性（依申请）、管理性（经依法审查）、特殊性（从事特定活动）、授益性等特点，属于行政许可法第12条第2款规定的"直接关系公共利益的特定行业的市场准入等，需要赋予特定权利的事项"，因此，上述三项特殊主体资格认定的税务审批事项实质上是行政许可行为。这三项审批尽管有的也有"登记"字眼，但与税务登记显著的区别在于，后者是法定的义务，登记只是税务管理的辅助手段，而前者必须经纳税人申请，税务机关审查、批准后，纳税人才获得相应的特殊主体资格，享受相应的权利和义务。

（3）其他税法主体资格认定。对设立税务师事务所的审批，是税务行政审批中唯一涉及非纳税主体，并以认可为表现形式，即税务机关要通过考试、考核方式确定相对人是否具备特定技能的事项，因此，设立税务师事务所的审批属于行政许可法第12条第3款规定的"提供公众服务并且直接关系公共利益的职业、行业，需要确定具备特殊信誉、特殊条件或者特殊技能等资格、资质的事项"，具有明显的行政许可性质。

三　进一步深化税务行政审批制度改革的主要内容

深化税务行政审批制度改革，应遵循行政审批改革一般原则，同时还应根据税务审批的行业特点，符合我国税制改革的总体要求，满足税务行政相对人的合理需求，既积极又稳妥地推开，保证税务行政审批沿着法制、科学、高效的轨道运行。

（一）规范税务行政审批设定

税务行政审批项目必须在规范许可项目设定的基础上，严格规制非行政许可审批项目的设定程序，大力清理审批事项，将事前审批尽量转到事中管理、事后监督上来，防止抽象行政行为以"合法"名义损害纳税人的权益。

（1）依法规范税务行政许可设定。一是对涉嫌越权设定行政许可的项目暂停执行。原依据国务院文件或部门规章制定的"对发票使用和管理的审批"和"对发票领购资格的审核"，国务院并未正式以决定的形式设定并向社会公开，均不应作为行政许可而继续实施，而暂以非许可行政审批为宜。二是履行法定行政许可的设定程序。根据法律、法规设定的"指定企业印制发票"和"建立收支凭证粘贴簿、进货销货登记簿或者使用税控装置的审批"，应分别经全国人大常委或国务院确定其许可性并进行公布，以保证设定程序的合法性。三是适度扩大税务行政许可的范围。进一步评估现行非许可审批项目上升为行政许可的紧迫性和必要性，对"许可"性质比较明显、现行审批效率低的审批项目（如设立税务师事务所的审批）应及时上升为行政许可，提高行政审批设定的法律层次；对"许可"性质社会争议较大、社会影响大的审批项目（如减免税审批）有计划、有步骤地向行政许可过渡；对尽管具有"许可"性质，但作为非许可审批的问题较少，又面临税收政策经常变动的审批项目（如出口退税登记），可继续按非许可审批项目进行管理，以利于提高行政管理效能。

（2）规制非许可税务审批项目设定。一是设定权要严格限制。根据行政许可法的立法精神以及当前税务行政管理的实际，税务非许可审批的设定主体应该进一步减少，严格限制设定权。建议除了以法律、行政法规和税务部门规章的形式设定税务非许可审批项目外，其他形式不得设定税务行政审批。二是设定程序要民主、公开。积极借鉴行政许可的设定程序，逐步把听证会、论证会等作为税务审批项目设定的必经程序，广泛听取纳税人、专家学者、基层税务机关、税务中介机构等各方面的意见，确保税务非许可审批项目设置的科学性、民主性，防止部门利益对公众利益可能造成的侵害。对已经设定的非许可审批项目，履行统一的公告发布制度，并报国务院备案，接受社会监督和行政监督。三是设定内容要明确。权力机关在审批项目设定过程中，应对审批的实施机关、条件、程序、期限等内容逐一明确，便于基层税务机关执行。省级以下税务机关可在审批实施过程中就具体事项做出进一步规定，但不得新增审批项目，不得增设违反上位法或上级文件的其他条件，便于相对人理解和执行。

（二）规范税务行政审批实施

（1）提高税务行政许可实施水平。"天下事不难于立法，而难于法之必行。"为进一步提高《行政许可法》的实施效果，一是进一步强化行政许可法的宣传和培训。加强社会普法宣传长效机制建设，引导广大纳税人知法、守法、用法，学会利用法律来维护自身权益，强化对税收执法权的监督和制约。二是完善配套制度。在落实好现行配套制度的基础上，还应就行政许可决定形式及期限、会签及备案、延续及注销、许可撤销、对被许可人的监督管理等内容进行细化、明确。同时，结合推进行政执法责任制，加大对落实行政许可法的执法考核和过错追究力度，确保行政许可法及其配套制度的有效落实。三是创新税收管理方式。大力推进电子政务建设，完善行政许可受理程序，提供网上审批服务；实行行政许可"一窗式"管理，保证各办税服务厅都能够提供一站式服务；简化行政许可程序，加强部门联系协调和上下沟通，实行信息资料共享，减轻纳税人负担。四是明确行政许可实施的具体规定。行政法规或税务部门规章应根据行政许可法的规定，对各项税务行政许可逐项明确实施主体、条件、程序、期限、反馈、变更和撤销等具体内容，便于基层税务机关和税务行政相对人执行。

（2）加强取消和下放审批权项目的税务后续管理。一是加强前期调查核实。在日常税收管理过程中，税收管理员应对取消审批项目重点关注，加强对企业性质、投资规模、生产经营、财务核算等基本情况的调查，使税收监管具有更强的针对性。二是落实项目备案制度。对已经取消的税务部门管不了又管不好的审批项目，必须加强与有关部门的配合，建立相应的监管台账，强化审批项目备案，作为税收执法和落实相关政策的依据。三是加强动态监管服务。税务机关应结合税收管理员制度的落实，强化税源监管责任，及时开展税收分析和纳税评估，核查其经营业务是否正常，财务核算是否规范，税收负担率是否正常、是否有偷逃税现象等，保证后续管理不弱化，征管漏洞得到及时弥补。四是强化税务检查。根据日常监管信息等情况，对存在突出问题的取消和下放审批事项开展专项检查，集中查纠取消审批后的违法违规行为，严厉打击偷逃税现象；同时，税务部门要大力宣传依法诚信纳税典型，曝光偷逃税案件，努力建立依法治税、诚信纳税、协税护税的社会环境。

（3）深化非许可审批制度实施改革。一方面，要进一步清理、调整保留的非许可审批项目。按照行政许可法和国务院深化行政审批改革的精神，对公民、法人或者其他组织能够自主决定的，市场竞争机制能够有效调节的，行业组织或者中介机构能够自律管理的，以及行政机关采用事后监督等其他行政管理方式能够解决的审批项目，尽量不采取行政审批手段。如目前保留的设立注册税务师事务所的审批，完全可以由行业组织进行自律管理。另一方面，要逐步将非许可审批项目的实施向行政许可靠拢，引入"有限、诚信、透明、效率、责任"等善治理念，进一步减少审批环节，规范审批程序，提高审批效率。要逐步将听证作为税务行政审批的法定程序，畅通纳税人救济渠道；对相关审批事项实行资料共享、联合审批制度，减轻纳税人负担；实行限时审批制度，将审批时限压缩到最短程度；加快"网上税务局"建设步伐，全面推行网上申报、网上受理、网上审批，提高税收服务的层次和水平。

（三）强化税务行政审批监督

（1）在税务行政审批设定上。各级人大常委会应依法撤销下级人大和同级政府超越法定权限、擅自设立限制或剥夺公民合法权益的不当审批。同时，应及时以立法解释或修正案等形式对行政许可法实施之前设定的属于行政许可的事项进行调整、确认，便于行政执法机关和行政相对人操作、执行。国务院应加强对行政审批（包括行政许可）从设定到实施的全程监管，合理划分行政许可和非行政许可审批项目，并依法定程序确认和公布。国家税务总局需进一步制定税务非许可审批项目设定制度，明确设定权限、内容、要求和程序，强化税务非许可审批项目设定管理；并加快非许可审批制度改革，进一步调整、压缩非许可审批项目，强化执法检查和监察，保障纳税人的合法权益。司法机关要以受理行政诉讼的方式进行行政许可法执行情况的司法审查，连带监督行政许可设定的合法性，促进税务审批设定的规范性。

（2）在税务行政审批实施上。对内，各级税务机关要进一步健全行政执法责任制和过错追究制，明确机关和具体人员的职责、义务，深入开展税务机关自上而下的层级监督，强化对税务行政审批行为的信息化监控，进一步加大违法、违规实施行政审批行为的惩罚追究力度。对外，应充分发挥人大、纪检、监察、审计、财政、检察院、法院等监督机构和部门对税务机关法定监督职能，对各级税务机关不依法实施行政许可和行政审批的行为，及时给予纠正和处理。同时，要进一步发挥社会公众监督的作用，建立社会监督的激励机制，进一步完善法律救济程序，畅通外部监督渠道，充分保障行政审批申请人的陈述权、申辩权、保密权、听证权等法定权利，通过纳税人权利的行使来制约执法权力的缺位与越位。

（作者单位：威海市国家税务局）

失地农民就业和社会保障的状况、问题与对策

——山东省威海市抽样调查研究

栾量海　张　强

　　为了了解失地农民就业和社会保障的现实情况，妥善解决失地农民的就业和社会保障问题，我们在威海市专门进行了一次抽样调查研究。其间共走访了 46 个村，走访村民 63394 人。其中，农转非村 17 个，村民 30170 人，城郊村 21 个，村民 24759 人，新开发区村 8 个，村民 8465 人。走访的村民中，进入养老年龄（男 60 周岁及以上、女 55 周岁及以上）10174 人，未成年（15 周岁及以下）8349 人，劳动年龄内（男 16～59 周岁，女 16～54 周岁）44871 人。通过召开座谈会和发放问卷的形式，获得了第一手材料，有针对性地提出了解决办法。

一　基本状况

（一）失地农民的就业情况

　　从实际情况看，失地农民的就业主要有以下五种渠道。

　　第一，转非时政府安置。1996 年以前，农转非村限于年龄不超过 35 周岁的青年农民，各级政府指令性安置到各级企业就业。后走向市场配置劳动力，企业用人自主，政府用行政手段安置就业的政策取消，农转非村农民不再享受这一待遇。

　　第二，村办企业招工。所有农转非村和城郊村利用征地补偿款办起各种企业，招用村民就业，解决了一部分失地农民就业。

第三，征地企业安置。征地企业就地招用劳动力，失地农民就近到征地企业从业。这是一种互利的选择，既解决了企业用工问题，有利于企业的发展，又解决了失地农民就业问题，有利于失地农民的生存。

第四，个人自谋职业。政府取消安置失地农民就业的政策后，失地农民自己解决就业。有的利用本村地理位置和自身技能、自有资金、自有房屋等地域和个人条件搞起个体、私营生产；有的跨村、跨镇、跨区经商；有的托亲访友进城务工；有的走劳务输出的路子，出市、出省、出国打工。

第五，村集体安置。有条件的村设立劳务组织如土建队、运输装卸队等，开发公益性岗位如负责村区环卫、绿化、保安等，安置村民。一些经济发达村还形成了规范的安置制度。安置人员的劳动报酬由村委会根据集体经济收入情况规定，一般在 2000 ~ 8000 元不等。

村与村之间就业差别很大。农转非村好于城郊村，城郊村好于新开发区村，新开发区村好于新规划征地尚未开发村。不少土地已经被规划征用但尚未开发或开发较少的村，80% 的村民观念陈旧，就业无门，无所适从，准备靠土地补偿金和安置费生活，这是一条死胡同。主要原因有四点。一是户口属性。转为非农户口的，摆脱了原身份的束缚，明显比还是农业户口的容易就业。二是地理位置。靠近市区、城区的村，交通方便，往返便捷，信息畅通，明显比远离市区、城区的村容易就业。三是经济发达程度。市中村、城郊村、新开发区村，经济发达程度高，提供的就业机会多，明显比其他村容易就业。四是文化素质。受教育程度较高，知识较丰富，素质较高的明显比素质较低的容易就业。

（二）失地农民的社会保障

失地农民的社会保障参差不齐，大致有以下四种形式。

（1）集体养老保障。大部分农转非村和城郊村，集体经济发展比较快，管理比较规范，集体出资为 60 周岁及以上老人，不包括外来人口和外迁人口，发放基本养老生活费，由村委会根据集体经济发展状况规定，每人每年最高 1880 元，最低 200 元，平均 458 元。

（2）农村社会养老保险。大部分村参加了农村社会养老保险，养老金交纳人均每月 30 元左右。一些村给予一定补助，补助占缴费总额比例最高为 40%，最低为 10%，平均为 25%。有补助的村，农民参保积极性普遍较高，无补助的村，农民参保积极性普遍较低。有的村因经济困难等中途停止了补助。

（3）集体福利救助。所有农转非村、90%以上城郊村、17%新开发区村，建立了集体福利制度。每逢传统节日如春节、端午节、中秋节等给全体村民，每逢特殊节日如老人节、儿童节、妇女节等给特殊村民，发放福利慰问品，人均最多500元，最少150元，传统节日发给老年人的福利慰问品普遍高出其他人30%左右。大多数实行福利制度的村还建立了困难救助制度。对老弱病残和因灾、因病致贫的困难家庭给予一定补助，救助范围和数额不等，平均每村每年出资3000元，救助2~5户。威海市高新技术开发区有一个村2003年出资3万多元，救助近50户村民，此救助范围最大。

（4）商业养老保险。20世纪90年代初期，威海市高新技术开发区有3个村采取集体补助与个人缴费相结合的方式，一般是集体补助30%~40%，个人负担60%~70%，为35~49周岁年龄段的村民一次性投资购买了商业养老保险。目前已有30多名年满60周岁的村民开始享受商业养老保险待遇，每人每月可领取养老金80元。

另外，一些有条件的村还实行集体经济收益分配制度，参加商业家庭财产保险制度等，保障村民生活。

凡是集体经济发展红火、领导班子坚强有力、规章制度健全规范、形成尊敬老人传统的村，农民生活保障大都运作规范、有力；反之，则困难重重。

二 存在的主要问题

（一）就业不稳定

80%以上的失地农民没有经过职业技能等就业培训，就业竞争能力低，以提供简单劳动为主，处于临时就业状态。不少失地农民在镇、村等企业就业没有办理规范的招工手续，签订劳动合同，参加社会保险，对就业前景毫不知情，更无法掌握今后的生活着落。80%以上的自谋职业人员是小本经营，经济收入受外界多种因素影响，一旦出现问题，势必导致失业，基本生活无法保障。造成农村社会不稳定的隐患。

（二）参加社会保险没有制度保证

85%以上的村表示希望尽快出台政策，使他们参加各类社会保险。90%以上的失地农民特别是年龄大、文化低、技能差的，意识到仅靠一次性征地补偿无法长期保障他们的生活，要求参加社会保险包括养老保险的意愿非常强烈。但是，还没有成形的制度予以保证。

（三）社会养老保障水平太低

已有养老保障是以个人缴费为主、集体适当补助的全额储蓄积累式保障。经过 10 多年遇到新问题：集体企业改制和产权明晰后，集体补助多有名无实；基金利率很低，投保与银行储蓄无多大差别，依靠高利率增值落空；投保月基数为 4 ~ 20 元，预期养老金太低，对投保人失去吸引力。90% 的参保人是在此法实施初期参保，随后停止缴费。每年续保、新参保的人数很少。已领取养老金的农民年均仅 138 元，月均仅 11.5 元，远不能保障基本生活。

（四）土地补偿金管理混乱，使用亏本

8 个首批失地村，10 多年来，尤其是开始 3 ~ 5 年，征地补偿款集体留用部分不同程度地存在管理混乱问题，没有建立规范的政务、财务公开制度和民主监督机制。特别是投资于村办企业的资金，由于受到市场竞争的激烈冲击，加上缺乏优秀的管理人才、先进的技术设备和高水平的技术工人等，损失严重。70% 以上的村办企业经营不景气，有的已破产关闭，数额巨大的土地补偿金血本无归。失地农民基本生活来源日益枯竭，社会保障失去必要的资金支持。引起失地农民极大不满。

三　对策建议

（一）实行积极的就业政策，优先解决就业问题

"就业是民生之本"。为失地农民提供就业机会是解决失地农民生存问题最根本的途经。要以提供长期可靠的基本生活来源为目的，以提供就业或创业机会为重点，积极探索适应社会主义市场经济要求的就业或创业途径。

制定公平就业政策，构建城乡统筹就业管理制度。按照"公平对待、合理引导、完善管理、搞好服务"的原则，彻底取消限制农村劳动力就业的歧视性政策，清理废除各种乱收费，使农民工与城镇职工享受同样的经济政治文化生活及社会保险权利。在就业安置中，规定用地企业把合适岗位优先安排给失地农民，并建立安排失地农民数量与用地规模挂钩制度予以保证。

建立就业保障基金。发挥财政资金转移支付的功能，建立失地农民就业保障基金。资金来源可从以下几方面考虑：年度财政列支一块；土地出让实

际收益中按一定比例留一块；在土地征用成本中单列一块。保障基金设立财政专户统一安排，专项用于失地农民职业技术培训、创业的补助和奖励，自谋职业的贷款贴息、职业介绍补贴等。

鼓励自谋职业。鼓励失地农民以非全日制、临时性、季节性等灵活多样的形式就业。鼓励具有农副业生产技能的失地农民发挥特长，承包经营农业园区、基地等，继续从事种养业等。尤其鼓励失地农民以创业推动就业。对失地农民从事个体经营的，税务、工商部门应优先办理营业执照，并经核准，对营业税、所得税、管理费等给予减免。开办资金有困难的，银行应提供专项小额贷款，提供贴息支持。经营所需场地、设施等有困难的，各有关方面应积极提供帮助、做好服务工作。

大力开展培训，提高就业竞争能力。充分调动和组织，把劳动保障、农业、林业、水利、科技、建设、社会团体等有关行业培训机构确定为农村劳动力转移培训基地，落实培训职责和任务，形成工作合力。积极探索创立政府和农民携手合作、利益分享的机制，鼓励投资兴办民办培训机构。定期开展形式多样、内容广泛的实用技术培训。不断提高失地农民的就业竞争能力。

做好转移就业工作。完善劳动力市场建设，加强镇、村劳动管理，建立劳动服务点。镇、村就业服务重在及时、准确提供岗位需求信息，降低失地农民外出就业成本，减少失地农民盲目流动。各级劳动和社会保障部门要多渠道收集企业用工信息，根据企业用工需求，按期举办劳动力就业洽谈会，促使失地农民有序向二、三产业转移。

（二）建立和完善土地征用配套政策，维护合法权益

土地是农民的命根子。农民拥有来自土地直接和间接的一系列合法权益。失地农民应当形式不同地继续拥有来自土地的合法权益，要予以确认和保护。

区分征地行为，采取不同政策。严格区分不同性质征地行为，分别采取不同征地补偿和安置标准。对公益性政府行为，虽然具有强制性，也应按市场价格对失地农民补偿并一次性足额支付；对非公益性企业行为，必须引入市场机制，由市场决定对失地农民的补偿；对铁路、高速公路等大交通建设用地，属准工业性占地，可采取租赁或土地入股等方式，让失地农民长期分享保底收益。

建立留地安置制度。留地安置深为广大失地农民和镇村基层干部所拥护。要尽快建立切合实际的留地安置制度。可在土地利用总体规划确定的建设用地范围内，按征地面积8%～10%的比例，划出一部分土地给被征地村，或给

予相等的用地指标，实行统一规划、统一建设、统一安排、统一管理，用于发展二、三产业，以有效解决失地农民的就业与生活问题。

积极探索土地股份制改革。实行土地股份制经营，使农民持有土地股份，不仅能充分发挥土地的用途，节约使用土地，还能彻底解除农民的后顾之忧。农民成为股民，也保护了土地被征用后失地农民的土地收益权，保障其基本生活来源，这是失地农民安置可持续发展的有效途径。该项改革比较敏感，可先选择部分城郊村试点，后推开。

（三）建立和完善社会保障制度

失地农民社会保障制度的主要任务应是基本保障"生有所靠、病有所医、老有所养"，即办好最低生活保障、医疗保障和养老保障三种保障项目。考虑到现有经济发展水平，不可能同时为所有失地农民建立这三个保障项目，只能按照循序渐进的原则，渐次实施，先解决主要问题，进而扩大范围和提高水平。

建立和完善多渠道养老保险制度。目前的经济发展水平，单靠财政拨款或失地农民自行负担是行不通的，必须多渠道筹集、缴纳养老保险金。政府承担一块，可在年度财政或从土地使用权出让金中按比例列支，包括建立失地农民社会保障风险准备金；村集体承担一块，可从土地补偿费中开支；个人承担一块，可从安置补助费中支出。借鉴城镇职工基本养老保险制度统账结合的模式，政府负担部分和村集体负担的一部分，用作养老保险基金，建立养老保险统筹账户，统筹层次暂时以县市级为宜。村集体负担的另一部分和个人负担部分建立个人账户。采取个人缴费的方法来充实个人养老账户，缴费水平可较低但应有一个下限，并鼓励多缴。养老保险待遇与缴费多少直接挂钩，并且不低于当地最低生活保障水平。

在劳动和社会保障部门或财政部门设立一个失地农民社会养老保险基金专门存储和管理机构，实行收支两条线和专户管理，单独建账，专款专用。明确监督主体及其监督职能，增强监督部门对基金监督的专业性、规范性和权威性。明确基金使用渠道及办法，增强透明度，加大社会监督力度。把基金监督管理的重点放在事前的风险防范上，提早加强监管。

建立和完善多元化医疗保障制度。目前，根据失地农民的需要，最迫切的是尽快建立失地农民大病保险制度。待经济发展到较高水平，社会条件具备时，再把失地农民的医疗保障纳入社会医疗保险制度范围内，并建立政府、集体和个人共同投入、共担风险的机制。

　　建立失地农民社会医疗救助制度。政府与民间结合，强化多元投入机制，引导社区、企业、慈善机构及个人等多方面捐助，充实失地农民医疗救助基金。

　　适当引导失地农民购买商业医疗保险。商业医疗保险作为一个重要的补充，可以有效地解决失地农民的大病风险。

　　尝试建立新型合作医疗保障制度。加强农民的共济意识和风险意识。创新合作医疗的筹资、运行、监管、激励等机制，加快建立农村合作医疗组织。明确其不是营利性组织，以保障和满足农民的利益为首要目标；建立个人出资为主、集体扶持、政府适当支持的筹资机制，多渠道筹集资金；制定科学严密而又便于操作的系列管理制度，加强合作医疗运行各个环节的管理；建立健全合作医疗监督机制，合作医疗资金的筹集、使用和管理等有关情况，要接受各级卫生、审计、财政、纪检等管理机构的检查监督，要列为政务公开的主要内容之一，定期向社会公布，接受群众监督，以确保资金正常运行、合理使用。

　　建立和完善适当水平最低生活保障制度。把生活水平低于或等于国家公布的最低生活水平的失地农民，列入享受最低生活保障待遇，不得以曾获得高额土地征用补偿费而排除在外。从维持基本物质生活需要、当地人均国民生产总值和人均纯收入、地方财政和镇、村的承受能力等多方面，科学确定最低生活保障标准，不同地方可有差异。各级财政和镇、村集体经济等共同负担，还必须辅之以社会化帮扶，多渠道筹集资金。经济支持力度低于城市，失地农民最低生活保障水平可低于城市。

　　做好相关工作。加强最低生活保障制度的法制建设，实现最低生活保障的法制化、规范化管理。制定与最低生活保障制度相配套的优惠政策。

　　尽快解决转非后待遇。失地农民已经不是严格意义上的农民。他们不愿农转非，是怕身份改变后，既不能享受原村集体资产收益分配权及福利待遇，又不能享受城镇居民同等待遇。政策需明确：失地农民农转非后，既保留原村集体经济及福利权益，又享受城镇居民同等待遇，纳入城镇保障体系，对生活困难、符合社会救济条件的，要享受社会救济待遇。

　　总之，要综合采取就业安置、货币安置、留地安置、有关保障安置等多种积极的全方位政策，从根本上解决失地农民的就业和社会保障问题。

　　（作者单位：中共威海市委党校　威海市高技术产业开发区管委办公室）

找准着眼点　建设新农村

——解读文登市社会主义新农村建设的实践

倪宝玲　荣建光　刘华兰

"建设社会主义新农村"作为破解"三农"问题的一个突破口，是"十一五"乃至更长时间中国农村发展的总目标、总思路，是中国建设社会主义和谐社会的关键。实践中，如何贯彻中央精神探寻一条适合当地实际的新农村建设道路，是各级新农村建设的关键问题。最近，我们对山东省文登市新农村建设做了一次深入的调研，发现这个市的做法很独特。他们找准新农村建设的切入点、凝聚点、矛盾点、服务点和发展点，着力解决农民最关心、最迫切的问题，从农民身边的小事情做起，激发农民参与新农村建设的积极性、主动性，引导农民成为新农村建设的主力军，有力地推动了社会主义新农村建设的顺利开展。

一　找准切入点——激发农民参与新农村建设热情

自 2003 年以来，文登市妇联在全市发动农村妇女群众，清除"三大堆"，在房前屋后、村内的空闲地及村周围栽植经济林、绿化美化苗木，在平整后的空闲地、摞草地建造小花园，实现了"村在绿中、花在村中、人在园中"的绿化美化新模式。"村在绿中"活动的开展，改善了村居环境，调动了农民积极性，使新农村建设找到了切入点。

在开展"村在绿中"活动时，通过政府补助一点、镇里自己出一点、村里拿一点的方式，解决了所有购买苗木的资金，村干部带头，群众普遍参与义务劳动，经过几年的努力，形成了一批花园式村庄和大水泊镇土埠岭村等育苗基地。农民不仅通过绿化改善了生活环境，还可以通过育苗获得一定经济效益，农民群众参与的积极性空前高涨。

在开展"村在绿中"活动的基础上，文登市进一步加大了农村环境综合整治力度，在路面硬化、村容美化上取得大突破，使许多农村彻底改变了"脏、乱、差"的旧面貌，达到了"远看像村庄、近看像花园"的意境。该市张家产镇车卧岛村还采取公开向村民拍卖环境保洁权的方式，让农民自主组成环卫队，定时清扫大街、清运垃圾，管护绿化、美化，推行泥堆、粪堆定点堆放，使环境管理逐步走上了制度化、规范化。

二 找准凝聚点——培育农民参与新农村建设的精神动力

文登市的农村文化大院建设发端于高村镇，兴盛于 20 世纪 90 年代，并作为农村精神文明的一个重要经验推向了全国。而今，文登的农村文化大院建设更加完善，几乎村村都有。有的村还成立了各种文艺沙龙、小剧团，不仅在自己所在村中开展活动，有时还在附近一些镇村开集或有重大节庆时应邀请前去演出。他们的演出以发生在农民身边的事为题材，如计划生育、婆媳关系、邻里关系、赡养老人等内容，演出形式灵活多样，深受广大农民朋友欢迎。在农闲季节，各村的文化大院都是热闹非凡，农民们自娱自乐。这种健康向上的文化活动，牢牢地拴紧了农民群众的心，他们不再热衷于"摸两把"，而是更喜欢"唱两嗓子""跳两下"，农村文化氛围非常浓厚。

各村文化大院同时还配齐了图书室、阅览室、远程教育活动室等休闲活动场所，只要农民群众想看，随时都可以去借阅、去观看，没有任何限制。"至今齐鲁遗风在，十万人家读书声"，也许正是崇文尚学的"文登学"精神在今天农民群众中的一种最直接的体现。文化大院凝聚了民心，把"自强不息，和谐向上"的"文登学"精神融入了文登市农村文化建设实践中，成为支撑广大农民建设新农村的不竭动力。

三 找准矛盾点——解决农民参与新农村建设的后顾之忧

在农村，随便问一个农民"你最怕什么"，他会毫不犹豫地告诉你："怕病了，治不起。"文登市从 2003 年开始实行农村医疗保险试点，农民每人每年只需要个人交纳 10 元，就可得到政府财政 40 元的补助，个人年筹资总额达到了 50 元，其中有 48 元进入了统筹账户，用于解决重大病情的报销。这样，农民有病可以根据情况住院治疗，住院费可以进入大病统筹，农民将享受到和在职职工一样的报销待遇。近年来，文登市高标准建设了 50 处农村中心卫生室，形成覆盖农村的卫生服务网络，农民参保率达到 95.7%，2004 年以来先后有 15600 多人次获得住院费补偿，发放住院补偿金 846.1 万元，有效地解决了群众"看病难"和因病致贫、因病返贫的问题。

文登市还加大财政投入，采取多种措施，不断健全农村社会保障制度。建立了农村最低生活保障制度及与之配套的教育、医疗、住房专项救助制度；加大农村养老保险推行力度，共有 827 个村 86000 多名适龄农民参加了养老保险；建立了失地农民养老保险制度，3200 多名失地农民得到了养老保障；建立了建筑行业农民工工资保障金制度，收缴率在 90% 以上；投资 1423 万元，改扩建敬老院 13 处，使农村五保户全部实现了应保尽保；全市 3.4 万多名农村群众的独生子女奖励费全部由财政统一负担，为 4800 多名 60 周岁以上的农村群众发放了每年 600 元的独生子女家庭奖励扶助金，形成了多层次、广覆盖的社会保障体系，解决了农民的后顾之忧。

四　找准服务点——搭建农民参与新农村建设的连心桥

2003 年 11 月，文登市在泽头镇试点建立镇级便民服务中心。2004 年 5 月，他们将试点范围扩大到葛山、界石、宋村、小观等镇。2005 年 2 月，在全市 17 个镇、办事处全部成立了便民服务中心，并探索出了以"汪疃经验"为代表的镇党委转变职能、强化服务的好做法。这一"服务点"的确立，在为民办实事的同时，拉近了群众和政府的距离，搭起了农民参与新农村建设的连心桥。

随着农村税费改革的不断深入，农村"三提五统"和农业税、农业特产税的全部取消，乡镇干部从包片包村、"催粮收税"等繁杂的事务性工作中解脱出来，镇级政府直接管理经济社会的职能逐渐弱化。镇政府如何转变职能成为全国基层政府共同面临的难题。文登市委、市政府围绕"亲民、便民、利民"的目标，进一步整合服务项目，集中人力资源，建设以为群众服务为中心的便民服务机构，便民服务中心将各项规章制度和服务事项进行"内容、程序、承诺、收费"四公开，实行首问责任制、承诺服务制、预约办理制、无偿代理制。2006 年 1 月 10 日，在济南召开便民服务中心建设研讨会上，文登市的经验得到省领导的赞许，并要求在全省加以推广。

为了更好地指导农民学科技、用科技，文登市委组织部还引导农村党员设立"党员干部科技培训示范基地"，把基地建在工厂、车间、地头，进门是课堂，出门是现场，方便农民群众学习和实践，目前文登市已有"西洋参科技示范基地"等7个专业技术要求较强的科技培训示范基地，有针对性地解决了农民群众在具体实践中遇到的问题。

五　找准发展点——夯实农民参与新农村建设的物质基础

当前农民一家一户的生产经营方式，很难抵御市场风险，已经不能适应市场经济发展的需要。针对这一实际，文登市大力发展村庄集体经济和农民股份合作制经济，让农民就地转化为"工人"或成为股份合作组织中的成员，有一份稳定的收入，进一步夯实了农民参与新农村建设的物质基础。文登市高村镇望海倪家村由9户农民入股组成的股份合作制果园，生产经营活动非常规范，他们聘请懂技术、会管理的人员负总责，年底进行分红，至今经营了近十年，农民股东都非常满意。个别村居甚至鼓励村民入股村集体经济，成为村集体的"股民"。文登市龙山办事处的西楼居委会利用守城村的优势，采取了"退二进三"战略，把二产退出市区，搬迁至离城区较远的工业园，利用城区守城的优势，大力发展第三产业，同时吸收村民作为村集体经济的股份成员，每年享受一定的"股息"，广大村民正走上一条共同富裕的致富新路。

农村集体经济发展壮大关键要有好的领导班子。文登市大力加强农村基层班子和干部队伍建设，结合农村"两委"换届选举，切实把"双高双强"型人才选进村级班子，全市"双高双强"型村班子比例达到64%，进一步增强了带头致富能力和带领群众共同致富能力。文登市还加快发展农村经济合作组织，进一步提高农民进入市场的组织化程度，目前全市农业专业协会发展到14个，农村经济合作组织80多个，在带领农民增收致富上发挥了重要作用。深入实施包村联户、强村富民工程，组织全市152个部门、25个大企业和2000多名机关干部与贫困村、贫困户进行一对一包扶，累计提供扶持资金600多万元，帮助新上项目820个，增强了农民群众脱贫致富的能力。

（作者单位：中共文登市委宣传部）

试论入世过渡期后中国快递业的
政府制度设计

夏　辉　金润圭

根据中国政府的入世承诺，至 2005 年 12 月 11 日过渡期满，中国的国际、国内快递（除邮政专营部分外）已完全对外资开放。以 UPS、FedEx、DHL 和 TNT 为首的国际快递巨头纷纷通过并购、独资化等方式加快在华的网络扩张，中国的民族快递业面临严酷的竞争局面。如何通过制度设计尽快增强民族快递业的竞争力，是中国政府和民族快递业急需思考的重要课题。

一　政府在快递业中的制度设计

目前中国的民族快递业仍处于较低水平，快递业竞争力还没有形成自我强化的良性循环，国际竞争力非常弱。此外，在中国经济转型过程中，受部门利益的影响，邮政部滥用行政权力干预经济过程的超经济垄断现象进一步加剧了快递业的市场垄断程度，导致中国邮政政企不分、效率低下、缺乏竞争力等弊端难以得到根本解决，同时也破坏了公平竞争原则。因此，中国政府应该通过怎样的制度设计，才能尽快促进民族快递业（尤其是民营快递业）的发展和国际竞争力的增强？下面通过模型来分析一下。

$_1R(\alpha)$ 表示国有垄断快递（以 EMS 为代表）的收益率，其中 α 表示垄断程度，$0 < \alpha < 1$，$_1R\alpha > 0$，$_1R\alpha\alpha < 0$；$_2R(1-\alpha)$ 表示民营快递的收益率，$_2R\alpha < 0$，$_2R\alpha\alpha < 0$；$_3R(1-\alpha)$ 表示外资快递的收益率，$_3R\alpha < 0$，$_3R\alpha\alpha < 0$；R 表示国家从邮政行业获得的收益率，$R = \tau(_1R(\alpha) + _2R(1-\alpha) + _3R(1-\alpha)) + a(\alpha)_1R(\alpha)$。其中 τ 表示税率，这里假定对所有性质的快递企业统一对待，没有超国民待遇；$a(\alpha)_1R(\alpha)$ 表示作为国有邮政的所有者所获得的所有者收益，

$0 < a(\alpha) < 1$。

那么，

$$\frac{\partial R}{\partial \tau} = {}_1R(\alpha) + {}_2R(1-\alpha) + {}_3R(1-\alpha) > 0,$$

$$\frac{\partial^2 R}{\partial \tau \partial \alpha} = {}_1R\alpha - {}_2R\alpha - {}_3R\alpha$$

$$\frac{\partial R}{\partial \alpha} = \tau({}_1R\alpha - {}_2R\alpha - {}_3R\alpha) + a{}_1R(\alpha) + a(\alpha){}_1R\alpha,$$

$$\frac{\partial^2 R}{\partial \tau^2} = (\tau + \alpha){}_1R\alpha\alpha + 2a{}_1R\alpha + a\alpha{}_1R + \tau({}_2R\alpha\alpha + {}_3R\alpha\alpha)$$

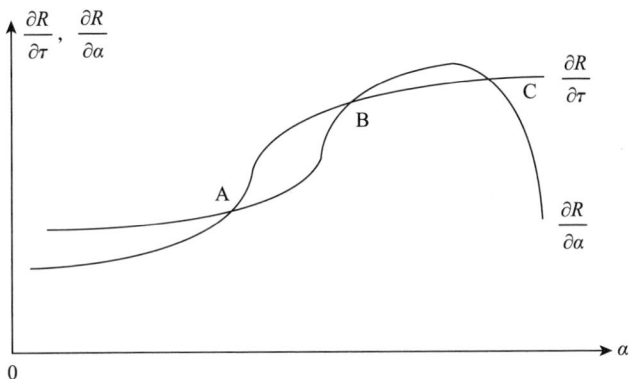

图 1

从图 1 可以看到，$\frac{\partial R}{\partial \tau}$ 和 $\frac{\partial R}{\partial \alpha}$ 在图上有三个交点，分别是 A 点、B 点和 C 点。其中 A 点和 C 点是收敛点，B 点是发散点。

也就是说，如果政府对快递行业垄断过多，那么处于 C 点状态，这时政府收益主要来自作为国有快递所有者的收益；相反，如果政府对快递行业垄断不多，处于相当程度的竞争状态，那么将收敛于 A 点，政府的收益主要来自税收。同时，如果按照常识假定 ${}_1R(\alpha) < {}_2R(1-\alpha) < {}_3R(1-\alpha)$，那么政府处于 C 点的收益将小于处于 A 点的收益，即 ${}_CR < {}_AR$。

通过上述分析我们可以得出结论：作为最大多数人利益的代表，政府的最佳制度设计应该是引入竞争（处于 A 点状态）。也就是说，政府应该通过积极引入包括外资、民营在内的外部竞争者，使快递业保持极大的竞争性，从而打破垄断状态，同时又可以保持适度垄断来维护国家安全需要。而且，在税率不变的情况下，通过扩大税基（即该行业的产出），又可以达到税收最大化。虽然税收不是政府的唯一政策目标，但是在竞争性行业中，税收也是政府的一个较为重要的目标，而且，通过引入竞争机制和外部竞争者，不仅税收增加，还可以加快国有快递改革，增加就业，提高民族快递业的竞争能力，从而达到政府多重政策目标的实现。

基于快递属于竞争性商业服务的界定前提，笔者认为政府在快递业中的角色不应是参与竞争的选手，而应是如何构建和维护高效率、充满竞争活力的体制环境的制度设计者。也就是说政府应该为国内外快递企业（尤其是中资民营快递企业）构建公平、公正、有利于竞争的市场平台，通过良性竞争来维持该行业的高效率，并推动快递企业和整个快递业国际竞争力的增强。

但是，基于快递业自然垄断特征以及部分领域邮政专营权的存在，事实上政府对快递业又具有极大影响，甚至规定了快递业竞争的范围。如何通过制度设计来调节垄断和竞争的平衡，以达到 A 点状态，是政府必须考虑的重要问题。

二　快递业中政府制度设计的国际比较

市场创新与行业垄断，是各国快递业发展中都曾面临的重大问题。为了提高快递业的运营效率，各国政府纷纷围绕扩大开放、促进竞争大做文章，以促进快递业健康快速发展。

（一）发达国家

快递业发展的实践表明，在快递市场居于领先地位的国家，都在市场开放和邮政改革中先行一步。以美国、瑞典、德国、荷兰等为代表的发达国家政府，不断削减甚至取消邮政专营权，以促进快递业竞争。即使存在邮政专营权，也往往通过重量和费率双重杠杆将其限制在较小范围内，以不影响公平和效率。同时很多发达国家通过产权制度改革，对邮政企业进行股份制改造，来提高邮政的营运效率和竞争力。

扩大开放、鼓励竞争的体制环境，推动了发达国家快递企业的快速发展，全球四大快递巨头分别来自美国（UPS、FedEx）、德国（DHL）和荷兰（TNT）就是很好的例证。

（二）中国

根据入世承诺，中国政府严格履行了快递业开放时间表，至 2005 年 12 月 11 日，中国国际、国内快递（除邮政专营部分外）已完全对外资开放（见

表1）。

表1　中国快递业开放时间及内容

时间	开放内容
入世一年后（即2002年12月11日起）	允许外商在合资企业中的控股超过50%
入世三年后（即2004年12月11日起）	允许外商在华独资经营国际快递业务
入世四年后（即2005年12月11日起）	允许外商在华独资经营国内快递业务

但是也应看到，在快递业整体开放的同时，中国政府对于快递业制度设计仍存在很多问题。

1. 管理职责不明确，不利于对快递业有效监管

自1980年以来，除私人信函外的国际快递业务一直由外经贸部（现商务部）审批设立，而2002年国家邮政总局单方面发布64号文后，从事国际快递业务又需经国家邮政局委托。由于《邮政法》及其实施细则与商务部《国际货运管理办法》内容有冲突，同时国家邮政局既是运动员又当裁判员，政企不分，在政策制定上过于偏向邮政自身利益，非邮快递企业对此非议很多。

政出多门，不仅使很多快递企业身份不清，极大影响了包括邮政快递在内的快递企业的健康发展，也造成该行业鱼龙混杂的混战局面。

2. 普遍服务与竞争性服务的范围争执不清

《服务贸易总协定》规定，WTO成员因国家安全和公共利益有权确定其实行专营和管理的服务贸易"产品"种类和范围。我国在加入WTO的议定书中，除未对邮政服务做具体承诺外，对快递服务的具体承诺标明了"现由中国邮政部门依法专营的服务除外"。

因此，普遍服务的范围越大，竞争性服务的范围就会被限制得越小。国家对快递业中邮政专营范围规定的越大，非邮快递企业的经营范围就越小。代表邮政利益的国家邮政总局希望普遍服务以及快递业中邮政专营范围越大越好；而代表非邮快递企业利益的中国国际快递工作委员会和亚太国际速递商协会（CAPEC）则主张邮政要真正做到政企分开，立法要鼓励平等竞争。

这种利益博弈实际上是各方为了争夺更大生存空间的博弈，但各方争执不清，在很大程度上却是由于政府对两者范围界定不清造成的。对政府而言，在市场逐渐开放的条件下，如何保障普遍服务义务的履行，关系到国民的基本人权和福利的保障，关系到政府信誉和声誉，关系到国家安定；而政府通过何种手段保障普遍服务义务的实施，又直接涉及快递业的市场准入、竞争

条件和盈利水平等。因此，政府的决策始终处于两难选择。

3. 监管法律及邮政改革滞后，严重限制快递业发展空间

是先修邮政法，还是先改革邮政，众说纷纭。一方面，快递业监管法律——1987 年 1 月 1 日正式实施的《中华人民共和国邮政法》及 1990 年颁布的《中华人民共和国邮政法实施细则》——在制定时主要考虑对中国邮政的保护和倾斜，没有为其他快递企业提供公平竞争的法律环境，已经不适应快递业健康发展的要求。尤其是中国邮政既是《邮政法》的制定者、执行者，拥有司法解释权，又是行业管理者与经营者，其垄断特色历来被广大非邮快递企业所诟病。

自 2002 年以来，国务院法制办牵头对《邮政法》进行修改，由于修改稿起草单位——国家邮政局向自身利益倾斜，外资和民营快递企业强烈反对，纷纷质疑其越改越垄断，因此至 2006 年底，修改稿已八易其稿仍未最后敲定。

中国邮政长期政企不分以及垄断保护，也造成其自身效率低下、竞争力下降、市场份额降低。据国际货代协会估计，邮政快递（EMS）在快递业中的市场份额已经由最高峰时的 90% 多，下降到目前的 20% 左右，并仍以每年 4% 的速度递减。虽然普遍服务由中国邮政专营，在 2002 年国家取消对邮政的财政补贴后，其涉足快递业务的 EMS 对于普遍服务具有重要的反哺作用，但是不应因此改变邮政快递参与的是竞争性业务的性质，也不应牺牲快递业的公平竞争环境来换取国家对提供普遍服务的中国邮政的变相补贴。

普遍服务应该由国家通过明确的补偿机制的建立来得到保障，但是在邮政没有实现真正的体制改革之前，在邮政普遍服务业务和竞争性业务尚未真正分立之前，很难准确区分邮政亏损是政策造成的，还是效率低下造成的，那么即使国家通过对其他快递企业征收"邮政普遍服务基金"等方式为邮政"埋单"，也不能从根本上解决中国邮政竞争力问题，同时还会严重损害整个快递业的国际竞争力。改革开放 20 多年的实践表明，越是开放的行业，中国企业越是在竞争中壮大；政府的一味保护，只能使这一行业以牺牲大多数人的社会福利来换取利润，其竞争力也会在垄断中弱化。因此，只有邮政真正实现政企分开，普遍服务和邮政快递真正实现独立核算后，才能核算出普遍服务的真实成本，然后才谈得上如何补偿。靠一味扩大快递业中的邮政专营权，并不能扭转邮政的困境。

政府一方面作为邮政的直接所有者，必须为邮政的低效率埋单；另一方面，政府作为最大多数人的最大利益的代表，必须维护社会利益。从坚持效

率优先或者是考虑整个社会的净收益出发，快递业应该全面放开。但是利益的获得者人数过于分散，往往陷入奥尔森所说的集体行动的困境之中，少数人完全有可能战胜利益分散的多数人。因此，作为制度设计者的政府，其政策设计必须兼顾效率公平和适度垄断。

4. 对内开放力度小于对外开放，抑制了民营快递企业的发展

对内开放是指对中资非国有企业的开放，对外开放是指对外资企业的开放。中国快递业对内开放无论从时间还是程度上都滞后于对外开放。20 世纪80 年代，四大快递巨头就通过与中外运合资、合作方式，纷纷进入中国，拓展国际快递业务。

而自 EMS 1983 年开展国内快递业务以后相当长的时间，该市场一直由邮政垄断。民营企业在很长时间内，没有合法身份，在邮政"默许"下从事EMS 不太涉足的同城快递。随着宅急送、申通民营快递网络向全国扩张，双方在利益上的冲突逐步激烈，2000 年以后，民营快递企业常常成为邮政执法人员查扣的重点。

对内开放的滞后，极大地制约着民营快递企业的健康发展，导致"黑快递"大量出现，服务质量难以保证。更重要的是，垄断，尤其是对民营快递企业的排斥，使得民族快递业缺乏竞争和活力，国际竞争力弱化。因为"新企业的加入是提升经济、提高竞争优势的因素之一。新竞争者会使用新技术、找寻新的产业环节、提供特别的服务。对国家的钻石体系和产业集群的相互强化而言，新企业的加入非常必要"。中国的民族快递业，单靠 EMS，没有实力、能力和时间与国际巨头抗衡。

三　对中国快递业政府制度设计的建议

1. 切实落实邮政改革，理顺行政监管体制

2005 年 7 月 20 日，《邮政体制改革方案》由国务院常务会议讨论并原则通过，其核心是政企分开，内容是重组国家邮政局，作为国家邮政业务的监管机构，侧重于制定邮政法律法规及相关标准，对与邮政相关的附属行业进行管理；组建中国邮政集团公司，行使原来邮政总局的经营职能，下设中邮物流、中邮 EMS、中集邮、中邮航空等子公司；成立邮政储蓄银行，实现金融业务规范化。

改革方案希望国家邮政局能够独立于利益集团之外，以更好地修改《邮政法》和实施有效监管。但是邮政系统多年千丝万缕的联系能否斩断，国家

邮政局能否成为真正独立的"裁判员"，还有待于改革措施的细化和有效监督。

2006 年 10 月 30 日公开的《国务院关于组建中国邮政集团公司有关问题的批复》中，首次明确了邮政公司普遍服务业务和竞争性业务要分业经营，普遍服务亏损由国家财政补贴。这意味着 EMS 不能再像过去那样与普遍服务混业经营，同吃补贴。但竞争性业务如何在人、财、物（尤其是网络）上与普遍服务分割清楚，如何保证国家财政补贴不会贴在竞争性业务上，将考验政府制度设计的水平。

只有邮政改革方案尽可能细化，落实尽可能到位，并配合有效监督，邮政改革才能真正做到政企分开、普遍服务和竞争性服务分开，国有资本在快递业中才能真正提高效率和竞争力。

同时，政府还应理顺快递业多头监管的行政体制，在市场准入、行政监管、法律法规方面更加透明、公平、公正、公开，以构建公平竞争的市场环境。

2. 《邮政法》的修订应尽可能体现公平竞争的市场经济原则

在对自然垄断行业实施政府管制时，往往容易忽略的制度性缺陷是被管制企业对管制者的寻租行为。斯蒂格勒（1989）提出"管制俘虏理论（Capture Theory of Regulation）"，认为在垄断的市场结构下，垄断厂商可以获得高额垄断利润。垄断结构的形成既可通过组织卡特尔等形式，也可以借由政府实施的进入管制而形成。组织卡特尔往往是竞争法所禁止的，而要求政府实行管制则可以获得稳定和安全的垄断收益。由于消费者团体的分散性，使其在对管制者的影响方面较厂商更弱，管制最终变成了不同利益集团寻租的对象。

《邮政法》修改八易其稿仍未成型，主要是由于邮政、民营、外资不同利益集团利益分歧过大，因此《邮政法》的修订应尽可能体现公平竞争的市场经济原则，同时适度保护邮政专营权，以避免成为某些利益集团寻租的对象。

3. 制定科学规范的行业准入标准，通过引入竞争来打破垄断，提高行业竞争力

施瓦茨和韦德曾指出，公共管制政策应该鼓励竞争，通过竞争来达到企业提供价格和合同条款的可比较资料的目标，并使价格和合同条款以易于了解和比较的形式向消费者公开。也就是说，当管制者存在对成本函数（或需求）的不完全信息状况，管制者可以通过放弃一定的规模报酬，即不是只允许一家企业生产，而是引入竞争并通过多家企业间的竞争获得有关成本信

息等。

而且由于管制成本高昂，加之不可避免的"政府失灵"（government failure），通过管制所获得的收益可能远远小于竞争带来的收益。我们的模型也验证了这一观点。

因此，政府应该制定科学规范的行业准入标准，并顺应国际潮流，逐步缩小快递业邮政专营权的范围，扩大竞争空间。这样既有利于充分保障公民的通信自由和通信秘密，又有利于非邮企业充分参与竞争。通过引入外部竞争者，实现投资主体多元化，来带动邮政快递转变经营观念和管理体制，降低经营成本，提高经营绩效，并促进整个快递行业竞争力提高，也有利于整个社会福利的增加。

4. 加大对内开放力度，促进民营快递企业健康发展

政府应该在市场准入、融资、打破地区壁垒以及技术创新、人才培训等方面加大对民营快递企业的倾斜力度，并通过科学有效的监管引导民营快递企业健康发展。因为从长期看，"一个国家想要从先进产业发展中产生国家竞争优势，绝不能只靠外商的经济活动力"。"本土厂商一旦成功地站起来，国家经济将开始脱离生产要素导向阶段，进而创造高级而专业的生产要素。"民营快递企业的健康快速发展，正是民族快递企业发展的强劲推动力。

作为物流业中最有活力的领域之一，迅速、准确、安全、便捷以及个性化的快递业正影响着现代物流业的发展趋势，中国政府应该积极引入竞争机制，减少垄断行为，寻找垄断和竞争的最佳结合点，以大大增强中国快递业的活力和国际竞争力，这对于中国市场经济的完善也将是有益的推动。

[作者单位：山东大学（威海）]

推进企业标准化铺就民族品牌强者之路

殷树刚　林乐界　宋建伟

1　引言

1996 年国务院颁布的《质量振兴纲要》提出：质量问题是经济发展的战略问题，是经济工作的综合反映。而实施名牌战略是质量工作的重要组成部分，也是经济工作的战略选择。通过对世界现代企业经营史的分析，我们不难看出汽车行业的奔驰、宝马，家电行业的松下、索尼，手机市场的摩托罗拉、诺基亚等世界著名企业都是走的名牌战略这条道路，其成功的原因无一例外是采取了先进的标准和技术。二战失败后的日本，就是通过引进先进标准和技术不断消化、吸收、改造、创新，实施"标准立国"一跃成为工业高度发达的国家。与之相比，我国在改革开放中引进了大量的国外资金，进口了大量的生产设备等"硬件"，促进了我国制造业发展，但在先进标准和技术等"软件"方面明显滞后。我国品牌的竞争力在国际上总体较弱，但我国的企业不乏产量优势，也不缺乏品质优势，如海尔、海信、联想、康佳等一批知名品牌能赢得海外市场就是很好的例证。自 20 世纪 80 年代开始，日本、韩国和我国的香港、台湾地区及亚洲的"四小虎"，从经济起飞到品牌群落崛起大致用了 20 年，而我国从改革开放到如今恰恰也是 20 多年的时间。随着世界制造业向发展中国家转移，拥有世界最大市场需求、优惠投资政策和良好发展环境的中国愈加成为世界经济投资的热点，我国企业也将迎来这一千载难逢的历史机遇，打造中国品牌，实现由"中国制造"向"中国创造"伟大变革的重任责无旁贷地落在了民族企业的头上。标准化作为企业科学管理的基础，是提高产品质量、促进技术进步、提升市场竞争力获得最佳经济效益最有效的途径之一。随着当前经济全球化进程的加快，标准化已成为国际贸易的桥梁和纽带，是消除和减少贸易技术壁垒、保护民族产业的有效手段。因此，加快推进企业标准化工作，建立适合企业发展的标准体系，增强企业的综合竞争能力，走"标准兴国强企"之路，才能振兴民族品牌。

2 当前我国及企业实施标准化工作中存在的问题

2.1 《标准化法》明显滞后于市场经济的发展

我国现行的《标准化法》实施于1989年，是在计划经济条件下制定，立法宗旨是"发展社会主义商品经济"，由于当时尚未提出市场经济的概念，因此不可能全面地反映市场经济对标准化管理的内在要求，在体系建设、标准层次划分、强制性标准和应对发达国家贸易技术壁垒等方面存在很多的局限性，也影响了标准化工作的推进。

2.2 标准的制定、应用协调机制不完善，标准的适用性较差

标准的制定者与标准的使用者脱节，企业没有成为制定标准的主体，而是被动的执行者，上级在制定标准时，考虑企业要求和市场需求变化等方面因素较少，沟通渠道不畅、范围不广等问题，造成彼此脱节。另外，由于标准化法缺乏强制性的手段，对生产企业的标准制修订、备案工作开展造成不利影响，使得无标生产违法行为难以从根本上杜绝，标准的严重滞后以及各级标准之间的不协调，直接影响到企业产品质量的提升。

2.3 企业标准化意识不强，标准体系不健全

有不少企业领导重产品生产而轻标准，没有把标准化作为适应经济全球化发展的战略途径去提升企业产品竞争力，使标准化工作处于无序状态。中国名牌战略把创建"标准化良好行为企业"纳入考核办法后，有些企业为在申报中加分，临时突击，做表面文章，认为企业只要有了技术标准就达到标准化，而忽视了标准化的基础管理工作。有部分企业在建立标准体系时，对质量体系和标准体系的区别认识不足，不愿按照标准体系系列国家标准要求去做，导致企业重产品标准的制定和实施，却忽视与产品标准相配套的其他技术标准、管理标准和工作标准，没有形成完善的标准体系。

2.4　企业采用国际标准和国外先进标准比率较低

不少企业缺乏对标准的研究，对采用国际标准和国外先进标准的积极性不高，不善于进行消化、吸收、改进和创新，使得企业拥有自主知识产权的标准是少之又少，几乎都是被动地执行国家或行业的标龄比较长的标准。加之企业普遍存在的内控标准少、标准之间协调性差、采标比率低等问题，造成一些企业在应对国际贸易技术壁垒的能力明显不足。标准水平偏低，出口产品的技术指标达不到国际标准和进口国标准的要求，导致我国出口产品屡屡受阻。

2.5　标准化人才匮乏的现象严重

在计划经济向市场经济转轨时期，有些企业由于对标准化工作认识的不足和不能立竿见影立即看到标准化创造的效益，大量的基层标准化工作者成为减员的重点对象，标准化部门也被撤销或被合并，导致企业标准化人员的专业化程度和综合素质明显下滑，不少企业现在从事标准化工作的都是临时抽调或兼职人员，懂技术的不善于管理，善于管理的又不懂技术，标准化专业知识贫乏，法律和国际贸易知识更是缺乏，知识老化现象严重。

3　措施和对策

标准化犹如一柄双刃剑，企业开展得好，就能如实反映市场经济的内在要求，增强在国内外市场的竞争力，使企业做强、做大、做成大品牌。反之，就会制约企业的发展。对一个国家和地区来讲，要实现经济又好又快发展，也离不开名牌战略带动，更需要先进的标准来引导、支撑与规范。只有在实施"名牌带动战略"的同时，大力实施"标准战略"，才能助我国经济实现持续健康发展。

3.1　加强标准化立法和宏观调控，积极抢占标准制高点

针对我国《标准化法》的滞后问题，国家应加强对国内外标准化发展的研究，以应对发达国家技术贸易壁垒为出发点，积极探索适合我国国情的标准化立法，要在标准的制定、应用、协调、执行和标准管理方面，最大限度地涵盖国家宏观管理、企业要求和市场需求变化，要加快对《标准化法》的修订，以适应市场经济对标准化管理的内在要求。要在企业中大力普及标准

化，增强标准化法律意识，抢占标准制高点，争做行业的领头羊，铺就民族品牌强者之路。

3.2 积极推进企业标准化，提升企业市场竞争力

随着经济全球化进程的加快和国际贸易的迅速发展，以技术标准、合格评定程序等方式形成的技术壁垒越发凸现，实施标准化战略的问题愈发重要。自 20 世纪 90 年代后期，特别是跨入 21 世纪以后，欧盟、日本相继通过《欧洲标准化战略》《日本标准化战略》，美国也早在 1998 年就完成了国家标准化战略的制定任务，争夺国际标准主导权成为欧、美、日等发达国家和地区的战略选择，也对我国的标准化工作提出了新的挑战。因此，要充分发挥企业主体作用，积极开展标准化战略研究，积极参加国内外标准化活动，主持和参与国际标准和国家标准的制修订，加强自主品牌建设。企业要立足将具有自主知识产权的技术制定成具有核心技术的标准，走技术专利化、专利标准化、标准化全球化的路子，用标准占据产业链顶端，获取超额利润。

3.3 充分发挥标准化的基础作用，促进企业发展

企业标准化工作是科学管理和企业形成核心竞争力重要基础组成部分，随着市场经济的深入，企业间的竞争已由过去的质量、价格之争转变为标准之争，标准化管理的内容早已不局限在生产和制造环节，企业的标准化也不单是产品标准或技术标准，更重要的是通过标准化提升企业的管理水平，这使得管理标准的种类和数量不断增加。如近几年涌现出的 ISO 9000 质量管理和质量保证系列标准、ISO 14000 环境管理系列标准、OHSAS 18000 职业健康安全管理体系、SA 社会责任管理体系和 GB/T 15496、GB/T 15497、GB/T 15498 系列企业标准体系标准等。通过在企业中开展这些标准体系认证，有力地提高了企业的科学管理水平。可以说，企业创名牌离不开标准化，实施名牌战略同样需要标准战略的支撑。

3.4 大力推行"标准化良好行为"工作，实现企业管理水平"质"的飞跃

自 2004 年 3 月国家标准化管理委员会组织开展"标准化良好行为企业"试点工作全面启动以来，"得标准者得天下""标准先行"已经成为众多企业和单位的共识，企业参与创建"标准化良好行为"活动的热情和自觉性空前高涨，取得了明显的效益。

在企业中推行标准化良好行为，对于提高企业标准化管理水平和市场竞争力、促进企业发展壮大具有重要作用。一是新建企业按照《企业标准体系》系列国家标准的要求，建立了标准体系，达到了流程管事、制度管人，进一步规范了企业生产经营的各个方面，进一步提高了企业的管理水平。二是已经取得其他管理体系认证的老企业，在建立标准体系时，与企业推行的其他管理体系相互协调并提供支持。他们从自身情况出发，根据标准体系的要求，对企业原有管理体系中的要素纳入标准体系中，有欠缺和不足的地方进行补充完善，实行兼容整合，达到了相互补充、相互支持。三是部分企业尝试利用标准体系实行多套管理体系整合的做法，实现企业内一套标准体系满足多套体系的要求，便于企业操作，尤其在体系审核中，减少了重复检查各有关部门工作，提高了效率。

3.5　加强标准化人才培养，提高标准化工作整体水平

建立一支高水平的标准化人才队伍，是决定企业长久稳固发展的关键，也是提高我国标准化综合水平的切实保障。首先，要从提高企业标准化人才水平抓起，挑选既懂技术又懂管理的人员进行标准化方面的知识培训，可以采取走出去或请进来及委托机构培训等方式，培养一支过硬的标准化工作者队伍，打牢根基。其次，国家和一些知名大企业要给标准化工作者提供学习和发展的平台，为其创造一些参与国内外标准制修订、参与国内外标准化活动的机会，以开拓其视野，随时掌握世界先进标准发展动态，抢占标准"制高点"。最后，国家和地方及企业要结合课题研究和技术创新，加大对标准研发的投入，建立以企业投入为主、政府投入为辅的多元化资金筹措格局。设置必要的标准化工作经费，重点用于标准化信息平台的建设和标准化人才的培养，更好地促进我国标准化整体水平的提高，为打造民族品牌、振兴民族产业，发挥好标准化重要技术支撑作用。

（作者单位：威海市质量技术监督局）

关于构建帮扶困难职工长效
机制的实践与思考

赵世喜　吴　峰　陈风高

近年来，各级工会组织高度重视和十分关心下岗职工、困难职工的生产生活，努力探索建立工会长效帮扶特困职工的新路子。笔者基于实践认为，要真正实现帮扶工作由节日活动型向长效机制型转变，由抓典型向全域覆盖的结构型转变，由单纯办实事向帮监促全方位保障转变，实现帮扶工作经常化、社会化、制度化，必须在思路、载体、方法上等进行不懈的探索。

一　创新思路，努力实现工会帮扶工作的主动"融入"

导致低收入阶层和特困职工群体出现的原因是复杂的，如果仅就工会帮扶谈帮扶工作，就工会能力谈帮扶效果，使帮扶工作停留于"节日慰问型"阶段，不仅难以治本，也使帮扶工作失去应有的意义，因此工会帮扶工作应在主动融入上着力。

一是主动融入党联系职工群众的桥梁和纽带工作中去。切实保障广大职工的基本生活，做好帮扶困难职工特别是生活难以为继的特困职工工作，是工会组织始终牢记宗旨，进一步发挥好新时期党联系职工群众的桥梁和纽带作用，落实以人为本工作基点的具体实践。因此要在维护国家整体利益的同时，坚持以广大职工的根本利益为重，以关心职工的疾苦为重，诚心诚意办实事，尽心竭力解难事，坚持不懈办好事。凡是涉及职工切身利益和实际困难的事情都竭尽全力去办，把党的温暖和工会的关怀及时送到职工的心坎上，使包括困难职工在内的广大职工都享受到改革发展的成果，坚定克服暂时困难的决心和信心。

二是主动融入社会主义市场经济大环境中去。困难职工的帮扶需求多样性决定了帮扶工作的广泛性。工会组织要在发挥自身组织优势的同时，勇于跳出自我循环的小圈子，善于借助"市场"这一无形的手来充分调动社会各方的积极性，整合社会资源，发挥社会合力，做强、做大、做优工会的帮扶工作。采取自筹一部分，向同级政府（行政）申请一部分，组织热心公益事业的企业家、社会知名人士及广大职工捐助一部分的方式筹措帮扶资金和物资。工会组织应充分运用各种宣传媒体、宣传阵地，加大对这些热心公益事业的单位及社会人士义举的宣传报道工作，以弘扬中华民族的美德，扩大其社会知名度，帮助其树立良好的社会形象。通过营造一种人人关心困难职工、人人参与帮扶工作的良好氛围，做到一家有难，全社会帮扶，实现多赢。

三是主动融入整个社会保障大体系中去。要在建立和完善适应社会主义市场经济的社会保障新体系过程中，发挥工会特有的不可替代的作用。要面对"两个确保""一个低保"政策的执行和养老保险、失业保险、医疗保险、工伤保险的相继推出，有针对性的组织开展专题调研，以调研报告、情况专报或三方协商会议等多种方式，向政府（行政）及时反映基层企业的愿望和职工的呼声，为决策提供准确的第一手材料，促使相关部门对多项政策内容进行相应的调整，真正落实工会源头参与、监督保障职能。应积极参加各类公用事业听证会，结合实际工资水平、最低工资标准、最低生活保障标准、经济发展水平、物价指数和职工承受能力等因素，代表职工提出有根据的意见和建议，从源头上维护职工的切身利益。

二　创新载体，探索帮扶困难职工新模式

要在构建帮扶困难职工长效机制的实践中，努力摆脱过去多年来形成的帮扶工作的观念定势和思维惯性，认真研究分析新时期帮扶工作的规律和特点，以科学务实的精神、与时俱进的工作态势，创新帮扶载体，探索出具有整体性、富于创造性、体现时代性的帮扶困难职工新模式。

一是以困难职工帮扶中心为主体，建立快速知情、快捷帮扶的救助系统。工会的困难职工帮扶中心，应直接面对所有求助的困难职工，通过特困救助、免费职介、信访接待、法律援助四个服务平台为职工提供快捷帮扶和一站式服务。应抓延伸，实现紧急救助与网络帮扶的有效衔接，形成横成片、纵成网、广域覆盖的帮扶工作格局。要以市场化运作、社会化发动等方法多方融资，集中资金、物资、岗位，集中援助的服务方式，围绕党政最关切、职工

最期盼、社会最关注的问题，对困难职工实施入户帮扶、现场帮扶、岗位帮扶、助学帮扶、医疗帮扶等，通过一件件实际问题的解决，一桩桩具体工作的落实，让困难职工帮扶中心成为工会组织服务大局、服务职工的一个知名品牌。

二是全面推行"绿卡"跟踪帮扶制度。"绿卡"跟踪帮扶制度是工会系统自下而上界定帮扶对象，实行统一管理、分级负责、联动包保，责任到人的一种帮扶管理模式。它以层层签订包保责任书为主要方式，把一定区域内特困职工和孤老退休职工的帮扶责任落实到单位，具体到人头，并按照家庭状况清、特困原因清、技术特长清、就业要求清、思想状况清的"五清"标准建档立卡，形成规范的特困职工档案，统一输入微机，建立起特困职工动态管理微机网络，做到随时发现随时输入，随时变化随时调整，随时脱困随时注销。

三是构建依法协调、法律帮扶机制，拓展帮扶困难职工解决实际问题的有效途径。部分职工生活致困和其合法权益受到侵害有着直接的关系，有的职工劳动权利被非法剥夺，造成生活困难，有的职工因为企业拖欠大量医疗费而致困，有的职工因得不到应有的补偿而使生活陷入困境，针对这些实际问题，工会组织应着眼于建立依法协调、法律帮扶工作新机制，通过法律帮扶来维护职工的合法权益，解决困难职工的生活难题。

三　创新再就业渠道，切实解决根本的民生问题

一是做到认识到位，增强做好再就业工作的政治意识、紧迫意识和责任意识。就业是民生之本、安邦之策，是一件关涉国计民生的大事。扩大就业，促进再就业，关系改革发展稳定大局，关系人民生活水平的提高，关系国家的长治久安，不仅是重大的经济问题，也是重大的政治问题。各级工会应始终把促进再就业作为践行科学发展观的首要内容，作为变"输血"为"造血"，从根本上帮扶困难职工的重要途径，作为落实"组织起来，切实维权"工作要求，实现"以人为本"和促进区域经济可持续发展，实现服务大局、服务职工义不容辞的责任，并以更大的工作力度、更新的工作招法、更实的工作作风，不断把工会促进再就业工作推上新水平。

二是措施到位，为开展工会促进再就业工作提供强有力保障。面对工会促进再就业工作的新形势和广大下岗失业人员对工会组织的真情期盼，工会组织应把握变化，超前研究，着眼长远，针对不同时期的不同情况，制定并

采取一系列强有力的切实可行的措施。要结合区域实际，围绕经济发展大局，及时制定再就业工作规划，出台推进工会系统再就业工作的指导性文件，充实再就业工作队伍。要加强就业培训，加大再就业政策宣传，引导下岗失业人员转变择业观念。要结合本地区本系统就业市场和劳动力市场动态，采取结构分析的方法，按照市场需求开展"订单式"培训，紧盯"市场行情"，做到"供需对路"。要把再就业培训与劳动部门推行的劳动岗位资格证书制度紧密结合起来，培训围绕岗位转，人才紧跟订单走，使经过培训并且获得资格证书的下岗失业人员，不仅能及时找到工作，而且与岗位供求相一致，提高培训就业率。各级工会要整合社会资源寻求岗位，特别是主动与蓬勃发展的非公有制企业联系，鼓励和引导各类企业积极安置下岗失业人员，建立工会再就业基地，建立空岗联系制度，及时推荐条件合适的下岗失业人员走上工作岗位；工会应积极支持和帮助企业扩大生产规模，开发经营领域，在促进企业提高效益的同时，创造更多的就业岗位，实现企业发展和再就业工作的"双赢"；通过与有关部门和用工单位联合举办招聘会等形式，实现用工信息集约化，为下岗职工提供更多的就业机会。要发挥再就业带头人的引领作用，带动下岗职工实现再就业，实现"1+1群"的规模效应。要依法监督，保障职工劳动就业权，工会组织要在企业改组改制中主动维护，认真履行源头参与和监督保障的职责，坚持对改组改制方案、下岗分流方案、企业用工方案，依法落实职代会的权利，严把职代会审议、通过关，既旗帜鲜明地支持改革，又旗帜鲜明地维护职工合法权益。

总之，工会组织要围绕改革、发展、稳定的大局，以高度的政治责任感和满腔热情去探索和创新，构建起党委领导、行政主导、工会运作的工作格局，发挥自身优势，汇集社会合力，才能有情有形地把帮扶工作做好、做实。唯有形成以第一知情人、第一报告人、第一帮助人为主旨的工会纵向帮扶网络，形成以困难职工帮扶中心为载体的横向快捷帮扶系统，形成以物质帮扶、资金帮扶、岗位帮扶、法律援助、助学帮扶、医疗帮扶、协调帮扶为内容的全方位的立体帮扶体系，才会从根本上提高工会帮扶能力，开创工会保障工作的新局面，为建设和谐社会创造良好的条件。

（作者单位：荣成市经济贸易局　荣成市总工会）

论冷战后制约联合国发挥作用的主要因素

隋书卿

作为世界上最大的国际组织，联合国在维护世界和平、促进各国发展中发挥了独特的作用。冷战后，在全球范围内，宗教纷争、领土争端、种族屠杀、恐怖活动等不断发生，各种问题层出不穷。联合国做了诸多努力解决这些问题，取得了一定的成就，但也面临着维和行动失效、军控与裁军艰难、反恐能力不足、跨国犯罪频繁等重重困境。本文拟分析冷战后制约联合国发挥作用的主要因素。

一 联合国自身机制的局限性

联合国是二战后大国主导下建立的，它在维护世界和平、促进人类社会进步等方面发挥了积极的作用。但是，由于自身机制存在大量缺陷，难以适应冷战后复杂的国际形势的需要，影响了其作用的发挥。

（一） 决策程序不完善

联合国大会、安理会和秘书长共同构成了联合国的决策机制。根据《联合国宪章》的规定，联合国大会"对于足以危及国际和平与安全之情势，得提请安全理事会注意"（第11条）；秘书长"得将其所认为可能威胁国际和平及安全之任何事件，提请安全理事会注意"（第99条）；安理会"得调查任何争端或可能引起国际摩擦或惹起争端之任何情势"（第34条），有权断定"该项争端或情势之继续存在是否足以危及国际和平与安全之维持"（第34条），有权"采取必要之空海陆军行动"（第42条）。可见，安理会在维护世界和平中居于核心地位，联合国大会和秘书长只是提出相关建议。

联合国大会提供建议而安理会做出决定的规定，使安理会拥有在有重大政治意义的问题上可以间接控制大会的职能。少数大国参与的安理会控制绝大多数国家参与的联合国大会，使大多数国家处于从属地位，很难实现其意愿。秘书长的行动也受制于大国，没有大国的支持，秘书长寸步难行。这种机制上的安排，确立了大国在联合国的权威地位，大多数中小国家的权力很小。这与冷战后国际关系民主化的发展要求显然是相悖的。

安理会实行大国一致原则，该原则存在很多问题。首先，否决权易被滥用。大国运用否决权时，考虑的往往是自身的战略利益，而不是世界和平与安全，这明显违背了《联合国宪章》的初衷。其次，不利于安理会维护和平行动的实行。任何一个常任理事国的否定都将使安理会乃至国际社会维护和平、消除危机的共同努力付诸东流，使联合国的集体安全保障机制实质上处于瘫痪状态。最后，安理会的制裁措施无法施加到常任理事国及其盟国身上。当问题牵涉大国或其有关利益时，安理会便不可能做出有效的断定，更不可能采取任何强制制裁措施。只有在大国未直接卷入的若干情况下，安理会才有可能根据宪章第7章的规定采取强制行动。冷战后，大国一致原则对某些国家的行为形成了有效的牵制。同时，由于制裁空白地带的存在，也为某些国家绕开联合国安理会自行其是提供了条件。美英发动的伊拉克战争得不到安理会的制裁和制止，其症结就在于此。联合国集体安全的决策机制基本处于非正常运转状态。

（二）功能脆弱

国际社会的显著特征是无政府状态，在国际体系中不存在中央权威机构。联合国不是世界政府，它的权力来源于成员国的授予，它发挥作用的基础是各成员国在联合国内的协调和合作。就国际行为体而言，冷战后主权国家仍是第一位的，国际组织是第二位的。这就决定了联合国功能的有限性和脆弱性。

在国际无政府状态下，国家利益是各国追求的核心内容，联合国只是各国维护自身利益的一种工具。在联合国决策过程中，各国从自身利益考虑，往往意见相左，导致决策过程复杂冗长甚至无法进行下去，使联合国的权威和效率大打折扣。即使通过了某项集体行动的决策，如果这一集体行动可能会损害某参与国的政治、经济或安全利益，该参与国往往会选择放弃集体行动。在这种无政府状态下，各主权国家处于一种"自助体系"中，为了自身的安全，时刻警惕其他国家，而且更加关注体系内自身的相对实力与获益，以不断提高或维护自身在体系中的相对地位。国际合作的前提是各国能够维持相对强大的实力以确保自身的安全。各国彼此的疑惧和对相对获益的追求，制约着它们在联合国内的合作和联合国作用的发挥。联合国作用的发挥在很大程度上取决于它是否符合各国的国家利益。

在这种情况下，联合国机制需要权衡各国之间的利益，这种妥协性制约着联合国国际效力的实现。机制的本义是权衡，即在各种利益之间进行权衡。联合国机制需要权衡各国之间的利益，这种妥协性在某种程度上损伤联合国的权威性或有效性，影响着联合国作用的发挥。

（三）法律依据不完备

《联合国宪章》（以下简称"《宪章》"）是现代国际法最重要的渊源，它确立的原则是联合国及其会员国实践的法律依据。但是，《宪章》主要是一些概括的规定，具有不确定性。同时，冷战后国际社会出现了很多新情况，联合国通过的具体条约也不够全面，尚存在大量法律"空白"地带。

《宪章》规定的不确定性在很多条款中都程度不同地存在着。会员国往往利用《宪章》的不确定性，从本国利益出发来解释《宪章》。结果是，有些会员国以及联合国的活动有可能与《宪章》的原始立法意图不同甚至完全相反。冷战后，安理会在实践中经常把一国内部的问题提升为国际层面上的和平与安全问题，为安理会授权"使用一切必要手段"对目标国采取强制行动提供了法律依据。这是否符合《宪章》的本义，在国际社会上仍是一个颇具争议的问题。另外，关于自卫权，国际社会也存在着不同的理解。虽然《宪章》第51条规定"一国在受到武力攻击时可以行使单独或集体的自卫权"，但对于武力攻击的构成要件并未做出明确规定，从而在客观上提供了各国对自卫权的适用范围做宽泛解释并付诸实践的可能性。

法律"空白"地带突出表现在反恐和军控方面。冷战后，两极格局掩盖下的地区矛盾凸显，局部战争不断，恐怖活动亦是愈演愈烈，联合国的条约未能根据国际社会的变化，及时地加以补充。目前，对恐怖主义的定义，国际社会仍未达成共识，反恐条约尚未形成完整体系。这就为一些国家在打击恐怖主义活动时实行双重标准埋下了隐患。如美国是反恐呼声最高的国家，却在2006年5月将5名中国籍"东突"恐怖组织嫌疑犯遣往阿尔巴尼亚定居，破坏了中国反恐活动的进行。军控领域主要表现在常规军控方面。虽然联合国实行了《常规武器登记册》制度，但只是要求会员国每年向秘书长报告其常规武器的盘存数量和进出口数量，并未规定具体的限制常规武器发展的措施。这为地区军备竞赛提供了机会，是地区冲突不断的原因之一。

可见，《联合国宪章》内容的不确定性及具体条约的不全面，对其作用的发挥构成了现实性的障碍。

二 美国的挑战

冷战后，无政府状态下的国际力量对比严重失衡，国际社会出现了"一超多强"的局面。美国的实力远远超出其他大国，它有能力挑战联合国的权威，也有能力终止集体合作，其他国家很难对它形成制衡。美国正成为联合国宪章的最大破坏者，对联合国表现出双重挑战，在机制内部力图操纵机制的运行，在机制外部则对机制本身形成威胁。这严重削弱了联合国的国际效力。

（一）内部的操控

当前，西方仍然是国际机制的主要实践者，主导着国际机制的发展方向，国际机制主要体现西方尤其是美国的利益。联合国机制的功效大小取决于少数大国，主要是美国的意志和愿望。冷战后美国成为唯一超级大国，具有强大的经济、军事实力，在联合国享有特权的大国中美国的地位更加突出。美国长期承担着联合国 1/5～1/4 的会费，并经常以此形成对联合国的控制和制约。美国对联合国的一贯政策是把联合国装备起来做美国要它做的事。冷战后，美国对联合国事务的影响空前巨大，使联合国的决策和行为经常带有美国色彩。

美国还利用会费、石油换食品腐败案等对前秘书长安南施加压力，推动联合国改革朝着自己设想的方向发展。已公布的方案建议，对迫在眉睫而又没有其他有效应对方法的威胁，一国可以行使自卫权，实施"先发制人"的打击，这显然迎合了美国的要求。另外，关于安理会在改革、反恐等方面的设想也都反映了美国的意见。国际舆论认为，安南的联合国改革报告有讨好美国之嫌。联合国的改革离不开美国的支持与参与，否则联合国只能处于瘫痪状态。无论将来安南的改革方案能否成为现实，但是有一点是毋庸置疑的，美国所倡导的先发制人、反恐怖主义等理念正逐步成为国际法的基础，这表明美国有能力改变现代国际法原则。

（二）外部的威胁

联合国对于部分大国来说也是实现其自身利益的一块跳板，一旦它不能提供足够的利益来吸引部分大国，一些大国就有可能抛开国际安全机制自行其是，从而冲击整个集体安全机制的稳定。美国在这方面表现最为突出。

冷战后，美国肆无忌惮地推行单边主义，对联合国采取工具主义的政策。能满足其利益时，把它当作橡皮图章；不能满足其利益时，则将联合国撇在一边，自行其是。正如美国副国务卿约翰·博尔顿所说："根本没有什么联合国。世界上只有一个听命于超级大国的国际组织……当联合国符合我们的利益时，我们就利用它。当它不符合我们的利益时，我们就会绕开它。"面对地区冲突及其所造成的人道主义危机，以美国为首的西方国家经常先采取干预行动，造成既成事实后再迫使联合国认可，或者绕开联合国，直接进行军事打击，为其自身的战略利益服务。伊拉克危机正是国际力量对比失衡的结果，它是对联合国权威的一次沉重打击。2003 年 3 月，美国不顾国际社会的强烈反对，在没有安理会授权的情况下，悍然发动了伊拉克战争。该战争是在遭到法、中、俄三个安理会常任理事国反对的情况下发生的，是单边主义的突出表现，是对联合国权威的又一次沉重打击。这件事说明，联合国无法对霸权主义形成有效约束。另外，美国方面还经常表现出对联合国的不满，一部分美国学者要求重塑联合国，还有一些人甚至鼓吹建立"民主国家联盟"取代联合国。联合国面临着如何吸引这个超级大国参与合作，同时又能照顾到其他主权国家利益的巨大难题。

无论怎样，美国对联合国的挑战是一个不争的事实。联合国面临着两难困境：如果不满足美国的要求，美国在未来还有可能绕开联合国，联合国的作用将进一步被削弱；如果一味地与美国保持一致，就很难实现公正的原则，联合国同样难以发挥应有的作用。

三　区域性国际组织地位的上升

区域性国际组织本应管理区域内部事务，成为联合国之下的地区支柱，但是冷战后，随着一些区域组织实力的增强，开始把自身置于联合国之上，颠倒了这种从属关系。当这些区域性国际组织发动战争时，就挑战了联合国的集体安全机制。由于区域性国际组织的一些成员占据着联合国决策机构中的重要席位，联合国无法对区域组织的行动形成有效控制，一旦区域性组织发动战争，联合国也无法保护受侵略国家的安全。区域性国际组织地位的上升，对联合国形成掣肘，不利于联合国作用的正常发挥。联合国对一些体系外的国际组织不仅缺乏约束力，还有一定的依赖性。由于联合国本身不具有武装力量，冷战后，随着维和负担的加重，联合国开始采取与区域组织合作，甚至授权区域组织实施维和行动的办法。在索马里和海地行动中，先由安理会授权区域组织或国家集团，为维和行动的进一步开展创造安全的环境，然后再由联合国部队执行维和任务。在格鲁吉亚与利比里亚行动中，联合国直接授权区域组织执行军事行动，联合国派出的观察团主要负责民事方面的职能。但是，联合国对区域组织的过分依赖，显然会威胁到联合国在维和行动中的主导权。

目前，对联合国造成最大威胁的区域性国际组织当属北约。1999年，北约以人权高于主权为由，强行介入南联盟的科索沃问题，在没有安理会授权的情况下对南联盟进行了持续78天的狂轰滥炸。科索沃战争开创了区域性组织越过联合国动用武力的恶劣先例。联合国在北约公开挑战自己权威的关键时刻，没有对南联盟多次要求安理会讨论的议题做出反应，也没有对北约的行为加以抨击或制止。联合国的软弱助长了区域组织的嚣张气焰。1999年4月24日，在华盛顿纪念北约成立50周年的大会上，北约成员国通过了21世纪《北约战略新概念》，规定北约的军事行动可超出北约成员国的防区，对付来自任何地区的威胁，而且北约的军事行动无须得到联合国安理会授权。此举清楚地暴露了西方大国削弱联合国作用的阴谋，严重冲击了联合国集体安全机制。

还有，八国集团也在某种程度上挑战了联合国的权威。八国集团原为七国集团，最初只是西方大国讨论经济问题的国际会议，后来涉及的范围逐渐扩大，政治性日益明显。当前，八国集团已成为能对世界重大经济、政治、军事等问题提出权威性建议或实行强制性措施的国际组织，其作用的发挥已对联合国的权威地位构成了挑战。

总之，国际政治的现实和联合国自身机制的弊端决定了联合国发挥作用的限度。我们对联合国的作用必须有一个正确的定位，既不能抱有过高期望，也不能认为它已无存在的价值。冷战后，联合国在维和、军控、反恐、人权等领域都发挥了一定的作用。当前，在朝鲜核问题、伊朗核问题上，联合国显得力不从心，但在黎以冲突的解决上，联合国确实发挥了举足轻重的作用。纵观联合国的历史，其作用是日益增大的。越来越多的国家认可联合国的权威，把其作为合法性的重要来源。全球化的发展也加大了国际社会对联合国的需求。全球化意味着全球范围内相互依存关系的扩展和深化。恐怖主义、武器扩散等全球性问题是单独一国无法解决的，需要全球范围内的通力合作。在全球化时代，唯有联合国才能应对任何一个国家，即使是最强大的国家也无法应对的全球性问题。另外，联合国也在努力通过自身机制的改进来增强其国际效力。虽然联合国改革步履艰难，但已有所进展。2006 年 3 月人权理事会成立，2006 年 6 月联合国"建设和平委员会"开始运转。随着全球化的发展以及自身机制的日趋完善，联合国的作用将会日益增大。

（作者单位：中共威海市委党校）

论刑事程序性裁判

——审前程序司法审查实证分析及法官的裁判思维

李秀霞　　王东普

随着理论界和实务界对程序价值的重视及程序地位在立法中的确立，近几年有学者提出建立程序性裁判机制这一命题，也有称程序性制裁机制的。在刑事诉讼中，我国目前不存在现实的程序性裁判机制。有学者认为《刑事诉讼法》第 191 条首次详细规定程序性违法的法律后果，标志着我国刑事诉讼法程序规则的逐步健全和程序性裁判机制的初步确立。但该条规定的是对法院违反诉讼程序行为的司法审查，而实际上，刑事诉讼中对私权的干预最强烈、威胁也最大的是庭前程序，"在侦查阶段，1996 年以前，中国实际上实行的是审问式侦查模式，诉讼呈现两方组合形态——侦查机关与被追究者，且侦查机关居于绝对支配性地位，被追究者未获得主体性地位……这一格局在修订刑事诉讼法以后，基本上没有得到修正，侦查机关依然拥有强大和广泛的侦查权力，缺乏中立司法机构的审查监控"。在法律规定付诸阙如的情况下，现实生活并不停止不前，法官不可避免地要面临对公权机关庭前程序违法如何裁判的难题。以下是一则真实的案例，笔者在敬佩主审法官的勇气和智慧的同时，受其缜密的法律解释和推理过程启发，尝试对在目前情况下，法官如何进行程序性裁判做出总结和建议。

一　郭某偷税案中的法官裁判思维

（一）基本案情

1993 年，村民郭某在本村自建四层楼房一座，1995 年转售他人从事餐饮业，建售该楼郭某似应纳税款 10 余万元未缴。1997 年 11 月，该区人民检察院以郭某涉嫌偷税为由，将其起诉至区人民法院。庭审按部就班地进行，直到法庭辩论阶段，主审法官才突然意识到该案是由检察院自行侦查的，这明显违反了立案管辖的规定。律师认为这种现象的背后隐藏着诸如部门利益之类的因素，将对他的当事人产生实质上的不公，为此请求对被告人从轻处罚并适用缓刑。公诉人认为被告人偷税的事实非常清楚，没有从轻因素，应当依法判决。主审法官初步意识到该案的麻烦。

（二）法官对法律的解释和推理过程

1. 被告人的实体违法能否阻却侦查机关的程序违法

面对合议庭其他两位成员的意见："检察院确实程序违法，但是郭某偷税也是事实，检察机关尚未从长期侦办偷税案件的职业惯性中解脱出来情有可原，但可以考虑公权违法这个不应在判决中公示的因素，对被告人适用缓刑。"以及检察官的坚决意见："只要有偷税的事实法官就应当做出有罪的判决，这关系到税收，是涉及国计民生的大事，何况我们的侦查权刚刚被法律剥夺没几个月。"主审法官的意见是："首先，如果我们从一开始就注意到了公诉人宣读起诉书时的'经本院侦查终结'的字句，我们就会立即中断庭审程序，责令公诉人提供检察院有权立案的法律依据；如果他不能提供——事实上他不可能提供，那么就不会有后来的庭审程序，本案就不会进入实体审理，当然也就不会有被告人偷税的当前判断。其次，我们无法在判决书中列举控辩双方的意见后阐述支持公诉、反对辩护的理由，而不反驳就意味着接受，接受就意味着我们对检察机关错误行为的法律态度。我的意见是以检察院越权侦办案件、侦查主体错误为由，否定控方所有证据的效力——无论是立案侦查手续、强制措施还是法定证据，并径行做出没有证据证实、指控的犯罪不能成立的无罪判决。"庭后，主审法官向检察院提出司法建议，立即变更在押措施为取保候审。

2. 追诉犯罪的职责能否阻却侦查机关对公民权利的侵害

面对审委会委员的担忧："这样做不仅可能放纵罪犯，而且因为对偷税行为打击不力而可能造成不良社会影响。"主审法官如此解释："首先，在判决结果做出之前，任何人对被告行为的评价都没有法律上的意义。因为法律赋予我们对本案的专属法律评价权和对被告行为的确认权，在我的宣告公示之前，被告并非法律意义上的罪犯，而仅仅是'或许的罪犯'。其次，确保法律的正确实施，对法官而言是最大的大局。如果今天我们不制止违法行为，那么明天他们就可能以各种各样的'大局'干扰办案，就像今天检察官以税收大局为重侦办了偷税案一样，明天他们可能以保护人权为大局侦办伤害案，后天还会以保护国家财产为大局侦办盗窃案⋯⋯及至无穷。退一步讲，即使存在那些影响，始作俑者也是检察官而非法官，相反法官在某种意义上还是受害者，不仅没有得到应有的体面和尊重，甚至还被迫以所谓大局为重去践踏其赖以存在的法律和良知。在维护法律与追诉'或许的罪犯'之间存在人为造成的矛盾的时候，维护法律的价值远远大于后者，正如那句古老的法律格言，即使郭某存在过错，他也不过是污染了日夜奔腾不息的水流，而支持违法公权行为的法官则会污染整个水源，从而动摇法治大厦的根基。两害相权取其轻，因此，我们必须也有义务制止他们。"

3. 在缺乏具体法律规定的情况下如何裁判，法官如何适用法律和解释法律

基层法院审委会委员仍然忧虑重重："刑事诉讼法不允许检察院这样做，但也没有规定这样做的后果，也没有可以参照的先例，我们对诉讼法所做的扩大解释是否有充足的理由。"对此，主审法官详细展示了对法律的解释和推理过程："刑诉法修订前我们有权退回补充侦查，并用这一手段解决了很多类似的问题，现在的法律已经不允许我们再这样做；何况他们本来就没有侦查权又何来补充？在审限内做出裁判，是我们必须的选择。"而法官也不是没有任何思想的机械人和木鱼石。"徒法不足以自行"，"要运用法律就需要法官，如果法律可以自动运用，那么法官也就是多余的了⋯⋯法官的责任是当法律运用到个别场合时，根据他对法律的诚挚理解来解释法律"。法条就是通过法官才实现与事实行为的链接，进而作用于具体的社会关系的。面对法律的缺失，法官必须做出解释。笔者认为，这样的逻辑是自然成立的：法官所有谴责和否定践踏法律行为的解释都是有权并合乎逻辑的解释，因为这种解释站在法律的一边，它甚至不是扩大解释而仅仅是反向文本解释。在现有的法律框架内，本案我们并非无计可施，我们能够通过解释公权程序违法与证据效力之间的关系而定案。这涉及对刑事诉讼程序的一个关键认知：从程序直接或间接到证据，再从证据到罪与罚。证据定罪的基本原则决定了所有追诉程序均为获得或验证证据服务，犯罪嫌疑人一方的抗辩程序，也同样如此。由此我们不难得出这样一个结论，从立案开始到审判之前，所有的公权行为都与证据之间存在一种自然而然的内在联系，无论是规范公权行为还是维护嫌疑人合法权益的程序，概莫能外。如果法官不得不对庭前程序违法行为予以否定，而客观上所有程序均直接或间接为证据而存在，那么我们必须否定证据的效力，并仅凭有效证据对整个案件进行最终的裁判。这是在现行刑事诉

讼法架构下，法官对庭前公权行为进行程序审查的唯一途径。

4. 这样的结论是否存在被上级法院推翻的理由

上级法院能否以法律依据不足而撤销原判或改判，这是基层法院的法官们在审判实践中形成的一种反向逻辑推理习惯——在考虑事实与法律做出裁判前，总是把上诉法院的合理怀疑当作重点考虑的内容。主审法官对此的心证是：庭前公权行为违反了诉讼法的强制性规定，一审法官做出的程序违法证据无效的裁判是上诉审法官没有理由推翻的裁判，也即抗诉的理由永远不应当成立。否则，二审法官将承担放纵违法公权行为的恶名。从技术上说，这也是一个逻辑陷阱——所有试图推翻我们这个裁判的上级法院法官都可能被拖进这个纵容检察院随意支配诉讼法的陷阱。

（三）案件结果

审委会表决时以压倒多数票数通过了被告人无罪的意见：法律必须得到不折不扣的执行，公权主体更应成为严格执行法律的典范。刑事诉讼法关于追诉主体职能分工的界定，是建立和规范刑事诉讼秩序、维护诉讼主体合法权益的基础，任何组织和个人均不得逾越；否则，刑事诉讼从一开始就因缺乏其赖以存在的合法性基础而不复存在。本案中，检察机关无视法律规定，越权侦办案件，可据此推断从其立案到侦查再到审查起诉的所有程序均系非法，这是任何侦查主体错误的公权行为的必然的合乎逻辑的结果，它将自始导致本案所有程序证据和证罪证据均不具有法律效力。因此，公诉机关对被告人郭某犯有偷税罪的指控，没有任何证据证实，指控的罪名不能成立。辩护人基于检察机关超越职权办案的事实，认为会实质造成对被告人不公的辩护意见，这种可能性本院予以考虑；但关于从轻处罚的有罪辩护意见，依上存在逻辑错误，本院不予支持。依照《中华人民共和国刑事诉讼法》第七条（分工负责）、第十八条（立案管辖范围）、第八十三条（公权主体应按管辖范围立案侦查）、第四十三条（依法收集证据，严禁以非法方法收集证据）、第四十六条（无证据不能定罪处刑）和第一百六十二条第一款第（三）项（证据不足，不能认定被告人有罪的，应当作出证据不足、指控的犯罪不能成立的无罪判决）之规定，判决被告人郭某无罪。该案宣判后，检察机关没有提起抗诉。

二 程序性裁判的现实缺陷和理论模式

上述案例中，主审法官在实体审理过程中自觉运用了程序性裁判的原理。

构建我国刑事诉讼法中的程序性裁判机制，理论上需要明确以下几个方面的问题。

（一）程序性裁判的含义

规则是裁判的前提条件，完善的程序规则是程序性裁判机制存在的前提。程序规则是相对于实体规则而言的，都属于法律规则的范畴，因而都须符合法律规则的一般逻辑构成。从逻辑构成上讲，每一个法律规则应由行为模式和法律后果两部分构成。程序规则就是由程序性权利、义务（即程序法上的行为模式）和程序性法律后果构成的。具体到刑事诉讼程序规则而言，就是对公、检、法三机关和诉讼参与人参加刑事诉讼时应当遵守之操作规程以及违反操作规程所承担之法律后果做出规定的法律规则。

"程序性裁判"是指作为裁判权主体的法院或者法官依据刑事程序规则，对警察、检察官、法官在刑事诉讼中的程序性违法行为进行评价、判断，并在此基础上做出的具有法律效力的程序性处理。与实体性裁判不同，程序性裁判并不是解决被告人定罪量刑的实体性问题，也不同于通过追究办案人员的行政责任、民事责任甚至刑事责任来实施的"实体性制裁"措施，而是法官依据职权或根据当事人的程序性申请，就案件的诉讼程序问题所做的裁判活动。程序性法律后果是对诉讼行为自身的处断，是违反程序法规则应当承担的消极法律后果。因此，程序性裁判存在的前提是，程序规则中要有否定、撤销、排除或终止诉讼行为的法律后果。上述案例中的检察机关明显具有程序性违法行为，但是程序规则中缺乏法律后果的规定，使主审法官处于裁判困境。

（二）程序性裁判的现实缺陷

1. 程序性制裁的范围狭窄，不可能涵盖所有较为严重的违反刑事诉讼程序规则的情形

现行刑事诉讼法规定的程序性制裁只有两类：一是针对非法证据的排除规则；二是针对一审法院违反法定诉讼程序行为的撤销原判、发回重审制度。最高人民法院司法解释第六十一条的规定仅仅排除非法的言词证据，而对非法实物证据的采用事实上构成了对违法收集证据行为一定程度上的价值认同。有些违法情形，如违反回避制度、非法剥夺或限制当事人的诉讼权利等，不仅发生在审判阶段，还可能发生在侦查、起诉等审前阶段，对于发生在这些阶段的程序性违法行为，缺乏相应的制裁措施。

2. 现行刑事诉讼法中对程序性违法的后果没有明确规定

从西方有些国家立法、司法实践来看，程序性制裁根据严厉程度不同，主要有终止诉讼、撤销原判、排除非法证据、诉讼行为绝对无效、诉讼行为相对无效、从轻量刑六种。目前，根据我国的刑事诉讼相关法律确立的程序性制裁方式只有撤销原判和排除非法证据这两种，这显然不能满足司法实践的需要。实践中对于少数严重违反诉讼程序，继续进行诉讼已丧失正当性的案件，终止诉讼就很有必要。针对不同的程序性违法行为，设置诉讼行为绝对无效以及相对无效制度可以对程序性违法予以更有效的制裁和控制。

3. 面对程序规则缺失"程序性法律后果"要件的现实，刑事审判法官无所作为

法庭审判大都局限于实体裁判，背离了"裁判"的应有之义。"程序正义"和"人权保障"的价值淹没于"打击犯罪，追求客观真实"的"热忱"之中，公、检机关的程序性违法已经成为困扰刑事司法的顽症。

（三）刑事程序性裁判机制的理论模式

1. 程序性裁判是一种独立的裁判形式

学者建议，理想的程序裁判模式是借鉴英、美等国家的一些经验。"建立一种新的裁判形态，这是继传统的刑事诉讼、民事诉讼、行政诉讼之外的第四种裁判形态……裁判者所要解决的不是被告人是否有罪或者是否承担刑事责任等实体性问题……而是诸如警察搜查、扣押、羁押是否合法之类的纯粹的程序性问题……我们可以称之为刑事诉讼中的行政诉讼。"

2. 程序性裁判的具体制度设计

程序性裁判尽管发生在刑事诉讼程序过程中，但它具有独立的诉讼当事人、独立的诉讼请求和裁判对象、独立的证据规则、独立的听证机制以及独立的裁判方式。第一，启动程序。作为程序性违法行为的受害者的被告是该司法审查程序的启动者，即"程序意义上的原告"，而被诉称实施了违法行为的警察、检察官、法官是"程序意义上的被告"。第二，审理范围。程序性裁判所要解决的问题是侦查人员、检察人员、审判人员是否存在程序性违法行为，是否应给予相应的制裁措施。第三，审理程序。法院需采取一定的诉讼方式，包括听证程序等，确定相应的证明责任分配原则和证明标准。第四，裁判做出方式。对于违反诉讼程序的行为，依据行为不完善或者瑕疵的严重程度，采取不同的制裁方式，而不是划一地采取宣告无效的制裁方式，给予了利害关系人上诉救济的机会。

三　现行法律框架下法官的刑事程序性裁判

从以上论述可知，理论界已经意识到庭前公权不受限制的危险性，并认为这是法律本身的先天不足造成的，因此那些解决方案无不围绕着立法的完善展开。不可否认，建立"第四种裁判形态"是制约庭前公权违法行为的最佳选择；但同样不能否认的是，那些现实问题还摆在我们面前：法律只是束缚自由的枷锁而不是开启自由的金钥匙的陈腐观念还根深蒂固于公权行使者的头脑中，公权程序违法的幽灵还在中国大陆徘徊蔓延而得不到有效制止。而我们的理论，在构建一个程序性裁判的"乌托邦"的同时，似乎在传播那种目前刑事审判领域尚无公权程序审查裁判机制的信息，这只能令那些习惯于为所欲为的公权行使者欢欣鼓舞，而把制约公权的孱弱呼声淹没于正当程序虚无主义法律文化的思维惯性之中。排除程序违法存在的现实紧迫性与法律滞后性之间的矛盾，迫使我们法官从动态视角在操作层面充分发掘现有法律资源的潜在能量。

（一）挖掘"非法证据排除规则"的功能

证据是连接诉讼行为和实体裁判结果的桥梁，法官可以通过对证据的处断实现程序性裁判的目的，通过对程序独立价值的保障实现实体性裁判的目的。首先，我国刑法中规定的刑讯逼供罪、妨害作证罪及帮助毁灭、伪造证据罪等"实体性法律后果"只针对程序违法的"人"，而不直接否定"违法行为"及"违法行为之果"，"刑讯逼供显然是一种典型的违反诉讼程序的行为，虽然法律规定了对刑讯逼供行为应予实体法意义上的惩罚，但即使行为人承担了实体法上的法律责任，而程序法若无刑讯逼供所得的证据不得采信的法律后果，就会导致刑讯逼供的行为在实体法上被否定，而其所得之证据却在程序意义上被认可。这种局面当然很荒唐，但若没有程序法意义上的法律后果，却会变成现实"。因此，对违法行为的评价应当必然引起对证据的处断。其次，在绝大多数情况下，比如刑讯行为没有严重到构成犯罪或者行政违法的程度，对被刑讯者也没有造成多少民事损害。此时，刑讯者不会受到任何实体性制裁，因此实体性制裁对抑制此类刑讯行为没有任何效用。但是，这些刑讯者可以受到程序性制裁，即其通过刑讯获得的证据可以被禁止在法庭上出示，禁止作为定案的根据。如果法庭排除以刑讯的方式获取的证据，那么侦查人员就不会通过刑讯获取任何诉讼上的利益，也就没有动力去进行刑讯。因此，现行刑事诉讼法存在制约庭前公权违法行为的现实路径，就是以程序违法否定与该程序相关联的证据的效力，在排除非法证据的情况下，以其他有效证据裁量实体结果。正如上述郭某案法官即因公诉机关严重违反程序规定而以"证据不足"，做出"指控的犯罪不能成立"的结论。

（二）运用逆向思维，通过反向文本解释，使严重违法的诉讼行为归于无效

法官可以进一步深入解释和推理，对于侵犯当事人基本权益，尤其是宪法规定的权利、破坏基本司法准则的程序性违法行为，可以直接认定诉讼行为无效。在美国刑事诉讼法中，针对检控方和法院违法行为的主要制裁方式是撤销起诉和撤销原判。在大陆法国家，对程序性违法行为实行的是"诉讼行为无效制度"。该两种程序性裁判方式，皆体现了一种有别于实体性裁判的"诉讼程序内的制裁方式"：其适用的结果并非导致违法者个人被追究实体性责任，而是导致一种官方诉讼行为被宣告无效，从而使违法者违法所得的诉讼利益遭到剥夺。正是在这一点上，程序性裁判代表了一种新型的惩罚哲学。

（三）确立程序性裁判中法官的常规解释和推理实例

法官在庭审中自行或依抗辩意见发现公权违法行为的事实，通过解释和推理建立该事实与全部或个别证据之间的必然联系，从而得出证据效力方面的结论，并在排除非法证据后以有效证据定罪量刑。这是程序性裁判的一个基本的思维过程，其中法官的解释和推理是至关重要的环节。

1. 公权主体错误的法官解释与推理结论

（1）无立案管辖权的解释与推理，其后的所有诉讼行为归于无效，因此所有证据不能采纳，根据证据不足，做出无罪的结论。

（2）违反回避制度的解释与推理。所有与应回避人员相关联的证据无效。具体而言，当应回避人员为公安机关、检察机关等的主要负责人时，推定所有证据无效；当应回避人员为追诉机关其他人员时，其参与的程序指向的证据无效。例如，在一起伤害案审理中，公安局法医的名字同时出现在该案的刑事科学技术鉴定书和一份讯问犯罪嫌疑人笔录中，法官解释法医在同案中兼职侦查人员违反了回避规定，因此推定该法医所参与的所有证据——从鉴定书到讯问笔录均为无效证据，最终以其他证据对被告人做出不追究刑事责任处理。

2. 对公权行为违法的法官解释与推理结论

（1）当存在一人取证时，应解释为违反了法律为防止个人专断之可能性，而设定二人取证的程序，因此推定一人讯问嫌疑人的笔录不具有证据效力。

（2）当存在异性搜身或检查时，应解释为违反了法律为防止侵犯个人隐私的可能性，而设定禁止异性身体接触的程序，因此推定侦查人员搜查或检查异性身体所得的证据或搜查笔录无效。

（3）当存在非法取证时，应解释为违反了法律为防止威胁证据客观真实的可能性，而设定禁止以刑讯逼供、胁迫骗诱等非法方法取得证据的程序，因此推定这些口供和证人证言不具有法律效力。

（4）当存在侮辱人格或有伤风化的侦查实验时，应解释为违反了法律为防止破坏公序良俗的可能性，而设定侦查实验禁止性规定的程序，因此推定侦查实验记录不具有法律效力。"侮辱人格或有伤风化"的解释权在法官。

（5）当多名证人同场作证时，应解释为违反了法律为防止证人互相影响甚至串证的可能性，而设立隔离分别取证的程序，因此推定所有证人证言笔录无效。

（6）当搜查、勘验、检查笔录无见证人签字时，应解释为违反了法律为防止侦查机关及其工作人员诬陷侦查对象的可能性，而设立见证人程序，因此推定搜查、勘验、检查笔录不具有证据效力。

3. 对公权力不作为的法官解释与推理结论

（1）结束嫌疑人孤立无援状态不作为的表现、解释与推理。法律规定，犯罪嫌疑人在被第一次讯问后或采取强制措施之日起，可以聘请律师为其提供法律咨询，代为申诉、控告，申请取保候审。由此可以推断侦查机关有义务在此期日告知犯罪嫌疑人此项权利，因此必须有犯罪嫌疑人签字认可的聘请或不聘请律师的明确表示。未履行此程序，则可解释为侦查机关未履行依法保护犯罪嫌疑人的合法权益以尽早结束其孤立无援状态的法定义务。庭审中被告人若以未获法律咨询或被剥夺获得代为申诉、控告及享受取保候审的权利为由，翻供辩解其在第一次被讯问后或被采取强制措施之日起的供述非真实意思表示时，推定此辩解无须证明即成立，上述期日后的供述应归于无效。

（2）超期不作为的表现、解释与推理。超过法定羁押期限或监视居住期限而不予变更强制措施的，如果全案法定最长侦办期限尚未届满，应解释为人身强制措施期限届满之后的犯罪嫌疑人口供系处于人身不自由的状态下所得，无法排除其意思表示不真实的可能性，因此应推定不具有证据效力；超过从立案到侦查终结的法定最长侦办期间而未侦查终结的，应解释为期限届满之后公权主体已丧失对本案的侦查权，其后获得的所有涉案证据，均为无效。

（3）维护律师提前介入权的不作为的表现、解释与推理。犯罪嫌疑人于首次被讯问或采取强制措施之日起聘请了律师，如律师与犯罪嫌疑人的会见遭侦查机关阻止而于庭上以此抗辩，应解释为实质剥夺了犯罪嫌疑人获得法律咨询的权利，因此推定从被阻止之日起，其后侦查机关所有讯问犯罪嫌疑人的口供无效；自检察机关审查起诉之日起，辩护律师有权知悉检察院的所有侦查材料，如遭拒绝并于庭上以此抗辩，应解释为因律师无法准备抗辩而实质剥夺了犯罪嫌疑人获得充分辩护的权利，因此推定律师庭前未曾知悉的不利于犯罪嫌疑人的证据归于失效。其中侦查机关以涉及国家秘密为由进行抗辩的，其解释权归于法官。

四　刑事程序性裁判的局限和法官的责任

（一）刑事程序性裁判的局限

至此，程序性裁判中法官的思维过程还没有结束，他还会积极应对社会上的质疑和文化上的排斥。

1. 程序性制裁使得被告人获得额外利益，法律制度为此付出的代价过于高昂，社会秩序受到消极影响

当年卡多佐大法官的著名疑问——"因为警察违法，就使有罪的人逃脱法网"，就是针对这种代价提出的。"（对非法证据）绝对排除是不可行的，取证人员无论出于故意还是过失，或者无主观过错地违反了取证程序取得的证据都一概排除，真正有罪的人将在大量确凿可信的证据面前大摇大摆地走出法庭，诚然其人权得到了最大的保护，取证人员的执法观念也得到了加强，但惩罚犯罪、保护社会秩序这一价值被过多地破坏了，这也很难说是公正合理的，而且这与我们长期以来接受的法律文化相差太大，也很难为公众所接受。"

2. 程序违法者没有受到惩罚，没有任何过错的被害人利益受损

几乎所有的程序性制裁都无法使违法的个人受到实际的惩罚。这就意味着一种法律责任追究制度没有建立在责任自负的原则上，却在客观上使那些没有实施任何违法行为的个人和机构利益受到损害，被害人、有关机构乃至全体社会成员都要为这种与他们无关的违法行为付出代价，社会的安全和秩序受到损害，业已进行的刑事诉讼程序无效造成诉讼资源的浪费，公众对可能的罪犯逍遥法外而担忧。

（二）法官的责任

事实上，绝大多数法官在面对公权力违法的时候都会谨小慎微。对于"一般的侵权性违法"和"技术性违法"，法官都会采取一些补救性的制裁措施，比如变更强制措施，责令重新实施诉讼行为，减轻刑罚，责令恢复原状等；只有对于最严重的程序性违法行为或者侵犯宪法性权利或违背司法原则的行为，有勇气和良知的法官才会做出无效的决定。并且，由于民事诉讼的证明标准与刑事诉讼的证明标准不同，对受害人的民事赔偿不应放弃。

上述案例中的主审法官不但看到了问题的表面，也透视了问题的根本，对于程序性裁判上述的"内在不合理性"，主审法官认为根本原因是违反了责任自负的基本原则，法官必须在审判之外为社会指明真正的责任承担者，即程序违法者。目前法官可以通过司法建议的方式，建议负有责任的机关的上级机关、产生机关、法律监督机关和党政监督机关，给予其剥夺公权主体资格的行政的、党纪政纪的直至刑事处分。

（作者单位：威海市中级人民法院）

城乡和谐发展简论

温训昌　段桂顺

全面建设小康社会的目标能否实现，关键取决于"三农"问题的解决程度。而统筹城乡发展、改变城乡二元结构，是解决"三农"问题的根本路径选择，提高统筹城乡发展的能力是统筹城乡发展的关键所在。

一　提高领导统筹能力，加快统筹城乡发展

提高党领导发展的能力。一个重要的方面就是要提高统筹城乡发展的能力。

（1）以统筹城乡产业结构为切入点，提高促进城乡经济协调发展的能力。城乡统筹的一个重点，就是要统筹城乡的产业布局，树立围绕农业发展二、三产业，办好二、三产业促进农业发展的思路。一是大力发展农产品加工业。二是围绕农民生产生活和农产品流通，发展农村第三产业。三是围绕生态建设，做好生态旅游文章。

（2）以统筹城乡投入为切入点，加大对农业和农村的支持和保护。一是进一步加大对农业和农村的投入，变向城市倾斜为向农村倾斜，逐步建立和形成支农扶贫资金稳定增长的机制。二是深化农村金融改革，增加对农业和农村的信贷支持。三是改进农业补贴发放方式，公开公正使用好补贴，让农民得到实实在在的好处。四是彻底减轻农民负担，不折不扣落实农村税费改革政策。

（3）以提高农民素质为切入点，加快构建城乡劳动力互动的格局。"三农"问题的关键在于富裕农民，富裕农民的根本出路在于减少农民、转移农民。减少农民、转移农民关键之一就是要重视对农民的教育和培训，不断提

高农民素质，使农民具备进入农业以外领域的能力与素质，适应产业结构变化带来的新的就业机遇。

（4）以统筹城乡规划为切入点，为打破城乡二元结构创造条件。促进城乡协调发展，必须以统筹城乡发展规划为龙头和切入点，在编制规划、安排城建和基础设施建设项目时，既重视城市，又兼顾农村，兼顾农村小城镇建设和基础设施的改善。

（5）以统筹城乡社会事业为切入点，促进农村教育、卫生和文化的全面发展。进一步理顺农村义务教育管理体制，确保农村税费改革后学校正常运转所需经费。加强农村卫生服务体系建设，逐步建立新型农村合作医疗制度和医疗救助制度。大力发展农村文化事业，丰富农民的文化生活，加强农村精神文明建设。要采取政策措施，引导社会力量投资举办农村社会事业，建立多元化的投入机制，加快农村教育、卫生、文化等社会事业发展，使农民能够享受更多的公共产品。

二　改变传统思维方式，提高创新发展的能力

要实现城乡平等、和谐发展，必须触动传统经济社会的体制根基，大胆进行创新，尤其是制度层面的创新。这是新时期各级地方党委和政府必须思考和探索解决的问题，也是我们领导干部必须具备的能力。

（1）实施协调发展的区域经济发展战略，努力缩小区域间经济社会发展的差距。要按照科学发展观的要求采取协调的发展战略，在资源要素的配置上，给予落后地区更多的倾斜；利用发达地区的资源优势产生的"扩散效应"，使先进的生产力在不同区域间趋于分散和均衡化，使区域之间差距逐步缩小，最后实现区域间均衡发展。

（2）实施多元化的城镇发展战略。多元化的发展选择，是按照比较优势原则，根据不同区位资源条件、人口规模和经济发展水平，因地制宜，科学规划，把发展县城中心城市和小城镇有机结合起来，要借助于现有大中城市的扩张，充分发挥小城镇群和小城镇带的作用，通过合并乡镇和建制镇，实现由镇到城的转变。加强城市吸纳劳动力转移的能力，加快农村劳动力转移的步伐。

（3）创新农民平等的发展机会和国民待遇。首先，在要素投入方面要向农业、农村、农民倾斜，这是"三农"问题首要的基本的前提。要着力研究调整国民收入分配和财政支出结构，形成财政支持农业的稳定增长机制。其

次，调整农村财富政策，从分配角度彻底理顺国家、集体、农民三者的利益关系，以减轻农民负担为切入点，增加农民收入。最后，改革土地征用制度。在加快城镇化和工业化的进程中，土地征用应当有利于富裕农民，而不是使农民因失地而陷入贫困，应当有利于缩小城乡差别而不是增加社会矛盾。

三 坚持科学发展观，提高统筹城乡发展综合的服务能力

（1）切实提高公共管理和公共服务的能力。具有较高的公共管理和公共服务能力，既是执政为民，也是树立和落实科学发展观的内在要求。必须大力推进政府职能转变，把政府职能转变到经济调节、市场监督、社会管理和公共服务上，做到不缺位、不越位、不错位。进一步提高公共服务水平、改进机关作风，反对和防止主观主义、形式主义、官僚主义，反对贪图享乐、贪图安逸，坚持从实际出发，深入基层、深入实际，真正深入生活，亲民、爱民、为民，扑下身子干事业，一心一意为群众；把人民的信任融入为人民服务的实际工作中去。

（2）切实提高处理社会矛盾和驾驭复杂局面的能力。随着改革开放的不断深入和统筹城乡社会发展，各种社会矛盾日益显现出来，而且互相交织、相互影响，以致错综复杂，有的甚至表现得比较尖锐，这些问题如果处理不好，势必严重影响正常的社会生产生活秩序，影响社会稳定大局，影响城乡统筹社会发展。第一，工作决策要科学、民主，从政策上减少矛盾发生的可能；第二，加强政策宣传，维护政策权威，从政策落实上化解矛盾；第三，积极疏导，有效防范，从科学方法上调处矛盾；第四，健全矛盾纠纷预警机制、排查机制和稳定工作机制，从完善机制上解决矛盾，以确保社会稳定。

（3）切实提高统筹协调发展和分类指导能力。各级干部尤其是主要领导干部，必须把握统筹发展、分类指导的内涵和规律，提高统筹兼顾、分类指导、驾驭全局的能力。一是坚持发展是第一要务，用发展的方法解决发展中所遇到的一切问题。二是坚持统筹发展。在重视和抓好经济发展的同时，密切关注和重视科技、教育、文化、卫生、体育等各项社会事业的发展，改变社会事业发展相对滞后的状况。三是坚持分类指导。在工作总体谋划上，既强调统一性，又要兼顾差异性；在工作部署和措施落实上，既强调政策措施的权威性，又要注重发挥各地的主观能动性，充分考虑地区之间、部门之间的发展差异和不同，分类指导，因地制宜，有计划、分步骤地实现各地区、各部门的共同发展。

（作者单位：中共乳山市委党校）

对中法民事检察制度几个基本
问题的比较研究

张建明　梁翔宇

众所周知，近几年来，无论是理论界还是实务界对民事检察监督问题给予了极大的关注。同时，民事检察制度的改革和完善又是检察制度改革中一个迫切需要解决的重大问题。在以法院为主体推动的民事审判方式改革的今天，如何看待民事检察监督？笔者想就这个问题，从比较法的角度来谈谈自己的看法。现代各国检察机关，其职能虽主要集中于刑事检察方面，但随着全球经济活动的飞速发展和国家与社会公共利益在民事经济活动中的大量介入，民事检察出现了日趋强化、蓬勃发展的趋势。大陆法系和英美法系各国的民事检察制度，虽然在制度设计、机构设置，以及归属划分上各有不同，在民事诉讼活动中的检察职能和程序方面，却有诸多相似乃至相同之处。我国的民事检察起步较晚，现行的民事检察工作由于存在诸多制约而举步维艰，因此，大力借鉴各国成熟的民事检察经验，开展民事诉讼中的检察职能和检察程序方面的比较研究，无疑具有重大的理论和现实意义。法国作为大陆法系中最早建立检察机构的国家，也是最早确立检察机关参与民事诉讼制度的国家。在世界各国的检察制度中，法国的检察机关介入民事诉讼是最广泛的。在《法国民事诉讼法典》中，对法国检察机关如何参加民事诉讼，专门规定一章，做出了详尽的规定；在《法国民法典》中，有将近 60 个条文规定检察官在民事活动中的作用。可以说，在各国的民事诉讼法中，检察机关参加其中的职责规定等，法国是最有特色的一个，其在民事检察方面积累了丰富的经验，而且法国作为大陆法系的代表，对我国民事诉讼法的制定产生过深远的影响，在法律制度移植方面更具有不可比拟的优势。因此，笔者拟从法国的检察制度入手，分析探讨我国民事检察改革的途径。正如列宁所指出的：

"任何比较都不会十全十美的……任何比较只是拿所比较的事务或概念的一个方面或几个方面来相比,而暂时地和有条件地撇开其他方面。"因此,本文所得出的结论也不可避免地有片面性和局限性,请广大同人指正。

法国的民事检察制度,采用国家干涉民事案件的立法原则,干涉范围以公益事项为主。

一 民事起诉权

法国民事诉讼法典第421条规定:"检察机关可以作为主要当事人起诉,或者作为联合当事人参加诉讼。检察机关在法律规定的案件中,代表社会。"这表明在法国,检察机关有提起民事诉讼的权利。这在法国民事诉讼法第422条和第423条做了更为详尽的规定。法国民诉法第422条规定:"在法律有专门规定的案件中,检察机关依职权提起诉讼。"第423条规定:"除上述案件外,在公法秩序受到损害时,它可以为维护公法秩序而提起诉讼。"根据法国民法典和其他有关的民事立法的规定,检察机关的民事起诉权主要集中在以下四个方面。①未达结婚法定婚龄而结婚、近亲结婚或尊卑血亲结婚等违反善良风俗或违反刑事法律规定的婚姻。②在父母对其子女人身进行犯罪、虐待子女、经常酗酒等明显行为不端或违法,严重危及子女的安全、健康及品行或父母两年以上拒不履行法定义务的情况下,检察机关可向法院提起要求其丧失亲权的诉讼。③为维护无行为能力人的利益,检察机关可以向法院提出要求制定被关起来的精神病人的财产管理人的诉讼和提出要求指定对无行为能力人进行监护的诉讼。④检察机关可以要求法院强制解散非法活动为宗旨的,或违反法律、善良风俗的,或侵害国土完整而组成的协会、联合会等组织,也可依职权提起要求法院解散非法组织的工会的诉讼。

在我国,检察机关并不具有民事起诉权,因此在许多涉及公共利益、社会利益以及与社会公序良俗直接相连的婚姻家庭、监护等纠纷案件缺乏法定的起诉主体。加之我国正处于经济体制改革的关键阶段,大量的国有企业正在改制,特别是在国有企业公司化改造、资产重组过程中当事人合谋规避法律,私分、侵吞国有资产,造成的国有资产流失已达到触目惊心的地步。在公共投资领域中,发包方和承包方为了私利或小集团利益,偷工减料、以次充好的事情也屡见不鲜。而在这些案件中,国家不介入,当事人双方谁也不会主动提起诉讼或再审。检察机关作为国家利益的当然代表,提起此类公益诉讼责无旁贷。

在法国民事诉讼法规定的检察机关具有民事起诉权的四个方面，我国也有借鉴的必要。以下四个方面为例。

第一，关于无效婚姻的确认之诉方面。在我国，只有民政部门婚姻登记机构和法院才是具有确认婚姻有效或无效的机构。而这两个机构对婚姻的监管各有很大的弊端。民政部门的婚姻登记机构只是在婚姻关系确认之前进行形式审查，只要符合法定的登记条件，就必须确认婚姻有效并颁发结婚证书。而法院对婚姻的无效确认，也仅仅局限在无效婚姻由于其他原因（比如当事人要求离婚时，发现其婚姻关系原本无效或因其他刑事犯罪原因经审查后发现婚姻关系原本无效）暴露后，才做出事后的裁决。因而导致大量的无效婚姻缺乏一个法定的监督和起诉主体而"长期地合法"存在着，严重影响了公序良俗和善良的社会道德伦理观念，并由此引发一系列的家庭和社会问题，增加了大量社会不稳定因素。

第二，对出现父母对未成年子女的犯罪行为、虐待行为、经常酗酒等明显不端行为，严重危及子女的安全、健康及品行的行为或父母两年以上拒不履行法定义务的情况下，我国民法通则规定的监护制度明显存在缺陷。我国民法通则第十六条规定：未成年人的父母是未成年人的监护人。同时第十四条还规定：无民事行为能力人、限制民事行为能力人的监护人是他的法定代理人。法定代理人的法定义务之一就是代表被监护人参加诉讼活动。而当出现上述父母对未成年子女的侵害行为时，就会出现父母代表子女控诉自己侵害行为的滑稽场面，这其实也就等于变相剥夺了未成年子女在此种情况下的救济权利。因此，必须有一个代表社会公共利益的国家机关在此种情形下介入，以社会公共利益的代表身份来提起诉讼，维护未成年人的利益。

第三，我国民法通则及其相关法律法规规定的对无民事行为能力人和限制民事行为能力人的监护人分别可以是配偶、父母、成年子女、其他近亲属、关系密切的其他亲属、朋友以及所在的居民委员会或村民委员会等。从表面来看，监护主体很多，被监护人应该得到了充分的监护。其实在现实中，存在的弊端仍旧很多。首先，各个监护人在选择是否对监护人进行监护时，往往首先考虑的是自己或者单位的个人利益，而不可能完全把被监护人的利益放在首位。因此在实践中就出现了如果担任监护人对己有利，大家就都争监护权，而且由于法律规定，上述监护人对指定不服的，都可以向法院提起诉讼，从而大大增加不必要的讼累和法院的司法成本。另外，在大多数情况下，也是出于个人利益的考虑，往往各个监护人都不愿意承担监护责任，而出现你推我让，互相扯皮，致使被监护人迟迟得不到应有的监护。在这种情形下，如果没有一个超脱于个人利益的国家机关来及时监督和迅即向法院提起确定监护人之诉的话，被监护人的利益势必会受到更大损失。

第四，关于赋予检察机关拥有对取缔非法组织的起诉权。以"法轮功"邪教组织为例："法轮功"在民间长期非法活动，欺骗和诱导大量的无辜群众加入，直至发生一系列冲击国家机关、危害社会公共安全等恶性事件，在国际上造成了恶劣的影响，严重破坏了我国的社会经济秩序。1999 年和 2001 年最高人民法院和最高人民检察院两次下发关于邪教组织犯罪案件的司法解释予以补救。之所以出现这种被动的局面，在很大程度上是因为我国缺少一个从法律上代表国家，对非法组织予以监管，通过诉讼的方式向法院起诉予以撤销的国家机关。由此可见，赋予检察机关对取缔非法组织的起诉权不仅是维护法律秩序，实现"法治"的要求，同时也具有极大的政治和社会意义。

二　民事抗诉权

法国民事诉讼法中没有规定检察机关享有民事抗诉权，而是把检察机关作为主要当事人参加诉讼，其可利用当事人的地位进行上诉。这点和我国有着较大的差别。形成这种差别的原因很复杂，涉及两国的法律传统、法律制度等多方面的因素，其中最重要的一点就是司法权独立而强大。对于任何法律体系而言，法律都是作为一种传统在发挥作用，是由社会逐步发展并传下去的一套思想和文字，有其延续性和一致性。1789 年的法国大革命推翻了封建专制制度，建立了资产阶级共和国，重大的政治经济变革必然伴随着法律制度的变革。而实际上，大革命导致法国的法律体系彻底改变，不仅法国法因此真正实现了统一，更重要的是继承并发扬罗马法的传统，严格区分公法与私法，司法权具有同立法权、行政权相对应的完全独立性，从而奠定了法国现代法律体系的基础。在法国，只有法院才是完全意义上的司法机关，司法权独立而强大。检察院只是行政机关的一部分，检察院代表的是国家和政府，代表的只是一个法律主体。法院才代表法律和社会正义，具有最终的裁判性。因此，检察机关不具有推翻法院生效裁判的抗诉权就不足为奇了。

在我国情况则有很大的不同。首先，我国的法律传统决定了我国的司法权根本不具备法国等大陆法系那样独立和强大的条件，而且我国现行的政治体制也决定了不可能实现像西方国家那样完全的"三权分立"。法院和检察机关同为司法机关，在刑事诉讼和民事诉讼中互相监督，互相制约，共同完成司法使命，这使得检察机关的监督和制约在我国现行的体制下成为必要或者说不可或缺的因素。

其次，我国宪法和法律对检察机关的权力和地位做了明确的阐述。《中华人民共和国宪法》第 129 条规定："中华人民共和国人民检察院是国家的法律监督机关。"《中华人民共和国民事诉讼法》第 14 条规定："人民检察院有权对民事审判活动实行法律监督。"第 185 条规定："最高人民检察院对各级人民法院已经发生法律效力的判决、裁定，上级人民检察院对下级人民法院已经发生法律效力的判决、裁定，发现有下列情形之一的，应当按照审判监督程序提出抗诉……"第 186 条规定："人民检察院提出抗诉的案件，人民法院应当再审。"第 188 条规定："人民检察院提出抗诉的案件，人民法院再审时，应当通知人民检察院派员出席法庭。"从上述规定来看，我国检察机关对民事审判活动进行法律监督不仅有宪法上的依据，而且还有充分的实体法和程序法上的依据，民事抗诉权作为检察机关最主要的监督方式，在整个民事监督体系中具有不可或缺的作用。

虽然我国法律赋予检察机关抗诉权，但对提出抗诉的许多具体程序，如抗诉案件的管辖、受理、立案、出庭再审等程序以及相关的法律期限均无任何明确规定，以致在司法实践中，检察机关的抗诉权大打折扣，出现大量和法院的扯皮案件，或者抗诉案件被法院长期搁置无人问津，错误裁判一直得不到处理和解决。为此一些学者也大声疾呼："我国法院监督体系和监督制度存在着重大缺陷，而完善法律监督制度是保障法律充分获得实施的非常重要的条件。"

三 民事诉讼中的检察程序

（一）法国民事诉讼法典对于检察机关参加民事案件的程序规定十分详尽而具体

首先，检察机关参加民事诉讼案件的范围明确而具体。法国民事诉讼法典第 425 条规定："根据法律规定，必须听取检察机关意见的一切案件，应该通知检察机关。"第 426 条规定："检察机关可以要求了解他认为应该参与诉讼的案件。"第 427 条规定："法官可以自动决定将某一案件通知检察机关。"第 429 条规定："在通知检察机关后，还应当将开庭的日期通知检察机关。"

其次，在庭审程序方面有详尽而具体的规定。法国民事诉讼法第 431 条规定："检察机关只有他作为主要当事人或在他代表其他人，或根据法律规定必须有检察机关出席等情况下，才必须出席参加辩论。在其他情况下，检察机关可以将书面诉讼请求寄给法院，他还可以出庭参加庭审并发言。"第443条规定："检察机关作为联合当事人，在辩论时，最后发言。如果检察机关认为不能当场发言时，他可以要求在下一次开庭时再听取他的发言。"第600条规定："再审上诉应通知检察机关。"

最后，在民事诉讼的执行程序方面，也规定了相应的检察程序。法国民事诉讼法第653条规定："执行书的送达日期应是送达到本人住址、住所，或送达给检察官的日子。"第684条规定："对发给一个住在外国的人的文书的传达，交给检察官。"

（二）我国的诉讼法和相关法律对民事诉讼中检察程序的规定笼统而模糊

我国民事诉讼法第14条仅规定了人民检察院有权对民事审判活动进行监督，但并未明确监督范围、并未明确具体监督方式，对监督程序的规定也基本处于空白。首先，仅规定对民事审判活动有权监督，那么必然使人民检察院对民事诉讼中的大量其他诉讼参与人（比如当事人、共同诉讼人、第三人、诉讼代理人、证人、鉴定人、勘验人和翻译人等）及他们的诉讼活动的监督处于空白。而且，如果在诉讼过程中当事人或其他诉讼参与人有犯罪行为，无论在诉讼的哪个阶段，检察机关都应有权力对此进行监督和查处。因此，笔者认为，应在立法上扩大检察机关的监督范围，不应把检察机关仅局限于对民事审判活动的监督，而应扩大到对整个民事诉讼过程的法律监督。其次，我国民事诉讼法对检察机关参加民事诉讼的庭审程序基本未做规定，对检察机关是否具有调查取证权、是否享有庭审辩论权、是否对民事执行享有法律监督权等的规定也处于空白。这些都与检察机关的法律监督地位是极不相称的。因此，应明确规定检察机关在民事诉讼活动中应享有的程序权利。其中，最主要的程序权利为以下三项。

第一，明确检察机关的调查取证权。我国现行民事诉讼法对检察机关的调查取证权并未做出明确规定，导致法院在审理抗诉案件时往往对检察机关经调查所取得的证据不予认定和采信，从而导致确实存在错误裁判的案件不能得到纠正，严重影响司法裁判的正确性和权威。而按照现行民诉法关于检察机关抗诉条件的相关规定来看，检察机关的调查取证权又是一种纠正错误裁判行为的必需。理由是我国民事诉讼法第185条对抗诉的法定事由规定了四种情形：原判决、裁定认定事实的主要证据不足的；原判决、裁定适用法律确有错误的；人民法院违反法定程序，可能影响案件正确判决、裁定的；审判人员在审理案件时有贪污受贿、徇私舞弊、枉法裁判行为的。如果不明确检察机关的调查取证权以及所取得证据的效力，那么检察机关将无法查明原审判决人民法院是否违反了法定程序，审判人员在审理案件是否存在贪污受贿、徇私舞弊、枉法裁判等行为，那么实际上也就变相剥夺了检察机关后两种情形下对法院抗诉的法定权利。同时，即使检察机关认定原审判决是否证据充足时，也往往不能单纯从对原审卷宗的审查中发现问题，而需要重新调查取证。比如原审裁判认定事实的主要证据存在重大瑕疵，这样也就意味着依据瑕疵证据所得出的对事实认定的结论存在重大瑕疵，此时检察机关就必须对原审所依据的主要证据进行调查，以确定原审认定的事实是否存在错误。还有原审法院对依法应当由其调查收集的证据未进行调查取证从而导致认定事实错误时，检察机关也必须通过重新调查取证来认定案件事实。因此，明确检察机关在民事诉讼中的调查取证权是完善我国民事检察、保证司法公正的必需。

第二，明确检察机关在参加庭审时的辩论权。如前所述，法国民事诉讼法规定了检察机关有是否参加法庭辩论的选择权（法定必须参加法庭辩论的情形除外），而且对检察机关参加法庭辩论的程序进行了详尽的规定。笔者认为，我国民事诉讼法也应将检察机关的辩论权予以明确规定，理由如下。首先，按照世界各国通例，赋予检察机关民事起诉权已是大势所趋，为了保证检察机关民事起诉权的充分行使，明确检察机关的庭审辩论权就成为必需。其次，检察机关参加庭审辩论与检察机关的法律监督地位并不冲突。如前所述，检察机关提起民事诉讼的范围主要是涉及公共利益方面，此时检察机关既代表国家和社会提起诉讼，同时代表国家对法院的审判活动进行法律监督。这和检察机关在刑事诉讼中的地位基本相同，所以，明确检察机关的庭审辩论权，只会有助于在这些案件中更充分地行使诉权而不会影响检察机关的法律监督地位。最后，也正由于检察机关是国家的法律监督机关而不单纯是一个民事起诉人，所以应赋予检察机关有选择是否进行法庭辩论的权利，正如法国民诉法所规定的那样，并不是任何案件检察机关都需要进行法庭辩论，其选择权应在检察机关。

第三，明确检察机关对法院民事执行程序的法律监督权。法国民诉法明确规定了民事执行程序的告知制度。我国目前的民事诉讼法及相关法律法规还没有相关规定，导致检察机关对法院民事执行无可奈何，大量的抗诉改判案件得不到及时执行，使得检察机关的抗诉效力大打折扣。有些基层检察机关通过检察建议的方式尝试对法院民事执行进行监督，虽偶尔可以起到监督效果，但由于检察建议本身的法律效力尚很模糊，对法院不执行检察建议又无任何追责规定，总体来说，对法院民事执行方面的监督基本处于真空。因此，从完善民事检察监督的总体构架来看，明确检察机关对民事执行方面的法律监督应是应有之义。

结　语

行文至此，推动民事检察制度进一步完善的改革措施已渐渐清晰，归纳如下。赋予检察机关对有关涉及公共利益、社会利益以及与社会公序良俗直接相连的婚姻家庭、监护等纠纷案件的起诉权；进一步完善具有中国特色的抗诉制度，对抗诉再审的条件以及检察机关参与再审时的庭审程序做更为细致的规定；进一步明确检察机关的调查取证权、庭审辩论权，明确检察机关对民事执行程序的法律监督权等。当然，随着我国法治进程的进一步推进，随着各项司法体制改革的深入开展，民事检察制度肯定会日臻完善。但不可否认的是，我国目前的司法体制尚存在许多不尽如人意之处，司法腐败、司法不公的现象还比较突出，法官、检察官及其他司法从业人员的素质还普遍偏低。因此，民事检察制度的推进也绝非一日之功，民事检察任重而道远！

（作者单位：威海市人民检察院）

《西方景观文化中的残缺美》内容提要

吴　苹

　　本书根据作者长期在欧洲实地考察西方景观文化的切身体验和专题研究，以及在国内近 10 所大学讲演稿的基础上，通过约 340 幅古希腊罗马至文艺复兴以来的欧洲著名古迹遗址，包括神庙、古堡、教堂、巨石阵等遗迹的实录照片和有关代表性的古典雕塑与绘画作品，结合西方文化、哲学、宗教等背景和理念，形象地论述了西方景观文化中残缺审美的久远由来，丰富内涵、深远影响与亟待认知的人文价值等多层面内容，对开拓人们的审美视野、提高审美品位和审美境界，以及如何正确对待历史文化遗迹，加强珍爱观念和保护意识，都有着积极的现实意义和潜移默化的熏陶作用，以至对人们如何面对世事中的"残缺"和"不圆满"，也会产生无形的不可低估的影响。

　　全书分"开卷语"和"圆满与残缺""理想与残缺""时空与残缺""虚实与残缺""悲情与残缺""抽象与残缺""氛围与残缺""'道'与残缺"八章内容，340 多幅高品质黑白图片，图文结合约 350 页。

　　读者对象主要为高等艺术院校建筑、美术等有关专业教师学生，并可作为有关从业人员的参考读物。

　　首先要说的是，中国传统审美观不认可残缺美，而这恰恰也是写这本书的初衷。

　　一个多世纪前，八国联军攻占北京，皇室逃往西安，正阳门被焚。次年两宫回銮，要举行隆重的入城仪式，须经正阳门回紫禁城，当时正阳门已是一片废墟，朝廷认为这有损皇城国威，于是在无奈中想出搭假楼子的应急办法。

　　能工巧匠被召集了起来，生生搭起一座宏伟壮丽的彩绸正阳门来，一时京城上下为之轰动。

然而，草牌楼毕竟是不能长久充当门面的。光绪二十六年的时候又重修了正阳门，历时5年（一说3年）耗银43万两才大功告成。上上下下，当时的人们没有也不可能意识到，这城楼若不修复，作为京城要地一处残垣断壁的历史景观的存在具有何等的价值与意义。

笔者成长于北京，自幼一直观望着这座完整修复的门楼，多年来在大量争奇斗艳的新老建筑中，它默默地守在天安门广场的南端之外，竟然也时常尴尬地被已累得转晕了头的游客们"忽略"。

1992年，笔者路经柏林小住。傍晚散步，忽然眼前一亮，一座高高的柱形建筑，在苍茫上空四下散射出无数星星点点的五彩光芒。一问才知这就是久负盛名的凯撒·威廉纪念教堂组合建筑群。笔者完全被眼前这一新一残，富于深刻哲理的景观设计理念吸引了。

威廉二世自1891年到1895年建造这座教堂。二战期间，它受到炮火的严重损坏，至今保留其残破的状态。

为铭记历史的灾难，德国人保留了历史的真实痕迹。这处残破与整新的元素组合体因此成了战争与和平、毁灭与再生两种境界的交融点，被赋予了远胜过一般古迹建筑的人文思想内容，当然会成为世界旅游的景观珍品。这里便涉及"残缺审美"这一欧洲特有的美学概念的话题了。

近20年来，随着越来越多的国人旅欧观光，欧洲景观中散布各处的"残景"，时常成为中国游客的话题。在欧洲的许多古堡遗址前常可遇到国内游客，当他们多少有点无可奈何地站在"一堆破石头"面前拍照时，不少人似乎都流露出一种"勉强"的面部表情，毫不惊叹与欣喜，似乎怀疑其观赏的"价值"。因为对大多数国人来讲，将残垣断壁当作美景来观赏毕竟历史尚短。

有人会问，让我们国人了解西方人的残缺审美有何必要？笔者回答，现在看来很有必要，而且应该在小学生时就开展这样的审美教育。为什么呢？因为中国现存的历史古迹、景观文物，在经历了多次战争、动乱等历史上的浩劫后，正在面临争议中的，新一轮破坏性旅游开发的冲击。更有国内大量尚无"名气"的，然而很有价值的"老旧残缺"景观元素，正在被"破旧立新"观念中成长起来的人们成批地、逐渐地消灭掉。能早一天让更多的人懂得"残缺也是美"的景观文化理念，这些"老旧残缺"们就有可能少被除掉一些，为子孙后代多留下点东西。

由此笔者又联想到一些搞古董收藏的友人，他们很讲究藏品的"品相"，讲究完美无缺。尽管这是收藏家们追求的境界，可是在笔者看来，一件古董，如果没有岁月流下的痕迹——残缺，反而减弱了历史感的魅力。

笔者感悟，一件收藏品，如果是残缺的，总会带给人们"不完整"的种种遗憾，而恰恰是这不完整的"遗憾"，使得这件藏品给人留下了较深刻的印象。因为，观赏者需要付出更多的精力，去联想那残缺的部分究竟是什么样子。这正是该件残缺藏品的独特魅力所在，而这种联想所引发的种种思维状态，也就是本书要探讨的主题——残缺审美。

从文物鉴赏到景观审美，完全是一脉相通的。但景观中的残缺，在国人的观念中要比残缺的文物更低一等，这实在是件令人遗憾的事。

然而更值得关注的是，在景观改造、开掘旅游资源方面，重修重建"古迹"（假古迹）的思维理念在我们国人中尚有很大的市场。近些年来各地的一些遗址大规模重建方案纷纷再度提上日程便是证明，随之带来的对景观文化的负面影响也可想而知。

尊重景观中的残缺元素，就是尊重文明与历史。

有学者认为，在我们的景观文化中也有能与残缺审美"沾亲"的，就属中国园林景观中的置石赏石了。但依笔者看，两者之间还是有着性质的不同。一是我们置石的审美核心不是"残缺美"，而是局部的"无序美"。二是中国的园林艺术中的置石艺术，先在江南少数文人官吏的私家小园林出现，后又被禁止百姓入内的皇家园林模仿，只在一个极小的范围内展现，远远不及中国风水"圆满"理念的大众化程度。因此它不能像中国风水文化一样，用来对照西方具有广泛民众欣赏基础的残缺美。

综上所述，可以认为，残缺审美在国人的审美意识中至今未占据应有的空间，其根本原因就是残缺审美有悖于中国传统风水理论的价值观，与风水文化的圆满原则有着本质的冲突，因此一直以来也与中国主流景观文化格格不入。20世纪80年代初，人们对原本含有残缺美元素的北京金山岭长城、圆明园遗址景观施行的拙劣的美化修整就是突出的例证。

笔者之见，若要残缺审美让国人欣然接受，并在文化领域中真正扎根，那就必须首先要求人们改变对景观中所有景物"求全求满"的传统审美心理，而这还是颇为困难、颇为遥远的事，也可谓"任重道远"。与中国不同，残缺审美文化在欧洲由来已久，它的发展经历了由景观到人到景观这样一个循环过程，并对后来发展形成人们的文化古迹保护意识起到了关键作用，使得欧洲大量珍贵的古代景观建筑遗迹得以保存至今，以至形成了其文明史虽比中国短，并历经了多次大小战乱包括第二次世界大战，却在整体景观的历史环境感上优于中国的现状，其现实利益远不止因此而来的丰厚的旅游财富。

余秋雨先生写过这样的文字："中国历来缺少废墟文化，废墟二字，在中文中让人心惊肉跳。在中国人心中留下一些空缺吧！让古代留几个脚印在现代，让现代心平气和地逼视古代。废墟不值得羞愧，废墟不必要遮盖，我们太擅长遮盖。"笔者是在很早以前看到这段文字的，在历经对欧洲景观多年的考察研究后，感到他说的的确很中肯。作为一个文化大国，我们不应该再忽略历史废墟中的残缺美了。

假如当年正阳门的残墟能够像柏林凯撒·威廉纪念教堂废墟一样被保存下来，那今天将是北京一处独特而真正抢眼的人文景观，是我们国家乃至世界的一处极其重要的历史遗迹，完全可以堂皇地立于国土，让世人直面它，去回望和反思曾经的岁月，而不至于常常被"忽略"。

本书根据笔者长期的切身感受，将在结合分析西方景观文化、哲学、宗教等背景下，为读者介绍西方景观的残缺审美文化。

"圆"，在宇宙中是至高无上的。

古希腊哲学家毕达哥拉斯说："一切立体图形中最美的是球形，一切平面图形中最美的是圆形。"他的这句话要是早被我们祖先看到，一定会奉为圭臬。因为圆满这一视觉概念，在华夏文明中始终受到尊崇。

讲究圆满其实是我们的传统观念，圆满、美满、满意、花好月圆、圆圆全全、满堂红、满堂彩、天庭饱满、地角方圆等，在中国文化中象征着吉祥。比如，在道德意识中，"功德圆满"——这个源于佛教的概念就对国人影响极深。

而"残"，在中国人的意识里是个极具负面的概念。一个"残"字在中国字典中可组合成以下词语：残废、残骸、残存、残垣断壁、残花败柳、残兵败将、残渣余孽、残羹剩饭等。中国风水理论认为，凡残破、衰败的环境会对人们的世俗命运产生不好的影响。风水学还认为好的地形地貌多是呈圆形的，如山环水抱，就是一种圆球形的地貌空间概念。

想探寻圆满这个观念的来源，就要追溯到华夏远祖的主要居住形式之一——窑洞居了。根据考证，远古时代黄河流域最原始的黄土窑洞，基本是呈梨状，与人类及哺乳动物的母体子宫相似。我们的生命都是诞生于母体的子宫，而子宫的内部是类圆形的。婴儿来到世上之后，吮吮母乳的乳房也是类圆形的。所以圆是生命最初时刻对环境的感知。

原始窑洞类似生命诞生场——子宫的圆空间，使得华夏祖先有了一个对环境空间结构优劣的感知模式。黄土窑里冬暖夏凉，干湿宜人，加上土本身对人体的滋养，用现在的一句流行话说就是：最适于人类居住的地方。

可以认为，华夏祖先最先进入窑洞居的这部分族群，是人类史上最早对优质居住环境体验的人群。这种体验，在延续多代后便逐渐积淀成华夏风水文化的雏形。上至周先祖时期，土窑洞就已遍布黄土覆盖的山丘沟谷。窑洞居到今天已为我们积累了丰富的文化遗产。

窑洞除了丰富的文化积淀外，更是养生保健的理想境地。有趣的是，早期窑洞的圆满形态，为后来人们向其他地区迁徙时对居住地的选择提供了经验。同时也将圆满的居住环境概念带到了各地，对后来中国风水文化的形成起到了深刻的影响。

人们对圆满的认知，当然还来自对天地宇宙的认识。太阳月亮这些与人类生存休戚相关的天体都呈圆状，多少年来也被众多崇拜日月的民族作为偶像族徽，源于华夏民族的阴阳图案便是其中的一例。这个图饰生动地揭示了"阴阳圆缺"相交转化终为"大圆"的哲理现象，极为优美，也体现了圆满（形）与和谐（意）观念在古华夏文化中的地位。在这一点上，华夏传统崇尚圆满的理念，与古希腊学者毕达哥拉斯的美学观点不谋而合。圆满对华夏民族来说象征着吉祥、幸福。

前面谈到对圆满的崇尚源于人类很原始的天性，而西方竟能出现以残缺的景物为审美对象的文化现象，难道西方人真的是在人性本能感觉上与我们如此不同的异类吗？

以古希腊文明为母体的西方文化以及美学，当然不会忽视毕达哥拉斯的美学观点，西方人天性上也同样尊崇圆满之美。比如托马斯·阿奎那（Thomas Aquinas，1225～1274）就明确指出："美有三个因素。第一是一种完整或完美，凡是不完整的东西就是丑的；其次是适当的比例或和谐；第三是鲜明……"东西方对圆满的理念在本质上是一致的。然而在很长的一段历史过程中，由于对宗教的信奉，西方人理性地选择了直线，取代了本能上对圆满的首位尊崇。

我们可以通过一段 18 世纪英国政论家伯克（Edmund Burke，1729～1797）的论述美与崇高的文字来了解西方人的观点，他写道："崇高的对象在它们体积方面是巨大的，而美的对象则比较小；美必须是平滑光亮的，而伟大的东西则是凹凸不平和奔放不羁的；美必须避开直线条，然而又必须缓慢地偏离直线，而伟大的东西则在许多情况下喜欢采用直线条，当它偏离直线时也往往作强烈的偏离；美必须不是阴暗模糊的，而伟大的东西则必须是阴暗模糊的；美必须轻巧而娇柔的，而伟大的东西则必须是坚实的，甚至是笨重的。"它们确实是性质十分不同的观念，后者以痛感为基础，而前者以快感为基础。伯克的观点表明西方人十分清楚美的原则，但他们在选择如伯克所述的"美"(世俗)与"崇高伟大"(神性)之间,他们更倚重后者。

向上的直线象征着去天堂的神圣之路,在神圣的十字架上体现了曾经是,也许永远是西方人心目中最高贵的造型。这个神圣的十字,将西方人的心灵通过目光从自身向着上方,穿过高耸入云的教堂塔尖,进入理想的天国内。这条向上的直线,是希望与未来,是获得永生的幸福的通道,是通向另一个空间的"圆满"的体现,或者说,是另一个遥远处的"圆满"。

这种出于信仰而对"形式"产生的理念,使得西方人对景观审美原则与以道家、佛教影响为主的东方产生了很多不同点,因此,残缺审美的现象出现于西方而不是东方就是必然了。

十字架的直线,是西方人心目中的一种宗教象征,也是一种理性的思维逻辑轨道。对拓展式的、虚与实结合形式的审美,是残缺审美的灵魂。这种理念,不但使得欧洲大量的古代遗址成为今天我们认可的来自西方废墟文化的象征,同时也直接影响了西方的建筑与景观的发展。从中世纪哥特式教堂的拔地而起,到当代直入云霄的摩天大楼,都与这个审美理念有着千丝万缕的联系。

然而,根据"宇宙的本质现象是圆的",任何直线都是曲线——圆的局部段这一自然规律现象,西方景观中以"直"为灵魂的残缺审美轨道,其实是在一个更大的大圆上循环。

既然说,"圆满"对西方人是一个遥远的虚幻景观,因此西方的残缺审美观也就可解释为并非与东方的圆满审美观有着本质性的冲突。残缺审美在面对一处残缺景物(实景)进行残缺审美时,是将景物已失去的部分作为联想的空间(虚景),并将虚实两重空间在大脑中结合,这样在每次观赏时就多了一道精神运作程序。而这种审美活动,比人们面对一个相对完整的物体,没有进行联想再创造的空间余地时要更加有美感,即创造的愉悦。被称为欧洲美学思想基础的奠基人——古希腊哲学家亚里士多德认为:"美与不美,艺术作品与现实事物,分别就在于在美的东西和艺术作品里,原来零散的因素结合成为统一体。"又说,"一个美的事物就是一个活东西或一个由某些部分组成之物"。

残缺的审美对象原本是无生命的物质,但人们头脑中审美联想的功能一旦启动,与景物的残缺部分一旦"结合沟通",就意味着整个审美对象已经成为"活"的、有生命的物体。

于是,"想象"便成为将各局部连接并形成艺术圆满整体"球形"最重要的纽带。

想象是美学的基础，创造一个伟大的场景不是任何个人的成绩，它是一个须以信仰作为依托的族群虔诚和诗意的想象力的总和。

毋庸置疑，想象是创造新事物的"原动力"。真正体现审美心理特点的就是想象。想象力丰富的人，审美感受必然丰富；想象力贫乏的人，审美感受必然贫乏。正是因为审美心理的特点是想象，所以西方人在丰富的废墟景观和"残缺氛围"里，在从"局部"走向"整体"、从"残缺"走向"圆满"的过程中，逐渐成为富于（艺术）想象力的群体。在这一点上，西方人是幸运的。

黑格尔也讲过，"想象是创造性的"，"如果谈到本领，最杰出的艺术本领就是想象"。

在近代史上，我们不无惊讶地看到生活中无数的"创意"来自拥有丰富废墟遗迹文化的地方——欧洲。欧美文化对世界的巨大影响早已为世人所公认。我们不断思考：为什么他们（欧美人）总是"规则的制定者"？除了通常的思路，我们难道就不能走进废墟去看一看、想一想吗？

古代遗址中的残缺元素，给予了每个前来参观的人进行艺术创作的机会与空间。将那些平常隐没在这个星球各个角落中的人们，突然带进了一个迈向"完美的"（圆满）艺术联想空间，参与对历史上最伟大的建筑与艺术品的"再创作"，享受片刻的超越平庸的自豪，无论对谁，这过程当然都富有极大的魅力。

古希腊罗马时代，给予了人们无与伦比的广阔天地去创建想象中的世界。这个辽阔的世界其实从来就没有"退缩"过，尽管它已经是千疮百孔、残垣断壁，但它始终是欧洲人精神境界最根本的架构。宙斯、雅典娜、阿波罗以及其他万神殿中的天神们，今天仍是欧洲人的精神元素。后来的耶稣基督、圣玛丽娅等又为这精神世界拓展了新的空间。这个想象中的精神空间，在一代代后继者们的头脑中不断地被重新修复建造，一遍遍地在无数西方大脑中再现"圆（满）的相互关系，以及残缺现象的本质——局部的残缺仍是整满"，残缺的现象仅是这壮美的精神与物质转换过程中的必然阶段。

于是我们与西方人之间在面对残缺景观审美时，在某种程度上便形成了微观圆满对宏观圆满，有形的圆满对无形的圆满，这样不同审美理念的对比。残缺现象的本质，在这里也可解释为景物在不同层次和时空中的局部现象。

从景观学的范畴来看，"圆满与残缺"的概念其实是很广义的。比如，英格兰巴斯市的半圆形环抱式景观建筑，就体现了"圆"（满）与（残）"缺"的对比交融的设计思想，可谓是"圆中有缺，缺中有圆"，以局部的半圆引发人们对整体圆的联想，尽管建筑物自身并未残缺。据说这种环形建筑样式最早源于罗马环形柱廊，如梵蒂冈圣彼得广场，它们也与皮尔内希的版画等废墟景观描绘的审美内涵异曲同工。

[作者单位：山东大学（威海）]

鲁迅创作中"兴感怡悦"的悲剧情结

郭海宁

鲁迅是对中国近代美学发展起了重要推动作用的学者。在写于 1907 年的文学论文《摩罗诗力说》中,他说:"由纯文学上言之,则一切美术之本质,皆在使观听之人,为之兴感怡悦。"所谓"美术"就是艺术,包括雕塑、绘画、文学、建筑、音乐等;所谓"兴感怡悦"就是艺术作品要引起"观听之人"的共鸣和美感,使之得到精神上的愉悦。虽然将"兴感怡悦"确定为艺术的本质,在理论上有其片面性,但鲁迅明确了创造艺术美是艺术追求的目标。

鲁迅的创作是"为人生,而且要改良这人生",取材"多采自病态社会的不幸的人们",为的是"揭出病苦,引起疗救的注意"(《我怎么做起小说来》)。同时鲁迅也要人们看到有价值的东西是如何被毁灭的,将熟睡于铁屋子里的人们唤醒以打破铁屋。如此"兴感怡悦"最终要实现的目的"是在改变他们的精神"(《呐喊·自序》)。虽然"兴感怡悦"从一定角度上说是"观听之人"的欣赏结果,但在创作中已经渗透了鲁迅浓厚的悲剧情结。在创作风格上主要表现出作品中人物形象平庸丑陋、景物描写沉闷凄凉、作品语言尖刻冷漠等,甚至文章的结构也是重视内容而淡化形式。

比如鲁迅作品中有许多耐人寻味的人物形象,然而却缺少美的形象。《孔乙己》是鲁迅最喜欢的作品,主人公孔乙己是一个具有典型意义的清朝末年下层没落的知识分子形象,这一形象无论是在创作者鲁迅的心目中还是在读者的心目中,似乎均无美感。"孔乙己是站着喝酒而穿长衫的唯一的人。他身材很高大;青白脸色,皱纹间时常夹些伤痕;一部乱蓬蓬的花白的胡子。穿的虽然是长衫,可是又脏又破,似乎十多年没有补,也没有洗。"

孔乙己的语言中散发着迂腐的气味,"他对人说话,总是满口之乎者也,教人半懂不懂的"。面对穷困,他用"君子固穷"来安慰自己。用"多乎哉?不多也"的陈腐语言,拒绝那些想吃他茴香豆的孩童。用"窃书不能算偷"混淆"偷"与"窃"的概念为自己争辩。

这是一个肮脏、懒惰、衰老、麻木、穷困潦倒、饱受欺辱、爱慕虚荣的丑陋形象。

《伤逝》是鲁迅唯一一部以青年恋爱和婚姻为题材的作品。子君与涓生都是"五四"时期的新青年,他们为了实现纯真的爱情和个人的幸福,勇敢地和封建势力做斗争。然而当这美好的追求在现实生活中遭到打击之后,他们也同样地庸俗起来,失去了新青年的光泽。

在鲁迅的作品中,很少有如"刘和珍"般美好的女性形象。《伤逝》中的子君是"五四"时代的新女性,有文化,有知识,接受了新思想,心中有真挚热烈的爱,应该是一个美少女的形象。但是当她跟小官太太暗斗,为了不让房东太太嗤笑拿着自己轻易不吃的羊肉去喂巴儿狗阿随时,她也变成了平庸的小女人了。《在酒楼上》的阿顺姑娘虽然"长得并不好看",但"眼睛非常大,睫毛也很长,眼白又青得如夜的晴天,而且是北方的无风的晴天"。她很能干,却无声无息地死了。阿顺的夭亡,也是鲁迅心目中美好事物的消失。至于《故乡》里的豆腐西施、圆规杨二嫂,《风波》里的七斤嫂,《祝福》里的祥林嫂,《明天》里的单四嫂子更是一些庸俗、愚昧的妇女。

还有个个守旧、残酷、凶狠权势者的形象。如《阿Q正传》里的赵太爷、《祝福》里的鲁四爷、《药》中的刽子手康大叔等,这些形象更是鲁迅鞭挞的主角;还有愚昧无知、逆来顺受的小人物形象,如《阿Q正传》里的阿Q、《药》里的华老栓、《故乡》里的闰土等。对于这些小人物,鲁迅更是"哀其不幸,怒其不争",写到他们时,鲁迅的笔变得更加沉重起来。

作品中"我"的形象也令人痛心。面对祥林嫂的追问则狼狈不堪、软弱无助,如背上遭了芒刺一般,甚至要被高大的车夫"榨出皮袍下面藏着的'小'来"。

自然景观对于中国人来说有着独特的意义,往往是消解悲伤情感的主要手段。然而鲁迅作品中的景物描写却让人更多地感到沉闷、萧条、凄凉。

祝福是鲁镇人们的大事,其场面非常喜庆热闹。《祝福》开头的场景描写就因为"灰白色的沉重的晚云中间时时发出闪光,接着一声钝响,是送灶的爆竹"给人增添了压抑的感觉。结尾处由"毕毕剥剥的鞭炮"声,"合成一天音响的浓云,夹着团团飞舞的雪花,拥抱了全市镇",同样让人感到环境的压抑、死气、生硬。

《药》通过群众的愚昧表达对革命者的悲哀，所以小说的环境描写极力营造阴冷、悲凉的氛围。

"秋天的后半夜，月亮下去了，太阳还没有出，只剩下一片乌蓝的天；除了夜游的东西，什么都睡着。"开头的场景给人以暗淡、忧郁之感，预示着故事的悲剧性发展。

"老栓正在专心走路，忽然吃了一惊，远远里看见一条丁字街，明明白白横着。"一个"横"字，不觉让人有毛骨悚然般的恐怖。

"微风早经停息了；枯草支支直立，有如铜丝。一丝发抖的声音，在空气中愈颤愈细，细到没有，周围便都是死一般静。两人站在枯草丛里，仰面看那乌鸦；那乌鸦也在笔直的树枝间，缩着头，铁铸一般站着。"枯草、乌鸦、发抖的声音、笔直的树枝、死一般的静，构成了阴森、凄凉、恐怖、压抑、令人窒息的场面。

散文诗《雪》中的景物描写，在鲁迅作品中最能让人"心旷神怡"了。江南的雪，滋润美艳之至，隐约着的青春的消息，如极壮健的处子的皮肤。这样的"优美"在鲁迅作品中是很少见的，然而当我们看到朔方如粉如沙决不粘连的雪，在晴天之下蓬勃地奋飞，使太空旋转而且升腾地闪烁的"崇高"时，这美丽的雪景也就沉重起来了。

鲁迅作品中的语言尖刻、锋利、冷漠。主要表现在对人物形象平庸丑陋的描写和景物沉闷凄凉的描写中。还有在《"丧家的""资本家的乏走狗"》的杂文中，鲁迅用了驯良、豢养、狂吠等具有战斗性的词语抨击对手。在《阿Q正传》中鲁迅对阿Q妄自尊大、自轻自贱、欺凌弱者、麻木健忘、以丑为荣的精神胜利法予以了强烈的讽刺。甚至叙述性的语言依然带有悲剧色彩，"我所记得的故乡全不如此。我的故乡好得多了。但要我记起他的美丽，说出他的佳处来，却又没有影像，没有言辞了。仿佛也就如此。于是我自己解释说：故乡本也如此，——虽然没有进步，也未必有如我所感的悲凉，这只是我自己心情的改变罢了，因为我这次回乡，本没有什么好心绪"（《故乡》）。可以说这种"悲"的语言风格弥散在鲁迅所有的作品之中。

从鲁迅作品的整体构思上看，鲁迅更注重内容的功利性。

鲁迅作品在结构上各有千秋、异彩纷呈，如《祝福》的倒叙结构，《阿Q正传》的顺叙结构，《故乡》的插叙结构，《药》中明线与暗线交织发展，并有深刻象征寓意的结构，《狂人日记》独特的日记体结构等。但鲁迅的创作兴趣却更多地倾注在文章深层次的意义上。如《祝福》中鲁迅要用祥林嫂悲惨的命运揭示封建礼教吃人的本质。《阿Q正传》一是批判国民的弱点精神胜利法；二是总结辛亥革命失败的教训，批判它的妥协性和不彻底性。《故乡》在于揭露旧中国帝国主义、封建主义不仅是我国农村经济凋敝、农民生活日益贫困的根源，而且也在思想灵魂上对农民造成了深深的毒害。《药》以华老栓买人血馒头为儿子治病的愚昧行为，揭示资产阶级旧民主主义革命严重脱离群众，其奋斗目标不为民众所理解的悲哀。《狂人日记》是通过一个精神病人所见、所闻、所感、所思，揭示封建礼教的吃人本质和革命斗士在黑暗社会中的必然遭遇。

鲁迅创作中渗透于"兴感怡悦"的悲剧情结，其主要根源在于"个体无意识"、"集体无意识"、尼采生存意识、国民性批判等因素的影响。

我们借用荣格的心理学概念来解释鲁迅在创作中其有意识如何受到无意识的影响和支配的。荣格将"个体无意识"比作一个容器，主要蕴含和容纳个人曾经意识到但由于遗忘或压抑等原因从意识中消失的内容。它由各种各样的情结构成，这些情结属于个人的经历和经验，不具有普遍性。当需要时，这些内容通常会很容易地到达意识层面，对控制个人的思想和行为产生极大的影响。

家庭的中道衰落给少年的鲁迅蒙上了阴影。这种阴影所构成的沉重压力，使鲁迅一生都在与之抗衡。祖父下狱、寄居舅家、父亲重病、来往于当铺与药店之间、周围人的歧视与侮辱等，让少年的鲁迅深深地感受到了人生的苦痛、社会的冷酷与势利。父亲最终因庸医的延误而过早离世，更给少年鲁迅以强烈的刺激，造成了他苦痛的人生观。

鲁迅的故乡绍兴是一个有着深厚文化传统的地方。6 岁时他告别了百草园，来到了"三味书屋"。在这里，他熟读了儒家的经典，还阅读了大量的小说、野史、笔记等。这些开拓了鲁迅广阔的精神空间，为其以后思想与文学的发展，奠定了宽广深厚的知识基础，他也由此开始了对中国社会、文化、人心的思考，这使得鲁迅的思想逐渐深刻起来。

赴日留学期间，鲁迅广泛接触了外国的自然科学、社会学说、文学艺术和哲学等。他经常参加反清集会，毅然剪掉象征清朝统治的辫子。"日俄战争的幻灯片"对鲁迅的触动极大，使他毅然弃医从文，开始考虑改造国民性问题。

家庭和社会生活的坎坷经历都在鲁迅心里投下了难以抹去的阴影，也形成了他鲜明的叛逆个性。

荣格的"集体无意识"其内容不像个体无意识那样由本人曾经感受的经验构成，在个体的整个生命过程中它们从未被感知，是一种代代相传的无数同类经验在某一种族全体成员心理上的沉淀物。它是人类行为的内动力，是人的心理结构中最真实最本质的部分。

中国传统美学中的"非美倾向"存在着对人为形式美的排斥和否定。儒家认为"文胜质则史"（《论语·雍也》）。"文"（即美）必须依附于"质"（即内容）才有意义，否则就会流于虚伪。道家崇尚自然，认为美在人为，非自然属性，它的负面价值在于既损害人性，又损害物性，所以非难那些给人以感官刺激的五色、五味、五音之类的人为美。当然这种"非美倾向"对美做了片面、狭隘的理解，忽视了美自身的丰富多样性，简单地从功利角度看待美的结果，极大地限制了艺术的发展。

中国传统美学中的"非美倾向"无疑遗传给了鲁迅，使得他对形式美有着近似本能地疏远，并对鲁迅的创作产生了极大的内动力。

鲁迅非常赞赏尼采的"权力意志"和"重新估价一切价值"两个基本观点。尼采追求的是一种在痛苦和毁灭中求快乐、求新生的悲剧观。他认为变化是权力意志的创造和表现，一个不变的世界并不是人类的幸运。旧道德提倡守旧、安稳、无争、自我牺牲等，都抑制了权力意志的发展和人类社会的进化，必须对一切传统的价值观念和道德观念进行否定。因此要打倒一切偶像，反对宗教，批判庸众，揭露与抨击虚伪与奴才道德。在鲁迅看来，尼采对主观意志的强调，是对黑暗现实的顽强抗击，是对坚强个性的执着追求。他以"敢于直面惨淡的人生，敢于正视淋漓的鲜血"的反叛思维和战斗精神建筑了其思想文化大厦。

在《野草》《呐喊》《彷徨》中充满了生与死、希望与绝望、沉默与爆发等的对立，但在对立中有一种精神贯穿其中，这就是反抗绝望、反抗悲观的人生态度。这既是鲁迅的一种思想，更是鲁迅的人生实践。

鲁迅批判的国民劣根内容涉及面很广，如中庸、奴性、懒惰、苟安妥协、愚昧麻木、幸灾乐祸、自欺欺人、知命乐天、崇拜权利、精神胜利、欺软怕硬、等级特权、盲目自大、排他守旧、逆来顺受、乐于团圆、媚上从众等，其中鲁迅批判更多的是国民缺乏反抗精神。要唤醒如同阿Q、闰土、祥林嫂、华老栓、孔乙己等庸众，鲁迅感到了沉重，所以他不遗余力地呐喊。作品的锋芒直露，更给人以悲壮感。虽然作品中的悲剧人物悲惨多，而崇高少，但是鲁迅正是要通过这样的表现激发起"观听之人"的崇高或"观听之人"所希望的崇高。

从鲁迅创作的"兴感怡悦"中，我们也看到了他的审美倾向。在平庸丑陋的人物形象和沉闷凄凉的景物描写中，我们看到了鲁迅写实主义悲剧精神的审美倾向；在尖刻、冷漠、愤怒、讽刺语言中，甚至在重视内容而淡化形式的文章结构中，我们看到了鲁迅"为人生的艺术"先功利后审美的审美倾向。鲁迅创作中"兴感怡悦"的悲剧情结为其冲破黑暗增添了巨大的力量，同时也激励起千千万万企望光明美好的人们。

（作者单位：威海职业学院）

《文登将军》内容提要

文登市委党史研究室

 文登是革命老区，在革命战争年代一直处于胶东革命的中心。早在1931年这里就建立了党组织，这里是中共胶东第一、二、三、四届特委的诞生地，这里是中共胶东党组织在土地革命时期发动的"一一·四"农民武装大暴动的中心地和在抗日战争时期领导天福山起义和东海二次起义的发祥地，这里诞生了昆嵛山红军游击队、山东人民抗日救国军第三军，并最终扩展为中华人民共和国成立初期的中国人民解放军第27、31、32、41四个军。在整个革命战争年代，勤劳勇敢、坚贞不屈的文登人民，积极投身革命事业，为中国革命的胜利和中华人民共和国的成立做出了不可磨灭的贡献，大批文登儿女参军入伍，出现了许许多多的母送子、妻送郎的动人场面，经过革命战争的洗礼和中华人民共和国成立以来国防现代化建设的长期实践，一大批文登优秀儿女成长为中国人民解放军的高级将领。为了记载文登籍将军的英雄业绩，弘扬他们的崇高精神，启发和教育人民，学习将军的高贵品质，全面落实科学发展观，激励和鼓舞全市人民在加快建设小康社会及和谐发展的伟大征程中再创佳绩，再造辉煌，同时为了纪念天福山抗日武装起义70周年，中共文登市委、文登市政府决定在2007年出版《文登将军》一书。

 《文登将军》一书资料的收集整理在两年前就开始了，党史研究室通过信件、电话、外调等多种形式，广泛征集资料，为保证将军资料的准确、全面、权威，我们坚持做到以下几点。一是千方百计与将军本人联系，取得他们的支持，请他们亲自提供、核实本人信息和资料；不方便与将军本人联系的或将军已经去世的，我们就与他们的亲属、子女或秘书取得联系，请他们提供将军的有关资料。二是我们想方设法与将军们工作过、生活过的部队取得联系，请他们对资料进行审核把关。三是我们多次派人到省档案馆、烟台市档案馆、威海市档案馆查阅有关历史档案，共调阅档案 160 多卷，收集资料约 10 万字。四是镇、村对辖区内将军们的情况逐村进行了核查，对入选的将军，我们都一一走访其出生地，做到精益求精、一丝不苟，确保万无一失。

在编辑过程中我们克服重重困难，加大工作力度，全体编辑人员放弃休息日，加班加点，对书稿进行反复推敲核实，五易其稿，最后由中共党史出版社在 7 月份正式出版发行。全书共 20 万字，收录了文登籍副军职以上将军 123 名，其中上将 2 人，中将 3 人，少将 35 人，副军职以上将军 83 人。他们是文登人民的杰出代表，是文登人民的骄傲和自豪。

《文登将军》一书收录了 123 位文登籍将军的照片、个人简历、工作历程、主要荣誉等，全面展示了将军戎马一生的军旅生涯，展现了他们在中国革命和社会主义建设中的丰功伟绩。同时，本书还在附录部分收录了诞生于文登的山东人民抗日救国军第三军的沿革，"三军"创建领导人理琪、于得水、宋澄和文登籍著名抗战将领王仁斋的传略，以及文登市历年双拥工作先进单位、先进个人名录，从多个层面、多种角度展示了文登具有悠久的革命历史和光荣的革命传统，是养育将军的沃土，是将军成长的摇篮。

《文登将军》的编写出版自始至终在中共文登市委、市政府领导的关心、支持和指导下进行的，在成书过程中，市委王亮书记亲自审阅稿件，帮助解决有关问题，从封面的设计到内文都多次提出了独有卓见的修改意见，并亲自为本书作序。市委、市政府、市人大、市政协、市武装部的有关领导也都为本书提出了许多中肯的修改意见，这些都为《文登将军》的高质量顺利出版打下了坚实的基础。《文登将军》的出版还得到了许多老同志的关心、帮助和支持，得到了市直和乡镇有关部门的大力协助。

在编写《文登将军》的过程中，我们一直为将军们的爱国主义精神、大无畏的革命英雄主义气概和为共产主义奋斗终生的高贵品质所感动着、鼓舞着，寻着将军们的足迹，我们坚信，文登人民一定能在市委、市政府的正确领导下，弘扬自强不息、和谐向上的新时期文登学精神，万众一心，开拓进取，不断夺取全面建设小康社会和现代化新文登的新胜利，谱写出人民美好生活的新篇章。

（作者单位：文登市委党史研究室）

《文登进士》内容提要

文登市地方史志办公室

　　《文登进士》一书系中共文登市委、市人民政府为传承千年文明史，弘扬"文登学"精神，责成文登市地方史志办公室编纂的地方史志丛书。文登市委书记王亮撰写序言，中国书法家协会会员于胜生题写书名，聘请著名设计师设计制作封面和彩页。全书共 28.8 万字，由天津古籍出版社于 2007 年 12 月出版。

　　《文登进士》分上卷、下卷、附录三部分。上卷载文登籍进士 102 人，其中唐朝 1 人，宋朝 3 人，金朝 26 人，元朝 6 人，明朝 16 人，清朝 50 人。下卷载宋至清末在文登任职的 60 名进士出身（包括 1 名武状元）官员。附一收录元至清末文登考中举人者 187 人（其中全省第一名的解元 4 人），为 23 人作传或简记。附二收录文登明清两代的贡生 660 人，为 22 人作传或简记。所记人物以科考榜次为序，同榜者以中榜名次为序，在文登任职的外籍进士以任职时间为序。"文登籍"指入选人物按当时或现行行政区划属文登。

　　《文登进士》是"文登学"的真实反映。文登历史悠久，人文荟萃，文化底蕴深厚。早在秦汉时期，文登崇文好学之风日盛。秦始皇东巡时，在此"文山召士"，留下"文登"的美名；汉代大儒郑玄前来开坛讲学，"学徒相随已百千人"；典籍志书更是遍见"士好经术、民崇礼让"的记载。568 年（北齐天统四年）文登置县后，崇文好学之风更加兴盛，累代不衰，"重教化、修学宫"，"庙学之兴，溢乎四海之外"。隋代始用科举考试选拔人才，历代沿袭，止于清末。在 1300 多年的科考历程中，文登学子勤奋上进，博学多才，屡登金榜。明朝景泰年间始按省定额取举人，山东定额自 45 名起，累朝叠加至 90 名。按县平均，多则每县每科取 1 名，少则两县方取 1 名。而文登在乡试中，一科取 2 名举人的有 22 科，取 3 名的 11 科，取 4 名的 7 科，取 5 名的

5 科，"文登学"之名遂在山东叫响。

"进士"是科举考试最高层次的录取者，由皇帝亲自殿试。明清两代，全国每科取进士 200~400 名，全国 1700 多个县，往往每科七八个县才能考中 1 名，而文登一科考中 2 名以上者达 8 科。清顺治十二年（1655），文登创造了一科考中 7 名进士，"于氏父子同榜、刘氏兄弟联镳"的科考佳话，使"文登学"誉满京城，扬名全国。据史料记载，仅明清两代文登就有 66 人荣登进士榜，是同期全国各县平均数的 2.3 倍，其中 8 人入翰林，5 人任巡抚、尚书，4 人正史有传，数十人国史留名。明代南京工部尚书丛兰、清代江苏巡抚徐士林等均是文登学子的杰出代表。《文登进士》将文登历代进士、举人、贡生予以介绍，收录部分作品和遗物、遗迹等，并对文言作品进行点注解释，以求世人对"文登学"有一个全面了解，使古代瑰宝传承光大。

《文登进士》的主要特点如下。

1. 史料严谨，收录全面

《文登进士》所载内容均经严谨考证，数易其稿，仅参考书目就达 60 多种。为考证金大定十二年（1172）文登县在世的 18 名进士，到北京大学图书馆搜集拓片，予以确认。对《明史》《明通鉴》《明史易知录》《清史稿》《明清进士题名碑录索引》《清代翰林传略》等反复通读，在茫茫史料中搜寻和核对，可谓遍查历史典籍、务求真实可信。通过大量艰苦细致的工作，整理出文登有史可查的进士 102 人、举人 187 人、贡生 660 人，是文登有史以来第一部全面总结反映文登科考历史、荟萃文登历史人物的著作，是文登市地方史志研究的重大成果，对弘扬地方传统文化，发展社会主义先进文化具有深远意义。

2. 纠正讹传，正本清源

《文登进士》通过真实可信的史实，对部分以往社会上所流传的数字与人物事迹等进行了纠正。如文登进士总数，以往有 80 人、95 人之说，本次核实为 102 人。其中，通过研究在文登坦埠村发现的"敕赐梵云院"石碑，认定撰书碑文的孙立为文登北宋天圣年间的进士。通过研究《文登县新修县学记》碑刻拓片，证明在金大定十二年，文登县在世的进士就有 21 人，而历代只有其中 3 人的史料。明清进士数额，多年来一直流传是 61 人或 62 人，该书核实为 66 人。如浦鋐，是明朝嘉靖年间的监察御史，《明史》有其事迹记载，《中国人名大辞典》和《明史》均标明他是文登人，而历代没有收录。《聊斋志异辑注》由文登人吕湛恩出资刊印行世，世上流传的木版、铅版、铜版、石印版等 40 多种，都注明由吕湛恩著，现在《聊斋志异》的研究者皆取这一说。经大量史料研究核实，《聊斋志异辑注》实由文登进士吕沛悙所著，尚未付梓即病逝，后由其子吕应选、吕应奎将书稿校对，文登举人于书佃、福山举人王延庆同订，由吕沛悙的三弟吕湛恩出资印刷，《文登进士》将这一史实记载，还历史真正面目。文登进士毕亨古学精深，所著《孙子叙录》是注释《孙子兵法》集大成者，被专家推崇为《孙子十家注》之首，但世人只知注释者是"文登毕以田"，其他一无所知。《文登进士》记载了毕亨原名毕以珣、毕以田的历史，厘清了《孙子兵法》研究的重要史实。

3. 附文广泛，注释精当

《文登进士》收录各类碑刻、传记、诗文等60多篇（首），注释1500多条，是文登收录古代人物作品最多的著作，其中许多作品属首次发表。如《李祖年断案三例》，是根据《陆尧山诗文集》（手稿）整理，陆尧山是文登县文登营村人，清末拔贡，所著诗文集从未刊印。《文登进士》中收录的附文，许多具有重要历史作用，如丛兰的《修高砦堡以防边患疏》，是其文官任武职的重要佐证；徐士林的《进〈二典三谟要义〉疏》被乾隆皇帝称为"赠人以物不如赠人以言也"；知县欧文的《详请神龙封号文》，对展现李龙王传说在文登的悠久历史具有重要的意义。各类注释精益求精，补充完善了大量史实，如文登的文笔峰，首次指出当时的高度等有关数值；对涉及文登的历史人物及典故，许多都融于注释之中，具有较强的可读性、实用性和资料性。

（作者单位：文登市地方史志办公室）

《昆嵛紫气——全真教始于胶东历史探谜》内容提要

王钦法　王　涛

金元时期创始于胶东昆嵛山的全真道，曾经成就了中国道教史上的一个辉煌时代，对后世胶东社会生活、齐鲁文化及我国北方社会文化都产生了极为深远广泛的历史影响。作为发祥之地，胶东地区理应成为后人探讨和关注的热点。然而，迄今为止，翻阅卷帙浩繁的道教经典和汗牛充栋的道教论著，真正关注致力于此者，可谓寥若晨星。基于此，作者试以今人的视野将这一历史现象做一填补。

本书分为上、中、下三编。上编《坤厚载物》，着重提出 12 世纪 60 年代发源于此地区的全真道，绝非偶然，而与这一地区悠久的历史，独特的经济、社会、文化、地理等诸多因素是密不可分的。全真道兴起于抓一把泥土就能攥出古老文明液汁的胶东，是当时社会、民族矛盾与道教自身发展等诸多因素的合力作用。同时，也是胶东文化孕育滋养的结果。中编《出类拔萃》，详尽地叙述了陕西道士王重阳作为全真道教主千里迢迢来到胶东昆嵛山下，呕心沥血培养发展胶东士人马钰、丘处机、王玉阳等"全真七子"的全过程；描绘了"全真七子"师承祖训、弘教布道的曲折过程，使人们生动形象地了解了"人创造宗教"的历史过程。下编《流风余韵》，从文化角度、后人的眼光，深入浅出地叙述了全真道对几百年来胶东地区社会文化、经济发展、民俗民风、宗教信仰、文化艺术、建筑环境等的影响，并对现存胶东宫观印象描绘后，又对这些被道风浸染的胶东民俗做了入情入理的析释。

全书 40 余万字，书后设有 1112～2000 年《全真教道行大事记》《胶东道教名山宫观及五会分布图》两个附录，并开列了主要参考书目。

　　本书对古代胶东地区的历史文化、社会文化、宗教文化、民俗文化的融合发展做了有益的解读和探求。

（推荐单位：中共乳山市委宣传部）

《五岳探秘》内容提要

李振华　李乃杰

五岳不但是大自然鬼斧神工的杰作，更是中华民族精神的圣地、文明的摇篮，也是中华民族的象征。千百年来，关于五岳的历史、典故、传说数不胜数，为五岳增添了神秘的色彩和独特的人文魅力。

搜集了《二十五史》《资治通鉴》等上百部典籍并在史料堆里奋战数月后，经丛培山先生提醒，笔者决定到五岳进行一番实地探访，以解答心中对五岳的种种疑问，领略五岳的雄奇与秀美与它们鲜为人知的奥秘。

本书对下面所提及的内容均做了详细的考究，在写作上独立成篇，以便读者在阅读过程中能方便地读到自己感兴趣的篇章或是查考相关资料。

《五岳探秘》主要分为六个部分：五岳之谜、东岳泰山、西岳华山、南岳衡山、北岳恒山和中岳嵩山。

1. 五岳之谜

众所周知，远古时候有盘古开天地的美丽传说，而盘古死后，其头变为东岳，腹为中岳，左臂为南岳，右臂为北岳，足为西岳。当然，五岳形成的真正原因是地壳运动的结果。在被确定为五岳之后，随着岁月荏苒，政权兴替，五岳的命运也有不同。《五岳真形图》堪称历史之谜，画的是五种符号，分别代表着东、西、南、北、中五岳，其来历也有多种说法。在中国历史上，许多帝王都要封禅，真正把封禅写入史册的是秦始皇，对后世影响最大的封禅也是秦始皇的封禅泰山。那么，帝王与封禅有着什么样的历史记载？而五岳与中国古文化、远古水灾又有什么联系？

2. 东岳泰山

泰山为中国五岳之首，以"雄"著称，多年来的风风雨雨造就了泰山庄严雄伟的姿容，以"五岳独尊""天下名山第一"的称号傲然挺立。泰山历来被人们称为"神山"，尤其是古代帝王，更是把泰山看成社稷和政权的象征，对泰山顶礼膜拜。自秦始皇开创封禅以来，先后又有 12 位皇帝来泰山封禅朝拜，使泰山显得更加尊贵、神秘。除帝王外，许多文人骚客也在泰山上留下了自己的足迹及绝美的诗篇。

世间流传着许多与泰山有关的传说。到过泰山的人都知道"泰山石敢当"，据说可以驱邪。有人说"泰山石敢当"就是泰山石，是一种花岗岩；也有人说"泰山石敢当"是一个人，会驱鬼之术。那么"泰山石敢当"究竟是怎么回事？是人还是石？泰山顶上的碧霞元君又是何许人？关于她的来历又有着怎样的传说？

泰山与历史上许多名人都有渊源。其与名人结缘，肇始于孔子。孔子游泰山，既浏览名胜古迹、雄伟风光，也考察了历代君王在泰山的封禅礼仪制度，为恢复周朝的礼乐制度掌握了许多一手资料。曹操军事力量空前壮大时便是以兖州、泰山一带为根据地，参与争夺中原的大战。曹操辗转征战于泰山一带，写下许多吟咏泰山的诗文，其中流传下来的有诗两首、文两篇，分别是《蒿里》《气出唱三首》《表糜竺领嬴郡》《褒扬泰山太守吕虔令》。曹操之子曹植生于泰山脚下，是世人公认的才子，"建安七子"的核心人物，建安时期最杰出、最具代表性的作家。曹植的封地虽多次变迁，但仍在泰山周围，他也多次登上泰山，并写下许多与泰山有关的诗篇，较为有名的是《泰山梁父吟》，诗中写出了泰山地区贫苦人民的悲惨生活，世人对他们充满了深深的同情。曹植生于泰山，并在泰山一带度过了他的童年，因而对泰山情有独钟，并一再言称死后要葬于泰山。曹植去世后，他的后人将他葬于鱼山（泰山支脉）。蒲松龄的志怪小说《聊斋志异》可说是家喻户晓，人尽皆知。蒲松龄一生多次到达泰山，在那一带实地踏访，为《聊斋志异》的创作提供了很好的素材。纪晓岚是清朝乾隆、嘉庆年间的著名学者、大文学家，他多次陪同乾隆皇帝登上泰山，在陪乾隆登泰山时还留下了很多轶事。

泰山无数奇峰峻石上有历朝历代的石刻，有的苍劲，有的娟秀，让人目不暇接。石刻的起源来自秦朝的李斯，唐张怀瑾称颂李斯的小篆是"画如铁石，字若飞动"，"骨气丰匀，方圆妙绝"。而在泰山斗母宫东北面的经石峪，有一处中国现存规模最大的佛经摩崖石刻，所刻经文为《金刚般若波罗蜜经》，以隶书为主，同时又富于变化，康有为赞其为"榜书第一"。在泰山山顶大观峰崖壁上，有唐玄宗李隆基亲笔所书的《纪泰山铭》，即举世闻名的"唐摩崖"。

在历史的长河中，泰山也留下了许多谜，增添了泰山的神秘。我们知道孟姜女哭长城的故事，她哭倒的真的是秦长城吗？公元884年黄巢兵败后被迫退入泰山的狼虎谷，其最后结局如何？宋真宗登泰山与狸猫换太子又是怎样的过程和事实？明孝宗是怎样因为泰山的一场地震而顺利地坐上了皇帝的宝座？古时曾有外星人到过泰山吗？《墨子》和《礼记》里的"泰颠来宾"和"山出器车"这两则记载是否真有其事呢？上述谜团作者将与读者一同分析。

3. 西岳华山

华山的高度为五岳之首，以"险"著称。其兴旺始于唐朝，唐高祖崇尚道教，一度使华山成为道教的代名词。道教的兴起，使华山上的人文景观数不胜数，摩崖石刻多达一千余处。华山有许多美丽的传说，其中巨灵劈山、劈山救母、吹箫引凤等神话广为流传，影响深远。华山奇峰怪石比比皆是，山上气候多变，在不同的季节有不同的美景，无不给人飘飘欲仙之感。

华山自古不乏修道之人。老子是人们公认的道家学派创始人，被道家尊为始祖，他的一生与华山有着极大的关系。老子不但在华山修道，还在孝子峰上建起炼丹炉。老子在华山期间，为众多弟子讲经，广泛地传播了他的道教思想，同时还完成了他的举世名著《道德经》。道教八仙之一的吕洞宾传说也是在华山修道成仙，而关于他在华山的传说还有更多。据传，吕洞宾在华山修道共四十载。云台观是唐睿宗时金仙公主和玉真公主出家修行的地方。两位公主金枝玉叶，于皇宫中长大，有享不尽的荣华富贵，为何要到深山去修行？

"人传毛女峰，时闻毛女琴。欲写秦宫冤，空山多众音。"清人颜光敏的诗演绎着毛女怎样的生平？汉武帝渴求长生不老的心不亚于任何一个帝王，他的秘密是否藏于华山？慈禧到华山，完全是因为八国联军给中国带来的灾难，而慈禧是不是真的登上了华山？寇准七岁咏《华山》，白居易也多次诗及华山，他们在华山都留下过什么样的诗文？

4. 南岳衡山

衡山以"秀"著称。虽然衡山海拔不算太高，但由于其所在地地势平缓，反而显得其形象高大，"衡山苍苍入紫冥，下看南极老人星"。衡山位于长江以南，气候条件有别于其他四岳，处处是茂林修竹，终年青翠，既有参天古木，又有奇花异草，自然景色分外秀丽，享有"南岳独秀"的美称。东汉末年张道陵就把道教带入衡山，使其成为最早传播道教文化的圣地之一。佛教传入我国以后也很快就传入衡山，并形成独立的一宗，也因此衡山上的寺庙数不胜数。

衡山是南宗禅的发祥地，在怀让的大力弘扬下，南宗禅得到飞速发展，渐渐超过北宗，南岳禅宗与海外僧人也结下了深厚的友谊。磨镜台磨出一代宗师的故事也是发生在南岳。李泌是唐朝的一位著名人物，他的一生很是奇特，他既是隐士，又是政治家，为官和归隐都取得了相当高的成就，被许多人称为两栖人物，而李泌在衡山是修道还是避难？朱熹的一生，与南岳有着割舍不断的缘分，他曾三次做南岳庙的祠官，不过只是挂一个头衔而已。其真正与衡山接触是和张栻一起，二人共历时七天，得诗149首，后加以编辑，汇编成册，取名《南岳唱酬集》，清代时还被纪晓岚收入《四库全书》。曾国藩是清代中叶显赫于道光、咸丰、同治三个朝代的风云人物，是清代以文人而封武侯的第一人，死后还被赐予"太傅"官衔及"文正公"谥号，而他的发迹全靠衡山？辛亥革命的元老、中国女权运动的先驱唐群英与衡山又有什么情结，毛泽东和蒋介石在衡山又有过什么活动？

5. 北岳恒山

恒山以"奇"著称，素有"塞北第一山"的美誉。恒山历来被视为兵家必争之地，东汉、北魏、隋、唐、宋、明、清等历代的许多著名战役就发生在这里。

北岳有一处旷世奇观——悬空寺。它是建筑史上的奇迹，悬挂于翠屏山半山腰的悬崖绝壁上。背依翠屏山，面对天峰岭，傍崖而栖，就岩起屋，仿佛是一幅巨大的彩色壁画，紧紧贴在绝壁之上。上载危峰，下临深谷，楼阁高悬，分外壮观。如此奇巧的悬空寺到底是如何建造起来的？在这里建造悬空寺又有哪些说法？在恒山飞石峰高处，有一个天然大石窟，这便是以幽静奇险著称的飞石窟。"幽窟飞石"为恒山十八景之首，而关于飞石窟，在《浑源县志》《尚书》等书中都有一段相近的记载，这是关于飞石窟怎样的千古传奇呢？历史上很长一段时间里，曾有两座北岳恒山。一座在山西浑源，一座在河北曲阳。那么究竟哪一座才是真正的北岳？刘秀是东汉王朝的创立者，而其在恒山有一段艳遇，这个过程又是怎样的呢？历史上有"三武灭法"一事，一时间人们谈僧色变，而寇天师与太武帝为何要灭法呢？多尔衮是清朝历史上一位重要人物，是没有皇位的"皇帝"，他给恒山带来的是一场血雨腥风，他在恒山的功与过，我们该如何评定？李白是著名的诗仙，走到哪里，自然会把他那壮丽的诗篇留在哪里。游泰山，留《游泰山六首》；游华山，赋《西岳云台歌送丹丘子》；游衡山，有《与诸公送陈朗将归衡阳》；游嵩山，作《元丹丘歌》；但独独没有恒山的诗篇，难道李白就偏偏没有游过北岳恒山？游圣徐霞客的足迹可谓遍布中国大江南北，而他又是怎样描述北岳恒山的？

6. 中岳嵩山

嵩山之名源于《诗经》："嵩高维岳，峻极于天。"东周时因其地处"天地之中"而被尊为中岳。嵩山以"奥"著称，因为嵩山鲜有奇峰，太室山与少室山东西起伏如眠龙之状，自古便有"嵩山如卧"之说。嵩山山色深幽，曲径萦回，众多的优美景点深藏于各处，不能让人一目了然，而需游人深入探索，细细品味其中奥妙无穷之处。

嵩山历史悠久，文化内涵极为丰富，被誉为我国历史发展的博物馆，儒、释、道三教汇集，拥有众多的历史遗迹。佛教的创建大约有 2500 年的历史，而嵩山是中国佛教的发源地，为嵩山增添了许多文化色彩。武则天作为皇后参加泰山封禅，开创了中国历史上第一位女性参加封禅的先河，而 31 年后，她又作为中国历史上第一位女皇亲自主持了空前的封禅大典，这一次便是在嵩山。而武则天在嵩山投下金简又是怎样的原委？少林寺素有"古刹中州数少林""天下第一名刹"之称，这里群山环绕，山色幽深，自然风光绝佳。少林寺至今已经有 1500 多年的历史了，在这漫长的岁月中，它有着极其兴旺繁荣的时刻，但也经受了不少的磨难，曾数度被毁，成为一座废墟。而少林武僧与唐王李世民真如电影《少林寺》所演出的那样吗？司马光为了写《资治通鉴》倾心尽力 19 载，用他自己的话来说，就是："臣之精力，尽于此书。"而他编写此书是在嵩山吗？苏东坡生于四川的眉山，病逝于江苏的常州，他为何会葬于嵩山余脉小峨眉呢？这与苏东坡晚年思乡之情和他对嵩山的特殊感情有着什么联系？嵩山国宝玉如意于中华人民共和国成立后在台湾历史博物馆展出，许多人不禁要问，这九支玉如意有着怎样的来龙去脉？它是怎样跑到台湾去的？

《五岳探密》以传说、历史、典故相结合的写作方式探索了五岳所蕴含的浓厚的文化底蕴和精神特质，对发生在五岳的历史文化未解之谜做了梳理和探源，集资料性与趣味性于一体。

（推荐单位：中共乳山市委宣传部）

旧中国留美新闻人的抉择与命运

张　威

　　20 世纪初，在中国留学大潮中有不少人前往美国学习新闻学，其中较著名者包括徐宝璜（1894～1930）、董显光（1887～1971）、马星野（1909～1991）、汪英宾（1897～1971）、赵敏恒（1904～1961）、沈剑虹（1908～2007）、吴嘉棠（1913～1983）、梁士纯（1902～1984）、蒋荫恩（1910～1968）、谢然之（1913～2009）等。这些人回国后或在报界纵横驰骋，或在大学教授新闻学，或任政府新闻官员，在新闻实践方面，特别是在普及英美新闻理论方面均有贡献。但长期以来，由于政治和意识形态的原因，大陆对上述人评介甚少（徐宝璜除外），由此在中国新闻史研究上留下了大量空白。本文通过追寻这些留美新闻学人的足迹，着重分析这些人的背景，从专业和仕途的角度探究他们的命运，以期唤起学界对这些历史人物更深入、更系统的研究。

留美前的背景和"密苏里情结"

　　在 20 世纪上半叶能去海外留学者大都是富家子弟，且均有显赫的学历，比如徐宝璜毕业于北京大学，赵敏恒毕业于清华大学，汪英宾、吴嘉棠毕业于上海圣约翰大学，沈剑虹、蒋荫恩毕业于燕京大学新闻系，马星野毕业于中央党校。上述人中只有一位出身平民，那就是董显光。

　　这些人选择赴美攻读新闻学，首先是新闻学的吸引。其时，新闻学正如朝阳喷薄而出，引人瞩目。当年的燕京大学校长司徒雷登回忆道：从一开始，新闻系就成为最受欢迎的一个系，报考的学生之多，完全能与经济系相媲美。在同一时间，还有相当一部分学人求学日本，比如林白水、邵力子、戈公振、任白涛、黄天鹏、邵飘萍、卜少夫等。日本的吸引，除地理之便利外，其新闻业强盛也是一个原因。然而，从源头上观察，日本新闻学还是受影响于英美。所以，蔡元培在 1922 年说，"新闻事业，在欧美各国，均已非常发展，而尤以北美合众国为盛……新闻学之取资，以美为最便矣"。

上述留美学人之所以选择美国，另一个重要原因是他们大都毕业于使用英语的、深受美国影响的国内高校，比如圣约翰、燕大（北大）或清华，并大都接受了美国的资助。这些人纷纷就读于密苏里大学新闻学院（创建于 1908 年）和哥伦比亚大学新闻系（创立于 1912 年），乃因这两所学校是当时美国最著名的新闻学府，其中前者对中国影响最大。1921 年，密大新闻学院院长威廉（Walter Williams）在北京大学发表演说《世界的新闻学》，引起强烈反响。

早在 1920 年，密大新闻学院就协助上海圣约翰大学创办了报学系，由密大新闻学院毕业生、著名新闻人柏德逊（Don Patterson）任系主任。柏德逊时任《密勒氏评论报》主笔，来华之前任美国《堪萨斯市明星报》的记者和美联社编辑，他依密大新闻学院教学计划，为圣约翰大学报学系度身定做了一套新闻学课程，多以英语讲授，在学生中引起了广泛兴趣，选课者达四五十人。1924 年，密大新闻学院派出该院首位硕士生武道（M. F. Votaw）前来助阵。武道不仅做过新闻报记者，还曾在科罗拉多州等大学教授新闻学，具有丰富的理论和实践经验。在二位美国教授的带领下，圣约翰大学报学系发行了中国首份大学英文报纸——《约大周刊》（St. John's Dial）。该刊仿《密苏里人报》模式，从编辑、采访、撰稿到广告发行均由学生负责。美国新闻期刊《编辑与发行人》（Editor & Publisher）在 1922 年 7 月曾着专文称赞：

> 圣约翰大学是东方的耶鲁大学，圣约翰大学报学系不仅是中国第一个新闻学系，也是亚洲第一个新闻学系。该系的 35 位中国高年级学生在柏德逊的领导下，已经成功地完成了第一年的学业，而且也学到了美国人办报的精神与方法。

密大新闻学院的另一个功绩是协助燕京大学恢复了新闻系。燕大新闻系于 1924 年成立，由美籍教师布立顿（Roswell Briton）任系主任，密大新闻学院聂士芬（Vernon Nash）任讲师。由于经费拮据，新闻系在 1927 年停办。在聂士芬的游说下，经院长威廉等人的努力，美国报业发行人组成了援助顾问委员会，筹措了 5 万美元，用于燕大新闻系前五年的经费，并继续提供师资，后者终于在 1929 年 9 月恢复，由聂士芬任系主任，课程设置与密大新闻学院大体相同。

密大新闻学院对中国的辐射，逐渐在新闻学子中形成一种"密苏里情结"。院长威廉 1921 年在上海访问时，毕业于圣约翰的汪英宾已是《申报》记者。汪与威廉恳谈多次，并在后者的鼓励下于次年赴该校就读。吴嘉棠在圣约翰的四年中全面接受了密苏里方式，1934 年毕业后，考取了密苏里新闻学院研究生。在此前后赴该校就读的还有赵敏恒、梁士纯、张继英、沈剑虹、郑南渭、蒋英思等。他们大多是对密苏里新闻学院"心向往之"，诚如汪英宾所称：

> 吾师威廉博士……1921 年来华，英宾敬聆伟论，心向往之。翌年泛舟肄业报学院暨哥伦比亚大学。毕业后返国，服务于上海申报馆……

但马星野是个例外，他是公派生。1930 年，马星野随中央党校教务长罗家伦至清华大学，任校长室秘书，并编辑《清华校刊》，还曾与陶希圣等编辑《政治与民众》刊物。1931 年被派往密苏里新闻学院深造，于 1934 年 5 月返国。同年秋，应中央政治学校之聘，在该校讲授《新闻学概论》等课，由此开始其新闻生涯。

被称为密苏里新闻学院中国留学生第一人的董显光也是个例外。董来自浙江农村，父母是镇上唯一的基督徒。由于家境困窘，董父带全家去上海谋生。在上海，董显光先后进入中西书院等教会学校读书，后董父去世，全家陷入困境，董于是放弃学业，赴家乡奉化龙津中学任英语教师。当年，蒋介石是他的学生之一。这一师生之谊，为董日后步入政坛创造了条件。

1907 年，董进入上海商务印书馆工作。由于经常参加教会活动，认识了长老会蒙德高莫莱牧师，并在其帮助下于 1909 年赴美留学，到密苏里州的长老会巴克学院就读。他做过挖煤工、送奶工、厨房工、花匠，亲身领略了美国的社会与文化，并产生了"以新闻记者为职业来救国"的决心。密大新闻学院一经开办，董即考入，一年后获学士学位。1912 年，董进入哥伦比亚大学新闻学院继续深造，这是他"一生中最具刺激经验的阶段"。从采访、写作、编排到广告业务，他接受了广泛的训练。

赵敏恒 1923 年 7 月自清华大学毕业后考取官费赴美留学，先在科罗拉多大学文学院念英国文学批评，1924 年入密苏里新闻学院攻读新闻学。

赵敏恒初到科罗拉多时，只有 20 岁，异国的孤独曾令他心境凄凉，根据同他一起留学的梁实秋的回忆，赵因思乡心切，曾趴在青年会宿舍的床上大哭。

赵敏恒为什么弃英国文学而要到密苏里新闻学院攻读新闻学？这也许和他少年的经历有关。他自幼聪敏，与他同乡的《申报》老板史量才曾称赵为"神童"。赵的亲戚多有在沪上《申报》供职者，赵敏恒少时亦多有机会去上海参观这家著名报馆，对记者的职业心向往之。在密苏里，他对导师威廉讲授的新闻原理印象最深，新闻界那些为维护民族权利、争取言论自由的不屈斗争使他深受激励。他在1925年短期担任过美国《丹佛城快报》记者，后一边在哥伦比亚大学攻读新闻硕士，一边兼任纽约世界通讯社编辑。为了寻找更多的工作机会，赵敏恒曾到纽约拜访了给他讲过课的几位报业巨头，结果大失所望。合众社副社长富瑞见他后劈头就质问：为什么还不回中国？并说"你一天不回去，就一天也不要来见我！"联合通讯社总经理古柏则告诉他："美国不需要中国人当记者！"他在世界通讯社工作初始，执行编辑威斯特用讽刺的口吻向编辑部介绍说："这位中国人的学位比我们全社的人数多。"国际部编辑密勒则说："我的位子让给你最好！"引起哄堂大笑。然而，赵忍受了一切屈辱，终日埋头苦干，业务提高很快，最后被威斯特任命为国际新闻编辑助理。

上述赴美留学先锋中只有徐宝璜与密大新闻学院无缘。徐1912年自北京大学毕业后，获官费赴美国密歇根大学学经济，后转向新闻学。在美三年多，他主修经济，对于新闻学"虽稍事涉猎，然无系统研究"，也没有获得学位，所以蔡元培称他为"游学"。他之选择新闻学，很可能是一时兴趣所致。董显光从巴克学院转至密苏里攻读新闻学是因为新闻这个职业充满"刺激"，这与多数人对记者职业的向往相一致；汪英宾赴美留学前就是《申报》的记者，马星野则是《政治与民众》的编辑，圣约翰大学报学系出身的吴嘉棠，其留学意图乃为在专业上"进一步深造"。谢然之赴美留学的背景比较扑朔迷离，尽管台湾的新闻教育家罗文辉、郑贞铭都证实谢曾是密苏里学人，国内有关学者也提到过他的密苏里经历，但谢留学密苏里的具体时间从未被披露过。

留美归国后的作为：新闻教育家

20世纪第一个十年，始有留美新闻学人返国，从20年代到40年代，是这些人返国的高峰。在抗战时期，很多密苏里学人都已在新闻职场崭露头角，当时"在重庆的所有报社，几乎都由密苏里毕业生担任发行人或编辑"，不可谓不壮观。

系统地梳理留美新闻学人回国后的作为，从专业和仕途两方面来考察上述人物，可以发现他们大致分为以下三类。

（1）从新闻学子到新闻教育家——代表人物：徐宝璜、汪英宾、蒋荫恩。

（2）从新闻学子到职业新闻人——代表人物：赵敏恒、吴嘉棠、马星野。

（3）从新闻学子到官场名流——代表人物：董显光、沈剑虹、谢然之。

徐宝璜（1913~1915年留美）是第一类人中的杰出代表，自1916年回国后，徐先任北京《晨报》编辑，后任北京大学教授兼校长室秘书。1918年蔡元培决定设立北京大学新闻学研究会，由徐任主任，并任新闻学导师和会刊《新闻周刊》编辑主任，定期为会员讲授新闻学基本原理。这应是徐宝璜研究新闻学的动因。徐自己说：

> 客岁蔡校长设立新闻学研究会，命余主任其事，并兼任导师。余乃于暑假中，正式加以研究，就得着《新闻学大意》一篇……

也就是说，在蔡元培的盛情之下，1918年暑假，徐宝璜开始对新闻学"正式加以研究"。1920年后，他任教于北平、朝阳、中国、平民四所大学，讲授新闻和经济方面的课程。著作的《新闻学》经四次修改，于1919年由北京大学新闻学研究会出版。全书共十四章，六万字左右，涉及新闻学定义、报纸工作的性质和任务，编辑、采访、评论、发行诸方面，被蔡元培称为我国新闻界"破天荒"之作。著名新闻学家邵飘萍在当时《京报》上评价："无此书，人且不知新闻为学，新闻要学。"而黄天鹏在《新闻学纲要序》上则称徐宝璜为"新闻教育第一位大师""新闻学界最初的开山祖"。

方汉奇教授认为，徐宝璜对中国新闻学的贡献有三个第一：第一个在大学讲授新闻学课程，第一个参与创办新闻学研究团体，第一个出版新闻学专著。

遗憾的是，徐宝璜英年早逝——于1930年6月1日因病去世，年36岁。他那短促的一生留下了不多但珍贵的财富。

汪英宾（1922~1924年留美）1924年获哥伦比亚大学新闻硕士学位，其论文《中国本土报纸的兴起》（*The Rise of the Native Press in China*）以英文在美国出版。汪是上海洪门山主、青帮大佬汪禹丞之子，和宋氏家族的宋子良是圣约翰大学的同学。1924年秋回国后，汪与戈公振创办上海南方大学报学系，任系主任；1925~1935年，先后兼任光华大学、沪江大学商学院报学系教授,《时事新报》编辑主任、总经理。抗战爆发后,宋子良为军委会西南运输处主任,遂任命汪为重庆分处处长。汪后来在政府交通部及物资部门任职,"多才多艺、办事认真、清廉自首",他于1947年重返新闻界,任上海《大公报》设计委员。1950年担任圣约翰大学新闻系教授,两年后调入复旦大学新闻系任教。1957年,被划为"右派",后发配至新疆牧马并在当地"八一农学院"教英语。1971年病逝于新疆,据说是因骑术不精,发生事故所致。

在新闻史专家宁树藩看来,汪英宾的主要贡献就在于那本英文版《中国本土报纸的兴起》。他认为汪的著作是一部系统的"中国新闻史",比戈公振的《中国报学史》早问世3年半,是我国历史上第一部"中国新闻史",之所以长期未能引起重视,乃因其用英文出版,读者圈子过窄,此外,它的史料性价值不如戈氏和白瑞德的同类新闻史研究。但是该著作标志着中国新闻史学科发展进入了一个新阶段,过去将此首创之功归于戈公振的《中国报学史》,似有偏颇。宁树藩认为,我国关于中国新闻史分期四阶段的看法,最早由汪提出,即官报、外报、中国本国报刊、现代报刊。戈公振的《中国报学史》和蒋国珍的《中国新闻发达史》对中国新闻的四分期与汪的思路"基本一致"。在某些地方,戈氏的著作内容"几乎是汪氏的中文译稿!"

汪的其他著作包括《美国新闻事业》《中国报业之觉悟》等。

据新闻史学家方汉奇回忆,反右时,"汪英宾听说要给自己戴右派帽子,还以为是荣誉,谦虚地问:'我是不是还不够资格呀?'"这多少反映了汪在政治上的幼稚。汪英宾的座右铭是:"以学识去做工作,以工作去求学识。"他的人生观是:"人为万物之灵,以天赋之性质顺人伦之性;服务以乐群,奋斗以图存,慎独近远,开往继来,此为余之人生观也。"汪英宾年轻时春风得意,后来命运坎坷,抑郁卒于西北,令人嗟叹不已。

蒋荫恩(1948 – 1949 留美)在密苏里留学精英中属于晚学,20世纪30年代中期他在上海《大公报》《大美早报》任记者和文艺副刊编辑。1941年任桂林《大公报》编辑主任,作为著名主笔,撰写并翻译大量新闻和评论,宣传抗日救亡,激扬文字,深受读者青睐。1942年起他从事新闻教育,先后在成都、北平任燕京大学新闻系主任和教授,讲授新闻学概论、新闻采访与写作。当时燕大新闻系出版《燕京新闻》,由学生负责采访编辑,系主任蒋荫恩把关。曾在新闻系就读的史学家唐振常当时负责副刊,他回忆道:每逢周六,我们就随蒋先生步行穿越全城,到设在成都五世同堂街的《中央日报》编辑部排版。蒋先生毫无师长架子,总是亲自动手贴版样,处理版面。而对于稿件的取舍,倾听学生意见,不加干涉。唐认为,他从蒋先生处学到的不仅是编报技巧，更重要的是对人的尊重。蒋荫恩指导下的《燕京新闻》以较大篇幅报道了学生爱国民主运动——如反饥饿反内战、反对迫害保障人权、反对美帝国主义扶植日本等，可谓激进。1948～1949年，蒋在美国密苏里新闻学院从事研究，但他也同时在中华民国驻美国大使馆顾惟钧大使手下任新闻秘书，而且还相当活跃。他于1949年10月1日中华人民共和国诞生之夜回到北京，投身于新中国的新闻事业，先后担任燕京大学新闻系教授、主任和中国人民大学新闻系教授兼系副主任。郑兴东教授曾经记叙过蒋荫恩从北大搬来的情况：

> （他）舍弃了大房子，搬进了铁一号红楼，许多家具都卖掉了，连宠物小狗都送给了动物园……从此扎根人大，为中国人民大学新闻系的发展做出了巨大的贡献。

蒋荫恩在"文革"中饱受批斗摧残，于1968年4月含冤去世，家属被告知是"上吊自杀"，但不准家属收尸。蒋身后留有《国际问题词汇》和《报纸编辑讲义》等著作。

除上述三位代表人物外，留美回国后成为教育家的还有几位，比如梁士纯（1902～1984）——曾任燕京大学新闻系主任，圣约翰大学新闻系主任，复旦大学新闻系、安徽师范大学和南京大学外文系教授，著有《战时的舆论及其统治》《战时新闻学》等。

留美归国后的作为：职业新闻人

赵敏恒（1924～1928年留美）获硕士学位后归国，由于志在新闻实务，所以沿职业记者轨迹一路猛进。他于1928年初任英文《北京导报》副总编辑，1929年受聘于英国路透社，任该社驻南京特派员，几年后升任路透社南京分社社长及中国分社社长。当时他家住鼓楼三条巷一幢双层法式小楼，天天开着贴有英国路透社标记的小汽车上下班，很是风光。

赵敏恒年轻气盛，恃才傲物，在新闻界圈子里以"刺头儿"著称。他疾恶如仇，不畏权势，曾在金陵大学举办的一次国际新闻发布会上怒斥国民党中组部副部长张道藩破坏会场规矩，也曾几次在南京街头制止英国水兵和外交人员恶意拍摄妇女拎马桶、乞丐求乞等镜头。

作为一个成功的新闻人，赵敏恒以独家新闻取胜，在路透社的16年中屡建奇勋。他创造了 4 个第一：最先报道"九一八事变"，最早报道"西安事变"，最早报道李顿调查团报告，最早报道开罗会议。在披露 1934 年"藏本失踪案"中更是显露出他的非凡能力。

当年 6 月 8 日晚，日本驻南京副领事藏本英明突然失踪。日方对外大造舆论，说藏本为中方杀害，日本军舰在下关集结，海军陆战队大军压境，随时可能进攻南京。在警察的帮助下，赵敏恒设法找到潜身于紫金山的藏本，使用种种手段诱使他道出因遭日方排挤，决定自杀的内幕。消息经路透社发表后，国际舆论大哗，日本的阴谋随之破产。

赵首发"西安兵变"报道也充满了戏剧性。1936 年 12 月 12 日上午，正在南京家中的赵突然接到国民党高官的电话，问西安有否电报，有否路透社记者和电台联系？赵凭记者的敏感，认为其中必有蹊跷。于是，打电话给铁路局，了解到陇海路通车受阻，又通过关系了解到蒋介石被困于西安华清池。赵琢磨，如果不是突发性事变，蒋介石可以赴咸阳，再由潼关派援军前往，南京高层也不至于乱了阵脚。现在消息中断，西安又在东北军手中，极有可能发生了兵变。遂立即发出加急电报："西安兵变！"这次突发报道看似是赵敏恒在冒险，实则由于他掌握了大量内部情报，根据经验，做出了正确判断。

抗战初期，赵对八路军、新四军的抗日活动进行了多方报道，特别是及时报道了震惊中外的"皖南事变"，曾受到过军统特务的恫吓。赵虽桀骜不驯，却能保持一颗坦诚之心。在重庆时期，他与中共代表团办事处的人相熟，受到周恩来的三次宴请。在一次酒后，赵敏恒坦言自己曾制造过假新闻——在 1933 年"闽变"事件中，他认为李济深、蔡廷锴等发动成立反蒋抗日的独立政府是不顾大局，于是在报道中违心地夸大了中央军的武力，造成十九路军军心动摇、不战而退。赵敏恒为此深感内疚，他曾向李、蔡两将军公开道歉，认为这是自己新闻从业历程中的污点。

赵的疾恶如仇在 1944 年达到了顶峰，他的长篇通讯《伦敦去来》披露了英国在非洲殖民地的高压政策，受到路透社高层的指责。赵对重庆国际记者俱乐部的一些西方记者一直比较反感，曾披露了这些人的琐事，比如合众社的摄影记者甘色勒衣冠不整，曾受史迪威将军训斥；摄影记者白朗德的一本裸体影集在招待所广为流传；合众社记者马丁醉酒后丑态百出；伦敦泰晤士报记者弗尔门扬言要娶西藏公主为妻；《时代周刊》记者白修德，夏天光着身子在草地上日光浴，满身黑毛；等等。一些外国记者说赵"丑化西方记者"，状告路透社。总社要赵停止出版《伦敦去来》，被赵拒绝，并以辞职抗议。1945 年后，他历任重庆《世界日报》总编辑、上海《新闻报》总编辑，并兼上海复旦大学新闻系教授。

1949年中华人民共和国成立前夕，北京、上海的许多报人纷纷出走台湾，赵也犹豫再三。香港《星岛日报》请他做总编辑，国民党有关部门两次给他们夫妇发了飞机票，要他去台湾，路透社和塔斯社也均向赵招手，但是赵迟迟不肯走开。曾跟他有过交往的田汉劝他留下来，并向周总理做了汇报。周请赵夫妇到北京来，传话说"做为我的客人，住在北京饭店。工作慢慢谈"。此时，复旦大学校长陈望道续聘赵为新闻系教授，发最高工资六百元，赵终于留在了上海，出任复旦大学校务委员会委员、教授，讲授采访写作课程。1955年因卷入所谓"国际特嫌"案件，遭逮捕，后发配江西劳改农场，1961年辞世，年57岁。

赵的新闻专著大多是探讨新闻实务的，包括《新闻圈外》《伦敦来去》《采访十五年》，另有《外人在华新闻事业》，此书至今被学界广泛引用。

赵敏恒是一个新闻独行侠，他的职业新闻业绩至今为人称道。有人称誉他"浑身是消息"，也有人说他是"大事记式的新闻记者"。陆铿在其著作《大记者三章》中称："赵敏恒先生是公认的当代中国最了不起的记者……为国际新闻界所推重；在第二次世界大战欧洲战场上，我们遇到了英、美大牌记者，几乎无一例外地提到他（Thomas Chao）就伸大拇指。"一直试图在实践中坚持新闻专业主义，但他得罪了太多的国民党官员，国民党显然不喜欢他，这大概是他最终未选择去台湾的原因之一。具有悲剧意义的是，他的那套新闻专业主义在新中国也交了华盖运，他的国际新闻背景既使他出人头地，又使他身陷囹圄。

马星野（1931~1934年留美）1934年在密苏里新闻学院领到毕业证书，便接到母校中央政治学校要求返国的电报，他迅速回到国内，任该校新闻系教授及系主任达14年之久。初时，马星野才25岁。教务主任罗家伦怕他年纪太轻，镇不住学生，便安排他在外交系开《新闻学》选修课程。因为"四年级的学生快毕业了，是不会轰老师的"。但半学期下来，不但没有学生轰他，反而有更多人选他的课。马还亲自撰写了系歌歌词，首段开头四句是"新闻记者责任重，立德立言更立功，烯起人心正义火，高鸣世界自由钟"。

台湾政治大学的彭家发教授将马尊为"新闻教育之父"，他认为，尽管1920年上海圣约翰大学即有报学系，但正规学院式之新闻教育，则始自1935年之国民党中央政治学校新闻系。马毕业后，将密苏里那一套搬回中国南京母校，开设首个正规新闻学系，将中国新闻学系现代化并培养业界专才。所以正规的中国新闻教育，一开始就是"美式装备"。

1942～1945 年，马任国民党中宣部新闻处处长。在此期间，他做了两件有影响的事：一是 1942 年，马受其时中国新闻学会之托，起草了《中国新闻记者信条》十二条，被认为是中国当代第一个记者守则；再一个就是他那有关中国新闻自由的妙论。

二战结束后，美国报纸主笔协会（ASNE）代表团呼吁各国将新闻自由列入战后和平条约，并派一个新闻界代表团于 1945 年 3 月 28 日到达中国游说。他们的到访引起了新闻界的强烈反响。3 月 30 日，《大公报》发表社评《欢迎新闻自由》，猛烈抨击中国压制新闻自由的传统。时任国民党中宣部新闻处处长的马星野第二天就在《中央日报》发表文章——《中国言论界的自由传统》，反击《大公报》"中国文化从没有过新闻自由与言论自由"的说法。马举出"诗三百篇""春秋"等讽谏政治、伸张民意的例子，证明"言论界之自由与独立，乃是中国最可宝贵的传统"。

马星野说："我们值得重视的，是中国四千年来一贯的民本主义精神，一贯的反对暴君，一贯的尊重清议，一贯的有是非善恶，如果我们一笔抹杀，以为新闻自由、言论自由都是舶来品，这种荒漠如何能培植出新的花果？"

据说，马的文章看似批驳《大公报》，实乃一把双刃剑，表明国民党内要求新闻自由的声音也在高涨。马的自由主义精神很快就得到了证明——1946年，马任《中央日报》社长后，将中央日报的"先中央后日报"的传统改成"先日报后中央"。

1928 年在上海创刊的《中央日报》由于是国民党的党报、"党的喉舌"，报社高层崇尚"先中央后日报"，亦即党的宣传第一、新闻第二，新闻报道和言论方针必须配合党的政策。但编辑部一批报人追求"新闻第一"的理想，一再打破政治禁忌和意识形态的桎梏，创造了该报史上的黄金时代，这个功绩是和社长马星野分不开的。

所谓的黄金时代，突出表现在《中央日报》在此时期创造的中国新闻自由史上的几个著名案例上，比如记者漆敬尧曾披露孔祥熙、宋子文家族贪污国家外汇的内情，震撼全国；央报根据国大代表不满国军东北失利发出的声音"请杀陈诚，以谢天下"，制定了大标题，掀起轩然大波。

据当时任《中央日报》副总编辑兼采访主任的陆铿回忆：南京央报能够在抗战胜利后……办得有声有色的主因之一，是社长马星野暗中支持"先日报后中央"的做法。陆铿说："《中央日报》自 1928 年 2 月创办以来，一直都是赔本的，赔了十八年的本。到 1946 年马星野老师接掌才开始赚钱。内容充实，版面清新，新闻快而准；报纸杂志化，销路自是日日上升；有一个时期，刊登广告甚至排队，令人难以想象……"

据老报人徐咏平先生追忆，南京《中央日报》无论广告、销路，都打破了过去的销售记录。在马星野任社长期间，以他在美国密苏里大学所学的新闻专业理念，使该报从一张仰赖津贴的报纸成为一张盈利的报纸。为了几篇文章，马曾被党部记过，还差点挨流氓的打。

马当然是忠于蒋介石的。根据彭家发的研究，马"从到政校任教职，筹办新闻系，后担任抗战时新闻处处长、《中央日报》社社长，至中央通讯社董事长，他都完全听命于恩师蒋中正先生的安排"。1949年到台湾之后，马继续担任《中央日报》社长。1952年转任国民党中央委员会第四组主任。1959年出任驻巴拿马"大使"。1964年冬任"中央通讯社"社长。1973年4月转任"中央通讯社"董事长，直至1985年退休。1984年4月，美国密苏里大学新闻学院授予他"杰出新闻事业终生服务最高荣誉"奖章。马星野一生著作甚丰，主要有《新闻学概论》《新闻事业史》《新闻的采访与编辑》《言论研究》等。

1991年3月11日，马星野病逝于台湾，年83岁。他的部下徐钟佩女士的一篇悼念文章，披露了他最后的情景，她写道：

> 冠盖满京华，这一介寒士寂寂的死在一个二等病房里，他一生和浪费及奢侈作战。却节节败退，只有零落的掌声，未曾得到应有的反应。

吴嘉棠（1934～1936年留美）早年生活比较浪漫。他在密苏里大学读书时与一位堪萨斯姑娘相遇，堕入情网，因为当地禁止与有色人种通婚，二人遂去美国北部注册登记。1936年夏天，吴嘉棠学成归国，将妻子带回故乡上海，邂逅《大陆报》主持人董显光，其时吴嘉棠刚从美国回来，意气风发，又是密苏里同门，董显光大喜，遂聘吴到《大陆报》工作，后又提升时年24岁的吴为该报总编辑。

在上海孤岛时期，吴嘉棠曾在圣约翰大学新闻系任教，所讲授的英美新闻事业使学生大开眼界。后由于外籍教授的相继回国，吴成为资深教授和系主任，从此声名大振。吴还被英文《大美晚报》主持人史带（C. V. Starr）聘为该报总编辑。时任《申报》社长和总主笔的潘公展也很欣赏吴嘉棠，聘他担任《申报》的采访主任，其时，吴嘉棠30岁出头，竟一身三任——新闻系主任、英文报总编辑、《申报》采访主任，成了上海报坛的风云人物。抗战期间，吴嘉棠因反对汪精卫政权而被列入黑名单，遭到通缉，一家人逃难寄居于上海当时的摩天大楼国际饭店。

吴嘉棠的公子、名记者、美国斯坦福大学新闻学教授吴惠连（William F. Woo）回忆道，他出生那天，上海在日军攻击下到处起火，做编辑的父亲把要临盆的妻子送到医院门前，转身赶去主持采访突发的大新闻，曾是记者的母亲，也只好自己步进产房……战争结束了，父母的婚姻也画上了句号。母亲好不容易挤上了去美国的客轮，家人都来码头送行——祖父母、叔叔阿姨、仆人和朋友们，独不见父亲的身影。

吴惠连回忆说："当我问父亲在哪里时，有人说他在办公室。他们说他很忙，搞报纸就是这样子……对父亲来说，新闻对他太重要了，对妻子、儿子的责任都没关系。"

二战结束，吴嘉棠和发妻离异，不久与女记者谢宝珠弄出了绯闻。谢宝珠乃豪门闺秀，才貌双全，风头压过当时的风流女记者陈香梅、池廷熹。她与吴嘉棠的恋情，为多家小报追踪。据说二人斥资在上海白赛仲路上买了一幢花园洋房，极尽奢华，被誉为"小皇宫"。1949 年春，解放军大军压境，直逼沪上，但崇尚自由主义的吴嘉棠未去台湾，却匆匆离开上海，流亡日本，在东京创办了"泛亚"（Pan Asia）通讯社，每天向亚洲各地的中外媒体提供新闻特写和新闻图片，最初势头很猛，不久在各国通讯社竞争中风雨飘摇，终于倒闭。1956 年，吴嘉棠携妻带女跑到香港创业，任英文《虎报》的总编辑，后感觉香港市场太小，心情郁闷，遂投笔从商，去南美淘金，结果一败涂地，倾家荡产。彼时谢宝珠又提出离婚，雪上加霜，落下吴嘉棠满怀寂寞之心，孑然一身，再回香港，不幸染上癌症，晚年凄风苦雨，于 1983 年 8 月郁郁辞世，年 70 岁。

吴嘉棠本质上是个自由新闻人，一生未介入政党纷争，他也并不讨国民党欢迎，所以他在 1949 年未加入赴台的潮流。但是在政治的社会中，新闻人焉能摆脱政治、独往独来？吴嘉棠的一生是个令人深思的悲剧。

留美归国后的作为：官场名流

董显光（1909～1913 年留美）1912 年进入哥伦比亚大学新闻学院攻读硕士学位，后因母病辍学，次年回国，在船上遇孙中山，曾有一席谈。这次会谈成为董显光事业的开端。孙还送他一把手枪留念，并介绍董任上海英文《民国西报》副主笔和该报驻北京记者。1914 年 6 月，董任英文《北京日报》主笔兼《纽约时报》驻京记者，因揭露袁世凯阴谋接受日本"二十一条"的卖国活动，引起世界轰动，遭受当局通缉，遂避居至天津法租界内，至1916年事态平息乃复出。

董对近代中国新闻的贡献莫过于他全面引进美国的新闻理念。1918年，董联合北洋大学法律系教授福克斯创办英文《华北明星报》，以重金聘请了一批美国资深编辑、记者办报，声名大振，在经营上以降低订报费和天天出报与其他中外文报纸竞争，一年后就成为天津发行量最大的英文报纸。1925年，董显光办天津《庸报》，一改过去各报头版以社论和广告为主的编排形式，将时事要闻放在头版，还请名作家主持副刊，体育明星、文化界名流撰稿，充实国际新闻，吸引了众多读者。《庸报》对传统中国报纸的改革，令其销路大增，日售二万多份，与天津另两份报纸《大公报》《益世报》成三足鼎立之势。1929年，董任上海英文《大陆报》总主笔和总经理，仍坚持以美国新闻原则办报。

董后来离开《大陆报》，主持国民党军委驻沪办事处外国新闻电讯的检查工作，并从此告别报人生涯，步入政界。这都是蒋介石的安排，蒋在1934年介绍董加入国民党，在抗战中，董历任国民党军事委员会第五部副部长、中宣部副部长，并曾作为蒋介石的随员参加开罗会议，1947年任行政院新闻局局长，1949年到台湾后被蒋介石任命为"外交部"特使，往来于美、日、欧洲各国，先后任驻日"大使"和驻美"大使"。自幼笃信基督的董显光，为人低调，与人为善，他曾是蒋介石在溪口龙津学校的英文老师，但当年他采访蒋时，一直不提此事，直到蒋某天突然觉得他眼熟，问他可是当年那个英文老师，他才不得不承认。蒋从此对他以"师"称之，他却从不以此骄人。他当了8年"宣传部"副部长，其间换了10任部长，最后来了个吴国桢，竟是董女婿在美留学的同班同学。在太太的压力下，他辞官赴美，去学汽车修理。随着年龄的增长，信仰弥坚，常称自己是"中国的农夫"。1958年退休后，他把时间大都花在传教布道上，并撰写了回忆录。1971年在美国病逝，年84岁。

董著作甚丰，有《一个中国农夫的自述》《蒋总统传》《日笑录》《台湾教会发展史》《中国和世界报刊》等。

1957年，董显光获得密苏里大学新闻学院的"新闻事业服务奖章"，成为中国第二位获此殊荣的新闻从业者。

谢然之这个密苏里学人的经历比较神秘，到目前为止，他去密苏里的留学时间仍然是扑朔迷离。他的神秘色彩主要与他早期的奇特经历有关：他曾投身革命，是中共中央政府办事处秘书长和中共中央机关报《红色中华》编委，但后来这位共产党人投向国民党，对此，一位中共党史研究者描述道：

> 红军长征以后，瞿秋白担任中央局宣传部长，继续主编《红色中华》……瞿秋白搬到报社来住宿，与其他两位编辑韩进和袁血卒，一起承担报纸的编务工作。另一个编委谢然之藏在农村养病，不来上班，后来在敌人大搜查时被捕叛变。

据说，谢出卖了陈毅和项英，投奔了蒋经国，受到国民党高官、同乡陈诚的重用，先后任三青团中央团部书记长办公室副主任和陈的私人秘书，郭沫若在《洪波曲》一书中对他有一段介绍：

> （政治部开部务会议）陈诚的私人秘书谢然之这天也列席了。他曾担任瑞金《红旗报》的编辑，被俘后投降，由陈诚送他到日本住过一段时间。他也是心腹集团中的一个人，所有陈诚的应酬文字或演讲稿，大概是这位小人物（人的确矮小）代庖。

谢然之在 1941 年至 1944 年任国民党《新湖北日报》社长，唯陈诚之命是从，以陈诚的招牌扩充事业，向省直机关团体和湖北未沦陷各县摊派订报任务，报纸发行量由 3000 份增至 7000 份。他还代表陈诚前去游说冼星海做国民党的音乐官员，遭到后者拒绝。1949 年谢然之到台湾后，任《新生报》社长，国民党中央四组主任、副秘书长，驻萨尔瓦多"大使"，并任政治大学、文化大学教授、新闻系主任，后来投奔美国，走上不归路。

谢然之最为人所诟病的是他在 20 世纪 60 年代任国民党文化高官时封杀台湾刊物《文星》惹出的是非，由此遭到自由文人的强烈抨击。李敖在批评谢扼杀言论自由的同时，还揭露了谢更多的阴暗面，他说：

> 谢然之权倾一时之际，住在天母三路三十五街五号，看中了下女，奸之成孕，被太太发觉，怒将孕妇赶出家门。后来太太一想，自己既然不能生，何不收个儿子？于是遍寻下女，找了两三个月才找到。不料下女拿乔，敲了两万元（近四十年前的两万元），才把儿子交出。谢然之的无行，此为一端。

谢然之的后任、政治大学新闻学教授罗文辉却对谢然之持嘉许态度，称

《新生报》在谢然之的领导下"很快就成为当时台湾最具影响力的报纸之一"。谢"为复校后的政大新闻系奠下了良好的基础"。但是，作为新闻学人的谢然之没有留下任何有影响的新闻学著作。

沈剑虹（1934～1939年留美）在密苏里新闻学院获硕士后，1939年回国曾任南京中央社编辑、国民党中宣部国际宣传处编撰科科长、中宣部驻旧金山办事处主任、新闻局第二处处长。有关他的资料甚少。他的一生主要是做新闻官和外交官。1949年中华人民共和国成立前夕，人心惶惶，许多人纷纷逃往台湾，但有少数人拒绝前往，而选择了美国、南美和香港，比如孔祥熙夫妇、宋子文夫妇、前行政院长孙科、台湾省主席魏道明等，这其中也有沈剑虹的身影，沈的解释是他当时服务的机构行政院新闻局奉命解散，因此不得不留在香港就业。他先后任英文《中国邮报》副编辑、"丽的呼声"电台中文节目主任以及《虎报》主笔。直至1956年，他的命运突然发生了变化。转折的契机源于他的英文。沈的英文自幼就极为出色。1956年他偶然访问台湾时，适逢蒋介石回忆录《苏俄在中国》需要译成英文，多名资深人士前来翻译却不能尽意，最后有人举荐了他，蒋介石对他的英译十分满意，便任命他为"总统"私人英文秘书，沈从此官运亨通。不过蒋公是否能鉴别英文之高下，还是一个问题，很可能是受夫人宋美龄的影响。事实上，宋美龄对沈剑虹的英文能力相当赏识。根据台湾的一份资料，当年，蒋介石和来访的美国总统艾森豪威尔在"总统府"前的广场发表演讲，宋美龄指名让沈剑虹做同声翻译。沈翻译得很好，此后蒋、宋对沈更加信任，沈剑虹的前途也因之一帆风顺，历任"外交部"情报司长兼对外发言人、"行政院"新闻局长、驻澳大利亚"大使"、"外交部"副部长、驻美国"大使"——国民党政权最后一位驻美"大使"。

沈自己说"当年选择密苏里新闻学院而未选择常春藤盟校去念书是准备终身献身新闻事业的"，成为驻美"大使"并不是他的目标，然而政治使他走上了不归路。所以，沈剑虹身后没有什么新闻学著作，只留下了几本回忆录，代表作为《使美八年纪要：沈剑虹回忆录》，沈为密苏里学人中最高寿的一位，2007年7月去世，年99岁。

结　语

无论旧中国留美学人回国后做出了何种选择，有着何种政治取向，他们都参与了中国现代新闻学的开拓。他们将美国新闻理念全面引入中国，使中国新闻学直接融入世界新闻学的主流。经过近半个世纪的承前启后、薪火相传，中国的新闻业进入了全新的时代。留美学人的最大贡献就是直接推动中国的新闻学与现代新闻学接轨。

历史进程在 1949 年后出现了巨变，当新中国的新闻学以崭新的姿态踏上历史舞台之时，旧中国的新闻人物也就完成了自己的历史使命。一个时代的大幕拉开了，这个时代对美国新闻学是否定的，对旧中国留美学人也是否定的。然而，在 1978 年中国实行改革开放后的不断的历史反思中，旧中国留美新闻人的历史作用正被重新评估。随着对这些人更系统、更深入的探究，他们在中国新闻史上的地位将会呈现得更加清晰。

[作者单位：山东大学（威海）]

大话文艺的多重性格和大话一代的精神维度

——从《大话西游》到《Q版语文》

徐艳蕊　　王军伟

新千年的头一个十年已近尾声，20世纪90年代中期开始流行的大话文艺及学界对大话文艺的讨论，似乎也已告一段落；与大话潮流紧密相关，或者说以自身的文化实践成就了大话热潮的70、80年代生人，现今也都由青少年时代步入了或者开始步入成人社会的行列。在这个时候对大话重新进行反思，应该不会有不合时宜的嫌疑。

一　不只是颠覆——大话一代的理想精神

前一阶段学界对大话文艺的关注，大都把重点放置在对其消解、颠覆性质的讨论上，并以此为基础展开对大话文艺的价值评判，却很少有人注意到由多种文本组成的大话文艺其实存在着不同的方向，并由此标识着不同的精神维度。

大话文艺的颠覆性质，固然为其赢得了一定的文化声誉，但更多的还是诘难，尤其是当它和在各种名目下被不断讨论的国民性，尤其是70、80年代后生人的国民性相联系的时候，这种诘难的分量就显得更重了。比如朱大可先生《"零年代"：大话革命与小资复兴》一文，在详尽分析过大话文艺的修辞学和美学特征之后，对70年代后生人的种种文化姿态多有批评：甜蜜而忧伤的小资主义——使生于70年代的人们能够打扮成天使在唯美而感伤的情调里飞进飞出；零信仰和零痛苦——埋葬了80年代的精英主义理想，放弃终极关怀和国家关怀；泛江湖主义——营造虚拟江湖，更新中国流氓主义。正是借助上述文化姿态，70年代后生人终于完成了对话语权的争夺，使说话者从经典主义走向了市民主义，显示出非专业化、非知识分子化、平民化和幼齿化的各种表征。而这些表征之后的社会现实则是权威主义和真理探索机制被破坏后的动荡和混乱、文学神殿的崩塌，以及创造性时代降临的遥遥无期。

另一种批评的声音则将大话文艺与犬儒主义相联系，显示出了对大话文艺之不加分辨的消解姿态的担忧。陶东风先生在《大话文学与当代中国的犬儒主义思潮》之文中，对从《大话西游》到《Q版语文》等大话文艺的特质进行了精辟概括，认为大话文艺的重要特点就是对经典的改写和戏说；其基本文体特征则是用戏拟、拼贴、混杂等方式对传统或现存的经典话语秩序以及这种话语秩序背后支撑着的美学秩序、道德秩序、文化秩序等进行戏弄和颠覆。但作者同时还指出大话文艺在消解了权威的同时也消解了理想，失去了价值支撑的大话文学很容易走向批判和颠覆的反面，没有值得追寻的理想也就没有必要与权威产生真正的冲突，于是就会在玩世不恭之后走向委曲求全，甚至主动迎合以保护个人利益，这就是人生态度上的犬儒主义。最后作者还指出，这种体现出犬儒主义气质的大话文艺还是一种独特的亚文化形式，它和80后一代的精神面貌是有着密切的对应关系的。

不管是零信仰零痛苦也好，犬儒主义也好，其结论的前提就是大话文艺不加分辨的颠覆解构姿态和相应的价值真空。那么，大话文艺真的具有这样横扫一切的法力吗？固然大话文艺具有明显的叛逆性质，但整个70年代后出生的青少年群体，从大话文艺中得到的只是一种虚幻的、由破坏和消解得来的快感吗？

不妨仍旧从人们心目中公认的大话事件的鼻祖《大话西游》（虽然有人将它的精神源流追溯得更远）谈起。虽然《大话西游》确如人们所言，是一个拼贴了各种文本片段，充满了滑稽模仿和无厘头搞怪的电影，但是如果能够把它看似错乱重叠、实则往来有序的时空关系穿插起来，就会是一个结构完整的故事。这个故事并不像有的评论家所认为的是一个大众文化制品所惯用的爱情悲剧，它最终的落足点并不在于爱情，而在于责任：一味强调《大话西游》的消解颠覆性质，将使我们不能看见在嘲讽消解了各种被权威或经典树立的价值标准之后，《大话西游》所进行的重建价值和理想的努力。因为那些各自象征着不同价值准则的角色，比如唐三藏所代表的道义，紫霞所代表的爱情，猪八戒和《大圣娶亲》中刘镇伟扮演的小偷所代表的友情，以及至尊宝——孙悟空所代表的责任，一开始虽然都遭到了不同程度的挖苦和嘲讽，但是在这个故事尘埃落定之时，却又以生命为代价实践了各自的信念。

唐三藏的唠唠叨叨是片中最大的笑料。他固执、迂腐、爱说教、小自私、大惊小怪、上纲上线，确实是对以往人们心目中传道授业解惑的传统师长形象的消解和挖苦。唐僧"语录"的可笑就在于它以一种一本正经的、谆谆教诲的形式传达了极为琐碎无聊、荒诞不经的内容。但是，就是这个唠叨啰唆到让"观音姐姐"都忍不住要伸手扼住他的喉咙的唐三藏，在孙悟空因罪孽深重最终要被彻底摧毁的时候，却自觉地以师傅的名义承当徒弟的罪愆，拿自己的性命为孙悟空换得一次悔过的机会，实践了"舍生取义"的道德理想。

同样，最初紫霞和至尊宝的爱情，和片中的人物对话一样充满了无厘头色彩。那段经典的关于爱情期限的对白，第一次从至尊宝嘴中说出的时候只是一个声泪俱下的高明谎言。但在不知不觉之间，这段感情的性质已发生了变化：至尊宝在戴上金箍之前重复的那段关于爱情期限的表白，不再是谎言和欺哄，而变成一段感伤的真情流露。及至紫霞替孙悟空挡住了牛魔王那一叉，并无可奈何地从他手中滑向广漠太空的时候，以往的调侃和搅闹仿佛都成了这一庄严时刻的反衬和序曲，这段感情的悲剧性质也由此得到了充分展示，并在其后城墙诀别后的落寞背影中达到了它的巅峰。

其实，至尊宝从极力逃避孙悟空的身份到主动担当责任，才是《大话西游》的真正主线。正是这条线索显示了这个故事的价值立场，即对道义和责任的肯定。至尊宝死于蜘蛛精剑下之后，真魂重回水帘洞将金箍郑重放在自己头上那一刹那，具有非常强烈的宗教和伦理的意味；这一刻实际上就是一种成年礼仪式。在接受金箍之前，至尊宝一直游走于两种身份之间，即自由自在的山贼和肩负重任的孙悟空。面对后者的身份召唤，他一直处于一种矛盾状态，一方面想要极力挣脱责任的重压，去嘲笑它、消解它，另一方面却总是不自觉地在梦中重回水帘洞，响应着这种身份召唤。在此之前的至尊宝或是孙悟空其实就是一个不成熟的少年，徘徊在理性的成人世界之外，在他身上体现了种种未被规范的、多向度的、杂乱含混的力量和激情，自在自为的对世界的理解，和对于自由的不加思辨的向往。面对唐三藏所代表的作为规范理念而存在的成人世界，至尊宝的态度就是逃避和反叛，极力想要保存自己因外在于成人世界的边缘地位而所拥有的放任的自由、嘲弄的特权和颠覆的视角。这时从他未被驯化的眼光看来，唐三藏所代表的成人世界的循规蹈矩、啰唆教条是荒诞可笑的，而他们的教诲则是一种如影随形的压抑和桎梏。

就在戴上金箍的一刹那，至尊宝放弃了少年人的蒙昧和冲动，肩负起成年人的理性和责任。经历了成年礼的孙悟空眼中的世界则是另一种面貌。唐三藏非但不再啰唆唠叨，反而惜字如金，沉默持重。他曾经在其中历经劫难，充满了冒险、惊悚、刺激和诱惑的神奇魔幻世界，此时不过是寻常巷陌；而曾经给了他大欢喜与大悲凉、挚爱与深恨的仙子妖魔，此时也不过是沉浸在各自的红尘人世中的饮食男女。然而不管别处的生活看起来是如何的繁华热闹，他仍须坚持自己的存在。

然而此时至尊宝接受的责任，又并不是《西游记》当中被压五行山下后，为获得自由不得不向由如来所代表的拥有最强武力的至高权威进行的妥协和屈服。在至尊宝的由坚持自由意志到自觉承担伦理职责的背后有更玄奥的观念支撑，那就是刚才所提到的由故事的背景所展示的命运无常和生死轮回，以及在这种无常和轮回中所体会到的个体的微茫。这是一种佛教奥义与中国传统天道观的一种混杂融合，体现在故事中就是那看似千方百计摆脱不掉，实际上却一直是个体在着意寻觅实践的命数，以及无形无影却又无处不在的左右每个人的命运的神秘力量。这种力量不是具体的人格化的权威，比如佛祖或基督，而是一种神秘的宇宙法则。对这种力量的敬畏就是对时间绵延和空间延展的无限性的敬畏，以及对个体生命的有限性、对人类的智识和力量的有限性的反思。

因此至尊宝此前对于权威和规范的嘲弄，和此后对于责任的认同，等于是在一个更高的基点上对《西游记》原典的主题做出了响应和超越。与《西游记》不同，他不再是一个取经前的浪漫主义英雄和取经后的卫道者，而是必须在虚无的诱惑和道义的召唤之间做出选择的孤独个体。而他选择了后者，完成了基于敬畏和反思的对功利主义和自我中心的抛弃，以及对正义、良知的回归和坚守。

《大圣娶亲》的结尾孙悟空的背影在黄沙中慢慢远去时的那段背景音乐成了在网络上被点击下载最多的电影配乐之一。它固然是感伤的，但并不是一种甜蜜的、营造小资情调的道具，而是被寄托了无尽的生之怅惘和茫然。

二 破碎和混乱——大话一代的现实经验

至此我们觉得必须澄清一个问题，就是大话文艺的颠覆冲动到底来源于哪里？是类似红卫兵的打倒粉碎旧世界的快感吗？还是对于一种已经对现实缺乏笼罩和关怀能力的权威话语的厌烦？

其实就现实而言，70 年代后生人所面对的世界早已不再像是 1980 年获得百花奖的电影《甜蜜的事业》里的那首歌《我们的生活充满阳光》所描述的那样了：它一边悬挂着张艺谋电影中暧昧的红灯笼，一边心醉于《泰坦尼克号》昂贵的煽情，同时耳边还回响着《任长霞》主旋律激昂的回声，然而却又有过滤不掉的高学费和低就业带来的辛酸。这是一个拼贴着各种话语、拥挤着各种传统的时代，也是一个凌乱的，还无力吸收和消化各种文化因子生成完整肌体的时代；各种光怪陆离的碎片暴露在阳光之下，毫不羞涩地裸露着暴力拆卸留下来的针孔和草草缝补后未及收拾的线头。因此如果说大话文艺中充满了因颠覆和叛逆带来的动荡和混乱的话，那么这种动荡和混乱也并不仅仅是因为文化权威和经典的被消解，更是由于现实生存经验的破碎和混乱。

当权威和经典不再能够给予切实的精神关怀，为现实选择提供一种价值依据的时候，权威和经典剩下的就只是权力的空壳。80年代的理想主义精神固然令人追慕，但是80年代的文化精英和文化英雄现在都到了哪里？有的卧轨自杀，有的远涉重洋，更多的是陷入了烦琐的高校运行规则。那么，80年代的理想精神真的是被大话文艺所消解，真是从70年代后生人的手里失落的吗？抑或在他们手里破碎掉的，只是蝉蜕后的空壳？

《大话西游》产自香港，但在原产地颇受冷遇，却在大陆青少年群体中赢得了广泛共鸣，这是因为它的精神气质与后者有更多的相似性。这些青少年，接受着相对保守的知识灌输，而又敏感地察觉这些知识很难与今后要从事的职业接轨；他们不断被告知德育的重要，然而这些有着浓厚政治色彩的道德准则又无法为他们的生活提供一种基本的价值支撑；他们企图追随矗立在象牙塔尖的那些文化偶像，但是又在冲击重重考试关卡和支付高额学费的时候感到精疲力竭。于是他们从嘲笑和破坏中寻求快意和体现自己的力量，但是也明白当这校园里的青涩岁月结束之后，该承当的一切都要去承当。

不可否认大话文艺中有许多平平之作，甚至是品质低劣的制品。有时这些作品只是耍笑卖弄，搔痒都没有搔到痒处，更不要谈反叛和颠覆，但是也确实有一些作品延续和发展了《大话西游》的风格与精神。《悟空传》则是众多后续者中比较突出的一个例子。它的受欢迎不是因为无厘头的搞笑，而是对《大话西游》中表现出来的英雄主义和唯美主义的致敬。而大话了《射雕英雄传》的《此间的少年》，则是有着一种红颜弹指老的无奈和感伤，而这种感伤，与其说是一种甜蜜的小资情调，不如说是一种对古典诗学中不断回旋的年寿有终、韶华易逝的生命感悟的现代响应。

同样不可否认的是文化空气中飘浮着的犬儒主义气味。但是这种气味是大话文艺的一种必然的产品吗？抑或只是原本就存在于这个文化空间中，无论大话文艺是否赋予它表现形式？它的历史似乎远远长于大话文艺，至少在

"文革"之后，普遍的冷漠、不信任，只求自保，不去奢谈理想的心态就已经根深蒂固了；甚至在经历了80年代的理想主义洗礼之后，这种心态依然被家长和老师们当作一种高压下的自我保护机制传输给后来者。在这种心态之中，隐含着的并不只是虚无和漠然，更深层的是历史所给予的恐惧。由此可以推知权威和典范的威压远远没有被彻底消解，大话文艺和大话一代也不可能为此担负超出它能力的罪责。

三 不彻底的颠覆——大话一代的保守性格

最后不妨再从曾经风行一时的《Q版语文》来重新审视大话文艺的心理机制。《Q版语文》固然体现了某种程度的狂欢文化精神，打破了文化等级的限制，把古今、雅俗、宏大和琐碎随心所欲地拼贴在了一起，但是它"规范"的一面依然有序可寻，这一面就是对原典深层叙事结构的延续。如果仔细比较《Q版语文》与《大话西游》就可以发现，《大话西游》最突出的特点就是对《西游记》原来的时空结构和叙事顺序的彻底改写，以一种现代的时空观念重新阐释佛教思想的轮回和中国传统文化的天道，而《Q版语文》在这方面则相对保守，将近2/3的作品都保留了原典的叙事节奏和事件之间的逻辑关系。

以《孔乙己》和《小马过河》为例进行分析，如果把故事中的描述性成分抽去，而只留下最基本的叙事单位的话，可得知《孔乙己》原典的事件排列顺序如下："我"在酒店里当差；"我"观察到酒店里孔乙己是大家的笑料；孔乙己许久不见，听说因偷盗被打断了腿。孔乙己坐在蒲团上重新出现在酒店里；孔乙己彻底消失，欠下了19文酒钱。对照原典之后我们就会发现，抽去事件的细节描绘之后，《Q版语文》中《孔乙己》的故事构架和原典是完全相同的。只不过将酒店改为了酒吧，将长衫改为白领衬衫，窃书改为偷光盘，考秀才改为考微软认证，打断腿改为假装腿断方便乞讨。《小马过河》也是如此，原典事件顺序为：小马受妈妈之嘱过河送粮；小马不知河水的深浅；不同的动物所说的河水深度不同；小马过河之后有了自己的判断。《Q版语文》中的《小马过河》延续了这种事件顺序，只是把粮食改作了信，把过河的动力改作了想要会见对面的网友小母马，把下水尝试的决心改作了被人从后面踹了下去。其他如《三个小猪》《荷塘月色》等篇目亦都呈现出和原典相同或相似的叙事框架。

《Q版语文》的这种特点倒是反映了作者林长治的一贯风格。他之前的

《沙僧日记》对于《西游记》的改写，也正是这样一种局部的抽换，而不是结构上的彻底颠覆。《沙僧日记》基本上保留了原著以师徒四人的游历为线索展开故事的模式，并以到达西天极乐世界为结尾。与原著不同的是师徒四人的性格和他们的取经动机，不是普救众生的宏愿，乃是酒色之徒看尽天下美女的雄心。

由此可知，《Q版语文》虽然动用了拼贴、挪用、反讽、戏仿等多种修辞手法，但是修辞手法的多变并不能掩盖其想象力的贫乏和风格的单调。很难说这种粗鄙化的改写能在多大程度上完成预期中的颠覆使命，况且在这种表面上的颠覆之后，还由深层结构上表现出一种潜在的对原典叙事逻辑和习惯的延续。这种延续恰好可以成为目前某些文化精神状况的确切表征，那就是在既定的框架结构之内，对杂多、混乱和反叛的许可，但同时在整体框架上，要求保留对权威所指定的社会文化发展方向的认同；尽管这种认同可以不用像以往那样把发展的动力理解为崇高精神的指引，而是阐释为对物质生活的向往。因此从这个角度来考察，《Q版语文》对真正的强权与压迫的规避确实带有某些犬儒主义的特色，但是我们认为这并不是由于将权威、经典和理想一并解构净尽的缘故，而是根本没有将颠覆进行到底。而且我们有理由怀疑——如果真的连起码的价值理念都没有，又如何来聚积进行有效的解构和颠覆所需的精神力量？

当然本文并不否认学界前辈们关于大话文艺精神气质分析的深刻性，也无意盲目拔高大话一代的精神气度。但是如果要把零信仰和犬儒气质的评价加诸所有或者大多数大话文本和70后、80后一代的话，恐怕还是有待商榷的。更何况70后，尤其是80后一代的大多数人，还没有参加到社会利益的分配当中或者在其中还显得十分脆弱被动，现在就将他们的整体性格定性为投机和唯利为上，是不是还为时过早呢？

大话文艺和大话一代有着自己独特的确立价值准则的方式，也许不像活跃于80年代的理想主义者那样有激昂的理想主义色彩，但是在公共领域中他们有更明确的维护个体自由和权利的意识，在私人领域中也并不缺乏厘清伦理规范、追求个人存在价值的勇气。如果这些良性素质能够获得更多感性表述和理性承认的话，也许创造性时代的到来就不再像先生们所预言的那么悲观了。

[作者单位：山东大学（威海）]

荣成市新农村文化建设存在的问题及对策

邹积军　董丽霞

党的十六届五中全会通过的决议和十届全国人大四次会议通过的"十一五"规划，向全党和各级政府提出了建设社会主义新农村的工作任务，并把"生产发展、生活宽裕、乡风文明、村容整洁、管理民主"作为新农村建设的基本标准。这五条标准，内涵丰富、思想深邃，体现了经济、文化、政治、社会建设"四位一体"的要求。其中文化建设是贯穿社会主义新农村建设的一条主线，它不但直接表述在"乡风文明"之中，而且为生产发展、生活富裕、村容整洁、管理民主创造强大的精神支柱和智力支持，为社会主义新农村建设提供强有力的思想保证。因此，我们要认真分析荣成市农村文化建设工作的不利因素，采取措施搞好农村文化建设工作，为加强荣成市新农村建设提供强有力的思想保证。

一　当前影响威海市农村文化建设工作的不利因素

荣成市在建设社会主义新农村、加强农村文化建设工作中，首先必须充分肯定近年来荣成市围绕农村文化事业所开展的大量卓有成效的工作和取得的巨大成就。同时，我们也要清醒地认识到目前荣成市农村文化工作中的差距和不足，由于各方面原因，荣成市历史上文化建设欠账较多。尽管近几年来荣成市各级对文化事业的投入不断增加，但相对城市而言，农村文化经费的投入仍然显得不足，在投资总额中所占的比重只有22%，尤其在文化基础设施建设上存在很大差距，文化建设薄弱，文化队伍人才紧缺状况仍然存在。

一是基层文化机构建设滞后，文化网络难以形成。这里有经济原因也有主观原因。据统计，目前全858个行政村真正建有文化大院的不到500个，其中能够坚持经常开展活动的只有 300 多个。97 个居委会大部分没有固定的文化活动场所。有的强村强企建办公楼、搞住宅开发舍得投入，对建设文化大院和文化娱乐却热情不高，甚至产生抵触情绪，认为那是在"穷乐"，花冤枉钱。在行政管理上，抓经济工作的机关干部或者农村两委班子成员包干划片，抓文化工作基本是几个人唱独角戏，形不成有效的文化网络。

二是文化经费投入不足，文化设施利用率不高。有的镇和不少行政村财政基本上拿不出专门的文化经费，多少年没有新添一件像样的文体器材。有的文化服务中心建起后，空房子一幢，买得起马配不起鞍，投资不配套，没有图书和活动器材，没有充分发挥文化服务中心的作用。一方面有活动场地，苦于没有人组织开展活动，大门常年紧锁；一方面群众热情高涨，却苦于没有活动场地，常年茶余饭后关起门来自娱自乐，形不成群众文化的浓厚氛围，存在见物不见人和见人不见物的问题。

三是基层文化队伍薄弱，人员少，编制缺。有的镇文化站长设置不到位，不少从事这项工作的同志还是兼职的。平常大多时间他们要跑片、抓招商引资、抓项目，真正能够用在文化节工作上的精力不多，致使有的地方文化工作不能正常开展。目前农村文化艺术人才整体现状堪忧，工作队伍整体素质偏低，现在人员年龄偏大，知识结构和素质状况不合理，缺乏创新意识和大局意识，难以适应新时期文化工作的需要，这样的人才队伍现状，直接导致了农村文化软件建设滞后的现实。

四是区域间文化事业发展和文化节消费不平衡。发展农村文化事业，文化活动是基础。然而由于荣成市沿海镇村与内陆镇村在整体经济实力和农民人均可支配收入方面存在较大差距，导致沿海经济强镇和强村强企以及内陆镇村在人均文化资源享有的份额和文化节消费方面差别很大。相当一部分内陆农民的业余文化生活依旧相对贫乏。不少行政村没有建立图书室，部分农民没有看上闭路电视，群众文化信息闭塞，仍然过着日出而作、日落而息的生活。由于农村文化活动的滞后，一些封建落后、迷信腐朽的文化活动和非法宗教活动在个别村出现，扰乱了部分群众的思想。

二　加强新农村文化建设应着重抓好的几项工作

农村最终要依靠农民来发展，只有用先进文化武装和塑造起来的新型农民，才能成为社会主义新农村建设的中坚力量。为此，在建设新农村、发展农村文化事业的进程中，我们要着力抓好以下几项工作。

一是要用"三个代表"重要思想统领建设社会主义新农村的文化工作。我们党提出的建设社会主义新村,其"新"的显著特征和主要标志之一就是要用当代最先进的文化思想、文化理念来教育农民群众,武装群众的头脑,占领群众的思想阵地,引导他们以更大的热情、更多的智慧投入到建设新农村的伟大实践中。我们在建设社会主义新农村的伟大实践中,要坚持和加强的是广义的文化,是面向世界、面向未来、面向现代化的,民族、科学、大众的文化,是"三个代表"重要思想中提出的代表先进文化前进方向的文化。我们加强新农村工作的文化工作必须紧紧围绕"三个代表"重要思想来统领、策划、设计、指导、部署、研究、验收和推广,只有这样才能保证农村文化建设工作保持正确的方向,达到武装人、塑造人、引导人和激励人的目的,从而加速推进建设社会主义新农村的进程。

二是要加大对农村文化事业建设的投入力度。改革开放以来,荣成市的综合实力得到了空前发展和增强,全市人民生活总体达到了小康水平,市区及沿海许多镇村的实际生活水平已经达到中等发达国家农村的生活水准。因此,在建设社会主义新农村进程中,增加对农村的财政扶持力度、进一步落实城市支援农村、工业反哺农业的条件已经成熟。2006年4月4日,市委、市政府召开了建设社会主义新农村专题会议,印发了《关于建设社会主义新农村的实施意见》。《意见》中明确提出了"加快公共政策向农村倾斜,基础设施向农村延伸"的指导思想。对村村通自来水工程、新型农村合作医疗、农村教育、加大保证村级组织正常运转的财政转移支付、加快农村业余文化团体和队伍建设等工作都做了具体部署和资金安排,已经明确拨付的资金就超过了3000万元,确保有钱办事、办事有钱,有计划地解决农村文化基础设施建设问题,确保农村文化服务中心、文化站或文化大院等文化基础设施建设落到实处。

三是要紧紧围绕经济建设这个中心,全面推进农村经济文化协调发展。古语说:仓廪实而知礼节,衣食足而知荣辱。农村文化事业的发展,农民文明素质的提高,从根本上讲在于提高农民的收入。但是农村物质条件好了,经济实力强了,并不能代表和说明农村文化事业发展了、农民文明了。只有经济、文化、政治、社会建设和党的建设全面协调发展才是我们建设新农村追求的主要目标。我们要继续以"春风行动"为载体,在广大农村广泛开展送技能、送文化活动。同时,要继续深入开展四下乡服务活动,以生动直观的形式向农民介绍致富经验,与科协等部门联合举办全市百名农村致富典型大型图片展,利用赶大集、走镇串村巡回展览等形式,为农民传经送宝。有关部门要结合农时季节需求，对从事农业生产的农民，依托各级各类文化夜校和种养协会，开展灵活多样、不同形式的实用技术培训。对外出务工和进城服务的农民，要面向城乡劳动力市场需求，围绕农民转岗就业，加快建立政府扶持、面向市场、多元办学的培训机制，大力发展多种形式的农村职业教育，努力使农民的致富技能多起来，就业能力强起来，这样农民的收入水平就会高起来。在发展经济、增加收入的过程中，农民既提高了文化技能，也获得了实实在在的效益，农民的素质总体上就会发生改观，建设新农村的步伐就会大大加快。

四是要扎实深入地开展丰富多彩的群众性文化活动。群众性文化活动是农村文化工作的主要形式和重要载体。几年来，在各级政府的大力支持引导和农民群众的积极参与下，全市农村群众性文化活动总体上发展势头良好。各种形式的消夏晚会、节日庆典盛会、歌舞晚会、文艺会演、农民艺术节在各镇和强村强企此起彼伏。这些活动受到了广大群众的热烈欢迎。我们要在认真总结以往开展群众文化活动的成功经验的基础上，采取得力措施把群众文化活动进一步做大做强。要围绕千里海疆文化长廊建设，本着谁投资谁受益、谁开发谁管理的原则，充分调动沿线农村、学校、企业参与文化建设的积极性。大力挖掘海文化资源，精心设计海文化表现形式，本着尊重传统、尊重风俗的原则，积极组织开展健康向上的诸如展现谷雨节庆丰收、求平安和渔民战风浪团结协作、同舟共济精神的戏曲节目和群众性海疆文化表现形式。市里的专业文化机构和团体，也要结合地域文化特点，制定可行的帮扶计划，切实做好对农村文化工作的指导培训，努力为农村培养一支文化骨干队伍，使之成为各镇村群众文化活动的倡导者和组织者。

五是要着力打造农村文化品牌。品牌文化是具有独特魅力的文化，它引导着人们的文化消费，提升着文化品位，承载着区域文化的特色。威海市广大农村文化底蕴丰厚淳朴，文化形式异彩纷呈，文化内容博大精深，文化传承源远流长。全市涌现出了一大批具有浓郁地方特色的文化形式。这些文化形式和文化内容蕴藏着巨大的文化商机，对发展农村文化事业具有巨大的辐射和带动作用。我们要立足区域文化特点和优势，努力整合文化资源，把现有的文化载体做精、做强、做大，使之成为代表一方、影响一市的品牌文化，并注重发挥好它们在开展农村群众性文化活动中的先导和示范作用。对内积极发挥品牌文化在教育农民、丰富群众文化生活中的辐射作用，引领相邻镇村围绕品牌文化来设计、包装，建设各自具有鲜明特色的家庭文化、大院文化和校园文化，为相互借鉴、补充人才、调剂余缺创造条件；对外充分发挥荣成市与韩国文化交流便利和频繁的有利条件，适时组织开展京剧和民间艺术表演方面的品牌文化团体到韩国演出。

六是要制定优惠政策。鼓励社会各方面兴办健康文明的文化产业。从盘活国有资产人手，通过拍卖、租赁、转让和综合开发等形式，促使农村闲置文化设施实现资源综合开发，建立农村图书流通网点，为基层送书，拓宽基层群众购书、看书渠道。从培养农村人才人手，由市文化部门派出专人，依托行业协会，帮助建立农村腰鼓队、戏剧队等民间文艺团队，引导农民自娱自乐。从做活企业文章人手，积极争取企业支持，积极开展文企联姻等活动，丰富农村的文化生活。

（作者单位：荣成市委宣传部　荣成市委党校）

加强社会化服务体系建设　助力威海
中小企业扩容发展

邓　勇

前　言

近年来，中小企业日益发展壮大，已成为国民经济的重要组成部分，在促进社会生产力发展和推动社会主义和谐社会建设方面作用日益突出，关心支持中小企业、民营经济发展的局面正在全社会形成。面对数量庞大的中小企业、民营企业，要使政府各项扶持促进措施得以有效的贯彻落实并发挥作用，必须加快建立围绕中小企业开展方方面面服务的一套体系。因此，完善中小企业社会化服务体系建设，对于促进中小企业的发展起着举足轻重的作用。本文在大量的实践调研、走访、座谈和问卷调查的基础上，参考国内外中小企业社会化服务体系的经验启示，探讨威海市中小企业社会化服务体系建设构架和途径，提出加强中小企业社会化服务体系建设的建议和具有可操作性的实施方案。

第一部分　加强中小企业社会化服务体系建设的
必要性和现实意义

近年来，中小企业在国民经济中的地位和作用已经得到了普遍认可，大力促进中小企业的发展已成为各级的共识，中小企业迎来了前所未有的春天。据相关数据显示，目前，我国中小企业占全部企业户数的99%，占工业总产值的60%左右，实现利税约40%，由中小企业提供的就业人数为劳动力总数的75%。中小企业在推动国民经济增长、优化经济结构、增加财政收入、促进市场繁荣、缓解就业压力、保持社会稳定方面发挥着越来越重要的作用。但是受诸多因素的影响和制约，中小企业在获取各类信息、人才和适用技术，进行产品开发、人才培训、开拓国内外市场等方面都处于弱势地位，普遍存在着融资困难、人才匮乏、信息不畅、技术落后、市场竞争力不强、发展后劲不足等问题。据有关方面调查，小企业生存周期一般只有3～5年，创业成功率极低。上述问题的解决仅依靠中小企业自身是无法完成的，需要政府与社会各方面的积极努力，共同参与寻求解决之道，为中小企业营造良好的发展环境。这是中小企业发展的实践对加强社会化服务体系建设提出的客观需求。

中小企业社会化服务体系是以服务社会各类中小企业为宗旨，以营造良好的经营环境为目标，为中小企业的创立和发展提供多层次、多渠道、多功能、全方位服务的社会化服务网络。其核心是整合社会资源，为广大中小企业的成长与发展创造良好的服务环境，提高其市场竞争力和自我发展能力。从20世纪末开始，各地就以满足中小企业发展需求为导向，参照国际经验和做法，着手研究建设中小企业服务体系，探索解决中小企业发展难题，促进中小企业健康发展的有效途径，经过几年的探索和实践，取得了较大的进展，有力地推动了中小企业的发展。但是从总体现状来看，面向中小企业的社会化服务还停留在初级阶段，无论是服务规模、服务内容还是服务水准，与中小企业发展的需要还存在很大距离。面向中小企业的社会化服务机构少、服务范围窄、服务水平低、服务市场不规范，严重影响着中小企业的健康发展。面对当前庞大而参差不齐的中小企业群体的需求，各级政府进一步转变职能，引导依托社会各类服务资源，积极构建面向社会、服务企业，提供公共产品、开展公共服务的中小企业社会化服务体系已势在必行、刻不容缓。发达国家和地区的实践和经验证明，建立和完善社会服务体系是促进中小企业快速健康发展的客观需要；是市场经济条件下转变政府职能，扶持和促进中小企业发展的关键和基础性措施；对于贯彻落实科学发展观，促进经济社会实现协调、可持续发展具有重要现实意义。

第二部分 国内外中小企业社会化服务体系建设的概况

（一）世界发达国家和地区促进中小企业发展的成功经验启示

政府支持中小企业的经济理论基础是凯恩斯的政府干预经济政策理论。

从国际经验看，大多数经济发达国家和地区都建立健全了中小企业服务体系，营造宽松环境，促进中小企业发展作为政府管理部门的重要职责，全力加以推进。美国、加拿大、英国、法国、日本等国家以及我国的台湾、香港地区都设立了专门的中小企业管理机构，研究制定了一系列的政策措施，从税收优惠、资金融通、科技资助、人才开发、市场拓展等方面，着力为中小企业创造自由竞争的发展空间，提供全方位、多层次的社会化服务。发达国家和地区成功的经验和行之有效的做法，值得我们学习和借鉴。

（1）日本的中小企业社会化服务体系属于地方公益机构主导型。服务体系分为国家、都道府县、地方三个级别，分别设置了中小企业创业综合支援中心、都道府县中小企业支援中心和地方中小企业支援中心等三种类型的支援中心，并与其他中小企业服务机构相互合作，提供窗口咨询、商谈、民间专家派遣等一门式服务。其总体框架如下。

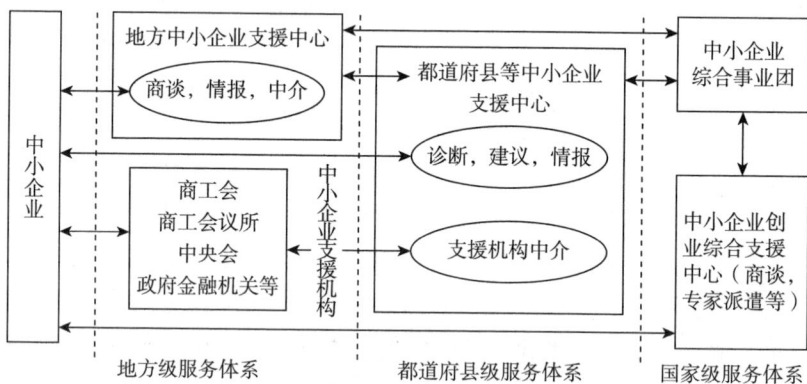

日本各级中小企业服务体系框架

（2）美国是联邦政府主导型。美国政府成立了专门针对小企业发展、处理小企业事务的机构——小企业管理局。美国小企业管理局在美国的小企业服务体系中起着核心的、不可替代的作用，这是美国小企业服务体系组织架构的一个特色。美国小企业服务体系是一个以小企业管理局为核心机构，包括政府机构、半政府机构、民间机构等多种组织的多元化、多层次的组织结构体系，服务体系的运作机制主要以小企业管理局为"大脑"，以各有关机构分工协作为特征（也有一些机构在特定的领域独立运作）。在服务内容上，主要是建立了信用担保、资金支持、技术、管理与信息、市场拓展等专业化的服务系统。其核心是围绕对小企业的资金支持而展开。以资金支持为主要的运作手段是美国小企业服务体系的一个重要特点。

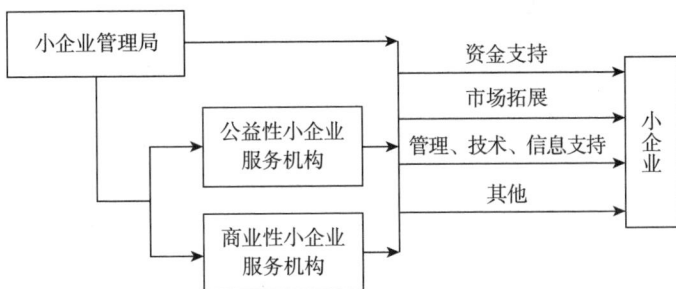

美国小企业服务体系框架

（3）韩国的中小企业服务体系是在 20 世纪 70 年代后逐渐形成的，建立和完善支持中小企业发展和服务的各种支持体系，是韩国中小企业得以持续发展的重要因素。总体上看，韩国中小企业的政府支持体系有以下特点。第一，基本形成了符合本国经济社会背景的较为完整的体系。包括以总统中小企业委员会为中心的政府部门的公共服务服务体系，以银行体系为中心、包括非银行金融机构在内的金融支持体系，以国家和公共机构、公共研究机构和非营利机构多层面组成的技术服务体系，以政府和私人机构以及非营利机构为组成的市场促进体系等。第二，鼓励和促进中小企业发展的法律体系较为健全。从 20 世纪 60 年代开始，韩国政府陆续颁布了一系列旨在鼓励中小企业发展的法律，并根据经济发展的需要对已有的法律加以修订。第三，从 21 世纪初开始，韩国加强了对中小企业的能力建设的重视。很多资料表明，韩国中小企业管理局等政府部门加大了对中小企业能力建设的扶持力度，通过对企业家能力的培育，全面提升韩国的产业竞争力。

（4）香港中小企业服务体系是两局（即贸易发展局和生产力促进局）主导型。作为亚洲"四小龙"之一的香港，长期以来高度重视中小企业的发展，建立了较为完善的中小企业服务体系。该体系经过三十几年的发展，已形成了具有自己特色的"两局主导型"服务体系。港英政府先后于 1966 年和 1967 年成立半官方公营机构——香港贸易发展局和香港生产力促进局，服务于中小企业，协助和推动香港中小企业的良性发展。为了避免公营机构在提供服务时出现工作重复、互不协调或各自为政的情况，确保有关增强中小企业竞争力的新政策既全面又连贯，1999 年 4 月 1 日，香港工业署又成立了中小型企业办公室，进一步完善了中小企业社会化服务体系。两局以主导的身份活跃在整个服务体系中，众多的商业服务机构以行业协会、商会、专业社群的形式，全面地、专业地为中小企业服务。在服务体系中，贸易发展局和生产力促进局既有分工，也存在适度竞争。贸易发展局通过功能强大的信息平台及展览会的举办，紧密联结行业协会及中小企业；而生产力促进局通过促进生产技术和对专业联合中心的管理，实现对专业社群指导及对中小企业的服务。而作为政府行政机构的中小型企业办公室，则提供政策服务，向中小企业直接提供基金支持，并在台后做好政策制定和协调工作。

（5）台湾中小企业服务体系是辅导机构主导型。从政府方面来说，台湾建立了自上而下的专门为中小企业服务的机构，同时台湾中小企业的快速发展，离不开社会和民间力量的协助，主要是建立了中小企业创新育成中心、产业投资基金及中小企业银行。政府和社会两方面力量共同作用的结果，是形成了专门针对中小企业的十大辅导体系，其内容包括财务融通、互助合作、经营管理、研究开发、生产技术、资讯管理、工业安全、污染防治、市场营销和品质提升等方面，由此构建了一个上下连贯、左右交织的相当完备的中小企业社会化服务体系。

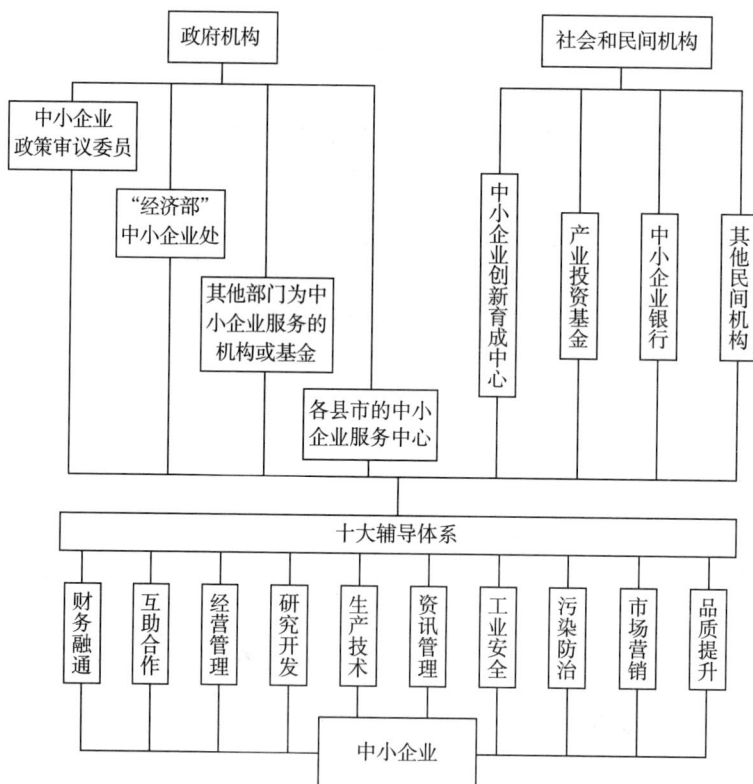

台湾中小企业服务体系框架

（二）我国中小企业社会化服务体系的发展历程

我国中小企业社会化服务体系至今经历了法律推动、试点探索、政策引导、全面推进的阶段。

（1）法律推动。1999 年党的十五届四中全会提出"培育中小企业服务体系，为中小企业提供信息咨询、市场开拓、筹资融资、贷款担保、技术支持、人才培训等服务"。自此国家先后出台了《关于培育中小企业社会化服务体系若干问题的意见》《国家经贸委关于鼓励和促进中小企业发展若干政策意见》《中小企业促进法》《国务院关于鼓励支持和引导个体私营等非公有制经济发展的若干意见》等法律法规政策对建立健全中小企业服务体系做出了明确规定，为服务体系建设提供了法律政策依据。

（2）试点探索。2000 年 5 月中小企业服务体系建设工作开始在上海、深圳、青岛等 10 个城市试点，经过两年的运行，试点城市在服务体系的内涵、建设模式、服务方式，以及政府定位、重点培育、支持形式等方面做了积极的探索，取得了宝贵的经验，为全面推动服务体系建设奠定了工作基础。

（3）政策引导。根据《中小企业促进法》的有关规定，为充分发挥专项资金引导带动作用，2003 年中央财政预算设立了中小企业发展专项资金科目，安排了中小企业服务体系专项资金，各级财政也相继设立专项资金用于支持中小企业服务机构开展人才培训、创业辅导、信用担保、信息网络、管理咨询等服务，服务体系工作取得了实质性的突破。

（4）全面推进。随着国家推进中小企业服务体系建设步伐的加快，近年来，全国各地服务体系建设方兴未艾，各级政府都陆续成立了专门的中小企业工作和服务机构，制定了扶持政策，设立了专项资金，中小企业服务体系框架基本形成。2004 年山东省出台了《关于加快中介服务组织体系建设促进民营经济发展的意见》，提出用 3～5 年在全省初步建立起体系完备、功能完善、监管合理的中介服务组织体系，重点建立融资担保、信用评价、人才培训、技术信息、法律服务和行业协会等服务体系，从而揭开了山东省中小企业服务体系建设的新篇章，促进全省中小企业服务体系建设工作步入快速发展的阶段。

第三部分　威海市中小企业服务体系建设的发展现状

2003 年 6 月中小企业局成立后，以服务中小企业"开办、发展、成功"

为宗旨，以制定规划、科学布局、构建框架、抓好示范为体系总体思路，坚持"政府扶持中介，中介服务企业"的原则，大胆实践，着力搭建政府公共服务、公共机构公益性服务和中介组织商业化服务三位一体、多层次、全方位的中小企业服务网络。经过几年的努力和探索，中小企业服务体系框架基本形成，进一步优化了中小企业发展环境，促进中小企业保持了又快又好发展的局面。2007 年末，全市规模以上中小工业企业完成增加值 488.47 亿元，同比增长 15.27%，利税总额 156.17 亿元，同比增长 29.54%，营业收入 2070.32 亿元，同比增长 27.21%。

（一）服务体系建设基本情况

（1）组织管理体系日趋完善。2003 年 6 月市中小企业局成立后，各市区也先后成立中小企业工作管理机构，明确了主管部门、服务机构和职能，理顺了管理体制。市及部分市区还陆续成立中小企业服务中心等综合创业服务机构，全市纵向初步形成以市、县两级中小企业行政主管部门，中小企业综合服务机构为主体的组织管理网络。

（2）政策扶持体系进一步形成。近年来，市及各市区两级党委和政府围绕加快中小企业发展、促进中小企业服务体系建设出台了一系列政策性文件，营造了良好的政策环境。2007 年依据《中小企业促进法》的规定和《关于大力推进民营经济发展的意见》（威委〔2007〕13 号）精神，设立了市级中小企业发展专项资金，重点用于支持中小企业服务体系建设，部分市区也设立了专项资金，加大资金扶持力度，有效地推动了服务体系建设步伐。

（3）服务平台初具雏形，成效显著。通过大量富有成效的工作，威海市中小企业服务体系建设取得了阶段性成果，初步构建了五大服务平台。一是搭建人才培训平台。制定了《关于加强全市中小民营企业培训体系建设的意见》，创办了"中小企业大讲堂"，依托各类中小企业培训基地，以组织实施国家银河培训工程和全市中小企业素质提升工程为主线，开展了系列培训，初步形成由主管部门、中介机构和企业自主培训等组成的相互补充、相互完善的培训体系。截至目前，累计举办各类讲座 200 多场次，参训人员达 25000 多人，为提高全市中小企业核心竞争力和可持续发展能力提供了人才保证和智力支持。二是搭建融资担保平台。加强与金融机构合作，举办各类融资推介活动，推动银企合作。仅 2007 年协调金融机构为全市中小企业发放贷款 200 多亿元。出台了《威海市人民政府办公室关于贯彻国办发〔2006〕90 号和鲁政办发〔2007〕34 号文件加强中小企业信用担保体系建设的意见》，大力推进发展担保业，截至 2007 年底，全市共有中小企业信用担保机构 32 家，担保机构累计担保总额 31.6 亿元，有效地解决了中小企业融资难题。三是搭建信息服务平台。建立了中小企业信息中心，推进中小企业信息化工作。加快建设"中国中小企业山东威海网"及各市区分网，为中小企业搭建及时、快捷、有价值的信息通道。整合 IT 业骨干技术力量，开展了一系列信息化知识、电子商务等公益培训和软件推广活动，全力打造信息服务平台。四是搭建创业辅导平台。充分发挥各类创业服务中心的综合服务功能，为企业创业与发展提供专业化服务。出台了《关于加强小企业创业辅导基地建设的意见》，加快创业辅导基地建设，提高小企业成功率。目前已认定 6 处市级小企业辅导基地，其中 2 处列为省级示范基地。五是搭建公共技术服务平台。出台了《关于加强中小企业公共服务平台建设的意见》，根据威海市产业发展和产业集群特色建立起 20 多个市级公共技术平台，为中小企业提供共性知识培训与技术服务发挥了良好的作用。六是行业协会建设。围绕优势产业和重点行业先后成立了中小企业担保协会、海参养殖加工协会、花生协会等，并积极指导中小企业协会，建材、家纺等协会开展工作，不断推动企业联合与合作。家纺协会已建立起自己的技术服务平台，2008 年获得国家专项资金扶持；海参协会目前正在办理"威海刺参"地理商标，已进入国家工商总局审批阶段。

（4）服务机构良性发展。几年来，认真贯彻落实省委《关于加快中介服务组织体系建设促进民营经济发展的意见》，不断加大社会化服务机构和行业协会建设力度，引导各类机构积极参与中小企业服务工作。2007 年与市财政局联合制定了有关类别的社会化服务示范机构认定办法，在全市开展了首批中小企业社会化服务示范机构单位认定工作，加大扶持，充分发挥其示范带动作用。其中有 12 家被认定为省级中小企业社会化服务体系示范单位，有 2 个项目列入国家级扶持项目。

（二）存在的主要问题

威海市中小企业服务体系建设虽然取得了一定进展，但是还处于起步阶段，与中小企业成长需求相比存在较大差距，建设的水平和质量有待进一步提高。

（1）发展不平衡。从总体情况看，服务体系建设工作区域间发展不平衡。有些市区观念相对保守，对中小企业服务体系建设的重要性认识不足、重视不够、支持不到位，体系建设较为缓慢，服务工作相对滞后。特别是在信用担保体系建设方面，有些市区担保机构数量少、规模小、担保能力弱等问题突出，远未能满足中小企业投资融资要求，一些市区担保机构至今仍是空白。

（2）扶持力度不够。在扶持政策方面，抓上级政策落实不到位，结合本地实际出台相关扶持政策法规力度不够，优惠政策仍显不足，与推进服务体系建设的要求不相适应。在资金投入方面，用于扶持服务体系建设的财政专项资金较少，有的至今没有设立中小企业发展专项资金，经费不足，投入较少，制约了中小企业服务体系的建设发展。

（3）服务能力不足。由政府组织建立的综合性服务机构由于人员编制较少，资金短缺，开展服务内容和项目较少，服务功能不全，服务层次偏低，服务能力不强。而面向中小企业的社会化服务机构，发展缓慢，规模较小，人才匮乏，服务手段单一，服务层次低。如在培训服务方面，各类机构提供的培训服务与中小企业需求尚未实现有效对接，存在面对企业中高层管理人员的培训较多，而针对企业需求较大的生产一线工人的技能培训偏少的情况。在公共技术服务方面，服务机构仅停留在提供技术培训、技术咨询、技术信息服务等方面，而对于企业迫切需要的产品研发、设计、质量检测等方面，服务能力还很欠缺。

第四部分　加快推进威海市中小企业社会化服务体系建设的规划和对策建议

（一）指导思想

以党的十七大精神和科学发展观为指导，深入贯彻《中华人民共和国中小企业促进法》和《市委市政府关于加快民营经济发展的决定》精神，坚持社会化、专业化、市场化以及突出服务性的原则，以促进中小企业发展为目标和导向，有效地整合社会服务资源，加快形成与中小企业又好又快成长相适应的服务支撑网络，为中小企业的创业与发展提供良好的服务环境。

（二）工作目标

按照"整合资源、规范运作、突出重点、全面推进"的思路，坚持政策引导、市场主导相结合，统筹规划，分步实施和兼顾全面、突出重点相结合的原则，在"十一五"期间逐步建成公共服务、公益性服务、商业性服务为一体的能满足中小企业发展需求的服务网络，建立体系完备、功能健全、服务完善、监管合理的社会服务体系。重点构建人才培训、融资担保、创业辅导、公共技术服务、信息服务、管理咨询等服务体系。

（三）基本框架

全市中小企业社会化服务体系由公共性服务、公益性服务和商业性服务三大类组成。

（1）公共性服务。各级各部门依据国家法律、法规和部门职能提出的服务政策；各级各部门转变职能推出的公共服务产品；各级财政资金扶持、支持的服务产品等。

（2）公益性服务。公益性服务机构受其主管部门委托提供的非营利性服务；各级中小企业主管部门申办设立的各类服务机构，为企业提供的公益性服务。

（3）商业性服务。依法设立的各类社会中介机构、科研院所、大专院校以及其他经济实体，按照市场化运作直接为中小企业提供的各类商业化服务。

（四）服务体系建设的主要任务

第一，重点建设服务系统。当前要以"兼顾全面，突出重点"为原则，突出抓好创业辅导、公共技术、融资担保、人才培育、管理咨询、信息技术等服务平台的建设。

（1）创业辅导服务体系。以搭建创业综合服务平台和建设小企业创业辅导基地为工作载体，积极整合政府和社会各方面资源和力量，为不同发展阶段的企业提供创业指导、创业培训、创业孵化和综合性创业服务。要加快"企业创业服务综合服务窗口"等综合性服务平台建设步伐，完善服务功能，创新服务产品，为提高小企业创业成功率创造良好服务环境。要认真贯彻威海市人民政府办公室《关于加强小企业创业辅导基地建设的意见》，以"创办小企业，开发新岗位，以创业促就业"为目标，依托产业集聚区或园区等，利用闲置、现有厂房改造建设小企业创业基地，建立相应的创业辅导机构，有针对性地开展创业辅导活动，提升基地孵化小企业能力，从根本上解决小企业创业起步难问题。

（2）公共技术服务体系。要按照威海市人民政府办公室《关于加强中小企业公共服务平台建设的意见》的有关精神，立足区域特点和产业特色，按照"整合、共享、完善、提高"的基本思路，以企业发展需求为导向，以共享机制建设为核心，以提高企业自主创新能力和增强企业核心竞争力为目标，优化资源配置，吸引各类服务机构参与建设为产业集群服务的具有基础性、公益性、开放性特点的公共服务平台，提供设计、研发、试验、检测、咨询、培训等共性技术服务，为全市中小企业创新创业提供技术支撑。当前要重点建设具有威海市地方产业优势的家用纺织、水产品监测、机械制造业技术加工与检测等公共技术平台。

（3）融资担保服务体系。积极加强与金融、证券等机构的合作，开展银企对接活动及中小企业上市培育工作，提供创业投资、融资指导、贷款担保、信用征集与评价等多层次的融资担保服务。大力发展担保业，要认真贯彻《威海市人民政府办公室关于贯彻国办发〔2006〕90号和鲁政办发〔2007〕34号文件加强中小企业信用担保体系建设的意见》，加快市县两级信用担保机构建设，支持担保行业开展业务创新，扩大担保资金规模，增强担保能力，促进担保业可持续发展。要引导现有担保机构强化内部管理，规范运作机制，要按照国家要求采取扩资、并购、合并等形式持续做大做强，有效增加抗风险能力，提高市场竞争力。支持有条件的担保机构申报国家、省有关政策扶持。尚未建立担保机构的市区要加大力度，争取早日建立。

（4）人才培育服务体系。要认真贯彻落实《关于加强全市中小民营企业培训体系建设的意见》精神，加大培训力度，提供人才培育服务。依托"中小企业创业大讲堂"，充分发挥中小企业培训基地的带动作用，多层次、多形式地开展培训工作，对企业各层次管理人员和职工进行广泛的管理业务和操作技能培训和竞赛活动，全面提升中小企业整体素质。深入实施"东西彩桥联接工程"，提供人力资源配送等服务。建立健全人才交流机制，建立储备人才信息库，开展中小企业的人才引进和企业用工服务等工作。规范和发展人才、劳动力代理等中介服务，为加快中小企业健康发展提供人才支持。

（5）管理咨询服务体系。加快培育和发展各类管理咨询服务机构，建立和完善中小企业咨询服务体系，通过多种途径为中小企业发展提供经营战略、组织设计、市场营销、财务管理、人力资源、企业文化、管理信息化等诊断服务，全面提高中小企业的现代化管理水平。各市区结合实际需求，积极培育和引导管理咨询机构，创新服务形式，提供企业需求的服务。

（6）信息服务体系。加快建设中国中小企业山东威海网及各市区分网，实现国家、省、市、县四级网站互联互通，为企业提供及时、适用的信息服务。依托中小企业信息化辅导站，整合骨干IT业技术力量，成立中小企业信息化技术联盟，推进中小企业上网工程，开展中小企业信息化公益培训、咨询、辅导和服务工作。同时，积极开发和利用其他形式的信息资源，为中小企业提供及时、适用的信息服务。

第二，建立联席会议制度。中小企业服务体系牵涉面广，因而需要建立由有关部门参加的中小企业服务体系协调联席会议制度，协调体系运行中的重大问题和跨部门合作事项，整合政府各部门与中小企业服务体系有关的政策资源、信息资源。协调联席会议由市领导挂帅，不定期举行。

第三，建立完善核心服务机构。核心服务机构在服务体系中起骨干和引领作用。目前，有些市区已建立中小企业服务中心等公益性服务机构作为服务体系建设的核心服务机构。这些机构在推进服务体系建设，贯彻落实各级政府促进中小企业发展的法律法规、政策措施，接受政府委托，会同社会中介服务机构共同为中小企业发展开展相关公益性服务等方面起到了骨干和引领作用。今后要加大工作力度，未建立核心服务机构的市区，争取年内建成中小企业核心服务机构，并完善其服务功能，在全市形成上下贯通的服务网络。核心机构可以是事业单位、协会或民办非企业。对核心服务机构承担的服务项目，将视业绩情况，给予相应的扶持。

第四，规范发展社会化服务机构。社会化服务机构是服务体系的重要组成部分，是服务体系功能健全的保证。要广泛引导各类社会化服务机构为中小企业提供优质的专业化服务，积极参与有关的公益性服务；鼓励社会化服务机构不断开发服务产品，扩大服务范围，提高服务质量。要引入竞争机制，保证各类服务机构公平享有参与中小企业服务的权利；通过建立信息登记、服务评价等制度及开展示范机构认定等工作，规范服务机构的服务行为，促进服务机构提高服务质量，引导发挥其引领行业发展的带动作用。

第五，提高服务体系建设的信息化水平。充分发挥现代化信息技术在服务体系建设中的载体作用，开发网上服务功能，畅通信息传递平台。依托中小企业信息网山东威海网，建立服务资源数据库，开发建设网上公共服务平台，促进服务供需双方的对接。研究开发网上即时、基础性服务与网下服务机构的实时、个性化服务相结合的服务系统，提高服务配送能力，优化服务资源配置效率。

（五）保障措施

（1）加强组织领导。服务体系建设涉及面广、政策性强，各级政府要加强对中小企业服务体系建设的领导，科学谋划，落实责任，完善措施，积极推进，做到思想认识到位，资金支持到位，政策落实到位，工作责任到位。各级中小企业管理部门要把落实《中小企业促进法》、服务体系建设作为扶持中小企业发展的重点，加强对服务体系建设的规划、指导，加强与政府各部门的沟通协调，形成工作合力，共同推进服务体系建设。

（2）加大资金扶持力度。依据《中小企业促进法》的规定和威委〔2007〕13 号文件精神，市财政从 2007 年起设立中小企业发展专项资金，每年拿出 200 万元重点用于支持中小企业服务体系建设。各市区也要根据实际情况，不断加大对中小企业社会化服务体系建设的资金扶持力度，切实发挥专项资金的引导作用。要加强对服务机构的扶持与管理，促进其更好地发挥桥梁与平台的作用，带动各类服务机构积极为中小企业提供服务。

（3）加强服务队伍建设。要加大对各级中小企业管理人员及核心服务机构人员的培训力度，更新观念，理清思路，提高指导服务体系建设的能力。要引导社会化服务机构强化服务队伍建设，不断提升服务机构自我发展能力、服务创新能力、综合协调能力和组织带动能力。

（4）建立调度考核机制。建立全市中小企业社会化服务体系定期调度制度，全面了解服务体系运行情况，及时发现并解决影响服务体系建设的突出问题，不断完善体系建设工作。将服务体系建设工作纳入各市区工作目标考核，考核情况，作为制定扶持政策和工作举措的重要依据。

结束语

中小企业服务体系建设是一个社会工程，需要全社会的共同支持；中小企业服务体系也是一个系统工程，需求在科学发展观的指导下，总体规划，分步实施，力争通过几年的努力形成覆盖全市中小企业的服务网络，全面发挥其扶持服务于中小企业发展的强大功能，为全力提升中小企业核心竞争力，实现又好又快发展提供强大的动力。

（作者单位：威海中小企业局　课题组成员：宋洪花　刘海燕）

对开展机关文化创建活动的调查与思考

中共威海市委市直机关工委

按照科学发展观与构建和谐社会的要求，近年来，我们围绕市委、市政府的中心工作和自身工作职能，以机关文化建设为突破口，积极探索创新机关党建工作的新方法、新途径，取得了良好的效果。近期，按照省直工委的工作部署，我们组织力量对市直机关文化建设情况进行了调研，了解了现状，找出了不足，明确了今后的工作思路。

一　机关文化建设形势喜人

2006 年初，我们在深入调查、反复研究的基础上，下发了《关于在市直机关开展创建机关文化活动的实施方案》，并把 2006 年确定为"机关文化建设年"，机关文化创建活动在各部门、各单位如火如荼地开展起来。在具体操作中，我们主要抓了以下几点。一抓组织领导。要求基层党委、支部把机关文化建设作为一项影响和带动全局的基础工程列入议事日程，成立创建活动领导小组，在人力、物力、财力和精力上给予充分保障，确保工作有计划、有步骤、有抓手、出成效。二抓重点环节。坚持服务威海经济社会又好又快发展的导向，牢固树立"居住在威海、创业在威海、成功在威海"的思想，重点突出精神文化、行为文化、环境文化和活力文化"四大文化板块"建设，用先进的文化理念激励大家艰苦创业、锐意创新、奋力创优，不断提高机关的组织管理水平和工作绩效。三抓典型引路。注意挖掘培植机关中比较成熟的文化理念和经验做法，采取学习亮点、开片会、现场观摩、座谈讨论等形式，把科学规范、各具特色、自成体系的机关文化品牌展示给大家，通过典型的辐射带动，使机关文化百花齐放、争奇斗艳。四抓长效机制。把创建机关文化纳入机关党建的总体规划，注重机关内部各项制度的健全、规范及其有效运转。通过落实各项工作制度，把机关作风转变与否、自身素质提高与否、基层群众满意与否、全面工作推动与否作为衡量创建活动的主要标准，确保机关文化建设稳步、规范、持久开展。活动开展一年多来，取得了明显成效。

一是凝聚了人心，激发了机关工作活力。以塑造人、感召人、激励人为核心理念的文化品牌建设，使广大机关干部职工的价值观念和精神追求发生了深刻变化，工作态度和工作积极性大大提高。部门之间、科室之间、人与人之间形成了比学赶超、奋勇争先的良好氛围。如市人防办，前几年由于多种原因，各项工作都排在全省和全市的后列，每年评比考核都在后几名。开展机关文化创建活动以来，机关干部的精神面貌发生了深刻变化。班子团结了，人心凝聚了，工作上了一个大台阶。2006年年终考核，在全省他们名列第二，在市直部门目标绩效考核中跃进了20多名，所在党总支今年被评为市直机关先进基层党组织。

二是转变了作风，密切了党群、干群关系。"基层是否认可、群众是否接受、百姓是否满意"是衡量新时期机关文化建设成效的重要标准。各部门以"三服务"为理念，纷纷打造自己的服务品牌。如市统计局创立了"诚信威统"的服务品牌，在全省地级市中率先建立起"社情民意调查中心"，架构了政府与基层群众直接交流的桥梁。市公安局研究设计了"金盾连心，真情为民"的服务品牌，凝聚了警心，赢得了民心。市监察局与市广播电视台联合开办的直播节目《行风热线》，秉承"替百姓说话，为政府分忧"的节目宗旨，每月由税务、交通、公安、民政等40多个与群众关系密切的政府职能部门和窗口行业的主要负责人，直接向群众汇报本部门行风建设情况，并通过3部热线电话与群众对话，听取群众的意见建议，为百姓排忧解难。坚持只要是群众关心的事儿，"件件有说法、事事有回音"。《行风热线》现已播出1300多期，接听的热线电话16000多个，群众对热线反映问题处理的满意率超过了90%，已经成为沟通党委政府与人民群众的连心桥、纠正行业不正作风的监督岗、为群众百姓办实事的服务处、社会和谐发展的稳压器，被誉为威海市的一大社会文化品牌，连续多年被评为"山东省十佳栏目""山东省新闻名专栏"，《人民日报》、《新华社》、《光明日报》、《经济日报》、中央电视台、中央人民广播电台、人民网、新华网等众多国家级新闻媒体先后宣传报道了威海《行风热线》的成功做法，在国内引起强烈反响。

三是明确了工作目标和服务方向，取得了显著的经济效益和社会效益。

市直各部门、单位充分发挥机关文化带来的强大凝聚力和创造力，积极组织机关干部职工围绕全市经济和社会发展中的重点、难点、热点问题，动脑筋、想办法，创造出许多优秀工作成果。这些成果分布在不同行业、不同领域，涉及机关工作的方方面面，充分体现了创新性、领先性和实效性，产生了很好的经济效益和社会效益，机关文化建设贴近和服务于全市中心工作的作用日益明显。如威海检验检疫局的《反应迅速、攻关得力，十天打赢国际贸易反击战》，连续奋战7昼夜，成功研制出泡菜和辣椒酱产品中寄生虫卵的检验方法，打破了国外技术壁垒，全面揭露了韩国在泡菜问题上搞双重标准违反公平贸易原则的行径，使大批积压在韩国港口的中国泡菜陆续通关，泡菜出口企业恢复正常生产，挽回了中国在国际市场的声誉。胡锦涛总书记在访问韩国期间，韩国总统卢武铉和国会议长专门就泡菜寄生虫卵事件向中国表示道歉。这在我国历史上是史无前例的，在世界贸易史上也是罕见的。又如市建委的《首届国际人居节》，以"人居、环境、发展"为主题，提出了世界上第一个以人居为主题的节日，搭建了世界人居领域交流与合作的平台，倡导了人居环境与可持续发展的理念，在国际上产生了广泛而深远的影响。

二　存在的问题和不足

威海市的机关文化建设虽然取得了一些成效，推动了工作的全面开展，但由于活动开展时间较短，尚处于摸索、起步阶段，所以问题和不足难以避免。

一是发展不平衡。虽然机关文化创建活动在大多数部门、单位都开展起来了，但开展的深度、广度不同，产生的效果也不同。主要有两种现象：凡是领导重视，投入精力多，或在人力、物力、财力上有可靠保障的部门活动开展得较好；凡是领导不重视，或者单位的经济能力有限，工作办法和思路又不多的部门活动开展得一般不理想。

二是对机关文化的理解有偏差。有的单位对"机关文化"概念的认识还比较肤浅，活动层次偏低。一提及加强机关文化建设，就简单理解为组织几次文化学习、搞好几项文体活动、悬挂几条标语口号等，还没有注意到在我们的工作、生活中，时时有文化、处处有文化，不懂得总结和提炼本单位的核心文化理念。造成这种"大文化"意识欠缺的主要原因有两个。一方面不注重学习研究，思想上有惰性。自己缺乏主动探索精神，别人的成功经验也不去学习借鉴和思考，不如人还不学人。另一方面不注重实践总结，行动上有惰性。单纯为活动而活动，不留心观察大家的状态，不注重倾听群众的意见，不关注开展活动的效果，不善于挖掘身边的典型，浪费了文化资源。

三是存在着形式主义、做表面文章现象。有的部门和单位抓机关文化建设没有长远规划和远景目标，缺少通过活动解决问题的具体办法和措施。为应付检查、显示实力，只关心"看得见的"应景工程，不注重"摸不着的"无形力量。在解决实际问题，特别是人的精神和行为问题上，不愿下苦功夫、细功夫、实功夫、真功夫，抓了"硬件"，丢了"软件"，使创建活动起不到应有的作用。形式主义的存在，主要是没有树立正确的政绩观和以人为本的思想意识。

四是存在着不切实际、照搬照抄的问题。有的不从本部门、本单位的实际出发，不搞深入细致的调查研究，不广泛征求干部职工的意见建议，盲目照抄照搬外单位的经验做法，人有我有，人云亦云，结果劳民伤财，事与愿违。这种现象虽然不是很多，但也充分暴露出在开展创建活动中，还有急功近利、一蹴而就的思想存在，需要引起高度重视。

三　努力加强和改进机关文化建设

机关文化建设是建设和谐机关的重要内容之一，是实现机关和谐的精神支撑。各级党和国家机关作为建设和谐社会的领导者、组织者，大力加强文化建设，对转变机关作风、改善政府形象、增强机关工作人员素质、提升引领经济建设和社会发展的水平有着至关重要的意义。在当前，加强机关文化建设，我们认为应做好以下几点。

一是要坚持领导抓，抓领导。机关文化建设带有鲜明的政治性，必须在党的统一领导下进行。特别是各级领导机关，在日常工作中倡导什么、发扬什么、引领什么、追求什么，都会对社会发展直接或潜移默化地产生影响，向来有"风向标"和"导航台"的作用。因此，各级机关党组织要高度重视文化建设，要建立健全专题研究机关文化建设的工作制度，定期分析形势，及时研究部署阶段性工作任务。要建立健全领导工作责任制，明确工作分工，落实领导责任，以领导的模范带头作用，促进各项工作的落实。调查中我们发现，凡是机关文化搞得有声有色、成效明显的单位，大多是"一把手"在"唱主角"。比如，市国税局局长、机关党委书记崔源潮，在全市国税系统倡导并组织实施"文明伴您纳税、真诚助您繁荣"的品牌工程，研究提出了理念先行、品牌拉动、载体推动、管理创新、丰富活动等一系列创建特色文化的工作思路。在他的影响和带动下，全系统逐步形成了高效的管理文化、科学的人力文化、务实的廉政文化、先进的网络文化和健康的活力文化。在他的参与和积极倡议下，太极拳运动从国税系统推广到整个市直机关，全民健身掀起新的热潮，威海国税局也因此被国家体育总局和中国武术协会表彰为"简化太极拳推广工作先进单位"。

二是要因地制宜，分类指导。开展机关文化创建活动要坚持百家争鸣、百花齐放的方针，不能搞"大呼隆"，更不能"一刀切"。要搞好教育引导。针对认识上存在的偏差，要深入持久地开展机关文化理念教育。把机关文化理念教育与机关党课教育、先进性教育、经常性思想等有机结合起来，搞好系统学习与辅导，广泛开展理论研讨、征文比赛、参观学习等主题实践活动，真正弄通、弄懂什么是机关文化，怎样创建机关文化等问题，深刻领会和把握机关文化建设的内涵和标准，让"大文化"意识真正进入思想、进入实践。要抓出自身特色。争创活动要立足部门实际，既要客观评价别人、正确看待自己，又要端正好心态，找准优势所在，努力克服攀比心理和贪多求全的思想，善于发现和总结本部门、本单位的特点，从穿衣戴帽和一言一行等工作生活中的一点一滴抓起，不断挖掘和提炼特色机关文化。在这次调研中，我们也发现了一批立足自身、大胆探索、勇于实践的普通部门和单位，他们创建的机关文化，虽然没有大的硬件投入，但搞得很新颖、很有感染力。如威海市气象局通过发送一张小小的廉政贺年卡，凝聚了班子，带动了队伍，营造了浓厚的廉政文化；威海市行政审批中心围绕提高工作效率和服务质量，狠抓作风养成，叫响了"只要你来干，手续我来办"的口号，打造了阳光服务品牌，对外树立了威海的良好形象；威海市无线电管理处在抓好人员管理、落实规章制度的基础上，重视室内外环境卫生的整治，楼外绿树成荫、花团锦簇，楼内窗明几亮、清新扑面，使人赏心悦目、工作舒畅。要促进部门工作。通过开展创建活动，努力推动部门工作上档升级，不断提高经济效益和社会效益。如威海市文化局以"活跃夜间文化生活，提高城市文化品位"为主旨，精心创作的大型山水情景演艺剧目《梦海》，打造了威海文化产业与旅游结合的新链条，提升了威海的城市文化品位，为威海市文化发展史增添了一笔重彩。

三是要突出以人为本的核心。科学发展观和构建和谐社会都强调以人为本，机关文化建设也应以此为核心开展，各种理念的设计、规划，各种活动的开展都要围绕"人"来进行，充分体现人性化。要以学习培育人。把加强机关文化建设与学习政治理论结合起来，不断增强机关工作人员的理论功底和道德修养；把加强机关文化建设与学习各种业务知识结合起来，本着"缺什么就补什么"的原则，不断提高服务水平和能力。要以机制激励人。坚持"公开、公平、公正"的用人原则，提拔靠竞争，评先讲绩效，努力营造激发干部潜能、促进干部成长的良好氛围，切实调动起广大干部的积极性和创造性。要以活动吸引人。广泛开展争创"优秀工作成果"和"文明科室"活动，不断优化工作质量，提高工作效能；开展考察实践活动，定期组织到革命老区、发达地区参观学习，开阔眼界，拓宽视野；开展丰富多彩的文体活动，将趣味性、知识性、思想性结合起来，提高人文修养，活跃机关文化生活。要以感情凝聚人。用深入细致、体贴入微的情感管理方法，将心比心，以心换心，把机关建设成富有凝聚力、吸引力的战斗集体。做思想工作热心，批评错误诚心，解决疾苦暖心，满腔热忱地为大家排忧解难。

四是要支持和鼓励创新。创新是永恒的主题，不创新就不能进步，不能发展，机关文化建设也是如此。要在工作方法上创新。倡导绿色办公行动，营造和谐的环境文化。如威海市统计局，把以人为本的管理理念和职业道德规范要求寓于日常工作中，积极倡导岗位仪表"四种形象"（即挂牌上岗、举止端庄、温文尔雅、热情大方），履行职责"四个不要"（即不要让工作在自己这里积压延误，不要让办事的人在自己这里受到冷落，不要让差错在自己身上发生，不要让单位的形象在自己这里受到损害）等文明办公行动，以春风化雨、润物无声的"柔性"约束，营造出一种团结务实的工作环境。要在工作思路上创新。牢固树立核心价值观，营造和谐的人文文化。如威海市委办公室，以"忠诚服务、敬业奉献、创新高效、勇争一流"为自己的核心价值观，根据特殊的工作环境和要求，创建了以"感言、建言、尽言和主题论坛"为主要内容的"三言一论"平台，以此促进工作人员展示个性潜能、共享智慧成果、沟通思想感情、推进工作交流，营造了有利于个人发展、同事间协调进取、办公室内民主和谐的人文环境。要在规章制度上创新。抓规范，促管理，出成效，营造和谐的机制文化。如威海市国税局，在系统内全面推行全员星级管理，通过民主推荐、基层评议、纳税人评议和领导评议等程序，综合考评员工的德、能、勤、绩、廉，划分出一星至五星，在奖励上差别对待，在使用上区分考虑。星级管理的推行，使工作评议由过去的封闭走向开放，更加公开、透明地反映了员工的素质和水平，实现了多劳多得、能者多得、不劳不得，在全系统形成了"与岗位比，看工作能力"，"与过去比，看工作进步"，"与先进比，看工作差距"，"与形势比，看工作动力"的良好氛围。

　　五是要建立长效机制。从健全完善相关制度入手，为机关文化创建活动深入持久地开展提供稳定有力的保障。建立健全目标引导机制。组织各部门和机关工作人员结合各自职责和岗位，制定具体的文化创建目标计划，并纳入年度总体工作框架，一体规划、统筹组织、整体推进。建立健全情况交流机制。通过召开现场观摩会、编发信息简报、在相关媒体和刊物上开辟专栏等形式，加强机关文化建设方面的情况交流，相互借鉴，互相促进，共同提高。建立健全实践保障机制。结合联系村（居）、联系学校、联系基层党组织、联系贫困户、慈善救助、志愿行动等活动，积极搭建和拓展开展活动的平台和载体，努力使文化创建活动走出机关，更多、更好地服务社会。建立健全激励考核机制。把开展机关文化创建活动的成效纳入部门年度工作考核，出台奖惩办法，加强工作评比，定期表彰先进、宣扬典型，激发各级机关和广大干部职工参与创建活动、实践核心文化理念的自觉性和积极性。

（作者单位：中共威海市委市直机关工委）

让改革发展的成果更加惠及弱势群体

——威海市残疾人生存状况及帮扶工作调查报告

原所明

残疾人是社会的弱势群体，残疾人事业是全面建设小康社会的重要组成部分。尊重残疾人的生存权利，使其普遍享有基本生活保障以及康复、就业、教育等权利，是一个国家和地区社会文明进步的重要标志。在威海市经济社会发展过程中，广大残疾人的生存状况得到了极大改善，但仍存在着诸多困难和问题。随着全面建设小康社会步伐的加快，把发展残疾人事业放在更加突出的位置，强化措施，着力推进，让广大残疾人与全市人民一道共享改革发展成果，仍是一项艰巨而紧迫的任务。

一 威海市残疾人帮扶工作取得了显著成效

残疾人的存在是一种普遍的社会现象。据第二次全国残疾人抽样调查公布的数据，截至 2006 年底，全市残疾人总量达 16.8 万人，占全市总人口的6.73%。其中，市区残疾人 3.16 万人，占市区人口的 5.1%；荣成市残疾人5.04 万人，占其人口的 7.6%；文登市残疾人 4.93 万人，占其人口的 7.7%；乳山市残疾人 3.67 万人，占其人口的 6.4%。多年来，全市各级高度重视残疾人的生产生活问题，出台了一系列帮扶政策和措施，特别是将残疾人康复、教育、就业、扶贫等工作纳入经济社会发展总体规划，通盘考虑，统筹安排，加大投入，强化帮扶，为残疾人办了很多好事、实事，残疾人的生产生活状况得到了明显改善。

（1）全面推行残疾人康复工作。一是建立了康复服务网络。自 2003 年起，将残疾人康复经费列入财政预算，每年市级不低于 50 万元，县级不低于

20 万元，共计 130 万元。成立了市残疾人康复中心，在全市 68 个镇（办）依托卫生院建立了残疾人康复指导站，在部分社区建立了残疾人康复室，为城乡残疾人提供肢体康复训练指导服务。二是完善了康复服务功能。2003 年，筹资 220 万元，对市残疾人综合服务设施进行了全面改造，增加了服务项目。目前共收训聋儿、弱智儿童 25 名，为残疾人提供假肢装配、肢体训练 1360 人次。2006 年，在省内成立了首家智力残疾人职业康复训练中心，首批免费收训 50 名智力残疾人进行全日制集中训练，提高了智力残疾人的自理能力和参与能力。三是开展了康复救助活动。开展了"视觉第一中国行动"，共完成白内障复明手术 6415 例，为 1855 名贫困白内障患者实施了免费复明手术，还为 220 名聋儿实施了语言训练，为 200 多名低视力患者提供了门诊、配镜等服务，对 100 名贫困精神病患者实施了生活救助，为 180 多名残疾人免费安装了假肢。同时，广泛发动社会力量，开展"三大行动"，其中"威高光明行动"捐资 100 万元，救助残疾人 500 名；"光威助听行动"捐资 20 万元，救助 200 人；"福彩助行行动"捐资 10 万元，救助 400 人。

（2）积极发展残疾人教育事业。自 2003 年起，广泛开展"扶残助学献爱心"活动，全市共募集资金 100 多万元，救助 500 多名贫困残疾学生及残疾人子女圆了上学梦。同时，积极发展特殊教育机构，加强专业师资队伍建设，提高特殊教育水平。全市特教学校发展到 4 处，在校学生 340 名。

（3）稳步推进残疾人劳动就业。强化残疾人就业法规宣传，加大残疾人就业执法力度，完善残疾人就业服务体系，依法推进残疾人按比例就业的全面实施。2003 年以来，在城镇共实施分散安置残疾人就业 1451 名。在促进残疾人就业的前提下，积极收缴残疾人就业保障金，5 年来共收缴 2000 多万元。同时，充分利用职能部门和社会组织的力量，建立社会化培训网络，积极实施对农村残疾人的实用技术培训，累计培训 8313 人，扶助农村残疾人参加多种形式的生产劳动。

（4）扎实开展残疾人扶贫工作。坚持政府主导、部门参与、社会捐助、干部包扶、群众帮扶的工作思路，因地制宜地开展开发式扶贫。自 2004 年起，市级投入专项基金 50 万元，县级按 1:1 的比例匹配，每年扶持贫困残疾人 500 户，目前共扶持脱贫 2582 人。同时，积极探索残疾人扶贫工作新途径，全市共依托农业龙头企业，建立残疾人从业扶贫基地 16 处，辐射带动 600 多户残疾人脱贫。

（5）有效保障残疾人基本生活。将符合条件的残疾人全部纳入城乡最低生活保障范围，并做好"三无"残疾人的救助和供养工作，保障其基本生活需要。自 2005 年起，实施政府购买家政服务试点，共对 155 户生活不能自理的孤残独居残疾人，采取政府购买家政服务方式，解决其无人照料的问题。同时，开始实施农村残疾人危房改造工程，运用就业保障金和福彩公益金，救助 475 户贫困残疾人实施了危房改造。

二 残疾人生产生活面临的困难和问题

与其他群体相比，残疾人目前的生活水平仍然偏低，在康复、就业、就学包括基本生活保障等方面仍然存在很多困难和问题。2006 年，全市残疾人的人均纯收入为 2242 元，仅占全市农村居民人均纯收入的 37%、城镇居民人均可支配收入的 18%，残疾人仍然是社会上最困难的群体。这主要体现为"四难"。

（1）康复难。一是康复设施建设滞后。现有的市残疾人康复中心面积仅 1100 平方米，主要开展聋儿和弱智儿童全托康复训练，只能接收 25 名学生，兼顾开展的假肢装配业务，也只能容纳 2 名技师，每年仅完成装配 40 例，市区残疾人的康复需求仅能满足 20%；各市区康复中心大都名不副实，镇级基本上没有单独设立康复中心。据调查，全市有康复需求的残疾人多达 80640 名，占全市残疾人的 48%。显然，威海市目前的康复设施状况，离残疾人"人人享有康复服务"的目标还有很大距离。二是康复经费不足。"十五"期间，市县两级残疾人康复经费只解决了全市肢体残疾人康复训练的需求，对其他残疾人则无力惠及。据调查，全市视力残疾人 19824 名，听力残疾人 44184 名，言语残疾人 1949 名，肢体残疾人 55860 名，智力残疾人 9072 名，精神残疾人 10735 名，多重残疾人 26376 名，分别占全市残疾人的 11.82%、26.3%、1.16%、33.25%、5.36%、6.39% 和 15.72%。经测算，要基本满足各类残疾人的康复需求，实现"人人享有康复服务"的目标，每年市县两级康复经费至少不应低于 100 万元和 50 万元。三是康复服务专业人员匮乏。市、县、镇三级除应设立残疾人康复中心外，还应配备专职业务工作人员。但目前市级只有 10 名专职人员，县级以下基本没有。从残疾人康复训练工作量的实际需求看，三级分别不应少于 50 人、30 人和 10 人。

（2）就学难。一是难在上不起学。据调查，全市因病致残的残疾人占 50%，因先天性遗传致残的占 9%，这些残疾人家庭为了给孩子治疗，大都花光了家中多年的积蓄，往往无力再供孩子上学读书。二是难在上不了学。如对待弱智儿童，有些学校拒绝接收；对待精神残疾学生，往往劝其退学离校。三是难在不愿就学。不少家长对残疾子女失去信心，认为上不上学都一样，自认不幸而宁愿把他们留在家里养一辈子。

（3）就业难。全市适龄的听力和言语残疾人有 28118 名，轻度肢体残疾人有 10214 名，这部分残疾人相对容易就业，但仅占全市适龄残疾人的 37%。适龄的视力、智力、精神残疾人和多重残疾人、重度肢体残疾人有 64064 名，占全市适龄残疾人的 63%，因身体方面的障碍，他们大都被用人单位拒之门外。

（4）脱贫难。全市残疾人靠集体供养的有 6720 名，靠亲属供养的 57120 名，靠自食其力的 104160 名，分别占全市残疾人的 4%、34% 和 62%。其中，靠集体和家庭供养的大都完全丧失劳动能力，或因年龄小尚未有劳动能力；靠自食其力的虽然具有一定劳动能力，但与健全人相比差距很大。他们既是社会上谋生能力最差的群体，也是家庭脱贫难度最大的群体。

三 残疾人生存困难的原因分析

目前，残疾人生产生活面临的困难处境，既有自身客观原因，又有社会各方面因素的影响。

（1）身体偏弱。残疾人都有身体方面的缺陷，这直接导致了他们都存在一定的劳动障碍。不论是从身体条件还是从劳动能力看，他们都是社会上的弱者，会给社会和家庭带来一定的负担，需要社会的关爱和家庭的照顾，而不可能成为创造社会财富的主体。

（2）年龄偏老。据调查，全市残疾人 7 岁以下的 622 名，8 至 17 岁的 3007 名，18 至 60 岁的 102396 名，61 岁以上的 61975 名，分别占全市残疾人的 0.37%、1.79%、60.95% 和 36.89%。其中，17 岁以下的占 2.16%，60 岁以上的多达 36.89%。目前全市 60 岁以上的老年人有 42.5 万名，占全市总人口的 17%。相比之下，残疾人的老龄化程度比全市总体老龄化程度更严重。

（3）文化偏低。全市残疾人大专以上学历的 840 名，高中中专 7560 名，初中 42000 名，小学 70560 名，文盲 47040 名，分别占全市残疾人的 0.5%、4.5%、25%、42% 和 28%。其中，小学学历和文盲残疾人比例高达 70%，身体本已残疾，加上文化偏低，使他们的生存能力大大削弱。

（4）农民偏多。全市城镇残疾人 34053 名，占全市城镇居民的 3.69%，占全市残疾人的 20.27%；农村残疾人 133947 名，占全市农村居民的 10.2%，占全市残疾人的 79.73%。2006 年，威海市农村居民人均纯收入仅占城镇居民可支配收入的 49%，而接近 80% 的残疾人又生活在农村，城乡生产生活环境和条件的差距使得广大农村残疾人的生存状况相对艰难，这也是残疾人群体整体上长期处于困境的重要原因。

（5）保障偏少。一是托养机构少。全市丧失劳动能力的残疾人，特别是鳏寡孤独重度残疾人需要政府逐步实行托养，但这种托养机构目前没有普遍建立，既缺少托养设施又缺乏工作人员。目前全市仅有的一家是由市残联举办的，只能全托智力残疾人 50 名，县、镇级均未建立托养机构，给社会和家庭带来了沉重负担。二是庇护工厂少。为科学解决残疾人生计问题，世界上许多国家都对适合残疾人生产的产品实行垄断经营，在政策上只允许残疾人托养机构生产经营。目前威海市尚没有这种机构。三是社会救助少。社会上对残疾人的生存状况了解不够、关注不够，用于资助困难残疾人的救助项目不多，福利彩票公益金和慈善捐款用于残疾人救助的比例偏低。四是政府投入少。尽管近年来各级财政逐步加大了残疾人事业的经费投入，但与残疾人的实际需求相比仍有很大差距，特别是用于残疾人康复、危房改造等方面的资金较少。东营市财政每年专项预算 500 万元用于解决残疾人生产生活问题，威海市目前每年不足 200 万元。相比之下，威海市对残疾人的保障力度仍滞后于全市经济社会发展的总体水平。

四 帮扶残疾人共奔小康的对策与措施

发展残疾人事业，不仅关系到残疾人及其家庭的切身利益，而且关系到整个社会的和谐安定，对加快全面建设小康社会的步伐具有重要意义。党的十七大强调，要"发扬人道主义精神，发展残疾人事业"，这既是全体残疾人的热切期盼，也对各级党委、政府帮扶残疾人共奔小康提出了新的要求，提供了新的机遇。今后一段时期，要围绕"凝心聚力带领残疾人共奔小康"这个主题，进一步做好残疾人的康复、就业、教育和扶贫等工作，切实解决他们生产生活中的困难和问题，不断提高他们的生存生活质量，使其共享全市改革发展的成果。

（1）加强组织领导，完善残疾人帮扶工作保障体系。一是党政强力推进。将帮扶残疾人共奔小康工作列入各级党委、政府的重要议事日程，定期听取残联部门的汇报，研究制定具体措施，适时将帮扶残疾人共奔小康的专项工作纳入年度工作目标考核体系，加大跟踪督导力度，确保《残疾人保障法》的各项规定落实到位。二是完善帮扶政策。按照十七大提出的"学有所教、劳有所得、病有所医、老有所养、住有所居"的基本要求，结合威海市实际，进一步完善、整合现行的残疾人帮扶政策体系，为维护残疾人的合法权益提供更加完备的政策保障。三是加大资金投入。加大公共财政对残疾人事业的倾斜力度，提高残疾人康复、扶贫等专项资金的支出比例，增加在残疾人危房改造等方面的财政支出，同时，加大福彩公益金和慈善资金的支持力度，为发展残疾人事业提供充足的资金保障。四是强化协调配合。各级残疾人工作委员会要进一步发挥执行和监督作用，按照职责分工，齐心协力，密切配合；各级残联要进一步发挥协调和参谋作用，将残疾人事业发展中遇到的困难和问题掌握好、汇报好、协调解决好；新闻媒体要进一步发挥宣传和舆论监督作用，弘扬人道主义精神，营造扶老助残济困的良好社会氛围，教育引导残疾人自强、自立、自尊、自信，共同参与全面建设小康社会。

（2）深入实施"三大行动""七大工程"，把帮扶残疾人共奔小康的工作落到实处。"三大行动"：一是"威高光明行动"，依托威高集团专项慈善基金，对全市现有白内障患者逐步免费实施复明手术；二是"光威助听行动"，依托光威集团专项慈善基金，救助耳聋患者免费验配助听器；三是"福彩助行行动"，依托福利彩票中心专项捐款，为全市肢体残疾人免费配备轮椅、装配假肢。"七大工程"。一是"康复服务工程"。"十一五"期间，由各级政府全面落实残疾人康复服务中心建设，市、县、镇级建筑面积分别不低于5000平方米、3000平方米、1000平方米。二是"残疾人脱贫工程"。落实《残疾人就业条例》规定，强化残疾人职业培训，并加大执法力度，大力征收残疾人就业保障金，重点用于解决残疾人生产生活困难；发挥市级托养机构的示范作用，逐步扩大全市残疾人托养规模，探索建设残疾人庇护工厂，科学解决残疾人生计问题；扩大农村残疾人扶贫基地建设规模，每年完成农村残疾人脱贫不少于1000户。三是"家政服务工程"。依托慈善捐款，对全市孤残独居残疾人实施家政服务。四是"扶残助学工程"。依托山东鸿洋神水产科技有限公司专项捐款，救助贫困残疾人家庭在校学生。五是"安居工程"。依托福利彩票公益金，救助贫困残疾人改造危房。六是"电视手语工程"。争取早日实现威海及荣成、文登、乳山电视台全部开播电视手语节目，解除全市40000名聋人对电视节目解读的困难。七是"城市无障碍工程"。在辖区内全面推行城市道路、公共建筑物、居住建筑等无障碍设置，争创"全国无障碍设施示范城市"。

（3）明确新的工作目标，推动全市残疾人事业又好又快发展。围绕争当全省"三个发展"排头兵，实现富民强市新跨越的总体目标，加快威海市残疾人事业发展步伐，努力在四个方面寻求新突破，争当排头兵。一是在社区康复工作上实现新突破。大力开展创建"全国康复示范区"活动，在环翠区通过验收的基础上，2008 年荣成、文登、乳山三市全部参与创建；继续大力开展白内障治疗，对全市约 3000 名生活贫困、适宜手术的白内障盲人，争取用 2 至 3 年时间全部免费实施复明手术；2008 年在乳山市开办智力残疾人职业康复训练中心，其他市区逐步开办。通过努力，在全省率先实现残疾人"人人享有康复服务"的目标，率先实现"白内障无障碍县（市）"的目标，率先实现"市、县两级全部开办智力残疾人职业康复训练中心"的目标。二是在农村残疾人扶贫上实现新突破。在各级加大残疾人扶贫专项资金投入的同时，广泛筹措资金，扩大扶助范围，加大残疾人扶贫基地建设，辐射带动更多的残疾人加快脱贫致富。三是在残疾人危房改造上实现新突破。2008 年，全部完成全市 600 户贫困残疾人危房改造项目。四是在推广电视手语上实现新突破。2008 年在全省率先实现全市"一片红"，让广大残疾人在全面建设小康社会的进程中共享物质文明和精神文明成果。

（作者单位：威海市残疾人联合会）

文登市生态城市建设的研究与思考

王江炜

1 前言

改革开放以来，我国东部沿海城市得到了迅速发展，城市化、工业化和现代化的浪潮从南向北影响全国，形成了珠三角、长三角、京津冀、山东半岛、辽中南等十余个城市群。由大中小城市组成的城市群在区域经济和全国经济中所占的比重越来越大。然而，随着经济发展和人口增长，城市群对流域资源和环境的利用强度日趋加大，污染物的排放总量不断加大，产生了严重的生态危机，带来了一系列严重的环境问题。转变经济增长方式，把经济、社会、环境作为一个整体进行综合考虑，建设由自然—经济—社会复合生态系统组成的生态城市已经成为城市发展的主要方向。

山东半岛城市群包括济南、青岛、烟台、威海、潍坊、淄博、日照、东营8个市，辖66个县（市、区），总面积7.3万平方千米，占全省总面积的46.6%；2006年该区域人口4244.2万人，占全省总人口的45.6%。山东半岛城市群濒临渤海和黄海，是环渤海经济圈的重要组成部分。半岛城市群聚集了山东省主要资源和先进生产力，是我国重要的对外开放基地，在环渤海三大经济区中竞争力上升最快。2007年，山东省根据国内外发展形势，提出了"一体两翼"的战略发展目标，以山东半岛城市群以及胶济铁路两侧作为山东省发展的根本和关键，以山东省北部和南部为两翼，积极建设山东半岛城市群和胶东半岛加工制造业基地。

在山东半岛城市群中，除济南、青岛两个超大型城市和设区的几个大型或特大型城市外，中小城市占多数。半岛地区缺乏像北京、上海和深圳那样的经济中心城市，然而，半岛地区的一个显著特点是县域经济比较发达。2008 年 7 月公布了第八届全国县域经济基本竞争力与科学发展评价报告。在全国百强县（市）名单中，山东省占 26 席，其中 20 个在半岛城市群中，分别是荣成（第 10 位，百强县中的位次）、龙口（13）、文登（16）、即墨（19）、胶州（19）、胶南（19）、寿光（24）、莱州（29）、平度（34）、章丘（36）、诸城（43）、招远（44）、乳山（60）、蓬莱（63）、莱西（71）、广饶（77）、青州（87）、高密（89）、桓台（90）、莱阳（91），其中 13 个位于山东半岛地区。半岛地区所拥有的百强县数量占全国的 13%，占全省的 50%，这说明半岛县域经济无论在山东省还是全国都占有一定的优势。威海市所辖的文登、荣成、乳山皆为全国百强县，这为威海发展以市区为中心，以文登、乳山、荣成、石岛为副中心的半岛东部 A 字形城市群打下了良好基础。根据半岛地区的这种特点和比较优势，加快发展半岛地区 13 个全国百强县，打造半岛中小城市板块经济，进而促进半岛城市群的建设，具有一定的意义。然而，随着山东半岛城市群和胶东半岛制造业基地的建设，产生了生态压力增大，土地、水等资源不足，能源缺乏，三废排放量不断增长，环境污染等问题。因此，采取有效措施，保护生态环境，实现经济社会环境协调发展，建设半岛生态城市群，尤其要加快建设中小生态城市群已成为当务之急。

本文以文登市为实例，主要研究山东半岛中小城市生态建设问题。文登历史悠久，人文底蕴丰厚。城市依山傍水，三条河流在市区交汇，山峰、丘陵、平原错落有致。全市面积 1645 平方千米，海岸线长 155.88 千米。2007 年人口 64.07 万，其中城区常住人口 18.09 万人，暂住人口 3.88 万人，建成区面积 41 平方千米。文登高度重视城市发展和生态建设，坚持环境就是生产力的科学发展观，结合山东半岛城市群建设，按照"不求最大、但求最美"的发展思路和生态城市建设有关理论，积极学习国内外生态城市建设的先进经验，坚持高起点规划、高标准建设、高效能管理、高水平经营，在城市基础设施、城市新区和南海新区建设、城乡绿化、循环经济、环境污染治理、和谐社会以及生态文化建设等方面投入大量人力物力，坚持经济社会环境统筹发展，全力打造具有浓郁地域特色的现代化生态城市，促进了经济社会环境的可持续发展。先后获得"全国农村精神文明建设先进市""全国环境保护模范城市""中国优秀旅游城市""中国工艺家纺名城""全国科技进步示范市""国家园林城市"和"全省文明城市"等荣誉称号。2008 年综合竞争实力居全国百强县第 16 位。目前，按照"三二一"的发展思路，文登正在全力进行新型工业化、社会主义新农村以及和谐社会三大建设，积极建设城市新区和南海新区两大经济板块，大力弘扬"自强不息、和谐向上"的新时期文登学精神，着力打造以"山、水、文"为特色的生态城市，建设经济文化强市。

2 生态城市建设的理论与实践

2.1 生态城市建设的理论

2.1.1 城市生态系统组成要素

城市生态系统由动物、植物、微生物等城市群落，城市气候、地质地貌、水文与水资源、土地资源等自然要素，以及城市人口、经济等组成。它们相互作用、相互影响，构成一个整体，并深受城市发展水平、人口规模、城市经济及其结构等社会经济因素的影响。

2.1.2 城市生态系统特征

城市生态系统是一个结构复杂、功能多样、巨大的、开放性复合人工生态系统，具有人工性、开放性、复合性、脆弱性以及不完整性等特点。

自然生态系统是生物复合体与无机自然环境通过物质循环和能量流动共同组合而成的，生物种群和群落通过食物链、食物网，形成生产者—消费者—分解者的关系而实现生态平衡。城市生态系统必须由其他系统输入资源物质和能源，以及大量的人力、资金、技术、信息等，才能维系"城市生态系统"的正常发展、演化及其形态、结构与功能的协调平衡，同时城市生产生活所排放的大量废弃物，远超过城市范围内的自然净化能力，也要依靠人工输送系统输送到其他生态系统，主要通过人工设施进行处理。

2.1.3 城市生态系统功能

城市生态系统最基本的功能就是系统内部以及与外界间能量、物质（包括人）和信息等的交换，包括生产功能、能量流动、物质循环和信息传递功能。

2.1.4 城市生态学相关理论

主要由城市生态学理论、可持续发展理论、循环经济理论、区域增长极理论、环境经济学理论和比较优势理论等组成。

2.2 生态城市案例分析

生态城市是指自然、经济、社会协调发展，物质、能量、信息高效利用，基础设施完善、布局合理、生态良性循环的人类聚居地。其科学内涵是：社会文明安定、经济高效和生态环境和谐。主要由生态城市、生态小区和生态工业园组成。

大连市通过确定正确的城市建设发展理念，合理布局城市功能区、加快产业结构调整，加大环境投入、提高环境质量，建设生态城市，在短短的 10 年时间内，由一个重化工城市迅速转型为一个以环境与经济协调发展的环境质量好、经济发展快的城市，确立了环境与经济的"双赢"发展模式，取得了举世瞩目的成就。

北京市北潞春绿色生态小区是我国第一个以可持续发展为目标，利用生态工程理论建立的生活小区。通过采取因地度势，保持原有地形地貌，污水回收利用，雨水收集，垃圾利用，利用太阳能，道路设计生态化，绿化建设等措施，充分利用现有的自然环境，在环保建材的使用、资源利用和环境保护等方面都有很大的进步，具有较强的示范性。

生态工业示范区是依据清洁生产要求、循环经济理念和工业生态学原理而设计建立的一种新型工业园区。它通过物流或能流传递等方式把不同工厂或企业连接起来，形成共享资源和互换产品的产业共生组合。模拟自然系统，在产业系统中建立"生产者—消费者—分解者"的循环途径，寻求物质闭环循环、能量多级利用和废物产生最小化。丹麦卡伦堡生态工业园是世界上最著名的工业生态园先驱。卡伦堡生态工业园区把不同的工厂联结起来，在企业间形成资源和废物的循环网络，使得一家工厂的废气、废热、废水和废渣等成为另一家工厂的原料和能源。20 世纪 80 年代以来，在这个地区的企业间已经形成了蒸汽、热水、石膏、硫酸和污泥等资源和废物的相互依存的、共同利用的格局，从而形成了一种"工业共生体系"。

3　文登市城市生态系统构成分析

文登市总人口 64.05 万，总面积 1645 平方千米，辖 14 个镇和埠口港、3 个街道办事处、2 个省级经济开发（园）区。城市规划控制区面积 312 平方千米，其中建成区面积 41 平方千米，城区常住人口 18.09 万人，暂住人口 3.88 万人。目前，文登正在按照工业强市、文化名城、商贸中心、旅游胜地的发展思路，根据文登的自然资源和生态优势，全力加快以"道教名山、黄金海岸、温泉之都、李龙故里、进士之乡"为代表的全国生态示范区的建设。

3.1 文登市自然生态子系统分析

文登地处北温带，四季分明，气候宜人，山水相依，河海相连，占尽山之秀美、水之灵气，享有"天赐福地"之美誉。境内西有中国道教名山——"海上仙山之祖"昆嵛山，绵延百里，层峦叠嶂，为国家级森林公园。东有革命圣地——天福山，林木茂密，为省级森林公园。南临黄海，在长达155.88千米的海岸线上，岬湾相间，风光秀丽。其中，金滩旅游风景区万亩松林苍翠茂密，海滨滩平沙细水清，是旅游休闲胜地。境内水系发达，母猪河、青龙河、昌阳河纵贯南北，米山水库是威海最大的水库，库容量2.8亿方，是威海地区的重要水源地。文登因特殊的地质构造，境内有5处温泉，水质清澈，平均温度65℃，富含20多种对人体有益的矿物质，开发利用前景广阔，已在国家工商总局注册"温泉之都"。文登自然资源丰富，生物多样性保护很好。境内山、海、河、泉，城市、乡镇、村落浑然一体，生态环境与人文环境和谐，构成完整的城市生态系统。良好的生态环境适合居住、休闲、度假，丰富的自然资源适合发展各种加工制造业。

3.2 文登市经济生态子系统分析

文登市积极进行新型工业化、新农村以及和谐社会三大建设。积极进行产业经济结构调整，综合经济实力显著增强，经济社会取得了健康快速发展。2007年，文登完成地区生产总值419.71亿元，比上年增长15.1%，地方财政收入16.65亿元，比上年增长11.0%。

在农业方面成为全国粮食、花生、对虾、苹果、奶业、珍贵毛皮动物、名贵中药材、无公害水果生产基地县、全国重要西洋参产区、全国最大的特种毛皮动物养殖基地、全国牛奶生产强县，被评为全国优势农产品产业带建设示范市、山东省农业产业化经营先进（县）市。农业正在向高效、标准化、产业化、外向型、龙头带动型方面转化。

工业在全市经济结构中占主导地位。文登经济实力雄厚，工业产业群集中，产业经济发达，是山东半岛重要的工业城市。文登坚持工业强市的战略，重点发展了汽车及配件、家纺和机械工具三大产业群，以及电子通信、食品医药两大优势产业，形成了一批骨干企业和优势名牌，推进了新型工业化进程。重点建设了城区经济板块和南海经济板块，城区经济板块主要由经济技术开发区和天福、龙山、环山、米山等项目区组成，南海新区主要由临港产业区和金滩度假区组成，两大经济板块已经成为文登经济发展的推进器。

2007 年，规模以上工业发展到 580 多家，形成七大龙头企业率先发展，20 强企业竞相跟进，百名企业较劲发展的良好局面。目前全市共建起 2 个博士后科研工作站，1 个国家级技术开发中心，19 个省级技术开发中心，拥有 2 个中国驰名商标，4 个中国名牌，6 个国家免检产品，44 个山东省名牌产品或著名商标，已成为山东半岛重要的加工制造业基地。

文登地处半岛腹地，陆海空三位一体，交通便利，发展商贸与现代物流具有得天独厚的区位优势。现拥有文登义乌小商品批发市场、利群购物广场、家家悦超市、中国工艺家纺城、威东集装箱服务站等设施完善、条件优越的商场，形成了立足山东半岛、辐射辽东半岛和韩国、日本的区域性商贸物流集散地。

近年来，文登大力发展旅游业，目前已形成了四山五泉一线的旅游格局，四山即昆嵛山、圣经山、天福山、回龙山，五泉即呼雷汤、汤村汤、大英汤、洪水澜汤、七里汤，一线即南海 156 千米的海岸线。作为中国优秀旅游城市，随着昆嵛山道教文化、南海新区和温泉资源的深度开发，文登旅游业得到了迅速的发展。通过招商引资，新建设了一批重点旅游项目。圣经山道教主题公园已经开园，回龙山、天福山森林公园正在开发之中。温泉方面如天沐温泉、呼雷汤温泉、汤泊温泉、大英温泉得到了全面开发，其中天沐温泉已经开业。随着南海新区的建立，南海金滩由万亩松林、湿地、万米沙滩形成的原生态旅游资源的价值得到了充分利用，南海公园已经开园，按照国际最新理念建设的数家亲海度假酒店正在规划建设之中。海滨游、民俗游、生态游、农业观光游、昆嵛山樱桃节（采摘节）、南海金滩拾贝节等旅游方式广泛流行，改变了人们的生活方式，促进了经济社会的健康发展。已举办了四届的昆嵛山樱桃节知名度和影响力不断提高，成为"山东旅游最具成长力品牌"。通过举办樱桃节，拓宽了农民增收和招商引资的渠道，改善了农村的环境面貌，促进了农村基础设施建设，引起了国务院发展研究中心和国家旅游局高度重视，并作为建设社会主义新农村的课题进行研究。

文登积极实施经济国际化战略，不断优化投资环境，向高层次、宽领域、纵深化方向发展，构筑了整体对外开放的新格局。省级开发区经济技术开发区被联合国工业发展组织确认为"推进中国产业结构调整示范园区"，台湾工业园、浙商工业园等园中园不断开发和建设，对外开放的内涵和质量不断提高。截至 2007 年底，外资企业总数达到 600 多家。

3.3 文登市社会生态子系统

文登市区环境优美，红瓦绿树淡墙与青山、碧水、蓝天相映成趣，凸现园林风韵、生态风貌和现代风格。水在城中，城在林中，人在绿中。文登三季有花，四季常青，绿地错落有致。城市绿化覆盖率为41.98%，人均公共绿地面积18.17平方米，污水处理场、垃圾处理场等环境保护设施比较完善。城市建设突出了山、水、文化三大特色，城市化水平达55.8%，已发展成为山东半岛城市群中的一颗璀璨明珠。

文登科技教育卫生事业发达，是全国基础教育先进市和全国科技实力百强市，文登整骨医院为全国三大骨伤中心之一，中心医院为三乙地级医院，医疗卫生条件优越。政府设立了行政审批中心和外商服务中心，为企业和市民实行一站式的快捷服务。

文登尊师重教，崇尚文化，文化底蕴深厚，素有"文登学"之美誉。文登诗学文化底蕴深厚，科举时代考取了一百多位进士，成为进士之乡。作为中国道教全真派发祥地，儒、释、道三教合一的全真教在文登留下了很深的烙印。作为李龙故里，文登李龙王的神话传说在山东、河北、河南及东三省广泛流传，今年成为中国非物质文化遗产。文登的红色文化以"一一四"暴动和天福山起义为典型代表，产生了一百多位将军。

3.4 文登市环境子系统

近年来，随着环境建设方面的投入不断加大，生态环境明显改善，环境质量不断提高。目前，万元生产总值能耗比2000年降低30%，主要污染物二氧化硫排放强度下降到2.07千克/万元；城市污水集中处理率达到86%，生活垃圾无害化处理率近100%；森林覆盖率达到35.1%，城市绿化覆盖率达到41.98%。

3.4.1 染物排放及分析

2001～2007年，工业和生活各种污染物排放情况见表1。

表1　文登市2001～2007年污染物排放情况

项目		2001年	2002年	2003年	2004年	2005年	2006年	2007年
工业废水	排放量（万吨）	457.45	497.97	503.97	512.01	535.57	533.02	517.73
	COD（吨）	1062.4	1835.63	1949.2	2130.33	2279.94	1718.84	1261.95
	氨氮（吨）	64.32	67.46	69.35	76.06	97.54	78.34	75.07
工业废气	排放量（亿标立方米）	46.85	50.7	49.6	54.33	52.82	53	57.55
	SO_2（吨）	3535.84	3689.07	3521.64	3948.51	4149.4	6756.91	6570.5
	烟尘（吨）	592.78	614.48	589.05	637.2	1461.77	1283.57	1271.6

项目		2001 年	2002 年	2003 年	2004 年	2005 年	2006 年	2007 年
工业固体废物	排放量（万吨）	12.73	12.54	12.1	13.34	13.59	15.26	14.95
生活污水	排放量（万吨）	810	812	1175	1159	1184	1006	1186.25
	COD（吨）	882.5	885.3	1128	1107	1213	1904	2108.8
	氨氮（吨）	—	—	—	246	250.8	262.71	272.47
生活废气	SO_2（吨）	487	585	583	595	640	1235	1155

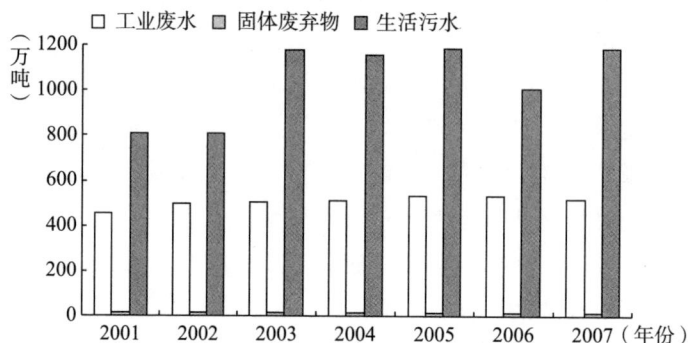

图 1　2001~2007 年工业废水、工业固体废弃物和生活污水排放趋势

从图 1 可以看出，2001~2007 年工业废水、工业固体废弃物、生活污水前期总体呈递增趋势，后期趋于稳定或下降。这说明由于生态建设力度的加大和环境保护方面的投入不断增加，污染物排放在"量"方面得到了有效控制。

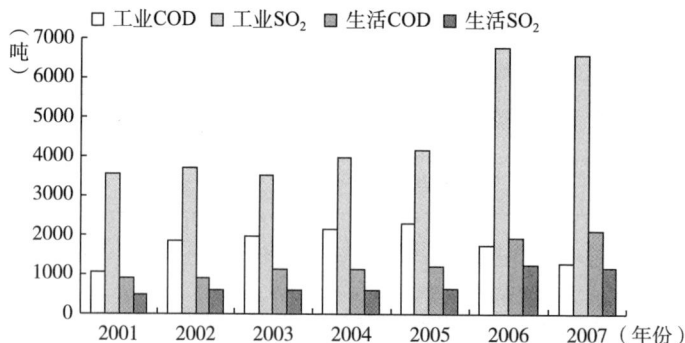

图 2　2001~2007 年工业废水（废气）、生活污水（废气）核心污染物排放趋势

从图 2 可以看出，2001~2005 年，工业废水中 COD 排放量呈递增趋势，2006 年开始下降。工业废气 SO_2 排放量，2001~2006 年总体呈明显递增趋

势；其中，2006年递增比例最大，2007年开始缓慢下降。这充分说明工业化带来的核心污染物前期不断增加，2006～2007年开始呈现下降趋势，与量的变化趋势基本相符。应该说随着环境保护力度加大和经济增长方式的转变，工业核心污染物排放得到有效遏制，工业化带来的环境压力有所缓解，生态城市建设成效明显，这有助于环境质量的提高。

生活污水COD在2001～2007年呈递增趋势，生活废气SO_2在2001～2006年递增，2007年有所下降。这说明随着城市化进程的加快、人口的不断增加和生活水平的提高，在工业污染物受到控制的情况下，生活污染物中的COD和SO_2排放增加，其中生活COD自2006年起在绝对值上超过工业污染物中的COD，给环境带来较大压力。应当密切关注污染物变化的规律，加大生活污染物控制力度，促进生态城市建设。

3.4.2 城市环境质量

空气质量常年保持在Ⅱ级以上水平。城市地面水水质达标率100%，饮用水源地水质达标率98.22%，母猪河流域水质达标率80%，近岸海域水质达标率100%，城市地下水水质达标率100%。城市噪声达标率为100%。

4 文登市城市生态建设布局的研究与分析

4.1 生态功能分区

全市共划分为5个生态功能区，采取保护、恢复和治理等措施，维持和恢复各生态功能区的生态服务功能。

5个生态功能区分别为：西北河库源头区、东部水源涵养区、中部低山丘陵区、西南平原区、南部近岸海域与湿地区。五大功能区划分是由地理、地貌和自然生态决定的，是城市生态环境建设的基础框架。

4.2 工业布局和产业结构调整

工业是文登的优势，文登根据工业基础较好的实际情况，提出实施工业立市、工业强市的发展战略。通过多年的发展积累，建立起包括市属企业、民营企业、外资企业在内的数千家企业组成的三大产业群、两大优势产业体系，奠定了文登工业在全省乃至全国县域工业中的优势地位。在山东省建设山东半岛制造业基地的大环境下，文登提出了全力打造山东县域工业第一强的战略目标，以工业化带动城市化。按照城市生态化、现代化的要求，文登对工业重新进行布局。一方面，对城区企业进行搬迁，实行退二进三，将污染型企业搬到城外工业园区内，对污染集中处理，减轻城区环境压力；腾出的土地用来发展房地产和商贸服务业。另一方面，在城区外合理规划，科学布局，规划建设了两大经济板块构成的工业经济体系。"十五"期间，很多市属企业和村办企业外迁，以制革厂、味精厂、轮胎厂等为代表的50余家企业外迁，腾出工业用地20多万平方米，有力地改善了城区生态环境，促进了第三产业的发展。文登市自北向南，规划建设了经济技术开发区、南海新区两大工业园区，每个园区又有若干项目区，对工业废水、废渣统一处理，有效地解决了工业污染问题。

大力进行产业结构调整，不断进行产业升级换代。同时，积极发展循环经济，通过建立生态工业示范园，尽最大可能减少工业化带来的环境污染。抓住山东省半岛制造业基地的机遇，积极承接韩国、日本、中国香港、中国台湾以及长三角、珠三角等发达国家和地区产业转移。高度重视发展产业集群、技术创新和规范服务环境。其中，家纺产业群成为山东省工业十大产业集群之一。积极调动企业参与申请 ISO14000 环境管理体系认证及绿色产品认证，另外鼓励企业进行清洁生产，发展循环经济，开发生态产品。目前，已有多家企业的20多个环保产品通过了省级认证。

4.3　城市环境综合整治

文登市在加快工业化进程、调整企业布局和产业结构的同时，积极进行城市生态化、现代化建设，加大城市环境综合整治力度。经过几年的建设，城市面貌发生了较大变化，城市功能和对经济社会发展的承载力不断增强。

4.3.1　加大投资力度　改造城市环境

一方面改造旧城区，另一方面城区北拓东扩，加快建设新城区，进一步拓展城市发展空间，构筑现代化城市框架，完善和发展城市基础设施。相继实施了一系列道路改建和新建等重大工程，市区形成了纵横交错的快速交通网。

在创建生态城市过程中还进行了新汽车站、热电厂、污水处理厂二期工程、垃圾处理场、污水管网、管道液化气、市区道路改造亮化等一大批基础设施重点工程的建设，城市综合功能日益完善。同时，实施了城市大气净化、河流净化、环境安宁、固废处理、水源地保护和生态环境保护等"六大工程"，城市环境质量明显提高。目前，文登市城市燃气普及率达96.8%，城市道路照明率达98.5%，用水普及率为99%，水质合格率达到100%，污水处理率达到 88.54% 以上，生活垃圾无害化处理率达 100%。城市对经济社会发展的承载力进一步增强。

4.3.2 实施城市绿化 构建生态景观

从实际情况出发，不断加强公园、绿地等公共环境设施的建设。将地理环境与历史文化有机地结合起来，不断加大城乡绿化力度，增加绿地面积，突出了城市的"山、水、文"特色。建设了峰山公园，突出了"山城"特色；环绕城区长 38 千米的抱龙河、柳林河、九里河经过清淤、扩道、护坡、建拦水坝、治污后，形成了面积 199 万平方米、蓄水总量 300 多万立方米的水面景观。根据起源于文登并在全国广泛流传的李龙王神话传说，文登投资 2000 多万元在城市新区建设了抱龙河水上公园，为城市增加了一处新的水上景观，"水城"的灵韵和魅力充分展示出来；根据文登学的文化底蕴，建设了召文台公园，在城市新区中心建设了充满浓郁"文登学"文化气息的文登学公园，"文化古城"的内涵得到了充分体现。

重视城市绿地和景观廊道建设，从公园、绿地、道路三个方面入手加大绿化力度，从整体上增加绿化面积、提高绿化档次，切实改善了城市的生态环境。文登市相继实施了一批重点园林工程，先后实施了文山东路绿化、"三河"治理、309 国道绿化、山体绿化等一大批园林工程；进行了大规模的绿地系统建设，建设了环岛公园、九里绿地、宏安生态园、青龙度假村等一批城市公园，总面积达 10 万平方米，提高了城市绿化覆盖率，改善了城区环境。2007 年，文登市森林覆盖率达到 35.1%，建城区绿化覆盖率达到了 41.29%，人均公共绿地达到了 18.17 平方米，成为国家级园林城市。一个以峰山为轴心、以河滨公园为城市中心风景线、以古迹和文化特色突出的城市绿地为面，以居住区、庭院为点的独具特色的现代化山水园林城市已初步形成。

4.3.3 治理工业污染 保护生态环境

积极治理各种污染，保护生态环境。投资 7000 多万元，建成了日处理 4 万吨污水的城市污水处理厂，对市区排污管网进行整治，使城市污水排放管网覆盖整个市区，实现了市区污水和工业污水的全部集中处理。为增加污水处理能力，实施了二期工程，完工后总日处理量将达 10 万吨。另外，投资 4500 万元建设了新的大型垃圾处理场。对对全市环境影响较大的 10 家企业实施全面达标排放工作，"三河"经过治理，水质得到了极大改善。文登海岸线比较长，海洋资源丰富，滩涂养殖与海洋旅游业发达。为保护海洋环境，实施了碧海行动计划。通过综合治理，环境噪声达到规定标准，废水、废气排放达标率为 100%，固体废物综合利用率达 99.13%，城市污水处理率达 86.04%，工业废水重复利用率达 85% 以上，空气环境质量功能区达标率 100%，生活垃圾全部得到无害化处理。

4.4 城市新区和南海新区的建设与发展

为拓展发展空间，培植新的经济增长点，文登市积极开发城市新区和南海新区，实施城区和南海经济板块两轮驱动、共同发展的战略，促进了全市经济社会健康快速发展。

4.4.1 南海新区

文登南部滨海有 155 千米的海岸线，有 7 个镇（办）沿海，区位优势明显，开发潜力巨大。区内环境优美，开发优势明显，在发展人居、旅游、港口、造船、风力发电、海洋化工和循环经济产业方面，有着巨大的潜能。文登市对南海新区进行了概念性规划和起步区的详细规划，将其定义为文登的副中心城市，以及以制造业和休闲旅游度假业为主的生态型滨海新区。

南海新区规划范围东起埠口港，西至黄磊河，北起环海大道，南到五垒岛湾，总规划面积 160 平方千米，涉及 6 个镇、45 个村。区内有优质沙滩、天然海水浴场和万亩松林，区位优势明显，工业基础良好，海洋资源、旅游资源丰富，港口资源和交通状况良好，具有巨大的发展潜力和广阔的发展空间。南海新区作为文登的副中心城市，以制造业和休闲旅游度假业为主，形成以小观镇为主的旅游度假区、以泽头为主的生态生活区、以母猪河流域为中心的生态湿地保护区、以高岛盐场为中心的海洋高新区、以侯家镇为中心的渔业观光区和海洋产业区、以泽库前岛为中心的港口码头造船产业区等六大功能区。目前，区内路网建设基本完成，一批重大项目如香水海、华岳丙烯、欧中汽车配件、中国机械装备城已经开工建设，金滩旅游度假区内南海公园已建成对外开放，投资 24 亿多元的商住楼项目已开工建设。一个集商住旅游、休闲度假、临港产业于一体的生态型、现代化滨海新区正在崛起，南海新区必将成为文登乃至威海经济发展的强势增长板块。

4.4.2 城市新区

文登市为拓展城市发展空间，完善城市功能布局，决定将城市向北、向东发展，积极建设城市新区，"北拓东扩"和威海对接，打造胶东半岛现代化中等城市。整个城区东到虎山路、西到火车站、北到青威高速、南到 309 国道，总面积达 75 平方千米，城市功能、城市品位和对经济社会发展的承载力显著提升。目前，城市新区建设已初具规模。新区中轴线为长约 10 千米的世纪大道，形成了六横三纵的交通网。水景公园——抱龙河公园和新区中心公园——文登学公园于2007年已建成开园；由体育公园、市民文化中心、博展中心、国际会展中心、贸易中心和职教中心组成的"一园五中心"规划和建设全面启动；数十座办公大楼、酒店已建设完毕，拔地而起，形成了文登的高层建筑群；一大批学校、物流设施、住宅小区已完工。城市新区布局合理，规划设计理念超前，建设质量标准高、质量好。充满现代气息的城市新区正在改变着整个城市的形象，城市整体功能得到了完善和补充。

5　文登市生态城市建设的启示与分析

循环经济、复合生态和生态文化是生态城市建设的必要条件。近几年来，文登通过经济发展、生态环境以及社会文化等方面的进步在生态城市建设上实现了突破。文登市生态城市建设和经济社会发展的实践证明，环境与经济社会的发展是和谐统一的。自然生态系统是经济社会活动的物质基础和基本条件，是城市形成和可持续发展的支持系统，环境的优化和改善可以促进经济社会的发展；经济社会的发展又给进一步治理环境，提高城市生态系统综合功能提供了物质文化保障。两者相互依赖，相互促进，缺一不可。文登市生态城市建设给我们带来很多思考和启示。

5.1　提高在半岛城市群中的集聚作用和辐射能力，区域增长极作用日渐凸现

城市化是社会发展的必然趋势，生态城市的建设模式应从实际出发，因地制宜。文登根据自己的实际情况，通过实施城市化战略，以城市化提升工业化，推动国际化，带动农村工业化和现代化，坚持高起点规划、高标准建设、高水平经营、高效能管理，大大加快了城市化进程，并且具有鲜明的地方特色。城市基础设施、道路交通、商贸物流业、第三产业得到了全面的提升与发展，生态城市建设卓有成效。城市布局得到了优化，城市发展空间进一步拓展，城市功能不断完善，生活生态位不断提高。城市新区初具规模，实现了北拓东扩与威海对接；南海新区正在快速建设之中，海洋经济得到了较大发展。良好的生态环境以及不断完善的城市设施在半岛地区产生了集聚效应，人流、物流、信息流不断增加，城市作为区域增长极的作用日渐凸现。

5.2　确立工业强市战略，产业结构和布局基本实现调整与优化升级

根据比较优势原理，文登提出工业强市的战略，积极转变经济增长方式，大力发展循环经济，走新兴工业化之路。不断进行产业结构调整，三次产业比重由 2002 年的 11.5∶59.6∶28.9 调整到 2007 年的 7.8∶61.3∶30.9。围绕建设胶东半岛制造业基地和打造山东县域工业第一强的战略目标，文登培植了一批支柱产业、骨干名牌和中国、山东省名牌产品，发展了汽车及零部件、机电工具和家纺三大产业群（其中家纺产业群是山东省十大工业产业群之一），以及食品医药、电子产品两大优势产业。建设了经济技术开发区、南海新区两大园区，工业布局日趋合理，产业结构得到调整和优化，实现了工业强市、经济强市战略。

5.3　充分利用环境优势，旅游业得到迅速发展

环境也是生产力，旅游业作为朝阳产业大有可为。文登市生态优势明显，具有"四山五泉一线"的独特旅游资源，温泉、沙滩、松林、湿地等原生态资源丰富，具有后发优势。文登充分利用自己的旅游资源，采取合资、招商等多种形式，进行超前周密的规划和设计。充分利用丰富的文化资源，建设仙山之祖——昆嵛山、道教圣地——圣经山、李龙故里——回龙山、红色圣地——天福山。利用稀缺的滨海温泉资源，着力打造北方的"温泉之都"，作为重要的温泉休闲度假基地。充分发挥南海松林、湿地、沙滩的优势，在南海金滩规划建设度假休闲基地，建设高档次的亲海度假酒店。城区则发挥召文台、市中广场、文登学公园、抱龙河公园丰富的文化底蕴，建设文化强市、旅游名城和文明城市。

5.4　农村生态环境得到了初步改善，实现了城乡一体化发展

城乡复合生态系统是生态城市的重要组成部分。文登市全面启动了新农村建设，在新农村建设中，多种方式并举，全社会参与，取得了良好的社会效果。实行了"十位一体、百村推进、千村示范"工程，在青威线、309 国道两侧选取了 100 多个村庄作为示范村重点建设，完善路、水、医疗、文化、沼气、洗浴、文化大院等设施，逐步向社会推广，基本实现了村村通油路、村村通自来水，农村面貌得到了极大改善，初步实现了城乡一体化发展。龙山办西楼社区居委会通过兼并金岭屯村，发展生态旅游、观光农业、休闲度

假于一体的特色农家山庄，推动了村居经济加快发展，成为强村兼并弱村、实现双赢发展和新农村建设的范例。

5.5 积极实施民生工程，促进社会和谐

关注民生，促进社会和谐，关系到经济社会的协调发展。文登市委、市政府一手抓经济促发展，一手抓民生促和谐；一手抓大项目着眼文登发展长远大计，一手抓为民办实事增进文登人民的当前福祉。实施积极包村联户工程，开展"百家部门办实事、千名干部解民忧、万户百姓得实惠"的活动，大力推行由"居有所安、行有所便、幼有所教、壮有所事、老有所养、病有所医、困有所济、闲有所乐、差有所治、忧有所解"10个方面组成的"十有民生工程"，引起了省委省政府的高度重视，在全省乃至全国率先开创了一条新农村建设的特色道路。利用广播电台即时、互动的特点，开通了行风热线，部门负责人定时解答群众提出的各种民生问题，并及时办理。2007年社会各界共为民办实事7005件，一大批惠及百姓的民生工程相继竣工，一大批群众关心的热点难点问题得到妥善解决，一大批困难群众的生活得到明显改善，赢得了人心、民心和社会广泛好评，促进了文明城市以及和谐社会建设。

5.6 生态文化理念已深入人心，形成一定社会基础

随着生态城市建设不断完善优化，生态文化的理念深入人心，生态文化建设取得很大进展。在企业层面上，形成了发展循环经济、节能降耗的趋势；在园区建设中，建设生态工业园，资源能源得到最大限度的利用，实现了经济效益最大化；在社会层面上，重视人口、资源和环境，重视环境保护与生态建设，建设生态城市已成为人们的共识。生态文化正在形成，并且逐渐成为一种社会潮流。

5.7 提高城市形象和知名度，城市的无形资产和有形资产得到大幅度增值

环境优化给经济社会发展带来的影响是全面的和深远的，文登市城市生态建设获得了很大的经济效益和社会效益，环境就是生产力在这里得到了最具体的体现。城市环境的全面优化使文登的投资环境和人居环境得到了极大改善，财政收入、国内生产总值和吸收外资连年大幅度增加，在提升城市形象，促进社会进步和谐方面起到了很大的作用。文登先后获得了"全国城市环境综合整治优秀城市""国家环境保护模范城""中国优秀旅游城市""全

国园林城市"和"全省文明城市"等光荣称号，制定并通过了生态市建设规划，进入了国家生态示范区建设项目。文登现已成为山东半岛县域经济发展最具活力的地区之一，全市经济、社会、环境实现了协调发展。

尽管文登市在经济社会发展、城市建设与环境保护方面取得了一定成绩，然而，作为一个新兴的正处于城市化和工业化进程中的城市，文登市生态建设也有很多需要改进之处：经济运行规模和质量与先进地区相比还有差距；自主创新能力有待于进一步加强；城市化进程亟须加快；循环经济建设还需要进一步加强；进一步加大环境投入，促进环境与经济社会协调发展方面还需要完善和优化；生态文化建设还需要进一步加强。

在工业化、现代化和城市化进程中，文登市应当充分利用自身工业优势、环境优势、资源优势和文化优势，认真贯彻落实中共十七大和科学发展观精神，遵循可持续发展、循环经济和生态文明的理念，坚持共赢、生态化、一体化和制度化等原则，认真做好生态安全、生态卫生、生态产业、生态景观、生态文化等具体工作，积极转变经济增长方式，大力发展循环经济，建设生态城市，走新型工业化之路，全面提升县域经济综合竞争力，建设经济文化强市，保持在山东半岛城市群、胶东半岛制造业基地和全国百强县中的优势地位，促进经济社会环境协调可持续发展。

6　生态城市建设的政策性建议

6.1　建立以循环经济为主导的循环经济体系

城市是以人类的技术和社会行为为主导，以生态代谢过程为经络，受自然生命支持系统所供养的"社会—经济—自然复合生态系统"。城市生态建设的本质是促进社会—经济—自然协调发展，也就是要求在提高经济运行效率的同时，不对环境和资源形成压力。因此建立以循环经济为主导的循环经济体系是生态城市规划和建设的重要环节。循环经济是和谐社会的重要组成部分。循环经济具有四个方面的作用。第一，发展循环经济是整体上降低资源消耗、解决资源矛盾的战略选择。第二，发展循环经济是实现新型工业化道路的战略体现，有利于产业结构的优化升级，有利于产业结构向科技含量高、经济效益好的结构转变。第三，发展循环经济是创造新的经济增长点、扩大就业，使人力资源优势得到充分发挥的有效途径。第四，循环经济是实现社会、经济和环境"共赢"的发展模式。循环经济以协调人与自然关系为准则，模拟自然生态系统运行方式和规律，实现资源的可持续利用；同时，循环经济在不同层面上将生产与消费纳入一个有机的发展框架中，拉长了生产链条，促进了社会发展。

6.2 推进生态社区和生态工业园区建设

社区是组成城市的基本单元，是城市居民生活、聚集的地方。城市社区的生态建设对改善城市生态功能、提高居民的生活质量有着巨大的意义。城市生态建设需从城市生产污染源头抓起：提倡清洁生产，发展生态产业，建立生态工业园区，将各个专业工厂有机地联合成一个综合体系，形成产业链和生产网络，实现物料的减量化、再利用、再循环（3R），推进地区生态环境、生产和生活的优化。

6.3 保护区域和城市生态用地，增强生态系统服务功能，建设复合生态系统

生态系统服务功能是生态系统与生态过程所形成及维持的人类赖以生存的自然环境条件与效用。生态系统服务功能的内涵可以包括有机质的合成与生产、生物多样性的产生与维持、调节气候、营养物质贮存与循环、土壤肥力的更新与维持、环境净化与有害毒物质的降解、有害生物的控制、减轻自然灾害等。城市作为一个开放的生态系统，随时与周边区域发生着能量与物质交换。城市生态安全依赖于区域生态系统的保护与建设。当前许多城市生态建设只限于城市行政范围内，甚至只关心建成区的生态环境保护与建设，结果只是改变了局部的生态效益和生态指标。应该从区域的尺度，保护林地、农田、水体等自然生态用地，维持自然生态系统的完整性和连续性，增强生态系统对城市发展的支撑、调节等功能。具体措施包括：规划区域绿地和环城绿地；运用各种生物生态工程，如营造水土保持林、水源涵养林，加快退化生态系统的恢复和重建；构建合理的生态系统类型和结构，重视城市生物多样性保护，为城市发展提供生态保障。

6.4 城市建设要充分考虑历史文化底蕴，突出特色和个性

文化是一个城市的灵魂，是经济社会发展的推动力，更是一个地区或城市的软实力。只有充分展示丰厚的历史文化底蕴，才能构建高水平的城市框架。中小城市和小城镇的规划建设要因地制宜、科学合理，节约使用。要遵循城市自身发展规律和市场经济规律，合理确定城市建设标准和投资规模。

威海历史文化底蕴丰厚，崇文尚武，在全国有独具特色的海洋文化、民俗文化和海权文化。城市规划建设要充分利用当地独特的资源优势，挖掘并彰显文化底蕴，保护自然景观，突出地方特色。

6.5 提高环保和生态意识，建立政府、企业和社会的良性互动机制

运用多种教育手段和大众传媒工具，宣传生态城市建设的意义，倡导生态文化、适度消费的观念和可持续发展的价值观。通过建立政府、企业和社会间的沟通和协商机制，完善信息公开和共享制度；建立生态环境建设公众听证制度，拓宽公众参与的渠道，将公众参与引入重大项目的决策，实现公众参与环境决策的法律化、程序化。加强社会公益组织的能力建设，鼓励公众和社会公益组织城市生态建设的进度、管理和咨询工作。树立公众生态保护典型，成立公民环保团体，引导社团组织宣传环境保护，唤起公众的环境意识，提倡绿色消费，建设生态文化。

（作者单位：文登市政协办公室）

实施"十有"民生工程 扎实推进
和谐文登建设

王　亮

今年以来，文登市致力建设富裕文登、幸福文登，坚持"一手抓经济促发展，一手抓为民办实事促和谐"，把民生问题看作构建和谐社会的根本问题，贴近群众所思、所想、所盼，瞄准群众最直接、最现实、最迫切的利益需求，从路、水、居、医、学、保障、安全等方面入手，实施了以"居有所安、行有所便、幼有所教、壮有所事、老有所养、病有所医、困有所济、闲有所乐、差有所治、忧有所解"为主要内容的"十有"民生工程，深入开展百家部门办实事、千名干部解民忧、万户群众得实惠活动，解决了群众关心的大量热点难点问题，全市上下形成了竞相为民办实事、谋利益的浓厚氛围。上半年，全市党政机关、村企和机关干部为民办实事 4125 件，解决了一大批热点、难点问题，使群众得到了更多实实在在的利益，进一步提升了人民群众的幸福感和满意度，促进了和谐文登建设。

一　加强领导，广泛动员，形成齐抓共促的强大合力

民生问题点多面广，是一项复杂而又长期的社会工程，政府作为社会的公共服务部门，是民生建设的主导力量，也是民生建设能否取得实效的关键。为此，文登市成立了由市委、市政府主要领导牵头，由与民生关系最为密切的 15 个部门一把手组成的领导小组，具体负责为民办实事工作的组织、协调、指挥和督导领导小组下设办公室，专职负责"十有"民生工程的调度落实。为了充分调动全市各级参与民生建设的积极性，文登市坚持责任管理与思想教育相结合，从两个方面入手，调动全市上下积极参与民生建设的热情。

一是将民生工程纳入全市目标责任制，与经济工作一起部署、一起落实、一起考核，形成责任促动。各镇各部门也都成立了相应的领导机构，制定了具体实施方案，层层分解任务，逐项落实责任，形成了一级抓一级、层层抓落实的责任体系。全市122个部门单位全部对承诺项目落实了具体的任务目标和责任人，并向群众公开，切实做到说到必须做到、承诺必须践诺、做事不作秀，使民生工程真正成为群众满意工程。二是以形成和谐的思维方式、和谐的心理状态、和谐的言谈话语、和谐的处事方式为目标，在全市广泛开展了"建设和谐文登从我做起大讨论"活动，全面推进和谐文化建设。通过学习讨论、查摆问题、剖析整改，举办征文比赛、演讲比赛、文艺会演、宣讲团宣讲等多种方式，进一步提高了各级干部为民办实事的责任感，激发了广大群众想和谐、议和谐、建设和谐社会的热情。市领导以身作则、率先垂范，带头联系落后村，包扶贫困户和贫困学生，为民办实事，为"十有"民生工程扎实有效开展起到了良好的引导示范作用，全市上下形成了和谐文化、民生工程双轮驱动、互相促动、共建共享的良好局面。

二 突破重点，整体推进，推动民生建设深入扎实开展

民生建设是好事、实事，也是累事、难事，为了让实事合民心，变成好事，保证好事做实，让更多的群众享受民生成果，文登市按照突破重点、带动全局的工作思路，狠抓重点项目、环境综合整治、救助弱势群体、新农村建设四个重点，推动"十有"民生工程建设扎实有效开展。

一是加快推进303件实事项目的落实。为使"十有"民生工程目标明确，效果明显，文登市采取将"十有"民生工程项目化的办法，像抓经济项目一样抓民生项目。由各部门、各单位制定民生项目名称、内容、完成进度安排，形成具体的为民办实事的任务表、项目库，报市为民办实事领导小组审核，逐一把关，严格把关。对起点不高、定位不准、不符合群众意愿的一律否决，最终确定了303个项目作为今年为民办实事的主要内容，切实做到件件系民生、事事现民意。为确保303个项目的落实，市为民办实事领导小组办公室坚持每月一汇总、每季一通报、半年一总结，年终进行考核，对重点项目紧盯不放，采取电话督办、现场调度、下发督办单等形式，每周督促一次。目前，上半年选定的303件实事已完成了145件，正在实施142件，占项目总数的95%。

二是积极推进城区115个项目的环境整治工程。在"十有"民生工程建

设中,文登市把最迫切的城区环境整治作为为民办实事的重点,以"铺平百姓脚下路、点亮群众门前灯、治理小区脏乱差"为目标,经过调研确定了115个城区环境整治项目,主要解决小街小巷和居民小区的硬化、绿化、亮化和卫生清扫等问题。为切实推进项目落实,该市采取召开协调会、现场调度会议等形式,明确整治目标和责任分工,定期调度工作进展情况,促进项目的落实。对治理难度大的项目,发扬为民办实事不怕千辛万苦,想尽千方百计的精神,反复跑部门、跑村居、跑企业、跑资金,保证了整治项目的落实。今年以来,城区115个环境整治项目已完成81项。全市新建、改造城区主干路20多条,整治小街小巷40多条,硬化路面220多万平方米,城市垃圾无公害处理率达到100%,污水集中处理率达到86%,空气质量日报良好率达到95%以上,得到了市民的广泛好评。

三是积极开展帮扶社会弱势群体活动。把扶助弱势群体作为"十有"民生工程的重点之一,积极发动有关部门开展多种形式的帮扶活动,尽心竭力为群众排忧解难,使越来越多的老百姓感受到"十有"民生工程带来的温暖。首先,多种方式救助困难群众。健全了城乡低保两条保障线,低保对象全部实现了应保尽保,发放各类救助款1000多万元;设立了温暖工程基金,在市镇两级开办了"爱心超市",对困难家庭、受灾群众进行救助;开展了"帮扶贫困母亲、关爱贫困儿童""朝阳工程"等活动,对所有孤儿实行"一对一"助养;建立了困难学生就学制度,对困难家庭学生实行了"两免一补",提前一年免除了农村义务教育阶段学生杂费,特困大学生的学费由政府资助;实施了"包村联户、强村富民"工程,组织240多个部门和企业、3000多名机关干部对经济薄弱村和贫困户进行结对帮扶。其次,广开门路,解决就业问题。通过实施积极的就业政策,拓宽就业渠道,建立困难家庭、零就业家庭就业援助制度,优先为社会弱势群体提供就业岗位。今年以来,新增城市就业人口5083人,帮助150多个困难家庭和"零就业家庭"实现了就业,解决了特殊群体的就业难问题。第三,完善制度,保障合法权益。建立了建筑行业农民工工资保障金制度,维护农民工的合法权益。全市95%以上的骨干企业、80%以上的城镇企业都严格落实了用工保护标准,建立了和谐的劳动关系。

四是扎实推进社会主义新农村建设。统筹城乡发展是构建和谐社会的重要组成部分,文登市把加快新农村建设作为为民办实事的又一重点,使"十有"民生工程与社会主义新农村建设相互促进、相得益彰,促进了农村各项事业发展。全市改造硬化农村公路1490千米,开通农村客运班车126辆,实现了村村通硬化路、通客车。扶持农民新建沼气2290户，新建便民浴室70个，生活条件显著改善。为农村中小学配备了104辆学生班车，让农村学生上学更安全、方便。新型农村合作医疗参保率达到96%，建起了60处中心卫生室、460个规范化卫生室，让农民就近就可享受基本医疗服务，有效解决了群众因病致贫、因病返贫的问题。将9万多适龄农民纳入了养老保险体系，各镇都建有中心敬老院，五保对象愿进全进率达100%，进一步提高了农村居民的养老保障水平。全市建起了40多个藏书超过5000册的图书室，各镇都建有文化中心，360多个村建起了文化大院，通过定期举办群众文化节、送文化下乡等文体活动，进一步丰富群众的精神文化生活。同时，积极培育具有乡土气息的民间文化，发展壮大群众文艺团体，全市常年活跃在基层的文艺队伍360多个，文艺骨干8000多人，使富裕的农民闲有所乐，提升了素质，促进了和谐。

三　健全机制，常抓不懈，确保人民群众长期得到实惠

为确保各项为民办实事工作落到实处、取得实效，文登市从建立健全常抓不懈、齐抓共促的长效机制入手，推动为民办实事走上规范化、制度化轨道。

一是民情反映机制。为民办实事项目，只有符合群众的意愿，才能受到群众的欢迎。文登市实施的"十有"民生工程就是市委、市政府在组织专门调查组面对面倾听群众意见的基础上确定的。市人大、政协建立健全了人大代表走访选民和选举单位、政协委员社情民意调查制度，主动向党委、政府及有关部门提出为民办实事的建议。各群众团体充分发挥与群众的桥梁纽带作用，及时反映群众关心的热点难点问题。各镇各部门坚持从群众中来，到群众中去，认真了解群众的所思、所忧、所盼，努力使所办项目与群众的心愿完全结合，真正办到老百姓的心坎上。为了进一步畅通群众诉求渠道，有效解决群众日常生活中遇到的问题，不断扩大为民办实事的覆盖面，今年1月份，文登市在电台开办了以"听百姓呼声、替政府分忧、促行风建设、建和谐文登"为宗旨的《行风热线》节目，将其作为为民办实事的一个重要平台，每周一、三、五组织政府部门主要负责人到电台直播间，接听群众热线，回答群众咨询，受理群众投诉。同时，始终将解决问题作为关键环节，把跟踪落实作为主要手段，组织专人跟踪问题的落实情况。对重要或难以解决的事项，下发督办通知书，重点跟踪落实，坚决做到整改措施不到位的不放过、

问题不解决的不放过、群众不满意的不放过，确保事事有结果、件件有着落。目前，已有 62 个部门上线，接听电话 801 个，解决问题 782 个，受到了广大群众的热烈欢迎。

二是资金投入机制。为民办实事投的是真金，换回的是真心，在目前政府有限财力的前提下，文登市转变单纯依靠政府投入的观念，开动脑筋，创新思路，多渠道、多形式解决资金问题，形成了多元化的投入机制。首先，加大财政资金投入力度，将财力倾向于为民办实事。今年以来，组织实施了社会福利中心建设、城区小学建设、路面盖被和小街巷建设、公厕改造建设等十大便民利民项目，总投资达 1 亿多元。其次，把各部门口袋里的生产力拿出来，充分利用各部门掌握的资金、技术、信息、人才等服务性资源，转化为为民办实事的实际行动，要求各部门每年必须确定 3～5 项办实事项目，落实责任，逐项推进，形成了"百家部门办实事"的局面。第三，把村居、企业拥有的生产力拿出来，引导各企业在加快发展的同时，履行社会责任，做好扶贫解困、回馈人民的文章；引导各村居结合新农村建设，想方设法为群众多办实事。上半年，各村居、企业累计为民办实事 1225 件。第四，把市场潜在的生产力拿出来，凡是能够通过市场解决的，尽可能采取市场化运作的方式解决。第五，把机关干部的积极性调动起来，发动机关干部"串千家门、知千家情，办千家事、解千家难，连千家心"，通过爱心捐助、包村联户等多种形式，自觉地为群众办好事、办实事，形成了"千名干部解民忧"的浓厚氛围。上半年，全市机关干部个人捐款总数达 75 万元，全部用来救助社会弱势群体。第六，把群众的爱心调动起来，为民办实事是爱民之举，赢得了广大群众的大力支持，很多在外工作的文登籍人士为家乡捐钱捐物，很多群众办好事不留名、不宣扬，形成了全民参与的良好氛围。这种政府引导、市场运作、社会投入的多元化投入机制，既充分发挥了财政资金"四两拨千斤"的作用，又借助方方面面的力量参与为民办实事活动，加快了各种问题的解决，扩大了群众的受益面。

三是媒体联动机制。坚持把加强舆论宣传、舆论监督作为重要环节来抓，在电台、电视台、报纸、网站上都开设了"十有"民生工程专栏，对办实事项目进展情况和先进典型及时宣传报道，营造舆论氛围，推进整体工作开展。电视台开办《热线追踪》，下线后立即组织专人跟踪采访问题的落实情况，当晚进行播放；报纸开辟《行风热线》反馈栏目，每周对《行风热线》落实情况进行汇总，向全社会公开；文登网站提前公布每月上线单位和上线日期，保存电台、电视台的每一期热线栏目，供群众随时点播。各媒体之间互相配合、整体联动，极大地增强了《行风热线》的影响力和实际效果，使《行风热线》成为为民办实事的一个品牌，很多群众养成了早上听《行风热线》、晚上看《热线追踪》的习惯。通过媒体的宣传、监督，在全市营造了浓郁的为民办实事、促和谐的舆论氛围，调动了全市上下参与民生工程，共同推进和谐社会建设的良好局面。

（作者单位：中共文登市委员会）

乳山市发展临港经济的调查与研究

姜翠萍

2007 年 8 月，乳山市委在理论学习中心组读书会上，首次明确提出建设临港产业基地的发展思路，并提出城区、银滩旅游度假区、临港产业区三位一体的长期发展规划，拉开了乳山市新一轮经济发展的大框架。2007 年 12 月，《乳山政府工作报告》指出，今后五年，乳山市要抓住山东省强化港口体系建设的重要机遇，加快港口扩建进程，到 2012 年乳山口港吞吐量达到 150 万吨，到 2012 年进临港工业园企业达到 150 家。当前，建设临港产业基地、发展临港经济已成为乳山继 20 世纪 80 年代城区东拓、90 年代银滩开发之后又一重大决策，发展临港产业也成为乳山市继工业、旅游业之后又一新的经济增长点。为深入开展威海市新一轮解放思想活动，更好地推动乳山市临港产业基地建设，促进乳山临港经济大发展，增强乳山经济发展后劲，今年 5 月，乳山市委宣传部、市委党校组成临港经济联合调研组，历时 1 个多月，先后到乳山市建设局、规划局、海洋与渔业局、乳山口镇、乳山造船厂、鑫山冶金公司、乳山口港务处等市内有关部门、企业，以及赴海阳市海阳港、荣成市石岛港等外地港口进行实地调研，紧密结合乳山市实际，借鉴外地成功经验，从乳山市发展临港经济的必要性、可行性和持续性三个方面进行了分析研究。

一 发展临港经济的必要性

临港经济是指依托港口及港口城市发展相关产业（如以港口装卸运输为主的港口直接产业，与港口装卸主业紧密联系的海运、集疏运、仓储等港口共生产业，凭借港口综合条件而形成的石化、船舶修造、机械制造等依存产业，与港口产业相关的信息、金融、保险、商贸等服务业）形成的沿海区域经济增长极。

从全球经济布局看，临港经济是带动全球经济发展的"引擎"。据统计，目前世界90%以上的外贸货物运输是通过海上运输实现的；国际性都市90%以上位于海岸线和大河口的三角洲上；全球GDP的50%产生于距海岸线50英里的范围内。因此，立足港口发展临港经济，就等于开启了区域经济发展的大门，找到了区域经济腾飞的"金钥匙"。从沿海城市发展看，临港经济是实现繁荣富强的必由之路。当今的港口不仅成为交通运输的枢纽，而且已成为城市发展和振兴的兴奋点、动力源、增长极和生命线。新加坡是一个只有699平方千米的弹丸之地，而且自然资源贫乏，但通过发展临港经济，形成年吞吐量达2亿多吨的世界大港，从而带动机械、外贸、运输、服务等产业的兴起，成为亚洲经济"四小龙"之一。再比如伦敦、汉堡、鹿特丹、洛杉矶、纽约、横滨、神户、香港等著名港口城市的发展都说明这一点。从改革开放30年发展看，临港经济是支撑东部经济崛起的强大动力。改革开放以来，我国东部沿海地区特别是14个沿海开放城市依靠良好的沿海优势，以发展临港经济为突破口，扩大开放，招商引资，发展贸易，形成以上海为龙头的长江三角洲及沿江地区经济带，以珠江三角洲和闽东南为中心的东南沿海经济区，以辽东半岛、山东半岛、京津冀为主的环渤海经济圈，成为我国经济最活跃、最繁荣、最发达的地区。30年的发展实践说明，拥有沿海优势是加快发展的最大优势，发展临港经济是实现振兴的最佳途径。

乳山市作为环黄渤海上的一个重要经济增长点，正处在加快发展的重要战略机遇期，更应该从长远发展的战略角度，发挥好、利用好临海优势，在工业立市、旅游兴市战略的基础上，进一步推进港口强市战略。

（1）发展临港经济是乳山推进"工业立市"战略的需要。2007年乳山市完成地区生产总值254亿元，地方财政收入10.5亿元，纳税过千万元的企业有21家，其中，工业企业6家（4家为资源型工业企业），其余为房地产企业。因此，可看出乳山经济过分倚重资源型企业和房地产企业，发展后劲不足。随着房地产经济的降温、资源的日益减少，经济发展势头必然会有所减慢。为此，乳山市未雨绸缪，立足长远，提出了"工业立市"的发展战略，重点发展金属冶炼、机械汽车配件、纺织服装、食品加工、化工建材五大产业。发挥港口的经济载体作用对于推进"工业立市"战略的实施至关重要。首先，比起路运和空运，海运具有运量大、成本低的特点（一次性可运输上万吨甚至几十万吨货物，成本只相当于陆运费用的1/3，空运费用的1/8），可以有效降低企业生产成本。其次，在乳山作为工业企业重要原料的石油、铁矿石、钢材等，大部分需要进口，发展临港经济可以为工业企业在世界范围内寻找到最廉价的工业资源，同时方便企业产品外销，形成大进大出的流通格局。再次，以港口为依托，对其腹地有着强大的吸引力，重化工业、出口密集型产业和原材料加工业逐渐向港口聚集已成为世界经济发展的趋势，这对吸引大型工业企业来乳山投资会产生积极影响。

（2）发展临港经济是乳山对外开放和招商引资工作的需要。近年来，乳山市对外开放程度越来越高，外向型经济发展迅猛。到 2007 年末，乳山市共批准外商投资项目 714 个，获得自营进出口企业达到 207 家，完成外贸进出口总值 6.2 亿元，集装箱出口达到 8000 多箱。发展临港经济必然会进一步促进乳山对外开放，吸引更多国内外投资，引进先进技术、设备和优秀人才，促进区域经济向高层次发展。乳山口镇工业园引进的投资 3000 多万元的中机模具、嘉鑫机械等企业，看重的就是乳山口港独特的建港条件和优越的地理位置，以及临港经济的整体带动作用。尚未投资且正在洽谈的湖南船厂、台湾电子城及投资达数亿元的浙江台州药厂等项目，客商洽谈时都十分关注港口建设情况。海阳市海阳港在扩建和改造后不到两年时间，引来了山东核电设备制造有限公司、隆和通生物化工有限公司等大项目的入驻聚集，形成了功能齐全的临港产业区。同时，乳山市位于山东半岛都市群、日韩加工制造业的重心地带，处于环黄渤海经济圈、东北亚经济圈的重要位置，承接着国内外大小城市的多重辐射，有着快速发展的内在潜力，有望在世界经济发展中承接发达国家，特别是日本、韩国制造业的转移，作为参与世界经济的桥梁、窗口和吸引国际资源向本地区聚集配置的重要战略资源，港口的作用更加突出。

（3）发展临港经济是乳山大力发展以现代物流为龙头的服务业的需要。今年 3 月，乳山市委、市政府专门召开全市服务业发展工作大会，把发展服务业放到优先发展的地位，并提出具体发展目标：服务业增加值年均增长 19% 以上，到 2012 年，占生产总值的比重达 36% 以上；服务业投资占比年均增长 1.5 个百分点，到 2012 年达到 64% 以上；就业人员占全社会就业人员的比重超过 45%。要实现这一目标，大力发展临港经济是非常有效的举措，主要表现为三个方面。一是可以促进物流业发展。物流业在现代港口产业体系中占据主导地位。各地普遍重视物流在港口及临港经济发展中的作用，纷纷在港口建立仓库或物资配送中心。荣成市石岛港建起了面积 5 万平方米，实用建筑面积 1.5 万平方米，拥有储存 2 万吨的冷库和 2 万吨的常温库的华东进出口公用型保税仓库，为国内外进出口公司和加工贸易企业提供进出口货物的报检、报关、仓储、转口、寄售、过境、展销等多种服务。二是可以增加就业机会。发展临港经济可以有效地带动运输业、餐饮业、娱乐业等产业的发展，拉长临港产业链创造更多就业机会，港口创造的经济增加值以及就业机会已成为衡量港口对国民经济贡献大小的重要指标。如洛杉矶港是美国西海岸重要的贸易港口，临港产业创造出 268 亿美元产值和几十万的就业机会（每 11 个职位中就有 1 个与港口业务有关）以及数以亿计的工资、奖金、税收。三是可以提升旅游业的发展。近年来，乳山提出了"旅游兴市"战略，大力发展旅游产业，2007 年全市接待国内外游客 196 万人次，旅游营业收入 9.6 亿元人民币。发展海上运输可以提供便利的交通条件，加大人员往来，推动乳山旅游业更上新台阶。荣成石岛港在开通到韩国仁川的客轮航线后，每年赴荣成旅游的韩国游客就达 10 万多人次，仅此一项，就增加当地经济收入 2 亿多元。近年来，海阳市通过大力发展临港经济，提升了港口周围旅游开发的商业价值，吸引了大批客商涌入，使昔日荒凉之地变成了风景优美的旅游度假区。

二　发展临港经济的可行性

乳山口港现状：占地面积 70 亩，拥有 1000 吨级、500 吨级泊位各 1 个，乘潮可靠泊 3000 吨级船位，港口无专用航道，船舶主要利用现有河道深槽乘潮进出港。港口拥有生产用仓库 1028 平方米，堆场 1.43 万平方米，港口装卸设备最大起重能力 16 吨。2007 年，乳山口港完成吞吐量 27 万吨，进港货物主要为煤炭、磷矿石、柴油、水砂等，出港货物 7000 吨左右，以废钢铁为主。

乳山临港产业现状：通过大力开发港口资源，乳山临港产业现已初具规模，初步形成了以港口为依托的船舶修造业、以水产加工业等为主的临港产业体系。

（1）船舶工业。现有船舶工业企业 13 家。其中，乳山造船有限责任公司规模最大，拥有固定资产 6000 多万元，拥有职工 1000 多人，技术人员 100 多人，大小船坞 2 座，最大可建造 3 万吨级货轮，主要建造石油运输船、液化气运输船、化学品运输船等。2007 年，完成工业产值达 2 亿多元，实现利税 600 多万元，创汇 600 多万美元。

（2）水产品加工业。乳山市水产品加工企业分布在沿海一带，共有 68

家，通过出口注册的 9 家，通过 HACCP 认证的 3 家，通过欧盟注册的 2 家。产品除满足国内市场需求外，还出口到日本、韩国、美国等国家。2007 年加工水产品 9 万吨，产值 11.26 亿元，创汇 8706 多万美元。

（3）港口物流业。目前乳山口工业园内投资 6000 多万元，规划建筑面积 2.5 万平方米，可一次性容纳 1.8 万吨货物的久业仓储物流公司已成功申请保税仓库，并成为青岛海关的对外货运基地。主要从事水产品加工、配送业务，现已开业投产，年可实现销售收入 7000 万元，利税 600 万元。此外，久久发国际商贸城、台资产品博览中心等现代物流项目建设进展顺利，为乳山发展物流业搭建了有效载体。

从乳山港口建设及临港产业发展现状分析看，尽管存在港口基础设施差、货物年吞吐量少、临港产业规模小等问题，但乳山市发展临港经济是可行的，是大有作为的。要研究临港经济的可行性，首先要纠正四种认识。

一是认为乳山市东有石岛港，西有海阳港，没有建设港口的必要。港口不仅是交通运输枢纽，而且它同车站、机场、污水处理厂、垃圾处理厂一样，是十分重要的城市基础设施。它对一个城市的重大意义并不仅仅限于运输功能，更在于对整个经济社会的强大带动作用。对于一个拥有临海区位优势的城市，不发展好、利用好港口，就等于失去推动区域经济发展的一个支撑点。二是认为乳山市经济规模小，扩建港口没有必要。因为港口与经济发展相互促进，相互联系，随着不断对外开放和世界范围的贸易交流，大进大出成为国际贸易往来的新趋势，大港口可以吸引大企业的投资，从而壮大临港产业。反过来，临港产业的发展又增加了港口的吞吐量，促进港口的建设。以海阳港为例，在原有 500 吨泊位的基础上，建成 1 万吨级泊位 2 个、5000 吨级泊位 1 个后，年吞吐量增加了 5 倍。三是认为乳山作为一个县级市，港口发展难有作为。要跳出乳山看乳山，港口虽然在乳山，但是港口腹地则可以延伸到乳山之外，新加坡、中国香港虽然面积小，却可以辐射全世界，成为世界级大港。况且我国陆地面积广阔，港口资源十分有限，发展临港经济前途很大。荣成石岛港目前已辐射到江苏、浙江等省份。乳山口港也同样可以辐射周围的县市以及延伸到内陆地区。四是认为乳山市与周围县市港口相比，起步较晚，处于竞争劣势。发展临港经济，乳山虽然起步较晚，但存在明显的后发优势。一方面，港口经济发展及其总体规划起点更高、更科学，为可持续发展、长远发展奠定基础；另一方面，目前乳山经济基础较好，具备了各种有利条件，为港口扩建提供了物质保证。

目前，国家、省、市鼓励港口建设，乳山具备建港条件，港口扩建工程已成功立项，且临港经济已具备一定产业基础，这些都充分证明乳山发展临港经济是切实可行的。

（1）乳山有国家、省、市的相关政策支持，为发展临港经济提供了千载难逢的历史机遇。国家"十一五"规划提出：建设大连、唐山、天津、青岛、上海、宁波—舟山、福州、厦门、深圳、广州、湛江等沿海港口的煤炭、进口油气、进口铁矿石中转运输系统和集装箱运输系统，适时建设华东、华南地区煤炭中转储存基地。省"十一五"规划明确提出：以港口经济为龙头，以临港工业和临港物流业为重点，加快构建现代化港口运输体系，提高临港经济区的产业聚集度和带动能力，努力建成全国重要的临港物流基地。威海市明确提出：牢固树立"以港兴市"意识，把港口经济作为重要战略产业来抓，理清港口建设思路，坚持"突出特色、错位发展"的原则，加强与青岛港的合作，积极融入半岛港口群；坚持科学规划、合理布局、有序开发的原则，逐步整合全市港口资源，加大投入力度，争取在较短的时间内建成亿吨港口群。乳山市提出：要把港口建设和发展临港经济纳入全市发展的重要议事日程，明确提出发展临港经济的工作思路，目前正全力加快推进港口扩建工程启建。

（2）乳山有得天独厚的基础条件，为发展临港经济提供了有力保障。"北有旅顺口，南有乳山口"。乳山口港所具备的优越的建港条件早已被认证。乳山口港是一个天然的避风港，避风条件为全国少有。港口位于胶东半岛东南部的乳山湾，港口陆上运输体系发达，青威高速、309国道、桃威铁路横贯乳山市，烟乳、牟浪、桃乳公路纵贯境内，距乳山市15千米，北至烟台市97千米，东至文登市83千米、威海101千米，西至青岛184千米。水路距青岛港80海里，烟台港168千米，威海港126海里，大连港约200海里，韩国仁川约300海里，日本长崎约500海里。区位优势明显，地处威海、青岛、烟台的中间地带，位于山东半岛城市群、日韩加工制造业的重心地带，处于环渤海经济圈、东北亚经济圈的重要位置，承接着国内外大小城市的多重辐射，有着快速发展的内在优势。

（3）乳山市经济社会又好又快发展的良好态势，为临港经济的发展提供了强大动力。近年来乳山市经济社会始终保持又好又快的发展态势，特别是"工业立市"战略的提出，促进了全市工业企业的快速发展，从而使石油、煤炭、钢材、磷矿石等工业原料需求量以及工业产品出口量逐年增加，为港口提供了发展机遇。据调查统计，2007年，乳山市货物流量为220多万吨（其中煤炭40万吨，石油20万吨，河沙40万吨，钠长石20万吨，啤酒10万吨，果汁 3 万吨，化肥 6 万吨、石材 11 万吨、水泥 30 万吨、磷矿 4 万吨，焦炭 12 万吨、生铁 20 万吨，矿石 12 万吨），而港口货物吞吐量仅为 27 万吨，占 12% 左右，发展潜力很大，并且随着乳山工业企业的进一步发展，货物流量还将进一步增加。比如，乳山工业骨干企业鑫山冶金公司今年又将建设 300 立方米的高炉项目，仅此一项达产后，便可增加 60 万吨铁矿石、10 万吨煤炭的货物流量。

（4）乳山口港前期筹建工作顺利，为发展临港经济占得了先机。2003 年 3 月，乳山市委、市政府全面启动乳山口港扩建工程的调查论证工作；2004 年 8 月，正式启动乳山口港扩建立项工作，相继开展了勘探、测量、评估等工作；2005 年 8 月成立了由市长任组长，发改、交通、海洋与渔业等有关部门主要负责人为成员的港口扩建领导小组，并抽调专人组成了建设办公室，全面负责港口的扩建筹备工作；2006 年 7 月 14 日，由交通部和国家发改委联合会签，并由交通部签发《关于威海港乳山港区扩建一期工程使用深水岸线的批复》（交规发〔2006〕344 号）；2006 年 8 月 7 日，由山东省发改委签发《关于乳山港扩建一期工程项目核准意见》（鲁发改能交〔2006〕812 号）；2007 年 2 月 13 日，山东省交通厅、山东省发展和改革委员会联合下发《关于乳山港扩建一期工程初步设计的批复》（鲁交规划〔2007〕14 号）、《关于乳山港航道工程初步设计的批复》（鲁交规划〔2007〕15 号）。2007 年 12 月，乳山市有关部门完成了对建港现状进行的测量摸底，为今后建港拆迁补偿工作做好准备。可以说，港口建设是万事俱备，发展临港经济已是箭在弦上。

三 发展临港经济的持续性

发展临港经济不可能一蹴而就、一时见效，它是一项长期性工作。因此如何依托城市、区域经济、技术条件，达到自我完善，实现可持续发展，成为当前乳山市急需解决的问题。

（1）转变经营观念，理顺管理体制。目前，乳山口港所有权隶属乳山市人民政府，由乳山口港务管理处具体负责经营管理。由于体制的原因，目前港口建设方面投入不足，管理方式也不能适应现代港口发展的需要。主要表现为：港口设施陈旧，有起重吊车 16 吨 2 台、5 吨装载机 2 台；航道较浅，平时只能满足 1000 吨货船的进出，涨潮时可靠泊 3000 吨级货船；泊位较少，目前只有 1000 吨级、500 吨级泊位各 1 个；码头较短，商港码头长 200 米；管理方式松散，市场意识不强，存在"守摊子"思想，年吞吐量增长缓慢。

从港口长远发展看，要按照"政府引导，市场运作，企业经营，自负盈亏"的模式，实行政企分开，政府出台配套优惠政策，吸引企业参与建设和管理，自主进行开发和投资。海阳市 2004 年将总价值约 4000 万元的海阳港及配套设施一次性无偿转让给上市企业——山东海龙股份公司，同时还根据港口建设进展情况，将 1000 亩土地以 3 万元的优惠价格分期分批转让给企业用于开发，确保投资的长期性和持续性，避免投资的短期行为，有利于港口做大做强。荣成石岛港于 1999 年由石岛集团立项投资建设新港作业区，建成后的新港区岸线总长 3950 米，设计吞吐量为 2000 万吨，其中集装箱吞吐量为 80 万标准箱，共有生产性泊位 17 个、万吨级泊位 7 个。

（2）统一思想认识，全力做好服务。乳山市委、市政府做出了"发展临港经济"的战略抉择后，全市各级各部门和广大党员干部就要统一思想，上下拧成一股绳，心往一块想，劲往一块使，全力以赴做好港口的改扩建工作，同心协力支持临港经济的发展。在确定企业投资主体后，各级各部门特别是与港口建设密切相关的部门要甘当配角，细化服务，为投资企业做好相关手续的审批服务工作。海阳市为做好港口的扩建工作，全市 23 个涉及港口建设的部门都安排专人进驻港口，现场办公，协调解决建设中遇到的问题，帮助办理各类审批手续，举全市之力建设港口，发展临港经济。目前，海阳港正在努力争取国家一类开放口岸，所有申报工作全部由政府部门负责，同时，一类开放口岸所需设的"一关三检"部门，全部由政府投资建设。此外，还要做好临港产业区内投资企业的服务工作，设置专门的服务机构，为投资企业提供"一条龙"式、"零障碍"式的服务，特别是要做好土地征用、虾池和滩涂回收、部分房屋搬迁等热点难点工作。

（3）合理规划布局，谋求长远发展。要实现临港经济可持续发展，首先要做到规划先行。港口规划应作为城市规划的重要组成部分加以体现，城市应将港口作为引动产业布局、发展物流、城市拓展和规模开发布局的方向标。作为政府部门要发挥宏观职能作用，把临港经济发展放到全市经济社会发展大局中来谋划，纳入全市总体发展规划，并做到三个结合，即与区域整体发展实际相结合，与城市总体规划相结合，近期目标与远期规划相结合。目前，乳山市已充分考虑到临港经济的重要性和长期性，提出了"一城三区、三位一体"的总体发展布局。一城三区，即乳山老城区、银滩新城区、临港产业区；三位一体，就是规划管理一体化、基础设施一体化、经济发展一体化。临港产业区主要位于乳山口港北侧，世纪大道以西，规划用地 14.7 平方千米，划分为机械加工、综合加工、食品加工、建材化工、仓储物流和生活商贸六大功能区，为临港经济的发展打下了良好基础。产业区龙头——乳山口港的建设，目前已初步分为三期进行。一期工程拟投资 5 亿元人民币，用 12～18 个月的时间完成乳山港湾的挖深工作及一期航道疏浚开通工程，使之符合万吨级船舶正常航行、靠离码头的需要，并完成 4 个 2 万吨泊位散货码头，建成散货堆放场地、作业区，配齐装卸机械设施，完成办公大楼建设，并使已建成的码头投入使用。二期工程拟投资 25 亿元人民币，用 36～48 个月时间，全面完成航道的挖深加宽工程，完成 4 个万吨级集装箱泊位、1 个万吨级客货滚装泊位、7 个万吨级杂货泊位，包括四星级酒店、综合办公大楼、旅客候船候检大厅、修船厂、港口设备修造厂、住宅区、商业生活区的建设。三期工程拟投资 10 亿元建设大型物流园区、临港工业园区，投资 10 亿元建设一个具有 10 万吨级船坞的大型修造船厂。

（4）加快设施建设，改善投资环境。要按照"一次规划，分期实施"的原则，确保临港产业区有计划、有目标、有步骤地进行。对供电、供水、通讯、有线电视、网络、环保排污等管网线的布局要统一进行规划；住宅、学校、医院、市场、车站、停车场等生活设施要配备齐全，形成企业大规模入驻的环境和条件。目前，乳山市正在与资金实力雄厚的企业进行商谈投资事宜，尽快确定港口扩建投资主体，以便及早开工建设。今年以来，乳山市围绕完善基础设施建设的工作重点，加快建设从市区到港口的疏港路；全力抓好沿世纪大道、山海大道和疏港路的自来水主管道铺设，满足临港产业区内生产和生活用水；完成区内通信、有线电视光缆的铺设，解决了区内企业和港口的通讯、电视网络问题；抓好区内 11 万伏变电站工程的开工建设，从根本上解决工业园内电力供应问题，为临港经济长远发展做准备、打基础。

（作者单位：中共乳山市委宣传部　课题组成员：李　杰　宋清林　钟红日
段桂顺　单华伟）

关于加快推进经济文化强市
建设的调研报告

尹选芹

加快推进经济文化强市建设是荣成市委、市政府顺应经济文化一体化发展趋势的战略抉择。历史和现实都告诉我们，在经济与文化相互融合的今天，经济和文化任何一方面的缺失，必然阻滞和影响区域综合竞争实力的提升和人民群众生活质量的提高。根据市里的意见，中共荣成市委党校组成了加快推进经济文化强市建设课题组，现将调查与研究情况概述如下。

一　加快推进经济文化强市建设的目标与任务

根据荣成市目前的发展状况和有关指标在全省全国的位次，我们认为，在加快推进经济文化强市建设过程中，以下 10 个方面的指标和工作应当保持在全省全国的上游和前列。

GDP、地方财政收入等主要经济总量指标位居全省乃至全国前列；人均GDP、人均地方财政收入、城镇居民人均可支配收入、农民人均现金收入等主要人均指标位居全省前列；民生状况特别是困难群体就业状况和生活水平得到进一步明显改善；生态环境和节能减排工作推进到更先进的水平；社会保障覆盖面和人均保障水平提升到更高层次；教育、科技、卫生、体育事业得到更好更快发展；独具荣成特色的多元先进文化得到进一步发展繁荣；民主政治建设和法制建设上升到一个新水平；党政干部和全体市民的思想道德水平有大幅度提高；社会更加稳定和谐，党群干群关系更加密切。

二 荣成市具有加快推进经济文化强市建设的诸多独特优势

认清优势正是为了发挥优势，历史已经赋予我们这样的使命：我们不但要在加快推进经济文化强市建设中有所作为，而且要在威海和山东建设经济文化强市强省中发挥骨干作用。荣成市的突出优势至少表现在以下 10 个方面。

（1）具有综合竞争实力较强的优势。在全国 2000 多个县市区参加的 3 大系列、33 个指标的综合考核中，荣成市的综合实力位居全国第 10 位，山东省首位。同时，荣成市还荣获"国家生态市"、"国家环保模范城市"、"全国科技实力百强市"、"全国文化先进市"、"首届中国魅力城市"和"中国人居环境范例奖"等称号。这些位居前列的指标和荣誉称号，既是对过去荣成综合竞争实力的肯定和评价，又是今后加快推进经济文化强市建设的坚实基础。

（2）具有得天独厚的海洋经济优势。荣成市是全国第一渔业大县（市），渔业经济总收入连续 27 年稳居全国县级市首位，2007 年海洋产业增加值占全市 GDP 的 52%。今后荣成市海洋经济发展仍具有独特的巨大潜力，这是其他县域经济不可比的。

（3）具有新兴产业和大项目后劲较足的优势。经过多年的积淀，特别是经过近几年的不懈努力，能源化工、临港工业、外包服务、港口物流等一批新兴产业已初具规模。每年 100 多个大项目落户荣成市，以中国石油、国华电力、三星重工、扬帆造船、石岛湾核电站为代表的一批大项目不断成长壮大。这些都是我们加快推进经济文化强市建设的新的经济增长点。

（4）具有区域板块和镇域经济竞相发展的优势。经济开发区、石岛管理区和成山旅游度假区三大经济板块持续快速健康发展，以港西、俚岛、虎山、人和、滕家等为代表的镇域经济迅速崛起。这些富有生机和活力的区域板块和镇域经济，是我们加快推进经济文化强市建设的强力支撑。

（5）具有旅游产业后势强劲的优势。近些年来，荣成的旅游产业已经得到了超常规发展，但仍蕴含着巨大的开发潜力和后发优势，主要表现在以下四个方面：一是具有以成山头、法华院、野生动物园、好当家高尔夫球场、圣水观为代表的一批享誉中外、游客青睐的旅游景区景点；二是具有以铁槎山等为代表的极具开发潜力的旅游资源优势；三是具有以千里海疆文化为代表的深厚的人文旅游资源优势；四是具有强势企业担当旅游资源开发经营"主角"的体制机制优势。所有这些都是我们加快推进经济文化强市建设的独具活力的"增长极"。

（6）具有对外经贸接轨国际市场的开放优势。荣成市的开放优势具有三个明显特点：一是拥有两个国家一类开放口岸，货物、人员出入境方便快捷；二是距离韩国最近，开展对外经贸成本低，比较优势明显；三是具有海产品、花生等产品资源优势和出口产品加工的产业优势。与其他县域经济相比，我们的开放优势在加快推进经济文化强市建设中更加突出、更加鲜明。

（7）具有以"创新、争先、奉献、和谐"为主要元素的荣成精神。荣成精神是荣成的灵魂。荣成人在不同的历史时期创造了不同时期的荣成精神，激励和鞭策着一代又一代的荣成人民。正是凭着荣成精神，我们在全省率先实现了"过百亿、上小康"的目标；正是凭着荣成精神，我们连续多年综合实力位居山东第一强；正是凭着荣成精神，我们创造了一个又一个辉煌。而新时期的荣成精神，更能全面深刻体现出荣成人与时俱进的精神风貌。这是我们加快推进经济文化强市建设的宝贵精神财富。

（8）具有以"热情、豪放、好客、包容"为主要元素的滨海文化。大海的磅礴澎湃和世代依海而居的生产生活方式，造就了荣成人爽朗豪放、热情好客和宽容谦让的性格，荣成海纳百川、兼收并蓄，善于接纳新生事物，积淀和形成了具有荣成特色的千里海疆文化，这些既承接着深厚的齐鲁文化，又沐浴着发达的海派文明。这不仅是"人文荣成"的一张名牌，而且为加快推进经济文化强市建设提供了广阔的合作交流平台。

（9）具有以"爱国、为民、忠勇、智慧"为主要元素的将军文化。荣成是革命老区，150多位荣成籍将军使荣成市一直享有"将军市"的美誉。伟德将军碑廊作为"山东省爱国主义教育基地""山东省国防教育基地"，时刻激励着我们学习和弘扬将军精神。同时，通过多年的广泛宣传，将军文化已成为荣成特有的"标志性"文化之一。在新的历史时期，这些将军深深眷恋着故土，大力支持家乡的建设。以"爱国、为民、忠勇、智慧"为主要元素的将军文化造就了荣成人民坚强果敢、不怕困难的干事创业性格，这是一笔非常宝贵的人脉资源和思想财富。

（10）具有以"朴实、勤劳、友善、敬老"为主要元素的民俗文化。荣成早在新石器时代就有人类居住，随着历史的发展和时代的变迁，逐步形成了以渔民号子、渔家锣鼓、谷雨祭海、民间剪纸、民间面塑、海草房、石头楼等为代表的民俗风情和勤劳创业、扶贫济困、团结友善、尊老敬老的淳朴民风。荣成健康的民俗文化对凝聚人心、促进社会文明进步都发挥了重要作用，同时也丰富了旅游产业的发展内涵，促进和扩大了对外交往。这些民俗文化只要得到利用和升华，就能够在加快推进经济文化强市建设中发挥更大更好的作用。

三 加快推进经济文化强市建设过程中的困难与挑战

通过调查情况来看，以下5个方面的困难与问题尤其应当引起我们的特别关注。

通胀、能源供应偏紧及不确定因素增加等会给我们加快推进经济文化强市建设带来诸多冲击和压力；部分产业和企业技术含量低、管理粗放、应对市场变化能力差的问题已经成为我们加快推进经济文化强市建设现实和潜在的制约因素；部分村庄特别是部分内陆村庄观念落后、人才缺乏、经济薄弱是我们加快推进经济文化强市建设和改善民生的难点之一；部分党政机关工作人员服务观念差、自身素质和工作效能低是我们加快推进经济文化强市建设不可忽视的问题；部分单位某些环节不够和谐稳定是我们加快推进经济文化强市建设必须正视的又一问题。

四 加快推进经济文化强市建设的对策及着力点

加快推进经济文化强市建设是一个宏大的系统工程，必须深入贯彻落实科学发展观，把改善民生放在突出位置。根据国内外的新形势和荣成市实际，我们认为，应把以下8个方面作为加快推进经济文化强市建设的着力点。

（1）用"抗震救灾精神"和"全新的创业姿态"，动员和带领全市人民加快推进经济文化强市建设。伟大的抗震救灾精神，是中华民族极其宝贵的精神财富，是时代的最强音，是我们战胜一切困难的力量源泉。在这次加快推进经济文化强市建设的又一次创业的伟大征程中，只要各级干部用"不畏艰险、百折不挠"的伟大抗震救灾精神带领全市人民去攻坚克难、履职尽责，我们的经济文化强市建设就一定能够走在全省全国的前列。

（2）大力强化"转变发展方式"的观念，引导企业超前应对市场变化与竞争带来的诸多挑战因素。在市场经济和全球经济一体化的今天，摆在我们面前的现实情况是：企业的竞争更加惨烈，一部分靠拼资金、拼资源、拼劳力的粗放经营的企业越来越难以支撑甚至倒闭；而另一些靠技术创新、靠提高员工素质、靠科学严细管理的企业却不断发展壮大。从荣成市企业当前的情况和发展趋势看，以下两个问题尤其应当引起我们的关注。一要特别注重技术创新和科学管理。通过技术创新提高产品档次和附加值，通过科学管理和技术进步应对资源、原材料及劳动力价格上涨等诸多成本上升因素。二要特别注重品牌建设。品牌建设关乎企业的长远利益，注重品牌建设就能赢得市场。要用战略的思维去打造品牌，用过硬的内功去夯实品牌，用不懈的投入去塑造品牌，用以人为本和诚信的企业文化去树立品牌。通过强有力的品牌建设，使其真正成为企业和区域竞争的"拳头"和"助推器"。

（3）牢固确立"可持续发展"的观念，着力建设"资源节约型"和"环境友好型"社会。当前，"节约资源"与"环境保护"已经成为全民关心的热点话题。我们认为，现在最要紧的问题是以下三个方面。第一，把"全民关心"变成"全民行动"。以贯彻落实新修订的《中华人民共和国节约能源法》和国务院开展的"全民节能行动十项举措"为契机，从我做起，从现在做起，从本岗位本单位做起，从日常生产生活的点点滴滴做起。第二，抓住重点，解决难题。从产业来说，工业是这项工作的重点；从区域来说，市区、石岛城区和镇、街道驻地是这项工作的重点；从生产生活方式来说，发展循环经济、推行绿色生产和绿色消费是重点；具体到每个单位，也都要找准自己的重点问题和突破口。抓住了这些重点和难点，也就掌握了节约能源和保护环境的"主导权"和"主动权"。第三，建立多层面立体型的"考核奖惩问责"制度。通过真抓真管真落实，引导和保障全社会坚定不移地走"节约发展、清洁发展、可持续发展"之路。

（4）牢固确立"大开放"观念，再创大项目建设和经济增长的新优势。当前，在开放问题上，我们认为要突出三个重点。一要突出对"国内开放"这个重点。从近年来荣成市引进大项目的实践看，国内许多大企业的资金、人才、科技实力并不比国外差，并且具有招商成本低、成功率高、税收贡献大等诸多优势。因此，把对"国内开放"作为工作重点，应当成为我们今后长期坚持的战略选择。二要突出教育、文化、体育和旅游招商这个重点。哈尔滨理工大学落户荣成市，央视中秋晚会、国际旅游日中国主会场暨滨海旅游度假周、全省田径锦标赛成功举办等，这些都给我们一个很大的启示：荣成市在教育、文化、体育和旅游方面的招商具有特别大的潜力，我们应当也完全有能力有条件在这方面有更大的作为。三要继续突出软环境改善这个重点。特别要在转变机关作风、强化服务效能上狠下功夫，使荣成市的开放质量和效率提升到一个更高水平。

（5）牢固确立"协调发展"的观念，建立和完善工业反哺农业、城市支持农村、沿海帮扶内陆、强村强企帮扶弱村的机制。无论是从发达国家所走过的路程看，还是从十七大的要求以及荣成市的实际情况看，工业反哺农业、城市支持农村、沿海帮扶内陆、强村强企帮扶弱村，都是今后实现经济社会协调发展和改善民生的现实选择。一是从政策上向农业和困难群体倾斜。在落实好上级各项支农惠农政策的同时，市里要更多地从财政资金、科技投入、人才配备、信息指导、社区服务、劳动就业、社会保障等多方面向"三农"和困难群体倾斜。二是实施企业与村庄项目牵手工程。鼓励以农副产品深加工为主的强企与内陆村"结亲"，利用强企在资金、技术、人才、信息等方面的优势，扶持农村发展特色优势产业，形成工业与农业的良性互动、共建共享。三是实施"强村帮扶弱村"工程。借鉴市直部门和强企帮扶贫困村的成功做法，将帮扶活动拓展到"强村帮扶弱村"上来，以发挥强村在新农村建设中的骨干带动作用，使更多的贫困村与强村一起走上致富之路。

（6）深入进行"大安全观"的教育，建立和完善"政治安全、经济安全、形象安全、生产安全、交通安全、治安安全"的保障机制。根据国内外形势的新变化和社会治安的新动向，安全的内涵已远远超过了传统意义上安全的含义。在整个经济社会的运行中，哪一个区域哪一个单位出现不安全因素都有可能对全社会造成危害。我们认为，加快推进经济文化强市建设，必须树立"大安全观"，在继续下大气力抓好生产安全、交通安全、治安安全的同时，突出抓好以下三点。一要特别重视政治安全。在思想上、政治上、行动上与党中央和上级党委保持高度一致，遵守党纪国法，珍惜自己的政治生命。二要特别重视经济安全。实行科学民主决策，避免投资失误，遵守财经法规，确保国有和集体资产安全。三要特别重视形象安全。形象安全是一个综合广义的概念，不论一个单位还是一个人，思想道德、勤政廉政、干群关系、舆论导向、突发事件、社情民意、社会稳定等哪一个环节出了问题都会影响到一个区域、一个单位、一个人的形象。我们必须以如履薄冰的心态，以高度负责的精神，以深入扎实的作风做好本单位本岗位的工作，以本单位本岗位的安全稳定保障全市经济社会的又好又快发展。

（7）广泛进行"弘扬优良传统"的教育，继承和升华独具特色的"荣成精神""滨海文化""将军文化"和"民俗文化"。荣成精神和特色文化是荣成人民的优良传统和宝贵财富，也是先进文化的重要组成部分。历史和现实都告诉我们：先进文化是不可替代的巨大生产力，文化力是综合实力的重要体现。一是进一步加大对传统文化资源的挖掘、整合和升华力度。要对零散潜藏的文化资源进行挖掘和整理，使其升华为显露系统的精神财富，还要加强文物保护和对非物质文化遗产的挽救与申报。二是大力培育和激励文化带头人。文化带头人是荣成市不可多得的人才，要在思想感情上尊重他们，在开展工作上支持他们，在政策制定、资金投入和表彰激励上向他们倾斜，使他们在京剧、书法、摄影、绘画等各个方面发挥更好的"领头羊"和"火车头"作用。三是加大文化交流的力度。加强文化交流能够催生出新的思想火花和文化亮点，要有计划有步骤地开展与国内外文化机构和团体多层面的文化交流活动。结合发展旅游产业，有条件的单位可以借鉴深圳"锦绣中华"和北京"世界公园"的模式，有选择地建立特色鲜明的"国内外民俗文化园"，进一步拓展我们的文化视野，丰富荣成的文化内涵。

（8）深入进行"共同的思想理念"教育和文化载体建设，注重发展文化产业，用社会主义核心价值体系引领全市人民的思想文化方向。第一，要下大气力筑牢"共同的思想基础"，坚持以德治市。只有筑牢共同的思想基础，整个社会才会有共同的价值观，才能增强凝聚力、向心力和竞争力。各级干部要以身作则，为全市人民当好"道德形象"的楷模。在全市范围内深入开展争做"道德模范""模范市民"等引领时代进步的活动，进一步优化全市良好的道德风尚。第二，要建立多元化多渠道的文化投入机制，使文化活动、文化设施、文化产业有足够的资金支持。实行多元化投资策略，调动全社会方方面面面向文化设施和文化产业投资的积极性，面向全市全省全国建立多渠道、多层面、立体型的文化投入机制。第三，要进一步丰富和活跃群众文化体育活动。用群众喜闻乐见、健康向上的文体活动陶冶情操，重视文化大院和文化广场建设，彰显"渔村""戏村""花村""画村"等文化特色村的魅力，扩大京剧、大鼓、奇石、根雕、剪纸等民间艺术的影响力，推广各种健身操、舞蹈和群众性体育活动等。通过多种有效形式丰富人们的精神生活，提高全民的健康水平和综合素质。我们坚信，只要全市广大干部群众齐心协力、善谋实干、攻坚克难，就一定能够实现加快推进经济文化强市建设的目标，再创"荣成奇迹"！

（作者单位：中共荣成市委党校　课题组成员：孙政会　毕可俊　毕建军　张　军）

后　记

　　威海市社会科学优秀成果奖，是威海市政府奖。1997 年，时值威海市成立 10 周年之际，中共威海市委宣传部、威海市人事局、威海市财政局、威海市社会科学界联合会联合报请，经时任市委副书记、市长孙守璞同志亲自过问并批准设立。

　　自 1997 年设立威海市社会科学优秀成果奖至今，共举行 20 次评选，有接近 1400 项成果获奖。许多成果进入决策，较好地解决了经济社会发展实践中的难题。

　　2007 年，为庆祝威海市建市 20 周年，我们编辑出版了《威海市社会科学优秀成果获奖作品文库》（第一卷～第十卷）。近 10 年来，威海的哲学社会科学事业，尤其是社科理论研究领域，从人才队伍到研究领域到成果质量水平，都得到了全面的发展。2017 年，威海市成立 30 周年，我们继续组织编辑了本套《威海市社会科学优秀成果获奖作品文库》（第十一卷～第二十卷）。

　　《威海市社会科学优秀成果获奖作品文库》（第十一卷～第二十卷），汇集了 2008～2017 年获得威海市社会科学优秀成果奖的著作、论文、研究报告，集中反映了近十年威海市哲学社会科学界取得的优秀成果，研究范围涉及经济学、管理学、语言文字学、教育学、文艺理论、外国文学、哲学、政治学、社会学、法学、科学社会主义理论等专业领域以及党的建设、历史文化、社会发展、经济建设、体制改革、马克思主义研究等诸多方面。

　　受篇幅的限制，编辑过程中，我们删除了成果原文中的"内容提要""关键词""参考文献"以及"尾注""角注""夹注"，加注了作者所在单位。若需详查，读者可与作者直接联系。

　　编辑过程中，有些文稿中图片的清晰度不够，达不到印刷要求，在不影响原意表达的前提下，一般作删除处理。因时间跨度较长以及各种社会因素变化，有些获奖成果已难以搜集，有些作者提供的资料过于简单或者缺乏研究的深意，也有个别研究因为资料来源不规范和一些认识偏差，没有收录，在此一并说明。

社会科学文献出版社的领导和编辑们，在文库的编辑工作中展现了出色的业务能力、精益求精的工作态度和一切从客户愿望出发的职业道德，成为我们学习的榜样。在此，表示衷心感谢！

编　者

2017 年 9 月